EXCELLENT COURSE

高等院校精品课程系列教材

国际经济合作

INTERNATIONAL ECONOMIC COOPERATION

|第 2 版|

孙莹 主编

王凯 马建峰 阚宏 参编

机械工业出版社
China Machine Press

图书在版编目（CIP）数据

国际经济合作 / 孙莹主编 . —2 版 . —北京：机械工业出版社，2022.9
高等院校精品课程系列教材
ISBN 978-7-111-71595-5

I. ①国… II. ①孙… III. ①国际合作 - 经济合作 - 高等学校 - 教材 IV. ①F114.4

中国版本图书馆 CIP 数据核字（2022）第 170463 号

　　本课程是国际经济与贸易专业的主干课。为使学生熟悉最新的国际主要区域合作、直接投资理论和方式、跨国公司的相关内容并掌握最新的国际经济合作政策，提高他们在对外经济合作中的技能，以便为中国企业在全球更好地发展做出贡献，第 2 版教材修订了相关的政策和规则，更新了数据和案例，并有机融入课程思政元素。

　　全书共 12 章，分别介绍了全球化背景下的国际经济合作、国际直接投资的发展历程、国际直接投资理论和主要方式、跨国公司与国际直接投资、国际直接投资环境、中国吸收的国际直接投资、中国对外直接投资、国际技术贸易、国际间接投资、国际货物贸易、国际服务贸易、国际工程承包与劳务合作。此外，每章还设有本章要点、思政视野、开篇案例、案例及讨论题，思考题、习题及部分练习题参考答案，使学生加深对各章内容的理解。为了教学方便，本书还配有教学 PPT。

　　本书可作为国际经济与贸易、国际商务等经济管理类专业的本科生、MBA 的教材，还可作为外贸从业人员以及对国际经济合作感兴趣的读者的参考读物。

出版发行：机械工业出版社（北京市西城区百万庄大街 22 号 邮政编码：100037）
责任编辑：施琳琳　　曹雅君　　　　　责任校对：樊钟英　　刘利娜
印　　刷：三河市国英印务有限公司　　版　　次：2023 年 1 月第 2 版第 1 次印刷
开　　本：185mm×260mm　1/16　　　印　　张：23.25
书　　号：ISBN 978-7-111-71595-5　　定　　价：59.00 元

客服电话：（010）88361066　68326294

前　言
PREFACE

随着经济全球化的发展，国与国之间的经济联系已经从传统的流通领域发展到生产领域，从简单的商品交换发展到生产要素的组合配置，其中伴随资本要素国际移动的国际投资成为当今世界最活跃和最引人注意的经济行为之一，尤其是跨国公司的发展使国际投资活动更加活跃，更有生命力。因此，作为高校国际经济与贸易专业的一门主干课，通过对"国际经济合作"的学习，学生将全面掌握国际投资的基本知识、直接投资的理论和方式、投资环境的分析和评估，以及跨国公司战略等系统知识，具备开拓国际市场的多种技能。

全书共 12 章，分别介绍了全球化背景下的国际经济合作、国际直接投资的发展历程、国际直接投资理论和主要方式、跨国公司与国际直接投资、国际直接投资环境、中国吸收的国际直接投资、中国对外直接投资、国际技术贸易、国际间接投资、国际货物贸易、国际服务贸易、国际工程承包与劳务合作。此外，每章还设有本章要点、思政视野、开篇案例、案例及讨论题，思考题、习题及部分练习题参考答案，使学生加深对各章内容的理解。为了教学方便，本书还配有教学 PPT。

本书是编者在多年来从事教学与研究及参与国际经济合作活动的基础上写成的。第一章由盛仲麟编写，第二、三、四、五、六、七、九章由孙莹编写，第八章由马建峰编写，第十章由阚宏编写，第十一、十二章由孙莹和王凯编写。赵高闻璐、黄祺深、张美玉、刘慧萍、杨润初参加了本书的整理和修改工作。全书由孙莹总纂。

本书得到了北京科技大学教材建设经费资助，还得到了北京科技大学教务处的全程支持。在编写过程中，编者参考了国内外多种教材、著作和资料，引用了其中的一些材料，书后附有参考文献。在此，我们向这些作者表示深深的感谢。同时，对本书的编写给予了大力支持和帮助的同人及朋友，我们在此也深表感谢。

由于时间仓促和编者水平与经验有限，书中难免有不足之处，欢迎广大读者在使用中提出宝贵建议和修改意见。

编　者
2022 年 9 月

教学建议
SUGGESTIONS

教学目的

本课程是国际经济与贸易专业的主干课。通过本课程的学习，学生将全面掌握国际投资的基本知识、直接投资的理论和方式、投资环境的分析和评估，以及跨国公司战略等系统知识，具备开拓国际市场的多种技能。

前期需要掌握的知识

国际贸易实务、国际市场营销等课程相关知识。

课时分布建议

教学内容	学习要点	课时安排	
		本科	高职
第一章 全球化背景下的 国际经济合作	（1）概述国际经济合作 （2）了解国际经济合作的主要类型与方式 （3）了解生产要素的国际流动与国际经济合作 （4）了解新经济全球化 （5）了解主要国际经济组织与区域经济合作	4	4
第二章 国际直接投资的发展历程	（1）理解国际直接投资的定义与特点 （2）了解国际直接投资的发展 （3）了解经济全球化下国际直接投资的发展趋势 （4）理解世界贸易组织《与贸易有关的投资措施协议》的相关内容	4	4

（续）

教学内容	学习要点	课时安排	
		本科	高职
第三章 国际直接投资理论 和主要方式	（1）了解国际直接投资的相关理论 （2）了解国际直接投资企业的创立方式及其优缺点 （3）了解 BOT 方式	6	4
第四章 跨国公司与国际直接投资	（1）了解跨国公司的概念、特征、形成与发展 （2）了解跨国公司对国际经济合作的影响	2	2
第五章 国际直接投资环境	（1）了解国际直接投资环境的概念与内容 （2）了解国际直接投资环境评估的原则与评估方法	2	2
第六章 中国吸收的国际直接投资	（1）了解中国利用外商直接投资的发展历程 （2）了解中国利用外商直接投资的主要方式 （3）了解中国利用外商直接投资的概况与成效	2	2
第七章 中国对外直接投资	（1）了解中国对外直接投资的发展概况、特点及可能性 （2）了解中国企业对外直接投资的经典案例 （3）了解中国对外直接投资的管理	2	2
第八章 国际技术贸易	（1）了解国际技术贸易的概念、特点 （2）了解国际技术贸易的几种方式 （3）了解《与贸易有关的知识产权协定》（TRIP）、中国技术进出口贸易状况	6	4
第九章 国际间接投资	（1）了解国际间接投资的概念、特点 （2）掌握国际间接投资理论 （3）掌握国际间接投资的三种主要方式 （4）了解中国对外间接投资的状况及其发展前景	4	4
第十章 国际货物贸易	（1）了解国际货物贸易相关的贸易政策 （2）了解国际货物贸易实务的主要内容	4	4
第十一章 国际服务贸易	（1）了解国际服务贸易的概念和分类 （2）了解国际服务贸易的理论 （3）了解《服务贸易总协定》的主要内容 （4）了解世界及我国服务贸易的发展现状及趋势	4	4
第十二章 国际工程承包与劳务合作	（1）了解国际工程承包的概念和特点 （2）了解国际劳务合作的概念、种类及影响 （3）了解我国对外工程承包和劳务输出的概况与特点	4	4
课时总计		44	40

注：1. 在课时安排上，建议本科按每周 4 课时开设，共 44 课时，课程的内容可以选择性讲解或者补充。

2. 建议课堂小组讨论可以在课程中穿插进行。

目 录
CONTENTS

第一章
CHAPTER 1

全球化背景下的国际经济合作

本章要点

　　本章首先从国际经济合作的概念、产生与发展、类型与方式、基本特征等几方面对国际经济合作进行概述，简单介绍了由于生产要素间的国际流动促进国际经济合作的普遍存在。在经济全球化背景下，从内涵、实质、发展原因及主要特征等方面对国际经济合作发展的新趋势进行概述，同时探讨了新经济全球化所带来的积极影响、消极影响及中国面临的机遇与挑战，点明了国际经济合作与经济全球化之间的内在联系。其次，本章阐述了国际经济组织的基本分类和作用，并对目前世界上主要的国际经济组织进行了简单介绍。最后，从不同角度介绍了当代区域经济合作快速发展的原因以及区域经济合作的概念和基本理论，并简要介绍了主要的区域经济组织和我国加入的主要区域合作组织。

思政视野

　　《习近平新时代中国特色社会主义思想三十讲》指出，坚持和发展中国特色社会主义是当代中国发展进步的根本方向，中国特色社会主义新时代标示我国发展新的历史方位，这是我们党在科学把握时代趋势和国际局势重大变化，科学把握世情国情党情深刻变化的基础上作出的，有着充分的时代依据、理论依据和实践依据。党的十八大以来，以习近平同志为核心的党中央科学把握国内外发展大势，顺应实践要求和人民愿望，推动党和国家事业发生历史性变革，领导人民取得改革开放和社会主义现代化建设的历史性成就。我国社会生产力水平显著提高，社会生产能力在很多方面进入世界前列，货物进出口总额居世界第二位，利用外资居世界第三位。改革开放以来，我国人民生活水平不断迈上新台阶，人均国内生产总值年均增长约 9.5%，已经达到中等偏上收入国家水平。因此，中国特色社会主义进入新时代，我国社会主要矛盾已经转化为人民日益增长的美好生活需要和不平衡不充分的发展之间的矛盾。这既反映了我国社会发展的客观实际，同时也是我们党的重大理论创新成果。我国社会主要矛盾变化的新表述指明了当代中国发展问题的根本着力点，为推动党和国家事业发展提供了科学准确的认识前提。

我国经济已由高速增长阶段转向高质量发展阶段，坚持适应把握引领经济发展新常态，把推进供给侧结构性改革作为经济工作的主线，建设现代化经济体系，使市场在资源配置中起决定性作用，更好发挥政府作用。2017年10月18日，习近平同志在中国共产党第十九次全国代表大会上指出，开放带来进步，封闭必然落后，中国开放的大门不会关闭，只会越开越大。全面开放是实现国家繁荣富强的根本出路，当今世界，开放融通的潮流滚滚向前。世界已经成为你中有我、我中有你的地球村，各国经济社会发展日益相互联系，相互影响，推进互联互通、加快融合发展成为促进共同繁荣发展的必然选择。实践充分证明，对外开放是推动我国经济社会发展的重要动力，只有坚持对外开放，顺应经济全球化潮流，才能更好实现可持续发展。因此，在经济全球化深入发展、各国经济加速融合的时代，只有打开国门搞建设，坚定不移实施对外开放的基本国策，实行更加积极主动的开放战略，才能获得更多推动发展所必需的资金、技术、资源、市场、人才乃至机遇，才能不断为经济发展注入新动力、增添新活力、拓展新空间，为推动人类命运共同体做出新的更大贡献。

当今世界正处于大发展大变革大调整时期，我国经济正处在转变发展方式、优化经济结构、转换增长动力的攻关期。从国际上看，经济全球化深入发展，国际经济合作和竞争格局加速演变，世界面临开放与保守、合作与封闭、变革与守旧的重要抉择。如何在错综复杂的全球经济形势下抓住机遇、化解挑战，是我国对外开放工作面临的重要任务。

资料来源：人民网。

▶ 思考题

结合案例分析我国对外开放现状。

▋▋ 开篇案例

2020年4月14日，国际货币基金组织（International Monetary Fund，IMF）发布的《世界经济展望报告》称，新冠肺炎疫情在全球扩散蔓延，将给世界经济带来严重冲击，其影响程度将超过2008年国际金融危机。面对这场公共卫生和全球经济的双重危机，IMF认为，由于部分行业受到严重冲击，政策制定者实施了大量有针对性的财政、货币和金融市场措施，以支持受影响的家庭和行业。在整个疫情防控阶段，应继续提供这种支持，以尽量减少经济严重衰退期间投资乏力和失业可能带来的持久创伤。IMF多次表示："中国经济社会秩序加快恢复令人鼓舞。正确的政策举措能够有效缓解疫情带来的冲击，发挥重要作用。"IMF总裁克里斯塔利娜·格奥尔基耶娃（Kristalina Georgieva）多次表示："中国经济具有较强的韧性，通过政府提供的政策支持，中国经济正在重返正轨。"

IMF首席经济学家吉塔·戈皮纳特（Gita Gopinath）表示，多边合作对全球经济恢复健康至关重要。各国急需强化合作，助力经济恢复健康，避免全球化进程和经济复苏受到损害。至此，IMF呼吁各国强化多边合作，希望各国政府加大医疗健康领域的投入建设，保证医疗物资的贸易流通顺畅，共同研发疫苗和药物，让所有国家都能共享成果。

中国外交部发言人赵立坚表示，越是关键时刻，越需要国际社会秉承构建人类命运共同体理念，发扬同舟共济、合作共赢的伙伴精神，团结应对、共克时艰，为世界经济发展注入信心、增添力量。

资料来源：《人民日报》。

▶ 讨论题

1. 为什么要大力发展国际经济合作？
2. 在全球抗击疫情形势下参加国际经济合作对促进地区经济恢复和发展有哪些作用？

第一节　国际经济合作概述

一、国际经济合作的内涵

在**国际经济合作**（international economic cooperation）中，"合作"一词的含义是指双边或者多边为了达到某个共同目标而建立起来的协作与配合关系。

关于国际经济合作内涵的表述有很多，如："国际经济合作是指世界上不同国家（地区）政府、国际经济组织和超越国家界限的自然人与法人为了共同的利益，在生产领域和流通领域（侧重生产领域）所进行的以生产要素的国际转移和重新合理配置为重要内容的较长期的经济协作活动。"又如："国际经济合作是超越国界的经济主体根据协商确定的方式，在侧重生产领域或生产与交换、分配、消费等相结合的领域进行的经济活动和政策协调活动。"

因此，简单概括，我们通常所说的"外经工作"或者"对外经济合作"即我国的国际经济合作。具体来说，主要有以下几方面的含义。

（1）国际经济合作的主体：不同国家（地区）政府、国际经济组织和各国的企业与个人。

（2）国际经济合作的原则：平等互利。在国际经济合作中，不论国家大小强弱，企业规模如何，它们的地位是平等的，都有权利享有合作的权益。这有别于历史上宗主国与殖民地之间的剥削与被剥削、统治与被统治的不平等关系。

（3）国际经济合作的范围：生产领域，还包括国际经济、政策协调方面的内容。

（4）国际经济合作的内容：不同国家生产要素的优化组合与配置。

（5）国际经济合作的期限：较长期的经济协作活动。

二、国际经济合作的意义和作用

（一）改善了世界经济的外部环境

国家间在政策方面进行协调，发展区域合作和跨区域合作是第二次世界大战（以下简称"二战"）后国际经济合作的重要内容和主要特征之一。二战以后，国家间在经济上的协调包括经济发展水平相近国家间的协调，区域性经济组织、跨区域性经济组织以及世界范围内所进行的协调等多种形式。国际经济协调有利于化解国际经济中的矛盾和纠纷，有利于解决国际经济中的不平衡现象，从而有利于各国之间开展各种形式的国际经济合作。

（二）促进了生产要素在国家间的互通有无

国际经济合作促进了生产要素在国家间的互通有无，这不仅表现在生产要素种类的互补上，更重要的是体现在同类生产要素数量、质量和结构的互补上。通过国际经济合作，可以获得某些稀缺资源，实现生产要素的最佳配置；可以获得发展生产所迫切需要的资金技术；可以获得廉价劳动力，从而降低生产成本。生产要素由闲置或过剩的国家流向短缺的国家，由价格低报酬低的国家流向价格高报酬高的国家，实际上就是从使用效率低的国家流向使用效率更高的国家，由此提高了生产要素的利用率。

（三）带来了规模经济效益

首先，国际经济合作使生产要素从丰裕的国家向稀缺的国家转移。根据要素的边际收益递减规律，当密集地使用某一要素生产产品时，该要素的边际收益呈递减的趋势。如果生产要素不能在国家间直接转移，某种要素禀赋充裕的国家，只能密集使用充裕要素进行商品生产，则它所拥有的生产要素禀赋优势最终将为密集使用过程中的边际收益递减所抵消，不能成为真正的优势。通过国际经济合作，生产要素从丰裕的国家流向稀缺的国家，与当地丰裕的生产要素组合，形成新的生产能力，进而提高要素的边际收益，带来更大的经济效益。其次，国际经济合作使不同国家具有优势的生产要素结合在一起，产生较大的规模经济效益。规模经济原则表明，在扩大各类要素投入的条件下，生产规模扩大，收益增加。通过国际经济合作，一个国家可以从其他国家获得自己稀缺的生产要素，将自己所拥有的优势生产要素与其他国家的优势生产要素相结合，扩大产品生产规模，这不仅能抑制密集使用某一生产要素而产生的边际收益递减，还能带来规模经济效益。

三、国际经济合作的产生与发展

（一）国际经济合作的产生

二战以前，在传统的国际分工格局中，国际经济交往最主要的形式是商品贸易。二战以后，国际经济联系无论是广度还是深度都大大超过了以往，它的产生和发展有着深刻的社会、历史原因。

(1) 不断发展的科技革命是国际经济合作产生和发展的原动力。

(2) 战后国际分工的新发展是国际经济合作产生和发展的基础。

(3) 经济生活国际化和各国经济依存度的加深是促进国际经济合作发展的重要因素之一。

(4) 跨国公司迅猛发展是国际经济合作产生和发展的直接推动者。

(5) 各类国际经济组织在国际经济合作发展的过程中发挥了重要的作用。

（二）国际经济合作的发展

1. 早期国际经济合作的发展

早期的国际经济合作主要是围绕着早期的国际贸易而出现的。在古希腊时代，地中海周边国家的贸易往来已相当频繁。为了保证贸易的顺利进行，由希腊出面斡旋，各国约定互为对方的船只提供便利，进而在关税上相互提供一定的优惠。在春秋时期，各诸侯国之间的商业交往已相当发达，而且楚、晋、齐、鲁等国之间均订有通商盟约，规定相互之间为货物运输提供方便。

在封建社会时期，欧洲出现过"汉萨同盟"式的国际经济合作。14世纪，以德国北部地区吕贝克城为中心，包括英国的伦敦、挪威的卑尔根、俄国的诺夫哥罗德等在内的近200个商业城市结成同盟，统一商法，抵制封建法庭的干预，保护商队的安全，以合作的方式来保障盟员的经济利益。

由于社会生产和商品生产在奴隶社会与封建社会时期尚不发达，自给自足的自然经济占据统治地位，加上交通工具落后等因素，国际经济合作处于很低级的阶段，往往是一种偶然的、在局部地区发生的暂时性的合作。

在商品生产占统治地位的资本主义社会，国际经济合作有了较为迅速的发展。在自由资本主义时期，殖民主义国家在进行争夺殖民地的残酷斗争的同时，在海运业务上也建立起"共同海损"方式的航运合作，以分担风险。到了垄断资本主义阶段，资本主义国家之间签订了某些公约、协定和规则，在经济技术方面有了比较广泛的合作。例如，19世纪六七十年代制定了《约克—安特卫普规则》，1883年签订了《保护工业产权巴黎公约》，1891年签订了《商标注册国际马德里协定》，等等。在这个时期，对外直接投资逐渐成为国际经济合作的主要方式。此外，在第一次世界大战（以下简称"一战"）后，战败国德国为恢复经济，在缺乏硬通货的情况下，曾采取补偿贸易方式与其他国家进行合作。

另外，随着俄国十月社会主义革命的胜利和第一个社会主义国家苏联的诞生，出现了社会主义国家与资本主义国家之间的一种新型的经济合作关系。20世纪20年代前，苏联采用"租让制"形式与资本主义国家的投资者举办合资企业，这是社会主义国家与资本主义国家经济合作的最初形式。

虽然在这一漫长的阶段，各国的经济联系有所进展，但是限于历史条件，发展缓慢，时断时续。各国间经济的联系和协作明显带有一定的偶然性、局部性和暂时性等特征，方式也很单一，远不是真正意义上的国际经济合作。

2. 二战后国际经济合作的发展

二战结束后，国际政治经济形势发生了根本性的改变。帝国主义体系瓦解，众多亚非拉国家获得独立，并形成了国际政治经济舞台上的一支新生力量，再加上一批社会主义国家的出现，战前由几个主要资本主义国家主宰整个世界命运的时代结束了，整个世界经济呈现出了多极化和多元化的局面。

世界政治格局的改变必然带来经济活动的变化。二战后初期，人类历史上开始出现第三次科技革命。科技革命推动了社会生产力的发展，促使各国生产规模进一步扩大，使各国经济结构产生了很大变化，国际经济关系也发生了变化。这些变化对国际经济合作的发展产生了很大影响，国际经济合作规模日益扩大，其内容和形式更加丰富多彩，常常是多种生产要素的复合转移。以生产要素国际移动为基本内容的国际经济合作成为新的国际分工格局中的重要内容。国际经济合作已发展成为一种涉及一切国家、遍及各个社会经济生活领域、多层次的国际经济关系体系，并形成当代国际经济合作发展的基本特征。

为适应战后国家合作发展的新趋势，世界各国都调整了对外经济贸易的方针和政策，扩大对外开放的程度，积极地参与国际分工。一些发达国家制定了一系列促进资金、设备、技术输出的政策，而一些发展中国家则制定了有利于利用外资、引进技术、输出劳务的政策。联合国等国际机构也调整了政策，相继建立了有关组织机构，通过或修订了一些国际公约。如1960年成立了以向欠发达国家提供优惠贷款为主的国际开发协会，1965年成立了以向发展中国家提供技术援助为主的联合国开发计划署，1965 年在华盛顿签订了《关于解决国家和他国国民之间投资争端公约》，1967 年在瑞典斯德哥尔摩签订了《成立世界知识产权组织公约》。这些都大大地推动了战后国际经济合作。1994 年，乌拉圭回合谈判的成果《1994 年关税与贸易总协定》和《建立世界贸易组织协定》等一系列国际经济合作协定的颁布，极大地加快了国际经济合作的步伐。

四、国际经济合作的研究对象

国际经济合作研究的实质是国际上各种生产要素的移动和重新组合配置的规律以及各国的经济协调机制。具体说来主要包括以下几点。

（一）研究国际经济合作形成与发展的理论基础

1857 年，马克思在《政治经济学批判》导言中，曾提到应当研究生产的国际关系、国际分工、国际交换、输出和输入、汇率等问题。当时马克思设想过国际经济关系的许多问题，但是由于受到客观条件的限制，没有实现这一设想。如今，随着国际分工的深入发展和经济活动的日益国际化，国际经济关系中出现了很多理论问题需要去研究和探索，例如，生产要素在国际上的流动及其表现形式，各国在国际经济交往中表现出来的相互依赖、相互竞争与合作的关系，区域经济合作的发展前景，等等，这些问题都与国际经济合作的形成与发展紧密相连。国际经济合作是伴随国际分工的广泛和深入而发展起来的，其内容主要是围绕着生产要素的组合配置展开的，国际经济相互依赖、相互作用是它的重要特征之一。研究这些理论，需要我们运用实事求是的立场、观点和方法进行分析，揭示国际经济合作形成与发展的规律。

（二）研究国际经济合作中各国的政策调节和国际经济协调机制

从宏观角度看，国际经济合作主要研究：各国为鼓励或限制资本、技术、劳务等生产要素的国际移动而采取的宏观调控政策和经济措施；为解决国际经济交往中出现的矛盾、减少摩擦而建立起来的国际经济协调和法律保护制度；当前世界经济发展中区域经济一体化趋势等问题；不同经济制度、不同经济发展水平的国家之间在平等互利的基础上开展国际经济合作的必要性及发展趋势。

（三）研究国际经济合作的具体方式和内容

从微观角度看，国际经济合作主要研究：合作的范围领域、合作的具体内容、合作的方式及合作的环境；合作各方如何通过一定的形式在生产、投资、科技、环保、劳务、信息管理等领域进行合作，以此获取经济利益的过程；相关的国际市场、国际经济合作环境及有关的国际惯例。

第二节　国际经济合作的主要类型与方式

一、国际经济合作的主要类型

国际经济合作的内容十分丰富。从不同的角度，可以将国际经济合作分成不同的类型。国际经济合作的方式灵活多样，而且随着国际经济交往的扩大，国际经济合作的方式不断翻新，经常会出现一些新的具体合作方式。

（一）根据经济发展程度和经济制度的不同划分

发达国家与发展中国家之间的经济合作是当今国际经济合作关系中最基本的合作之一，它对世界经济的发展有着重大的影响。通常以赤道为界，把世界划分为"南方"和"北方"。南方是指广大的发展中国家，因为这类国家大部分地处南半球；北方是指发达的资本主义国家，因为它们大部分位于北半球。应该指出，这种"南北方"国家的划分只是大致上的。

根据经济发展程度和经济制度的不同，国际经济合作可以划分为：发达国家之间的经济合作，即北北合作；发展中国家之间的经济合作，即南南合作；发达国家和发展中国家之间的经济合作，即南北对话；以及东西方国家之间的经济合作等。

（二）根据参加国际经济合作主体的不同划分

根据参加国际经济合作主体的不同，国际经济合作可以划分为宏观国际经济合作和微观国际经济合作。

宏观国际经济合作是指不同国家政府之间以及不同国家政府与国际经济组织之间通过一定的方式展开的经济协作活动。具体内容包括：签订双边或多边协议，调整和确定本国的涉外经济法律法规及措施，为有关的国际经济合作活动提供法律保护，通过外交形式不断协调本国与其他国家间的经济合作关系，等等。

微观国际经济合作指不同国籍的自然人和法人之间通过一定的方式开展的经济合作活动，如兴办独资或者合资企业、对外工程承包和技术转让等。

（三）根据所含经济内容的不同划分

根据所含经济内容的不同，国际经济合作可以划分为广义国际经济合作和狭义国际经济合作。

广义国际经济合作，包括一切超出国家界限的经济交往活动。它不仅包括了二战以后发展起来的国际经济交往方式，而且涵盖了国际商品贸易、国际金融服务等传统国际经济交往的方式。

狭义国际经济合作，特指二战以后发展起来的、以生产要素国际转移为本质内容的、主权国家间的经济协作活动，它是指除国际商品贸易和金融服务以外的一切国际经济协作活动。因此，国际经济合作与国际贸易、国际金融等学科有严格的区分，作为特定的历史经济范畴，成为国际经济合作这门新学科的研究对象。

（四）根据国际经济合作参加方的多少划分

根据国际经济合作参加方的多少，国际经济合作可以划分为双边国际经济合作和多边国际经济合作。

双边国际经济合作是指两国政府、企业或者厂商之间进行的经济合作活动。

多边国际经济合作是指两个以上国家政府、企业或者厂商之间进行的经济合作活动。一国政府与国际组织之间、国家集团之间、区域经济组织内部的经济合作等均属于多边经济合作。如欧洲联盟、北美自由贸易区、亚太经合组织等均属于区域经济组织内部的合作，近年来又出现洲际经济合作日益加强的走向，如亚欧会议、亚非会议、欧非会议等。

（五）根据经济发展水平的不同划分

根据经济发展水平的不同，国际经济合作可以具体划分为水平型国际经济合作和垂直型国际经济合作。

水平型国际经济合作是指经济发展水平较接近的国家、技术和生产水平接近的厂商、商品生产处于同一产品阶段的企业之间的经济协作。

垂直型国际经济合作一般指经济发展水平差异较大的国家、技术和生产水平差距较大的厂商、商品生产处于前后不同产品阶段的企业之间的经济协作。

二、国际经济合作的方式

当代国际经济合作的方式主要包括国际直接投资合作、国际间接投资合作、国际科技合作、国际劳务合作、国际土地合作、国际经济信息与经济管理合作、国际发展援助、国际经济政策的协调与合作等八种方式。

（1）国际直接投资合作。国际直接投资合作包括一个国家引进的其他国家的直接投资和在其他国家进行的直接投资。具体的方式有合资经营、合作经营和独资经营等。

（2）国际间接投资合作。国际间接投资合作主要包括国际信贷投资和国际证券投资两种方式。具体的形式包括外国政府贷款、国际金融组织贷款、国际商业银行贷款、出口信贷、混合贷款、吸收外国存款、发行国际债券和股票以及国际租赁信贷等。

（3）国际科技合作。国际科技合作包括有偿转让和无偿转让两个方面。有偿转让主要指国际技术贸易。国际技术贸易采取的方式有：带有技术转让性质的设备硬件的交易，专利、专有技术或商标使用许可贸易，等等。无偿转让一般以科技交流和技术援助的形式出现，其具体方式主要有：交换科技情报、资料、仪器样品，召开科技专题讨论会，专家互换与专家技术传授，共同研究、设计和实验公关，建立联合科研机构和提供某些方面的技术援助，等等。

（4）国际劳务合作。国际劳务合作主要包括直接境外形式的劳务合作和间接境内形式的劳务合作。具体形式有国际工程承包、劳动力直接输出和输入、国际旅游、国际咨询和"三来一补"业务等。

（5）国际土地合作。国际土地合作包括对外土地出售、土地出租、土地有偿定期转让、土地入股、土地合作开发等具体内容。

（6）国际经济信息与经济管理合作。国际经济信息合作主要指不同国家之间经济信息的交流与交换。国际经济管理合作的具体方式有：对外签订管理合同，聘请国外管理集团和管理专家，开展国际管理咨询，联合管理合营企业，交流管理资料与经验，举办国际性管理讲习班，等等。国际经济信息与经济管理本身不能产生经济效益，但一旦与其他生产要素结合起来，就能够提高整个项目的经济效益。

（7）国际发展援助。国际发展援助主要研究国际发展援助的主要方式及如何实施国际发展援助。国际发展援助是国家政府之间、政府与国际组织之间，通过资本、技术和劳动力等要素的国际移动而开展的经济技术合作活动。

（8）国际经济政策的协调与合作。国际经济政策的协调与合作包括联合国系统国际经济组织进行的协调，区域性经济组织进行的协调，政府首脑会议及互访进行的协调，以及国际行业组织和其他有关国际经济组织进行的协调。

案例 1-1

哈利法塔

　　哈利法塔（Burj Khalifa Tower）原名迪拜塔，又称迪拜大厦或比斯迪拜塔，是位于阿拉伯联合酋长国的迪拜境内的一栋有 162 层、总高 828m 的摩天大楼，这座宏伟的建筑也成为世界闻名的迪拜地标。这座大厦虽然位于迪拜，但它却是名副其实的国际合作的产物。在众多的建筑方和合作商中，只有一家来自迪拜本土，建筑师和工程师是美国人，主要建筑承包商来自韩国，安全顾问来自澳大利亚，而低层内部装饰则交给了新加坡建筑公司。此外，还有 4 000 名印度劳工每日在工地上劳碌奔波。

　　这座举世闻名的建筑由美国建筑师阿德里安·史密斯（Adrian Smith）亲自操刀设计，基座周围采用了富有伊斯兰建筑风格的几何图形——六瓣的沙漠之花。由美国建筑工程公司 SOM、比利时最大建筑商 Besix、阿拉伯当地最大建筑工程公司 Arabtec 和韩国三星公司联合负责施工，景观部分则由美国 SWA 设计。内部装饰设计由乔治·阿玛尼（Giorgio Armani）来完成。同时，这座建筑拥有世界上最快的电梯，来自著名的电梯制造商蒂森克虏伯，它的速度达到了 17.5m/s（约 1 010m/m、63km/h）。

　　资料来源：《国际经济与合作中的迪拜塔》。

▶ 讨论题

1. 上述案例中包括国际经济合作的哪些方式？
2. 结合本案例，谈谈国际经济合作的意义。

案例 1-2

工程承包

　　新加坡一个码头工程采用 FIDIC 合同条件。招标文件的工程量表中规定钢筋由业主提供，投标日期是 1980 年 6 月 3 日。但在收到标书后，业主发现他的钢筋已用于其他工程，他已无法再提供钢筋。于是在 1980 年 6 月 11 日由工程师致信承包商，要求承包商另报出提供工程量表中所需钢材的价格。

　　自然这封信是一个询价文件。1980 年 6 月 19 日，承包商做出了答复，报出了各类钢材的单价及总价格。接信后业主于 1980 年 6 月 30 日复信表示接受承包商的报价，并要求承包商准备签署一份由业主提供的正式协议。但此后业主未提供书面协议，双方未做任何新的商谈，也未签订正式协议。业主认为承包商已经接受了提供钢材的要求，而承包商却认为业主又放弃了由承包商提供钢材的要求。待开工约 3 个月后，1980 年 10 月 20 日，工程需要钢材，承包商向业主提出业主的钢材应该进场，这时候才发现双方都没有准备工程所需要的钢材。

　　由于要重新采购钢材，不仅钢材价格上升、运费增加，而且工期拖延，进一步造成施工现场费用的损失约 60 000 元。承包商向业主提出了索赔要求。但由于双方在本工程中缺少沟通，都有责任，故最终解决结果为合同双方各承担一半损失。

本工程实行过程中有如下几个问题应注意。

（1）双方就钢材的供应做了许多商讨，但都是表面性的，只有询价和报价（或新的要约）文件，没有最终确认文件，如签订书面协议，或修改合同协议书，所以没有约束力。

（2）如果在1980年6月30日的复信中业主接受了承包商6月19日的报价，并指令由承包商按规定提供钢材，而不提出签署一份书面协议，则就可以构成对承包商的一个变更指令。如果承包商不提出反驳意见（一般在一个星期内），则这个合同文件就形成了，承包商必须承担责任。

（3）在合同签订和执行过程中，沟通是十分重要的。及早沟通，钢筋问题就可以及早落实，就可以避免损失。本工程合同签订并执行几个月后，双方就如此重大问题不再提及，令人费解。

资料来源：腾讯新闻。

▶ 讨论题

1. 上述经济合作属于什么经济合作方式？此种方式会产生哪些要素的国际转移？
2. 试分析当前中国开展国际合作的主要优势是什么？类似新加坡、美国等服务贸易大国的优势又是什么？请结合案例进行说明。

案例 1-3

新冠肺炎疫情下中国对其他国家的援助行动

2020年，新冠肺炎疫情席卷全球。中国作为这次抗击新冠肺炎疫情的先锋者，共向全球150个国家和10个国际组织提供了检测试剂、口罩、医用手套、呼吸机、防护服、隔离眼罩、医用鞋套、红外测温仪等防疫物资和支持。截至2020年10月，中国向33国派出35个援外医疗专家组。专家团队不顾个人安危，奔走在战疫一线，毫无保留地为当地提供疾病防控、临床诊疗、社区管理等方面的指导和咨询。同时，中国加快推进公共卫生基础设施项目施工，非洲疾控中心总部项目于2020年12月提前开工，毛里塔尼亚国家医院传染病专科门诊楼、多米尼克中多友好医院专家宿舍楼等项目提前竣工并移交使用，满足了急迫的抗疫需要。中国还帮助巴基斯坦等国建设临时隔离医院，为这些国家抗击疫情提供保障。

与此同时，中国积极响应联合国和世界卫生组织的筹资呼吁，向世界卫生组织提供了5 000万美元现汇援助；宣布向联合国新冠肺炎疫情全球人道主义应对计划提供5 000万美元支持；在亚洲开发银行中国减贫与区域合作基金中指定1 000万美元、向国际原子能机构捐赠价值200万美元的物资，专门用于抗击疫情项目；同联合国合作在华设立全球人道主义应急仓库和枢纽；同20国集团一道落实"暂缓最贫困国家债务偿付倡议"；在中非合作论坛框架下免除有关非洲国家截至2020年度到期的对华无息贷款债务。

资料来源：中华人民共和国国务院新闻办公室. 新时代的中国国际发展合作 [EB/OL]. (2021-01-10) [2021-10-10]. http://www.scio.gov.cn/ztk/dtzt/44689/44717/index.htm.

▶ 讨论题

1. 中国在此次抗击新冠肺炎疫情的战疫中使用了哪些国际经济合作方式？
2. 结合中国国情，你认为新时代中国该如何发展国际经济合作？

第三节　生产要素的国际流动与国际经济合作

一、生产要素的概念和种类

中外经济学界对于生产要素的界定一直持有不同的观点和看法，尤其是在生产要素具体包括哪些类型的分析和研究上。古典经济学家认为，劳动是创造价值的源泉，劳动是唯一的生产投入。亚当·斯密（Adam Smith）和大卫·李嘉图（David Ricardo）在"绝对成本说"与"比较成本说"中采用单个生产要素，即用劳动要素来分析当时的国际分工与国际贸易流向和利益。随着生产力的提高和研究的深入，西方经济学界认为生产要素必须包括用于生产过程的社会资源，即包括土地、劳动、资本和企业家才能。我国政治经济学界对于生产要素的解释，则从进行物质资料生产所必须具备的条件出发，因此生产要素即劳动者和生产资料。在二战之后，全球经济迅速发展，尤其是科学技术水平突飞猛进，国内外经济学界对于生产要素又增加了新的观点，提出了"六要素论""七要素论"和"九要素论"等。从这些观点概括来看，生产要素除了包括劳动力、劳动对象和劳动资料外，还应该包括科学技术、生产管理、经济信息、研究与开发等新要素。

借鉴上述几种观点的长处，并结合对国际经济合作实际业务的理论分析，本书所探讨的生产要素主要是指直接作用于生产过程，并且使生产过程得以正常进行所必需的各种物质条件和非物质条件，通常包括资本、劳动力、技术、土地、经济管理和经济信息等六种主要要素形式。

资本是指通过直接和间接形式最终投入产品生产过程的资本货物（指机器设备、厂房、建筑物和原材料等）和金融资产（指股票、债券和借款等）。作为生产要素的资本具有以下两大特征：第一，资本量决定着一个产业的具体性质，如资本密集型或劳动密集型等，在要素密集型不可逆的假定条件下，或者在大致范围内，特定的产业决定着一定的资本劳动比或最低资本量；第二，作为生产要素，资本必须表现为一定的形式。从生产资本角度来说，资本是不可以流动的，因为它已成为特殊产品生产所需要的生产原料和生产设备，它们具有产业和产品的特殊规定性，从一个产业转移到其他产业，从一个国家流入其他国家，均受到严格的限制和要求。货币资本能够流动，但只有当它的流动转化为生产资本成为生产要素时，我们才考察它的意义。

劳动力是指可用于生产过程的一切人力资源，不仅包括体力劳动者，也应包括脑力劳动者，劳动力与劳动是两个关系密切但又有区别的概念，劳动是劳动力的使用和消费，即人们在生产中付出体力和智力的活动。而劳动力在最简单的意义上就是指劳动者的数量（有时甚至仅指一国的人口数量，而不管年龄结构和在各国退休制度下的实际劳动力人数）。

技术是指制造某项产品、应用某项工艺或提供某项服务的系统知识，投入要素的表现形态可以是文字、表格、数据、配方等有形形态，也可以是实际生产经验、个人的专门技能等无形形态。技术是指特定的技术，即与某种产品的生产有关的技术，不同的产业需要不同的技术，技术不存在通用性。但技术有高低之别，这种高低之别又有两种意义：一是同种产品的生产技术的比较，它直接影响到产品的质量和数量；二是一国总体水平的比较，这既是所有产业比较的综合反映，也包括一国拥有另一国不具备的技术，从而有另一国不存在的产业的含义。但技术是不断进步的，其本身很难定量，技术的经济意义可以用其他方式来测定，例如技术进步率、技术在经济增长中的贡献等。

土地是一个广义的概念，不仅包括土地本身，还包括地上的自然资源和地下的矿藏资源。土地的特殊性在于其丰裕程度的差异，这种差异会导致等量资本或劳动的投入有不等量的产出。同时土地资源的特殊性在于其多样性和不可替代性，不同资源在相应的工业用途上基本都是不可替代的。资源的这种特殊性决定了资源开发的重要性和资源流动的可能性。

经济管理要素又称"生产组织要素"或"企业家才能要素"，它是指人们为了生产和生活的需要而采取的对经济活动过程的一种自觉控制，即通过计划、组织、指挥、监督和控制等手段，使生产过程中的各种要素在时间、空间和数量上组成更为合理的结构，实现最佳效益。

经济信息要素一般是指与产品生产、销售和消费直接相关的消息、情报、数据和知识等。经济信息是经济运动过程中各种发展变化和特征的真实反映，具有可传递性、可再生性、可处理性、可贮存性、可共享性等特征。

二、生产要素国际流动的原因

实际上我们在研究导致生产要素国际流动的原因的时候，需要考虑各种各样的制约和影响因素，因此对生产要素国际流动原因的分析就较为复杂和困难。通常情况下，能够影响生产要素国际直接流动的具体原因主要包括：各国（地区）之间生产要素禀赋的差异、各国（地区）之间经济发展水平的不平衡性和各国（地区）政府的干预。

（一）各国（地区）之间生产要素禀赋的差异性

由于受到自然地理条件、经济发展程度和科学技术发展水平等因素的影响，各国（地区）之间的生产要素存在着较大差异。这种差异主要表现在以下几个方面。

（1）各国（地区）之间资本要素的差异。这种差异主要是由各国（地区）之间的历史原因和经济科技发展水平不同所决定的。资本充足的国家对于资本密集型产品的生产具有巨大的优势。在历史发展过程中，发达资本主义国家通过原始积累和殖民主义的对外经济政策获取了大量建立现代化工业的资本。在二战之后，科学技术的飞跃更加促进了社会劳动生产率的提高，从而推动了当今发达资本主义国家的资本积累。因此，发达资本主义国家与发展中国家在发展经济的资本要素方面具有非常显著的差别。

（2）各国（地区）之间劳动力要素的差异。这也是影响经济发展的一个重要因素。人口稠密的国家在生产劳动密集型产品的过程中具有十分显著的优势。通常来说，受历史影响，一般发展中国家的劳动力资源比较丰富，因此，二战后劳动密集型产品的生产主要集中在发展中国家。

（3）各国（地区）之间技术要素的差异。技术是一个在国际上流动但又不具备十分完善的市场环境的生产要素。尤其是二战之后，一些主要的资本主义国家又开始了新的科学技术革命，这次科学技术革命首先发源于美国，随后，欧洲和日本也迎头赶上，在这一过程中，国际技术转让起到了很大的作用。一个国家在科学技术上的优势，决定了该国在技术密集型产品生产方面具有有利条件。发达资本主义国家由于技术相对发达，其技术密集型产品的生产条件也大大优于发展中国家。

（4）各国（地区）之间在其他生产要素方面的差异。各国（地区）之间在土地要素、经济信息要素和经济管理要素等方面也存在一些差异。由于各国（地区）所处的纬度位置和地理条件的不同，又由于社会历史因素，各国（地区）的国土面积、土地情况和气候状况都不尽相同。土地要素丰富的国家或地区，土地价格会相对低廉，相反则会相对昂贵。土地要素的丰富，也有利于进行土地和资源的开发与利用，从而有助于土地和资源密集型产品的生产。

经济信息要素和经济管理要素对于经济发展来说也是不可缺少的因素。经济信息虽然是一种无形的非物质的生产要素，但是当它与其他有形的生产要素结合在一起时，就能够对产品的生产、销售和消费等产生巨大的影响。经济管理要素既包括整个国民经济的宏观管理，又包括微观企业的管理。总的来说，发达资本主义国家在这些要素上会丰富一些，而发展中国家则会相对稀缺。

（二）各国（地区）之间经济发展水平的不平衡性

制约和影响生产要素在各国（地区）之间流动的第二个关键因素是各国经济发展水平不一致。发展中国家如何从不发达的经济状态进入经济发达国家行列，如何提高本国人民的社会福利水平，都和正确的国内经济发展战略及合理的对外经济战略密切相关。

从各国经济结构角度来看，各产业间、各部门间、各类产品生产间的比例在经济发展水平相差悬殊的国家间会产生不一致，即使在经济发展水平相近的国家间也不会完全一致。这种经济发展的不平衡性从两个方面促进了生产要素进行跨越国界的移动：一方面，各国在生产能力、生产结构上的不一致，导致了对于要素的需求在种类、数量和质量上的不一致；另一方面，从要素供给的角度来看，各国在要素禀赋、要素创造方面的不一致，使得各国在各类要素的可供量上也存在种类、数量和质量上的不一致。这种来自供给和需求两个方面的促进因素，将直接造成要素在国际市场上的供求状况的差异，进而造成它们的价格差异。有了价格差异，如果各国又不对要素流动施加限制，生产要素就将会为获取更高的报酬而开始流动。这是因为生产要素的国际直接流动是一国参加国际分工的重要表现形式，获取绝对利益和相对利益是生产要素发生国际流动的根本原因。

（三）各国（地区）政府的干预

在这里，我们主要分析各国（地区）政府采取的鼓励性干预措施对生产要素国际流动的影响。从目前国际市场的发展来看，各国（地区）政府采取的鼓励性干预措施对生产要素的国际直接流动产生了巨大的推动作用，是促使生产要素流动的一个重要原因。这种干预措施所采取的主要手段有行政手段（颁布有关行政的政策或条例）、法律手段（以法律形式固定有关条文）、经济手段（如税收或者汇率方面的优惠政策）和国际协调手段（通过双边政府首脑会议或多边国际组织），干预的范围涉及各种生产要素。就干预措施中的法律手段而言，涉及资本要素流动的有外商投资法和海外投资法等，涉及技术要素流动的有技术转让法、专利法和商标法等，涉及劳动力要素流动的有外国劳工管理法和本国劳工输出管理法等，涉及土地要素流动的有经济特区法和有关土地出售与出租方面的法规等。尽管政府干预的动机多种多样，但如果就经济动机来考量的话，政府的一切干预手段都是着眼于鼓励本国充裕要素的流出和本国稀缺要素的流入，从而缓解本国在生产要素数量、质量和结构方面的不平衡，直接和间接地提高本国要素的收益率。

三、生产要素国际移动的经济效应

生产要素国际移动的经济效应主要表现在以下三点。

（一）促进了生产要素在国际上的互通有无

生产要素从要素禀赋丰富的国家流向稀缺的国家从而获得较高的收益是生产要素移动的一般经济规律。在经济发展的过程中，任何国家都不可能拥有其经济发展所需要的一切资源和生产要素结构，只有通过发展与其他国家间的经济合作，才有可能获得自己所不具备的或短缺的生产要素，才有可能将自己多余的、闲置的生产要素转移到这种要素缺乏的国家。

（二）推动了生产要素在全球的合理优化配置

通过生产要素的国际移动，一个国家可以从其他地区获得本国稀缺并且价格相对昂贵的生产要素，解决各自经济发展中出现的问题，诸如资金和技术问题、劳动力和资源短缺问题等，弥补各国在自然资源方面的差异性。不仅如此，生产要素的国际移动还促进了产品生产过程中要素组合的最合理配置，使原先由于缺少某种要素而闲置的生产要素得到合理利用，从而推动生产要素在全球的合理优化。

（三）带来了规模经济效益

现代化工业生产要实现规模经济需要具备一定的条件，如生产要素的种类和数量、足够大的产品销售市场等。生产要素的国际移动促使要素从丰富国家向稀缺国家移动，促进了生产要素在国际上的互通有无和合理优化，为各国产品生产规模的扩大和要素产生更大的经济效益提供了必要条件。同时，国际经济合作扩大了产品的销售市场。这些都为参与国际经济合作的国家（地区）和企业带来了规模经济效益。

案例 1-4

2019 年《中国对外贸易形势报告》

2019 年，面对世界经济增长低迷、国际经济贸易摩擦不断、国内经济下行压力加大等诸多困难挑战，在以习近平同志为核心的党中央坚强领导下，商务部会同各部门、各地方坚决贯彻党中央、国务院决策部署，完善稳外贸政策措施，深入推进"五个优化""三项建设"，培育外贸新业态新模式，积极主动扩大进口，扎实推进贸易高质量发展。在全球经济贸易整体放缓背景下，中国对外贸易逆势增长，规模创历史新高，实现稳中提质，高质量发展取得新成效，对国民经济社会发展做出积极贡献，为全球经贸复苏增长注入动力。

2019 年，中国货物贸易进出口总额 31.54 万亿元，比 2018 年增长 3.4%。其中，出口 17.23 万亿元，增长 5.0%；进口 14.31 万亿元，增长 1.6%；贸易顺差 2.92 万亿元，增长 25.4%。全年进出口、出口、进口规模均创历史新高。据世界贸易组织（WTO）统计，2019 年，中国货物出口额占全球货物出口总额的比重为 13.2%，比 2018 年提升 0.4 个百分点，出口占国际市场份额稳步提升；货物进口额占全球货物进口总额的比重为 10.8%，与 2018 年持平，进口占国际市场份额保持历史最高水平。

中国的贸易伙伴遍布全球，市场多元化战略成效显著。2019 年，中国对前四大贸易伙伴欧盟、东盟、美国、日本进出口额合计占同期中国进出口总额的 48.1%。中国与"一带一路"沿线国家贸易发展势头良好，合作潜力不断释放，正在成为拉动中国外贸发展的新动力。

资料来源：中国政府网，《中国对外贸易形势报告（2020 年春季)》。

▶ 讨论题

1. 你认为中国对外经济贸易业务中的主要方式有哪些？
2. 在国际经济合作中会涉及哪些生产要素的国际流动？不同国家（地区）间的生产要素国际流动有何不同？

第四节　新经济全球化与国际经济合作

经济全球化是世界经济发展的重要趋势，是世界科技革命和市场经济发展的重要结果，是一场深刻的革命，它的发展不以任何国家、个人的意志为转移。面对经济全球化浪潮，各国（地区）都不可避免地被卷入其中。

一、经济全球化概况

（一）经济全球化的内涵

"全球化"一词最早出现在 20 世纪 60 年代的美国与法国。70 年代，全球化已经成为世界各国及学术界广泛使用的词语。到 1992 年，当时的联合国秘书长布特罗斯·布特罗斯-加利在联合国日的致辞中说："第一个真正的全球化时代已经到来。"

欧洲委员会给全球化做了如下定义：全球化可以界定为由于商品和服务的流动，也由于资本和技术的流动而引发的各国市场和生产相互依赖程度日益提高的过程。国际货币基金组织提出，全球化是"通过贸易、资金流动、技术涌现、信息网络和文化交流，世界范围的经济高速融合，即世界范围各国成长中的经济通过正在增长中的大量与多样的商品劳务的广泛输送，国际资金的流动，技术更快捷广泛地传播，而形成的相互依赖现象，其表现为贸易、直接资本流动和转让"。

随着全球化进程的加深，它对国际社会的影响触角不断扩张，内涵日益丰富，几乎覆盖了人类生活的各个方面，经济全球化逐渐成为全球化诸多表现形式的一种。经济全球化这个概念的产生究竟源于何时，现在已经很难有定论，但是可以确定，它是在 20 世纪 80 年代中期随着世界经济的迅速发展而开始出现的。随着以原子能、电子计算机和空间技术的广泛应用为主要标志的第三次科技革命和产业革命的深入，跨国公司的兴起和发展，以及国际经济组织和区域经济一体化组织的大量建立与发展，促进了资本、人员和技术等生产要素在全球范围的优化配置，从而带动国际贸易的迅猛增长，资本流动迅速增加，各国的经济合作交流也达到了新的高度。

经济全球化是一个综合性的概念。从现象来看，它是指货物、服务、生产要素以及伴随着市场交换的信息与观念等的越来越多的跨国流动和配置。从组织和制度安排的角度看，它是已有组织和制度的演变及新的组织和制度的产生与功能演变。经济全球化实质上就是各国生产力和生产关系大融合的过程，是世界各国经济从相互隔离走向相互统一和相互依赖的发展过程，是世界经济由各国经济的机械组合演化为一个整体的发展过程。当前的全球经济是一个充满矛盾的统一体，是一体化与分散化、国际化与本土化、多样化和单一化的辩证统一。

经济全球化既是一个事实，又是一个过程。事实上，进入 20 世纪 90 年代以来，随着经济的发展、科学技术的进步和国际分工的深化，各国和地区经济相互开放和相互融合，商品、服务、资本、技术、人员等要素的流量越来越大，经济相互依存和相互作用的程度不断加深。同时，经济全球化也是人类朝着世界经济一体化发展的过程，是生产力和国际分工向着高级阶段发展的必然结果。

综上所述，经济全球化是指资本、技术、劳动力、信息、资源等在全球范围内进行配置和重组的过程，是生产、贸易、金融、投资等经济行为超越一国（地区）领土界限的大规模活动，是世界各国、各地区经济高度依存和融合的表现。

（二）经济全球化的实质

20 世纪 90 年代以来，随着经济全球化迅速发展，世界各国之间的经济交往限制逐渐减少，超出国家范围的经济活动所占比重越来越大。经济全球化的实质是资本的全球化，也就是世界市场形成的过程。

它已经历了三个阶段：第一阶段是商业资本的全球化，形成全球化商品市场；第二阶段是借贷资本的全球化，形成全球借贷市场；第三阶段是二战以后，以跨国公司为中心的产业资本全球化，形成国际直接资本投资市场，并进一步带动了商业资本和借贷资本的国际化。事实上，经济全球化就是这三种资本形态完备的全球化。因此，虽然经济全球化的每个阶段各有其特点，但是资本关系向全球化扩张这个实质并没有改变。

从上述三个发展阶段来看，尽管各有特点，但就其所体现的国际经济关系而言，具有共同的本质性，而这种共同的本质属性又具有两重性：一方面，世界经济关系一般的经济全球化的实质是以新技术为动力，促进以不断开拓的世界市场为依托的经济、金融、技术的全球性交融的扩展与深化，因而它是世界生产力的飞跃和现代物质文明与先进文化普及的推进器；另一方面，世界经济关系特殊的经济全球化的实质是以技术、资本为手段，以生产基地和市场占领为依托，实现大国资本生产方式的全球性扩张，因而这种全球化有利于技术、经济、金融势力强大的西方大国实现其追逐最大限度的垄断超额利润和经济、政治上的"霸权主义一体化"的战略目标。由于发展中国家在这方面处于劣势，因此在融入经济全球化的大循环中，只有保持自己国家的民族经济发展的基本主权，才能维护自身利益。

经济全球化是以发达国家为主导、以跨国公司为主要动力的世界范围内的产业结构调整，它不但反映了一些产业的整体转移，更重要的是反映了同一产业的一部分生产环节的转移。这两项转移不只是在一个国家内部进行，还在全球范围进行产业结构调整，大体上可以采取两种形式：一种形式是发达国家之间，通过跨国公司之间的相互交叉投资、企业兼并，在更大的经济规模基础上配置资源、开拓市场、更新技术，从而实现发达国家间的技术和资金密集型产业的升级；另一种形式是发达国家把劳动和资源密集型的产业向发展中国家转移，特别是把这些产业（包括高技术产业）的劳动密集型生产环节向发展中国家转移。这促成了 20 世纪 90 年代以来发展中国家吸引外资总量的增加。

（三）经济全球化发展的原因

经济全球化发展有以下深刻的原因。

1. 生产力与科学技术的迅猛发展是促成经济全球化发展的根本动因

经济全球化发展是国际分工不断深化的结果，而生产力是国际分工形成和发展的决定性因素：一切分工，包括国际分工，都是生产力发展的结果。生产力的发展客观上要求分工的不断深化，使得一国内部的分工向国际分工发展。特别是科学技术革命促进了先进机器设备的大规模应用和生产过程、工艺过程的不断改善，推动了生产能力的提升和生产规模的扩大，加强了生产专业化的趋势。

二战以来，科学技术革命加快了世界各国调整产业结构的步伐，世界范围内的垂直型和水平型分工不断深化。跨国公司为了取得分工效率和实现规模经济效益的最大化，通过开展跨国投资活动，在全球范围内配置资源和组织生产经营活动，从而推动了国际货物贸易的快速发展。为了保障跨国投资、跨国生产、跨国货物贸易的高效运行，必然要求国际服务贸易的快速发展。

总之，经济全球化适应了生产力发展的内在要求，能在世界市场范围内提高资源配置效率。而科学技术进步为经济全球化创造了技术条件，它为人类提供了快速高效的通信手段和交通运输工具，大大降低了国际贸易的成本，极大地推动了经济全球化的发展。

2. 市场经济是经济全球化发展的重要动因

经济全球化是市场经济发展的直接的内在要求。开放性是市场经济内在的本质的要求。市场经济作为一种合理配置资源的方式，要求在国内彻底打破任何形式的封锁和垄断，实行对内开放，以形成全国统一的大市场；同时要求实行对外开放，实现国内市场与国际市场的衔接和融合。只有充分利用国内和国外两种资源，开拓国内和国外两个市场，才能真正实现资源的优化配置。因此，市场经济的发展客观上要求市场规模的不断扩张，使得一国的国内市场向国际市场扩张。全球化的主要标志正是以市场机制为核心的全球经济系统的形成。

3. 不断完善的国际经济运行规则为经济全球化提供了制度保障

世界银行、国际货币基金组织以及关贸总协定（现世界贸易组织），为二战以后国际经济秩序构建了基本的制度框架，特别是战后关贸总协定的多轮谈判以及世界贸易组织的建立和运行，不断细化和强化了国际经济规则对各个国家和地区的约束，从而推动了经济全球化的发展。

4. 各个国家和地区的开放政策也是经济全球化发展的动力

发达国家凭借其经济优势，不遗余力地推行贸易与投资自由化。一些发展中国家与地区通过实行外向型经济发展战略，取得了经济发展上的成功，从而对许多发展中国家产生了强烈的示范效应。随着发展中国家与发达国家之间比较优势的变化，发展中国家不仅输出农产品和初级产品，而且逐渐成为劳动密集型商品的重要供给者。为此，发展中国家提出了削减贸易与投资壁垒的要求。"冷战"结束后，苏联等东欧国家也通过实行开放政策来促进经济转型和经济发展。

（四）经济全球化的重要特征

1. 生产全球化

生产活动的全球化是经济全球化的高级形式，主要表现为生产经营的跨国化，它是生产领域中最显著的国际现象，也是国际经济关系紧密发展的表现。生产活动的全球化具体表现为跨国公司的全球化生产战略。2021 年，全球跨国公司总数已超过 8 万家，其中国有跨国公司数量约为 1 600 家。据联合国贸发会议（UNCTAD）发布的《2021 年世界投资报告》，2020 年，发达经济体的跨国公司的海外投资额为 3 470 亿美元。在全球国际直接投资中所占的份额为 47%。跨国公司的运行与发展情况日益成为国际博弈的"晴雨表"。近年来，发展中国家的跨国公司不断涌现。所有这些把世界各国的经济越来越紧密地联系在一起。

2. 市场全球化

市场全球化是经济全球化发展的目标。市场全球化主要是指各国经济的高度开放和国际市场结为一个共同市场的过程。在这个共同市场上，资本、商品、技术、服务、劳动力等要素可以高度自由流动，任何阻碍都将被取消。

3. 资本全球化

资本全球化是经济全球化的重要组成部分。随着经济全球化进程的加快，世界各国都对其外资政策进行了调整，由限制趋向宽松。不仅发达国家，越来越多的发展中国家也在积极采取措施，一方面大量吸引外资，另一方面又积极进行对外投资。正因为如此，世界投资额迅速增加，投资活动遍及全球，全球性投资规模框架开始形成。

资本全球化的主要特点如下。①国际投资的主体和投资方式日益多元化。美、日等发达国家都继续扩大本国在国际投资领域的影响，它们利用高新技术优势和资本优势，一直保持着对外投资大国的地位。而广大的发展中国家通过外向型战略的实施，经济实力明显增强，也加入对外投资的行列中。②国际直接投资的总量增长迅速，成为世界经济增长的主要推动力。③各国政府对外直接投资的政策正在走向自由化。据联合国贸易和发展会议发布的投资报告，目前世界上大多数国家实施了投资自由化政策，并对外资的国民待遇、利润汇出、再投资方面给予政策优惠。各国的投资环境也明显改善。

4. 金融全球化

基于生产和贸易全球化，金融全球化的进程也在大大加快。金融全球化的发展使全球各地金融市场相互贯通，联系密切，系统风险增大，金融市场一体化逐步加深。

从历史发展过程来看，金融全球化迅速发展主要表现在：经济全球化加速了资本流量的增长，使国际资本规模空前扩大，金融市场大发展的作用是提供一种机制，使人们的投资迅速转化为有形投资，电信技术的发展使全球资本交易在几秒钟内完成，这样遍及全球的资本市场和证券机构促进了全时区、全方位的一体化国际资本市场的形成。20 世纪后期，随着金融市场的全球化加速发展，金融中心数目开始增多，出现了大量离岸金融市场、地区性金融中心和全球性金融中心。

5. 信息全球化

经济全球化的发展离不开信息技术革命的推动。20 世纪 80 年代以来，微电子技术、通信和信息技术迅速发展，一方面改变着人类的思想观念、思维方式和生活方式，另一方面改变并创造出新的生产和交易方式，更直接地加快了信息流通，使地区之间的联系更加密切，消除了地域隔阂，大大降低了国际通信费用和交易成本，成为当今经济全球化的重要推动力。

6. 消费全球化和生活方式趋同化

消费全球化是生产全球化的产物，是生产全球化不断向消费领域渗透的结果。但必须注意的是，消费全球化并不意味着世界消费结构和消费水平的完全相同，它主要表现为消费观念和消费方式上的相互影响以及趋同。在消费全球化的过程中，跨国公司实施的本地化策略以及广泛持续的广告宣传起到了重要的作用。

二、经济全球化对国际经济的影响

经济全球化是当今世界发展变化的深刻背景和根本趋势。正确认识和妥善应对全球化，不仅有利于促进科学发展、和谐发展与和平发展，而且有利于促进国际体系转型、和谐世界建设与人类文明进步。目前，经济全球化已远远超出经济领域，正在对国际政治、安全、社会和文化等领域产生日益广泛的影响。

（一）经济全球化的积极作用

经济全球化的积极作用主要有以下几个方面。

1. 促进发展模式创新

经济全球化促进生产、资源、人员、贸易、投资和金融等生产要素在全球优化配置，降低成本和提高效率。跨国公司已发展到在全球布设研发、生产、销售链条的全球公司阶段。经验显示，一国经济开放度提高与其人均 GDP 增长之间呈正比。无论一个国家的发展模式如何调整变化，如果不考虑全球化因素，不利用全球化机遇，就不可能探索出先进的发展模式。

2. 促进国际利益融合

利益融合既表现在经济领域，又表现在其他领域；既表现在双边领域，又表现在多边领域。国家间经济相互依赖程度逐步深化，俱荣俱损局面开始形成。全球经济链条越拧越紧，一国经济发展对全球经济发展的依赖增强。除国家利益外，共同地区利益和全球利益明显增多。利益融合有利于国家关系改善，国家间协调合作增多，出于不同利益而不断形成不同的"志愿者联盟"。谋霸权、搞对抗，坚持集团政治和"冷战"思维越来越不得人心。

3. 促进安全内涵扩展

安全已从传统安全领域扩展到非传统安全领域。恐怖主义、经济安全、环境恶化、气候变暖、疫病蔓延、移民浪潮和跨国犯罪等非传统安全问题威胁增大，涉及经济、民生、社会和自然等广泛领域。非传统安全主要由人类发展的不科学、发展与社会和自然的不协调引起，其实质是发展问题。非传统安全问题模糊了安全与发展的界限，增大了国际安全合作的紧迫性，挑战着传统安全的主导地位，缓和了国家间的军事对抗关系。例如，恐怖主义和气候变化不是任何单一国家能够解决的，美国在反恐中不得不多方借重国际社会。

4. 促进国家主权转移

全球化促进了国际组织的发展。仅 1990 ~ 1998 年，国际组织就从 26 656 个增至 48 350 个，其中政府间国际组织 250 多个。政府间国际组织成为全球性规则的制定者和监督实施者、全球性问题的管理者和全球性争端的解决者。世界贸易组织在其《关于争端解决规则与程序的谅解》中，全面规定了世界贸易组织解决贸易争端的政治方法、法律方法、裁决执行与监督以及救济办法等，并专门设立了争端解决机构。的确，国家仍然是国际社会的主要行为体，国家主权仍然是国家至高无上的权力，但在全球化背景下，一个不争的事实就是，国家主权在越来越多地向政府间国际组织转移。比如，向联合国、地区组织转移政治、外交和军事权力，向世界贸易组织、国际货币基金组织、世界银行和全球公司转移经济权力，向各种各样的其他非政府国际组织转移社会权力。全球化还促使一国的国内规则逐步与国际规则协调一致。

5. 推进国际体系转型

现行国际体系的主要特征是：由西方特别是美国主导，国家间名义上平等而事实上不平等，霸权主义和"问题国家"得不到有效制约。现行国际体系在应对日益增多的全球性问题方面日渐乏力，其调整、完善和转型乃大势所趋。今后几十年内新的国际体系有可能基本形成，其主要特征有以下五个。

一是世界格局多极化。由于新兴大国和广大发展中国家的振兴，国际力量对比正在发生有利于多强而不利于"一超"、有利于发展中国家而不利于发达国家的变化，"一超"与多强、南方与北方两个力量对比失衡问题有望最终解决。

二是西方与非西方国家共同主导。将来随着美国"一超"地位和西方力量优势的逐步丧失，西方的主导地位将难以维系，多极、西方与非西方将共同主导新的国际体系，国际关系民主化将得到发展。

三是国际组织作用增强。国际组织和国际规则将进一步充实、完善和强化，对大国和"问题国家"的约束将得到加强。

四是国际治理多样化。全球性问题增多将促进国际治理模式多样化，如国家治理与全球治理、大国共治与中小国家共治、全球性国际组织治理与地区性国际组织治理等相互结合和相互补充。

五是和平渐进性。以往国际体系的变革都是通过战争实现的，这一次国际体系转型可能在保持总体和平状态下，通过大国之间、南北方国家之间的斗争、协商、妥协，以渐进式改良逐步完成。

6. 推进人类文明进步

人类有可能在全球化、全球性问题、全球利益和全球治理的基础上，形成人类新的共同价值观念和新的人类文明，打破西方在人类文明中的主导地位，实现对西方文明的总体超越。

（二）经济全球化的消极作用

我们在看到经济全球化的积极作用的同时，对其逐渐积累的负面作用也不能忽视。

1. 经济危机

随着全球经济链条日益紧密，能源价格大幅攀升等因素诱发全球经济衰退甚至危机的可能性增大。这种情况一旦发生，其传导的速度、影响的深度可能远远超过以往的世界性经济危机。此外，气候变化、环境恶化等问题也会威胁全球与各国经济可持续发展。

2. 社会动乱

全球化导致国家间和国家内部贫富差距扩大，发达国家与发展中国家内部的社会矛盾都有可能激化。如美、英、法等发达国家传统产业大量外移，失业问题凸显，社会风潮增多。全球化还使各国国内因素与国际因素的联系和互动增强，国际问题诱发国内动荡、国内问题引发国际动荡的概率都在增大。

3. 大国对抗

有的国家背离全球化的演进方向，背离人类历史前进的步伐，没有放弃搞霸权主义，没有放弃搞战略扩张，没有放弃搞军备竞赛，没有放弃遏制其他新兴大国，特别是其还将在一二十年内保持战略优势，一旦摆脱当前的战略困境，仍有再次挑起大国对抗的可能，那将对国际体系的转型、人类和平进步事业产生严重危害。

4. 地区动荡

全球化中边缘化的国家、霸权主义、恐怖主义、核扩散等，使 21 世纪头 20 年内地区热点随全球化深入继续增多，使地区热点对全球安全形势的牵动作用增大，使国际形势在总体和平状态下局部动荡继续加剧。

三、新经济全球化发展变化趋势

近年来，贸易保护主义和单边主义在一些发达国家愈演愈烈，经济全球化屡屡遭遇波折。但是历史经验表明，贸易自由化趋势不可逆转，经济全球化潮流难以阻挡。

（一）新经济全球化产生的背景

2017 年 1 月特朗普上台，其奉行的"美国优先"理念在美国对外政策上表现出来的霸权主义行为愈演愈烈，在 2018 年爆发了大规模的全球贸易摩擦。特朗普以美国外部经济不平衡为借口，完全不顾美元体系外部不平衡的内生性和美国国内储蓄不足的客观事实，以"逆差就等于吃亏"的非经济学逻辑，悍然对美国主要贸易顺差国发起了严重的贸易摩擦。而 2018 年爆发的全球贸易摩擦具有广泛性。美国与欧洲、中国、日本、加拿大、墨西哥等都发生了贸易摩擦，这些国家和地区的经济总量占全球 GDP 的近 70%。这一场贸易摩擦的规模在历史上也是空前的，并且具有长期性和艰巨性。特朗普发起的贸易摩擦非经济学逻辑的背后，揭示了特朗普及美国整个社会对世界经济多极化发展趋势的担忧，尤其是对中国快速发展与成长的焦虑。中国自 2001 年加入世界贸易组织以来，严格履行世界贸易组织规则，在世界全球化过程中取得了快速的发展，同时也为世界经济增长和发展做出了巨大的贡献。而美国通过贸易摩擦来遏制竞争对手中国，这是一场中美之间的经济竞争，尤其是技术竞争。这将成为一场残酷的持久战，中兴事件、华为事件和福建晋华事件等充分说明了这一点。从这个意义上说，美国以不平衡为借口发起的中美贸易摩擦的性质和范围正在发生变化：贸易摩擦是表面现象，深层次的原因是美国通过利用贸易摩擦，并利用自己的同盟国关系来阻碍中国快速的技术进步。发达经济体主动发起贸易摩擦是为了维持其技术的先进性和垄断性，阻止南北技术差距的缩小。

从经济全球化历史进程来看，20 世纪 80 年代中后期经济全球化的兴起、技术的进步等因素使得国际贸易和投资成为全球经济增长的重要动力。特朗普上台后，以经济民族主义和重商主义的思维和行动试图逆转原有的经济全球化趋势，并希望通过经济全球化的重塑，实现有利于美国利益的经济"新全球化"，即"美国优先"。

而在这样复杂的国际经济局势下，我们仍然可以看到，经济全球化的基础条件依然稳固，国际贸易和经济格局正在加快演进，新兴市场国家将在这次经济全球化进程中发挥重要作用。各国尤其是发展中国家正在朝规模化生产、创新性发展、大范围贸易、持续性增长方向努力，都需要开拓更加广阔的国内外市场,这将为新经济全球化提供不竭源泉。中国是全球化红利的分享者和重要贡献者,在新经济全球化进程中必然发挥更大的作用。对外开放是中国经济繁荣发展的必由之路,互联互通是世界经济繁荣发展的必然选择。中国正在顺应历史潮流,实行更高层次的对外开放,推动新经济全球化持续健康发展,助力建设开放型世界经济体系。

(二)新经济全球化的推动因素

2018 年,美国以对外贸易不平衡为借口,发起了大规模的贸易摩擦,尤其是针对中美贸易不平衡,对中国高达 2 000 多亿美元的出口商品征收关税,并在 2019 年 5 月决定对另外的 2 000 多亿美元的出口商品加征关税,同时对外国尤其是中国在美国的投资严格加以限制。中国和美国作为全球第二和第一大经济体,这种贸易摩擦是对世界经济多极化导致美国在全球经济中的相对影响力下降的担忧。从当前的国际经济形势来看,推动新经济全球化的主要因素在于以下几点。

1. 中美竞争冲突

(1)经济总量的竞争。从长期看,美国经济在全球和发达经济体中的占比是下降的,而中国经济总量在全球经济中的占比快速稳步提高。1985 年,美国 GDP 占全球和发达经济体 GDP 的比重分别为 34.9% 和 44.5%,到 2008 年次贷危机爆发时,两者分别下降到 23.1% 和 33.5%,美国经济在全球的影响力直线下降。与此同时,中国 GDP 在全球经济中的占比由 1985 年美日《广场协议》时的 2.5% 上升到 2008 年次贷危机时期的 7.2%。2020 年,中国经济规模达 14.72 万亿美元,经济增速 2.3%;占世界生产总值的 17%;美国经济规模为 20.89 万亿美元,经济增速 −3.5%,占世界生产总值的 24%,中国的 GDP 规模已经相当于美国的 70%。2021 年,中国经济规模达 17.73 万亿美元,经济增速 8.1%;美国经济规模为 23.04 万亿美元,经济增速 5.7%。中国 GDP 与美国 GDP 之比从 2020 年的 70% 提升到了 2021 年的约 77%。中国经济总量与美国经济总量之间差距的快速缩小,带来了全球经济多极化的深度发展,意味着世界朝更加平衡的方向发展,引发了美国对世界经济秩序变化的深度焦虑。

(2)技术进步的竞争。中国快速的技术赶超引发了美国的焦虑。发达国家和发展中国家之间最重要的区别是技术的差异。发展中国家要提高技术可以通过多种途径:自身研发、技术转让、进口带有技术含量的资本品以及通过“干中学”机制来积累技术。但一个国家根本的技术进步,尤其是核心技术只能靠自身研发来获得。因此,研发费用强度(R&D/GDP)就成为技术竞争的重要指标。截至 2020 年年底的数据显示,在大的经济体中,研发费用强度最高的是日本,其研发费用占其 GDP 的 3.1%。美国为 2.7%,中国为 2.4%。考虑到 2020 年美国经济总量是日本经济总量的 4.12 倍,是中国经济总量的 1.42 倍,因此美国的研发总费用遥遥领先于其他国家。但如果我们根据世界知识产权组织(World Intellectual Property Organization,WIPO)数据库提供的数据,2010 年来,中国和美国则是全球申请专利数量最多的两个国家。2008 年,中国和美国专利申请数量占全球专利申请数量的比重分别为 15.02% 和 23.65%。2011 年,中国超过美国,此后差距不断扩大。根据 WIPO 发布的 2021 年《世界知识产权指标》报告,2020 年,中国以 45.7% 的世界专利申请数量、54% 以上的全球商标申请数量以及 55.5% 的世界外观设计申请数量名列世界第一。从专利申请数量看,2020 年,中国国家知识产权局重新报告增长,共受理了 150 万件专利申请,是第二大国美国的专利局受理的申请数量(597 172 件)的 2.5 倍;排在美国之后的是日本、韩国和欧洲。这五大主管局受理的申请数量共占世界总量的 85.1%。

从商标申请数量看，2020 年，中国国家知识产权局的申请数量最多，按类统计约 930 万；其次是美国（870 306）、伊朗（541 750）、欧盟（438 511）和印度（424 583）的主管局。印度的主管局超过了日本，成为商标申请数量的第五大局。从工业品外观设计申请数量看，2020 年，中国国家知识产权局受理的申请中包含了 770 362 项外观设计，占世界总量的 55.5%；其次是欧盟知识产权局（113 196 项）、韩国特许厅（70 821 项）、美国专利商标局（50 743 项）和土耳其（47 653 项）。在排名前 10 的主管局中，英国（+9.5%）和中国（+8.3%）在 2020 年的外观设计申请数量记录了强劲增长。

（3）国际市场份额的竞争。"中国制造"给美国带来巨大的压力。从人口规模及成本带来的国际分工格局来看，中国本就应该成为世界制造业大国。中国对全球贸易的贡献率在中国加入世界贸易组织（WTO）后取得了快速的增长。由于国际市场规模的有限性，如果从国际市场进出口份额来看，中美之间的竞争格局更加明显。从 2008 年次贷危机爆发后中国在国际市场上货物出口额超过美国，直到目前为止中国一直是全球第一大出口国。大量的出口使得中国成为世界上最大的贸易顺差国，大量的顺差使中国成为国际资本的重要供给者，同时也是国际资本的重要吸收者。2014 年，中国成为全球吸收海外投资最多的国家，中国已经成为全球重要的资本吸收国和重要的长期资本输出国，成为站在世界经济舞台中央的舞者之一。

因此，从经济总量、技术进步和国际市场份额的竞争等方面来看，随着世界经济多极化的深入，中国与美国之间的经济竞争格局已经形成，竞争或将成为未来两国关系的主旋律。

2. 发展方式和发展规则的冲突

2018 年的中美贸易摩擦揭示出美国要通过改变全球贸易和投资规则来抑制中国经济的中高速增长。特朗普政府以关税为基本武器发起贸易冲突，其更深层次是对中国发展方式的不满。美国通过贸易摩擦，以商业关系的改变来重塑世界经济贸易投资格局，将波及全球经济增长和增加金融市场风险。

双边贸易协定已经在一定程度上替代了多边贸易协议，全球贸易治理制度的构建是美国主导的，无处不体现美国的国际战略意图。从 20 世纪 90 年代起，以《北美自由贸易协定》的生效为标志，美国自由贸易区战略开始实施。在美国战略变化的带动下，全球区域主义开始流行。特朗普政府的贸易政策更多是基于双边的，在两国之间寻求降低贸易壁垒。在双边的框架下，美国采取侵略性单边主义迫使对手做出利益让步，频繁发动贸易战。据 WTO 统计，1958 年区域贸易协定为 2 个，1973 年增至 12 个，1990 年为 25 个，2000 年增至 94 个，2001 年为 106 个，此后仍在不断增加。截至 2022 年年初，有效的区域贸易协定数量增至 354 个。区域协议意味着全球经济的"碎片化"和全球经济大市场的分割，国外投资、全球供应链和"生产分享"正在重塑多边贸易体系，重塑 GATT/WTO 规则。

3. 金融危机促使经济全球化的模式不断变化

2008 年的次贷危机使得传统的经济全球化模式中孕育的矛盾和风险充分地暴露出来，这也促使经济全球化模式的不断更迭和发展。

金融资本输出国（地区）不断增加。除了传统的美国、日本、欧洲等国家（地区）之外，自 2008 年次贷危机以来，中国等新兴市场国家随着外汇储备和国内金融资产的不断膨胀，也开始加入资本输出国（地区）行列，并且在全球范围内开始寻找盈利空间。同时，老牌资本主义国家（地区）——美国、欧洲等消费品输入国（地区）的消费需求下降，因此这些老牌资本主义国家（地区）出于其国内（地区内）的就业压力，也势必向商品输出国（地区）转变，所以传统商品生产国（地区）和传统商品输入国（地区）都需要寻找新的商品出口和消费市场。

另外，全球性的生产能力过剩同样促使经济全球化进程加快。目前全球除了中国、东南亚等地具备强大的生产加工能力外，美国、欧洲等国（地区）的加工制造产业也在逐渐恢复正常，商品急切地需要找到新的消费市场。尤其是环境、新能源、生物等新技术的发展日新月异，这些新兴产业将推动全球产业迎来新变局。

（三）新经济全球化的新影响

2020 年是非常特殊的一年，突如其来的新冠肺炎疫情打乱了新经济全球化进程的节奏。后疫情时代的新经济全球化将会经历一次深度调整，全球化完全有可能由一个自发的过程向更加自觉的过程发展。认真反思自 20 世纪以来迅速发展的超级全球化到来的问题，可以发现，全球化不仅是利益共享，也是责任共担；全球化不仅需要坚持，更需要推向未来。因此，新经济全球化将从以下六大方面给全球带来新一轮的影响。

1. 内容更加综合

全球化虽然是由贸易和资本流动率先带动的，但其一旦产生将不止于经济领域，而是会不断向社会、文化、安全、卫生等更加广泛的领域拓展，推动世界各国全方位、多层次的接触与交流，形成相互依存、休戚与共的人类命运共同体。

2. 结构更加均衡

当前，不同国家和地区在全球化进程中仍存在领域不平衡、受益不均等、话语权不对等的问题，疫情影响下的全球化发展模式转型使得谋求全人类共同福祉的逻辑正在超越某些国家、某些群体单元的旧有逻辑，加速构建权利、义务和责任以及结构更加均衡的全球化。

3. 发展更加持续

以逐利为目的的全球化不仅引发了贫富差距和发展鸿沟的加大，还造成了生态环境不断恶化、社会问题日益复杂等问题。新经济全球化应该面向未来，基于世界的可持续发展和共同福祉采取行动，以人类的全面进步为追求，重构兼顾当下与长远利益的全球化发展模式。

4. 治理更加有效

疫情的全球蔓延叠加百年未有之大变局更加暴露出全球治理体系存在的短板和不足，新经济全球化需要吸引更多主体参与全球治理，丰富全球治理形式，巩固多边合作基础，形成与新经济全球化相匹配的共商、共建、共享的高效治理体系。

5. 利益更多交会

如果说之前的经济全球化使各国的现实利益联系更加紧密，新经济全球化则需要更多人类共同价值的支撑，努力解决全球面临的共同问题，如气候变化、生态环境、生物安全问题等。同时，还要协调和满足不同社会制度、不同文化背景、不同发展阶段的国家和人民的价值追求，推动彼此价值的认同和携手发展。

6. 技术更加创新

全球化因经济而兴起，随技术而深化。如今智能技术在各个领域大显身手，渐渐打破横亘在不同文化之间的语言等障碍。相比信息化，智能化将更加深刻地影响全球化走势，成为新经济全球化的重要推动力。

四、新经济全球化与中国

当前复杂多变的国际经济政治局势和新经济全球化模式的加速转变对正在高速发展的中国也提出了新的要求，能否适应新形势的发展变化并做出相应的调整，决定了未来中国能否在新经济全球化进程中占据自己的一席之地。完善全球治理问题既需要政治、经济、技术角度的思考，更需要文化、文明、价值的视角。中华文明在几千年的发展中形成了朴素的天下观和深厚的世界大同理念，蕴含着丰富的命运共同体基因，这将为新经济全球化提供有益的启示和借鉴。与冲突和对抗相比，尊重、求同存异才是化解问题与冲突的更智慧和更有效的方式。

（一）新经济全球化对中国政治发展的影响

随着经济的飞速发展，全球化已经成为当今世界的潮流。各国纷纷加入经济全球化的浪潮中，当然中国也是其中的一员。随着改革开放和社会主义现代化建设的深入发展，处于新经济全球化浪潮中的中国与世界经济的整体联系日趋紧密。可以肯定，新经济全球化对我国的建设和发展必将产生越来越广泛而深刻的影响；同时，它也给发展中的中国政治稳定带来了严峻的挑战。

首先，新经济全球化对国家主权、国家利益和国家安全提出了挑战。当今世界的主题是和平与发展，中国的发展需要一个和平的发展环境，但是，当今国际局势并不十分安宁，霸权主义和强权政治依然是国际经济政治动荡不安的主要根源，对我国社会主义制度和国家安全产生直接和巨大的威胁。2018 年中美贸易摩擦带来的紧张经贸关系，是美国主动为之，这一行为使得"修昔底德陷阱"成为研究中美博弈的热门话题。"修昔底德陷阱"表明一个新崛起的大国必然要挑战现存大国，而现存大国也必然会回应这种威胁，这样，战争变得不可避免。这是美国及一些发达国家对中国发展模式的误读。中国是战后美国主导形成的国际经贸秩序的参与者、建设者和完善者。中国没有主张推翻现有的国际体系，而是在维护既有国际体系的前提下，推进全球治理的改革，使得更多的新型经济体和发展中国家能够从现有的体系中获得发展的动力与利益。中国清醒地认识到，虽然已成为世界第二大经济体，但经济发展质量有待加强，无论经济还是科技，与美国相比仍然存在差距。因此，目前中美之间不存在影响世界权力的交接点。

其次，新经济全球化带来的各国文化与思想观念冲突，也在一定程度上加剧了我国的政治不稳定。西方发达国家在经济全球化进程中推行的文化霸权主义，使各国在政治发展中不同程度地产生了认同性、合法性、合理性等多个方面的危机，这无疑又加大了发展中国家政治不稳定。

最后，新经济全球化对我国新一轮政治体制改革提出了新的挑战，使政治改革过程面临更大的困难、矛盾和风险，潜藏着新的政治不稳定因素。

（二）新经济全球化对中国经济发展的影响

新经济全球化作为不可阻挡的历史浪潮，到底能给中国带来什么呢？衡量经济全球化的利弊与得失，最关键的问题是要研究经济全球化给中国提供了哪些机遇，带来了哪些负面影响。

新经济全球化给中国经济发展提供了前所未有的机遇,主要表现在以下几个方面。

第一,有利于吸引和利用外资,引进世界先进管理理论和经验并实现管理创新。由于经济全球化实现了人才、资本、信息、知识和物质在全球范围内的流动,因此中国能够引进、吸收世界上的先进管理理论和经验,并根据中国的国情进行管理创新。

第二,有利于加速中国工业化进程,优化产业结构。经济全球化使中国能更快地跻身于世界经济体系之中,充分利用发达国家进行产业结构调整的机会,吸纳其技术相对先进的劳动密集型产业或生产环节,加速中国工业化进程。

第三,有利于深入地参与国际分工,发挥本国现实和潜在的比较优势,拓展海外市场。经济全球化为中国企业提供了在更广泛的领域内参与国际竞争的机会,中国企业可以通过发挥比较优势实现资源配置效率的提高,拓展海外市场,提高企业的竞争力。

第四,有利于抓住新技术革命带来的机遇,发挥后发优势,发展高新技术产业,实现经济的跨越式发展。新经济全球化促进各国科技人才、跨国公司、国家之间以及民间的全球性科技活动日趋活跃,如果能有效地利用和积极参与,就能有效地促进中国技术水平的提高。中国企业可以利用国外的技术或在外国产品的技术基础上进行创新,建立和发展高新技术产业,实现经济的跨越式发展。

但是,新经济全球化也给中国带来了一定的负面影响,主要体现在以下几个方面。

第一,外商直接投资中的控股与技术垄断,对我国企业安全、升级甚至国家总体经济安全构成威胁。

第二,尽管外债规模总体尚未达到警戒水平,但其增长速度及结构问题所带来的潜在风险不容忽视。

第三,在我国外贸依存度和资本依存度相对较高的情况下,外贸结构和外资结构不尽合理,反映世界经济波动影响的能力不强。

(三) 经济全球化对中国文化发展的影响

全球化是一把双刃剑,它既是加快经济增长、传播新技术和提高生活水平的有效途径,也是侵犯国家主权、侵蚀当地文化和传统、威胁经济和社会稳定的一个很有争议的过程。包含极端个人主义、享乐主义、拜金主义等腐朽庸俗成分的外来文化,可能会给我国社会主义文化建设带来巨大风险和灾难。

首先是西方价值观和意识形态的渗透:国际互联网和广播电台等重大传媒以轰炸式的信息冲击方式,强化其价值观念,对我们的价值观形成冲击、挤压,使部分人逐渐对其产生一定的认同与依赖,进而剥蚀我们的民族自豪感,产生对自己国家、民族的心理隔阂。

其次是对我国传统文化造成巨大冲击:受全球化的影响,有些人不加批判地介绍、宣传西方文化,而在宣传、传播中华民族传统文化方面却有所欠缺。

最后是西方“文化垃圾”严重污染社会环境:为了追求市场效应和高额商业利润,以美国为主的某些西方精神文明文化产品尤其是娱乐文化正在退化、腐朽,充斥着色情、暴力、仇恨、迷信和伪科学,崇尚享乐主义和极端个人主义。这类西方文化严重污染了社会环境,腐蚀了民众信仰。

(四) 中国应该怎样应对新经济全球化带来的影响

次贷危机和新经济全球化的加速转变对正在崛起中的中国提出了新的要求,能否适应新形势的发展变化并做出相应的调整，决定了未来中国能否在经济全球化进程中占据一席之地。如何应对新经济全球化给中国带来的影响，可以从以下几个方面着手。

1. 摆脱对美欧消费市场的过度依赖

建立亚非拉新兴消费市场。2020 年以来，随着美欧外需市场的萎缩，我国对主要发达国家的进出口大幅下降。2020 年 4 月，中国与欧盟、美国、日本的双边贸易总值同比分别下降 24.1%、17.1%、23.8%。而与此同时，中国对亚非拉新兴市场的进出口却保持相对稳定，2020 年 4 月，对巴西的进出口同比仅下降 7.1%，环比大幅增长 51.1%。

2. 运用多种金融资本手段启动亚非拉市场

由于亚非拉等国的国民收入相对较低，金融服务不发达，导致其商品消费能力较低。我国应从基础做起，推动这几个巨大市场消费能力的持续提升。

一是推动中国的银行和金融业"走出去"，在亚非拉建立金融服务网络。启动亚非拉市场为中国银行业和各金融行业的国际化发展提供了难得的机遇，中国金融业需要实施"走出去"战略，打造国际一流的银行和金融服务网络。二是通过直接投资，提升当地收入和消费能力，同时有利于消化国内金融资本，就地供给产品，减少国内资源消耗。三是通过贸易融资、项目融资、消费信贷等，拉动亚非拉国家的金融需求，支持当地公司的成长和居民的消费。四是利用中国资本市场的巨大融资能力，满足亚非拉国家公司的融资需求。

3. 通过科技进步和产业升级打造比较优势

从当前的国际经济发展情况来看，亚非拉国家市场未来也是美国、欧洲发达国家（地区）和其他新兴市场国家（地区）争夺的主要市场，竞争将非常激烈。中国应通过科技进步和产业升级，使出口产品具有除劳动力成本之外的技术比较优势，提升竞争力，赢得市场先机。要抓住科学技术是第一生产力这个决定性因素不放，把加快科技进步放在经济社会发展的关键地位，使经济建设真正转到依靠科技进步和提高劳动者素质上来。

4. 内外部平衡发展将成为全球经济发展的新模式

由于全球经济增长前景不容乐观，国际市场容量难以有大的扩展。在贸易摩擦长期化的态势下，扩展国际市场份额将越发困难。因此，对于中国这样的出口导向型经济体来说，一方面要更加重视内需，扩展和利用国内大市场将成为急需解决的问题。另一方面，在国际市场容量的存量和增量给定的情况下，尽管扩展外需困难重重，但开拓新市场仍是必然的选择。

5. 严格防止西方敌对势力借经济全球化对我国国家主权进行干涉

社会主义国家在经济全球化进程中，必须顶住来自发达资本主义国家的压力，采取正确的战略和策略。要防止它们利用经济全球化达到干涉中国内政的目的，进而危及我国的国家主权、安全和政治稳定，对其"西化""分化"中国的战略图谋要保持高度警惕。

6. 加强民主法治建设，增强我国在经济全球化条件下的政治发展能力

新经济全球化对我国政治发展的挑战主要是西方国家打着全球化的旗号，对我国社会主义制度进行大肆攻击。在这个问题上，中国必须坚持原则，发挥自己的优势，决不照抄照搬西方的模式。但同时，中国也要积极稳妥地推进政治体制改革。经济全球化并不意味着减少政府的责任和作用，相反，这将使政府在全球化进程中担负起加强和改善宏观调控、促进经济和社会协调发展、加强法治建设、为改革开放和现代化建设创造良好的社会环境等重任。

五、国际经济合作与经济全球化

国际经济合作是国际经济交往的重要方式。全球化意味着融合与一体化，必然引发国家之间的相互依赖、相互适应、相互协调与合作关系的发展与加深。任何国家都需要利用国际分工，发展长期而稳定的经济贸易合作关系。在经济全球化过程中，市场全球化、资本全球化、生产全球化、信息全球化、金融全球化等发展趋势必将对国际经济合作的方式和内容产生重要影响。在原有的投资、技术、劳务合作方式的基础上，国际信息合作方式日益受到重视。面对全球经济日益紧密的联系，各国需要不断加强合作，协调彼此间的经济发展目标、经济指标、政策和措施。

近年来，全球化所产生的经济矛盾越来越突出，生产力层面的矛盾在生产关系方面的集中反映表明国际机制开始失灵。如何应对全球化中的新问题，是中国应该深入思考的问题。中国在成为世界第二大经济体后，应该有战略上的重新定位，应该更主动地参与全球治理。"既符合本国利益，又能促进共同发展"成为中国参与全球治理的基本原则。总之，经济全球化给世界各国的经济发展既带来新的机遇，也带来严峻的挑战。如何利用机遇、应对挑战，如何在这场竞争中做到趋利避害、获取最大的经济利益，已成为各国政府和企业所面临的重大课题，也是国际经济合作研究的主要问题之一。

案例 1-5

为推进经济全球化做出更大贡献

《求是》杂志于 2020 年 12 月 16 日发表的中共中央总书记、国家主席、中央军委主席习近平的重要文章《共担时代责任，共促全球发展》，深刻回答了"世界怎么了，我们怎么办"的世界性重大时代课题，提出了一系列重大战略思想，阐述了中国理念、中国方案，展示了中国智慧，为世界经济如何走出困境指明了方向。结合 2020 年 12 月召开的中央经济工作会议精神，学习习近平总书记这篇文章，对于进一步认清形势、把握规律，推动经济全球化朝着开放、包容、普惠、平衡、共赢的方向发展，具有十分重要的现实意义。

经济全球化是时代大潮流、大趋势。经济全球化是社会生产力发展的客观要求和科技进步的必然结果。两次世界大战、三次工业革命，迅速将世界市场联结在一起，促进了贸易大繁荣、人员大流动、技术大发展，使经济全球化成为不可逆转的时代潮流。40 多年来，中国坚持改革开放，不断融入国际大循环，经济社会飞速发展，人民生活水平不断提高，同时也给世界带来了实实在在的好处，这就是维护全球化最好的例证。现实证明：推动经济全球化有利于促进国际分工和世界市场向纵深发展，符合经济发展规律，符合各国人民的共同利益。

针对世界上出现的一些逆全球化、贸易保护、单边主义的倾向，困扰世界的很多问题，并不是经济全球化造成的；把困扰世界的问题简单归咎于经济全球化，既不符合事实，也无助于解决问题。这鲜明地回应了世界上出现的反全球化声音。事实上，个别国家的单边主义做法遭到了世界各国反对，任何反全球化的单边主义、保护主义、自我孤立、追求单赢，都是行不通的，都是违背规律不可能实现的，也是不明智的。当下，在新冠肺炎疫情肆虐的现实面前，奉行单边主义只能碰得头破血流。

　　为促进世界经济走出困境贡献中国方案。针对世界经济低迷、贫富差距拉大、南北问题突出等问题，文章提出打造"四个模式"："坚持创新驱动，打造富有活力的增长模式""坚持协同联动，打造开放共赢的合作模式""坚持与时俱进，打造公正合理的治理模式""坚持公平包容，打造平衡普惠的发展模式"。面对逆风逆水、百年变局，中国坚定地维护经济全球化，坚持合作共赢理念，全面推进改革开放，强调信任而不是猜忌，携手而不是挥拳，协商而不是谩骂，客观而不是抹黑，以双方共同利益为重，引领世界经济走出困境，推动经济全球化朝着更加良性的方向发展。

　　中国是全球化的贡献者并将继续与各国携手同行。中国经济发展带给世界发展机遇，世界好，中国才能好；中国好，世界才更好。联合国秘书长安东尼奥·古特雷斯（António Guterres）说，中国已成为多边主义的最重要支柱，是促进世界和平与发展不可或缺、值得信赖的重要力量。新冠肺炎疫情对世界经济造成深层冲击，中国果断采取有力措施，很快很好地控制住了疫情，率先复工复产。作为疫情发生以来全球唯一实现正增长的主要经济体，中国在疫情防控和经济恢复上都走在世界前列，显示了强大的修复能力和旺盛的生机活力，必将为推进经济全球化做出更大的贡献，让不同国家、不同阶层、不同人群共享经济全球化的好处。

　　资料来源：吴双铁. 为推进经济全球化做出更大贡献［EB/OL］.（2020-12-22）［2021-11-01］. http://news. workercn. cn/32845/202012/22/201222065653984. shtml.

　　▶ 讨论题

1. 简述经济全球化背景下加强国际经济合作对我国有何意义。
2. 经济全球化与国际经济合作之间有什么内在联系？

第五节　国际经济组织与区域经济合作

　　国际经济组织是近代国际社会、国际关系发展的产物，其发展的经济根源是经济全球化过程中维持世界经济秩序、加强国际经济合作、合理维护和保障有关国家利益的需要。

　　当今世界上有230多个国家和地区，在这些不同主权、不同社会制度、不同经济发展水平，以及抱有不同政治与经济目的的国家或地区之间，客观上存在着发生矛盾与冲突的可能。因此，许多国际经济组织应运而生，以协调各国或地区的矛盾，避免国际冲突，寻求和扩大国际经济合作的可能性。

一、国际经济组织的基本分类

（一）根据所涉及的地域范围分类

　　从其所涉及的地域范围来看，国际经济组织可以分为全球性国际经济组织和区域性国际经济组织。前者管理或协调世界范围内相关国家或地区的经济，如世界贸易组织；后者则管理或者协调某一地区范围内各国或地区的经济，如上海合作组织。

（二）根据组织的功能分类

　　从各组织的功能来看，国际经济组织可以分为三种基本形式：①促进国际经济贸易合作的组织。这类组织主要是研究并采取某些措施解决各国或地区共同关心的国际经贸问题的机构，如世界贸易组织、经济合作与发展组织等；②管理国际货币与金融的机构，如国际货币基金组织、世界银行等；③区域经济贸易合作或一体化组织，如欧洲联盟等。此外，还有一些跨地区、多功能，以政治、宗教、种族等方面为纽带的多国或地区经济组织。

（三）根据组织机构分类

从组织机构来看，国际经济组织大致可以分为三种类型：①论坛型，此类组织基本上是讨论共同问题的机构，通常没有独立的或者代表成员方执行决议的权威性，如亚欧首脑会议、二十国集团、石油输出国组织等；②独立权威机构型，这类机构具有独立性、权威性，能执行个别国家或地区无法完成的职能，如国际货币基金组织等；③多国联合型，即联合成员方进行某些政治或经济活动的多国机构，如欧洲联盟、国际劳工组织等。

（四）根据参加国际经济组织的成员方分类

根据参加国际经济组织的成员方的不同，国际经济组织分为政府间国际经济组织和非政府间国际经济组织。

政府间国际经济组织是指基于主权国家或地区之间的经济条约或协定而成立的国际经济组织。狭义的国际经济组织就是指政府间的国际经济组织。政府间国际经济组织是国际经济组织中数量最大、活动最为频繁、影响最为广泛的组织，它通过成员方政府对其所做的建议或决定予以考虑和实施，从而对国际经济的发展产生重要影响。目前，影响较大的政府间国际经济组织主要有：联合国系统的经济机构，如联合国经济及社会理事会、联合国贸易和发展会议、联合国粮食及农业组织、国际货币基金组织、世界银行集团等。非政府间国际经济组织又称民间国际经济组织，由各国或地区的民间团体组成，在编纂商业活动惯例、贸易情报交流与收集等方面起到了重要作用。较有影响的非政府间国际经济组织主要有：国际商会、国际博览会联盟、国际批发贸易中心等。

二、国际经济组织的作用

国际经济组织的作用主要表现在以下几个方面。

（一）促进国际经济与贸易合作，为各国经济发展创造机会

国际经济与贸易合作发展中的主要障碍是各国的主权利益和不同经济状况，要保证国际经济与贸易合作的健康发展，就必须尊重各国主权，兼顾各国利益。

首先，国际经济组织为各国就经济与贸易发展问题提供了谈判和对话的平台，如联合国贸易和发展会议就是联合国处理有关贸易和发展问题的常设机构。其次，国际经济组织推动着国际经济秩序的健康发展。当今世界是一个各国相互依赖的世界，发达国家的繁荣与发展中国家的经济发展密不可分。进行国际合作，寻求发展是所有国家都应具有的战略目标和责任。由于历史或者现实的原因，发展中国家在国际经济合作中处于不利地位，若发达国家和发展中国家的关系处理不当，不仅会损害有关国家的利益，而且会阻碍经济全球化的进程。国际经济组织是促进合作和提供援助的有力工具。

（二）促进国际经济法、贸易法和发展法的逐步完善与规范，为国际经济贸易合作建立制度与机构环境

国际经济组织在国际法的发展和完善力度方面所起的作用主要有以下几个方面。

（1）这些组织是各国聚会的场所，为各国进行多边谈判、缔结公约制造了方便的条件。

（2）参与国际法规的编撰与制定。

（3）通过组织决议，在主观上表达各国的法律观点，在客观上促使采取类似行为，促进国际习惯法的形成和发展。

（三）稳定国际金融秩序，提供融资便利

在商品经济条件下，各主权国家不同的货币形式、货币政策与金融制度，在客观上阻碍了国际商品货币关系的发展。而国际经济组织在稳定国际金融秩序、推动国际金融一体化方面发挥了很大的作用。例如，国际货币基金组织的宗旨是稳定国际汇兑、消除妨碍世界贸易的外汇管制、在货币问题上促进国际合作，并通过提供短期贷款解决成员方国际收支的暂时不平衡。

（四）解决国际经济贸易争端，保障各国的利益

除了国际法院是解决国家之间政治、领土、法律争端的司法机构外，一些国际经济组织根据国际条约的规定也具有解决国际经济贸易争端的职能。

三、世界三大国际经济组织

（一）世界贸易组织

世界贸易组织（World Trade Organization，WTO）是 1994 年 4 月 15 日，由在摩洛哥马拉喀什市举行的关贸总协定乌拉圭回合部长会议决定成立的更具全球性的贸易组织，以取代成立于 1947 年的关贸总协定（GATT）。世界贸易组织是当代最重要的国际经济组织之一，截至 2021 年 11 月，拥有 164 个成员方，有"经济联合国"之称。其基本原则包括非歧视原则、市场准入原则、互惠原则、公平竞争和公平贸易原则，以及贸易政策法规透明原则。2001 年 12 月 11 日，中国正式加入世界贸易组织，标志着中国的产业对外开放进入了一个全新的阶段。

1. 世界贸易组织的宗旨和目标

世界贸易组织的宗旨是提高生活水平，保证充分就业和大幅度、稳步提高实际收入和有效需求；扩大货物和服务的生产与贸易；坚持走可持续发展之路，各成员方应促进对世界资源的最优利用、保护和维护环境，并以符合不同经济发展水平下各成员需要的方式，加强各种相应的措施；积极努力确保发展中国家，尤其是最不发达国家在国际贸易增长中获得与其经济发展水平相适应的份额和利益。

世界贸易组织的目标是建立一个完整的，包括货物、服务、与贸易有关的投资及知识产权等内容的，更具活力、更持久的多边贸易体系，使之可以包括关贸总协定贸易自由化的成果和乌拉圭回合多边贸易谈判的所有成果。

2. 世界贸易组织的职能

（1）实施和管理。世界贸易组织（简称世贸组织）首要的和最主要的职能是促进《建立世界贸易组织协定》及各项多边贸易协定的执行、管理、运作及目标的实现，同时为各诸边贸易协定的执行、管理和运作提供组织机制，即"便利本协定和多边贸易协定的履行、管理和运用，并促进其目标的实现"，以及"为诸边贸易协定提供实施、管理和运用的体制"。

（2）提供多边贸易谈判场所。世贸组织为各成员方进行多边贸易关系谈判提供了场所。世贸组织为谈判提供场所和为谈判提供一个场所是有区别的：①各成员方就世贸组织之附属协定的有关事项所进行的多边贸易关系谈判，即对关贸总协定和"乌拉圭回合"已涉及议题的谈判，这是专门为世贸组织设立的。②各成员方就其多边贸易关系所进行的进一步谈判，并且按部长级会议可能做出的决定为这些谈判结果的执行提供组织机制。前一类谈判是指对现有协定事项的谈判，而后一类则不局限于此，是指对新的课题甚至是新一轮的谈判。

（3）解决成员方之间的贸易争端。世贸组织争端解决机制为所有世贸组织成员提供了一种解决国际贸易争端的重要途径。争端解决机制的作用是双重的——它既是一种保护成员方权益的手段，又是督促其履行应尽义务的工具。

（4）审议各国的贸易政策。建立贸易政策审议机制的目的是使世贸组织成员的贸易政策与实际操作更加透明和更容易被了解，并使各成员更好地遵守多边贸易体制的原则和规则及其对这一体制的承诺，从而使多边贸易体制能顺利运作。

3. 世界贸易组织的组织运作

（1）决策解决机制。世贸组织以 1947 年关贸总协定所遵循的决定、程序和惯例作为指导，在决策中沿用 1947 年关贸总协定所遵循的"经协商一致做出决定"的习惯做法。1947 年关贸总协定的决策惯例是，在讨论一项提议或拟议中的决定时，应首先寻求协商一致。所有缔约方都表示支持，或者没有缔约方反对，即协商一致通过。1995 年 11 月，世贸组织总理事会议定了一项有关决策规则的重要说明，强调在讨论有关义务豁免或加入请求时，总理事会应寻求以协商一致达成协议，只有在无法协商一致的情况下才进行投票表决。

在世贸组织部长级会议或总理事会表决时，每一成员拥有一票。总的原则是，部长级会议和总理事会依据成员所投票数的多数做出决定，除非《建立世界贸易组织协定》或有关多边贸易协定另有规定。

（2）争端解决机制。第一步：磋商。根据《关于争端解决规则与程序的谅解》，争端当事方应当首先采取磋商方式解决贸易纠纷。磋商要通知争端解决机构。磋商是秘密进行的，是给予争端各方能够自行解决问题的一个机会。

第二步：成立专家小组。如果有关成员在 10 天内对磋商置之不理或在 60 天后未获解决，受损害的一方可要求争端解决机构成立专家小组。专家小组一般由 3 人组成，依当事人的请求，对争端案件进行审查，听取双方陈述，调查分析事实，提出调查结果，帮助争端解决机构做出建议或裁决。专家组成立后一般应在 6 个月内向争端各方提交终期报告，在紧急情况下，终期报告的时间将缩短为 3 个月。

第三步：通过专家组报告。争端解决机构在接到专家组报告后 20 ~ 60 天内研究通过，除非当事方决定上诉，或经协商一致反对通过这一报告。

第四步：上诉机构审议。专家小组的终期报告公布后，争端各方均有上诉的机会。上诉由争端解决机构设立的常设上诉机构受理。上诉机构可以维持、修正、撤销专家小组的裁决结论，并向争端解决机构提交审议报告。

第五步：争端解决机构裁决。争端解决机构应在上诉机构的报告向世贸组织成员散发后的30天内通过该报告，一经采纳，则争端各方必须无条件接受。

第六步：执行和监督。争端解决机构监督裁决和建议的执行情况。如果违背义务的一方未能履行建议并拒绝提供补偿，受侵害的一方就可以要求争端解决机构授权采取报复措施，中止协议项下的减让或其他义务。

（3）贸易政策审议机制。贸易政策审议机制是指，世贸组织成员集体对各成员的贸易政策及其对多边贸易体制的影响定期进行全面审议。实施贸易政策审议机制的目的是促使成员方提高贸易政策和措施的透明度，履行所做的承诺，更好地遵守世贸组织规则，从而有助于多边贸易体制的平稳运行。

贸易政策审议对象主要是世贸组织各成员的全部贸易政策和措施，审议范围从货物贸易扩大到服务贸易和知识产权领域。贸易政策审议机制还要求对世界贸易环境的发展变化情况进行年度评议。贸易政策审议的结果不能作为启动争端解决程序的依据，也不能以此要求成员增加新的政策承诺。

贸易政策审议机构的审议有别于世贸组织各专门机构的审议。世贸组织专门机构，如纺织品监督机构、补贴与反补贴措施委员会等，只负责审议成员执行特定协议的情况，包括在成员提交通知的基础上，对通知涉及的具体贸易政策和措施进行审议。

贸易政策审议机制的作用主要体现在以下几个方面。

第一，为世贸组织审议各成员的贸易政策，以及评估国际贸易环境的发展变化提供了场所和机会，有助于增加多边贸易体制的透明度。

第二，接受审议的成员对其贸易及相关政策进行解释和说明，有助于增进成员方的相互了解，减少或避免贸易争端。

第三，各成员参与审议和评估，可以为接受审议的成员在贸易政策制定和改进方面提供一些意见或建议，有助于督促其履行作为世贸组织成员的义务。

（二）国际货币基金组织

国际货币基金组织（IMF）是根据1944年7月在布雷顿森林会议签订的《国际货币基金组织协定》，于1945年12月27日在华盛顿成立的。它与世界银行同时成立，并列为世界两大金融机构之一，其职责是监察货币汇率和各成员方贸易情况，提供技术和资金协助，确保全球金融制度运作正常。其总部设在华盛顿。2022年5月，IMF完成了5年一次的特别提款权（SDR）定值审查，将人民币在特别提款权货币篮子中的比重从10.92%上调至12.28%。

1. 组织机构

IMF的组织机构由理事会、执行董事会、总裁和常设职能部门等组成。

（1）理事会。理事会（board of governors）是IMF的最高决策机构，由各成员方各派一名理事、一名副理事组成，任期5年。理事通常由该成员方的财政部部长或中央银行行长担任，有投票表决权。副理事在理事缺席时才有投票权。理事会的主要职权是：批准接纳新的成员方，批准IMF的份额规模与特别提款权的分配，批准成员方货币平价的普遍调查，决定成员方退出IMF，讨论有关国际货币制度的重大问题。理事会通常每年开一次年会，一般同世界银行理事会年会联合举行。

（2）执行董事会。执行董事会（executive board）是 IMF 负责处理日常业务工作的常设机构，执行董事会以连续方式运作，负责执行基金组织的日常业务。执行董事会由 24 位执行董事和总裁组成。执行董事由基金份额最大的 5 个成员即美国、日本、德国、法国、英国和另外 3 个国家即中国、俄罗斯、沙特阿拉伯各派 1 名。其余执行董事由其他成员方按选区轮流选派。执行董事会的职权主要有：接受理事会委托，定期处理各种政策和行政事务，向理事会提交年度报告，并随时对成员方经济方面的重大问题，特别是有关国际金融方面的问题进行全面研究。执行董事会每星期至少召开三次正式会议，履行《国际货币基金组织协定》指定的和理事会赋予它的职权。当执行董事会需要就有关问题进行投票表决时，执行董事按其所代表的国家或选区的投票权进行投票。

在执行董事会与理事会之间还有两个机构，一是国际货币基金组织理事会关于国际货币制度的临时委员会，简称"临时委员会"（Interim Committee）；二是世界银行和国际货币基金组织理事会关于实际资源向发展中国家转移的联合部长级委员会，简称"发展委员会"（Development Committee）。两个委员会每年开会 2 ~ 4 次，讨论国际货币体系与开发援助等重大问题，其通过的决议最后往往就是理事会的决议。

国际货币基金组织除理事会、执行董事会、临时委员会和发展委员会外，其内部还有两大利益集团，即"七国集团"（代表发达国家利益）和"24 国集团"（代表发展中国家利益），以及其他常设职能部门。

（3）总裁。总裁（managing director）是 IMF 的最高行政长官，其下设副总裁协助工作。总裁负责管理 IMF 的日常事务，由执行董事会推选，并兼任执行董事会主席，任期 5 年。总裁可以出席理事会和执行董事会，但平时没有投票权，只有在执行董事会表决双方票数相等时，才可以投决定性的一票。

（4）常设职能部门。IMF 设有 16 个职能部门，负责经营业务活动。此外，IMF 还有 2 个永久性的海外业务机构，即欧洲办事处（设在巴黎）和日内瓦办事处。

2. 国际货币基金组织的宗旨和职能

国际货币基金组织的宗旨是促进国际货币合作，为国际货币问题的磋商和协作提供方法；通过国际贸易的扩大和平衡发展，把促进和保持成员方的就业、生产资源的发展、实际收入的高水平作为经济政策的首要目标；稳定国际汇率，在成员方之间保持有秩序的汇价安排，避免竞争性的汇价贬值；协助成员方建立经常性交易的多边支付制度，消除妨碍世界贸易的外汇管制；在有适当保证的条件下，向成员方临时提供普通资金，使其有信心利用此机会纠正国际收支的失调，而不采取危害本国或国际繁荣的措施；按照以上目的，缩短成员方国际收支不平衡的时间，减轻不平衡的程度等。

国际货币基金组织的主要职能是制定成员间的汇率政策、经常项目的支付以及货币兑换性方面的规则，并进行监督；对发生国际收支困难的成员在必要时提供紧急资金融通，避免其他国家或地区受其影响；为成员方提供有关国际货币合作与协商等会议场所；促进国际金融与货币领域的合作；促进国际经济一体化的步伐；维护国际汇率秩序；协助成员方之间建立经常性多边支付体系等。

（三）世界银行

世界银行（World Bank）成立于 1945 年 12 月 27 日，1946 年 6 月开始营业。凡是参加世界银行的国家必须首先是国际货币基金组织的成员方。世界银行仅指国际复兴开发银行（IBRD）和国际开发协会（IDA）。世界银行集团目前由国际复兴开发银行、国际开发协会、国际金融公司、多边投资担保机构和解决投资争端国际中心五个成员机构组成。总部设在美国首都华盛顿。这五个机构分别侧重于不同的发展领域，但都运用各自的比较优势，协力实现其共同的最终目标。其一开始的使命是帮助在二战中被破坏的国家重建。今天它的任务是资助国家克服穷困，各机构在减轻贫困和提高生活水平的使命中发挥独特的作用。1980 年，中国恢复了世界银行成员国地位。

1. 组织机构

世界银行的最高权力机构是理事会，由每一成员方选派理事和副理事各一人组成。任期 5 年，可以连任。副理事在理事缺席时才有投票权。

理事会的主要职权包括：批准接纳新成员方；增加或减少银行资本；停止成员方资格；决定银行净收入的分配，以及处理其他重大问题。理事会每年举行一次会议，一般与国际货币基金组织的理事会联合举行。

世界银行负责组织日常业务的机构是执行董事会，它行使由理事会授予的职权。按照世界银行章程规定，执行董事会原由 21 名执行董事组成，其中 5 人由持有股金最多的美国、日本、英国、德国和法国委派，另外 16 人由其他成员方的理事按地区分组选举。近年，新增 3 个席位，中国、俄罗斯、沙特阿拉伯三个国家可单独选派一名执行董事，世界银行执行董事人数达到 24 人。

世界银行行政管理机构由行长、若干副行长、局长、处长、工作人员组成。行长由执行董事会选举产生，是银行行政管理机构的首脑，他在执行董事会的有关方针政策指导下，负责银行的日常行政管理工作，任免银行高级职员和工作人员。行长同时兼任执行董事会主席，但没有投票权，只有在执行董事会表决中双方的票数相等时，才能投关键性的一票。

2. 世界银行的宗旨和职能

世界银行与国际货币基金组织两者起着相互配合的作用。国际货币基金组织主要负责国际货币事务方面的问题，其主要任务是向成员方提供解决国际收支暂时不平衡的短期外汇资金，以消除外汇管制，促进汇率稳定和国际贸易的扩大。世界银行则主要负责经济的复兴和发展，向各成员方提供发展经济的中长期贷款。

按照《国际复兴开发银行协定》的规定，世界银行的宗旨如下。

（1）通过对生产事业的投资，协助成员方经济的复兴与建设，鼓励不发达国家对资源的开发。

（2）通过担保或参加私人贷款及其他私人投资的方式，促进私人对外投资。当成员方不能在合理条件下获得私人资本时，可运用该行自有资本或筹集的资金来弥补私人投资的不足。

（3）鼓励国际投资，协助成员方提高生产能力，促进成员方国际贸易的平衡发展和国际收支状况的改善。

（4）在提供贷款保证时，应与其他方面的国际贷款配合。

世界银行在成立之初，主要是资助西欧国家恢复被战争破坏的经济，但在 1948 年后，欧洲各国开始主要依赖美国的"马歇尔计划"来恢复战后的经济，世界银行于是主要转向向发展中国家提供中长期贷款与投资，促进发展中国家经济和社会发展。

四、区域经济合作的原因

区域经济合作是 20 世纪下半叶以来，国际经济生活中出现的一大潮流，在二战以后得到了迅速发展。战后出现的国际经济合作形式有两种：一种是世界性的，如联合国经济及社会理事会、国际货币基金组织、世界银行、世界贸易组织等；另一种是区域性的，如欧盟、东南亚国家联盟、北美自由贸易区等。当代区域经济合作快速发展的原因，主要有以下几个。

（一）世界政治和经济格局的变化是区域经济一体化快速发展的根本原因

20 世纪 80 年代末以来，世界政治格局发生了根本性的变化，东欧剧变，苏联解体，两极格局开始演变成多极格局。国际市场竞争日趋激烈，贸易保护主义加剧。寻求区域层面的政治和经济保护以抗衡其他区域集团，这是世界各国加紧组织和巩固区域经济集团的一个重要动因。这种情形下，发展中国家也很难发挥国际贸易中的比较优势，不得不寻求区域经济一体化的保护。

美国参与跨地区的亚太经合组织，意在抗衡不断扩大的欧盟。而欧盟希望作为一个更强大的整体，用一个强音在国际上更有力地与美、日等大国抗争，不仅在自家门口加紧对外经济扩张，在拉美和亚洲等地积极开展经济合作，而且致力于"大欧洲自由贸易区"的构想。日本则极力在亚太地区推行"雁阵模式"，巩固和扩大"大东亚经济圈"，同时采取各种措施打入欧美腹地，并期望借此获取安理会常任理事国地位。俄罗斯以独联体为依托，已经建立或正在构建一些区域经济集团，如独联体经济联盟、欧亚经济共同体等，以巩固和加强其大国地位。东盟通过加强内部协调与合作，在世贸组织、联合国贸易和发展会议等多边经济组织中用一个声音说话，来维护日益增强的自身利益。

（二）科学技术和社会生产力的高速发展是区域经济一体化的客观经济基础

二战以后，以原子能工业、电子工业、生物工程和新材料等为标志的第三次科技革命兴起，极大地促进了社会生产力的提高及国际分工向广度和深度发展，影响了世界经济结构的变化，加速了各国经济的相互依赖和经济生活的国际化趋势。商品经济全球化的趋势和国际经济的相互依赖，以及生产力的不断发展为打破国家边界对资源配置的地理限制提供了条件，逐步在地理上相互邻近、在经济上密切联系的一些国家间实现了对资源的跨国配置以及对宏观经济和市场运行规则的国际联合调控，这就为区域经济一体化的形成与发展提供了重要的物质基础。在各国经济非同步化发展的情况下，经济生活的国际化只能促进某些地区的一部分发达国家结成地区经济一体化，进行共同的经济调节。与此同时，经济发展水平差异不大的国家也相继组建区域经济组织，从而使自己在国际竞争中处于有利地位。欧洲的"尤里卡"计划、国际空间站、人类基因图的绘制，都是国际合作的典型体现。

20 世纪 80 年代以来，世界经济形势发生了巨大的变化。科技和信息时代的到来，世界范围内的全球化进程加速，企业、国家之间的经济竞争日益加剧。为了更好地应对全球化带来的压力，诸多国家寄希望于区域经济合作组织来增强经济竞争力，争取更多的外国直接投资；经济发达国家也希望通过区域经济一体化协定来发挥自身在某些产业上的优势，在更大地域范围内优化资源配置。

（三）维护民族经济利益与发展政治利益是区域经济一体化形成与发展的内在动因

在不平衡发展规律的作用下，战后世界经济、政治一直经历着重大的震荡、调整和改组。无论是发达国家的经济一体化，还是发展中国家的经济一体化，其根本原因都在于维护自身的经济、贸易利益，为本国经济的发展和综合国力的提高创造更加良好的外部环境。

发达国家之间力量的此消彼长，促使它们通过经济一体化进行相互保护。"冷战"结束后，真正意义上的全球经济一体化进程才得以向更深更广的方向发展。世界市场竞争日益加剧，贸易摩擦、投资摩擦时有发生，单独一国与强大的竞争对手对抗显然已力不从心。发达国家由于内部经济发展的不平衡，三足鼎立的格局已初见端倪；美国地位相对下降，日本和西欧地位不断上升，它们在劳动生产率和经济增长速度等方面此消彼长，具有重新划分全球市场势力范围的内在要求。因此，它们一方面通过相互渗透，将经济触角伸向对方的内部市场；另一方面通过区域经济合作，发挥地缘优势，寻找和建立稳定的市场与势力范围，避免在贸易摩擦的解决过程中处于不利地位。

经济一体化是新兴民族国家维护自身经济权益与促进发展的重要途径。二战后，原先的殖民体系迅速瓦解，新兴民族国家纷纷走向独立，它们致力于经济发展，但许多国家与地区由于技术能力薄弱、管理水平低下、资金不足、国内市场狭窄等问题，难以单独承担建设大型工业项目和其他项目。这迫使它们在保持和发展与发达国家经济关系的同时，努力加强彼此间的经济合作，走经济一体化道路。例如中美洲共同市场、加勒比共同体、中部非洲国家经济共同体和西非国家经济共同体，等等。

此外，贸易与投资自由化、贸易创造等各种积极的经济效应，也是区域经济一体化产生并持续发展的重要原因。一部分新兴工业化国家发展较快，它们迫切需要开发和利用发达国家的市场，进一步扩展自身的经济力量，同时也需要占领其他发展中国家的市场，转移部分生产能力；另一部分处于更为困难之中的发展中国家，则根据自身需求，通过寻求区域优惠安排，解决发展民族经济所面临的各种难题。

总而言之，出于诸多原因，战后区域经济一体化在世界各地得到了迅猛发展，这也是世界政治经济发展和演变的必然产物，不仅对区域内各国的经济发展起到巨大的推动作用，对世界政治经济也产生了深远的影响。

五、区域经济合作的含义与形式

（一）区域经济合作的含义

区域经济合作，即区域经济一体化。一体化（integration）一词最早是指区域的组合，即企业内部的各个部分结为一个整体。20 世纪 50 年代，当国家之间的经济联合开始出现时，荷兰经济学家简·丁伯根（Jan Tinbergen）在《论经济政策的理论》一书中，首次明确赋予经济一体化（economic integration）完整的词义。

经济一体化是指两个或两个以上的国家在现有生产力发展水平和国际分工的基础上，由政府间通过协商缔结条约，建立多国的经济联盟。在这个多国经济联盟的区域内，商品、资本和劳务能够自由流动，不存在任何贸易壁垒，并拥有一个统一的机构来监督条约的执行和实施共同的政策及措施。

广义的经济一体化即世界经济一体化，指世界各国经济之间彼此相互开放，形成相互联系、相互依赖的有机体。

狭义的经济一体化即地区经济一体化，是指区域内两个或两个以上的国家或地区，在一个由政府授权组成的并具有超国家性的共同机构下，通过制定统一的对内对外经济政策、财政与金融政策等，消除国别之间阻碍经济贸易发展的障碍，实现区域内互利互惠、协调发展和资源优化配置，最终形成一个政治经济高度协调统一的有机体的过程。

（二）区域经济合作的形式

区域经济合作从 20 世纪 90 年代至今，如雨后春笋般地在全球涌现，形成了一股强劲的新浪潮。这股新浪潮推进之迅速，合作之深入，内容之广泛，机制之灵活，形式之多样，都是前所未有的。此轮区域经济一体化浪潮不仅反映了经济全球化深入发展的新特点，而且反映了世界多极化曲折发展的新趋势。有关经济一体化形式的分类，一般有以下几种划分方法。

1. 按照贸易壁垒的取消程度来划分

（1）优惠贸易安排（preferential trade agreements，PTA）。优惠贸易安排是指在实行优惠贸易安排的成员方间，主要通过协定或其他形式，对全部商品或一部分商品规定特别的关税优惠。这是市场经济一体化最低级、最松散的一种形式，因此许多学者都不把它看作经济一体化组织的一种形式。1932 年英国与大英帝国成员建立的"帝国特惠制"及 1967 年成立的"东南亚国家联盟"等便属于此种类型。

（2）自由贸易区（free trade area，FTA）。自由贸易区通常是指由签订自由贸易协定的国家所组成的经济贸易区，在成员方之间取消关税和非关税的贸易限制（如数量限制），使商品在区域内各成员方之间逐步自由流动，但不涉及建立共同的关税和共同贸易政策，不建立超国家的机构。例如，1960 年成立的欧洲自由贸易联盟（European Free Trade Association，EFTA）和拉丁美洲自由贸易协会（Latin American Free Trade Association，LAFTA）等就属于这种层次的经济合作。

由于自由贸易区对外不实行统一的共同关税，因此就会发生贸易偏转效应（trade deflection effect），即那些原产自非成员方的商品可以通过先进入自由贸易区中关税较低的成员方，然后再转入关税较高的成员方进行销售。这样不同成员方对外关税差别很大的状况为非成员方的出口避税提供了可能。因此，自由贸易区必须严格海关监管，要求成员方间的商品实行产地证明制度（system of certification of origin）。自由贸易区的原产地规则是非常严格的。例如，一般规定商品在自由贸易区内增值 50% 以上才能享受免税待遇，有的商品甚至被规定只有在自由贸易区增值 60% 以上时才能享受免税待遇。

（3）关税同盟（customs union，CU）。关税同盟是指由两个或两个以上国家所组成的区域经济一体化组织在成员之间完全取消关税和非关税限制，实现区域内商品的完全自由流动，并对非同盟国家实行统一的关税率而缔结的同盟。它在一体化程度上高于自由贸易区，除了包括自由贸易区的基本内容外，成员方之间对外还建立统一的关税率。例如二战后由比利时、荷兰、卢森堡成立的比荷卢经济联盟（Benelux Economic Union），1958 年成立的欧洲经济共同体都属于这种类型。

（4）共同市场（common market，CM）。共同市场是指以关税同盟为基础，不仅在成员方内完全废除关税与数量限制，实现贸易自由化，并建立对非成员方的统一关税，同时也允许成员方间资金、技术、劳动力等生产要素的自由流动。例如欧洲经济共同体在 1986 年就已经实现农业共同市场。

（5）经济同盟（economic union，EU）。经济同盟是指各成员方之间不但商品和生产要素可以完全自由流动，对外建立统一关税，而且要求成员方制定和执行某些共同经济政策与社会政策，逐步废除政策方面的差异，使一体化的程度从商品交换扩展到生产、分配乃至整个国民经济，形成一个庞大的经济集团。经济联盟是现实中存在的最高级的区域经济一体化形式，如目前欧盟（European Union）是唯一达到这一标准的区域性经济集团。

（6）完全经济一体化（complete economic integration）。这是经济一体化发展的最高阶段。在此阶段，区域内各成员在经济、金融、财政等政策上完全统一化。在各成员方内完全消除商品、资本、劳动力及服务贸易等自由流通的人为障碍，进而在政治、经济上结成更紧密的联盟，统一对外的政治、外交和防务政策及经济政策，建立统一的金融机构，发行统一的货币。目前欧盟制定的发展战略就是要实现完全经济一体化，但也存在着诸多困难，随着成员方的不断增加，成员方之间的经济实力的差距越来越大，实现这一目标的难度也越来越大。

2. 按照参加国的经济发展水平划分

（1）水平经济一体化（horizontal economic integration）。水平经济一体化是指经济发展水平相同或相近的国家共同组成的经济一体化组织，即成员方都是发达国家或都是发展中国家的一体化组织，如欧盟、东南亚国家联盟等。

（2）垂直经济一体化（vertical economic integration）。垂直经济一体化是指经济发展水平、发展阶段差异较大的国家组成的经济一体化组织，即发达国家与发展中国家组成的一体化组织，如北美自由贸易区、亚太经合组织等。

3. 按照区域经济一体化的范围划分

（1）部门经济一体化（sectoral economic integration）。部门经济一体化是指区域内各成员方的一个或几个部门（或商品或产业），达成共同的经济联合协定而产生的区域经济一体化组织，如欧洲煤钢共同体、欧洲原子能共同体等。

（2）全盘经济一体化（overall economic integration）。全盘经济一体化是指区域内各成员方的所有经济部门加以一体化的形态。

六、主要国际区域经济合作组织

1. 欧洲联盟

欧洲联盟（European Union，EU）简称欧盟，是由欧洲共同体（European Communities，又称欧洲共同市场）发展而来的，其总部设在比利时首都布鲁塞尔，是一个集政治实体和经济实体于一身，在世界上具有重要影响的区域一体化组织。截至 2021 年，欧盟共有 27 个成员方，4.4 亿人口，总面积 414 万 km^2。如今的欧盟已经成为当今世界上经济实力最强、一体化程度最高的国家联合体。

1950 年 5 月 9 日，法国外长罗伯特·舒曼（Robert Schuman）发表声明（史称"舒曼计划"），建议法德两国建立煤钢共同体。1951 年 4 月 18 日，法国、联邦德国、意大利、荷兰、比利时和卢森堡在巴黎签署了《欧洲煤钢共同体条约》（又称《巴黎条约》）。1952 年 7 月 25 日，欧洲煤钢共同体正式成立。1957 年 3 月 25 日，六国在罗马签了《欧洲经济共同体条约》和《欧洲原子能共同体条约》，统称《罗马条约》。1958 年 1 月 1 日，欧洲经济共同体和欧洲原子能共同体正式组建。1965 年 4 月 8 日，六国在布鲁塞尔签订了《布鲁塞尔条约》，决定将三个共同体合并，统称"欧洲共同体"（简称"欧共体"），于 1967 年 7 月 1 日正式生效。1991 年 12 月 11 日，欧洲共同体马斯特里赫特首脑会议通过了以建立欧洲经济货币联盟和欧洲政治联盟为目标的《欧洲联盟条约》，亦称《马斯特里赫特条约》（简称《马约》）。1993 年 11 月 1 日，《马约》正式生效，欧盟正式诞生。

欧盟历经七次扩大：1973 年英国、爱尔兰和丹麦加入；1981 年希腊加入；1986 年西班牙和葡萄牙加入；1995 年奥地利、芬兰和瑞典加入；2004 年 5 月 1 日，波兰、匈牙利、捷克、斯洛伐克、爱沙尼亚、拉脱维亚、立陶宛、斯洛文尼亚、塞浦路斯和马耳他 10 国入盟，这是欧盟历史上的第五次扩大，也是规模最大的一次；2007 年 1 月，罗马尼亚和保加利亚两国加入欧盟；2013 年 7 月，克罗地亚正式成为欧盟第 28 个成员国。2017 年 3 月，英国首相特蕾莎·梅（Theresa May）正式启动"脱欧"程序，2020 年 1 月 31 日，英国正式"脱欧"，结束其 47 年的欧盟成员国身份。

欧盟的主要机构有以下几个。

（1）理事会。这是欧盟的决策机构，分为欧洲理事会（即欧盟首脑会议）和欧盟理事会（即欧盟部长理事会）。前者由欧盟成员方国家元首或政府首脑及欧盟委员会主席组成，负责欧盟的内部建设和确定对外关系的大政方针，决策采取协商一致的原则。每半年举行一次正式会议，必要时举行特别会议。后者负责日常决策并拥有欧盟立法权。欧盟理事会实行轮值主席国制，任期半年。对外实行"三驾马车"代表制，由现任主席国、下任主席国以及欧盟机构代表组成。

（2）欧盟委员会。这是欧盟的常设执行机构，负责实施相关条约和欧盟理事会做出的决定，向理事会和欧洲议会提出报告与建议，处理欧盟日常事务，代表欧盟进行对外联系和贸易等方面的谈判。欧盟委员会共 27 人，由每个成员方的 1 位代表组成，其中主席 1 人，副主席 8 人，任期 5 年。

（3）欧洲议会。这是欧盟监督、咨询和立法机构。议员由成员国直接选举产生，任期 5 年。第九届议会于 2019 年 7 月正式成立，现有 705 名议员、7 个党团。议会秘书处设在卢森堡。每月一次的议会例行全体会议在法国斯特拉斯堡举行，特别全体会议和各党团、委员会会议在布鲁塞尔举行。英国"脱欧"后，英国籍议员全部离任。

（4）欧洲法院。这是欧盟的仲裁机构，负责审理和裁决在执行欧盟条约和有关规定中发生的各种争执。法院设在卢森堡，法官由各个欧盟成员国所派的法官组成（目前为 28 名法官，另外尚有 9 名佐审官）。由成员方政府共同任命，任期 6 年，可连任，每 3 年改选一半。法院院长在法官中推选，任期 3 年。通常一个案件可能由 3 个、5 个或 13 个法官加以审理。

（5）欧洲审计院。它负责审计欧盟及其各机构的账目，审查欧盟的收支状况，并确保对欧盟财政进行良好的管理，对接受欧盟援助的非成员方进行调查等。欧洲审计院成立于 1977 年，设在卢森堡，目前有 25 名成员，法院成员由理事会在咨询议会后任命，任期 6 年，可连任；从中选出一位审计长，任期 3 年，也可以连任。

（6）欧洲中央银行。欧洲中央银行是欧洲经济一体化的产物，是世界上第一个管理超国家货币的中央银行，也是为了适应欧元发行和流动而设立的金融机构。欧洲中央银行的职责和结构以德国联邦银行为模式，独立于欧盟机构和各国政府之外。欧洲中央银行的主要任务是维持欧元购买力，保持欧元区物价稳定。欧洲中央银行管理主导利率、货币储备与发行，以及制定欧洲货币政策。

（7）欧洲投资银行。总部设在卢森堡，是欧盟的政策银行，由欧盟成员国出资合营，享有独立法人地位。其宗旨是促进欧盟政策目标的实现。该行可向公共部门和私人部门提供贷款，具体投向欧盟区域发展、中小企业、环境工程、交通、能源、研发与创新，以及欧盟与140多个国家签署的合作协议。为了信贷的安全，欧洲投资银行从不对一个项目进行全额贷款，一般只提供项目投资额的30%～40%。

2. 《美国—墨西哥—加拿大协定》

2018年11月30日，美国、墨西哥、加拿大三国领导人在阿根廷首都布宜诺斯艾利斯签署《美国—墨西哥—加拿大协定》，至此《美国—墨西哥—加拿大协定》将代替施行24年的《北美自由贸易协定》，同时北美自由贸易区成为《美国—墨西哥—加拿大协定》的前身。

从20世纪80年代初起，欧洲经济一体化的进程加快，日本对美国、加拿大市场也采取了咄咄逼人的进攻策略，美国、加拿大两国在国际的经济地位和竞争优势相对减弱，这使双方都意识到进一步加强双边经济贸易关系的必要性。1980年，里根在竞选美国总统时就提出一个包括美国、加拿大、墨西哥及加勒比海诸国在内的"北美共同市场"的设想。加拿大在1983年也提出了关于建立美加自由贸易区的设想。

经过14个月的谈判，美国、墨西哥、加拿大三国于1992年8月12日就《北美自由贸易协定》达成一致意见，并于同年12月17日由三国领导人在各自国家正式签署。1994年1月1日，该协定正式生效，同时宣告北美自由贸易区正式成立。

《北美自由贸易协定》的宗旨是：取消贸易障碍，创造公平竞争的条件，增加投资机会，对知识产权提供适当的保护，建立执行协定和解决争端的有效程序，以及促进三边的、地区的以及多边的合作。三个成员方彼此必须遵守协定规定的原则和规则，如国民待遇、最惠国待遇及程序上的透明化等来实现其宗旨，借以消除贸易障碍。

《北美自由贸易协定》的基本原则是：①强调自由贸易化。根据这一原则，协定规定在有限的期限内逐步降低并最终取消所有关税和其他贸易壁垒；②优先发展区域内贸易，规定在纺织品和成衣的贸易中实行"北美原产地原则"，在汽车贸易中实行"北美部门含量原则"；③现存法令条款不变；④冲突协调制度化，成立由三国外贸部长组成的"贸易委员会"来协调矛盾和冲突；⑤动态发展原则，根据变化的形势不断调整与改变现行协定中某些过时的条款。

北美自由贸易区自1994年成立以来对北美经济的贡献很大，扩大了区域内进出口贸易，增加了就业，实现了区域内的资源优化配置，还使各国实现了多项经济目标的协调。尤其是北美自由贸易区的建立促进了美国经济的持续增长，使美国得以利用整个北美调整产业布局，实现产业升级，提高总体经济规模和质量。2018年10月，加拿大和美国联合声明，将重新修订《北美自由贸易协定》。2018年12月，时任美国总统特朗普表示将终止《北美自由贸易协定》，并敦促国会批准《美国—墨西哥—加拿大协定》。

与之前的《北美自由贸易协定》相比，新协定在汽车原产地原则、劳工标准、环境保护、知识产权保护、争端解决机制等方面都有变化。其中最值得关注的是，汽车在北美的原产地比重必须达到75%才能在成员国之间实行零关税（原来的标准是62.5%）；在北美三国制造汽车及零部件的工人中，必须有40%以上的工人的工资不低于16美元/小时。这些条款带有明显的贸易保护主义色彩，目的是保护北美汽车市场免于其他国家的冲击，并减缓墨西哥的低工资对美国制造业的影响。

新协定在美国众议院和参议院的投票支持率分别为91%和90%，大大超过了1993年投票时的 54% 和 62%。特朗普已经摆出胜利者姿态，他在 2020 年 2 月 5 日的国情咨文中宣称，《美国—墨西哥—加拿大协定》将使美国汽车产业增加 10 万个就业机会。不过，学术界各种严谨的模型测算并没有得出如此乐观的结论，新协定对北美和世界其他各国的影响仍有待观察。

任何大型贸易协定在带来整体经济收益的同时都会伴随负面影响，也都会充满争议。在发达国家社会阶层分化加剧、收入分配失衡的背景下，这种争议会不断被放大，进而导致各种形式的贸易保护主义。但是从美国国会对《美国—墨西哥—加拿大协定》的高支持率来看，逆转对外开放的潮流是不可取的，打开的大门难以再关上，通过对外开放促进商品和生产要素的流动，实现资源的优化配置仍然是大势所趋。

3. 东南亚国家联盟

东南亚国家联盟（Association of Southeast Asian Nations，ASEAN，以下简称东盟），其前身是马来亚（现马来西亚）、菲律宾和泰国于 1961 年 7 月 31 日在曼谷成立的东南亚联盟。1967 年 8 月 7～8 日，印度尼西亚、泰国、新加坡、菲律宾四国外长和马来西亚副总理在曼谷举行会议，发表了《曼谷宣言》，正式宣告东南亚国家联盟成立。东南亚国家联盟成为政府间、区域性、一般性的国家组织。1967 年 8 月 28～29 日，马来西亚、泰国、菲律宾三国在吉隆坡举行部长级会议，决定由东南亚国家联盟取代东南亚联盟。其追求的宗旨和目标是：本着平等与合作精神，共同努力促进本地区的经济增长、社会进步和文化发展，为建立一个繁荣、和平的东南亚国家共同体奠定基础，以促进本地区的和平与稳定。东盟遵循以下基本原则。

（1）以平等与协作精神，共同努力促进该地区的经济增长、社会进步和文化发展。

（2）遵循正义、国家关系准则和《联合国宪章》，促进该地区的和平与稳定。

（3）促进经济、社会、文化、技术和科学等问题的合作与相互支援。

（4）在教育、职业、技术、行政训练和研究设施方面互相支援。

（5）在充分利用农业和工业、扩大贸易、改善交通运输、提高人民生活水平方面进行更有效的合作。

（6）促进对东南亚问题的研究。

（7）同具有相似宗旨和目标的国际与地区组织保持紧密和互利的合作，探寻与其更紧密的合作途径。

面对世界范围内风起云涌的区域一体化浪潮，东亚各国开始奋起直追。其中最为世人瞩目的举动，就是在 2001 年年末东盟—中国峰会上所宣布的 10 年内建成"中国—东盟自由贸易区"（China-ASEAN Free Trade Agreement，CAFTA）。中国—东盟自由贸易区是指在中国与东盟 10 国之间构建的自由贸易区，即"10 + 1"。中国—东盟自由贸易区于 2010 年 1 月 1 日全面启动，是中国对外商谈的第一个自由贸易区，也是东盟作为整体对外商谈的第一个自由贸易区，覆盖 1 400 万 km²，惠及 20 亿人口，是目前世界人口最多的自由贸易区，也是世界上由发展中国家建立的最大的自由贸易区。

为扩大双方的经贸交往，2000 年 11 月，时任中国国务院总理朱镕基在新加坡举行的第四次中国—东盟领导人会议上，首次提出建立中国—东盟自由贸易区的构想，并建议在中国—东盟经济贸易合作联合委员会框架下成立中国—东盟经济合作专家组，就中国与东盟建立自由贸易关系的可行性进行研究。

2001 年 3 月，中国—东盟经济合作专家组在中国—东盟经济贸易合作联合委员会框架下正式成立。专家组围绕中国加入世界贸易组织的影响及中国与东盟建立自由贸易关系两个议题进行了充分研究，认为双方在贸易上的互补性非常突出，自由贸易区的建立，将创造更多的贸易量，促进双方产业结构升级，对东盟和中国来说都是双赢的决定。这一建议经过中国—东盟高官会和经济部长会的认可后，于2001年11月在文莱举行的第五次中国—东盟领导人会议上正式宣布。会议上，时任中国国务院总理朱镕基提出了中国—东盟自由贸易区的构想，并提出三点建议：第一，确定新世纪的重点合作领域，即根据双方各自的经贸优势，把农业、信息通信、人力资源开发、相互投资和湄公河开发作为近期合作的重点领域；第二，推动建立中国—东盟自由贸易区，在今后10年内，正式建立中国—东盟自由贸易区；第三，加强政治上的相互信任和支持，在不断扩展双方经贸合作的同时，有必要进一步加强双方的政治对话与合作，增进相互了解与信任。

2002年11月，第六次中国—东盟领导人会议在柬埔寨首都金边举行，朱镕基总理和东盟10国领导人签署了《中国与东盟全面经济合作框架协议》，决定到2010年建成中国—东盟自由贸易区，这标志着中国—东盟建立自由贸易区的进程正式启动。《中国与东盟全面经济合作框架协议》提出了中国与东盟要加强和增进各缔约方之间的经济、贸易和投资合作；促进货物和服务贸易，逐步实现货物和服务贸易自由化，并创造透明、自由和便利的投资机制；为各缔约方之间更紧密的经济合作开辟新领域等全面经济合作的目标。

2010年1月，中国—东盟自由贸易区如期全面建成。自由贸易区建立后，双方对超过90%的产品实行零关税。中国对东盟的平均关税从9.8%降到0.1%，东盟六个老成员方对中国的平均关税从12.8%降到0.6%。关税水平大幅降低有力推动了双边贸易快速增长。此外，中国与东盟各国贸易投资增长、经济融合加深，企业和人民都广泛受益，实现了互利共赢、共同发展的目标。中国和东盟双边贸易总量也快速增长。2021年，中国与东盟货物贸易额达8 782亿美元，同比增长28.1%。2022年，东盟与中国第一季度的贸易总额达1.35万亿元，东盟超越欧盟、美国，成为我国第一大贸易伙伴。

建立中国—东盟自由贸易区，对中国与东盟都有着积极的意义。中国—东盟自由贸易区的建立，一方面有利于巩固和加强中国与东盟之间的友好合作关系，有利于中国与发展中国家、周边国家的团结合作，也有利于东盟在国际事务上提高地位、发挥作用。另一方面，它进一步促进中国和东盟各自的经济发展，扩大双方贸易和投资规模，促进区域内各国之间的物流、资金流和信息流，促进区域市场的发展，创造更多的财富，提高本地区的整体竞争能力，为区域内各国人民谋求福利。与此同时，中国—东盟自由贸易区的建立，有利于推动东盟经济一体化，对世界经济增长也有积极作用。

4. 非洲联盟

非洲联盟（African Union），是继欧盟之后成立的第二个重要的地区国家联盟，是集政治、经济、军事等为一体的全洲性政治实体。非洲联盟的前身是于1963年5月25日在埃塞俄比亚首都亚的斯亚贝巴成立的非洲统一组织（简称"非统组织"）。1999年9月，非统组织第四届特别首脑会议通过《锡尔特宣言》，决定成立非洲联盟。2000年7月，第36届非统首脑会议通过了《非洲联盟章程草案》。2001年7月，第37届非统首脑会议决定正式向非洲联盟过渡。2002年7月8日，非统组织在南非德班召开最后一届首脑会议。9日至10日，非洲联盟举行第一届首脑会议，并宣布非洲联盟正式成立，非洲联盟正式取代非统组织。

非洲联盟计划于未来统一使用货币、联合防御力量以及成立跨国家的机关，包括一个管理非洲联盟的内阁政府。非洲联盟的主要目的是帮助发展及稳固非洲的民主、人权以及可持续发展的经济，除此之外还希望减少非洲内部的武装战乱及创造一个有效的共同市场，最终目标是建立阿非利加合众国。

5. 经济合作与发展组织

经济合作与发展组织（Organization for Economic Co-operation and Development，OECD）是一个主要由发达国家组成的国家间的经济协调机构。它的前身是 1947 年由美国和加拿大发起，成立于 1948 年的欧洲经济合作组织（Organization for European Economic Cooperation，OEEC），该组织成立的目的是帮助执行致力于二战以后欧洲重建的马歇尔计划。1960 年 12 月 14 日，加拿大、美国及欧洲经济合作组织的成员方等共 20 个国家签署《经济合作与发展组织公约》，决定成立经济合作与发展组织。在公约获得规定数目的成员方议会的批准后，《经济合作与发展组织公约》于 1961 年 9 月 30 日在巴黎生效，经济合作与发展组织正式成立，总部设在巴黎。其宗旨是促进成员方经济和社会的发展，推动世界经济增长；帮助成员方政府制定和协调有关政策，以提高各成员方的生活水准，保持财政的相对稳定；鼓励和协调成员方为援助发展中国家做出努力，帮助发展中国家改善经济状况，促进非成员方的经济发展。

6. 24 国集团

1972 年 2 月，77 国集团在秘鲁首都利马举行部长级会议，会议决定成立 24 国集团（Group of Twenty Four，G24），全称为"关于国际货币事务的 24 国政府间集团"。由参加国际货币基金组织和世界银行的 24 个发展中国家（77 国集团中的 24 个成员方，其中亚洲 7 个，非洲、拉美地区各 8 个，欧洲 1 个）组成。24 国集团是发展中国家在国际金融与货币领域协调其立场和政策，解决发展中国家关于国际货币制度改革、债务问题与资金转移等重大问题而成立的政府间组织，以保证发展中国家的具体利益和经济状况在国际货币制度改革过程中将被考虑。

七、中国加入的区域合作组织

1. 亚太经济合作组织

亚太经济合作组织（Asia-Pacific Economic Cooperation，APEC）是成立最早但迄今仍然没有建成的一个南北型自由贸易区，是亚太地区最具影响的经济合作官方论坛，成立于 1989 年。1989 年 1 月，澳大利亚总理霍克访问韩国时建议召开部长级会议，讨论加强亚太经济合作问题。经与有关国家磋商，1989 年 11 月 5 日至 7 日，澳大利亚、美国、加拿大、日本、韩国、新西兰和当时的东南亚国家联盟 6 国在澳大利亚首都堪培拉举行亚太经济合作会议首届部长级会议，这标志着亚太经济合作会议的成立。APEC 共有 21 个成员。1991 年 11 月 12 日至 14 日，亚太经济合作组织第 3 届部长级会议在韩国首都汉城（现称首尔）举行并通过《汉城宣言》，正式确立了这一组织的宗旨和目标，即"为本地区人民的共同利益保持经济的增长和发展，促进成员间经济的相互依存，加强开放的多边贸易体制，减少区域贸易和投资壁垒"。1993 年 6 月改名为亚太经济合作组织，简称亚太经合组织，是亚太地区机制最完善、层级最高、影响最大的经济合作论坛。2021 年 11 月 12 日，APEC 第 28 次领导人非正式会议以视频方式举行。

APEC 采取自主自愿、协商一致的合作原则，所做决定必须经各成员一致同意认可。亚太经合组织的组织机构包括领导人非正式会议、部长级会议、高官会、委员会和工作组等。其中，领导人非正式会议是亚太经合组织最高级别的会议。

近年来亚太经合组织发展速度很快，而且比较顺利，尽管如此，一些问题也逐渐暴露。

（1）在削减关税问题上内部矛盾越来越明显。亚太经合组织成员中既有发达国家（地区），也有发展中国家（地区）。

（2）接收新成员问题。亚太经合组织已有21个正式成员，还有多个国家和地区要求加入。从客观上分析，成员越多，越难形成集体行动计划，越难达成共识，将使自由化过程放慢。在接收新成员问题上，关税低的成员与关税高的成员持不同意见。

（3）工作重点问题。发展中国家渴望将经济技术合作作为亚太经合组织活动的中心，但菲律宾会议虽然通过了《APEC加强经济合作与发展框架宣言》（又称《马尼拉框架》），发达工业化国家却依然把力量集中在贸易投资自由化方面。在这一点上发达国家和发展中国家矛盾明显。

2. 上海合作组织

上海合作组织（Shanghai Cooperation Organization，SCO），简称上合组织，前身是由中国、俄罗斯、哈萨克斯坦、吉尔吉斯斯坦和塔吉克斯坦组成的"上海五国"会晤机制。2001年6月14日，"上海五国"元首在上海举行第六次会晤，乌兹别克斯坦以完全平等的身份加入。15日，六国元首举行了首次会晤，并签署了《上海合作组织成立宣言》，宣告上海合作组织正式成立。2002年6月，上海合作组织成员方在圣彼得堡举行第二次峰会，六国元首签署了《上海合作组织宪章》。宪章对上海合作组织的宗旨原则、组织结构、运作形式、合作方向及对外交往等原则做了明确阐述，标志着该组织从国际法意义上得以真正建立。2003年5月，上海合作组织成员方在莫斯科举行第三次峰会，签署了《上海合作组织成员国元首宣言》，时任中国驻俄罗斯大使张德广被任命为该组织首任秘书长。截至2021年，上海合作组织年度峰会共举行了21次。

上海合作组织是中国首次在境内成立的，并以其城市命名的国际组织。根据《上海合作组织宪章》和《上海合作组织成立宣言》的规定，其宗旨和任务主要是：加强成员方的相互信任与睦邻友好；维护和加强地区和平、安全与稳定，共同打击恐怖主义、分裂主义和极端主义、毒品走私、非法贩运武器和其他跨国犯罪；开展经贸、环保、文化、科技、教育、能源、交通、金融等领域的合作，促进地区经济、社会、文化的全面均衡发展，不断提高成员方人民的生活水平；推动建立民主、公正、合理的国际政治经济新秩序。其主要原则是：恪守《联合国宪章》的宗旨和原则；相互尊重独立、主权和领土完整，互不干涉内政，互不使用或威胁使用武力；所有成员方一律平等；平等互利，通过相互协商解决所有问题；奉行不结盟、不针对其他国家和组织及对外开放原则。

上海合作组织的宗旨和原则，集中体现在"上海精神"上，即"互信、互利、平等、协商、尊重多样文明、谋求共同发展"。"上海精神"已写入《上海合作组织成立宣言》。

3. "一带一路"

"一带一路"（The Belt and Road，B&R）是"丝绸之路经济带"和"21世纪海上丝绸之路"的简称，2013年9月和10月由中国国家主席习近平分别提出建设"新丝绸之路经济带"和"21世纪海上丝绸之路"的合作倡议。依靠中国与有关国家既有的双多边机制，借助既有的、行之有效的区域合作平台，"一带一路"旨在借用古代丝绸之路的历史符号，高举和平发展的旗帜，积极发展与沿线国家的经济合作伙伴关系，共同打造政治互信、经济融合、文化包容的利益共同体、命运共同体和责任共同体。2015年3月28日，国家发展改革委、外交部、商务部联合发布了《推动共建丝绸之路经济带和21世纪海上丝绸之路的愿景与行动》。

"一带一路"经济区开放后，承包工程项目突破3 000个。2015年，中国企业共对"一带一路"相关的49个国家进行了直接投资，投资额同比增长18.2%。2015年，中国承接"一带一路"相关国家服务外包合同金额178.3亿美元，执行金额121.5亿美元，同比分别增长42.6%和23.45%。2016年6月底，中欧班列累计开行1 881列，其中回程502列，实现进出口贸易总额170亿美元。截至2020年11月，中国已经与138个国家、31个国际组织签署201份共建"一带一路"合作文件。

2020年，中国对外直接投资在疫情困难情况下逆势增长，显示出我国在对外开放方面保持进取心态，深耕"一带一路"沿线，在对外直接投资和外贸承包工程乃至境外经贸园区建设方面维持稳步发展。2021年，中国对"一带一路"沿线国家投资增长较快，对"一带一路"沿线国家非金融类直接投资203亿美元，同比增长14.1%，为促进东道国经济发展做出了积极贡献，充分反映了"一带一路"倡议的强大生命力以及中国与"一带一路"沿线国家和地区合作的巨大潜力。

"一带一路"倡议提出9年以来，从无到有、由点及面，取得了长足进步，进度和成果超出预期。在已取得的建设成果基础上，习近平主席进一步提出聚焦构建互利合作网络、新型合作模式、多元合作平台，携手打造绿色丝绸之路、健康丝绸之路、智力丝绸之路、和平丝绸之路的宏伟目标。

黄色的陆上丝绸之路、蓝色的海上丝绸之路展示了"一带一路"的绚丽色彩。绿色丝绸之路、健康丝绸之路、智力丝绸之路、和平丝绸之路建设，形成了立体化、智能化、生态化与机制化的连接，在纷繁复杂的世界中寻找到最多的利益交会点。通过形成内外联动、海陆联动、产业布局调整的内在力量，重构全球产业链、供应链、服务链、价值链，塑造全球互联互通的超级版图，"一带一路"建设将开辟不同发展水平、不同文化传统、不同资源禀赋、不同社会制度的国家开展平等合作、共享发展成果的有效途径，为最终打造政治互信、经济融合、文化包容的利益共同体、命运共同体和责任共同体提供载体、平台和渠道。

4. 《区域全面经济伙伴关系协定》

2020年11月15日，东盟10国和中国、日本、韩国、澳大利亚、新西兰正式签署《区域全面经济伙伴关系协定》（Regional Comprehensive Economic Partnership，RCEP），全球最大的自由贸易区诞生了。

2020年，全球经济遭遇疫情冲击而大幅下滑。与此同时，单边主义、贸易保护主义甚嚣尘上，与疫情叠加，造成经济全球化及国际经济合作的倒退。在此背景下，亚太区域经济合作异军突起、亮点纷呈。

首先，中国、日本、韩国、澳大利亚、新西兰和东盟10国历时8年，于2020年年底正式签署RCEP。值得关注的是，RCEP具有很大的包容性，域内既有日本、澳大利亚、新加坡等高度发达国家，也有老挝、柬埔寨、缅甸等发展中国家。相比于发达国家主导的协定，RCEP更加灵活宽泛，给予发展中国家相应的保护，体现了高质量、包容性与普遍受惠的特点。

其次，RCEP的正式签署是2020年亚太区域经济合作的最大亮点。之前，各成员国之间存在一些自贸协定，但彼此联系并不完整。RCEP弥补了经贸关系的空白，结合部分国家签署的《全面与进步跨太平洋伙伴关系协定》，使亚太地区形成两大自贸协定并行的"双循环"格局，满足了各成员国提升产业链、供应链影响力的实际需求。RCEP签署的背后是中国影响力的提升。2020年，中国作为全球第二大经济体，不仅在抗击疫情中取得巨大成就，还成为全球唯一实现正增长的经济体。许多国家对中国发挥更大作用的期待与中国自身的自贸区战略不谋而合，成为 RCEP 成功签署的重要推力。

最后，RCEP 签署之后，亚太区域融合出现从"小区域融合"向"大区域融合"、从双边融合向多边融合的发展趋势。这种融合态势有利于促进亚太地区经济潜力的释放，即一方面强化区域内国家的产业链分工，另一方面"填平补齐"部分国家尚未签署双边自贸协定的"漏洞"。

未来，RCEP 成员国间将相互构成相对独立但齐全的国际分工体系。例如，在制造业各个领域，将形成一个兼具高、中、低端的完整产业结构，既满足各国的内循环，也实现在 15 个成员国之间形成循环的"小全球化"。如今，亚太国家已经融入全球产业链、供应链、价值链当中，成为全球经济的重要组成部分。亚太地区作为一个不断开放、高速发展、相互融合的区域，将在 21 世纪全球经济发展中发挥日益凸显的作用，并且推动整个亚洲的崛起。同时，考虑到亚太各国的发展阶段存在差异，该区域经济融合程度仍有巨大的提升空间，区域性经济合作还将继续向前发展。

相比于全球其他经济体较为集中的区域，亚太地区的供应链相对较为完整，上下游链接非常精密。今后，随着 RCEP 的签署，亚太地区供应链完整的优势将更为凸显，经济潜力也将得到更多释放。RCEP 将对亚太各国经济发展起到拉动作用，并进一步加深不同国家之间的经济融合程度。

| 案例 1-6 |

"一带一路"成果日渐丰硕

新中国成立 70 多年来，中国积极加强周边交往，参与二十国集团、东盟与中日韩、中亚区域经济合作、大湄公河次区域经济合作等相关全球和区域合作机制，积极贡献中国智慧，推动各方通过区域合作实现共同繁荣发展。

近年来，中国—东盟经贸合作蓬勃发展，展现出广阔的合作前景，成为坚定不移坚持多边贸易体制、切实推进区域经济一体化的典范。2010 年 1 月，中国—东盟自贸区全面建成。2015 年 11 月，中国与东盟签署自贸区升级协议。在贸易保护主义抬头的当下，中国与东盟还在合力推动《区域全面经济伙伴关系协定》（RCEP）谈判，共同维护基于规则的多边贸易体制。

RCEP 涵盖人口超过 35 亿，占全球的 47.4%，国内生产总值占全球的 32.2%，外贸总额占全球的 29.1%，将进一步促进本地区产业和价值链的融合，为区域经济一体化注入强劲动力。

此外，在中国的积极倡导下，上海合作组织在深化经济合作方面发挥了巨大作用。2001 年 6 月，上合组织在中国上海成立。目前，上合组织有 8 个成员国、4 个观察员国和 9 个对话伙伴国，其成员国人口占世界近一半，国内生产总值占全球 20% 以上，拥有巨大的市场潜力。

新中国成立 70 多年以来，中国不断为多边体系增添活力。当前，国际形势日趋复杂，全球经济增长总体稳定但面临多重风险，保护主义是其中的主要风险之一。在这一背景下，中国坚定不移倡导国际合作，维护发展多边主义意义非凡，得到各方高度肯定。

2016 年 1 月，中国倡议成立的亚洲基础设施投资银行（简称"亚投行"）正式开业。亚投行作为新型多边开发机构，近年来快速发展，是中国为多边开发体系贡献中国智慧的典范。2019 年 7 月 13 日，亚投行理事会批准贝宁、吉布提、卢旺达加入亚投行。至此，亚投行成立三年半以来，成员总数达到 100 个。截至 2019 年 7 月，亚投行已在 18 个成员方开展 45 个项目，涉及贷款总额达 85 亿美元。

卢森堡首相格扎维埃·贝泰尔（Xavier Bettel）曾表示，建立亚投行这一全新的多边开发银行，将为人类共同应对可持续发展和共同面对未来世界所面临的挑战提供强有力的手段。玻利维亚努尔大学国际关系系教授胡安·巴勃罗·绍赛多·比达尔高度评价新中国成立以来在经济全球化中起到的积极作用。比达尔认为，中国的经济发展与世界其他地区紧密联系在一起，中国已成为经济全球化的重要推动者。他指出，中国重视同拉美和非洲地区国家的经贸往来，现已成为这些地区许多国家的主要合作伙伴。菲律宾雅典耀大学中国问题专家卢西奥·皮特洛（Lucio Pitlo）表示，从 RCEP 谈判不断推进可以看出中国和东盟倡导贸易开放并抵制保护主义的决心，高水平、高质量的 RCEP 会增强各国对多边主义的信心。

2013 年，中国提出"一带一路"倡议。2019 年 4 月，第二届"一带一路"国际合作高峰论坛在北京举行，再次受到各方关注。六年来，这一倡议赢得国际社会广泛赞誉，随着重点项目不断落地，互联互通成果日渐丰硕，越来越多国家和地区已经感受到这一互利共赢理念和实践带来的红利。黑山总统米洛·久卡诺维奇（Milo Dukanović）表示，中国在过去几十年里取得了巨大发展成就，中国没有只关注自身的发展，通过"一带一路"倡议也为包括黑山在内的其他国家和地区带来了发展机遇。哈萨克斯坦常驻联合国代表凯拉特·乌马罗夫（Kairat Umarov）说，中国实现了飞速发展，当今中国在国际舞台上发挥着重要作用。中国提出的"一带一路"倡议给沿线国家和地区带来了发展、进步和繁荣，哈萨克斯坦非常重视这一倡议。秘鲁前驻华大使、亚洲问题专家胡安·卡洛斯·卡普纳伊表示，新中国成立以来，中国取得了令人瞩目的成就，在国际合作领域贡献巨大。卡普纳伊说，"一带一路"倡议就是国际合作的重要平台，它开辟了世界各国合作共赢、共同发展的新途径。巴基斯坦国家和地区政治局势分析师阿夫拉西亚卜·哈塔克表示，"一带一路"倡议的目的是沿着古丝绸之路，建设将亚洲、欧洲、非洲连接起来的贸易和基础设施网络。在近 1 万亿美元基础设施和能源投资的支持下，"一带一路"倡议为促进区域合作和解决欧亚心脏地带棘手的冲突提供了前所未有的机遇。

资料来源：人民网。

▶ 讨论题

1. 中国参与国际区域经济合作具有哪些现实意义？
2. 中国参与的区域经济合作具有哪些特点？
3. 当前，中国参与的区域经济合作还存在着哪些问题？

案例 1-7

中外学者共同研讨"喜马拉雅区域合作"

2020 年 8 月 28 日，由中国社会科学院西藏智库与中国社会科学院民族学与人类学研究所共同主办的"第四届喜马拉雅区域研究国际研讨会"在北京举行。会议以"风险与合作"为主题，来自中国、美国、英国、日本、挪威、尼泊尔等国的专家学者围绕喜马拉雅区域合作及新冠肺炎疫情带来的风险与挑战展开讨论。与会专家认为，面对疫情，喜马拉雅区域内国家命运与共，国际合作势在必行，只有风险共担，才能共享繁荣。

中巴经济走廊稳步推进，中国与尼泊尔和孟加拉国等国签署"一带一路"合作谅解备忘录。中国社会科学院中国边疆研究所副所长孙宏年认为，"一带一路"倡议下的喜马拉雅区域合作近年取得了重大进展，已经拥有良好的合作基础，尤其是互联互通领域。近年来，越来越多尼泊尔人来到中国留学经商，推动了喜马拉雅跨区域合作。尼泊尔特里布文大学人类学系前主任拉雅·普拉萨·乌普里提基于尼泊尔东部山村的观察，强调用国家合作带动域内发展。

在共同抗击疫情过程中，中国加强与喜马拉雅区域国家合作，促进了域内国家疫情防控和复工复产。2020 年 7 月 27 日，中国、阿富汗、巴基斯坦和尼泊尔四国外长应对新冠肺炎疫情视频会议达成重要共识。而且，中国向巴基斯坦和孟加拉派出抗疫医疗专家组，中国自 2020 年 7 月 1 日起给予孟加拉国 97% 税目产品零关税待遇。中国社会科学院中国边疆研究所所长邢广程认为，面对新冠肺炎疫情，中国与喜马拉雅域内其他各国抱团取暖，加强区域合作，为维护全球产业链供应链稳定做出了贡献。

中国复工复产有序推进，为区域发展注入了活力。后疫情时代加快喜马拉雅区域合作，推动各国协同发展势在必行。中国社会科学院科研局副局长王伟利认为，疫情促使中国与喜马拉雅域内各国间积极寻求合作。尼泊尔—中国凯拉斯文化促进会执行会长曹国锋表示，共建"一带一路"合作在疫情后变得更为重要，尤其是复工复产合作，同时要发挥民心相通在促进喜马拉雅区域国家合作中的重要作用。西藏大学经济与管理学院教授久毛措认为，环喜马拉雅经济合作带能促进域内国家协同发展，合作共赢。

西藏治理取得巨大成就也是研讨会重要议题。四川大学杨明洪教授长期从事西藏治理研究，他认为改革开放以来，尤其是第六次西藏工作座谈会以来，西藏治理成效相当出色。与会学者罗格·克洛斯是西藏影像资料的收藏家，他通过有关西藏的摄影摄像作品，展示了西藏和平解放以来发生的巨大变化，认为西藏取得了巨大发展成就。

资料来源：人民网。

▶ 讨论题

结合中巴经济走廊等做法讨论喜马拉雅区域合作的重大意义。

❖ 思考题

1. 国际经济合作的内涵和定义是什么？国际经济合作的作用表现在哪里？

2. 国际经济合作的方式主要是什么？

3. 什么是经济全球化？其重要特征是什么？

4. 新经济全球化对中国的影响是什么？在全球化过程中，中国该如何抓住机遇，实现"中国梦"？

❖ 习题

1. 选择题

（1）国际经济合作是（　　）之间的经济合作活动。

    A. 大国与小国

    B. 弱国与强国

    C. 不同社会制度的国家

    D. 不同主权国家

（2）国际经济合作的原则之一是（　　）。

    A. 平等互利　　　　B. 边际效益递增

    C. 禁止垄断　　　　D. 互不干涉内政

（3）国际经济合作主要是在（　　）领域内
进行的相互协作。

A. 流通　　　　　B. 生产

C. 服务　　　　　D. 金融

（4）国际经济合作是（　　）的表现形式。

A. 国际分工　　　B. 国际贸易

C. 国际政治关系　D. 国际资本移动

（5）区域经济一体化快速发展的根本原因是
（　　）。

A. 世界政治和经济格局的变化

B. 科学技术和社会生产力的高速发展

C. 贸易与投资自由化

D. 贸易创造

（6）下列区域经济合作的形式中，按照贸易
壁垒的取消程度来划分的是（　　）。

A. 完全经济一体化

B. 水平经济一体化

C. 部门经济一体化

D. 全盘经济一体化

（7）亚太经合组织的最高组织机构是（　　）。

A. 高官会

B. 部长级会议

C. 领导人正式会议

D. 领导人非正式会议

2. 判断题

（1）国际经济合作的重点是生产领域的合作而
不是流通领域的合作。（　　）

（2）垂直型国际经济合作和水平型国际经济合
作都属于宏观国际经济合作范围。（　　）

（3）国际经济合作仅限于生产领域，国家间
的经济政策协调不是国际经济合作的内
容。（　　）

3. 简答题

（1）生产要素形成国际流动的主要原因有
哪些？

（2）国际科技合作的主要形式有哪些？

（3）试述资本全球化的三阶段。

（4）国际区域经济合作的原因有哪些？

第二章
CHAPTER 2

国际直接投资的发展历程

▋本章要点

本章首先介绍国际直接投资的定义与特点,从不同角度对国际直接投资进行了分类。其次分阶段讨论了国际直接投资的发展,按照每阶段中各国发展速度不同,着重介绍了发展较快的国家的国际直接投资特点,并分析了国际直接投资所发生的变化。本章还分析了经济全球化下国际直接投资的发展趋势,最后展示了世界贸易组织《与贸易有关的投资措施协议》的相关内容,并分析了此协议对国际直接投资造成的影响。本章重点在于国际直接投资的基本概念及发展阶段。

▋思政视野

习近平总书记在党的十九大报告中指出,中国坚持对外开放的基本国策,坚持打开国门搞建设,积极促进"一带一路"国际合作,努力实现政策沟通、设施联通、贸易畅通、资金融通、民心相通,打造国际合作新平台,增添共同发展新动力。我们要深入学习贯彻党的十九大精神,在习近平新时代中国特色社会主义思想指引下,扎实推进"一带一路"建设,深化国际互利合作,为我国开放型经济发展注入新动力,为促进开放型世界经济发展、构建人类命运共同体做出新贡献。

面对新冠肺炎疫情和复杂的国际形势带来的多重压力,2021年9月29日,商务部、国家统计局和国家外汇管理局联合发布《2020年度中国对外直接投资统计公报》(以下简称《公报》),正式公布2020年中国对外直接投资统计数据。《公报》分中国对外直接投资概况、中国对外直接投资特点、中国对主要经济体的投资、对外直接投资者构成、对外直接投资企业的地区和行业分布、综合统计数据等六部分,全面介绍了2020年中国对外直接投资情况。

2020年,受新冠肺炎疫情严重冲击,世界经济萎缩3.3%,自2009年以来首次负增长,全球货物贸易萎缩5.3%,对外直接投资较2019年减少近四成。2020年是中国历史上极不平凡的一年,以习近平同志为核心的党中央统揽全局,及时做出统筹疫情防控和经济社会发展的重大决策,中国在全球主要经济体中唯一实现经济正增长。有关部门贯彻落实党中央、国务院决策部署，统筹推进境外企业项目人员疫情防控和对外投资发展。2020 年，中国对外直接投资流量 1 537.1 亿美元，同比增长 12.3%，首次位居全球第一。2020 年，全球对外直接投资流量 0.74 万亿美元，年末存量 39.25 万亿美元，中国分别占全球当年流量、存量的 20.2% 和 6.6%，存量位列全球第三。表 2-1 是 2010~2020 年中国对外直接投资流量。

表 2-1　2010~2020 年中国对外直接投资流量

年份	流量/亿美元	全球占比/%	全球位次
2010	688.1	4.9	5
2011	746.5	4.8	6
2012	878.0	6.4	3
2013	1 078.4	7.8	3
2014	1 231.2	9.0	3
2015	1 456.7	8.5	2
2016	1 961.5	12.7	2
2017	1 582.9	9.9	3
2018	1 430.4	14.5	2
2019	1 369.1	10.4	2
2020	1 490.0	14.9	1

2020 年年末，中国对外直接投资存量达 2.58 万亿美元，次于美国（8.13 万亿美元）和荷兰（3.8 万亿美元）。中国在全球对外直接投资中的影响力不断扩大，流量占全球比重连续 5 年超过一成，2020 年占 20.2%；存量占 6.6%，较 2019 年提升 0.2 个百分点。2020 年，中国双向投资基本持平，引进来走出去同步发展。表 2-2 是 2016~2020 年全球和中国对外直接投资存量。

表 2-2　2016~2020 年全球和中国对外直接投资存量

年份	全球对外直接投资存量/万亿美元	中国对外直接投资存量/万亿美元	中国占全球比重/%
2016	26.2	1.36	5.2
2017	30.8	1.81	5.9
2018	31.0	1.98	6.4
2019	34.6	2.20	6.4
2020	39.1	2.58	6.6

商务部自 2010 年开始组织编写《中国对外投资合作发展报告》，该报告目前已成为对外投资合作公共服务体系的重要组成部分，为中国走出去的企业更好地开展对外投资合作提供借鉴参考，为帮助企业提升国际化经营能力和水平、应对各类风险挑战、推动对外投资合作高质量发展、更好服务构建新发展格局发挥更大作用。

资料来源：中华人民共和国商务部，国家统计局，联合国贸发会议 2016~2020 年《世界投资报告》，国家外汇管理局《2019 年度中国对外直接投资统计公报》。

▶ 思考题

人类命运共同体与我国对外投资的一系列重大成果有何关系？

⧉∥ 开篇案例

《博鳌亚洲论坛亚洲经济前景及一体化进程 2021 年度报告》体现论坛立足亚洲，与各界共同思考促进亚洲经济发展和经济一体化的重点热点问题。对疫情下的亚洲经济增长前景与一体化进程进行全景扫描和分地区、分部门分析，并专门研究了后疫情时代数字经济转型、债务可持续性挑战、亚洲区域经贸安排、新冠肺炎疫情下高质量共建"一带一路"四大重点热点问题。

在新冠肺炎疫情冲击下，亚洲经济体经历了经济增速大幅下降，但经济表现明显好于世界其他地区。总体来看，2020年亚洲经济体经济增速为 −1.7%，较2019年下降5.7个百分点，比发达经济体高3.0个百分点。相对较好的经济表现，使亚洲经济总量占世界的份额进一步提升。按购买力平价计算，2020年亚洲经济总量占世界的份额比2019年提高0.9个百分点至47.3%。作为亚洲最大的经济体，中国领跑亚洲，2020年中国经济实现了2.3%的增长，2021年第一季度中国经济同比增长达18.3%。

受新冠肺炎疫情影响，亚洲经济2020年出现60年来首次负增长，但总体表现出很强的韧性。中国是唯一在2020年实现经济正增长的全球主要经济体。亚洲在加强疫情防控、保持产业链供应链畅通稳定、促进贸易与投资方面发挥着重要作用，中国发挥了中流砥柱的作用。

2020年，面对世纪大疫情和60年来首次经济萎缩，亚洲各国积极合作抗疫，在全球最早总体稳定疫情，恢复生产。2020年，亚洲经济总量占世界的份额进一步提升至47.3%，一体化进程持续推进，区域合作继续深化。贸易一体化水平稳步提升，亚洲作为全球价值链中心并未出现转移，经济体之间的服务贸易联系增强，数字贸易在疫情下加速发展。这些互通与合作为亚洲应对疫情和经济的双重挑战提供了强大支撑。

2021年，随着疫情逐步在全球得到控制，亚洲经济复苏步伐将提速，亚洲新兴经济体整体经济增速预计高于全球其他地区。区域内部货物贸易、以数字贸易为引领的服务贸易、直接投资与金融市场等领域进一步融合，基础设施互联互通提升，将成为疫情后亚洲经济发展的显著特点。

资料来源：张宇燕，等.博鳌亚洲论坛亚洲经济前景及一体化进程2021年度报告［M］.北京：对外经济贸易大学出版社，2021.

▶ 讨论题

1. 谈到国际直接投资，你会想到哪些案例或经济组织？
2. 根据案例简要描述国际直接投资的特点和作用。

据联合国贸发会议《2021世界投资报告》，发达国家2020年对外直接投资额同比下降58%，欧洲2020年对外直接投资额同比下降80%，北美下降42%，而亚洲地区则上升了4%，是唯一实现正增长的地区，约占全球2020年对外直接投资额的一半。亚洲地区的正增长主要依赖东亚地区的经济复苏和中国的快速增长，中国在东亚2020年对外直接投资的2 920亿美元中占了1 490亿美元，同比增长6%，成为全球第二大对外直接投资流入国，同时也是全球第一大对外直接投资流出国，投资总额达1 330亿美元。

第一节　国际直接投资的基本概念

一、国际直接投资的定义

国际直接投资（international direct investment，IDI），也称为对外直接投资（foreign direct investment，FDI）、跨国直接投资（transnational direct investment，TDI）、海外直接投资（overseas direct investment，ODI），是指一国的自然人、法人或其他经济组织，单独或共同将本国的资本

（包括资金、技术、原材料、零部件、管理经验、专利、商标等）投放到另外一个或几个国家，通过创立新企业，或增加资本扩展原有企业，或收购现有企业，并拥有有效管理控制权，从而获取一定利润的经济行为。

国际货币基金组织关于国际直接投资的定义是：一种"在投资人以外的国家（经济区域）所经营的企业中拥有持续利益的一种投资，其目的在于对该企业的经营管理具有有效的发言权"。

国际直接投资是与国际间接投资相对应的概念，两者的根本区别在于国际直接投资者对国外企业具有实质性的所有权和经营权。

二、国际直接投资的特点

国际直接投资与其他投资相比，具有实体性、控制性、渗透性和跨国性的重要特点。具体表现在以下几个方面。

（一）国际直接投资是长期资本流动的一种主要形式

它不同于短期资本流动，要求投资主体必须在国外拥有企业实体，直接从事各类经营活动。

（二）国际直接投资表现为资本的国际转移和拥有经营权的资本国际流动两种形态，既有货币投资形式又有实物投资形式

资本的国际转移表现为与投资相关的财务的输出。这种作为实物形态的生产要素，通过现金方式结算后，其转移不引起两国债权债务关系的变化。

拥有经营权的资本国际流动，带来投资国与被投资国间债权债务关系的变化。资本流动所包含的经营权包括直接控制与参与经营管理。

（三）国际直接投资取得对企业经营的控制权，不同于间接投资，通过参与、控制企业经营权获得利益

外商在东道国兴办企业，必须遵守东道国的有关法律规定；东道国通过引导其投资方向，有利于改善投资结构。同时，国际直接投资可以改善东道国的出口商品结构，增强其出口竞争能力。吸引外商投资后可重点发展出口企业，运用先进技术，提高出口外销产品的档次，推动产品出口结构的发展。

当代的国际直接投资又有以下几个特点：规模日益扩大，由单向流动变为多向流动，发展中国家国际直接投资日趋活跃，区域内相互投资日趋扩大，国际直接投资部门结构发生重大变化，跨国并购成为一种重要的投资形式等。

三、国际直接投资的分类

（一）根据子公司与母公司的生产经营方向是否一致分类

横向型投资：投资同样或相似的产品，一般运用于机械制造业、食品加工业。

垂直型投资：既可以是同一行业的不同程序的产品，多见于汽车、电子行业；也可以是不同的行业有关联的产品，多见于资源开采、加工行业。

混合型投资：生产完全不同的产品，目前只有少数巨型跨国公司采取这种方式。

（二）根据投资者是否新投资创办企业分类

创办新企业：又称绿地投资，分独资、合资两种方式。

控制外国企业股权投资：外国投资者通过一定的程序、渠道，购买东道国企业的股票达到一定比例，依法取得东道国企业部分或全部所有权的行为。

（三）根据投资者对外投资的参与方式分类

国际直接投资可分为合资企业、合作企业、独资企业三种形式。

案例 2-1

中国化工收购案

2016 年 2 月 2 日晚间，任建新带领中国化工集团有限公司（简称"中国化工"）的管理层于苏黎世与先正达董事会碰头，双方签署最终的收购协议，长达九个月的拉锯谈判落下帷幕。历经五次沟通、三次价格谈判的拉锯战，中国化工最终以共计 490 亿美元的价格收购全球农化巨头先正达公司，达成中国企业迄今为止最大的海外并购交易。被中国化工收购后，先正达业绩保持增长，2017 年先正达销售额为 126.5 亿美元，自由现金流达到 17 亿美元；2018 年销售额为 135 亿美元，同比增长 7%，净利润扭亏为盈达 14.38 亿美元。其中 2018 年中国区销售业绩 3.19 亿美元，同比增长 6%，这得益于进口许可，植保业务在中国的销售额同比增长 11%。

中国化工隶属国务院国资委管理，共有 14 万名员工，5.2 万名员工位于中国境外；拥有国内生产经营企业 92 家（其中上市公司 8 家）和科研院所 26 家，拥有海外子公司 9 家，在全球 150 个国家和地区拥有生产、研发基地，并有完善的营销网络体系。中国化工位列 2018 年《财富》世界 500 强排行榜第 167 位、2019 中国制造业企业 500 强榜单第 10 位，是中国最大的基础化学的制造企业。中国化工自 2006 年前后就开始着力海外收购，在各细分领域寻找国际行业翘楚，通过收购的方式对各业务板块进行补充，其中包括收购倍耐力，并入风神股份；收购马克西姆-阿甘，并入沙隆达等，拥有丰富的国际并购经验。先正达是全球农药领域第一、种业第三大公司，是"植保＋种子＋农技服务"一体化作物综合解决方案的提供商，领先技术涉及多个领域，一直是其他国际农业巨头围猎的目标。在陶氏与杜邦等国际农企龙头合并的形势下，先正达 2011～2013 年利润增长率连续下滑，2014 年全球裁员 1 000 人，2015 财年整体业绩下滑明显，股价持续低迷。

自 2016 年签署了最终的收购协议以来，中国化工通过黑石（2007 年入股中国化工子公司蓝星集团 20% 的股份）、KKR、凯雷等私募股权投资机构达成举债收购，2017 年 4 月，中国、美国、欧盟和墨西哥等反垄断监管机构均已批准中国化工对先正达的收购。4 月 25 日，中国化工和先正达均在官网发布消息：确认收购要约所需的所有监管批准和条件均已获得和满足，并于 6 月初完美收官。

资料来源：中国管理案例共享中心，《中国化工收购先正达：中企最大海外并购的前世今生》。

▶ 讨论题

1. 中国化工收购案属于国际直接投资的哪一种类型?
2. 分析这场收购的前景。

第二节　国际直接投资的发展阶段

国际直接投资的发展历史大体上可以划分为三个阶段,分别是第一次世界大战前的国际直接投资、两次世界大战之间的国际直接投资和二战后的国际直接投资。

一、第一次世界大战前的国际直接投资

在这一时期,主要的投资国是英国、法国和德国,其中英国曾长期居主导地位。英国的这种地位是历史形成的。首先,英国最先进行了产业革命,能生产的制成品越来越多,在较先扩大商品输出的同时,对外国初级产品的进口不断增加。其次,经济、政治稳定的年代,英国国内储蓄增长较快,直接刺激资本市场的发展,使之在较短的时期内开始支配世界金融格局。最后,随着殖民扩张的加快,庞大的海外殖民市场为英国提供了风险较低的投资场所。

第一次世界大战前,英国的对外投资具有以下特征。

(一) 对外投资以新开发地区为主

英国 2/3 以上的投资主要集中在美国、加拿大、澳大利亚等地,对欧洲的投资仅占其对外投资的 6%。

(二) 国外投资与国外移民并存

在新开发地区,伴随着大量投资的是劳动力的流动。仅以美国为例,1871 ~ 1910 年的 40 年间,英国对美国的移民就超过了 2 000 万人,尤其在 20 世纪初,英国对美国移民达 880 万人。

(三) 资金投向以铁路证券等为主

英国对外投资中,公债证券占七成,而对橡胶、石油、矿山等第一产业的投资仅占一成左右。与此同时,法国和德国也在国外进行巨额的投资。到 19 世纪末,法国和德国对外投资总额平均占其国民生产总值的 2% ~ 3%,而同期英国的该比例为 5% ~ 10%。到了 1913 年,英国的国际直接投资总额已经达到了 40 亿英镑(约合 180 亿美元),相当于当时英国财富的 1/4,也几乎为其他国际资本输出总和的一半(见表 2-3)。

这一阶段的东道国主要是那些比较富裕的、资源较为丰富的北美洲、拉丁美洲和大洋洲国家,它们吸收了世界投资总额的 50%,英国对外投资额的 70%。处于第二位的是东欧(主要是俄国)和斯堪的纳维亚地区,它们所吸收的资金约占世界对外直接投资总额的 25%,法国和德国是该地区的主要投资者。构成第三位的是其他外围国家,包括中国、埃及、土耳其和一些非洲殖民地国家,流向这些国家的资金一般具有浓厚的政治色彩。这一时期国际直接投资具有以

下三大特点：①英国是最主要的投资国，几乎占了世界总投资额的一半；②美国和加拿大则是主要的东道国，它们吸收的资金也占了世界总投资额的一半；③直接投资主要集中在初级产品，如石油开采、矿产开采、冶炼和农业等。

表 2-3　1913 年主要发达资本主义国家长期对外投资

主要债权国（地区）	金额/10 亿美元	百分比/%	主要债务国（地区）	金额/10 亿美元	百分比/%
英国	18.0	40.9	欧洲	12.0	27.3
法国	9.0	20.4	拉美	8.5	19.3
德国	5.8	13.2	美国	6.8	15.5
美国	3.5	8.0	加拿大	3.7	8.4
荷兰、瑞士	5.5	12.5	亚洲	6.0	13.6
其他	2.5	5.0	非洲	4.7	10.7
			大洋洲	2.3	5.2
合计	44.3	100.0	合计	44.0	100.0

资料来源：馆龙一郎，等. 国际金融讲座Ⅲ：国际投资［M］. 东京：东洋经济新报社，1976.

二、两次世界大战之间的国际直接投资

1914～1945 年，人类历史上经历了两次世界大战的浩劫。在两次世界大战之间的 1929～1933 年，西方资本主义国家还爆发了一场空前严重的经济危机。这样一些灾难性的事件，极大地削弱了世界各国的生产能力和对外贸易能力。同时，发达国家的对外投资额也基本徘徊不前，增长数额有限，增长速度缓慢，有些国家甚至出现了负增长情况。国际投资领域最大的变化是，在战前作为债务国的美国在战后与英国并列成为债权国。

事实上，1914 年 7 月爆发的第一次世界大战，就已经使几个主要投资国的对外投资严重受挫。在英国，由于战争的影响，生产下降，英镑贬值，通货膨胀，经济实力遭到削弱。战争期间，英国的部分国际投资转卖出手，其持有的债权大幅下降，特别是与美国的债务大大减少。英国的工业虽然未遭到重大破坏，但竞争力下降，难以稳住海外市场。由于美国等新兴国家的崛起，到战争结束，英国实际上已失去大片市场，出口继续下降，进口不断增加，金融资本帝国的地位也受到巨大冲击。这次战争使英国国际投资地位发生了重大变化，对外投资能力已退居美国之后。法国虽然是第一次世界大战的战胜国，但受战争破坏，经济极度衰弱，工业生产能力比战前下降了 50%。它过去虽然是一个主要的贷款国，但相当一部分贷款的价值已缩水。德国作为战败国，经济濒于崩溃，工业生产急剧下降，领土割让和赔款严重影响了经济发展，80% 的工业企业不能全部开工，国内物价飞涨，经济一片混乱。

而 1929～1933 年的经济危机和二战的爆发，更使世界资本主义经济雪上加霜，国际直接投资与其他形式的投资一样，处于恶劣的发展环境之中。据统计，到了二战结束的 1945 年，美国、英国、法国、德国、日本 5 个主要投资国的对外投资额分别仅为 170 亿美元、140 亿美元、60 亿美元、10 亿美元和零。

美国作为一个世界投资大国崛起，是两次世界大战期间国际直接投资发展的一个显著特点。1914～1945 年，发达国家的对外投资陷入徘徊和停滞的局面，而美国对外直接投资的数额和比重的增速都有明显提高。1927 年，在世界直接投资的 172 亿美元中，美国的直接投资占 75 亿美

元，仅稍次于英国而居世界第二位。

美国187家制造业在海外的子公司由1913年的116家增至1919年的180家、1929年的467家和1939年的715家，其中分布在欧洲的有335家，加拿大169家，拉丁美洲114家。美国还大举向英国的势力范围渗透。1922年，在加拿大的外资中，美国投资已超过英国；在拉丁美洲的外资中，美国的投资比重已接近英国。美国资本还乘机进军德国，控制其汽车、石油、有色金属等部门，尤其是通用汽车公司和福特公司向欧洲及其他地区的扩展更为迅速。这期间美国大举向外扩张的跨国公司都是技术先进的新兴工业，为了侵略性的向外扩张，一般是先在国内进行合并和兼并，加强自己的国际竞争能力。美国对外直接投资的发展，使世界主要投资国的地位发生了重大变化。在第一次世界大战之前很长一段时间里，英国凭借其政治经济优势，在国际投资领域处于绝对主要地位，成为世界上最大的投资国。而在两次世界大战之后，美国则一举超过了英国，成为世界上最大的投资国。

三、二战后的国际直接投资

二战结束后，随着各国经济的恢复与发展，新的投资大国迅速崛起，投资能力不断加强，国际直接投资呈现许多与战前不同的特点。

（一）国际投资范围进一步扩大，国际直接投资进入了新的大发展时期

从历史回顾的角度分析，二战以来的国际直接投资大约经历了三个阶段。第一阶段为20世纪60年代的战后"黄金时期"，国际直接投资的增长率约为全球GDP增长率的两倍，比同期的国际贸易增长率也高出40%。在70年代初期，由于国际金融体系剧烈动荡，国际直接投资一度陷入低潮。第二阶段从70年代后期开始，其主要动力是拉美国家的兴起。这次浪潮随着拉美国家陷入债务危机而逐渐减退。第三阶段为80年代中期到90年代初期，此间的动力来自亚洲新兴市场经济国家的高速发展。这次增长由于发达国家在1991～1994年国内发生金融动荡而稍有回落，但很快又掀起了新的浪潮。

（二）对外直接投资持续增长，并日益成为世界经济发展的主要动力，是该时期国际直接投资发展的主要特点

从西方发达国家的情况看：20世纪50年代中后期，西方主要国家经济基本恢复到战前水平；到60年代，国际直接投资有了较快增长。1950年，美国、英国、法国、联邦德国和日本的对外投资总额为118亿美元，1960年上升到458亿美元，1970年达到1 040亿美元，1970年比1950年增长近8倍，比1960年增长约1.3倍。

20世纪70年代两次世界性石油危机的爆发，使战后高速发展的世界经济发生了转折。但是，上述五国的对外直接投资仍然保持较强劲的增长。1980年五国对外投资总额高达3 628亿美元，比1950年增长近30倍，比1960年增长近7倍。

20世纪80年代初，西方国家陷入了一场新的经济衰退，特别是1982年，墨西哥发生了债务危机，世界经济进入了一个新的调整时期。到了1985年，国际直接投资总额为576亿美元。自80年代中期起，随着全球化的迅猛发展，日元升值及新的对外投资的崛起，国际直接投资开始进入飞速发展的新阶段。到1990年，全球对外直接投资累计总额突破10 000亿美元。

1991年，由于西方主要国家陷入经济衰退，世界直接投资出现了自1982年以来的首次下降，投资总额从1990年的2 300亿美元下降到1 800亿美元。日本受泡沫经济破灭的严重影响，资金抽回，对外投资下降150亿美元。西欧对外投资也下降了250亿美元，主要是由法国、德国、荷兰和瑞典的下降造成的。只有美国和英国保持不变。由于实施新的经济政策，美国经济率先走出衰退，世界经济随后恢复增长，国际贸易和投资重新趋于活跃。据联合国贸易发展会议发表的《1996年实际投资报告》称，1995年世界贸易总额为60 000亿美元，增长6%；全球对外直接投资总额达到了3 150亿美元，比1994年增长了40%。

总的来看，在1985年之前，全球直接投资的增长速度低于国际贸易的增长速度；但是1985年之后，全球直接投资的增长开始超过全球贸易的增长，国际直接投资已成为推动世界经济发展的主要动力。

（三）国际直接投资的部门行业结构不断变化

战后国际直接投资的部门行业投向的变化总体来说经历了资源能源型—制造业型—金融服务业型三个阶段。二战后至20世纪50年代末期，美英等国对外直接投资的领域主要集中在原材料和石油开采方面，这种状况仍然带有早期资本输出的殖民色彩。50年代末至70年代初，随着欧洲共同市场和世界经济的发展，美国和西欧国家的对外直接投资在制造业方面有了长足的发展，国际直接投资的重点产业从生产初级产品的第一产业（矿业和石油业）向制造业转移。80年代以来，各国对第二产业（制造业）的直接投资呈现相对下降趋势，而对第三产业（包括批发业、服务业、金融业、保险业）的直接投资大幅度增长（见表2-4）。进入90年代之后，国际直接投资转向高新技术产业。

表2-4　发达国家对外直接投资存量的产业格局　（%）

年份	1975	1980	1985	1988	1997	2003
初级产业	25.3	18.5	18.5	12.2	9.0	4.8
制造业	45.0	43.8	38.7	39.6	33.6	26.3
服务业	27.7	37.7	42.8	45.4	55.6	66.6

注：因统计误差，相加不一定等于100%。
资料来源：池元吉.世界经济概论[M].北京：高等教育出版社，2006.

第三产业直接投资大幅度增加的原因有：一方面，对投资国来说，第三产业的投资普及面广，影响范围大，比制造业和初级产业投资的灵活性高，投资回收期短，有利于获得更加可观的盈利；另一方面，从投资接收国来看，在第一、二产业发展到一定程度后，必然对第三产业的发展提出更高的要求，必须尽快增加这部分项目和设施，提高银行服务、贸易服务和旅游服务的效率。

（四）国际投资格局发生了变化

国际直接投资一开始基本上是由发达国家独占的局面，极少数国家完全控制着世界投资。但这种状况也在慢慢发生变化，大国投资在世界投资中所占的份额逐渐下降。二战期间，英、法、德的地位进一步削弱，美国崛起成为第一直接投资国。二战后至今，西方资本主义大国虽然仍是对外进行直接投资的主体，但与以前对比，对外直接投资大国阵营中的力量对比出现重大消长变化。传统的投资大国虽然仍具有一定的基础与实力，但随着越来越多的原殖民地和附属国在政治上与经济上取得独立，经济发展的速度加快和水平提高，这些国家的一些企业也开始加入对外直接投资的行列，从而使一些发展中国家成为国际直接投资的来源国。特别是 20 世纪 90 年代，发展中国家的对外直接投资有较大幅度的增长。新力量的崛起，迅速冲击着传统投资大国曾有的支配地位（见表 2-5）。

表 2-5 发达国家与发展中国家对外直接投资占世界对外直接投资总流量的比重 （%）

年份	1990	1993	1994	1995	1997	1999	2004
发达国家	93.0	86.9	85.0	85.8	85.7	91.5	87.3
西欧	59.0	46.7	47.3	48.7	52.2	66.7	42.4
北美	13.1	33.7	29.2	29.0	25.9	21.1	31.4
日本	19.7	6.2	6.4	6.3	5.5	2.8	4.2
发展中国家	7.0	13.1	14.9	14.1	13.6	8.2	11.4

注：由于中东欧国家单独列为一类，因此发达国家与发展中国家比重之和不一定等于 100%。
资料来源：《世界投资报告》。

发达国家既是对外直接投资的主要国家，也是吸收对外直接投资的主要国家，发达国家相互之间资本的对向流动和相互渗透大大增加，而对发展中国家的投资增长相对缓慢，从而使发展中国家在全球吸收国际直接投资总额中所占的比重减少。但需要注意的是，进入 21 世纪以后，流入发展中国家的直接投资比重明显上升，流入发达国家的投资进一步萎缩。在 2004 年全球直接投资流量中，流向发展中国家的比重高达 36%，而流向发达国家的比例则下降到 64%。2010 年发展中经济体的直接外资流量的比例高达 53%，首次超过全球对外直接投资总量的一半。

案例 2-2

我国自由贸易区的建设现状

2021 年 10 月，在第二届中国自由贸易试验区发展论坛上，商务部国际贸易经济合作研究院发布了《中国自由贸易试验区发展报告 2021》（以下简称《报告》）。《报告》指出，自由贸易试验区从 2013 年上海一家发展到今天，中国已批准设立六批共 21 家自由贸易试验区，自由贸易试验片区达到 67 个，推动自由贸易试验区在更大范围、更广领域、更深层次进行改革创新的实践和探索。面对新冠肺炎疫情的冲击和严峻复杂的国内外经济形势，2021 年前 9 个月，前五批 18 家自由贸易试验区实现进出口总额 4.7 万亿元，以不到全国 4‰ 的国土面积实现了全国 14.7% 的外贸规模；自由贸易试验区实际使用外资 1 763.8 亿元，新设外资企业 6 472 家，占全国比重分别为 17.6% 和 16.8%。

《报告》显示，各自由贸易试验区继续以制度创新为核心，持续开展首创性、差异化探索，丰富制度供给，形成了众多创新性强、集成度高、特色鲜明的制度创新成果。2020 年，国务院自由贸易试验区工作部际联席会议办公室会同有关部门和地区，梳理筛选出第 6 批 37 项"创新性强、可操作性高、有效性好、风险可控"的改革经验，向全国或特定区域复制推广。37 项可复制推广的制度创新成果中，在全国范围内复制推广的共 31 项，在特定区域复制推广的共 6 项。其中，投资自由化便利化领域 11 项，贸易便利化领域 11 项，金融开放创新领域 4 项，事中事后监管领域 6 项，人力资源领域 5 项。

《报告》提到，2020 年，各自由贸易试验区坚持供给侧结构性改革这一战略方向，扭住扩大内需这一战略基点，推动生产、流通、消费更多依托国内市场，提升供给体系对国内需求的适配性，为需求牵引供给、供给创造需求的更高水平动态平衡探索了经验。

资料来源：商务部国际贸易经济合作研究院．中国自由贸易试验区发展报告2021 ［R］．杭州：商务部国际贸易经济合作研究院，2021.

▶ 讨论题

1. 对于我国这样的发展中国家和其他发达国家联合起来建设的自由贸易区，你觉得前景如何？

2. 建立自由贸易区，作为发展中国家的中国将有哪些机遇与挑战？

第三节　经济全球化下国际直接投资的发展趋势

步入21世纪以来，国际分工的不断深入，经济的进一步全球化，贸易和投资的自由化，以资本和技术要素为主的各种生产要素的国际移动，使国际投资活动呈现出以下发展趋势。

（1）全球对外直接投资增速下降。

（2）跨国公司"本土化"实施战略。21世纪，跨国公司调整其经营战略，力求尽快、大规模地融入东道国经济与社会生活的每个角落。例如，2017年，麦当劳以20.8亿美元的价格将中国内地和中国香港未来20年的业务出售给中信和凯雷投资。借助中信在房地产和金融领域的优势，调整战略布局，通过开放特许经营，不断进军三、四线城市，同时结合《中国有嘻哈》等综艺节目，根据市场变化来权衡和取舍，切实做到国际餐饮本土化，再度超越百胜集团。

（3）政府加速开放对外直接投资政策。中国于2019年颁布了《中华人民共和国外商投资法》。这是一部外商投资的促进法、保护法。它突出了积极扩大对外开放、促进外商投资的主基调，确立外商投资准入、促进、保护、管理等方面的基本制度框架和规则，建立起新时代我国外商投资法律制度的"四梁八柱"。这部法律坚持内外资企业一视同仁、平等对待，坚持中国特色和国际规则相衔接，坚持把保护外商投资合法权益放在重要位置，着力创新外商投资管理体制，将进一步提高我国投资环境的开放度、透明度和可预期性，让外商吃下"定心丸"、增强投资信心，为推动形成全面开放新格局提供更加有力的法律保障。

（4）对外直接投资流出量和流入量主要集中在欧盟、日本和美国，这一趋势仍相当稳定。

（5）中国将成为全球最具活力的外商投资地区。2021年，中国吸引外资达到1.1万亿美元。

由于中国经济的基础稳固，结构调整成效显著，吸引外资的综合优势日益凸显，2010年吸引外资首次超过1 000亿美元，仅次于美国，位居世界第二位，发展中国家第一位。2021年，中国吸引外资达到1.1万亿美元。

案例2-3

中国对外直接投资的发展趋势

中国贸促会研究院发布《中国企业对外投资现状及意向调查报告（2021年版）》，报告显示，2021年，我国对外投资平稳发展、表现亮眼，全行业对外直接投资9 366.9亿元，同比增长2.2%（折合1 451.9亿美元，同比增长9.2%）。对外承包工程完成营业额9 996.2亿元，同比下降7.1%（折合1 549.4亿美元，同比下降0.6%）；新签合同额16 676.8亿元，同比下降

5.4%（折合 2 584.9 亿美元，同比增长 1.2%）。

全年对外投资合作呈现以下特点：一是对"一带一路"沿线国家投资增长较快。对"一带一路"沿线国家非金融类直接投资 203 亿美元，同比增长 14.1%，为促进东道国经济发展做出了积极贡献。二是对外承包工程大项目增多。新签合同额上亿美元项目 560 个，比 2020 年增加 46 个，主要集中在交通运输等基础设施领域，有利于进一步促进互联互通。三是境外经贸合作区建设成效显著。截至 2021 年年末，纳入商务部统计的境外经贸合作区分布在 46 个国家，累计投资 507 亿美元，上缴东道国税费 66 亿美元，为当地创造 39.2 万个就业岗位，有力促进了互利共赢、共同发展。

资料来源：中国贸促会研究院. 中国企业对外投资现状及意向调查报告（2021 年版）[EB/OL].（2022-04-01）[2022-04-08]. http://www.199it.com/archives/1415641.html.

▶ 讨论题

分析中国大规模对外直接投资和快速增长是长期趋势还是短期现象。

第四节　世界贸易组织《与贸易有关的投资措施协议》

《与贸易有关的投资措施协议》（Agreement on Trade-related Investment Measures，TRIM）是世界贸易组织管辖的一项多边贸易协议，由序言、9 条条款和 1 个附件组成。其条款主要包含：范围、国民待遇和数量限制、例外、发展中国家成员、通知与过渡安排、透明度、与贸易有关的投资措施委员会、磋商与争端解决、货物贸易理事会的审议。该协议于 1995 年正式生效。

《与贸易有关的投资措施协议》（TRIM）将投资问题纳入 WTO 多边贸易体制，并通过多边条约形式将 GATT 国民待遇和一般取消数量限制原则引入国际投资领域，通过督促 WTO 成员方取消限制贸易或对贸易有不利影响的投资措施，有力地促进了国际贸易和国际投资的自由化与国际化。TRIM 的宗旨是避免投资措施给贸易带来限制和扭曲，从而促进世界贸易的自由化，在确保自由竞争的同时，增进所有贸易伙伴，尤其是发展中成员方的经济增长。TRIM 仅适用于"与货物贸易有关"的投资措施，与服务贸易和技术贸易有关的投资措施不属于 TRIM 调整的对象。

一、协议内容

第一条　范围

本协议仅适用于与货物贸易有关的投资措施（本协议中称"TRIM"）。

第二条　国民待遇和数量限制

1. 在不损害根据《1994 年关税与贸易总协定》的其他权利和义务的前提下，任一成员不得实施任何与《1994 年关税与贸易总协定》第三条或第十一条的规定不符的 TRIM。

2. 与《1994 年关税与贸易总协定》第三条第四款规定的国民待遇义务以及与《1994 年关税与贸易总协定》第十一条第一款规定的普遍取消数量限制义务不符的 TRIM 解释性清单列在本协议的附件中。

第三条　例外

《1994 年关税与贸易总协定》规定的所有例外在适当时均应适用于本协议的规定。

第四条　发展中国家成员

发展中国家成员有权以《1994 年关税与贸易总协定》第十八条、《关于 1994 年关税与贸易总协定国际收支条款的谅解》以及 1979 年 11 月 28 日通过的《关于为国际收支目的采取贸易措施的宣言》允许成员背离《1994 年关税与贸易总协定》第三条和第十一条规定的程度和方式，暂时背离上述第二条的规定。

第五条 通知与过渡安排

1. 在《建立世界贸易组织协定》生效之日后 90 天内，各成员应向货物贸易理事会通报其所有正在实施但与本协议规定不相符的 TRIM。在通报此类普遍地或特定情况下适用的 TRIM 之同时，应告之其主要特征。

2. 各成员在《建立世界贸易组织协定》生效后应取消按上述第一款通报的一切 TRIM，发达国家成员应在《建立世界贸易组织协定》生效后 2 年内取消，发展中国家成员的期限为 5 年内，最不发达国家成员的期限为 7 年内。

3. 对于在实施协议规定方面证明确有具体困难的发展中国家成员，包括最不发达国家成员，货物贸易理事会可以应这些成员的请求延长其取消按第一款通知的 TRIM 的过渡期。在考虑此类请求时，理事会应考虑有关成员自身在发展、财政和贸易方面的需要。

4. 在过渡期内，任一成员不得修改按上述第一款所通报的任何 TRIM 条款，使其不同于在《建立世界贸易组织协定》生效之日时通行的规定，从而增加与上述第二条规定不相符的程序，在《建立世界贸易组织协定》生效日之前 180 天内实施的 TRIM 不应享受上述第二款规定的过渡安排。

5. 尽管有上述第二条的规定，为了不使已建立的受上述第一款通报的任何 TRIM 约束的企业处于不利地位，成员方可以在过渡期内对新的投资仍适用同样的 TRIM，如果：①这种投资的产品与已建企业的产品相同；②此举为避免扭曲新投资与已建企业之间的竞争条件所必要。此时新投资适用的任何 TRIM 应通知货物贸易理事会，这种 TRIM 条款与那些适用于已建企业的条款，应具有同等的竞争效果，而且应在同一时间终止。

第六条 透明度

1. 就 TRIM 而言，各成员重申按照其《1994 年关税与贸易总协定》第十条所承诺的透明度和通报义务，并遵守 1979 年 11 月 28 日通过的《关于通知、磋商、争端解决和监督的谅解》以及 1994 年 4 月 15 日通过的《关于通知程序的部长决定》中所包含的"通报"义务。

2. 每个成员应向秘书处通报其刊载 TRIM（包括由在其境内的地区和地方政府当局所实施的 TRIM）的出版物。

3. 每个成员应对另一成员提出的关于提供本协议所产生的任何问题有关的资料的请求给予同情的考虑，并提供充分的磋商机会。根据《1994 年关税与贸易总协定》第十条，任何成员不应被要求披露那些会妨碍其法律实施、违背其公共利益或有损于无论是公营的还是私营的特定企业的正当商业利益的资料。

第七条 与贸易有关的投资措施委员会

1. 应设立"与贸易有关的投资措施委员会"（本协议中称"委员会"），它对所有成员开放。该委员会应选出自己的主席和副主席，并且每年至少应召开一次会议，或根据任何成员的请求召开会议。

2. 委员会应履行货物贸易理事会所赋予的职责，并为各成员提供机会，以磋商与本协议的运行和执行相关的任何事宜。

3. 委员会应监视本协议的运行与执行，并且每年向货物贸易理事会汇报有关情况。

第八条 磋商与争端解决

"争端解决谅解"所解释和适用的《1994 年关税与贸易总协定》第二十二条和第二十三条

的各项规定，应适用于按照本协议所产生的磋商和争端解决。

第九条　货物贸易理事会的审议

在不迟于《建立世界贸易组织协定》生效之日起五年后，货物贸易理事会应审议本协议的运行情况，并视情况向部长会议提出修改本协议内容的建议。在审议中，货物贸易理事会应考虑是否在本协议中增加有关投资政策和竞争政策的规定。

附件　解释性清单

1. 与《1994 年关税与贸易总协定》第三条第四款规定的国民待遇义务不相符的 TRIM，包括那些根据国内法或行政裁决强制性或可以执行的措施，或为获取某种好处所必需的措施，并且要求：①企业购买或使用当地生产的或来自当地的产品，不论这种要求是以规定特定的产品、产品数量或价值的形式提出的，还是以规定该企业在当地生产的一定比例的产品数量或价值的形式提出的；②限制企业购买或使用进口产品的数量，并把这一数量与该企业的出口当地产品的数量或价值相联系。

2. 与《1994 年关税与贸易总协定》第十一条第一款规定的普遍取消数量限制义务不相符的 TRIM，包括那些根据国内法或行政裁决强制性或可以执行的措施，或为获取某种好处所必需的措施，并且有以下限制：①对企业进口用于当地生产或与当地生产相关的产品，一般地或在数量上根据该企业出口它在当地生产的产品的数量或价值加以限制；②对企业进口用于当地生产或与当地生产相关的产品，通过将其可获得的外汇数量限于可归属于它的外汇收入而加以限制；③企业为出口而销售产品，不管这种限制是以规定特定的产品、产品数量或价值的形式提出的，还是以该企业在当地生产的产品数量或价值比例的形式提出的。

二、对对外直接投资的影响

TRIM 只对当地成分要求、贸易平衡要求、外汇平衡要求等 5 种投资措施实行了明确的禁止，对其他形式的 TRIM 不做规定。由于不同的 TRIM 之间的替代性可能很高，对少数的 TRIM 的禁止将导致其他投资措施的使用，因此 TRIM 对投资的影响是不确定的。表 2-6 概括了 TRIM 对对外直接投资的影响。

表 2-6　TRIM 对对外直接投资的影响

对对外直接投资的影响	对对外直接投资数量的影响
当地成分要求会抑制来自外国公司的直接投资，尤其是在知识密集型产业内，由于当地企业无法生产外资企业所需要的中间投入品，因此外资企业的生产无法依赖当地投入，取消当地成分要求会使这些产业的国际直接投资增加，同时会减少生产中间投入品的国际直接投资	不确定
外国投资者将增加中间投入品的生产和出口。如果中间投入品是资本或知识密集型的，则发达国家的国际直接投资将增加；如果中间投入品是劳动密集型的，则对发展中国家的国际直接投资将会增加	增加
东道国采取协议范围以外的投资措施限制国际直接投资将产生不确定性，影响外国投资者对东道国投资环境的信心，这会导致国际直接投资下降	减少

TRIM 是国际投资法中首次将国民待遇原则实体化的国际公约，它使得国民待遇适用具备了具体约束条款，明晰了现阶段对国际投资国民待遇的权利义务标准，统一规范了国民待遇的部分实体内容。然而，TRIM 存在总体上的局限性，它只对东道国采取的扭曲贸易的投资措施进行

了约束和规范，未涉及其他与贸易有关的投资措施，但这并不意味着今后的 TRIM 的范围不会拓宽。TRIM 谈判之初，发达国家开列了范围广泛的对贸易有扭曲作用的履行要求清单，包括当地成分要求、出口履行要求、贸易平衡要求、技术转让要求、外汇管制和汇出限制要求、外国投资和所有权要求、雇用限制、国内制造要求、国内销售要求、当地股权要求、许可证要求等。在谈判过程中，发达国家提出的清单遭到发展中国家的强烈反对，因此在平衡多国利益的基础上形成了 TRIM。世界银行高级经济学家、欧洲经济政策研究中心研究员伯纳德·霍克曼（Bernard M. Hoekman）与新夏代尔大学教授迈克尔·考斯泰基（Michael M. Kostecki）指出：“建立一种一体化架构来综合研究影响货物及服务两方面的贸易与投资政策的做法将可能成为 WTO 下一个 10 年中所面临的课题，TRIM 正是朝这个方向迈出的一小步。”

案例 2-4

WTO 首个全球性贸易协定诞生

世界贸易组织第九届部长级会议 2013 年 12 月 7 日中午在印度尼西亚巴厘岛闭幕，各方达成该组织成立以来首个全球性贸易协定——《巴厘部长宣言》。

这份“巴厘一揽子协定”包含贸易便利化、农业、棉花、发展等四项议题共 10 份文件，内容涵盖简化海关及口岸通关程序，允许发展中国家在粮食安全上有更多选择权，协助最不发达国家发展贸易等内容。分析普遍认为，协定将为正在艰难复苏的全球经济注入新的活力。

资料来源：《人民日报》。

▶ 讨论题

1. 试分析全球性的贸易协定对发达国家和发展中国家分别会带来怎样的机会与挑战。
2. 国际投资体系面临的主要问题有哪些？

案例 2-5

中国化工收购先正达

随着“一带一路”倡议的实施，中国企业海外投资步伐加快，各式海外并购层出不穷。2016 年，中国企业的海外并购投资金额增幅高达 246%。在如火如荼的并购浪潮中，中国化工拟斥资 430 亿美元收购农药种业巨头瑞士先正达，这一创历史纪录的巨型交易备受瞩目。

截至 2017 年 4 月，中国、美国、欧盟和墨西哥等反垄断监管机构均已批准中国化工对先正达的收购。由于印度放弃了期限内的抗辩，所有参与考核此项并购的各国（地区）相关机构都已表示赞同。当月 25 日，中国化工和先正达均在官网发布消息：确认收购要约所需的所有监管批准和条件均已获得并满足。5 月 10 日，中国化工在官网公布对先正达由公众持有的全部记名股票（“普通股”）及代表普通股的全部流通美国存托凭证（ADS）要约的阶段性结果：至 5 月 4 日中欧夏令时 16：00 主要约期结束时，有效接受要约且未撤回的股票（含 ADS 代表的股票）占 82.2%，满足要约规定的接受要约方需至少超过 67% 的条件，预计将在 6 月初完成交割程序。

到这里，中国化工收购先正达的交易也即将落下帷幕。回顾整个收购过程，在中国化工刚发出要约收购时，国内就出现"买亏了""买坏了"的质疑声，国外则要直面先正达董事会和各国（地区）反垄断调查机构的双重责难，中国化工在这种内忧外患的环境中步步为营、三次加价，最终将先正达收入囊中。目前，谈论这场跨国并购的成败似乎还为时尚早，收购完成只是第一步，接下来的内部重整对任建新而言，无疑具有更高难度的挑战：技术能不能消化吸收？渠道能不能整饬重合？业务能不能划分整合？文化能不能相互融合？如何解决这些问题，既是对中国化工的考验，也是对中国企业"走出去"战略的最佳检验。

资料来源：中国管理案例共享中心，《中国化工收购先正达：中企最大海外并购的前世今生》。

▶ 讨论题

试探讨中国化工海外并购的发展趋势。

思考题

1. 什么是国际直接投资？
2. 说明国际直接投资的分类标准。
3. 简述国际直接投资在二战后的特点。
4. 简述国际直接投资的发展趋势。
5. 为什么说《与贸易有关的投资措施协议》对投资的影响是不确定的？

习题

1. 选择题

(1) 国际直接投资与国际间接投资的根本区别在于国际直接投资者对国外企业具有实质性的（　　）。

A. 所有权和监管权

B. 监管权和收益权

C. 收益权和经营权

D. 所有权和经营权

(2) 从投资者对外投资的参与方式的不同，国际直接投资可分为（　　）。

A. 横向型投资、垂直型投资、混合型投资

B. 合资企业、合作企业、独资企业

C. 创办新企业、控制外国企业股权投资

D. 大型企业、中型企业、小型企业、微型企业

(3) 第一次世界大战前国际直接投资主要的东道国有（　　）。

A. 美国和加拿大　　B. 英国和法国

C. 中国　　　　　　D. 日本和韩国

(4) 在《建立世界贸易协定》生效之日后（　　）天内，各成员应向货物贸易理事会通报其所有正在实施但与本协议规定不相符的 TRIM。

A. 30　　　　　　B. 60

C. 90　　　　　　D. 120

(5) TRIM 适用于（　　）的投资措施。

A. 与服务贸易有关

B. 与货物贸易有关

C. 与技术贸易有关

D. 所有

2. 简答题

(1) 国际直接投资有哪些特点？

(2) 试从子公司与母公司的生产经营方向是否一致对国际直接投资进行分类。

(3) 试分析二战后国际直接投资中第三产业直接投资大幅度增加的原因。

(4) 简述 TRIM 对对外直接投资的影响。

(5) TRIM 谈判之初，发达国家开列了哪些履行要求清单？

第三章
CHAPTER 3

国际直接投资理论和主要方式

本章要点

本章首先介绍了国际直接投资的内涵及相关理论研究，分析了自20世纪60年代开始形成的国际直接投资理论的发展历程及理论创新。其次介绍了国际直接投资的两种方式。最后简要介绍了BOT这种新的利用外资的方式，介绍了其内涵以及产生与发展过程，引入了中国对BOT方式的管理，并展开分析了BOT方式的优缺点。本章重点在于国际直接投资理论及方式。

思政视野

习近平总书记指出，经济全球化是社会生产力发展的客观要求和科技进步的必然结果，是不可逆转的时代潮流，不是哪些人、哪些国家人为造出来的；世界经济的大海，你要还是不要，都在那儿，是回避不了的；我们要以更加开放的心态和举措，共同把全球市场的蛋糕做大、把全球共享的机制做实、把全球合作的方式做活，共同把经济全球化动力搞得越大越好、阻力搞得越小越好；当前世界上出现的一些逆全球化动向只不过是全球化潮流中激起的几朵浪花，阻挡不住全球化大潮；我们决不能被逆风和回头浪所阻，要站在历史正确的一边，坚定不移全面扩大开放。

这一趋势在党和国家诸多重大会议中被作为未来发展趋势的重点提出。党的十九大报告指出，要创新对外投资方式；中央经济工作会议强调，创新对外投资方式，以投资带动贸易发展、产业发展，有效引导支持对外投资。这意味着新时代我国对外投资将发挥更加突出的作用，为推动全面开放、增强我国经济质量优势做出新贡献。

中国特色社会主义进入新时代，这是我国发展新的历史方位，也是我们奋进的新的历史坐标。新时代开启全面建设社会主义现代化国家新征程，我国经济发展作为开启这一新征程的重中之重，面临良好机遇和严峻挑战。改革开放以来，我国经济发展已取得举世瞩目的成就。中国不仅成为全球第二大经济体、世界第一制造大国和全球经济增长的最大贡献者，而且科技实力日益强大，正在成为一个创新大国。这些成就的取得，展示了中国道路的正确性、中国理论的科学真理性、中国制度的巨大优越性，彰显了中国精神、中国智慧、中国力量。

　　根据《2019 年度中国对外直接投资统计公报》，中国 2019 年在制造业的对外直接投资为 202.4 亿美元，同比增长 6%，增幅较 2018 年提高了 41.2 个百分点，占当年中国全部对外直接投资流量的 14.8%，占比较 2018 年提高 1.4 个百分点。2020 年年末，中国对外直接投资存量的近八成集中在第三产业（即服务业），金额为 20 287.1 亿美元，主要分布在租赁和商务服务、批发和零售、信息传输/软件和信息技术服务、金融、房地产、交通运输/仓储等领域。第二产业 5 398 亿美元，占中国对外直接投资存量的 20.9%，其中，制造业（不含金属制品/机械和设备修理业）27 752 亿美元，占第二产业的 51.4%；采矿业（不含开采辅助活动）1 691 亿美元，占 31.3%；建筑业 508 亿美元、占 9.4%；电力/热力/燃气及水的生产和供应业 423.8 亿美元，占 7.9%。第一产业（农/林/牧/渔业，但不含农/林/牧/渔服务业）121.5 亿美元，占中国对外直接投资存量的 0.5%。图 3-1 是 2020 年年末中国对外直接投资存量按三次产业分类构成。

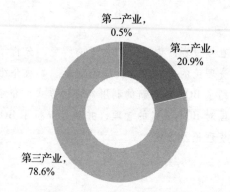

第一产业，0.5%
第二产业，20.9%
第三产业，78.6%

图 3-1　2020 年年末中国对外直接投资存量按三次产业分类构成

资料来源：中华人民共和国商务部，国家统计局，国家外汇管理局. 2020 年度中国对外直接投资统计公报［EB/OL］.（2021-09-29）［2021-10-15］. https://www.gov.cn/xinwen/2021-09/29/5639984/files/a3015be4dc1f45458513ab39691d37dd.pdf.

　　中国已是资本净输出国，资本走向世界成为一道亮丽风景线。伴随中国经济从过多依赖出口到更多依靠消费拉动、服务业带动、内需支撑的深刻转变，中国海外并购热点领域正从资源能源转向高科技、制造业和消费类。中国资本"走出去"是历史的必然，作为连接中国与世界的重要纽带，为全球经济增长做出了巨大贡献。进入新时代，中国对外投资应有效实行"拿来主义"，借助资本力量支持中国企业"走出去"，把先进技术"请回来"，将中国市场与全球先进技术和成熟商业模式相互对接。以加快中国经济现代化作为光荣使命和主旋律，发挥"四两拨千斤"的作用，既避免陷入对外投资"一收就死、一放就乱"的恶性循环，又成为推进供给侧结构性改革的重要抓手。

资料来源：人民网，《中国对外投资合作发展报告 2020》。

▶ 思考题

总结归纳对我国创新对外投资具有重大影响的会议及其精神。

▌ 开篇案例

　　射洪锂业兴建于 1992 年，是一家县办小型锂盐加工厂，由于南美盐湖提锂技术取得较大进步，锂盐产能大规模释放，挤压市场空间，加之企业经营管理不善，射洪锂业困境重重。具有多年进口锂矿代理业务的蒋卫平深信锂业发展将是大势所趋，经过与射洪锂业的多轮拉锯谈判，将其收入天齐集团囊中，并更名为天齐锂业。成立之初，天齐锂业的主营业务是从国外进口锂矿石资源，然后进行加工生产，其产品广泛应用于电子、化工、核工业、航空航天、金属冶炼等领域。蒋卫平着重关注产品生产工艺的改进，在他的经营和管理下，天齐锂业的产品在质量、产能、环保和生产管理等方面都有了质的飞跃。同时随着新能源市场日益火热，锂电材料备受追捧，天齐锂业生产基地年产值呈几何式增长，利润也扭亏为盈。2010年 8 月 31 日，天齐锂业带着"中国锂行业的龙头企业""高新技术企业"的成功光环登录深交所中小板挂牌上市，注册资本为 5 000 万元，通过挂牌上市，公司获得 6.78 亿元的融资，成为当时锂行业融资规模最大的企业之一。国内锂业龙头的地位已难以被竞争者赶超，但是面临着国内锂资源储量和开采技术的桎梏、锂矿长期依赖进口等限制，天齐锂业在国际竞争中却一直处于弱势。就这样，在 2018 年一场改变世界锂业格局的海外并购之战已悄然打响。

　　SQM 公司是一家在智利和美国两地上市的全球化企业，也是世界最大的盐湖卤水提锂供应商。2017 年，SQM 的锂矿供应量和锂产品供应量分别占据全球市场份额的 16% 与 19%，公司行业地位不言而喻。同年已经收购锂矿巨头泰利森的天齐锂业成为世界第二大以及亚洲最大的锂生产商，也是中国唯一通过大型、单一且稳定的锂精矿供给实现自给自足的锂化合物及衍生物生产商。在《战略性新兴产业重点产品和服务指导目录》等国家规划的指导下，2018年 12 月，天齐锂业成功完成了对智利 SQM 股权的收购。SQM 是世界上优质卤水锂矿资源拥有量最大的公司，天齐锂业以 7.26 亿美元内部融资和 35 亿美元银行借款购入 SQM 6 250 万股 A 类股票，占 SQM 公司总股本的 23.77%，整体形势一片大好。

　　全球新能源市场持续火热，带动锂电池的需求量增长，锂价也紧随其上。2018 年下半年，南美盐湖、澳大利亚锂矿、青海盐湖等产能大幅释放，伴随锂资源产能供应过多，市场需求却并未明显扩大，导致锂价阶段性下跌。同时出于政策原因，对新能源汽车的补贴也大幅减少，许多企业对锂电池的需求开始疲软，中小企业和落后产能迅速出局。订单量大幅削减。锂电池厂商的减产停产、降价出售、清理库存，又导致锂价加速下行的恶性循环。2018年年初，电池级碳酸锂价格每吨价格在 16 万 ~17 万元，2019 年年末每吨价格仅为 4.8 万元，同时 2018 年以来锂矿资源价格也快速下降。天齐锂业收购 SQM 股权时，锂价高企，收购溢价高达 18%。而在 2020 年年初，锂价下滑趋势仍然未见改善。同年 2 月，天齐锂业发布了 2019 年度财务预亏公告，拟对持有的 SQM 公司股权计提 22 亿元的长期股权投资减值准备，将预计归属于上市公司股东的净利润由 8 000 万 ~1.2 亿元修正为亏损 26 亿 ~38 亿元。同年 4 月年度报告公布的前夕，受新冠肺炎疫情影响，公司又出具一则计提资产减值准备的补充公告，预计计提总额高达 53.52 亿元。天齐锂业 2018 年 12 月才完成收购的世界上优质卤水锂矿拥有量最大的 SQM 股权，却于 2019 年 4 月产生了高达 53 亿元的资产减值损失。比亏损更严重的问题是，为完成 SQM 股权收购，公司新增并购贷款 35 亿美元，这些贷款大部分将于 2~3 年内到期，而公司债务总额已达 376.87 亿元，公司 2020 ~2023 年需要偿还的本金分别为 158.12 亿、24.75 亿、24.75 亿、33.00 亿元，资产负债率达 88.88%，债台高筑、资产负债率飙升，面临严峻的偿债风险。

2019 年 12 月，天齐锂业通过配股方式筹集资金 29.32 亿元，全部用于偿还购买 SQM 股权的部分并购贷款；2020 年 1 月，又通过股权质押，向射洪国资公司借款 3 亿元，但主要资产几乎都已被质押，股价持续下跌，甚至部分质押股票正逐步逼近平仓线。"雄关漫道真如铁，而今迈步从头越"。直至 2021 年 1 月 15 日，天齐锂业发布公告，公司拟定增募资不超过 159.26 亿元，发行股票数量不超过 4.43 亿股，在扣除发行费用后，全部用于上市公司偿还银行贷款和补充流动资金，优化公司的资产负债结构，提高资产质量，降低财务风险，改善财务状况，在国际市场上战无不胜的蒋卫平正在带领着天齐锂业再创辉煌。

资料来源：中国管理案例共享中心，《天齐锂业：海外资源收购的幸与痛》。

▶ 讨论题

分析此案例中天齐锂业与 SQM 集团得以成功并步入良性循环的并购思路。

随着二战后国际分工的深化，国际投资规模迅速扩大，其增长速度超越了世界工业和国际贸易。这一趋势引起了各国学者对国际经济领域的广泛关注，并由此开始了对此问题的广泛探索和研究，提出了各种旨在解释国际直接投资动因和条件的理论及模型。

第一节　国际直接投资理论

近年来国际直接投资发展迅速，其增长速度超过了国际贸易，已成为国别、区域和全球经济增长的重要引擎。同时，国际直接投资也成为将各国经济联系在一起的一个重要机制，因而大大推动了经济全球化的进程。

一、国际直接投资的内涵

第二章讲到，国际直接投资是指一国的自然人、法人或其他经济组织单独或共同出资，在其他国家的境内创立新企业，或增加资本扩展原有企业，或收购现有企业，并且拥有有效管理控制权的投资行为。根据国际货币基金组织的解释，这种控制权是指投资者拥有一定数量的股份，因而能行使表决权并在企业的经营决策和管理中享有发言权。

国际直接投资是与国际间接投资相对应的概念，是指为了在国外获得长期的投资效益，并拥有对公司的控制权和企业经营管理权而进行的在国外直接建立企业或公司的投资活动。国际直接投资与其他投资相比，具有实体性、控制性、渗透性和跨国性的重要特点。

二、国际直接投资理论

二战后，尤其是进入 20 世纪 60 年代以后，随着各国对外直接投资和跨国公司的迅速发展，西方经济学界对这一领域进行了大量探讨和研究，形成了许多观点各异的理论。这些理论一般统称为国际直接投资理论或对外直接投资理论。

（一）以国际贸易学说为基础的跨国公司理论

1. 产品生命周期理论

产品生命周期理论（the theory of product life cycle）是美国哈佛大学教授雷蒙德·弗农

（Raymond Vernon）在 1966 年发表的《产品周期中的国际投资与国际贸易》一文中提出的。这一理论既可以用来解释产品的国际贸易问题，也可以用来解释对外直接投资。

弗农把一种产品的生命周期划分为创新、成熟和标准化三个阶段，不同的阶段决定了不同的生产成本和生产区位的选择，决定了公司应该有不同的贸易和投资战略。

在产品创新阶段，由于创新国垄断着新产品的生产技术，因此，尽管价格偏高也有需求，产品的需求价格弹性很低，生产成本的差异对公司生产区位的选择影响不大，这时最有利的安排就是在国内生产并通过出口满足国外的需要。在产品成熟阶段，产品的生产技术基本稳定，市场上出现了仿制者和竞争者，产品的需求价格弹性增大，降低成本对提高竞争力的作用增强，此时创新国企业开始进行对外直接投资，在国外建立子公司进行生产，投资地区一般是那些收入水平与创新国相似但劳动力成本略低于创新国的地区，这样做的另一个好处是可以避开关税壁垒。在产品标准化阶段，产品的生产技术已经普及，创新国企业的技术优势完全丧失，产品的价格成为竞争的基础，因此，企业通过对外直接投资将产品的生产转移到工资最低的国家和地区，一般是发展中国家和地区。

产品生命周期理论基本上反映了 20 世纪五六十年代美国制造业对外直接投资的情况：不仅国内竞争者增多，动摇了美国的垄断或寡占地位，而且价格竞争取代了非价格竞争。但这一理论也存在局限性：第一，它塑造了产品区位转移的三段模式，即母国生产并出口；发达国家投资生产，母国减少生产和出口；通过投资转移到发展中国家生产，母国停止生产，改为由海外进口。第二，强调美国宏观经济环境决定了美国企业的创新方向是资本 – 技术密集型产品，然后到发达国家投资生产。第三，强调由于母国垄断或寡占优势削弱以至丧失，才转移到国外投资生产。但事实上，很多跨国公司一方面在国外大量投资，另一方面仍继续保持母国的技术垄断优势。

2. 日本对外直接投资理论

日本对外直接投资理论（Japanese model of FDI）也被称为边际产业扩张理论，是日本学者小岛清（Kiyoshi Kojima）教授在 20 世纪 70 年代提出来的。

小岛清认为，由于各国的经济状况不同，根据美国对外直接投资状况而推断出来的理论无法解释日本的对外直接投资。日本的对外直接投资与美国相比有三点明显的不同：一是美国的海外企业大多分布在制造业部门，从事海外投资的企业多处于国内具有比较优势的行业或部门；而日本对外直接投资主要分布在自然资源开发和劳动力密集型行业，这些行业是日本已失去或即将失去比较优势的行业，对外直接投资是按照这些行业比较成本的顺序依次进行的。二是美国从事对外直接投资的多是拥有先进技术的大型企业；而日本的对外直接投资以中小企业为主体，所转让的技术也多为适用技术，比较符合当地的生产要素结构及水平。三是美国对外直接投资是贸易替代型的，由于一些行业对外直接投资的增加而减少了这些行业产品的出口；与此相反，日本的对外直接投资行业是在本国已经处于比较劣势而在东道国正在形成比较优势或具有潜在的比较优势的行业，所以对外直接投资的增加会带来国际贸易量的扩大，这种投资是贸易创造型的。

日本对外直接投资理论的基本内容是：对外直接投资应该从本国已经处于或即将处于比较劣势的产业（边际产业）依次进行。这些产业是指已处于比较劣势的劳动力密集部门以及某些行业中装配或生产特定部件的劳动力密集的生产过程或部门。凡是本国已趋于比较劣势的生产活动，都应通过直接投资依次向国外转移。小岛清认为，国际贸易是按既定的比较成本进行的，根据上述原则所进行的对外投资也可以扩大两国的比较成本差距，创造出新的比较成本格局。据此，小岛清认为，日本的传统工业部门很容易在海外找到立足点，传统工业部门到国外生产要素和技术水平相适应的地区进行投资，其优势远比在国内新行业投资要大。

3. 通货区域论

罗伯特·阿利伯（Robert Aliber）把对外投资视为资产在各个通货区域之间的一种流动，把它当成一种货币现象来研究。该理论认为，货币市场是不完善的，因为并不存在一个完全自由的世界货币市场，而是存在若干通货区域，如美元、日元、英镑、法郎和马克等。各种货币的地位强弱不同，强币的币值稳定，汇率坚挺而上浮；弱币容易贬值，其汇率往往疲软而下浮。由于各国货币强弱不同，强币预期贬值的风险和贬值率必小于弱币，因此强币的升水低于弱币。

这一理论最多不过是证券投资理论与市场失效概念结合得较好的产物，不能算是对外直接投资理论。所谓市场失效，可以看作是市场不完善。如果世界上只有一个统一的通货区，则该论点不存在。即使按照通货区域论，也难以解释弱币（如英镑）区仍有大量对外直接投资这一事实。

（二）以产业组织学说为基础的跨国公司理论

1. 垄断优势理论

垄断优势理论（monopolistic advantage theory）是最早研究对外直接投资的独立理论，它产生于 20 世纪 60 年代初，在这以前基本上没有独立的对外直接投资理论。

1960 年，美国学者斯蒂芬·海默（Stephen Hymer）在他的博士论文中提出了以垄断优势来解释对外直接投资的理论。海默研究了美国企业对外直接投资的工业部门构成，发现对外直接投资和垄断的工业部门结构有关。美国从事对外直接投资的企业主要集中在具有独特优势的少数部门。美国企业走向国际化主要是为了充分利用自己独占性的生产要素优势，以谋取高额利润。这些优势具体表现在技术、规模、管理、资金实力、销售渠道等方面。海默认为，其他国家的对外直接投资也与部门的垄断程度较高有关。此外，海默还分析了产品和生产要素市场的不完全性对对外直接投资的影响。在市场完全的情况下，国际贸易是企业参与和进入国际市场或对外扩张的唯一方式，企业将根据比较利益原则从事进出口活动。但在现实生活中，市场是不完全的，这种不完全性是指竞争是不完全的，市场上存在着一些障碍和干扰，如关税和非关税壁垒，少数卖主或买主能够凭借控制产量或购买量来影响市场价格，政府对价格和利润的管制，等等。正是上述障碍和干扰的存在严重阻碍了国际贸易的顺利进行，减少了贸易带来的益处，从而导致企业利用自己所拥有的垄断优势通过对外直接投资参与和进入国际市场。

2. 内部化理论

内部化理论（the theory of internalization）也称市场内部化理论，它是 20 世纪 70 年代以来西方跨国公司研究者为了建立所谓跨国公司一般理论时所提出和形成的理论，是当前解释对外直接投资的一种比较流行的理论。这一理论主要是由英国学者彼得·巴克莱（Peter Buckley）、马克·卡森（Mark Casson）和加拿大学者阿兰·拉格曼（Alan Rugman）共同提出来的。

内部化是指在企业内部建立市场的过程，以企业的内部市场代替外部市场，从而解决由于市场不完整而带来的不能保证供需交换正常进行的问题。内部化理论认为，由于市场存在不完整性和交易成本上升，企业通过外部市场的买卖关系不能保证企业获利，并导致许多附加成本，因此，企业进行对外直接投资，建立企业内部市场，即通过跨国公司内部形成的公司内市场，克服外部市场和市场不完整所造成的风险与损失。

内部化理论建立在三个假设的基础上：一是企业在不完全市场上从事经营的目的是追求利

润的最大化；二是当生产要素特别是中间产品的市场不完全时，企业就有可能以内部市场取代外部市场，统一管理经营活动；三是内部化超越国界时就产生了多国公司。

市场内部化的过程取决于四个因素：一是产业特定因素，这与产品性质、外部市场的结构和规模经济有关；二是区位特定因素，如区位地理上的距离、文化差异和社会特点等；三是国家特定因素，如有关国家的政治和财政制度；四是公司特定因素，如不同企业组织内部市场的管理能力。在这几个因素中，产业特定因素是最关键的因素，因为如果某一产业的生产活动存在多阶段生产的特点，那么就必然存在中间产品，若中间产品的供需在外部市场进行，则供需双方无论如何协调，也难以排除外部市场供需间的摩擦，为了克服中间产品市场的不完全性，就可能出现市场内部化。

3. 国际生产折中理论

国际生产折中理论（the eclectic theory of international production）又称国际生产综合理论，是20世纪70年代由英国著名跨国公司专家、里丁大学国际投资和国际企业教授约翰·邓宁（John Dunning）提出的。该理论的基本思想是，一个企业要从事对外直接投资必须同时具有三个优势，即所有权优势、内部化优势和区位优势。

（1）所有权优势主要是指企业所拥有的大于外国企业的优势。它主要包括技术优势、企业规模优势、组织管理优势、金融和货币优势以及市场销售优势等。

（2）内部化优势是指企业在通过对外直接投资将其资产或所有权内部化的过程中所拥有的优势。也就是说，企业将拥有的资产通过内部化转移给国外子公司，可以比通过交易转移给其他企业获得更多的利益。企业到底是选择资产内部化还是资产外部化取决于利益的比较。

（3）区位优势是指可供投资的地区在某些方面较国内优越。区位优势包括劳动力成本、市场需求、自然资源、运输成本、关税和非关税壁垒、政府对外国投资的政策等方面的优势。

如果一家企业同时具有上述三个优势，那么它就可以进行对外直接投资。这三种优势的不同组合，还决定了对外直接投资的部门结构和国际生产类型。

（三）发展中国家对外直接投资理论

1. 投资发展周期理论

邓宁在20世纪80年代初提出的投资发展周期理论，是国际生产折中理论在发展中国家的运用和延伸。投资发展周期理论认为，发展中国家对外直接投资倾向取决于经济发展阶段和该国所拥有的所有权优势、内部化优势以及区域优势。根据人均国民生产总值，邓宁划分了四个经济发展阶段：第一阶段，人均国民生产总值在400美元以下，处于这一阶段的国家只有少量的外来直接投资，完全没有对外直接投资。第二阶段，人均国民生产总值为400~1500美元，外国对本国的投资量有所增加，而本国对外直接投资量仍然是0，从而净对外直接投资呈负数增长。第三阶段，人均国民生产总值为2500~4750美元，外国对本国的直接投资量仍然大于其对外直接投资，不过两者之间的差距缩小。第四阶段，国家的净对外直接投资呈正数增长。在这一理论中，邓宁又将经济发展周期与企业竞争优势因素结合起来，以说明某国的国际投资地位是怎样随着其竞争优势的消长而相应变化的。

2. 小规模技术理论

小规模技术理论的逻辑基础来源于比较优势理论。该理论的中心思想是，发展中国家跨国公司的比较优势来源于小规模生产技术，这种小规模生产技术带来的低生产成本等比较优势能够使生产者获得比较利益。

按照刘易斯·威尔斯（Louis Wells）的研究结果，发展中国家跨国企业缘于小规模技术的比较优势主要表现在四个方面：其一，拥有为小市场需求服务的小规模生产技术。这种小规模生产技术往往是劳动密集型的，并具有很大的灵活性。其二，倾向于当地采购。其三，具有低廉的企业管理和营销费用。其四，能够提供特殊产品。

该理论对于发展中国家的跨国企业在国际化的初期阶段利用世界市场的多元化、多层次特性，通过技术创新和适当的经营战略逐步获得竞争优势颇具启迪意义。但该理论隐含的前提是发展中国家继承和使用的是发达国家的现有技术，生产的是国际市场的成熟产品，因而，该理论仍然将发展中国家定位于国际生产的边缘地带，将发展中国家的技术创新视为被动的、跟随性的技术创新，这正是该理论的局限所在。

3. 技术地方化理论

这一理论由桑杰亚·拉奥（Sanjaya Lall）研究得到，技术地方化理论的核心在于对成熟技术或生产工艺的应用和改进，可以使发展中国家的企业形成和发展自己的特定优势，进而实施对外投资。在这一理论中，拉奥分析了发展中国家企业形成对外投资竞争优势的可能性，强调了形成竞争优势所需要的企业技术创新。

在拉奥看来，正是发展中国家对发达国家进口技术的适应性改造和在此基础上的创新活动给企业带来了新的竞争优势。与威尔斯相比，拉奥更加强调发展中国家跨国企业对引进技术的再创新过程在竞争优势形成中的作用，这对于发展中国家的跨国企业尤为重要。

4. 技术积累—技术改变的演进理论

这一理论由约翰·坎特韦尔（John Cantwel）和帕斯·埃斯特拉·托伦惕诺（Paz Estrella Tolentino）提出，从技术进步和技术积累的角度分析了发展中国家对外投资的阶段性动态演进过程。

该理论认为，发展中国家的技术能力的提高是与它们对外投资的累积增长直接相关的，技术能力的积累是影响其国际生产活动的决定性因素，同时也影响着其对外投资的形势和增长速度。因此，发展中国家对外投资的产业分布和地理分布是随着时间的推移而逐渐变化的，并且是可以预测的。

5. 一体化国际投资发展理论

这一理论由小泽辉智（Terutomo Ozawa）提出，把经济发展、比较优势与对外投资作为相互作用的三种因素结合于一体，阐明当经济发展到一定阶段时，发展中国家如何通过对外投资来促进经济转型。

该理论的核心思想是，对外直接投资的发展及其模式完全遵循比较优势的动态变化，发展中国家的对外投资必须与其工业化战略相结合，最大限度地发挥现有比较优势，尽可能地激发潜在的比较优势。

小泽辉智认为，不断地增强本国比较优势从而保持经济竞争力的动机是发展中国家从纯吸收外资变为向海外投资的基本动机。而物质资本和人力资本的不断积累、劳动力比较优势的减弱等要素禀赋的变化引发的比较优势的动态转化，是发展中国家由直接投资输入国向输出国、由劳动力导向的直接投资向技术导向的直接投资转变的主要原因。国与国之间经济发展阶段的差异性和动态比较优势的互补性为发展中国家通过直接投资实现经济转型与赶超创造了机会。

发展中国家应以增强比较优势为基准，以出口导向战略为条件实施对外投资。

6. 对外投资的不平衡理论

对外投资的不平衡理论从公司资产组合平衡的角度论证了对外投资在公司竞争优势形成与发展中的意义。该理论指出，存在资产相对不平衡（如缺乏技术优势、无法形成规模经济等）的企业，可以通过对外投资在国外市场寻求补偿性资产，从而使其资产组合达到平衡，竞争力得到显著增强，战略地位发生根本性逆转。因此，对外投资是处于相对劣势的企业增强竞争实力，在竞争中实现赶超的有效途径。

（四）国际直接投资理论的创新

近年来，国际经济学者克服了以往对外直接投资理论的片面性和局限性，提出了投资诱发要素组合理论。该理论的核心观点是：任何形式的对外直接投资都是在投资直接诱发要素和间接诱发要素的组合作用下而发生的。投资诱发要素组合理论试图从新的角度阐释对外直接投资的动因和条件，其创新之处在于强调间接诱发要素（包括经济政策、法规、投资环境以及宏观经济）对国际直接投资所起的重要作用，而以往诸多理论都仅从直接诱发要素单方面来解释对外直接投资的产生，从而导致某些片面性和局限性。在一般情况下，直接诱发要素是对外直接投资的主要诱发因素，因为对外直接投资本身就是资本、技术、管理和信息等生产要素的跨国流动。但是，单纯的直接诱发要素不可能全面地解释对外直接投资的动因和条件。尤其是对大多数发展中国家的企业而言，其在资本、技术等直接诱发要素方面往往并不处于优势地位，对外直接投资在很大程度上是间接诱发要素作用的结果。从这个意义上说，投资诱发要素组合理论为发展中国家对外直接投资提供了新的理论支持。

| 案例 3-1 |

区内外的"1+1"合作机制

近年来，世界上许多国家非常热衷于与别国签订双边协定或自由贸易协定，积极参与各种各样的双边和多边合作协议。这在东亚地区表现得尤为明显，至今该区域内已生效或正在协商的双边合作或自由贸易协定已经覆盖了大部分国家。这种新的合作趋势产生的原因主要在于WTO涉及的国家多，导致多边贸易谈判很难达成一致，因而其主导的贸易自由化进展比较缓慢。而双边谈判要简单得多，其涉及的成员少，容易达成一致意见，可加快双方在其互补性的领域内进行合作，因而必然会成为一种新的广受大量国家欢迎的区域经济合作模式。

资料来源：《开放经济下跨国公司直接投资研究》。

▶ 讨论题

试运用内部化理论分析区内外的"1+1"合作机制。

第二节　国际直接投资的主要方式

国际直接投资方式分为创建海外企业和并购海外企业两种类型，这两种直接投资方式各有利弊。

一、国际直接投资企业的新建方式

(一) 新建海外企业的基本形式

新建（或创建）海外企业可以是由外国投资者投入全部资本，在东道国设立一个拥有全部控制权的企业，也可以是由外国投资者与东道国的投资者共同出资，在东道国设立一个合资企业，但它们都是在原来没有的基础上新建的企业。

1. 国际合资企业

国际合资企业（equity of joint venture）是指外国投资者和东道国投资者为了一个共同的投资项目联合出资，按东道国有关法律在东道国境内建立的国际合资企业即股权式合营企业，它的特点是各方共同投资、共同经营、共担风险、共享利润。国际合资企业是当前国际直接投资中最常用的形式。建立国际合资企业的优点主要是：可以充分发挥各投资方在资金、技术、原材料、销售等方面的优势，形成组合优势；不易受到东道国民族意识的抵制，容易取得优惠待遇，减少投资风险；在经营上较少受到各种限制，有助于打入新的市场。但是由于各投资方的出发点不尽相同，短期和长期利益不尽一致，因此在共同的经营管理中有时也会产生分歧和冲突，影响企业的正常运转。

国际合资企业的类型有以下几种。

（1）无限责任公司。由两个或两个以上股东组成，对公司承担无限责任。其特点有：第一，全体股东对公司债务负有连带责任；第二，股东有权直接参与管理公司业务，公司所有权和经营权完全融为一体；第三，股本可以任意增加或减少，无须得到当地政府批准；第四，不必公开任何经济账目，包括董事会和审计员的报告。

（2）有限责任公司。由两个或两个以上股东组成，仅以投入企业的资本额为限承担债务。其特点有：第一，不得发行股票，股东各自的出资额由股东协商决定；第二，股份不允许在证券交易所公开出售，也不得任意转让，如有特殊情况需要转让，需全体股东一致同意，其他股东有优先购买权；第三，股东人数少，一些国家对股东人数有最高限额的规定。

（3）股份有限公司。通过法定程序向公众发行股票筹集资本，股东的责任仅限于出资额的一种公司组织形式。其特点有：第一，股份可自由转让，其股票可在社会上公开出售；第二，股东个人的财产与公司财产是分离的，股东对公司债务不负任何责任，一旦公司破产或解散后进行清算，公司债权人无权直接向股东起诉，股份有限公司以本身的全部资产对公司的债务负责；第三，公司绝大多数的股东不担任公司的管理者，负责股份有限公司日常经营活动的是董事会和经理；第四，账目必须公开，定期公布财务报告。

2. 国际合作企业

国际合作企业（cooperative jonit venture）是指外国投资者和东道国投资者在签订合同的基础上，依照东道国法律共同设立的企业。它的最大特点是合作各方的权利、义务均由各方通过磋商在合作合同中订明，是典型的契约式合营企业。总的来说，国际合作企业与国际合资企业在利弊上大体相似，只是国际合作企业由于以合同规定作为各方合作的基础，因此在企业形式、利润分配、资本回收等方面可以采用比较灵活的方式，适应合作各方不同的需要。

3. 国际独资企业

国际独资企业（wholly-owned foreign co.）是指外国投资者依照东道国法律在东道国设立的全部资本为外国投资者所有的企业。作为单独的出资者，外国投资者独立承担风险，单独经营管理独资企业，独享经营利润。由于享有企业完全的所有权和经营管理权，建立独资企业的方式为跨国公司尤其是大跨国公司所偏爱，它们有时宁愿放弃投资机会也不愿以合资方式进行对外直接投资。然而，建立国际独资企业虽然可以做到垄断技术，避免泄露企业秘密，但是，经营上往往受到东道国比较严格的限制，容易受到当地民族意识的抵制，经营的风险较大。

国际独资企业的类型有以下几种。

（1）国外分公司。国外分公司是由母公司出资，在东道国依法设立的，并在组织上构成母公司的一个组成部分的国外企业，国外分公司在法律上和经济上没有独立性，即不具有法人资格。

（2）国外子公司。国外子公司是由母公司投入全部股份资本，依法在东道国设立的独立企业。国外子公司虽然受母公司控制，但在法律上是独立的企业法人。

（3）国际避税地公司。国际避税是指跨国纳税人利用各国税法差异，采取变更经营地点或经营方式等各种合法手段，谋求最大限度地减轻国际纳税的行为。在国际直接投资中，利用合理的国际避税是许多公司在进行国际生产经营决策时都要考虑的因素。避税地可以理解为外国投资者能够赚取利润或拥有财产而无须缴纳高额税款的国家或地区，如巴哈马、百慕大、开曼群岛、哥斯达黎加、牙买加。高税率国家的母公司可以在其他东道国的避税港设立一个子公司，母公司将其在海外经营所得的利润汇至这个子公司，母公司就可以少缴所得税，从而达到合法避税目的。避税地公司是一种特殊类型的公司，它们以避税地为基地，转移和积累在第三国经营业务或投资而产生的利润。避税地公司的基本作用在于它能为资本再投入和资本转移提供便利，从而使整个公司得到财务或税收上的利益。

（二）新建海外企业的优缺点

1. 新建海外企业方式的优点

（1）新建海外企业不易受到东道国法律和政策上的限制，也不易受到当地舆论的抵制。

（2）在多数国家，新建海外企业比收购海外企业的手续要简单。

（3）在东道国新建海外企业，尤其是合资企业，常会享受到东道国的优惠政策。

（4）对新建海外企业所需要的资金一般能做出准确的估价，不会像收购海外当地企业那样会遇到烦琐的后续工作。

2. 新建海外企业方式的缺点

（1）新建海外企业常常需要一段时间的项目营建期，所以投产开业比较慢。

（2）新建海外企业不像收购海外企业那样可以利用原有企业的销售渠道，因此不利于迅速进入东道国以及其他国家市场。

（3）新建海外企业不利于迅速进行跨行业经营和迅速实现产品与服务的多样化。

二、国际直接投资的并购方式

与创建新企业相对应的一种海外直接投资方式是对东道国已有的企业进行并购。并购是发生在不同国家的企业之间或者同一国家的跨国公司之间的兼并或收购行为，是跨国兼并和收购（M&A）的合称。

（一）收购

收购（acqusition）也称收买，是指外国投资者通过一定的法律程序取得东道国某企业的全部或部分所有权的投资行为。在收购活动中，出资收购的企业称收购公司，被收购的企业称目标公司。

收购的一般做法是，收购公司在目标公司增资时以适当的价格取得其增发的股票（份），有时也可以直接同目标公司商谈购买的条件，以取得该企业的所有权。前一种做法一般只用于部分购买（又称参股），全部购买则通常采用后一种方式。国际收购行为有单独出资进行的，也有联合出资进行的，联合出资说明此时收购公司不止一家。

在收购后，被收购企业的经营控制权转移，但其法人地位并不消失。因此，收购导致了法人数量的不改变和国际市场竞争格局的改变。

1. 收购海外企业方式的优点

（1）可以利用目标公司现有的生产设备、技术人员和熟练工人，可以获得对收购公司发展非常有用的技术、专利和商标等无形资产，同时还可以大大缩短项目的建设周期。

（2）可以利用目标公司原有的销售渠道，较快地进入当地以及他国市场，不必经过艰难的市场开拓阶段。

（3）通过跨行业的收购活动，可以迅速扩大经营范围和经营地点，增加经营方式，促进产品的多样化和生产规模的扩大。

（4）可以减少市场上的竞争对手。

（5）通过收购后再次出售目标公司的股票或资产，能够使收购公司获得更多利润。

2. 收购海外企业方式的缺点

（1）由于被收购企业所在国的会计准则和财务制度往往与投资者所在国存在差异，因此有时难以准确评估被收购企业的真实情况，导致收购目标公司的实际投资金额提高。

（2）东道国反托拉斯法的存在，以及对外来资本股权和被收购企业行业的限制，形成收购行为在法律和政策上的限制因素。

（3）当对一国企业的收购数量和收购金额较大时，常会受到当地舆论的抵制。

（4）被收购企业原有契约或传统关系的存在，会成为对其进行改造的障碍，如被收购企业剩余人员的安置问题就难以解决。

（二）兼并

兼并（merger）是指两个或两个以上的独立的跨国企业合并组成一个企业，包括吸收兼并和创立兼并。吸收兼并指的是 A 企业和 B 企业通过兼并组成新的 A 企业，而创立兼并指的是 A 企业和 B 企业通过兼并组成了 C 企业。因此，兼并导致了法人数量的减少和国际市场竞争格局的改变。

案例 3-2

海信收购 Gorenje 案

2018 年 6 月 26 日，我国电器企业龙头海信集团力压海尔电器和美菱电器，通过全面要约收购在斯洛文尼亚、波兰两地上市的欧洲知名厨电品牌 Gorenje 公司。这次收购的成功既是因为受外部经济环境的不利影响，Gorenje 公司在经营和销售等多方面遭遇困难，盈利能力下滑明显且波动较大，更是因为海信对不同地区的收购规则的深入研究，基于当地整个法律、法规和流程、制度对收购方案的本土化精细设计。

中国企业前些年相对盲目的"扫货"式海外收购行为和中国买家"土豪"的姿态，以及收购后陷入"不愿管""不会管"或"不敢管"的局面，曾一度引发舆论对中国企业海外收购合理性的质疑。事实上，中国企业的海外收购策略和管理能力都在发生着改变。

案例来源：刘素，李云霞，陈志军. 海信"揽入"Gorenje：一场没有大股东的要约收购［EB/OL］.（2019-10-5）
［2021-03-27］. http://cmcc.dlaky.cn/Cases/Detail/4040.

▶ 讨论题

以本案例为依据说明收购海外企业的优缺点。

第三节　BOT 投资方式

一、BOT 投资方式的内涵

BOT（build-operate-transfer）是指政府同私营机构的项目公司签订合同，由该项目公司承担一个基础设施或公共工程项目的筹资、建造、营运、维修及转让。在双方协定的一个固定期限内，项目公司对其筹资建设的项目行使运营权，以便收回对该项目的投资、偿还该项目的债务并赚取利润。协议期满后，项目公司将该项目无偿转让给东道国政府。BOT 方式的期限一般为 15 ~ 20 年。

（一）BOT 投资方式的特点

BOT 是一种新的利用外资的方式，它与传统的利用外资方式不同，具有以下特点。

（1）BOT 投资方式的主体一方为东道国政府部门，另一方为私营机构的项目公司。而传统利用外资的方式，其主体一般是企业与企业之间或者政府与政府之间。

（2）BOT 项目的实施是一项复杂的系统工程，需要金融、贸易、保险、技术引进、工程承包、土地、交通能源、通信、广告等各种行业的相互协调与合作；尤其是东道国政府能否提供强有力的支持，是关系到一个 BOT 项目能否成功的关键。而传统利用外资的方式则没有这么复杂。

（3）BOT 投资方式的资金来源主要是国际金融机构提供的无追索权贷款。采用 BOT 投资方式，可以允许政府参股。而传统的利用外资的方式，其注册资本以外的贷款并不是无追索权的贷款，同时也不允许政府投资。

（4）BOT 投资方式下对项目建设方的选择，一般采用国际招标方式。而传统利用外资的方式则一般不通过招标。

（5）BOT 投资方式的经营管理，通常是在东道国政府的许可范围内，由项目公司按自身的管理模式进行操作。而传统利用外资的方式，则按东道国有关法律及双方的约定来进行操作。

（6）BOT 投资方式合作期满后，项目公司将该项目无偿移交给东道国政府。而传统利用外资方式，在期满后，外方一般按合同规定将标的转让给东道国企业。

BOT 投资方式的适用范围比较广，但主要适用于一国的基础设施和公共部门的建设项目，如电站、高速公路、铁路、桥梁、隧道、港口、机场、钢铁企业、教育、医疗卫生基础设施、环保设施等。这些项目一般工程量大，建设时间长，耗资巨大，关系国计民生，并属于急需项目；而且，这些项目的市场需求一般都较好，能够获得较稳定的收入。

（二）BOT 投资方式的产生和发展

BOT 投资方式的产生，可以追溯至公元前 3 世纪《罗得法》的有关规定，这在雅典法中有所记载，如当时通行于地中海地域的关于"海商借贷"的规定，即以海运提单作为抵押的借贷制度。在 BOT 投资方式下，承包商或发展商自己向银行或其他金融机构借贷，靠项目建成后的收益与该项目资产的担保得到回报。这种金融借贷性的项目投资与海商借贷的规定相类似。

二战后，各国纷纷加强本国的基础设施建设。发达国家在进行资本与技术的输出过程中，其所采取的合资经营、合作经营等形式受到东道国尤其是发展中国家资金不足的限制，而资金和技术输出的强烈要求，又迫使其不得不考虑采取其他方式，加之发展中国家因急需资金和技术，又不得不多方引进资金，于是 BOT 这种自筹资金能力强、无须资金担保的投资方式便创造性地应运而生，并且很快发展、盛行起来。它不仅能够解决东道国资金短缺的困难，完成东道国因资金困难不能完成的工程项目，而且使东道国能够比较容易地引进先进技术，学到先进的管理经验，并且培养技术骨干和技术工人，促进东道国国民经济和科学技术的发展，带动当地许多民族产业的发展，因此，这种投资方式受到许多国家的欢迎和广泛采用。

土耳其前总理图尔古特·厄扎尔（Turgut Özal）在 20 世纪 80 年代初期首先对 BOT 名称的含义进行了解释，认为 BOT 是"建设—拥有—转让"（build-own-transfer）和"建设—经营—转让"（build-operate-transfer）形式的简称。考察目前各国实践中较为完善和普遍使用的 BOT 投资方式，它应该是指后一种形式，其中文含义是指东道国政府将那些急需建设而又缺乏资金的公共基础设施项目，如公路、桥梁、隧道、港口码头、供排水系统、废水或垃圾处理等建设工程项目，通过招标或洽谈，签订特许协议，由某些民营企业（主要是外国投资者）投资设立的项目公司负责筹集资金，提供技术管理人员，建设东道国政府急需的特定工程。项目公司在项目建成后的特定期限内，拥有、运营和维护该项设施，有权通过收取使用费或服务费回收投资，并且获取合理的利润。特许权期限届满后，该项设施的所有权即无偿移交给东道国政府。BOT 投资方式实际上是政府和私人企业之间就基础设施建设所建立的特许权协议关系，是"公共工程特许权"的典型形式。除此之外，它在实际运用中还演化出了许多类似形式，根据世界银行《1994 年世界发展报告》，BOT 还有 BOOT（build-own-operate-transfer，即建设—拥有—经营—转让）和 BOO（build-own-operate，即建设—拥有—经营）两种方式。

（三）中国对 BOT 投资方式的管理

BOT 投资方式在中国是一个新生事物，并无现成的法律规定供参考。而 BOT 项目融资结构复杂，需要签署的法律文件繁多，因此客观上要求有公正成熟的法律框架体系来保障债权人和投资人的权益。

为了规范 BOT 投资方式，中国有关部门陆续出台了一系列规定。主要有：对外贸易经济合作部 1994 年发布的《关于以 BOT 方式吸收外商投资有关问题的通知》；国家计委（现国家发展和改革委员会）、电力部（1997 年撤销）、交通部（现交通运输部）1995 年联合发布的《关于试办外商投资特许权项目审批管理有关问题的通知》；国家计委、国家外汇管理局 1995 年发布的《关于借用长期国外贷款实行总量控制下的全口径管理的范围和办法》；以及由国家计委拟定的《外商投资特许权项目的暂行规定》。同时，BOT 项目融资必须符合 1995 年中国政府公布的《指导外商投资方向暂行规定》和《外商投资产业指导目录》。后来出台的《中华人民共和国担保法》《中华人民共和国保险法》和《贷款通则》也为 BOT 融资和分担风险提供了法律依据。这一系列法规的制定说明，中国已基本上建立了 BOT 项目融资的法律框架。

（四）BOT 投资方式的优缺点

1. BOT 投资方式的优点

（1）解决东道国政府资金不足的问题。大规模的基础设施建设往往需要大量资金投入，面对巨额的投资支出，政府资金往往一时难以周转。而基础设施项目带来的巨大利润则可以吸引众多的外国私人资本，从而解决资金不足问题，减轻政府的财政负担，是发展中国家解决资金短缺问题的新途径。

（2）在不影响政府对该项目所有权的前提下，分散投资风险。在融资方面，采用 BOT 投资建设的基础设施项目，其融资的风险和责任均由投资方承担，大大地减少了东道国政府的风险。在工程的施工、建设、初期运营阶段，各种风险发生的可能性也是极大的。若采用 BOT 投资模式，吸引外国私人资本投资，政府可免于承担种种风险，相应地由项目的投资方、承包商、经营者来承担这些风险。通过这种融资方式，不仅可以大大降低政府所承担的风险，也有利于基础设施项目的成功。

（3）有利于引进外国的先进技术及管理方法。通过将项目交给外商投资、经营，东道国可以借鉴先进的外来技术和管理经验，加快工程建设，提高项目的运营效率。同时，国内其他基础设施项目的建设者通过学习与借鉴，可以改善国内项目的投资、经营、管理，与国际市场接轨。从项目投资企业的角度来讲，其可以涉足东道国的市场，获取丰厚的利润，还可以带动投资国成套设备的出口。外国投资机构可以通过 BOT 项目参与东道国的基础设施建造与经营市场，可以在建造时推销设备、营业时收取费用，可取得相关项目的开发和经营权，还可适当分包、转包一些项目，降低风险。

2. BOT 投资方式的缺点

对东道国来说，BOT 投资方式涵盖招标问题、政府的风险分担问题以及融资成本和其他经济问题等风险；在特许期内，政府失去了对项目所有权、经营权的控制，也存在一定的风险。

对于项目公司来说，BOT 意味着可能面临着更多的风险。

（1）政治风险。东道国的政局不稳定或突发政治状况可能给投资方带来巨大的风险，若在特许期东道国发生政局动乱或战争等情况，均可能对项目投资方造成极为不利的影响。东道国主要政治风险包括政变、战争以及该国政府外贸政策和法律的变化，如贸易禁令等。政治风险是 BOT 投资中所面临的最大风险，它的影响力超过其他任何一种风险。政治风险可以通过事先和东道国政府签订特许协议的方法加以规避。若在特许期由于政治风险对投资项目造成损失，应该由东道国政府给予合理的补偿；承包商也可以在投资期通过投保政治风险险种，在风险发生时得到及时的补偿。

（2）利率和汇率风险。汇率和利率关系到项目投资的成本，而且变动有很大的不可预见性，其波动可能直接或间接地造成项目的收益受到损失。如果采用固定汇率制度，远期市场利率上升会造成生产成本上升，远期市场利率下降会造成机会成本增加。因此应尽量选择某一浮动利率为基数，加上利差作为贷款利率来规避利率波动带来的风险。汇率波动会对投资方债务结构产生影响，会直接影响项目的偿债能力和直接收入，也会影响到各项财务指标，从而产生汇率风险。为规避此风险，东道国政府应与项目投资人签订远期兑换合同，事先规定远期汇率。

（3）融资成本较高，项目的收益要求高。由于 BOT 项目的总投资规模相当大，公司的自有资金一般只占 20%～30%，其余的 70%～80% 资金来源为银行贷款或发行企业债券募集到的资金，因此融资成本相当高。项目的收益既要弥补融资成本，同时要保证有一定的利润，因此对项目本身的收益率的要求也很高。

（4）投资额巨大，收益具有不确定性。这是 BOT 投资项目面临的另一个巨大的风险。一般 BOT 项目都是基础设施建设项目，总投资一般在 10 亿元以上，并且建设周期长，投资回收期长，且收益具有不确定性，因此风险很大。

（5）程序复杂，合同文件繁多。由于涉及的是大型基础设施建设，BOT 投资方式是一个相当复杂的工程，当事人很多，需要签订大量的合同、协议，企业必须花费大量的精力去做这些工作。

案例 3-3

雅万高铁项目

截至 2019 年 12 月，中国已与 167 个国家和国际组织签署 199 份共建"一带一路"合作文件，还与 44 个国家建立了双边投资合作工作组。中白工业园、泰中罗勇工业园等建设成效明显。中马友谊大桥、比雷埃夫斯港等一批重大项目落地，中老铁路、中泰铁路、雅万高铁等项目扎实推进，黑河公路桥建成，同江铁路桥合龙，中尼友谊大桥恢复通车，阿联酋哈利法港正式运营。

2020 年，我国对外投资合作保持平稳健康发展，对外投资总体实现增长。全年我国对外直接投资 1 329.4 亿美元，同比增长 3.3%，其中对"一带一路"沿线 58 个国家非金融类直接投资 177.9 亿美元，同比增长 18.3%，占同期总额的 16.2%，较 2019 年提升 2.6 个百分点。在沿线国家新签承包工程合同额 1 414.6 亿美元，完成营业额 911.2 亿美元，分别占同期总额的 55.4% 和 58.4%。

雅万高铁是中国首个海外高铁项目，也是东南亚第一条最高设计时速 350km 的高铁。线路全长 142.3km，途经 9 个市县，全线共设 4 座车站。项目由中国和印度尼西亚的企业合作建设与运营，中方提供贷款，2020 年以来，中国中铁雅万高铁项目部在保障人员安全的基础上积极推进项目建设，2020 年度完成产值 40 812 万美元，完成年度调整计划 40 609 万美元的 100.5%，自开工以来累计完成产值 94 635.4 万美元，占线下工程合同额的 85.7%，现场建设进度一路领先，推动项目整体前进。尤其是在新冠肺炎疫情期间，中国中铁印度尼西亚代表处向西爪哇省捐赠了价值 55 万元的医疗防疫物资，向沿线疫情期间仍然值守一线的警察、安保人员以及贫困家庭捐赠 1 500 份生活物资。印度尼西亚驻中国大使周浩黎表示，雅万高铁是印度尼西亚基础设施发展中最突出的项目，雅万高铁不仅有助于印度尼西亚电气化铁路技术发展，建成通车后，雅加达至万隆的铁路大幅缩短，还将带动沿线就业，推动制造业、基础设施等相关产业的发展，提升区域经济社会发展水平。他希望有更多像中国中铁这样有实力、有担当的中国企业参与印度尼西亚基础设施建设，共筑两国之间深厚的友谊。

资料来源：新华网。

▶ 讨论题

结合本案例分析 BOT 的运行模式。

‖案例 3-4‖

微软收购诺基亚

2013 年 9 月 3 日，微软宣布以 37.9 亿欧元收购诺基亚主要负责手机业务的设备与服务部门，同时以 16.5 亿欧元购买其 10 年期专利许可证，共计 54.4 亿欧元，约折合 71.7 亿美元。微软同时将向诺基亚提供与位置技术相关的专利授权，微软未来有权延长这一专利合作。

当地时间 2021 年 4 月 12 日，微软和人工智能及语音技术公司 Nuance Communications 共同发布公告，宣布双方已达成最终协议，微软将以每股 56 美元，包括 Nuance 的净债务、总价 197 亿美元的现金收购 Nuance Communications。这个价格较 Nuance Communications 于 4 月 9 日的收盘价溢价约 23%。

资料来源：观察者网。

▶ 讨论题

试分析这两项收购能给微软带来些什么。

▣ 思考题

1. 简要阐述投资诱发要素组合理论的内容。
2. 试述国际生产折中理论的基本思想。
3. 试论述国际直接投资的基本形式有哪些。
4. 国际避税地公司是如何发挥作用的？
5. BOT 投资方式的突出特点有哪些？

▣ 习题

1. 选择题

(1) （　　）理论分析了产品和生产要素市场的不完全性对对外直接投资的影响。

A. 垄断优势　　　　B. 产品生命周期

C. 内部化　　　　D. 比较优势

(2) （　　）理论是国际生产折中理论在发展中国家的运用和延伸。

A. 日本对外直接投资

B. 产品生命周期

C. 投资发展周期

D. 投资诱发要素组合

（3）以下哪项不属于创建海外企业的优点（　　）。

A. 不易受到东道国法律和政策上的限制，也不易受到当地舆论的抵制

B. 手续更简单

C. 享受到东道国的优惠政策

D. 减少市场上的竞争对手

（4）以下哪项不属于避税地（　　）。

A. 巴哈马　　　　　B. 济州岛

C. 百慕大　　　　　D. 哥斯达黎加

（5）BOT 投资方式的期限一般为（　　）年。

A. 5 ~ 10　　　　　B. 10 ~ 15

C. 15 ~ 20　　　　　D. 20 ~ 30

2. 简答题

（1）小岛清教授为什么认为根据美国对外直接投资状况而推断出来的理论无法解释日本的对外直接投资？

（2）试分析产品生命周期理论的局限性。

（3）试分析收购海外企业的缺点。

（4）试分析有限责任公司的特点。

（5）简述 BOT 投资方式对于东道国的缺点。

第四章
CHAPTER 4

跨国公司与国际直接投资

▋本章要点

　　跨国公司的对外直接投资和全球性策略给世界经济发展带来了深刻的影响，传统的以商品贸易为主的国际经济交往格局被打破，国际分工逐步深入渗透到产业内部和企业内部。本章将对跨国公司的概念、特征、形成与发展、组织形式及其对国际经济合作的影响进行具体的阐述。

▋思政视野

　　在以习近平同志为核心的党中央坚强领导下，统筹疫情防控和经济社会发展成效持续显现。商务部深入贯彻落实党中央、国务院部署，会同各部门、各地方全力畅通国内大循环和国内国际双循环，推进贸易优进优出、贸易产业融合和贸易畅通三大计划，取得积极成效。前4个月，外贸延续增长势头，货物进出口规模创历史同期新高，为在"十四五"开局之年迈好第一步、见到新气象打下坚实基础。

　　2021年前4个月，中国货物进出口总额11.6万亿元，同比增长28.5%，两年平均增长10.6%。其中，出口6.3万亿元，同比增长33.8%，两年平均增长11.8%；进口5.3万亿元，同比增长22.7%，两年平均增长9.2%；贸易顺差1.0万亿元，扩大147%。以美元计，进出口总额1.8万亿美元，同比增长38.2%，两年平均增长13.1%。其中，出口9 737亿美元，同比增长44%，两年平均增长14.4%；进口8 157.9亿美元，同比增长31.9%，两年平均增长11.6%；贸易顺差1 579.1亿美元，扩大171%。

　　"一带一路"建设不断深化国际互利合作，为我国开放型经济发展注入新动力，为促进开放型世界经济发展、构建人类命运共同体做出新贡献。

　　"一带一路"建设是深刻思考人类前途命运以及中国和世界发展大势，为促进全球共同繁荣、打造人类命运共同体提出的宏伟构想和中国方案，也是习近平新时代中国特色社会主义思想的有机组成部分，为中国对外投资提供了历史性机遇。对外投资作为开放发展的重要引擎，将在全球贸易持续低迷情形下发挥关键作用。

"一带一路"建设引领的新型全球化，依托于14多亿人口的中国消费者市场，为世界经济带来增量。中国的14多亿人口是当今世界上重要的消费者群体。当下中国消费者市场及其持续升级，不仅是中国经济增长的重要动力，也是世界各国经济增长的重要动力；不仅对世界经济增长非常重要，而且对世界和平同样重要，是充满不确定性的世界中最大的确定性。

"一带一路"建设的一个重要抓手就是通过对外投资，把中国经济发展的增量带到"一带一路"建设中去，引导中国经济与发达经济体和发展中经济体相互交换比较优势，实现共同发展。我们要优化对外投资布局，创新对外投资方式，通过互利共赢等方式落实"一带一路"倡议，使中国的崛起惠及世界，为全球和平与发展提供解决方案。"一带一路"建设参与国包括发达国家和发展中国家。针对发展中国家，注重发挥其资源丰富、成本低廉优势，与中国在基础设施和一些中低端行业的优势相结合，选择代表性国家组建双边基金并搭建双方产业合作平台。针对发达国家，组建双边基金并搭建双向产业合作平台，投资于一些先进的技术、产品、服务和商业模式，带回来与14多亿人口的中国消费者市场结合。

资料来源：中华人民共和国中央人民政府网站、人民网。

▶ 思考题

"一带一路"建设对我国对外投资起到哪些重要作用？

▌开篇案例

《财富》杂志每年发布的世界500强排行榜历来被认为是衡量全球大型公司的最著名和最权威的榜单。2021年8月，《财富》杂志发布了"2021年世界500强排行榜"。沃尔玛连续第8年成为全球最大公司，中国石化仍位列第2，国家电网上升至第3位，中国石油位列第4，而壳牌石油下降至第5位。榜单显示，近年来，上榜的中国企业数量持续增长，先后超越德国、法国、英国和日本，并在2019年达到129家，首次超越美国，2021年上榜数量再创新高，领先优势进一步扩大。2021年，中国共有143家公司上榜。

改革开放以来，中国企业规模和大公司的数量不断增加，这是中国整体经济规模发展壮大的结果。1995年，《财富》杂志第一次发布世界500强排行榜时，世界贸易组织刚刚成立。中国开始深化改革扩大开放。到1997年，中国只有4家企业进入这个排行榜。2001年中国加入世界贸易组织，当年进入排行榜的中国企业为12家，以后逐年迅速增加。

2008年以来，中国企业在排行榜中的数量增长加速。2021年，中国上榜企业平均利润约35亿美元，高于500家公司的平均利润（33亿美元）。同时，美国企业的平均利润下降到51亿美元。上榜中国公司销售收益率与2020年持平，约为5.4%；净资产收益率比2020年下降，约为8.7%，均超过世界500强的平均数，低于美国企业的6.5%和11.8%。2020年，美国企业的销售收益率是中国公司的1.6倍，净资产收益率是中国公司的近两倍。2021年，这两项指标上的差距分别缩小到了1.2倍和1.4倍。

世界上主要的跨国公司如表4-1所示。

表 4-1　2021 和 2020 年度《财富》世界 500 强排行榜（部分）

2021 年度 排名	2020 年度 排名	公司名称	营业收入/ 百万美元	总部 所在地
1	1	沃尔玛	559 151.0	美国
2	3	国家电网有限公司	386 617.7	中国
3	9	亚马逊	386 064.0	美国
4	4	中国石油天然气集团公司	283 957.6	中国
5	2	中国石油化工集团有限公司	283 727.6	中国
6	12	苹果公司	274 515.0	美国
7	13	CVSHealth 公司	268 706.0	美国
8	15	联合健康集团	257 141.0	美国
9	10	丰田汽车公司	256 721.7	日本
10	7	大众公司	253 965.0	德国

资料来源：《财富》中文网。

▶ 讨论题

1. 为什么世界 500 强企业绝大多数都是跨国公司？
2. 企业跨国经营的动因包括哪些方面？
3. 简述经济全球化与跨国公司经营的关系。

第一节　跨国公司概述

一、跨国公司的概念

对于跨国公司的定义，理解各不相同。联合国经济及社会理事会在 1973 年和 1986 年通过与修改了《跨国公司行动守则（草案）》，对跨国公司的定义做了比较全面的规范和界定，认为跨国公司的定义包含以下三个方面：①由两个或者两个以上国家的经济实体所组成的共有、私有或混合所有制企业，而无论这些经济实体的法律形式和活动领域如何；②在一个决策系统制定的连贯政策和一个或多个决策中心制定的共同战略下从事经营活动；③各个实体通过股权或其他方面联系起来，其中一个或多个实体能够对其他实体的生产经营活动施加有效的影响，在与其他实体分享知识、资源、责任等方面的影响时尤为有效。

二、跨国公司的判定标准

国际上对跨国公司有许多叫法，如全球公司、世界公司、多国公司等。各种机构和学者根据不同的标准对跨国公司下了各种各样的定义，现将目前最为普遍的几种标准简单介绍如下。

（一）结构标准

（1）跨国的程度。跨国公司必须在至少两个国家开展经营业务。

（2）所有权性质。也就是以公司资产所有权归属作为标准，认为只有公司资产为一国以上的公民所拥有，该公司才属于跨国公司。

(3) 管理人员构成。公司的高级经理人员来自两个以上的国家。

(4) 组织形式。在法律上可以采用合资、有限、无限、合作、公私合营等不同形式，在处理跨国界联系时可以采用子公司或分公司的形式。

(二) 行为标准

行为标准强调公司领导层的经营与决策行为的战略取向及思维方式，认为只有高层领导不偏爱或者局限于本国市场或其他某国市场，其行为不带有片面性或歧视性，而是从全球战略目标和动机出发，能够公平地对待和处理在世界各地所面对的机遇和挑战，这样的公司才可被称为跨国公司。

(三) 营业绩效标准

营业绩效标准是以一定的指标体系来衡量公司是不是跨国公司。

(四) 比例指标体系

比例指标具体包括国际销售率、海外资产比率、国际管理指数、国际投资指数、海外公司比率。它考虑了衡量的准确性和可操作性，但是过于强调比例的概念，忽略了企业规模的因素，缺乏绝对指标。

(五) 相对绝对指标组合法

该法考虑了海外销售总额、海外销售净额、海外资产比率、海外销售率、外贸依存度、投资结构水平和生产依存度等指标。

综合各种观点，可以认为跨国公司是指这样一种企业，它在两个或两个以上的国家从事经营活动，有一个统一的中央决策体系和全球战略目标，其遍布全球的各个实体分享资源和信息并分担相应的责任。

三、跨国公司的特征

世界上的跨国公司多种多样，有从事制造业的跨国公司，也有从事服务业的跨国公司；有规模巨大的跨国公司，也有数以万计的中小型跨国公司；有发达国家的跨国公司，也有发展中国家的跨国公司。但无论什么类型的跨国公司，它们一般都具有以下几个方面的特征。

(一) 环境特征

(1) 在政治环境方面，无论哪个东道国政府更迭、政治动荡都会给跨国公司造成损失。

(2) 在经济环境方面，跨国公司不仅受母国经济状况、发展趋势和经济政策取向的影响，而且更受其从事生产经营的各个东道国的经济水平以及结构、市场运作情况的影响。

(3) 在文化环境方面，跨国公司不像国内企业那样只在单一文化环境下从事业务活动，而是要在具有不同价值观念、宗教信仰、社会结构、教育水平等多种文化环境下从事生产经营。

（4）在法律环境方面，跨国公司不仅要受到国内法律的约束，而且其各个子公司和附属机构还要受到各自东道国的法律约束，因而它所面对的法律环境比国内企业复杂得多。

（二）结构特征

（1）地理分布。跨国公司在海外建立起庞大的生产经营网络，它们不仅在国内拥有生产经营实体，在国外也设立了众多由自己控制的子公司和附属机构，其地理分布十分广阔。

（2）营业规模。一般来说跨国公司的规模大于国内企业，主要的原因是：①跨国公司追求全球范围内的利润最大化，其规模大于国内企业是实现这一经营目标的必然要求；②跨国公司面对的市场远大于国内企业，完全有条件扩大规模。

（3）股权结构。在母公司的股权结构上，目前大部分跨国公司母公司的股权仍然控制在母国资本的手中，但已经有越来越多的跨国公司，其总公司的股权结构呈现多国化的特点。

（三）经营管理特征

1. 生产经营国际化

跨国公司为了获取资源、占领市场、保持垄断优势等，在世界各地投资设立分支机构，进行国际化经营。国内外投资与经营环境的差异会给企业的生产经营活动带来不同的影响和风险，企业要运用自己所拥有的各种资源，主动地应对环境的各种变化，以实现企业跨国经营的目标。实际上，国际化经营就是企业与国际环境相互作用的过程。国际化经营是跨国公司的一个最主要的特征，因为如果没有国际化经营，尤其是没有作为国际化经营第二层次的国际直接投资，跨国公司也就名不符实了。表 4-2 展示了跨国公司与涉外国内企业相比在生产经营国际化方面的不同。

表 4-2　跨国公司与涉外国内企业的生产经营比较

	跨国公司	涉外国内企业
扩张手段	直接投资	产品出口
交易对象	较多内部贸易（即母公司与子公司之间，子公司与子公司之间）	以国际市场为媒介，交易对方是另一家企业
交易领域	全方面进行资本、商品、人才、技术、管理和信息等交易活动，且这种"一揽子活动"被置于母公司的控制之下	主要局限于国际流通领域，单独从事一两项涉外经济活动（如商品出口或劳务出口），并且这些活动不涉及在海外投资、建立经济实体
控制方式	通过控股的方式对国外的企业实行控制	对涉外经济活动大多以契约的方式实行控制
国内外经济活动关系	关系紧密，一方面，子公司受制于母公司；另一方面，母公司与子公司的业务在分工协作的基础上融为一体，相辅相成	关系相当松散，有较大的偶然性；其涉外经济活动往往是交易完成后立即终止，不再参加以后的再生产活动

2. 运行机制开放化

国内企业通常把营运过程的所有阶段（包括研究开发、投资建厂、生产制造、销售产品）放在国内进行，至多是把最后的销售产品阶段放在国外进行，其运行机制基本上是内向的、封闭型的。由于跨国公司以整个世界为自己的活动舞台，因此它们通常把营运过程的所有阶段部分或全部放在国外，其运行机制基本是外向的、开放型的。

3. 组织管理的内部一体化

跨国公司在多个国家设有分支机构，现代跨国公司普遍采用内部一体化的组织管理，子公司的活动在母公司的统一指挥之下，实行有计划的安排；同时要求公司各级组织间彼此密切配合，服从整体利益，从而使得跨国公司的各个机构真正成为统一领导、步调一致的整体。所有国内外的分支机构和子公司的经营活动必须服从母公司利益，在母公司的统一指挥下，遵循一个共同的战略，合理利用人力和财力资源，实现全球性经营活动。一方面，跨国公司通过分级计划管理，落实公司的全球战略；另一方面，通过互通情报实现内部交易，共担风险，共负盈亏。这突出地体现在制定内部划拨价格、优先转让先进技术和信息资源共享上，这些做法使得跨国公司具有国内公司所不具备的独特的竞争优势。这也部分解释了为什么一国企业达到一定规模后就要向外扩张，向跨国公司方向发展。

4. 战略目标全球化

所谓战略目标全球化，是指在世界范围内有效地配置国内公司的一揽子资源，将公司的要素优势与国外的政治、关税、非关税壁垒和生产要素优势等投资环境的差异条件联系起来考虑，优势互补，使有限的要素资源发挥最大的效用，使公司的整体利益达到最大化。

跨国公司虽然分支机构众多，遍布全球，但诸如价格、生产计划、投资计划、研究与开发计划、利润分配等重大决策均由母（总）公司制定，各分支机构执行。而指导母公司做出决策的是跨国公司的全球战略，即将所有的分公司、子公司视为一个整体，以全球的观点而不是地区的观点来考虑问题。因此，跨国公司在全球范围内整体长远利益的最大化是其制定政策的出发点和归宿。跨国公司将自己视为一个全球公司，而不再是某个国家的公司。

四、跨国公司的产生与发展

跨国公司的产生与发展主要经历了以下三个阶段。

（一）第一次世界大战以前的萌芽阶段

资本主义产生之后，世界市场被逐渐开拓出来。为了占领市场和获得原材料，一些西方国家的公司开始进行对外直接投资，于是产生了现代跨国公司的雏形。其中比较著名的有美国胜家缝纫机公司和德国的拜耳公司，当时对外直接投资主要集中于铁路和采矿业，且多投资于落后地区。刺激早期跨国公司出现的主要因素有以下三个方面。

1. 技术垄断优势的保护

美国最先从事跨国经营的制造业直接投资的，是那些产品首先在国内发明，或虽在欧洲发明但在美国经过重大革新的部门。正是这些掌握技术垄断优势的公司，首先到海外投资以占领市场，并防止别的厂商仿造。

2. 避开保护性贸易限制

避开保护性贸易限制，到海外销售市场建立制造业子公司，以便就地生产和供应，是刺激早期跨国公司出现的另一个重要原因。

3. 各国对外国制造企业到本国设厂的刺激和鼓励

例如，当时加拿大采取高关税，就是为了鼓励外国制造企业到加拿大投资设厂，以加速国内经济的发展，这就推动了美国企业向加拿大渗透。如1876年，杜邦公司到加拿大兼并了两家动力机械厂，1883年爱迪生公司也在加拿大建厂，并享受了国民待遇。

总的来说，第一次世界大战以前在世界范围内从事跨国经营的企业数量较少，对外直接投资额也不大，跨国公司处于萌芽阶段。

(二) 两次世界大战之间的缓慢发展阶段

在这一阶段，虽然全球对外直接投资的绝对数量从1914年的143亿美元增至1938年的163.5亿美元，但增长速度已低于第一次世界大战前。造成这一现象的原因，一方面是各国的保护倾向加强，对外资实行了一些歧视性的政策；另一方面，这一时期各国经历了三次较大的经济危机，包括1929~1933年的大危机，各国经济形势欠佳。这一时期最突出的特点是美国跨国公司的蓬勃发展。美国187家大企业的海外分支机构由1914年的122家增至1939年的715家，对外直接投资总额由26.5亿美元增至73亿美元，仅次于英国而居世界第二。

(三) 第二次世界大战以后到20世纪80年代的跨国公司大发展阶段

二战以来，科学技术取得了突飞猛进的发展，世界经济一体化程度不断提高，这使得对外直接投资在深度和广度上迅速扩张，跨国公司的数量和规模大大增加，对外直接投资已经赶上并超过对外间接投资。根据联合国跨国公司中心的资料，发达国家跨国公司母公司在1968年有727家，子公司27 300家，到1980年增加到母公司10 727家，子公司98 000家。

(四) 20世纪90年代后的跨国公司发展出现显著新特点阶段

20世纪90年代初期，全球范围跨国公司母公司数为3.7万家，拥有69万多家国外分支机构。而且，以跨国公司为主体的全球化生产与销售规模空前扩大。截至2020年年底，全球前100强大型跨国公司的资产总数近18万亿美元。

总体上看，20世纪90年代后跨国公司的发展有一些新的特点。

(1) 跨国并购日益成为跨国公司对外直接投资的主要手段。面对竞争压力、自由化浪潮和新投资领域的开放，越来越多的跨国公司将跨国并购作为自己参与全球化竞争的核心战略，以保护、巩固和增强自己的国际竞争力。从行业分布来看，大型跨国公司并购多发生在能源、电信、医药和金融服务行业；同时跨国并购的高潮还充分体现了"新经济"时代的特征，一些传统产业的大公司纷纷"触网"，通过并购手段积极涉足网络经济，而信息业、网络业的并购重组之势很强，成为并购潮中的一大热点。值得注意的是，跨国并购并不再是大型企业独有的投资手段，中小企业在跨国并购中也日益发挥重要的作用，特别是在电子、商业服务、保健、经销、建筑等领域，中小企业发挥的作用更大。

(2) 除了股权式并购以外，属于非股权参与方式的国际战略联盟越来越扩展，成为跨国公司发展的新形式。

所谓国际战略联盟，是指两个或两个以上的跨国公司根据对世界市场的考察和自身的战略目标，通过协议进行联合与合作的经营方式。

(3) 跨国公司间技术合作与研究开发的全球化趋势不断加强。最近十几年来，跨国公司技术合作的加强和研究开发国际化是国际生产与竞争格局变化的客观反映。国际化生产已经越来越成为涉及高新产业的知识密集型生产，这必然增加跨国公司研究与开发的预算支出。同时，由于技术进步的加快，产品生命周期越来越短，产品成本加大，这使得市场风险性和不确定性增加。跨国公司为了增强对市场环境变化的适应能力，力求建立公司间的技术合作，实现研究与开发的国际化。

第二节   跨国公司的组织形式

跨国公司的组织形式有两层含义：一是法律结构，即法律组织形式，主要涉及母公司与国外各分支机构的法律和所有权关系、分支机构在国外的法律地位、财务税收的管理等方面；二是组织结构，即行政或管理组织形式，主要职能是提高企业的经营管理效率，优化企业资源的配置，以求取得最佳的经济效益。下面分别简要介绍跨国公司的法律组织形式和管理组织形式。

一、法律组织形式

跨国公司的法律组织形式有母公司、分公司、子公司、联络办事处、避税地公司。

（一）母公司

母公司通常是指掌握其他公司的股份，从而实际上控制其他公司业务活动并使它们成为自己的附属公司的公司。从这一定义来看，母公司实际上是一种控股公司。但严格来讲，母公司并不等同于只掌握股权而不从事业务经营的纯控股公司，许多实力雄厚的母公司本身也经营业务，是独立的法人，有自己的管理体系，因而应属于混合控股公司（控股兼营业公司）。母公司通过制定大的方针、政策、战略等对其世界各地的分支机构进行管理。

母公司对其他公司的控制一般采取两种形式：一是掌握其他公司一定数量的股权；二是在两个公司间存在特殊契约或支配性协议的情况下，也能形成对另一个公司的实际控制。

（二）分公司

分公司是母公司的一个分支机构或附属机构，在法律上和经济上没有独立性，不是法人。分公司没有自己独立的公司名称和公司章程，只能使用母公司的名称和章程；它的全部资产都属于母公司，没有自己独立的财产权，所以母公司对分公司的债务承担无限责任；分公司的业务活动由母公司主宰，它只是以母公司的名义并根据它的委托开展业务。分公司一般包括生产型与销售型两种类型。

设立分公司的有利之处在于：

（1）设立手续比较简单。只需缴纳少量登记费就可取得所在国的营业执照。

（2）可享受税收优惠。由于分公司不是独立核算的法人，与母公司同属一个法律实体，因此分公司在国外的纳税一般少于子公司。另外，许多国家税法规定，如果国外分公司发生亏损，其亏损额可在母公司税前利润中扣除，而且外国分公司汇出的利润一般不作为红利缴纳利润汇出税。

（3）便于管理。母公司通过控制分公司的管理人员而全面直接地领导和控制分公司的经营活动。

（4）在某些方面受东道国管制较少。东道国对分公司在该国以外的财产没有法律上的管辖权，因此，分公司在东道国之外转移财产比较方便。

设立分公司的不利之处有：

（1）对于母公司的不利影响。分公司在登记注册时必须披露母公司的全部业务活动和财务收支状况，给母公司的业务保密带来损害。而且，母公司要对分公司债务承担无限责任。分公司在终止或撤离时只能出售其资产，而不能出售其股份，也不能与其他公司合并，这对母公司来说也是不利的。

（2）对分公司的不利影响。分公司在业务上总受到母公司的支配，难以发挥创造性。分公司在东道国被当作"外国公司"看待，没有东道国股东，因此在当地开展业务有一定困难。

（3）对母国的不利影响。设立国外分公司常会引起母国税收的减少，所以母国对分公司的法律保护也较少。

（三）子公司

子公司是指在经济和法律上具有独立法人地位，但投资和生产经营活动受母公司控制的经济实体。子公司自身就是一个完整的公司，其独立性及法人资格主要表现在以下几个方面：子公司有自己独立的公司名称、章程和行政管理机构；子公司有能独立支配的财产，有自己的财务报表，独立核算，自负盈亏；子公司可以以自己的名义开展业务的，因此各种民事法律活动，包括起诉和应诉。

相应地，分公司的法律特征是：分公司不具有法人资格，不能独立承担责任；分公司由母公司授权开展业务，自己没有独立的公司名称和章程；分公司没有独立财产，其所有的资产属于总公司，总公司对分公司的债务承担无限连带责任。

设立子公司的有利之处在于：

（1）有利于开展业务。由于子公司在东道国是以一个"本国"公司的身份开展业务的，因此受到的限制比较少，比分公司更有利于开拓当地市场。

（2）融资比较便利。子公司可以独立地在东道国银行贷款，可以在当地的证券市场上融资，其偿债责任只限于子公司的资产。

（3）有利于进行创造性的经营管理。由于有较大的自主权，子公司在经营管理上可以发挥其创造性。

（4）有利于收回投资。子公司在东道国终止营业时，可灵活选择采用出售其股份、与其他公司合并或变卖其资产的方式回收投资。

（5）有利于进行国际避税。如果在国际避税地设立避税地子公司则有利于母公司开展避税活动。

设立子公司的不利之处在于：

（1）手续比较复杂。因为子公司在东道国是一个独立法人，所以设立手续比较复杂，费用较高。

（2）行政管理费用较高。在国外设立子公司必须建立起东道国公司法所规定的行政管理机构，还必须对东道国大量的法律法规进行研究，这增加了子公司的行政管理费用。

（3）经营管理方面存在一定困难。子公司需要公开自己的财务状况，这必然会增加子公司的竞争压力。对于与当地合资的子公司，其在东道国的经营活动常会受到当地股东的制约，因为发达国家的公司法比较注重保护少数股东的利益，而发展中国家的法律有时会硬性规定当地股权的最低比例以及当地董事的最低人数。

（四）联络办事处

联络办事处是母公司在海外建立企业的初级形式，是为进一步打开海外市场而设立的一个非法律实体性的机构，它不构成企业。联络办事处一般只从事一些收集信息、联络客户、推销产品之类的工作，开展这些活动并不意味着联络办事处在东道国正式"开展业务"。联络办事处不能在东道国从事投资生产、接受贷款、谈判签约及履约之类的业务。同分公司相同的是，联络办事处不是独立的法人，登记注册手续简单；同分公司不同的是，它不能直接在东道国开展业务，它不必向所在国政府缴纳所得税。

（五）避税地公司

避税地是指那些无税或税率很低，对应税所得从宽解释，并具备有利于跨国公司财务调度的制度和经营的各项设施的国家和地区。著名的国际避税地有百慕大群岛、巴哈马群岛、巴拿马、巴巴多斯、瑞士、卢森堡等。

在避税地正式注册、经营的跨国公司或将其管理总部、结算总部、利润形成中心安排在那里的跨国公司，就成为避税地公司。避税地必须具备有利于跨国公司进行财务调度和开展国际业务活动的制度及设施。这些避税地公司积极利用跨国公司内部贸易以及转移价格进行利润转移和国际避税，使得实际的货物和劳务流向与在避税地账面上反映的流动不一致。

二、管理组织形式

跨国公司规模大，经营地区广，分支机构众多，产品多种多样，业务内容丰富，这就要求跨国公司建立一套高效率的管理组织，以提高行政效率，充分利用公司资源，在全球范围内实现利益最大化。

跨国公司通常采用的管理组织形式有：出口部、国际业务部、全球性产品结构、全球性地区结构、全球性职能结构和矩阵式组织结构。下面分别加以简要介绍。

（一）出口部

早期的跨国公司在国外活动的规模比较小，又以商品输出为主，通常采取在总公司下设立一个出口部的组织形式，以全面负责管理国外业务。当时国外业务在整个企业的经营活动中所占的比重不大，因此，母公司对子公司很少进行控制。母公司与子公司之间的关系比较松散，主要审批子公司的控制计划，子公司的责任仅是每年按控股额向母公司支付红利，母公司实际只起控股公司的作用，子公司的独立性较大。

（二）国际业务部

随着产品出口、技术转让、国际投资等国际业务的扩大，跨国公司开始设立专门的国际业务部。国际业务部拥有全面的专有权，负责公司在母国以外的一切业务。有些跨国公司设立的国际总部或世界贸易公司也属于国际业务部。国际业务部作为隶属于母公司的独资子公司，其总裁一般由母公司的副总裁兼任。

国际业务部总管商品输出和对外投资，监督国外子公司的建立和经营活动。国际业务部的作用体现在以下几个方面：为跨国公司筹划国外业务的政策和战略；为子公司从国际市场取得低息贷款；为子公司提供情报，提供更好的合作、配合和协调；可通过转移定价政策减轻或逃避纳税负担；为子公司之间划分国际市场，以免自相竞争。

（三）全球性产品结构

跨国公司在全球范围内设立各种产品部，全权负责其产品的全球性计划、管理和控制。全球性产品结构的优点是：在强调产品制造和市场销售的全球性规划的前提下，加强了产品的技术、生产和信息等方面的统一管理，最大限度地减少了国内和国外业务的差别。它的缺点在于：容易向"分权化"倾斜，各产品部自成体系，不利于公司对全局性问题的集中统一管理；削弱了地区性功能，并易于造成机构设置重叠，浪费资源。

（四）全球性地区结构

跨国公司以地区为单位，设立地区分部从事经营，每个地区都对公司总裁负责。这种结构又可分为两类：地区—职能式和地区—产品式。

全球性地区结构的优点是：由于强化了各地区分部作为地区利润中心和独立实体的地位，有利于制定出针对地区的产品营销策略，适应不同市场的要求，发挥各地区分支机构的积极性、创造性。它的缺点在于容易形成"区位主义"观念，重视地区业绩而忽视公司的全球战略目标和总体利益，忽视产品多样化，难以开展跨地区的新产品研究与开发。

（五）全球性职能结构

跨国公司的一切业务活动都围绕着公司的生产、销售、研究与开发、财务等主要职能展开，设立职能部门，各个部门负责该项职能的全球性业务，分管职能部门的副总裁向总裁负责。例如财务部门对财务收支、税收安排、报表编制负有全球性的责任。全球性职能结构的优点是：通过专业化的分工明确了职责，提高了效率；易于实行严格的规章制度；有利于统一成本核算和利润考核。它的主要缺点是难以开展多种经营和实现产品多样化，并给地区间协作造成很大困难。

（六）矩阵式组织结构

近年来随着跨国公司的规模越来越大，一些跨国公司在明确责权关系的前提下，对公司业务实行交叉管理和控制，即将职能主线和产品/地区主线结合起来，纵横交错，构成矩阵，故称矩阵式组织结构。这意味着地区管理和产品管理并存，一个基层经理可能同时接受产品副总裁和地区副总裁的领导。

矩阵式组织结构的优点是各部门、各层次密切合作，将各种因素综合起来，增强了公司的整体实力，增强了各子公司的应变能力，可以应付复杂多变的国际业务环境；同时，又保持了母公司职能部门对各子公司的有效控制。它的缺点是冲破了传统的统一管理的原则，管理层之间容易发生冲突；而且组织结构较复杂，各层次的关系利益不易协调。

以上提到的六种管理组织结构各有其特点和利弊。跨国公司在决定自身管理组织结构时应充分考虑到自身的情况，如规模、经营产品、地区等，选择适合自己公司的组织结构。国际业务部往往是一家公司从单纯出口走向国际经营的中间步骤，有利于收集信息、探索经验、培养人才，为进一步全球性经营打下基础。对于产品品种已经实现多样化、系列化，产品类别之间生产技术差异明显，自成体系的企业，采用全球性产品结构比较合适。相反，如果产品品种并不很多，产品的规格、质量、包装、生产技术比较统一，同时销售市场分布广泛（如饮料、石油、医药等行业），跨国公司则应选择全球性地区结构。全球性职能结构则主要适用于产品系列比较简单，市场经营环境比较稳定的跨国公司。当跨国公司的规模已十分庞大，产品种类繁多，业务内容丰富，经营地区广泛时，矩阵式组织结构成为一种理想的选择。

三、跨国公司组织结构的特点

跨国公司组织结构是在国内企业组织结构的基础上逐渐演变过来的，在长期发展过程中与一般企业组织结构形成很大的区别，突出表现在以下三个方面。

1. 建立起的组织结构能够多角度观察分析外部环境

在跨国公司中，决策权集中于某一管理人员群体的现象越来越少。跨国公司正在建立起一种多维组织，即地区部门经理、产品部门经理和职能部门经理相对平衡。

在复杂的国际环境中，跨国公司要具备能够及时察觉并分析复杂多变的市场的能力。这表现在：国外子公司经理能够对当地市场需求变化和东道国政府的压力做出及时反应；业务经理跟踪全球竞争对手的战略变化；职能部门的管理人员把知识、信息、专长集中起来，然后有效地转移给国外子公司；不同部门、不同层次的管理人员从不同的角度把握外部环境的变化。

2. 灵活的内部决策体系

在跨国公司中存在具有不同观点和利益的管理群体，组织管理能力与公司资产一起分布于各个子公司之中，这要求有效协调各种观点和利益，把分散的职责综合起来。而且，由于国际环境、产品生命周期、技术以及公司发展阶段等因素的变化，对跨国公司的协调要求也随时间的推移不断变化，管理决策过程也要随之发生变化。

3. 管理层次趋于减少

跨国公司的规模大虽然可以提高效率，但也可能带来负面效应。机构越大，等级制度就越严格，成本增加就越多，从而导致效率下降，竞争力减弱。与国内企业相比，跨国公司需要先进的组织技巧，通过中间层压缩、企业扁平化的方式对组织结构进行改进。

四、跨国公司的管理原则

1. 事后处理原则

事后处理原则主要包括以下两种。

（1）有限责任原则。法律上子公司与母公司是两个分离的实体，根据法人的有限责任原则，在内部，股东仅以出资额为限，而公司则以全部资产承担责任。故而母公司作为投资人，其在子公司的责任也是有限的。

（2）揭开面纱原则。揭开面纱原则又可称为"公司人格否认""公司法人资格否认""股东有限责任待遇之例外""股东直索责任"。它是指法律可以不受有限责任原则的约束，进而追查母公司及其股东的责任。在某些普通法国家，法院有时采用揭开面纱原则来让母公司对子公司承担责任，即承认母公司与子公司是两个独立的法律实体，但在例外情况下，如果子公司受母公司的支配和控制，已不具有独立性，法院可以认为子公司仅仅是母公司的"化身"，从而适用揭开面纱原则，否定子公司独立人格，由母公司对子公司的债务承担责任。

2. 事前处理原则

事前处理原则主要包括以下两种。

（1）驾驭责任原则。驾驭责任原则是指在跨国公司中，母公司应当驾驭子公司使其在正确轨道上运行，健全子公司的管理制度，保证子公司的合法经营，承担"驾驭"子公司的责任。

（2）集团责任原则。跨国公司下各企业有着共同的目标、利益和方向，因而产生经营活动上的整体性，这是形成"集团责任"的客观基础。集团责任原则认为，应把跨国公司看作一个统一的实体，该实体中任一组成部分所造成的损害均可归咎于该实体整体。也就是说，无论哪个子公司，只要违法，其责任都由设立它的母公司负责。该理论没有把跨国公司下的子公司和分支机构区分开来，而一味地加重母公司的责任，不利于跨国投资的发展，因而被世界上大部分的国家所摒弃。

案例 4-1

吉利控股集团

吉利控股集团（以下简称"吉利"）始建于 1986 年，从生产电冰箱零件起步，发展到生产电冰箱、电冰柜、建筑装潢材料和摩托车，1997 年进入汽车行业。21 世纪初，吉利还是进军汽车行业不久的新兵，如今，吉利已是由吉利汽车集团、沃尔沃汽车集团、吉利科技集团、吉利新能源商用车集团和铭泰集团五个子集团共同构成，分别运营吉利汽车、几何汽车、领克汽车、沃尔沃汽车、Polestar、宝腾汽车、路特斯汽车、伦敦电动汽车、远程新能源商用车、曹操出行、荷马、盛宝银行、铭泰等众多国际国内知名品牌的大型企业集团；截至 2020 年，其资产总值超过 3 300 亿元，员工总数超过 12 万人，从 2012 年开始连续九年进入《财富》世界 500 强企业榜单。已将众多知名汽车品牌揽入怀中的吉利，其征战汽车江湖的故事，要从构建自主品牌说起。自主品牌是吉利汽车业务的核心与根基，轿车则是吉利的压舱石。从 2001 年获得轿车生产资质以来，吉利自主品牌汽车历经三度调整，从而实现三轮阶段性发展。

吉利汽车第一次调整是在 2003 ~ 2004 年。2003 年下半年，国家开始对汽车行业实施宏观调控，轿车市场在爆发井喷之后开始大幅回落。吉利汽车抓住这一时机，迅速做出战略调整，宣布完全自主研发，开始内部流程再造和信息化建设，投资数亿元对工厂实施大规模技术改造，工厂管理逐步达到国内一流水平。经过一系列调整，吉利汽车品质提升，销量也随之增长，特别是在经济型轿车这一行业细分领域中表现优异。当时吉利汽车一款名为自由舰的车型，是继夏利之后国内第一个销量上万辆的自主品牌车型。

第二次调整是在 2007 ~ 2008 年。2007 年，吉利发布《宁波宣言》，明确提出不打价格战，要打技术战、品质战、品牌战、服务战、道德战，从"低价"战略向"技术先进、品质可靠、服务满意、全面领先"战略转型，同时还提出了"总体跟随，局部超越，重点突破，招贤纳士，合纵连横，后来居上"的发展战略，明确了集团大的战略方向。通过这次调整，吉利汽车从容应对了 2008 年的全球金融危机。

第三次大调整是 2013 ~ 2014 年。2014 年，吉利汽车仅完成 41.8 万辆的销量，销量下滑严重；与此同时，吉利汽车新产品和技术出现断档；吉利旗下的自主品牌矩阵成员多且杂，亟待梳理整合。基于此，吉利汽车开始实行变革，坚持以用户为中心、技术领先和越级对标，实施流程再造和降本增效，提出"造每个人的精品车"这一品牌使命，并发布"蓝色吉利行动"新能源战略，同时发布全新品牌架构，将帝豪、全球鹰、英伦三个品牌整合成为吉利一个品牌，自主品牌产品架构更为清晰。

经过这一轮调整后，2015 年，吉利博瑞上市，与吉利博越、帝豪 GS、帝豪 GL 等一同宣告吉利汽车正式迈进"精品车 3.0 时代"。

从 2018 年开始，吉利汽车进入新一轮战略调整，提出要继续坚持"总体跟随，局部超越，重点突破，招贤纳士，合纵连横，后来居上"的总体发展战略方向，不断打基础、练内功，保持战略定力，紧盯战略目标落地，不断提升市场占有率，持续推动企业健康、稳定、高质量发展。尽管面临下半年开始车市走低的不利局面，吉利汽车依然逆势增长，当年产销量突破 150 万辆，轿车与 SUV 均衡发展，多款车型继续保持细分市场领先优势，全年交付 10 多款车型，实现中国品牌 L2 级别车型量产零突破，自主研发的 BMA 全新架构及其量产车型获得市场认可。

2019 年，尽管受中美贸易摩擦、国 V 和国 VI 排放标准切换等因素影响，国内汽车市场不确定性加剧，但吉利汽车仍呈现高质量发展态势，上半年累计总销量 651 680 辆，位列自主品牌乘用车第一名，市场占有率从 2018 年的 6.3% 提升至 6.5%，产品结构均衡发展，单车平均售价、高端产品销量占比持续提升。

2020 年，以携手杭州亚运会为契机，吉利汽车启用了全新标识，宣布品牌全方位升级。吉利汽车新标以延展的宇宙为设计源点，将星光银、深空灰和地球蓝融会其中，与吉利汽车"扩散的宇宙回想"设计语言一脉相承。品牌新标识的启用，与吉利汽车对当前国内汽车市场的判断深度契合。吉利汽车认为，正从增量市场过渡到存量市场的国内车市，竞争格局已经从产品竞争升级为产品、技术及品牌的多维竞争，而品牌是市场竞争的焦点。与此相对应，在延续原有品牌体系的基础上，吉利汽车特别提出了以人本、创新、卓越为核心关键词的全新品牌核心价值。

表 4-3 是吉利公司发展历程。

表 4-3   吉利公司发展历程

时间	发展重大事件
1986～1992 年	李书福牵头组建北极花电冰箱厂，开启创业之路
1992～1997 年	成立四川吉利波音汽车制造公司，成为中国第一家民营轿车企业
1998～2003 年	2001 年，吉利拿到轿车生产资格并于 2003 年实现整车出口海外
2004～2009 年	2005 年，吉利成功在港股上市 2006 年与英国锰铜集团合资成立上海英伦 2009 年收购全球第二大自动变速器公司——澳大利亚 DSI
2010～2013 年	2010 年，吉利收购沃尔沃 100% 股权及资产 2012 年，吉利首度入围世界 500 强 2013 年，吉利收购英国锰铜集团全部资产
2014～2016 年	吉利全新汽车品牌 LYNK&CO 领克发布
2017 年至今	吉利收购宝腾汽车 49.9% 的股份及豪华跑车品牌路特斯 51% 的股份 2018 年强势入股戴姆勒

吉利并没有将目光局限于传统汽车领域，多领域的发展有利于吉利取得更广阔的生存和发展空间。在其他领域，吉利也积极投身参与。在教育领域，吉利创办了北京吉利学院、三亚学院、浙江汽车工程学院、湖南吉利汽车职业技术学院等培养专业人才的教育机构。另外，吉利还积极推动赛车运动、文化旅游、医疗等领域的发展。

在组织变革方面，早前吉利实施了"元动力工程"，将员工的心视为企业的元气，推行"问题解决票"和"员工创新提案"。在为员工提供反馈渠道的同时，逐渐培养员工"发现问题、提出问题、解决问题"的习惯与能力。而作为元动力工程的重要一环，从2013年起，吉利在研发、采购、制造、营销等核心价值链推进"快乐经营体"建设。吉利的领导者转身成为服务者，为一线员工提供资源支持。让员工从"被动参与"转变为"主动参与经营"，激发每一位员工的工作热情。同时，为培养具有开阔视野和多业务经验的复合型人才，吉利早前已推出"活力计划"，旨在通过轮岗的方式，鼓励员工挑战自我舒适区，在发展中寻找更适合自己的岗位，助推组织战略发展。

面对2020年的疫情冲击，吉利打响了"高绩效管理攻坚战"，希望通过进一步深化高绩效组织变革，培养复合型人才，向组织需要的战区和前端业务输送人才。一方面，按照"高挑战，高绩效，高回报"的原则，吉利通过"2422"的绩效评价机制（20%是优秀奋斗者，40%是业绩良好员工，20%的员工业绩一般需要进一步提高，最后20%的员工暂时难以胜任岗位）甄别奋斗者，将优势资源向奋斗者倾斜，最大限度激发人员潜力与组织活力。另一方面，吉利以"蓝海培训项目"为又一载体，继续打造一批主动出击、自我变革、不断超越的高效能复合型人才。通过设置跨专业、跨组织、跨部门的针对性内容，以训战结合、问题解决、自主学习等培养模式对员工进行全方位培训，通过培训，员工可以提升综合能力，找到更适合个人发展的空间与岗位。比如研究院的人员需要接受市场营销方面的培训，销售公司的人员掌握生产制造领域的技能，制造体系的人员进入研发、销售环节等。未来，一些"蓝海培训项目"培养出的产、销、研复合人才将在关键岗位发挥关键作用。

资料来源：吉利官网，凤凰网汽车。

▶ 讨论题

1. 结合跨国公司特征的相关知识，谈谈吉利控股集团发展架构的特点。

2. 结合本案例，谈谈你对跨国公司组织结构变革的理解。

第三节　跨国公司对国际经济合作的影响

一、跨国公司对世界经济的影响

（一）促进世界经济一体化

在过去数十年，世界经济发展的一个主要特征是世界经济的一体化趋势，即各国经济联系日益紧密。跨国公司以公司内劳动分工为特征的一体化国际生产，对世界经济的一体化进程起到了至关重要的作用。世界经济一体化，是指消除不同国家之间的商品劳务以及生产要素流动障碍，并相应建立不同程度、不同地理范围的国际联系。在这一历史趋势的过程中，在生产经营上推行全球战略的跨国公司，通过对外直接投资或其他控制形式，成为各国跨国经济活动的组织者，开创出以公司内分工为基本框架的国际生产一体化体系，极大地改变了商品、劳务、资本和技术等资源国际流动的格局和方式，极大地改变了世界经济结构。总之，跨国公司已经成为并将继续成为世界经济走向一体化的组织者和开拓者。

（二）深化国际分工，加速生产与资本的国际化

跨国公司是生产与资本国际化的结果，但跨国公司的发展反过来又促进了生产和资本进一步国际化。跨国公司的发展使得国际分工更加深化，甚至可以说已经发展到了一个新的阶段，即以产品多样化为特征的企业间分工，以及以零部件和生产工艺专业化为特色的企业内部分工。生产国际化不仅表现在把整个世界作为经营决策的对象，生产和销售面向国际市场，从而使得资源配置在一定程度内能够优化；同时还表现在通过将某产品的生产过程分散到不同国家和地区子公司去完成，组成跨国界的生产线，合理安排子公司的生产、销售活动，以取得规模经济，提高劳动效率，节约社会劳动，促进生产水平的提高。

（三）推动技术创新，为国际技术转让提供载体

众所周知，技术已经成为现代经济增长的主要动力，在新技术不断涌现、技术进步和技术更新速度不断加快的知识经济时代，谁拥有和应用新技术，谁就有强大的竞争力，技术创新已经成为国际竞争的动力，也是决定经济增长的主要因素之一。跨国公司强大的经济实力以及它们在研究开发上的大量投资，使其对世界技术的进步和发展有举足轻重的作用，跨国公司不仅是先进技术的主要发源地，而且在高精尖技术上占有垄断地位，多年来，跨国公司一直是推动世界科技进步的一支核心力量。

跨国公司是国际技术转让的重要载体。20 世纪 90 年代以来，随着经济全球化，跨国公司的经营进入一个新的阶段，这也必将引导技术研发与转让踏上一个新的轨道。具体表现为以下几点：第一，跨国公司技术研发力度不断加强，为降低成本和更新产品，创新观念，纷纷把科技创新作为企业发展的核心战略。第二，跨国公司将研发基地扩大到海外，而全球人员、资金、技术的广泛便利流动为此创造了条件，跨国公司的技术研究与开发不再仅仅局限于以母国为研发地，而是根据其战略安排需要和东道国的投资环境，在全球范围内安排科研机构，促使研发过程的国际化。

二、跨国公司对母国和东道国经济的影响

（一）跨国公司对母国经济的影响

（1）跨国公司的对外投资不仅可以通过跨国贸易，还能通过国外分支机构的销售来增强母国扩大国际市场的能力，提高企业竞争力，促进经济增长。

（2）跨国公司在企业内建立起贸易网络，将跨国公司体系的生产单位联系在一起，保证每一具体单位能优先获得体系内其他单位的资源和市场。跨国公司内部贸易带来的交易成本的降低能够产生与国际贸易、规模经济相同的效应。

（3）直接投资使投资国边际报酬相对低下的过剩成本和成熟技术通过对外转移得到更大的

收益。这种收益又可以通过利润汇回和转移价格等方式回到国内，投入技术创新和产品生产领域，促进投资国经济的发展。

当然，对投资国来说，对外直接投资的增加也意味着国内投资的减少和国内某些部门就业机会的输出，因而有人认为它造成了投资者母国的失业和"产业空心化"。

（二）跨国公司对东道国经济的影响

（1）跨国公司投资有助于东道国资本的形成。对东道国来说，跨国公司的直接投资带来了新设施，增加了东道国的资本存量，扩大了生产和就业。

（2）引进跨国公司投资，拓展了东道国产业空间，提高了东道国的生产能力和国际竞争能力，也扩大了东道国产品的销售市场。

（3）跨国公司能够极大地促进东道国的技术进步。吸收外国直接投资是东道国获取新技术的主要途径。跨国公司的技术溢出效应和外在效应还会对东道国的技术进步产生间接影响。

当然，跨国公司在给东道国带来积极影响的同时，也会带来诸多的消极作用。比如，东道国的主导产业和新兴工业部门可能为外国资本所控制；整个经济可能受到跨国公司经营战略的影响，经济结构和产业结构的合理调整以及技术自主开发可能受阻；污染严重、高耗能产业可能被转移到后进国家。

案例 4-2

均胜电子

宁波均胜电子股份有限公司（以下简称"均胜电子"），是一家成立于 2004 年的民营企业，是主要从事智能驾驶系统、汽车安全系统、新能源汽车动力管理系统、高端汽车功能件总成以及工业自动化及机器人等的研发与制造的汽车零部件顶级供应商。2011 年 12 月，均胜电子在上海证券交易所上市，集团总部位处中国浙江省宁波市的高新技术园区。

2009 年，均胜电子开始实施并购战略，创新产品升级改造途径，2009 年并购上海华德，扩张并整合国内产品系，2011 年并购德国普瑞后，陆续收购了德国机器人公司 IMA、德国 QUIN、汽车安全系统全球供应商美国 KSS 以及智能车联领域的德国 TS。通过企业创新产品升级和多次国际并购，均胜电子提前实现了全球化和产品转型升级的战略目标。凭借着领先的创新设计、生产制造、品质管理及优秀服务，均胜电子逐渐成为宝马、奔驰、奥迪、大众、通用和福特等全球汽车制造商的长期合作伙伴，并屡获保时捷、大众、通用等汽车制造商优秀供应商奖，以及 2014 全球汽车人机界面大赛一等奖和戴姆勒"2014 年度供应商大奖"。

随着海外并购进程的不断推进，均胜电子营业收入也出现了高速增长，2010 年，均胜电子营业收入为 16.6 亿元，2011 年并购德国普瑞之后，当年营业收入就翻了一番，达到 33.89 亿元。2016 年，均胜电子并购了德国 TechniSat Automotive 公司、美国 Evana Automation 公司和美国 KSS 公司，产业版图进一步扩展，车载车联、汽车安全领域和工业机器人得到快速发展，在中国、德国、美国、法国、英国、日本、墨西哥、印度等 17 个国家拥有 7 个研发中心和 20 个生产基地，截至 2016 年，员工超过 22 000 人，2016 年营业收入 186 亿元（2021 年营业收入达 456.7 亿元），海外并购 6 年的时间实现近 12 倍的增长。在其 2016 年的全球收入结构中，

43%的营业收入来自欧洲市场，而北美市场和亚洲市场实现的营业收入分别只占到30%和27%。其全球收入客户结构中大众、福特、通用、戴姆勒和宝马是其主要的客户，占据其收入总额的70%。

均胜电子通过跨国并购的形式，用12年的时间成长为一家年销售额近200亿元、业务遍及17个国家和地区的全球化汽车零部件顶级供应商。放眼中国，各式各样的跨国并购并不少见，诸如联想并购IBM的PC部门、吉利并购沃尔沃轿车公司都是经典的案例，然而均胜电子凭借一次次的成功并购，不断扩张产业链，逆袭成为行业内顶级跨国公司，对于当前我国实现创新驱动发展方式，推进制造业企业"弯道超车"提升技术实力，增强全球竞争力具有很好的借鉴意义。

资料来源：中国管理案例共享中心，《均胜收购普瑞：跨国并购的"蝴蝶效应"成就逆袭之途》。

▶ 讨论题

1. 并购带给了均胜电子什么？
2. 均胜电子一次次成功并购布局，其中有何哲学？
3. 均胜电子通过一系列并购成为行业内顶级跨国公司对中国和全球有何影响？

案例 4-3

工序贸易理论

贸易分工理论起源于亚当·斯密的《国富论》，伴随运输工具便利和成本的降低，贸易分工已不再局限于一国之内。而国际分工在200多年的时间里也先后经历了产业间国际分工、产业内国际分工、产品内国际分工。尤其是最近几十年，国际贸易领域有了一个突出的新现象：产品制造过程被分割成不同的任务和环节，然后分散到不同国家，凭借各国各地不同的优势来完成不同的任务，最后进行组装销售。这就是工序贸易理论。

如今的国际化大生产，最终产品被细化成了无数的中间品，一国不再拥有生产所有工序流程的全部比较优势，任何一个产品在经济全球化的背景下都是市场一体化和生产分散化的统一。

资料来源：《国富论》。

▶ 讨论题

请结合工序贸易理论，谈谈跨国公司的组织结构对工序贸易的研发、生产、销售等各方面的影响。

▨ 思考题

1. 列举你身边的一个大型跨国公司，并结合自己的所见所闻谈谈其有什么特点。
2. 论述跨国公司对国际经济合作的影响主要体现在哪几个方面。
3. 近年来，跨国公司的发展出现了哪些新趋势？

习题

1. 选择题

（1）以下哪一项不是跨国公司的判定标准（　　）。

A. 结构标准　　　　　B. 比例指标体系

C. 行为标准　　　　　D. 差异性标准

（2）以下关于跨国公司经营管理特征的说法错误的是（　　）。

A. 运行机制开放化

B. 组织管理外部一体化

C. 战略目标全球化

D. 生产经营国际化

（3）20世纪90年代后，（　　）日益成为跨国公司对外投资的主要手段。

A. 国际合作　　　　　B. 直接投资

C. 跨国并购　　　　　D. 合资经营

（4）跨国公司的法律组织形式不包括（　　）。

A. 总部　　　　　　　B. 母公司

C. 子公司　　　　　　D. 联络办事处

（5）避税地是指（　　），并具备有利于跨国公司财务调度的制度和经营的各项设施的国家和地区。

A. 无税　　　　　　　B. 税率很低

C. 无税或税率很低　　D. 无税务机关

2. 判断题

（1）跨国公司的组织形式有两层含义：法律结构和组织结构。（　　）

（2）分公司是指经济和法律上具有独立法人地位，但投资和生产经营活动受母公司控制的经济实体。（　　）

（3）百慕大群岛、巴哈马群岛、巴拿马、巴巴多斯、瑞士、卢森堡和中国上海等是著名的国际避税地。（　　）

3. 简答题

（1）何谓跨国公司？其基本特征有哪些？

（2）简要说明跨国公司的发展历程。

（3）跨国公司的主要组织管理形式有哪几种？分别加以叙述。

第五章
CHAPTER 5

国际直接投资环境

▌本章要点

　　本章首先介绍了国际直接投资环境的概念与内容，并从不同角度对其进行分类，然后介绍了国际直接投资环境评估的 5 种原则与 7 种评估方法。本章重点在于国际直接投资环境的概念与内容。

▌思政视野

　　2021 年 2 月 28 日，全国人民代表大会常务委员会法制工作委员会发言人臧铁伟介绍了《中华人民共和国外商投资法》（以下简称《外商投资法》）贯彻实施一年多的情况。2019 年 3 月 15 日，第十三届全国人民代表大会第二次会议审议通过了《外商投资法》，自 2020 年 1 月 1 日起施行。在经济全球化遭遇逆流，保护主义、单边主义上升的背景下，全国人民代表大会审议通过《外商投资法》，充分展现了新时代中国坚持对外开放基本国策、坚定不移扩大对外开放的坚定意志和坚强决心，意义重大、影响深远。

　　"《外商投资法》实施一年多以来，为外国投资者和外商投资企业营造了更加市场化、法治化、国际化的投资环境，有力保障我国利用外资在新冠肺炎疫情巨大挑战下逆势增长 4.5%，引资规模和全球占比创历史新高，成为全球最大外资流入国，全年新设外商投资企业 5.1 万户，助力'十三五'圆满收官。"臧铁伟说。

　　臧铁伟表示，实施《外商投资法》成效显著，呈现"五个更"的特点。

　　（1）外资准入更自由。准入前国民待遇加负面清单管理制度深入实施，限制措施得到压缩。同时，投资主体选择更加自主，《外商投资法》为中国自然人直接参与外商投资打开大门，2020 年，外国投资者与中国自然人合资新设外资企业近9 000 家。

　　（2）投资活动更便利。全面取消商务领域外资企业设立及变更事项审批备案，实施信息报告制度，外资企业设立管理环节"两道变一道"。进一步简化外资项目备案和核准手续，优化外资项目全流程服务。

（3）服务体系更健全。在国务院外贸外资协调机制下组建重点外资项目工作专班，形成横向协作、纵向联动的服务体系。中央层面帮助解决外资企业反映突出的防疫物资短缺、跨境物流不畅、上下游协同复工等困难问题252项。

（4）权益保护更有效。出台《外商投资企业投诉工作办法》，编制公布各地投诉工作机构名录，外资企业投诉渠道更加通畅便捷、流程更加清晰可操作。

（5）市场竞争更公平。外商投资法为外资企业平等参与政府采购和招投标提供坚实法律保障，相关主管部门依法制止涉及政府采购和招投标领域的滥用行政权力排除限制竞争行为，有力维护了公平竞争秩序。

资料来源：人民网.《外商投资法》实施一年多成效显著［EB/OL］.（2021-03-01）［2021-05-02］. https://m. gmv. cn/baijia/2021-03/01/1302139393. html.

▶ 思考题

《外商投资法》贯彻实施后，为我国外资流入提供了怎样的帮助？

开篇案例

当地时间2021年1月5日，国务委员兼外长王毅在阿布贾同尼日利亚外长奥尼亚马共同会见记者。有记者问：当前国际上对中非合作有一些议论，认为中国在非洲影响力日趋上升，同其他国家在非洲开展竞争，请问对此如何看待？

王毅表示，中非友好经受了风云考验，历久弥坚。早在非洲争取民族独立和解放时期，我们就是生死与共的战友，结下了深厚友谊。在非洲发展振兴经济时期，我们又是合作共赢的伙伴。中国对非援助从不附加政治条件，更不干涉非洲内政。在非洲遭遇重重困难时，中方更是感同身受，第一时间伸出援手，提供帮助。中非合作论坛成立20年来，中非贸易额和中国对非投资存量分别增长了20倍和100倍，中国在非洲修建了超过6 000km的铁路、6 000km的公路、近20个港口、80多个大型电力设施，援建了130多个医疗设施、45个体育馆和170多所学校，向非洲48国派遣了医疗队队员2.1万人次，诊治非洲患者约2.2亿人次。

王毅说，中非合作成果已经遍布非洲，为当地经济社会发展带来显著变化，为改善非洲人民生活做出重要贡献。中方为此做出的不懈努力不容抹黑，中国工程技术人员、医疗队员为此付出的艰辛汗水不容无视。今天的中非合作已经成为国际对非合作的先锋，带动了其他国家更加重视非洲，纷纷加大对非洲的投入。这对非洲是件好事，中国作为非洲的朋友，也对此感到高兴。

王毅表示，中方始终认为，非洲应当是国际合作的大舞台，而不是大国博弈的竞技场。支持非洲发展是国际社会的共同责任，各国应当在尊重非洲主权、倾听非洲声音的前提下开展对非合作，发挥各自优势，形成有效合力，为非洲人民的福祉多做好事，多办实事。中方将继续秉持真实亲诚理念和正确义利观加强对非合作，也愿就此同各方开展对话交流。中非合作从来就不是封闭和排他的，中方愿积极推进对非三方或多方合作，共同为促进非洲和平与发展发挥建设性作用。

资料来源：中华人民共和国外交部. 王毅：非洲是国际合作大舞台，不是大国博弈竞技场［EB/OL］.（2021-01-06）［2021-03-02］. https://www. mfa. gov. cn/web/wjbzhd/202101/t20210106_361949. shtml.

▶ 讨论题

结合案例分析中国对非洲直接投资需要考虑哪些因素？

在进行国际直接投资时，投资者要在完全不同于国内的陌生环境中实现其投资预期目标，东道国政治经济制度、社会文化背景、法律政策等方面的差异，都会使投资者面临诸多不确定因素，给投资的安全和生产经营活动带来不利影响。因此，东道国的投资环境分析在进行国际直接投资时就显得尤为重要。

第一节　国际直接投资环境的概念与内容

一、国际直接投资环境的概念

国际直接投资环境是指一国投资者进行国际直接投资时所面对的各种外部条件和因素的综合体。首先，国际直接投资环境既包括经济方面的，也包括自然、政治、法律、社会、文化和基础设施方面的，是一个多种条件和因素的综合体。其次，国际直接投资环境的优劣是国家间横向比较的相对概念，没有绝对的优和劣。最后，国际直接投资环境是一个动态的概念，在不同时期也会发生变化。

二、国际直接投资环境的内容

国际直接投资环境的内容随着时间的推移不断变化，也在不断丰富。从最初对交通、水电等基础设施的关注，到发现办事效率、风俗习惯、政策法规、投资优惠等软环境也十分重要，现在人们又发现东道国的产业配套能力也是一个非常重要的因素，把它看成构成直接投资环境的内容之一。

国际直接投资环境的具体内容一般包括以下几个方面。

（1）自然环境。自然环境是指由自然原因所形成的与投资有关的自然地理条件，包括地理位置、气候条件、自然资源、人口数量等。

（2）经济环境。经济环境是指各种影响投资效果的经济因素，包括经济的稳定性，经济所处的发展阶段，经济发展战略，经济增长率，劳动生产率，财政、货币、金融、信贷体制及政策，对外经济贸易体制与政策，外汇管理制度，国际收支情况，商品和生产要素市场的状况与开放程度，人均收入水平，等等。经济环境是众多要素中最直接、最基本的要素，也是国际投资决策中首先要考虑的因素。

（3）政治环境。政治环境是指东道国的政治状况与政策，包括政治制度、政权稳定性、政策措施、行政体制和效率、行政对经济的干预程度、政府对外来投资的态度、东道国的国际关系等。

（4）法治环境。法治环境主要是指东道国的法律秩序、法律规范、法律制度，特别是涉外法治，还包括人民的法治观念和法律意识，是投资者进入东道国进行投资时最先关注的环境。

（5）社会环境。社会环境主要是指社会安定性，社会风气，社会秩序，社会对企业的态度，教育、科研机构与企业的关系，社会服务，等等。

（6）文化环境。文化环境主要包括民族意识、开放意识、价值观念、语言、教育、宗教等。

（7）基础设施环境。基础设施是吸引外资的重要物质条件，包括城市和工业基础设施两个方面，具体如交通运输、码头港口、厂房设备、供水供电设备、能源和原辅材料供应、通信信息设备、城市生活设施、文教设施及其他社会服务设施等。

案例 5-1

美国的投资环境

作为发达的经济体和吸收外国投资最多的国家，美国投资环境具有如下优势。

1. 发达的经济体

美国 2021 年人均 GDP 为 6.94 万美元。美国的市场体制、法律制度和税收体系给外国投资者充分的经营自由。此外，美国吸引外国经营和投资的环境的主要指数持续排名最佳或接近最佳。世界经济论坛发布的《全球竞争力报告》显示，美国一直是世界上最具竞争力、最具创新和最开放的经济体之一。

世界银行和国际金融公司（IFC）公布的《全球营商环境报告 2020》显示，美国整体营商环境在全球 190 个经济体中排名第 6 位，仅次于新西兰、新加坡、中国香港地区、丹麦和韩国。

2. 巨大的消费市场

美国作为一个具有诱惑力的庞大市场，跨国公司在美投资将拉近它们与供应商和消费者的距离。美国的货物消费市场占据全球总量的 42%，人均可支配收入为 4.5 万美元。此外，美国还与 20 个国家（地区）签订了自由贸易协定，外国投资者可借由美国更便利地进入相关国家市场。

3. 全球研发中心

美国是全球创新的中心，据美国国家科学基金会数据，2020 财年，美国联邦研发经费预算高达 1 341 亿美元。另据诺贝尔基金会统计，自 2000 年以来，美国在科学领域获得的诺贝尔奖数量超过了其他所有国家的总和，45% 的诺贝尔化学、医学、物理奖得主在美国从事其获奖领域的研究工作。每年美国收到的专利申请数量超过全世界其余国家和地区申请数量的总和。⊖

4. 全球技术领先地位

美国在技术、研发和创新等方面处于全球领先地位，外国投资者在美国更容易获取较高回报。美国市场对外国的生产、创意及各种创新都开放。在《商业周刊》评出的全球最大 100 家 IT 公司中，有 45 家美国公司，排名前十的 IT 公司中，有 5 家美国公司。

5. 知识产权保护

外国企业来美国进行研发，将其创新成果商业化，美国将为其提供强大的知识产权保护和严格的执法制度。2021 年，美国专利商标局（United States Patent and Trademark Office，USPTO）共授权 327 329 项专利，比 2020 年（352 000 项）下降了 7.5%，是自 2018 年以来最大的下降。但从近 10 年美国专利申请和授权趋势来看，总体保持平稳增长的趋势。在获得美国授权专利的前 10 名国家中，美国公司在创新方面领先于国际同行，占 2021 年美国专利商标局所有专利授权的一半以上。日本以 47 105 件授权专利位居第二，比美国少 69%；韩国（21 264 件）、中国（20 679 件）和德国（14 663 件）公司在获得授权的国家中名列前五名。

⊖ 据诺贝尔基金会统计，截至 2020 年，美国共获得诺贝尔奖项 381 个，居世界第一，是第二名英国的近 2.9 倍。其中，美国经济学奖占全部经济学奖的 52%，物理学奖占全部物理学奖的 43%，生理学奖占全部生理学奖的 41.8%，化学奖占全部化学奖的 37%。

6. 教育优势

2021 年，THE 世界大学排行榜中，排在全球前 10 位的大学美国有 8 所；QS 世界大学排行榜中，排在全球前 10 位的大学美国有 5 所；U. S. News 及 ARWU 世界大学排行榜中，排在全球前 10 位的大学美国有 8 所。根据美国国家统计局公布的数据，现今美国约有 3 600 所大学及 4 180 余所大专院校，美国完成四年大学学位的成年人比率持续稳定增加，从 1940 年的 5.0% 增长到 2015 年的 30.6%。2019 年美国马萨诸塞州拥有学士及以上学位的成人占比高达 45.0%。

7. 劳动生产率持续提高

在美国，投资者可以利用受过良好教育、生产效率高、适应能力强的劳动力资源。从 2020 年第二季度开始，美国劳动生产率出现显著提升。美国劳动生产率数据按季更新，1949～2020 年，美国劳动生产率平均值为 1.51%，2020 年美国的劳动生产率在第三季度达 4.93%，相较于第二季度的 3.77% 有所增长，同时增速高于西方七国集团（G7）的其他成员。

8. 完善的基础设施

在全球最大的 10 个经济体中，美国拥有最大、最多的机场。全球航空货运量最大的 10 个机场中有 4 个在美国。美国还拥有世界上最繁忙的国际散货和集装箱装卸港口。

9. 移民国家的多元文化氛围

美国是一个多元文化共存的国家，众多外国人在此学习、生活、投资。作为一个移民国家，美国拥有容纳世界多元文化元素的习惯，承诺以公平和平等的方式对待外国投资者。

10. 中美贸易关系

作为世界上最大的发展中国家和最大的发达国家，中美两国在自然以及人力资源、市场、资金、技术各方面具有很强的互补性，中美经贸关系的稳定健康发展符合两国的长远利益。中美建交以来，中美两国在政治、经济、教育、文化、科技和军事等领域开展了广泛交流与合作。2011 年年初，中美两国在华盛顿发表联合声明，提出"建设全面互利的经济伙伴关系"，中美双边经贸合作步入新阶段。

中国市场调研网发布的《2022 年中国美国投资环境发展现状调研及市场前景分析报告》认为，中国已成为美国的第二大贸易伙伴、第三大出口目的地和首要进口来源地，2021 年，美国对华商品出口总额达 1 492 亿美元，同比增长 21.3%。美国是中国最大的外资来源地之一，也逐渐成为中国对外投资重要的目的地，投资范围涉及工业、农业、科技、金融和工程承包等广泛领域。

2018 年开始，美方将正常的经贸合作政治化、泛安全化，虽然美国对中国实行出口管制"实体清单"、增收关税等一系列贸易政策，但当前中国仍然是包括美国在内的各国投资者理想的投资目的地。当前，全球经济正在经历巨大的下行压力，全球跨境投资受到严重影响。尽管如此，中国吸收外资和对外投资总体保持平稳。美中贸易全国委员会 2020 年发布的调查报告显示，83% 的受访企业将中国视为其全球最重要的市场之一。这充分体现了外国投资者对中国市场的信心。中国将坚定不移扩大对外开放，优化营商环境，与各国投资者共享中国发展机遇。

资料来源：中华人民共和国商务部.2012 年美国吸引外资简况［EB/OL］.（2013-12-11）［2021-10-22］.http://us. mofcom. gov. cn/article/zxhz/hzjj/201312/20131200420348. shtml.

▶ 讨论题

结合案例分析美国投资环境有怎样的特点？

三、国际直接投资环境的分类

从不同的角度进行划分，可以把国际直接投资环境分为不同的类型。

（1）从各种环境因素所具有的物质和非物质性来看，可以把投资环境分为硬环境和软环境。硬环境和软环境有时又称为物质环境和人际环境，或称为有形环境和无形环境。

所谓硬环境是指能够影响国际直接投资的外部物质条件，包括自然环境和基础设施环境。所谓软环境是指能够影响国际直接投资的各种非物质因素，包括政治环境、法治环境、经济环境、社会环境、文化环境等。

（2）从各因素的稳定性来区分，可将国际直接投资的环境因素分为三类：自然因素、人为自然因素和人为因素。

自然因素包括自然资源、人力资源和地理条件、自然气候等因素，这些是长期相对稳定的因素；人为自然因素包括实际增长率、经济结构和劳动生产率、市场完备性等因素，这些是在中期可变化的因素；人为因素包括开放进程、投资刺激和政策连续性、贸易政策等，这些是短期内可变的因素（见表5-1）。人们通常认为，人为自然因素是影响国际直接投资的关键因素，如果东道国的人为自然因素缺乏优势，必须增强其余两类来弥补该项的劣势。

表 5-1　国际直接投资环境稳定性分类

自然因素	人为自然因素	人为因素
自然资源	实际增长率	开放进程
人力资源	经济结构	投资刺激
地理条件	劳动生产率	政策连续性
自然气候	市场完备性	贸易政策
⋮	⋮	⋮
相对稳定	中期可变	短期可变

（3）从国际直接投资环境所包含的内容和因素的多寡来划分，可分为狭义的投资环境和广义的投资环境。

狭义的投资环境是指投资的经济环境，即一国经济发展水平、经济体制、产业结构、外汇管制和货币稳定等。广义的投资环境除包含经济环境外，还包括自然、政治、社会文化和法律等对投资可能发生影响的所有外部因素。

第二节　国际直接投资环境评估

为确保投资财产的安全和投资收益回报，投资者不但要确定投资环境的构成要素，还要对东道国的投资环境进行评价，以便做出正确的决策。

一、国际直接投资环境评估的原则

国际直接投资环境评估的原则主要有以下 5 种。

（1）系统性原则。国际直接投资环境的构成要素既有宏观要素也有微观要素；既有自然地理、基础设施等硬环境，也有法律法规、经济政策、社会文化等软环境，是一个多种条件和因素的综合体。只有对国际直接投资环境进行系统全面的评估，才能获得准确的决策。

（2）客观性原则。评价要从实际出发，以事实为依据，既要看到区域投资环境现状，又要看到与此相关的一些问题，不能从主观愿望出发想当然地进行评价。

（3）比较性原则。投资环境的优劣并没有一个绝对的和固定不变的标准。而且，即使是同样的投资环境，对不同的投资项目产生的影响也是不同的。

（4）时效性原则。投资环境具有动态性，即构成投资环境的各个因素以及评价投资环境的标准都处于不断的发展变化之中。

（5）针对性原则。各个投资主体的投资动机多种多样，对投资环境的要求也不完全相同。

案例 5-2

利比亚石油

利比亚是欧佩克（OPEC）成员方，拥有较为丰富的石油储量。2021 年，该国已探明原油储量为 483.63 亿桶，天然气储量为 15.05 亿 m^3。利比亚国家石油公司（NOC）宣布，计划在未来 3 年内将石油产量提高至 210 万桶/日。目前，利比亚的石油产量上升，高于 2020 年第三季度的 12.1 万桶/日。据英国《金融时报》给出的数据，现如今全世界石油储量大约为 2.1 万亿桶，但这个数据不包括未探明和开采难度较大的石油储量。根据 OPEC 相关的能源统计数据，中东地区的石油储量占到全世界已经探明的使用储量的 61.5%，总量为 7 420 亿桶（约合 1 002 亿 t）。过去几十年中，利比亚的石油探明储量一直处在上升之中。近来，随着对老油田深入勘探以及对边远地区新勘探工作的展开，利比亚石油资源仍具上涨空间。只是持续的内乱使石油勘探工作陷入停顿，也令国家石油公司损失严重。

因罢工浪潮影响，利比亚国内一系列原油生产终端已经关闭。意大利埃尼公司、法国道达尔公司和美国康菲的日损失额已经达到惊人的 1 亿美元。但公司高管表示，最令人担忧的问题是石油公司都抢着出口原油，长期来说这是个威胁。

位于伦敦的 IHS 研究机构北非分析师凯瑟琳·亨特（Catherine Hunter）认为："利比亚在 2004～2007 年是行业的投资重点。毫无疑问，在资源储备方面，利比亚是一流的，但该国社会存在的问题仍是最巨大的挑战。"

奥地利 OMV 石油公司曾表示，2012 年，公司在利比亚的石油产量超过预期。但随着该国社会动荡加重，石油工人因薪酬及改善工作条件引发的纠纷已经上升至区域性资源控制的要求。动荡导致利比亚主要的出货码头被迫关闭，原油输出管道遭到人为破坏，主要的产油油田也出现短暂停产。尽管利比亚国会议员上周声称，已经与罢工人群谈好一个全面的协议，生产即将恢复，但在利比亚的石油公司高管仍持悲观态度。

意大利埃尼公司的一名高管表示："一旦罢工的实质显露出所要的比金钱更为重要的东西，比如开采权等，那么我们认为在利比亚的生产将被迫停止很长一段时间。"

意大利埃尼、西班牙 Repsol、奥地利 OMV 以及很多欧洲公司在利比亚拥有规模较大的投资。IHS 能源研究项目负责人丽贝卡·菲茨（Rebecca Fitz）表示："对于欧洲公司来说，是没有离开利比亚的选择的。这是因为利比亚对于欧洲的全球投资组合来说是太重要的一部分。"对于西班牙 Repsol 来说，因为刚获得利比亚两块石油储量丰富块区的勘探许可证，公司必须将这两个项目进行下去。其他公司诸如 OMV，则选择在其他国家和地区进行投资来应对利比亚动荡带来的风险。OMV 曾斥资 27 亿美元在北海从挪威国家石油公司手中购得油田。意大利埃尼公司也一直在努力多元化生产地区，以摆脱在北非生产所面临的不稳定影响。

资料来源：改编自华尔街见闻网。

▶ 讨论题

根据以上资料及观点，讨论利比亚国家石油公司是否应该放弃在利比亚的投资。

二、国际直接投资环境评估方法

目前国际上比较典型的评估方法主要有以下几种：投资障碍分析法、国别冷热比较法、投资环境等级评分法、动态分析法、加权等级评分法、抽样评估法和体制评估法等 7 种。

（一）投资障碍分析法

投资障碍分析法是依据潜在的阻碍国际投资运行因素的多少与程度高低来评价投资环境优劣的一种方法。投资者依据投资环境的内容结构，列出外国投资环境中阻碍投资的主要因素，并在所有潜在东道国之间进行对照比较，以投资环境中阻碍因素的多少来断定投资环境好坏。这种方法以定性分析为主，简单易行。

阻碍国际投资顺利进行的因素主要有以下 10 类。

（1）政治障碍。例如政治制度与投资国不同，政局动荡不稳。

（2）经济障碍。例如经济停滞和增长缓慢，外汇短缺，劳动力成本高，通货膨胀和货币贬值，基础设施差，原材料等基础行业薄弱。

（3）资金融通障碍。例如资本数量有限，没有完善的资本市场，融资的限制较多。

（4）技术人员和熟练工人短缺。

（5）实施国有化政策和没收政策。

（6）对外国投资者实施歧视性政策。例如禁止外资进入某些行业，对当地的股权比例要求过高，要求有当地人参与企业管理，要求雇用当地人员，限制外籍人员的数量。

（7）东道国政府对企业干预过多。例如国有企业参与竞争，实行物价管制，要求使用本地原材料。

（8）普遍实行进口限制。例如限制工业制成品进口，限制生产资料进口。

（9）实行外汇管制和限制投资本金、利润等的汇回。例如一般外汇管制，限制资本和利润汇回，限制提成费汇回。

（10）法律、行政体制不完善。例如外国投资法规不健全，国内法律不健全，没有完善的仲裁制度，行政效率低下，贪污受贿行为严重等。

投资障碍分析法的优点在于能够使投资者迅速、便捷地对投资环境做出判断，并减少评估过程中的工作量和费用，但它仅根据个别关键因素就做出投资与否的判断，有时会使公司对投资环境的评估不准确，从而失去一些好的投资机会。

（二）国别冷热比较法

国别冷热比较法又称冷热国对比分析法或冷热法，它以"冷""热"因素表示投资环境的优劣，热因素多的国家为热国，即投资环境优良的国家；反之，冷因素多的国家为冷国，即投资环境差的国家。这一方法是美国学者伊西阿·利特瓦克（Isaiah Litvak）和彼得·拜廷（Piter Barting）于 20 世纪 60 年代末根据美国 250 家企业对海外投资的调查资料提出的。

这种方法主要是对对投资环境有重要影响的 7 个因素进行对比反分析（见表 5-2）。

表 5-2　冷热因素对比分析

因素	冷	热
政治稳定性	不稳定	稳定
市场机会	机会小	机会大
经济发展状况	发展速度慢，水平低	发展速度快，水平高
文化一元化	文化多元化	文化单元化
法令阻碍	法令复杂多变	法令稳定
自然环境障碍	自然环境差	自然环境好
地理文化差异	文化差异大	文化差异小

（1）政治稳定性。如果一个国家政府统治有力、政局稳定、社会安定、人们安居乐业，且政策连续性好，则该国的投资环境就适合企业的投资经营活动，为热因素；反之，为冷因素。

（2）市场机会。东道国经济发达，人口众多，需求量大，且居民收入水平高、消费能力强，对外国投资生产的产品或提供的劳务需求量大时，表明东道国的市场机会较大，为热因素；反之，为冷因素。

（3）经济发展状况。一国经济保持快速稳定增长，经济效益高，发展潜力大，经济繁荣，则为热因素；反之，为冷因素。

（4）文化一元化。一国的文化呈一元化，各阶层价值观、思想意识、生活方式等趋同，有利于投资，为热因素；反之，为冷因素。

（5）法令阻碍。如果东道国法律繁杂、多变，法令执行不力，显失公平，会限制和阻碍外国企业的经营，为冷因素；反之，为热因素。

（6）自然环境障碍。东道国自然环境，如地理位置、地形地貌、气候条件等往往会对外国投资者的投资区域、投资行业及生产经营产生实质性影响。如果自然环境差，则为冷因素；反之，为热因素。

（7）地理文化差异。投资国与东道国之间距离遥远，文化差异大，社会观念、风俗习惯和语言差异大，妨碍交流，则为冷因素；反之，为热因素。

在上述 7 种因素的作用和制约下，东道国的投资环境越热，外国投资者越倾向于在该国投资。

（三）投资环境等级评分法

投资环境等级评分法又称多因素等级评分法，它是美国经济学家罗伯特·斯托博（Robert Stobaugh）于 1969 年提出的。这种方法首先将直接影响投资的重要因素分为 8 项（资本抽回的限制、外商股权比例、对外商的管制程度、货币的稳定性、政治的稳定性、对于关税保护的意愿、当地资金的可供程度、近 5 年的通货膨胀率），然后再根据 8 项关键项目所起的作用和影响程度的不同而确定不同的等级分数，再按每一个因素的有利或不利的影响程度给予不同的评分，最后把各个因素的等级得分加总作为对其投资环境的总体评价，总分越高越好，越低则其投资环境越差。

从表5-3可以看出，该方法考察的都是对投资环境有直接影响，也是投资者最为关心的因素；同时，又都具有较为具体的内容，所需资料易于取得又易于比较；对不同因素赋予了不同的等级分值，体现出了不同因素在投资环境中作用的区别；采用这种投资环境评估方法有利于使投资环境的评估规范化。但是，这种评估法也存在三个缺陷：一是对投资环境的等级评分带有一定的主观性；二是标准化的等级评分法不能如实反映环境因素对投资项目所产生的影响的差别；三是所考虑的因素不够全面，特别是忽视了某些重要因素，如所得税率的高低、东道国交通和通信设施的状况等。

表 5-3　投资环境等级评分标准表

投资环境因素	等级评分标准	投资环境因素	等级评分标准
1. 资本抽回的限制	0~12分	5. 政治的稳定性	0~12分
无限制	12	长期稳定	12
只有时间上的限制	8	稳定但因人而治	10
对资本有限制	6	内部分裂但政府掌权	8
对资本和红利都有限制	4	国内外有强大的反对力量	4
限制十分严格	2	有政变和动荡的可能	2
禁止资本抽回	0	不稳定，极可能发生政变和动荡	0
2. 外商股权比例	0~12分	6. 对于关税保护的意愿	0~8分
准许并欢迎全部外资股权	12	给予充分保护	8
准许但不欢迎全部外资股权	10	给予相当保护但以新工业为主	6
准许外资占大部分股权	8	给予少许保护但以新工业为主	4
外资最多不得超过股权半数	6	很少或不予保护	2
只准外资占小部分股权	4	7. 当地资金的可供程度	0~10分
外资不得超过股权三成	2	成熟的资本市场，有公开的证券交易所	10
不准外资控制任何股权	0	少许当地资本，有投机性的证券交易所	8
3. 对外商的管制程度	0~12分	当地资本有限，外来资本不多	6
对外商与本国企业一视同仁	12	短期资本极其有限	4
对外商略有限制但无管制	10	资本管制很严	2
对外商有少许管制	8	高度的资本外流	0
对外商有限制并有管制	6	8. 近5年的通货膨胀率	2~14分
对外商有限制并严加管制	4	低于1%	14
对外商严加限制并严加管制	2	1%~3%	12
对外商禁止投资	0	3%~7%	10
4. 货币的稳定性	4~20分	7%~10%	8
自由兑换货币	20	10%~15%	6
黑市与官价差距小于10%	18	15%~30%	4
黑市与官价差距在10%~40%	14	高于30%	2
黑市与官价差距在40%~100%	8	总分	8~100分
黑市与官价差距超过100%	4		

（四）动态分析法

投资环境不仅因国别而异，在同一国家内也会因时期不同而发生变化。因此，在评估投资环境时，不仅要考虑投资环境的过去和现在，还要预测环境因素今后可能出现的变化及其结果，以便确定这些变化在一定时期内对投资活动的影响。这就需要从动态的、发展的角度去分析和评估投资目标的投资环境。

美国陶氏化学公司从这一角度出发，制定了一套投资环境动态分析法，基本内容如表5-4所示。

表5-4　陶氏化学公司投资环境动态分析法

企业现有业务条件	引起变化的主要原因	有利因素和假设的汇总	预测方案
评估以下因素： 1. 实际经济增长率 2. 能否获得当地资产 3. 价格控制 4. 基础设施 5. 利润汇出规定 6. 再投资自由 7. 劳动力技术水平 8. 劳动力稳定 9. 投资刺激 10. 对外国人的态度 ⋮	评估以下因素： 1. 国际收支结构及趋势 2. 被外界冲击时易受损害的程度 3. 经济增长相对于预期 4. 舆论界和领袖观点的变化 5. 领导层的稳定性 6. 与邻国的关系 7. 恐怖主义 8. 经济和社会进步的平衡 9. 人口构成和人口趋势 10. 对外国人和外国投资的态度 ⋮	对前两项进行评价后，从中挑出 8~10 个在某个国家的某个项目能获得成功的关键因素（这些关键因素将成为不断查核的指数或继续作为国家评估的基础）	提出 4 套国家/项目预测方案： 1. 未来 7 年中关键因素造成的"最可能"方案 2. 如果情况比预期的好，会好多少 3. 如果情况比预期的糟，会如何糟 4. 会使公司"遭难"的方案

表5-4第一列是企业现有业务条件，主要是对投资环境的实际情况进行评价。第二列是有可能引起投资环境变化的主要因素，第三列是有利因素和假设的汇总，即在对前两项进行评价后，从中挑出 8~10 个能使投资获得成功的关键因素，以便对其连续地进行观察和评价。第四列是预测方案，在对投资环境进行分析后，提出 4 套预测方案供决策参考。

动态分析法既有优点也有缺点，它的优点是充分考虑未来环境因素的变化及其结果，从而有助于公司减少或避免投资风险，保证投资项目获得预期的收益；缺点是过于复杂，工作量大，而且常常有较大的主观性。

（五）加权等级评分法

加权等级评分法是前面所介绍的投资环境等级评分法的演进，该方法由美国学者威廉·戴姆赞（William A. Demjan）于1972年提出。企业在运用这种方法时大体分三个步骤：首先对各环境因素的重要性进行排列，并给出相应的重要性权数；其次根据各环境因素对投资产生不利影响或有利影响的程度进行等级评分，每个因素的评分范围都是从 0（完全不利的影响）到 100（完全有利的影响）；最后将各种环境因素的实际得分乘上相应权数，并进行加总。加权等级总分越高的国家说明投资环境越好。

按照总分的高低，可供选择的投资东道国可以分为 5 类：投资环境最佳的国家、投资环境较好的国家、投资环境一般的国家、投资环境较差的国家、投资环境恶劣的国家。

表5-5是采用加权等级评分法对甲、乙两国投资环境进行评估和比较的情况，甲国的加权等级总分为 5 360 分，大于乙国的 4 390 分，这意味着甲国的投资环境优于乙国。

表5-5　投资环境加权等级评分法

按其重要性排列的环境因素	重要性权数	甲国		乙国	
		等级评分 0~90分	加权等级评分	等级评分 0~90分	加权等级评分
财产被没收的可能性	10	90	900	55	550
动乱或战争造成损失的可能性	9	80	720	50	450
收益返回	8	70	560	50	400
政府的歧视性限制	8	70	560	60	480
在当地以合理成本获得资本的可能性	7	50	350	90	630
政治稳定性	7	80	560	50	350
资本的返回	7	80	560	60	420
货币稳定性	6	70	420	30	180
价格稳定性	5	40	200	30	150
税收水平	4	80	320	90	360
劳资关系	3	70	210	80	240
政府给予外来投资的优惠待遇	2	0	0	90	180
加权等级总分		5 360		4 390	

（六）抽样评估法

抽样评估法是对东道国的外商投资企业进行抽样调查，了解它们对东道国投资环境的一般看法。其基本做法是：选定或随机抽取不同类型的外商投资企业，列出投资环境评估要素；由外商投资企业的高级管理人员进行口头或笔头评估，评估通常采取回答调查问卷的形式。投资者可以通过这种方法了解和把握东道国的投资环境，同时，东道国政府也可以采取这种方式来了解本国投资环境对外国投资者的吸引力，以便调整吸收外资的政策和法律法规，改善本国的投资环境。

这种抽样评估法的最大优点是能使调查人得到第一手信息资料，它的结论对潜在的投资者来说具有直接的参考价值；缺点是评估项目的因素往往不可能列举得很多，因而可能不够全面，同时评估的结果常常带有评估人的主观色彩。

案例5-3

跨国公司对我国投资环境的评价

中山大学毛蕴诗教授在其主持承担的国家自然科学基金重点项目《跨国公司在华策略与中国企业的应对措施》中，对在华跨国公司进行问卷调查，调查对象为来自美国、英国、法国、意大利、加拿大等七大工业国的跨国公司和2002年《财富》杂志500强企业的在华投资企业。调查统计结果（见表5-6）显示，政治稳定性、政府官员及公众对外资的态度、货币稳定性与汇率是在华跨国公司对我国投资环境评价最高的三项，说明我国安定和平的政治环境，政府和民众对外资的积极态度，以及人民币的稳定汇率是对外商最有吸引力的环境因素；而当地人的任职、离职态度，法规的完善与执行，政府官员的廉洁则是跨国公司最不满意的几个因素。

表 5-6　在华跨国公司对我国投资环境的评价

投资环境因素	评分均值	投资环境因素	评分均值
政治稳定性	2.01	短期资金的可获得性	2.47
政府官员及公众对外资的态度	2.02	许可证的获得手续	2.51
货币稳定性与汇率	2.19	当地政府的激励措施	2.53
经济政策	2.25	基础设施	2.56
服务方面（咨询、银行）	2.26	一般管理成本（办公房租、交通成本等）	2.56
外资法规	2.32	当地人员素质	2.61
政府效率	2.33	环境法	2.65
劳动力成本	2.36	当地人的任职、离职态度	2.69
中方履行合同的状态	2.41	法规的完善与执行	2.69
外资企业税率	2.43	政府官员的廉洁	2.70

注：1 表示很支持，5 表示非常不支持。

资料来源：毛蕴诗．跨国公司在华投资策略［M］．北京：中国财政经济出版社，2005：108-111．

▶ 讨论题

结合案例分析中国投资环境的优劣势。

（七）体制评估法

体制评估法是中国香港中文大学闵建蜀教授于 1987 年提出的。这种方法不局限于对各种投资优惠措施的比较，而是着重分析政治体制、经济体制和法律体制对外国投资的政治风险、商业风险和财务风险所可能产生的直接影响，并指出企业的投资利润率不仅取决于市场、成本和原材料供应等因素，而且取决于政治、经济和法律体制的运行效率。

在体制评估法中，闵建蜀确立了 5 项评价标准，即稳定性、灵活性、经济性、公平性和安全性。这些标准反映了一个国家政治与行政体制、经济体制和司法体制的运行效率，它对外国投资的政治风险、商业风险和财务风险将产生直接的影响，从而关系到外资企业能否实现其投资的利润目标。

案例 5-4

跨国公司区位选择的产业集群导向

一、产业集群是影响跨国公司区位选择的关键因素

随着经济全球化进程的加快，跨国公司介入的产业集群如雨后春笋，层出不穷。在世界知名的优势产业集群中，如美国硅谷、日本九州硅岛、印度班加罗尔集群等，跨国公司的足迹无处不在，在集群的发展中发挥了不可替代的作用。同时，在世界级中心城市所形成的金融产业集群，如美国纽约、英国伦敦、日本东京金融产业区，几乎都是跨国公司高度集聚的首选地带。而在我国，诸如北京中关村、诸暨大唐袜业产业区、苏州工业园区、上海陆家嘴金融贸易区等集群的发展都离不开跨国公司的参与。

在经济全球化的背景下，跨国公司在其战略调整过程中，一个重要的趋势就是把重心放在增强企业核心竞争力上，为此不仅需将某些业务外包出去，而且还需将某些部门如研发部门、区域总部往外迁移，这样既能够减轻自身过于繁重的负担，也可以提高企业的灵活性，适应瞬息万变的世界市场。这就要求东道国拥有一批极具效率的企业，来承接跨国公司外包出去的业务。如果哪一个地区的企业能够迅速成长为跨国公司的合作伙伴，那么该地区就会成为吸引跨国公司投资的热点地区。此时，我们不禁要问，哪些地区最具备上述优势呢？毫无疑问，东道国产业集群以其独特的优势成为跨国公司投资的首选区域。产业集群是建立在分工与协作基础上的有机综合体，集群各组成部分依据社会分工，进行协作生产，获得规模经济和技术创新优势。这些优势反过来又推进分工的演进和协作的加强，并促使集群规模进一步扩大，从而获得更高水平的优势。同时，产业集群作为一种柔性生产体，企业之间协作联系十分紧密，相互模仿性较强，有利于新知识和技术在集群内部扩散，尤其是集群中的地方学习构建了有价值的关系网络，促进了区内企业地方根植性的深化。这种具有地方黏性的知识资产因为稀缺性和不可复制、模仿和转移的特征而成为跨国公司全球化战略必争的重镇要地。如印度班加罗尔软件产业集群吸引了诸如微软、英特尔、IBM、摩托罗拉、朗讯以及许多著名的信息技术跨国公司到集群里扎根，因为该集群具备了承接跨国公司业务的能力，同时跨国公司也只有参与到集群的关系网络当中，才能获得集群效应所带来的竞争优势。随着经济全球化的发展，知识要素和战略性资产已取代传统的自然资源等地理上的优势，成为跨国公司区位选择的主流，而当代产业集群已经成为影响跨国公司投资的第一性区位因素。在现实经济生活中，经济全球化的重要载体——跨国公司不仅参与了集群区域的创新网络，而且通过自身的全球网络组织，为集群区域与外界的联系架起了一座桥梁，成为联结经济全球化与集群区域的纽带，使某些集群成为经济全球化过程中国际分工网络的有益补充，而不仅仅是当地化的地方性网络组织。

二、产业集群对跨国公司对外投资竞争优势的影响

1. 产业集群有助于跨国公司获得新的投资区位优势

按照知识的维度，产业集群可划分为生产型知识集群、技术型知识集群以及市场型知识集群。首先，生产型知识集群重要的区位优势在于弹性生产系统的灵活性和区域生产效率的不断创新。跨国公司可以通过外包或间接参与方式消化并吸收此类优势。市场容量的扩大、分工协作的深化不仅有助于小企业的孵化，而且可以促进集群优势的动态演化。集群关系网络促成了区域内供应商与跨国公司间长期的供应联系，技术间的相互转移使跨国公司获得更大更新的区位优势。其次，技术型知识集群重要的区位优势在于隐性知识的传播、扩散、创新以及高科技人才的集聚。隐性知识的吸收、传播需要跨国公司直接参与和高度的地方根植性，从而与当地社会文化网络达成一致，而且集群内已有跨国公司之间，跨国公司与当地公司之间的技术培训、正式与非正式交流所形成的人际关系网络更为新进入跨国公司提供了直接获取竞争优势的机会。因此这些地方"根植性"的特色网络使跨国公司除了选择直接参与外，别无他途。再次，市场型知识集群一般集聚于全球或区域性的世界级大城市，占据世界市场的国际性枢纽位置，成为人才、资金和信息流高度集中的辐射中心。跨国公司的进入不仅是为了满足该区域的市场需求，而且最主要的是为了在全球信息搜寻与转移的网络中获取更多的重要信息，包括产品信息、市场信息以及竞争对手信息，并为分支机构和子公司提供全方位的信息服务。集群的形成扩大了市场的规模和容量，而跨国公司的高级需求和人才培训直接促进了当地企业的培育，进而扩大了集群的网络组织，使跨国公司与当地企业的融合更紧密，增加了地方的黏性，在促进集群的动态发展的同时也强化了跨国公司整体的竞争优势。

2. 产业集群有助于跨国公司取得直接投资中的协同竞争效应，进而使跨国公司成功迈向价值创造型经济

价值创造型经济是指在一个国家或地区的经济中，以知识财产为代表的无形资产的比重，

超过了以土地、房地产、机械设备等固定资产为代表的有形资产。20世纪末以日本为代表的一些发达国家在对其制造业的全球竞争优势不断衰退进行总结的基础上，提出了向价值创造型经济转型的发展思路，取得了初步的经济增长业绩。而跨国公司则成为这类转型的先驱，转型的关键是要求跨国公司在直接投资中更多地依赖领先型的技术与知识资产而不是一般性的传统技术，东道国优质集群的建立则能满足跨国公司转型的需求，并使跨国公司取得直接投资中的协同竞争效应。首先，跨国公司进入集群可获得各类外部规模经济，即"地区规模经济"和"零部件规模经济"。前者是指集群及其辐射能力能提供跨国公司投资某一产业所需的足以获取成本优势的地理范围。后者主要体现在集群中优质辅助产业的大量集中提高了相关支持产业的发展水平，使之能为跨国公司提供高质量的原材料、零部件及服务，不仅节约了交易成本、储存成本，而且节约了流动资金占用。另外，由于集群区域内企业相对集中，并与功能发达的专业市场共存，跨国公司容易通过东道国市场的变化灵敏捕捉各种最新的市场信息，有效克服了外部市场不完善和信息不对称等问题。其次，集群内中小企业专业化与高度集聚的特点，增加了中间要素和专业服务的需求，使小范围经济区域内的竞争变得非常充分，迫使集群企业加快技术创新的步伐，较好地创造了吸纳跨国公司新技术投资的集群企业基础，使跨国公司建立富有效率的价值链成为可能。此外，由于集群区域内新的投资不断进入，集中的市场需求降低了新进企业的投资风险，投资者很容易捕捉市场机会、产品或服务缺口，促进了区域内富有活力的配套企业的产生。与此同时，大量的服务企业以及研发和技术性机构竞相进入，加强了区域内技术的研发、交流和扩散，为跨国公司价值链的建立奠定了有利的环境基础。

3. 产业集群提升了跨国公司子公司的战略地位，并使之成为跨国公司获取竞争优势的来源

传统跨国公司理论将海外子公司视为以母公司为中心的下属机构，其地位和作用是由母公司委派与决定的。诚然，母公司的战略委派与资源投入的确是子公司成长的初始动力，但随着经济全球化进程的深化，集群作为区域创新系统和信息的高度集聚地，其提供的知识源恰恰是跨国公司子公司能力与优势提升的温床，使得集群中子公司相对于一般的子公司的战略地位得到极大的提升。集群内子公司不仅成为跨国公司前沿基地的触角，同时可能是先进技术的创造者、市场机会的开拓者以及优势资源的获取者。而且子公司的企业家精神或创造性不仅是其自身发展的不竭驱动力，而且更因具有不可复制性、不可模仿性这一异质性，使得该优势最终转化为跨国公司整体的竞争优势。

资料来源：林巍，廖伟. 跨国公司区位选择的产业集群导向 [J]. 经济纵横，2007（2）：17-20.

▶ 讨论题

分析产业集群影响跨国公司区位选择的原因和效果。

｜案例5-5｜

富士康的国际直接投资之路

富士康科技集团（以下简称"富士康"）是台湾鸿海精密工业股份有限公司（1974年创建于我国台湾）在大陆投资兴办的专业研发生产计算机机壳及准系统、计算机系统组装、光通信元件、消费性电子、液晶显示设备、半导体设备等产品的高新科技企业。

富士康于1988年开始在我国大陆投资，在深圳建立富士康龙华科技园区，从此深耕大陆市场，依托大陆的廉价劳动力和上下游产业链，富士康得以快速增长。富士康所带来的巨大产能，也为大陆的经济发展做出了巨大贡献，提供了大量的就业岗位。

2002年，富士康位列中国大陆出口百强企业榜首，是大中华区第一大出口商。2004年，富士康成为全球第一大3C产品制造服务商。由于扩充产能的需要，公司在2007年成立富士康烟台科技园区，2010年成立郑州科技园区和成都科技园区。2020年，仅在我国，富士康的员工数量就已超过80万人。

随着我国经济的快速发展和产业升级，劳动力成本正在不断上涨，富士康在近年来也开始逐渐转移。与大多数企业一样，富士康将目光瞄向了东南亚地区。相对我国而言，东南亚地区经济相对落后，劳动力成本更为低廉，更加适合劳动密集型产业的发展。

富士康越南集团总经理卓宪宏2021年1月14日与越南清化省长杜明俊进行了会谈，商讨在该省投资13亿美元建设占地150公顷的工厂的可能性。该工厂建成后将使用10万~15万劳动力，并实现年出口额100亿美元。富士康越南集团2019年总营收为30亿美元，2020年为60亿美元。该集团计划未来3~5年内在越南实现年营收400亿美元。

2021年1月18日，富士康新加坡公司在光州工业区协议投资额为2.7亿美元（相当于62 330亿越南盾）的项目位列其中。该项目将为苹果公司生产和加工掌上电脑、手提电脑，年生产能力为800万台。

越南鸿海集团自2007年开始投资越南，十几年来投资规模不断扩大，已在越南设立多家公司。截至2020年12月，该集团在越南的投资总额已达15亿美元。

此前，越南《投资法修正案》正式生效。该法允许政府总理推出特殊的优惠，制定具备足够吸引力的机制和政策，以迎接正迅速转移的外国直接投资潮流。越南计划投资部表示，很多外国投资者目前正在逐步恢复并维持生产经营活动，有的还扩大在越项目，引进对外直接投资（FDI）的前景十分乐观。

资料来源：商务部，驻胡志明市总领事馆经济商务处。

▶ 讨论题

根据案例资料分析富士康海外投资成功的影响因素。

❖ 思考题

什么是国际直接投资环境？它主要包括哪些内容？

❖ 习题

1. 选择题

（1）国际直接投资环境是指影响国际直接投资活动的（　　）。

　　A. 各种外部情况和条件的综合体

　　B. 各种自然资源情况

　　C. 各种地理条件

　　D. 各种人为因素

（2）投资者将影响投资环境的重要因素列举出来，以表格的方式逐级确定分数，然后按表中的各项比较进行评分，并以得分多少来评价一国投资环境优劣的方法称为（　　）。

　　A. 加权等级评分法

　　B. 投资障碍分析法

　　C. 投资环境等级评分法

D. 抽样评估法

(3) 下面哪项不属于国际直接投资环境中的"硬环境"？（　　）

　　A. 基础设施　　　　B. 能源供应

　　C. 法律法规　　　　D. 交通通信

(4) 下面哪项不属于国际投资环境中的"软环境"？（　　）

　　A. 文化习惯　　　　B. 地理位置

　　C. 政治体制　　　　D. 办事效率

(5) 按照国际直接投资环境评估的国别冷热比较法，下面哪项不属于"热因素"？（　　）

　　A. 地理文化差异小　B. 政治稳定

　　C. 文化多元化　　　D. 市场机会大

2. 判断题

(1) 国际直接投资环境是指能影响国际投资活动的各种外部情况和条件的综合。（　　）

(2) 投资障碍分析法是依据对国际直接投资运行存在潜在阻碍的因素多寡与程度，来评价投资环境优劣的一种方法。（　　）

(3) 投资环境等级评分法是评价国际投资环境的综合方法，分数值越大表明投资环境越好。（　　）

(4) 一个国家的文化环境跟经济没有直接关系，不会影响其国际直接投资。（　　）

3. 简答题

(1) 国际直接投资环境的主要内容是什么？

(2) 国际直接投资环境的主要评估方法有哪些？

第六章
CHAPTER 6

中国吸收的国际直接投资

本章要点

　　本章首先介绍了中国利用外商直接投资的发展历程，并分析了外商直接投资对中国经济的影响；其次介绍了中国利用外商直接投资的主要方式；再次以汽车业利用外商直接投资为例综合分析了中国利用外商直接投资的概况与成效；最后概述了中国在利用外商直接投资方面的一些法律规定。本章重点在于中国利用外商直接投资的方式与影响。

思政视野

1. 首家中外合资理财公司在上海正式开业

　　汇华理财有限公司（简称"汇华理财"）于 2020 年 9 月 30 日晚在上海举行揭牌仪式，这是由中国银行全资子公司中银理财有限责任公司与法国的东方汇理资产管理公司合作筹建的。

　　汇华理财是国内首家获准开业的中外合资理财公司，注册资本 10 亿元，注册地在上海自贸区临港新片区。东方汇理资产管理公司持股比例为 55%，中银理财有限责任公司持股比例为 45%。合资公司将主要从事发行公募理财产品、发行私募理财产品、理财顾问和咨询等资产管理相关业务。

　　中国银行董事长刘连舸表示，近年来，中国资产管理行业迅速发展，在服务实体经济、优化社会融资结构、满足消费者财富管理需求等方面发挥了重要作用。汇华理财的开业充分体现了国际资产管理机构对中国经济持续向好的信心及对中国市场的重视，将为中国资产管理行业发展注入新动能。

2. 中国依然是外商投资热土

　　2021 年 10 月 12 日，商务部正式印发《"十四五"利用外资发展规划》，提出"十四五"时期利用外资发展的目标，即利用外资规模位居世界前列，利用外资大国地位稳固，利用外资结构持续优化，与对外投资、对外贸易、促进消费的联动作用进一步加强，为促进国内经济大循环、联结国内国际双循环发挥更加积极作用。

商务部数据显示，2022 年前 2 个月中国实际使用外资金额达 2 437 亿元，同比增长 37.9%（折合 378.6 亿美元，同比增长 45.2%），创 2021 年 4 月以来的最高增速。在全球新冠肺炎疫情蔓延、国际局势不稳定的背景下，我国外资流入逆势大幅增长，说明中国营商环境不断改善、稳外资举措效果不断显现。从产业配套看，我国拥有体系完整、配套齐全、能力强大的产业生态；从基础设施看，总体上我国基础设施完备，具有强大的运输配套能力；从人力资源看，我国训练有素的产业工人群体众多，且工人的集体荣誉感强；从创新研发能力看，世界知识产权组织发布的《2021 年全球创新指数报告》显示，中国是综合排名前 30 中唯一一个中等收入经济体。因此外资对中国经济增长、营商环境等充满信心，中国仍是外资投资的热土。

商务部国际贸易经济合作研究院副院长崔卫杰表示，中国将进一步放宽外资市场准入，加强外资服务保障工作，推动解决外资企业关注的实际问题。同时，将进一步优化外资结构，推动强化对制造业吸引外资的支持力度，修订扩大《鼓励外商投资产业目录》，引导外资更多投向先进制造、战略性新兴产业以及数字经济、绿色发展等领域。中国正在建立一个更加公平、充满竞争力的投资环境，为外国投资者提供更加广阔的投资空间。

资料来源：新华网，商务部，《国际商报》。

▶ 思考题

中国吸收的国际直接投资有怎样的特点？

开篇案例

特斯拉对中国直接投资 50 亿美元，建立特斯拉上海超级工厂。

2019 年 1 月 7 日，美国电动汽车制造商特斯拉首席执行官埃隆·马斯克（Elon Musk）亲赴上海参加超级工厂开工奠基仪式，时任上海市市长应勇出席。马斯克称，中国将成为"电动汽车的世界领导者"，中国市场对加速推进全球向可持续能源转变至关重要。上海超级工厂将成为美国以外最大的制造基地，同时生产汽车和电池，而在美国，特斯拉分别在加利福尼亚州生产汽车、在内华达州生产电池。工厂预计 2019 年夏天完成初期建设，将从年底生产 Model 3，并在 2020 年实现大批量生产，目标是年产 50 万辆[一]。马斯克称，上海超级工厂将为中国地区提供"经济实惠"的 Model 3，中国售价为 3.5 万美元，美国售价至少 5 万美元。此外，上海超级工厂还将生产 Model Y 车型，但售价尚未公布。

2019 年 1 月 9 日，国务院总理李克强在北京会见美国特斯拉公司首席执行官马斯克。李克强祝贺特斯拉上海超级工厂日前开工建设。他表示，这是中国新能源汽车领域放开外资股比后的首个外商独资项目，希望特斯拉公司成为中国深化改革开放的参与者、中美关系稳定发展的推动者。此前，经过与中方一年多的谈判后，特斯拉投资 50 亿美元在上海郊区建造工厂。2018 年，中国政府宣布逐步取消汽车行业外资股比限制，电动汽车外商成为首批受益者。

2018 年 10 月 17 日，特斯拉以 9.73 亿元的价格拿下了上海临港装备产业区 Q01-05 地块，土地总面积 864 885m²。2019 年 1 月，特斯拉上海超级工厂（一期）正式开工。特斯拉上海

[一] 2020 年，特斯拉实际产量是 509 737 辆。

超级工厂项目总投资高达 500 亿元，第一期投资 160 亿元，初期将先建成组装生产线，以最快地实现特斯拉上海造。2019 年 7 月，特斯拉上海超级工厂的工程建设基本完成，并在之后一举创下"当年开工、当年竣工、当年投产、当年上市"纪录。

2021 年，尽管全球芯片持续短缺已对全球汽车业造成冲击，但特斯拉第一季度仍交付了近 18.5 万辆电动汽车，超预期增长。这一交付数量是 2020 年同期的两倍多。华尔街此前预计特斯拉 1～3 月的交付量大约在 16.8 万辆。特斯拉也在一份声明中表示，这一破纪录的季度交付量主要归功于 Model Y 在中国深受欢迎。

资料来源：中国商务部、东方财富网，驻美国经商参赞处、奥地利《新闻报》。

▶ 讨论题

分析特斯拉对中国直接投资的原因。

第一节　中国利用外商直接投资的发展历程和作用

1979 年以前，由于当时历史条件的制约，中国利用外商直接投资的规模和数量都十分有限，合作伙伴只有苏联和东欧国家。十一届三中全会召开以后，中国实行改革开放政策，提出要积极有效地利用外资。第十三届全国人民代表大会第四次会议提出，中国会进一步主动扩大对外开放，打造市场化、法治化、国际化的营商环境，继续让中国成为外商投资的重要目的地、世界的大市场。

一、中国吸收外商直接投资的发展历程

1979 年 7 月 8 日，《中华人民共和国中外合资经营企业法》实施，次年 5 月 1 日，中国第一家合资企业——北京航空食品有限公司成立，开始了利用境外直接投资的新时期。"十三五"时期，我国新设外商投资企业 203 618 家，较"十二五"时期增长 61.8%；实际使用外资金额 6 989 亿美元，较"十二五"时期增长 10.4%。2021 年，中国实际使用外资金额 11 493.6 亿元，同比增长 14.9%，引资规模再创新高。

案例 6-1

北京航空食品有限公司

北京航空食品有限公司（Beijing Air Catering Co.，Ltd.）简称"北京航食"，于 1980 年 5 月 1 日在北京成立。早期，北京航食是中国国际航空公司（前身为中国民航北京管理局）与香港中国航空食品有限公司（后期改称为香港北京航空食品有限公司）合资经营的航空配餐企业，也是国家批准的第一家合资企业。在北京航空食品有限公司的荣誉室里，存放着一件特殊的展品，一页镶在镜框里的批准文件，文件号为"外资审字（1980）第 1 号"。

作为第一家合资企业，北京航食不仅结束了中国民航没有航空配餐的历史，更具意义的是，

它开创了利用境外资金的先河，并以自身的发展，见证了引进境外资金事业的历史。

北京航食通过不断完善和创新，先后通过 ISO 9001 和 HACCP 体系认证。公司现为 50 余家客户提供服务，客户主要有国航、东方、南方、汉莎、国泰、港龙、美联合、全日空、日航、加航、法航等国内外航空公司。地面业务有星巴克、百其咖啡、雕刻时光等客户。公司拥有东、西区两座现代化大型配餐间，员工 2 600 余名，总配餐面积达 74 000m²，日均配餐量超过 8 万份，每日服务航班 500 架次左右。北京航食拥有海关监管库 3 000m²，冷藏库 91 个，冷冻库 21 个，装卸平台口 79 个，大型食品运输车 70 部（包括 2 部可为 A380 飞机提供服务的专业运输车），产业规模和技术实力在国内居于领先水平，并获得一系列客户表彰和荣誉。

资料来源：改编自北京航空食品有限公司网站。

▶ 讨论题

北京航食对中国企业的直接投资有什么启示？

改革开放以来，中国利用外商直接投资大体经历了四个发展阶段。

（一）起步阶段（1979～1986 年）

《中华人民共和国中外合资经营企业法》的实施赋予了外资企业在中国的合法地位，其后，在 1979 年和 1980 年两年间，中央先后批准广东、福建两省在对外经济活动中实行特殊政策和灵活措施，并设立深圳、珠海、汕头、厦门四个经济特区，允许特区实行特殊优惠政策吸引外资，经济特区称为引进外资的试点地区。1983 年 5 月，国务院召开第一次全国利用外资工作会议，总结了对外开放以来利用外资的初步成果和经验，进一步放宽引进外商投资的政策。1984 年和 1985 年，国家进一步开放了 14 个沿海港口城市和多个沿海开放区，对这些地区引进外资实行优惠政策，同时采取了扩大地方外商投资审批权限等一系列措施，并逐步完善了立法，初步改善了投资环境，从而使得利用外商直接投资有了一定的发展。1985 年又进一步开放长三角、珠三角等经济开发区。1979～1986 年，全国利用外商直接投资协议（合同）金额 191.8 亿美元，实际利用外资金额 65.9 亿美元。

这一阶段，境内企业吸收的境外直接投资数量不多、规模较小，主要来自我国港澳台地区，以劳动密集型的加工项目和宾馆、服务设施等第三产业项目居多。这些企业大部分集中分布在广东、福建两省及其他沿海城市，境内企业吸收外资刚刚起步。

（二）成长阶段（1987～1991 年）

1986 年 10 月，国务院颁布了《关于鼓励外商投资的规定》，对外商投资企业的税收、土地使用费、劳务费、利润再投资、生产经营外部条件等方面给予优惠，紧接着又出台了一系列优惠措施，对改善外商投资环境起到了推动作用。1987 年 12 月，国家有关部门制定指导外商投资方面的有关规定，以促进外商投资产业结构的改善。1988 年，中共中央和国务院又决定将沿海经济开放区扩展到北方沿海的环渤海地区，设立海南经济特区，1990 年开放浦东新区，初步形成"经济特区—沿海开放城市—经济开放区—内地"的渐进式开放格局。这些规定和举措进一步改善了利用外商直接投资的环境，使吸收外商投资的工作有了较快发展。

这一阶段，外商投资额有较大幅度增长，从 1987 年到 1991 年，全国利用外商投资协议（合同）金额为 331.9 亿美元，每年平均 66.4 亿美元；实际使用外资金额 167.5 亿美元，平均每年 33.5 亿美元。外商投资结构也有了较大改善,生产性项目及产品出口企业大幅度增加,旅游服务项目所占的比重降低。外商投资的区域和行业有所扩大,台湾厂商也开始对大陆投资并逐年增加。总体而言,这一阶段中国利用外资仍处于探索期,大多数外商投资者仍持观望态度。

(三)提高阶段(1992~2000 年)

以邓小平同志 1992 年南方谈话为标志,对外开放出现了崭新的局面,利用外商直接投资在广度和深度上都有了新的大发展。1992 年一年批准的外商投资项目数量超过前 13 年的总和(前13 年共批准了 4.2 万多个),达到 4.8 万多个。利用外商投资协议(合同)额 581.24 亿美元,实际使用外资金额 110.07 亿美元。国家又进一步扩大了投资领域,允许在金融、保险、商业、外贸、运输、医疗、教育、电信以及各类中介机构等领域引进外资;提出了"以市场换技术"的战略,鼓励外商直接投资,出台优惠政策吸引外商投资于中西部地区;同时修订并发布《外商投资产业指导目录》,加强了产业政策的导向作用。中共中央、国务院于 1998 年发布《关于进一步扩大对外开放,提高利用外资水平的若干意见》,一方面总结利用外资的成就和分析面临的新形势,另一方面继续把吸收外商直接投资作为利用外资的重点。

这一阶段,外商直接投资出现了突飞猛进的发展,具体表现在以下四个方面:第一,从利用外商直接投资规模看,投资额大幅度增长。从表 6-1 可以看出,1992 年全年共批准外商直接投资项目 48 764 个,合同金额为 581.24 亿美元,几乎等同于改革开放以来我国利用外商直接投资协议外资金额的总和,实际利用外商直接投资金额达到 110.08 亿美元。1993 年我国吸收外商投资的实际金额跃居发展中国家的第一位,在世界各国中仅次于美国居第二位。接下来的几年都以迅猛的发展态势增长,1997 年实际利用外商直接投资金额达到 452.57 亿美元,比 10 年前翻了将近 19 倍。外商投资的平均项目规模不断扩大。其后几年利用外商直接投资的增速有所放慢,甚至出现了负增长,主要是受亚洲金融危机的影响。第二,从利用外商直接投资的领域看,外商投资的领域进一步拓宽。从最初的工业制造业逐步扩展到金融、保险、贸易、旅游等第三产业,同时外商直接投资还参与一些基础设施、能源类的大项目,外商投资的产业与行业结构日趋合理。第三,从利用外商直接投资的区域看,利用外商直接投资也开始从东部沿海地区逐渐向内陆地区扩散。第四,从外商投资主体上来看,越来越多的西方国家大跨国公司进入中国,外商投资企业的资金来源结构和技术结构也进一步改善。

表 6-1 中国利用外商投资情况

年份	外商直接投资		
	项目/个	合同利用外资额/亿美元	实际利用外资额/亿美元
1979~1984	3 724	97.50	41.04
1985	3 073	63.33	19.56
1986	1 498	33.30	22.44
1987	2 233	37.09	23.14
1988	5 945	52.97	31.94
1989	5 779	56.00	33.92
1990	7 273	65.96	34.87
1991	12 978	119.77	43.66
1992	48 764	581.24	110.08
1993	83 437	1 114.36	275.15
1994	47 549	826.80	337.67

（续）

年份	外商直接投资		
	项目/个	合同利用外资额/亿美元	实际利用外资额/亿美元
1995	37 011	912. 82	375. 21
1996	24 556	732. 76	417. 26
1997	21 001	510. 03	452. 57
1998	19 799	521. 02	454. 63
1999	16 918	412. 23	403. 19
2000	22 347	623. 80	407. 15
2001	26 140	691. 95	468. 78
2002	34 171	827. 68	527. 43
2003	41 081	1 150. 69	535. 05
2004	43 664	1 534. 79	606. 30
2005	44 001	1 890. 65	603. 25
2006	41 473	1 937. 27	630. 21
2007	37 871		747. 68
2008	27 514		923. 95
2009	23 435		900. 33
2010	27 406		1 057. 35
2011	27 712		1 160. 11
2012	24 925		1 117. 16
2013	22 773		1 187. 21
2014	23 794		1 285. 02
2015	26 584		1 355. 77
2016	27 908		1 337. 11
2017	35 662		1 363. 20
2018	60 560		1 383. 10
2019	40 910		1 412. 30
2020	38 578		1 493. 40
2021	48 012		1 734. 80

注：1. 从 2007 年起不再对外公布外商投资（协议）合同金额数据。

2. 由于统计误差，表中个别数据与表 6-2 有细微差别。

资料来源：商务部外资统计。

（四）稳步发展阶段（2001～2012 年）

2001 年，中国加入世界贸易组织。入世后，世界贸易组织的基本原则在中国利用外商投资的政策法规中体现出来，根据入世承诺和《与贸易有关的投资措施协议》的要求，中国先后修正《中华人民共和国中外合资经营企业法》《中华人民共和国中外合作经营企业法》《中华人民共和国外资企业法》等法律法规，既完善了法律法规体系，又提高了透明度，大大改善了投资的法律环境。随着开放程度的提高，先后两次修订了《外商投资产业指导目录》，放宽了对外资的限制。中国利用外商投资进入稳定发展阶段。

2008 年，中国实行内外资统一税制，新税率确定为 25%，受金融危机的影响，2009 年曾有小幅度的回落，但很快企稳回升。已经在华投资的跨国公司，如摩托罗拉、诺基亚、壳牌等纷纷追加在华投资计划，扩大投资规模。

总体而言，这一时期中国利用外资规模达到新一轮高峰，我国吸收外资的质量进一步提高，外资政策体系也逐步完善。

（五）全面发展阶段（2013年至今）

2013年，政府借鉴国际先进管理制度和经验，首次提出要建立"负面清单"管理模式，并在上海自贸区率先实行。党的十八届三中全会通过《中共中央关于全面深化改革若干重大问题的决定》，明确提出"实行统一的市场准入制度，在制定负面清单基础上，各类市场主体可依法平等进入清单之外领域"。党的十九大报告明确提出"大幅度放宽市场准入"，这是中国利用外资全面发展的重要突破。为响应十九大号召，2018年正式开始实施全国版"负面清单"，进一步对外资开放制造业、服务业等多个领域。随着国内外形势的变化，"外资三法"已经不能满足全面深化改革的需要，取而代之的是《中华人民共和国外商投资法》，该法经第十三届全国人民代表大会第二次会议通过，是中国历史上首部全面系统的外资立法，为利用外资提供更有力的制度保障，有助于我国与世界经济体系接轨。习近平主席在G20大阪峰会上强调中国将推出若干重大举措，力争改善营商环境，便利外商投资。总体而言，这一时期中国利用外资的发展态势屡创历史新高，全方位、宽领域、多层次的吸收外资新格局为中国经济高质量发展做出了重大贡献。

|案例6-2|

跨国公司地区总部在中国

跨国公司地区总部是跨国公司内部的融资中心、结算中心、研发中心、营运中心、公关中心，是一种既具有地区决策作用，又具有一体化、协调作用，同时与其他地区总部之间又具有一种协作关系的地区级子公司。地区总部有别于公司总部、外商直接投资型公司，是目前发展最为完善的地区性组织。

目前，北京和上海是地区总部入驻数量最多的两个城市。2021年，北京全年实际利用外商直接投资155.6亿美元，比2020年增长10.3%。北京市外商投资领域中，科学研究和技术服务业60.4亿美元，占38.8%，增长25.9%；信息传输、软件和信息技术服务业41.2亿美元，占26.5%，下降7.6%；租赁和商务服务业20.4亿美元，占13.1%，增长40.0%。

2021年，上海利用外资主要指标均呈两位数增长，实到外资金额达到225.51亿美元，同比增长11.5%，再创历史新高。新设外资企业6 708家，同比增长16.6%；吸引合同外资603.91亿美元，同比增长16.9%。此外，当年上海新增跨国公司地区总部60家、外资研发中心25家。这显示出上海不仅是众多跨国公司在华运营中心，也是整个亚太市场重要的企业运营中心。

地区总部从事行业遍及汽车、通信、电力及工程和机械、金融保险、物流、能源、房地产以及综合服务业。这些行业分别有所侧重地分布于北京和上海。其中以电子及通信设备类制造业为代表的制造业主要分布于北京，比如IBM、朗讯、摩托罗拉、北电网络、西门子、日立、松下、索尼、欧姆龙、爱普生、佳能、东芝、三星、LG电子、诺基亚、施耐德、ABB等。与北京相比，上海的地区总部不仅以传统行业为主，而且涉及的行业更为广泛，比如批发和零售、交通运输（包括物流）、房地产、能源、金融保险业等。世界上许多著名的跨国公司都在上海设立有地区总部，比如艾默生电气、埃克森美孚石油、霍尼韦尔、吉列、强生、柯达、通用电气、通用汽车、米其林、欧莱雅、资生堂、汉高、拜耳、联合化学、先锋电子、奥的斯电梯、陶氏化学等。

在正式入驻中国的 20 年里，地区总部入驻规模、行业以及注册来源国都发生了巨大变化。据统计，仅在上海，2021 年跨国公司总数达到 831 家。

资料来源：任永菊. 跨国公司地区总部在中国［EB/OL］.（2011-11-24）［2021-10-12］. https://lib. cet. com. cn/paper/szb_con/127093.html；新华社. 上海外资创历史新高：看好中国市场潜力［EB/OL］.（2022-01-26）［2022-01-30］. https://baijiahao. baidu. com/s？id = 1723007156645988029&wfr = spider&for = pc.

▶ 讨论题

是什么因素吸引跨国公司将地区总部设立在中国？

近 10 年间我国利用外资结构持续优化，随着服务业开放程度的扩大，服务业成为外商新的投资热点，第三产业吸收外商直接投资的比重逐步上升（见图 6-1）。

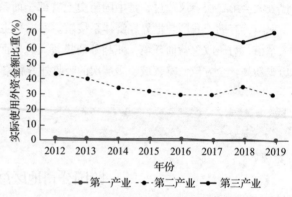

图 6-1　三大产业吸收外商直接投资占比

资料来源：商务部外资统计。

二、外商直接投资对中国经济的影响

（一）推动了国民经济的持续发展

外商投资企业的工业产值占全国工业总产值的比重 1980 年为 0.5%，到 1990 年上升到 2.28%，而到 2003 年达到了 35.87%，其后有所下降，2011 年为 25.87%，2019 年，全国规模以上工业增加值增长 5.7%，其中规模以上外商投资企业工业增加值增长 2%。外商投资企业已经成为中国经济的重要组成部分，是促进中国经济持续高速发展的重要动力之一。

吸引外商投资一直是发展中国家实现经济发展的重要因素。外商直接投资对中国经济发展的贡献主要体现在以下三个方面。

1. 外商直接投资直接弥补了国内建设资金不足

长期以来，建设资金短缺一直是中国经济发展的一个主要问题。改革开放以来，中国的外商直接投资迅速发展，使中国用于经济建设的资本存量明显增加。由于外商直接投资的大多数直接投入了国内尚属空白或尚未形成产业的生产领域，其投资直接推动了国内固定资产投资总额的增加。外商直接投资已经成为中国经济建设的重要资金来源之一。

2. 提高了中国存量和新增资本的质量

通过与外商合资合作，可以把中国一部分企业原有低质量的存量资产变成高质量的存量资产。中国的一些亏损企业通过合资合作，在外资进入的同时，人员、技术、管理、观念、市场营销网络也随之进入企业，使企业经营管理、技术开发和市场营销能力明显改善，企业经营状况好转。另外，外商投资设立新企业，还可以形成高质量的新增资产。

3. 推进国有企业改革，完善我国市场经济体制

近些年来随着我国国有企业改革的开展，国有资产的战略性重组为外资提供了新的利润增长点，外资参与到国企改革中来降低了国有企业改造的成本，而且最终它将成为我国改组改造大中型国有企业的最佳途径之一。

为了更好地实施引进外资的政策，政府部门将市场机制纳入宏观政策框架中，充分利用中国的优势资源，在宏观层面以政策进行控制和引导，在微观层面以优质高效的服务吸引，最大限度降低外商直接投资的制度成本，配合优质高效的外商直接投资社会服务体系，在不断优化投资的软硬环境的同时，促进了中国市场经济体制的改革和发展。

（二）促进了技术进步，推动了我国的产业结构升级

跨国公司掌握着先进技术，吸引跨国公司投资，既可以达到利用外资的目的，又可以在创办和经营管理中学习与引进先进的技术设备及管理经验。20 世纪 80 年代后，通过吸引大型跨国公司来华投资，外商带来了一批先进的实用技术，填补了中国许多产品技术空白，使许多行业的大批产品更新换代。中国资本技术密集型产业，如轿车工业、家用电器工业、电器、数控机床等在短时间内上了一个台阶，迅速缩小了同国外的差距。尤其是汽车和彩电工业，通过与外商合资，大大提高了产品的技术水平、品种、档次和质量。从 90 年代末开始，越来越多的跨国公司在华设立研发中心。外商投资企业尤其是大型跨国公司在华从事研究与开发活动，有利于提高中国的研发能力，培养研发人才。中国政府也积极鼓励跨国公司在华设立研发中心。加入WTO 以后，跨国公司更是加快了研发中心投资。

在经济新常态的背景下，我国利用外资的目标从"重规模"逐步转向"重质量"和"重效率"。在保持总体规模平稳增长的基础上，利用外资的产业结构也在不断调整：一是第三产业吸引外资比重上升，而第二产业吸引外资情况与之相反（见表6-2）；二是制造业、服务业利用外资发展前景乐观，尤其是高技术制造业和高技术服务业保持快速增长态势。2021 年，高技术产业引资增长 17.1%，占比提升至 30.2%。高技术制造业中，电子工业专用设备制造、通用仪器仪表制造引资分别增长 200% 和 64.9%。高技术服务业实际使用外资金额 9 064.9 亿元，同比增长 16.7%，其中电子商务服务、科技成果转化服务引资分别增长 220% 和 25%。在这个过程中，外国跨国公司成为中国引进技术的主体。利用外资向高端产业集聚得益于各项外资政策和营商环境逐步改善的综合作用，是中国经济结构调整、发展动力转换的结果。我国利用外资投资区域以东部地区为主，因为东部地区经济较为发达，基础设施完善，尤其是港口运输相对便利，劳动力素质也普遍较高，所以一直是吸引外资最多的地区。但随着西部大开发、中部崛起等政策的实施，"一带一路"合作、京津冀协同发展等战略的深入推进，部分外商投资产业逐渐向中西部地区转移，外资区域分布不均衡现象有所缓解。

表 6-2　1997~2021 年三大产业利用外商直接投资情况

年份	第一产业		第二产业		第三产业		实际利用外资总额/亿美元
	实际利用外资额/亿美元	占比/%	实际利用外资额/亿美元	占比/%	实际利用外资额/亿美元	占比/%	
1997	6.28	1.39	325.69	71.97	120.59	26.65	452.57
1998	6.24	1.37	313.27	68.91	135.11	29.72	454.62
1999	7.10	1.76	277.79	68.90	118.28	29.34	403.18
2000	6.76	1.66	295.74	72.64	104.63	25.70	407.14
2001	8.99	1.92	347.97	74.23	111.80	23.85	468.77
2002	10.28	1.95	394.64	74.83	122.50	23.23	527.42
2003	10.01	1.87	391.79	73.23	133.24	24.90	535.04
2004	11.14	1.84	454.63	74.98	140.52	23.18	606.29

(续)

年份	第一产业		第二产业		第三产业		实际利用外资总额/亿美元
	实际利用外资额/亿美元	占比/%	实际利用外资额/亿美元	占比/%	实际利用外资额/亿美元	占比/%	
2005	7.18	1.19	446.92	74.09	149.14	24.72	603.24
2006	5.99	0.95	425.06	67.45	199.14	31.60	630.20
2007	9.24	1.24	428.61	57.33	309.82	41.44	747.67
2008	11.91	1.29	532.56	57.64	379.48	41.07	923.95
2009	14.29	1.59	500.75	55.62	385.28	42.79	900.32
2010	19.12	1.81	538.60	50.94	499.62	47.25	1 057.35
2011	20.08	1.73	557.48	48.05	582.53	50.21	1 160.11
2012	20.62	1.70	524.58	43.33	665.53	54.97	1 210.73
2013	18.00	1.45	495.69	40.00	725.42	58.54	1 239.11
2014	15.22	1.18	439.43	34.20	830.36	64.62	1 285.02
2015	15.34	1.13	435.95	32.16	904.48	66.71	1 355.77
2016	18.98	1.42	402.13	30.07	916.01	68.51	1 337.11
2017	7.90	0.60	409.50	30.00	945.80	69.40	1 363.20
2018	7.10	0.50	482.70	34.90	893.30	64.60	1 383.10
2019	4.40	0.30	422.30	29.90	985.50	69.80	1 412.30
2020	4.20	0.30	365.50	24.50	1 123.70	75.20	1 493.40
2021	3.47	0.20	362.57	20.90	1 368.76	78.90	1 734.80

注：由于四舍五入原因，百分比相加不一定等于100%。
资料来源：国家统计局，中国投资指南网。

（三）扩大了社会就业，提高了国内劳动力素质

外商直接投资企业的建立为中国提供了大量就业机会。在华投资的外资企业不但能够直接增加就业，还会通过带动本地配套产业的投资间接地增加就业。

利用外资加速了国内劳动力从第一产业向第二产业和第三产业的转移进程，并通过职工培训等人力资本开发投入和"干中学"，促进了国内劳动力素质的提高和人力资本积累。

（四）推动了对外贸易的发展

外商投资企业为我国对外贸易的发展做出了积极的贡献，可以说，外商投资企业已成为中国对外贸易的一支主力军。首先，外商投资企业的出口增长成为中国出口增长的主要原因。外资企业进出口总额占全国进出口总额的比重连续多年保持在一半以上（见图6-2）。其次，在推动我国出口增长的同时，外资企业还促进了中国出口商品加工程度和附加值的提高，促进了高科技产品、机电产品的出口，提高了传统出口产品的科技含量，改善和优化了出口商品结构。在中国沿海地区，外商投资还推动了外向型加工工业的迅速发展，如珠江三角洲出口加工区等。外商投资企业产品出口的迅速增长，对中国经济保持较高的增长速度发挥了积极的作用，有力推动了开放型经济的发展。

（五）促进了社会主义市场经济体制的建立与完善

为适应对外开放和利用外资的需要，我国长期致力于市场经济体制的建立与完善，不断改善投资环境，初步形成了更加国际化、与经济发展水平相适应的体制框架。尤其是中国入世在更高层次上实现了涉外经济制度与国际规则的全面对接。

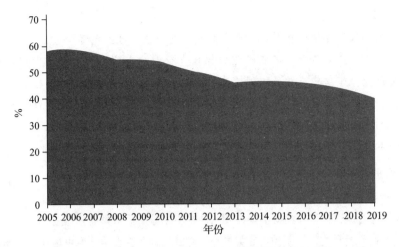

图 6-2 2005～2019 年外资企业占我国贸易总额的比重

资料来源：商务部外资统计。

外商投资企业的发展促进了中国经济结构的多元化和传统所有制结构的改变，推动了企业产权的流动和重组，对形成以国有经济为主导、多种所有制经济成分共同发展的格局起到了积极作用。外商投资企业带来了先进的生产组织和管理模式，通过扩散效应和示范效应，促进了国内管理水平的提高，推动了我国经济体制改革和市场化进程。

案例 6-3

中国利用外资面临的挑战

中国利用外资取得了显著成效的同时也面临着挑战。外商直接投资不仅带给东道国正面效应，也有负面效应，总体净效应有赖于各种效应的综合，而各种效应取决于诸多决定因素，无法得到一个简单的、一般的、具有普遍意义的理论模型及明确的结论，只能视具体情况而定。中国利用外资中仍存在一些问题需要关注或有待解决。

1. 利用外资的结构

利用外资来源地的构成、利用外资的区域分布和利用外资的产业结构是利用外资结构合理化最为引人关注的三个重要方面。

中国利用外资来源地的构成具有鲜明的特点。尽管来源地广泛，但是外资主要来源于少数几个国家或地区；主要来源于发展中国家或地区，而来自发达国家或地区的外资规模相对有限；来自华商的外资占有较大的比重，而来自西方发达国家的外资规模有限。外资来源地构成的突出问题更多不在于来源地本身，而是不同外资来源地的投资特点，不同外资来源地对我国经济、国际贸易的影响程度存在差异，外资来源地相对集中本身是引发金融风险的潜在因素。

中国利用外资的区域分布存在的主要问题是空间分布呈现显著的不均衡特征。外商直接投资呈现"东高西低"的格局。利用外资区域分布的不均衡直接影响各区域外商直接投资的资本挤入（挤出）效应、对外贸易效应、技术溢出效应，进而扩大各区域经济增长差距和经济水平差距，拉大城乡各群体之间的收入差距。要解决利用外资区域分布的不均衡，必须突破利用外资的区位"瓶颈"——西部地区。

中国利用外资的产业结构存在的主要问题之一是三大产业结构不合理，严重失衡，以第二、第三产业为主，第一产业最少；第二产业内部外资行业分布明显不均衡，内部结构趋同；第三产业内部外资行业分布结构与发展中国家存在显著的差异；外商投资企业在部分工业行业中已占有重要地位，在轻重工业上的地位都很突出，尤其在轻工业中的地位更加重要。利用外资引发的产业结构的不合理及其内部的非均衡发展，可能会加剧产业结构失衡，影响工业结构效益，进一步扩大城乡差别。要促进产业结构优化，必须更加强化外资流入的产业导向。

2. 环境保护

纳入环境因素后，对外国直接投资效应的评价会产生变化。大量外资将污染密集型产业向我国转移，以投资为幌子直接向我国倾倒有害废弃物。转移不完善高技术影响中国自然环境，其中典型的是引进转基因技术的负面影响；争夺和垄断重要经济资源。这些会直接导致中国环境的恶化。

外国直接投资对东道国环境效应存在正负两个方面，中国应该趋利避害。"污染避难所"[一]假说阐释了负环境效应产生的"向底部赛跑"现象；"污染晕轮"[二]假说解释了正环境效应带来的"向顶部赛跑"现象。环境效应取决于东道国的政策和规制框架，跨国公司强大的财政、管理和技术力量能够在东道国环境保护中起到重要作用。在评价利用外资的环境效应时不仅要注意参照系，而且要考虑其对环境规制变迁的滋出效应。

3. 国家经济安全

利用外资与国家经济安全有着密切的关系，有正负双重作用，其积极作用为提高我国国际竞争力和经济总体实力，加强国家经济安全；其负面影响是会削弱国家经济安全。外国直接投资对于东道国经济安全效应具体体现为自主权效应和竞争效应。经济全球化的开放性和渗透性与发展中国家主权的排他性和经济安全性是相矛盾甚至是对立的。经济全球化要求必须更新维护国家经济安全的理念。构建全面且有效的国家经济安全政策体系是一项十分复杂的工程，需要大智慧进行思考和整合，采取积极措施来维护国家经济安全。

4. 国际投资规则变动

近年来，以 WTO 为代表的全球多边贸易体系正逐渐被弱化，取而代之的是《跨太平洋伙伴关系协定》（TPP）、《美国—墨西哥—加拿大协定》（USMCA）和《区域全面经济伙伴关系协定》（RCEP）等大型区域贸易谈判协定。这些区域贸易协定规则错综复杂、相互重叠。中国已由过去单纯地吸引外资发展模式转变为对外投资与吸引外资双向发展趋势，在国际投资规则"大变局"的情形下，我国在制定市场准入政策时既要考虑中国国情，又要与国际规则接轨，迎接挑战。

资料来源：崔新建. 中国利用外资 30 年：历程、成效与挑战［J］. 经济与管理研究，2009（1）：35-38.

▶ 讨论题

中国利用外资面临的挑战有哪些解决方法？

○ 该假说认为外国直接投资对东道国的环境产生负面效应，因为污染密集型产业会从环境成本内部化程度高的国家迁移到低的国家，从而使实施较低环境标准的国家成为污染密集型产业的"避难所"。

○ 该假说认为外国直接投资给东道国环境带来正面影响。由于跨国公司广泛建立和推广"全球控制"，为东道国企业采用相似的管理技术提供了很好的学习机会，也进一步推动了东道国企业实施低碳的环境管理体系。

第二节　中国利用外商直接投资的主要方式

中国利用外商直接投资的方式主要有三种：中外合资经营企业、中外合作经营企业和外商独资企业，简称为"三资企业"。此外还有数量较少的中外合作开发、外商投资股份制企业、国际租赁等方式。

一、中外合资经营企业

中外合资经营企业亦称股权式合营企业，简称合资企业。它是外国公司、企业和其他经济组织或个人依据《中华人民共和国中外合资经营企业法》，同中国的公司、企业或其他经济组织在中国境内共同投资举办的企业。中国港澳台地区的投资者在大陆设立的企业参照外商投资企业，享受外商投资企业的同等待遇。

合资经营企业具有以下特点。

（1）中外双方按出资比例共同投资、共同经营、共享利润、共担风险。

合资各方可以以现金、实物、工业产权、场地使用权等形式出资，但均需折算成约定的某种货币和一定的出资比例。其中外方投资者的出资比例不得小于合资企业的注册资本的25%，各方按出资比例分享利润和分担风险及亏损。

（2）合资经营企业的形式为有限责任公司，董事会为最高权力机构。

（3）合资经营企业是依中国法律设立的，合资企业的一切活动应遵守中华人民共和国法律、法规的规定。

（4）合资企业的合营期限，按不同行业、不同情况，做不同的约定。国家鼓励和允许的行业可以约定也可以不约定经营期限，而限制和特别规定的行业则要求合营合同要约定经营期限。

在外商对华直接投资的早期发展中，外商一般都选择以合作的方式对中国进行直接投资。从1985年开始，以合资方式进入中国的外商直接投资项目数开始超过合作方式，居于主导地位。在1979~2002年外商对华直接投资的累计额中，以合资经营方式吸收的外商直接投资占较大比重，其中，项目数所占比重为53.26%，实际利用外资金额所占比重为42.58%。从2003年开始，合资经营方式所占比重有所下降，2012年后合资经营方式所占比重缓慢回升，截至2019年年底，中国累计设立外商投资企业1 001 635家，其中，中外合资企业352 076家，占比35.2%，实际使用外资金额5 645.5亿美元，占比24.6%。

对于外方投资者来说，合资经营减少或避免了政治风险和投资风险，可以享受优惠待遇尤其是优惠税率，外方可以通过当地合营者了解中国的政治、社会、经济、文化等情况，有利于增长商业及经营知识，提高商业信誉，还可以通过当地渠道，取得财政信贷、资金融通、物资供应、产品销售等方便。中方投资者通过合资经营可以引进先进技术和设备，发展新技术，促进企业的技术改进和产品升级换代，可以利用外国投资者的国际销售网，开拓国际市场，扩大出口创汇，可以学习国外先进的管理经验，提高国内管理人员的管理水平。

但合资经营企业也有其不利的因素：首先，投资各方的动机不同、目标各异。中国建立合资经营企业的战略目标是尽快改善企业的经营状况，尽快取得较大的投资回报，获得先进的技术和管理经验。外方的目标是其全球战略目标，形成跨国经营的全球网络，中国的投资只是其全球经营链条的一个环节，其目的是为全球的整体战略服务。这种战略目标的差异就会导致双方的矛盾。其次，双方的思维方式、企业管理理念、决策思路、企业文化等存在较大差异，导致双方在经营管理中存在摩擦。因此越来越多的外国公司摒弃合资企业模式，而倾向于独资运营业务。

二、中外合作经营企业

中外合作经营企业亦称契约式合营企业，简称合作企业，它是指外国公司、企业和其他经济组织或个人根据《中华人民共和国中外合作经营企业法》，同中国的公司、企业或其他经济组织在中国境内由双方签订的合同约定各自权利义务的企业。这种方式较为灵活，一般情况下由中方投资者提供厂房、设备、土地使用权，有时也提供一定的资金，而由外国投资者提供全部或大部分资金，十分有利于融通资金。

中外合作经营企业有以下特点。

（1）中外合作各方的投资一般不折算成出资比例，也不按出资比例分配利润、承担风险，而是由合作各方在合作协议中约定利益分配方式、风险承担比例、企业管理方式和合作终止时的财产归属。

（2）合作企业的法人资格具有可选性。合作企业可以组成具有法人资格的实体，即有限责任公司；也可以组成非法人的经济实体，即合作各方共同出资或提供合作条件，按照合作企业合同的约定经营管理企业，合作各方对企业的债务承担无限连带责任。

（3）合作企业的管理方式比较多样化。法人式的合作企业通常采用董事会制，非法人式的合作企业通常采用联合管理制。

（4）外国合作者在合作期限内可以依法先行回收投资。

中外合资经营企业与中外合作经营企业在出资方式、企业性质、法律依据、法人地位、管理机构、利润分配与风险承担、纳税主体、期满资产管理等方面都有区别，具体如表6-3所示。

表6-3　中外合资经营企业与中外合作经营企业比较

	中外合资经营企业	中外合作经营企业
出资方式	以现金、实物、工业产权、场地使用权等形式出资，均需折算成约定的某种货币和一定的出资比例	现金、实物、工业产权、场地使用权等形式，无须折算成出资比例
企业性质	股权式	契约式
法律依据	《中华人民共和国中外合资经营企业法》	《中华人民共和国中外合作经营企业法》
法人地位	是独立的中国法人	不一定是独立的中国法人
管理机构	董事会	董事会或联合管理委员会
利润分配与风险承担	按出资比例分享利润，承担风险	分配方式灵活，一般按合同规定的方式和比例分配利润，承担风险
纳税主体	以合资企业名义纳税	法人企业以合作企业名义纳税，非法人企业是先分利，然后合作各方以自己的名义分别向中国政府纳税
期满资产管理	按各方出资比例分割	若外方先行收回投资，合作企业一般无偿归中方所有

在外商对华直接投资的早期发展中，外商一般选择以合作的方式对中国进行直接投资。随

后合资方式与独资方式所占比重不断上升，现在合作方式在外商对华投资中所占比例已非常少。2019年，中国新设外商直接投资企业数40 910家，实际利用外商直接投资1 412. 3亿美元，其中中外合作企业70家，占比0.2%，实际使用外资金额3.3亿美元，占比0.2%。

三、外商独资企业

外商独资企业是指外国的公司、企业、其他经济组织或者个人，依照《中华人民共和国外资企业法》在中国境内设立的全部资本由外国投资者提供的企业。它不包括外国的企业和其他经济组织在中国境内的分支机构。境外投资者在中国设立的分支机构不属于外商独资企业，而是外国企业。国家鼓励举办产品出口或者技术先进的外商独资企业。

外商独资企业的特点有以下几点。

（1）外商单独出资。

（2）完全自主经营。外商独资企业没有中国投资者参与，在组织机构、经营管理、产品供销、财务处理等方面，有较大的自主性和灵活性。

（3）独享利润。外商独资企业独享其税后优惠及税后全部利润。

（4）独担风险。外商独资企业必须承担全部的经营亏损和其他风险。

在我国改革开放初期，外商是不被允许设立外商独资企业的。但随着改革的深入和我国相关法律的修改，外商独资经营方式的限制逐渐放宽，20世纪90年代中期以来，外商独资经营方式渐渐占据主导地位。到2019年，外商直接投资方式以外商独资企业为主，新设立30 533家，占比74.6%；实际使用外资金额936.1亿美元。

外商投资者更多地采用独资方式进行投资，主要原因有以下几点：第一，我国市场需求非常可观，对外资企业具有一定的吸引力。第二，我国的投资环境和市场经济体制逐步完善，各项法律制度在逐步健全，增强了外商对华投资的信心。第三，可以避免与中国投资者的矛盾与摩擦。第四，出于信息或技术保密的考虑，防止技术外泄。

四、外商投资股份制企业

外商投资股份制企业是指外国公司、企业和其他经济组织或个人同中国公司、企业或其他经济组织按照平等互利的原则，通过认购一定比例的股份，在中国境内共同举办的公司。外商投资股份制企业全部资本由等额股份构成，股东以其所认购的股份对公司承担责任，外国股东购买并持有的股份需占公司注册资本25%以上。外商投资股份制企业是外商直接投资企业的一种形式，适用国家法律法规对于外商直接投资企业的有关规定。

外商投资股份制企业是近年来在中国证券市场不断扩大和企业股份制改造日趋深入的背景下产生的一种新的利用外商直接投资的方式。它与中外合资、合作、外商独资企业在设立方式、最低注册资本要求、股权转让和公开性要求等方面不同。

五、中外合作开发

中外合作开发是指外国公司同中国的公司合作进行海上或陆上石油以及矿产资源的勘探开发。合作开发是目前国际上在自然资源领域广泛采用的一种经济合作方式，其最大的特点就是高风险、高投入、高收益。中国分别于 1982 年 1 月和 1993 年 10 月颁布了《中华人民共和国对外合作开采海洋石油资源条例》和《中华人民共和国对外合作开采陆上石油资源条例》，明确规定在维护国家主权和经济利益的前提下，允许外国公司参与合作开采中国的石油资源。

案例 6-4

宝洁的中国之路

在华投资的跨国公司初期采取以合资为主的形式，但 20 世纪 90 年代以后，独资经营方式呈上升趋势，越来越多的合资合作企业通过增资扩股转变为控股公司或独资公司，宝洁就是其中一个例子。

广州宝洁有限公司在 1988 年成立后，经历了多次变更，从一个最初投资 1 000 万美元的合资企业，转变为仅由外方宝洁（中国）有限公司持股的投资总额在 47 581.5 万美元的外商独资企业。过程如下。

（1）广州宝洁有限公司由广州肥皂厂、宝洁和记黄埔有限公司、广州经济技术开发区建设进出口贸易有限公司合资建立，注册资金 1 000 万美元。广州肥皂厂股权占 30%，宝洁和记黄埔占 65%，广州经济技术开发区建设进出口贸易有限公司占 5%。

（2）1990 年 2 月 6 日，公司注册资本和投资总额增加至 1 900 万美元，同时广州肥皂厂将其拥有的 10% 股权转让给宝洁和记黄埔。公司股权结构变为：广州肥皂厂占 20%，宝洁和记黄埔占 75%，广州经济技术开发区建设进出口贸易有限公司占 5%。

（3）1992 年、1995 年两次增资，投资总额增加至 4 800 万美元，注册资本增至 3 960 万美元，各方股权比例不变。

（4）1998 年 5 月 20 日，宝洁和记黄埔将其 75% 股权全部转让给宝洁（中国）有限公司（由宝洁和记黄埔投资成立的一家独资投资公司）。公司股权结构变为：广州肥皂厂占 20%，宝洁（中国）有限公司占 75%，广州经济技术开发区建设进出口贸易有限公司占 5%。

（5）1999 年 3 月 3 日，上述贸易公司将 4% 的股权转让给宝洁（中国）有限公司。公司股权结构变为：广州肥皂厂占 20%，宝洁（中国）有限公司占 79%，广州经济技术开发区建设进出口贸易有限公司占 1%。

（6）1999 年 6 月 23 日，广州肥皂厂将 20% 的股权转让给宝洁（中国）有限公司。公司股权结构变为：宝洁（中国）有限公司占 99%，广州经济技术开发区建设进出口贸易有限公司占 1%。

（7）2000 年，广州宝洁有限公司与广州宝洁洗涤用品有限公司合并，投资总额增至 7 800 万美元，注册资本增至 6 960 万美元，股权比例不变。

（8）2001 年 1 月 3 日，广州经济技术开发区建设进出口贸易有限公司将 1% 的股权转让给宝洁（中国）有限公司，公司变为外商独资企业，宝洁（中国）有限公司拥有全部股权。

（9）2002~2003 年，通过合并广州宝洁纸品有限公司、广州宝洁口腔保健用品有限公司，以及增资，投资总额增至 47 581.5 万美元。

（10）2004 年，宝洁公司以 18 亿美元收购和记黄埔（中国）所持中国内地合资公司——宝洁和记黄埔有限公司余下 20% 的股份。至此，宝洁与其在中方的最后一个合资伙伴分道扬镳，成为一家彻底的独资公司，而宝洁也在宣布独资后立即增资 6 亿元扩大生产规模。

这种外商通过增资扩股实现对合资企业控股或完全收购合资企业，使之成为跨国公司全资子公司的过程称作独资化。

资料来源：黄雅慧. 宝洁公司在华直接投资战略演变历程的启示［J］. 北方经济，2010（21）：92-93.

▶ 讨论题

在华投资的跨国公司做出从合资到独资战略调整的原因是什么？

第三节　中国利用外商直接投资的经典案例

汽车行业属于资本技术密集型行业，中国汽车工业从零起步，目前已取得了辉煌的成绩，在这个发展过程中，利用外资对中国汽车工业的发展壮大起到了巨大的作用。

一、汽车业利用外资概述

1983 年北京汽车制造厂与美国汽车公司（后被克莱斯勒并购）正式签约，成立了我国第一家整车合资企业——北京吉普汽车有限公司，揭开了汽车业利用外资的序幕。1984 年 4 月，中央财经领导小组在北戴河召开扩大会议，研究汽车工业发展问题，提出“我国汽车工业要有大的发展”，随后，“把汽车制造业作为重要的支柱产业”被写进了“七五”计划，而引进外资也成为促进汽车行业结构优化的战略选择，汽车业很快成为中国国民经济中利用外资最有效、最广泛的行业之一。继北京吉普汽车有限公司成立之后，上海大众汽车有限公司、一汽大众汽车有限公司、神龙汽车有限公司、天津夏利汽车股份有限公司、广州本田汽车有限公司、重庆长安铃木汽车有限公司等相继建立。到目前为止，几乎所有的世界著名汽车集团均在中国设立了合资生产企业。

（一）入世以前

在 1992 年以前进入境内汽车市场的境外企业以我国港澳台企业为主，占这一阶段汽车外资企业数的 55.81%。这些企业规模小，几乎全部集中在汽车零部件生产领域，合资期限也较短。1992 年尤其是 1994 年《汽车工业产业政策》颁布后，美国、欧盟、日本、韩国等汽车工业大国的跨国公司大举进入中国市场。跨国公司开始加大在华投资力度，投资项目数量急剧增加，投资额急剧放大；大众等先期来华的跨国汽车公司通过收购与兼并来调整在华项目结构，同时提高中国总部的管理级别，控制性与战略性加强。截至 2001 年年底，我国汽车行业已与世界上 20 多个国家和地区的企业建立了 600 多家外商投资企业，其中，整车项目 96 个，零部件项目 486 个，摩托车项目 42 个，另有 9 家分别涉及技术、信息产业、销售及汽车修理领域的合资合作（见表 6-4、表 6-5）。

表 6-4　大型汽车跨国公司进入中国的时间及方式

厂商名称	在华经营领域	进入方式（外方股权）	进入年份
通用汽车	整车	合资（30%）	1992
福特汽车	整车	合资（51%）	1994
丰田汽车	整车	合资（51%）	1992
大众汽车	整车	合资（50%）	1985

（续）

厂商名称	在华经营领域	进入方式（外方股权）	进入年份
日产	整车	合资（50%）	2003
菲亚特汽车	整车	合资（50%）	1999
克莱斯勒	整车	合资（31.4%）	1983
标致—雪铁龙	整车	合资（34%）	1985
本田	整车	合资（50%）	1994
三菱	整车	生产许可	1987
雷诺	整车	合资	1994
现代	整车	合资（50%）	2000
德国欧宝	整车	—	1993
戴姆勒—奔驰	整车	合资（45%）	1995
马自达	整车	合资（25%）	1993
大宇	零部件	合资（50%）	1997
宝马	整车	合资（50%）	2003
博世公司	零部件	合资（50%）	1995
瑞典沃尔沃	整车	合资	1995
五十铃汽车	整车	合资（25%）	1986
日本电装	汽车配件	合资	1995
德国曼商用车股份公司（猛狮）	整车	合资（50%）	2003
铃木	整车	合资（50%）	1993
天纳克	零部件	—	—
富士重工	整车	合资	1998
TRW 公司	零部件	合资	1997
江森自控	零部件	合资（40%）	1997

资料来源：毛蕴诗. 跨国公司在华投资策略［M］. 北京：中国财政经济出版社，2005.

表 6-5　入世前中国汽车业利用外商直接投资情况

时期	"六五"时期（1981～1985年）	"七五"时期（1986～1990年）	"八五"时期（1991～1995年）	1996～1998年	1999～2001年
合资合作项目数	6	39	150	409	63
外方注册资本/亿美元	1.65	2.9	6.8	93.65	17.35
总投资/亿美元	10.6	17.6	37.5	143.3	—

资料来源：毛蕴诗. 跨国公司在华投资策略［M］. 北京：中国财政经济出版社，2005.

（二）入世以后

加入 WTO 之后，中国汽车产业对外合资合作的范围变广、层次变深。在一定程度上，跨国公司已将中国作为其全球战略的组成部分，使中国融入了汽车产业全球分工体系。

跨国汽车公司更加注重零部件的投资，更多地以独资的方式进入中国轿车零部件的生产、售后服务及其他领域，以争取中国轿车市场上更多的控股权和话语权。2019 年，汽车零部件及配件制造行业外商投资和港澳台商投资企业为 2 923 家。国际著名的汽车零部件企业几乎都在中国建立了合资或独资企业，这些零部件企业除满足国内的整车生产需求外，还出口到世界其他国家。汽车零部件配套体系也因开放而加速发展，跨国企业在中国设立的零部件企业不仅服务于自身，也成为全球的零部件基地，同时还是中国汽车零部件工业的重要组成部分。

跨国汽车公司开始向国内轿车企业逐步开放和转移部分核心技术，推动自主品牌发展，在更高的领域进行合作研发。其中，2011 年 4 月，上汽集团与沃尔沃客车签约成立合资公司，专注于开发新能源客车的动力传动系统；5 月，上汽集团与德国大众汽车公司签约，基于大众平台共同开发 C 级高端轿车，此外积极推动上海大众电动车产品，包括自主品牌电动车的研发；11 月，长安标致雪铁龙汽车有限公司成立，提出打造"合资自主"品牌汽车企业的口号，并将新能源汽车合作及自主品牌研发纳入公司发展规划。在经历多年发展之后，"自主品牌""共同开发"越来越多地成为合资合作关键词。

中国汽车工业协会 2018 年 1 月 11 日发布的数据显示：2017 年，我国汽车产销分别完成 2 901.5 万辆和 2 887.9 万辆，连续 9 年蝉联全球第一；2019 年，我国汽车零部件进出口额分别为 367 亿和 696 亿美元，主要贸易对象是欧美日等发达国家和地区。我国汽车的市场份额现在已经达到了世界总量的 31%。其中，合资品牌在我国乘用车市场占据近 60% 的份额，是世界上最大的汽车市场。

2018 年 4 月 17 日，中国国家发展和改革委员会公布了放宽汽车行业的外资股份比例限制的时间表：2018 年取消专用车、新能源汽车外资股比限制；2020 年取消商用车外资股比限制；2022 年将取消乘用车外资股比限制，同时取消一家外资企业在华投资的合资企业不超过两家的限制。汽车企业通过股权投资、兼并重组、战略合作、股权激励等方式进行混改提速，企业机制和治理结构获得改善和优化，提高了汽车企业运营效率。

二、汽车业利用外商直接投资的特征

（一）利用外资的方式

汽车产业利用外商直接投资以合资企业为主，在整车制造行业全部为合资企业。这主要是因为在 1994 年《汽车工业产业政策》中将外商持股比例限定为 50%。汽车产业链上的其他环节，如零部件、销售、物流、汽车金融等，已对外资全面开放。在汽车发动机生产领域以及零部件领域，外商独资企业与合资企业并存，在合资企业中，外商控股的特征明显。

在利用外资的同时，全国汽车行业有重点地选择引进汽车、摩托车、整车制造技术及零部件、装备和检测等国外先进技术。引进车型涉及除中型车以外的几乎所有车型。技术引进的方式主要有：专有技术许可证、成套设备与关键设备进口、技术咨询、联合设计、补偿贸易、租赁和技贸结合等方式。

（二）利用外资的来源

中国汽车业开放初期，进入中国市场的外资汽车企业多为中小企业，1994 年以后，大型跨国公司大举进入中国市场，现在中国汽车市场上外商投资主体以大型跨国公司为主。

2009 年 15 家全球 500 强汽车企业（不包括汽车零部件企业，不包括国内汽车企业），累计在华建立 69 家分支机构（不包括国内 3 家汽车企业），其中：本田 14 家，丰田 9 家，大众 8 家，菲亚特 7 家，通用 6 家，现代 5 家，日产 4 家，福特 3 家。

（三）利用外资区位分布

在华投资的跨国汽车企业多分布在东部沿海地区，其中长江三角洲和环渤海地区备受投资者青睐。这里工业基础雄厚、交通方便，是汽车企业投资的首选之地。环渤海地区是中国的重工业基地和最大的汽车生产基地，拥有雄厚的工业基础和技术力量，具备相对完善的汽车工业配套体系和较强的生产能力。长江三角洲地区经济发达、交通方便、劳动力素质高、投资环境优良，同时该地区还蕴藏着巨大的市场扩展潜力。

（四）投资动机

大型跨国公司对华投资的主要动机是占领国内市场，在其生产的所有产品中，仅仅 2.3% 用于出口[一]，是典型的市场导向型动机。加入 WTO 之后，跨国公司逐步将中国作为其全球战略的组成部分，全球战略导向型动机也日渐凸显出来。

三、中国汽车业利用外资的成效

1. 扩大了生产规模

外资进入前，中国的汽车产业生产规模小，产量低，整个汽车行业的年产量还赶不上日本、美国或欧洲单个汽车厂商一条生产线同期产量。通过合资合作，我国汽车生产能力迅速提升，产量迅速增长。我国汽车产量 1992 年突破 100 万辆，2000 年突破 200 万辆，2002 年突破 300 万辆，之后平均每年以 100 万辆左右的规模递增。2021 年中国汽车产量达到 2 608.2 万辆，几乎占全球总产量的 1/3，这其中，外商投资的作用功不可没。

除此之外，通过与跨国公司的嫁接，形成了一批有竞争力的大型汽车企业集团。2020 年一汽集团实现整车销量 370.6 万辆，同比增长 7.1%。"十三五"期间，一汽集团销量、营业收入、利润等主要经营指标均实现增长。上汽集团的产销量分别是 546.42 万辆和 560.05 万辆，同比减少 11.18% 和 10.22%。东风集团 2020 全年累计销量为 286.8 万辆，同比下降 2.17%。长安福特累计销售 253 293 辆，同比增长 37.7%。2020 年，北汽集团整车销量超 190 万辆；营业收入超 4 900 亿元；在京工业总产值超 3 600 亿元，同比增长 7%。2020 年，广汽集团全年产销双双突破 200 万辆，其中生产汽车共计 203.5 万辆，逆势增长 0.5%；销售汽车 204.4 万辆，同比微降 0.9%。2021 年，上汽集团、一汽集团、东风汽车、北京汽车、广汽集团和吉利控股 6 家中国车企再度进入世界 500 强，分列第 60、66、85、124、176、239 位。

2. 提高了技术水平，改善了产品结构

通过利用外资，国内汽车企业的许多制造技术和产品水平已大大提高，缩短了与国际先进水平的差距，使我国汽车产业跨越了几十年的发展道路，促进了汽车产业的升级。

微型车、轻型车和重型车的开发受到重视，先后建立了一个微型车生产基地（天津汽车厂）和四个轻型车生产基地（东北、北京、南京和西南），并集中投资建成了上海大众、一汽大众、东风神龙、天津夏利等大规模的轿车生产点，形成了比较完整的产品系列和生产布局。汽车业基本车型形成了六大类 120 多个品种的较完整体系，各类改装汽车、专用汽车 750 多种。通过技术引进、合资合作，轿车和客车的生产能力不断提高，载货车、客车和轿车的比例从 1990 年的 1∶0.29∶0.12 提高到 2002 年的 1∶0.95∶0.97。在载货车中，重型载货车比重上升，中型载货

㈠ 资料来源：葛顺奇．汽车业 500 强跨国公司及其在华投资［N］．中国经济时报，2010-07-21.

车比重持续下降。中国汽车行业"货车缺重少轻，轿车几乎空白"的状况得到彻底改变。外商投资不但带来了较为先进的适用技术，还通过外溢效应推动了国产品牌汽车的发展，如"骏捷"就是华晨与宝马公司深度合作的成果。

随着中方实力不断增强，中外双方在合作中的信任不断加深，中外合资的形式出现新的变化。"自主品牌""共同开发"越来越多地成为合资合作的关键词。这些都对国产汽车的技术水平和自主品牌的发展起到明显的推动作用。

3. 促进了国有资产战略性重组

在国有企业的改革和发展中，国有资产战略性重组是关系到整个国民经济发展的重大问题。长期以来，我国的汽车企业多数是国有企业，委托代理链条过长，所有者缺位现象严重，长期持续亏损，重组困难重重。通过外资并购国有汽车企业，盘活了存量国有资产。例如，2003 年6 月，由东风汽车公司与日产汽车公司各占 50% 股份合资重组的"新东风"——东风汽车有限公司成立。通过跨国合作，东风汽车有限公司改造重组了其下属 80% 的企业，盘活了 500 多亿元的国有资产，平稳分流了 7 万多国企职工。

4. 完善了中国汽车类上市公司的治理结构

外资参股国内汽车企业后，将新的治理制度植入进来，推进了我国企业制度创新。允许跨国公司以某种适当方式收购国有控股上市汽车公司的部分股权，从结构上改变国有股"一股独大"的局面，促进了公司经营机制的转变，有利于规范公司行为，提升上市汽车公司的质量。以东风汽车公司为例，在 1998 年以前，与大多数传统国企一样，销售业绩差，合并报表全集团亏损超过 5 亿元，拖欠员工工资，人心涣散。1999 年以来，东风汽车公司先后与韩国起亚集团、日本日产公司等跨国公司合作，逐步建立起一个以规范的股份公司和有限责任公司为主体的母子公司管理体制，及一套以 EVA（经济增加值）为核心，与国际接轨的科学的业绩考评体系。同时，通过精简机构、剥离副业、裁减冗员，公司生产成本大大降低，取得了显著成效。

四、汽车业利用外商直接投资存在的问题

利用外商直接投资，加速了中国汽车产业的发展，同时，另一个问题也凸显出来，那就是核心技术的缺失。在整车合资企业中，发动机、模具开发和开发所用的数据库由外方垄断，中方核心技术缺失，缺乏自主发展话语权；在汽车发动机生产领域以及零部件领域，外方独资、控股趋势非常明显，特别是高技术含量的零部件领域，如汽油机电喷系统、柴油机共轨电喷系统、无级变速器等，中方处于弱势。

在汽车电喷系统、发动机管理系统、制动防抱死系统、微电机、安全气囊产量中，外资企业所占比例分别为 100%、100%、91%、97% 和 69%，极大地制约了汽车工业的自主创新和自主开发，使得中国汽车业在技术和品牌方面对外依赖程度较高。

此外，随着近些年外商在中国汽车产业的投资领域不断扩大，外资不断进入汽车产业链的高利润领域，如研发、营销、金融、信贷等环节，建立独资和控股公司，以获取高额利润，为我国汽车产业带来不安全因素。

第四节　中国利用外商直接投资的政策法律规定

为进一步扩大对外开放，积极促进外商投资，保护外商投资合法权益，规范外商投资管理，推动形成全面开放新格局，2019 年 3 月 15 日，第十三届全国人民代表大会第二次会议审议通过了《中华人民共和国外商投资法》。新法于 2020 年 1 月 1 日起开始实施，中国结束了"三资企业法"并存的外商投资法律制度体系。

改革开放 40 多年以来，为了创造良好的投资环境，鼓励外商来华投资，中国政府逐步建立了一套较为完善的外商投资法律体系，包括有关外商投资的专门法律法规、一般性的法律法规和国际条约，还制定了一系列具体的相关政策。以下仅对几个具体方面进行介绍。

一、关于外商投资准入前国民待遇加负面清单管理制度

改革开放 40 周年之际，《中华人民共和国外商投资法》标志着中国第一部统一的外商投资领域基础性法律诞生。《中华人民共和国外商投资法》第四条规定了国家对外商投资实行准入前国民待遇加负面清单管理制度，同时也具体界定了何为准入前国民待遇和负面清单。

准入前国民待遇是指在投资准入阶段给予外国投资者及其投资不低于本国投资者及其投资的待遇，负面清单是指国家规定在特定领域对外商投资实施的准入特别管理措施。国家对负面清单之外的外商投资给予国民待遇。该法条意味着中国在外资管理模式上有了重大突破，即用负面清单模式取代审批制，此项规定不仅顺应世界经济发展和国际投资环境的需要，也进一步扩大开发我国的投资市场，为外商进入中国提供了一个更加有利的平台。

二、关于外商投资产业与地区政策方面的规定

2002 年公布实施的《指导外商投资方向规定》和《外商投资产业指导目录》（2017 年修订）是指导审批外商投资项目和外商投资企业适用有关政策的依据。《指导外商投资方向规定》将外商投资项目分为鼓励、允许、限制和禁止四类。鼓励类的外商投资项目列入《鼓励外商投资产业目录（2020 年版）》，限制类和禁止类的外商投资项目列入《外商投资产业指导目录》。不属于鼓励类、限制类和禁止类的外商投资项目，为允许类外商投资项目，不列入《外商投资产业指导目录》。

属于下列情形之一的，列为鼓励类外商投资项目：属于农业新技术、农业综合开发和能源、交通、重要原材料工业的；属于高新技术、先进适用技术，能够改进产品性能、提高企业技术经济效益或者生产国内生产能力不足的新设备、新材料的；适应市场需求，能够提高产品档次、开拓新兴市场或者增加产品国际竞争能力的；属于新技术、新设备，能够节约能源和原材料、综合利用资源和再生资源以及防治环境污染的；能够发挥中西部地区的人力和资源优势，并符合国家产业政策的；法律、行政法规规定的其他情形。

属于下列情形之一的，列为限制类外商投资项目：技术水平落后的；不利于节约资源和改善生态环境的；从事国家规定实行保护性开采的特定矿种勘探、开采的；属于国家逐步开放的产业的；法律、行政法规规定的其他情形。

属于下列情形之一的，列为禁止类外商投资项目：危害国家安全或者损害社会公共利益的；对环境造成污染损害，破坏自然资源或者损害人体健康的；占用大量耕地，不利于保护、开发土地资源的；危害军事设施安全和使用效能的；运用我国特有工艺或者技术生产产品的；法律、行政法规规定的其他情形。

鼓励类外商投资项目，除依照有关法律、行政法规的规定享受优惠待遇外，从事投资额大、回收期长的能源、交通、城市基础设施（煤炭、石油、天然气、电力、铁路、公路、港口、机场、城市道路、污水处理、垃圾处理等）建设、经营的，经批准，可以扩大与其相关的经营范围。产品全部直接出口的允许类外商投资项目，视为鼓励类外商投资项目；产品出口销售额占其产品销售总额70%以上的限制类外商投资项目，经省、自治区、直辖市及计划单列市人民政府或者国务院主管部门批准，可以视为允许类外商投资项目。

国家对于设立在特定地区的外商投资企业给予一定的优惠和鼓励待遇。目前中国对外商投资实行特殊政策的区域主要有：经济特区、沿海开放城市、经济技术开发区、高新技术产业开发区、保税区、出口加工区、边境经济合作区等。为了加快实施西部大开发战略，国家鼓励外资企业前往中西部地区投资。

三、设立外商投资企业的法规要求

（一）对投资总额与注册资本的规定

根据《中华人民共和国外商投资法》，合营企业的投资总额是指按照合营企业合同、章程规定的生产规模需要投入的基本建设资金和生产流动资金的总和，含企业借款。注册资本是指为设立合营企业在登记管理机构登记的资本总额，应为合营各方认缴的出资额之和。注册资本额与投资总额可以不一致，注册资本额一般小于投资总额。

1987年，国家工商行政管理局（现国家市场监督管理总局）发布了《关于中外合资经营企业注册资本与投资总额比例的暂行规定》，明确了中外合资经营企业注册资本与投资总额的比例。主要内容如下。

（1）中外合资经营企业的投资总额在300万美元以下（含300万美元）的，其注册资本至少应占投资总额的70%。

（2）中外合资经营企业的投资总额在300万美元以上至1 000万美元（含1 000万美元）的，其注册资本至少应占投资总额的50%，其中投资总额在420万美元以下的，注册资本不得低于210万美元。

（3）中外合资经营企业的投资总额在1 000万美元以上至3 000万美元（含3 000万美元）的，其注册资本至少应占投资总额的40%，其中投资总额在1 250万美元以下的，注册资本不得低于500万美元。

（4）中外合资经营企业的投资总额在3 000万美元以上的，其注册资本至少应占投资总额的三分之一，其中投资总额在3 600万美元以下的，注册资本不得低于1 200万美元。

中外合资经营企业增加投资的，其追加的注册资本与增加的投资额的比例，应按本规定执行。中外合作经营企业、外资企业的注册资本与投资总额比例，参照本规定执行。

（二）出资方式与出资比例的规定

《中华人民共和国中外合资经营企业法实施条例》规定，合营者可以用货币出资，也可以用建筑物、厂房、机器设备或者其他物料、工业产权、专有技术、场地使用权等作价出资。

作为外国合营者出资的机器设备或者其他物料，应当是合营企业生产所必需的。其作价不得高于同类机器设备或者其他物料当时的国际市场价格。

作为外国合营者出资的工业产权或者专有技术，必须符合下列条件之一。

（1）能显著改进现有产品的性能、质量，提高生产效率。

（2）能显著节约原材料、燃料、动力。

外国合营者以工业产权或者专有技术作为出资，应当提交该工业产权或者专有技术的有关资料。

《中华人民共和国中外合资经营企业法》对出资比例规定，在合营企业的注册资本中，外国合营者的投资比例一般不低于25%。

四、关于外商投资企业合并与分立的规定

为了规范涉及外商投资企业合并与分立的行为，保护企业投资者和债权人的合法权益，外经贸部（现商务部）、国家工商行政管理总局于2001年11月22日发布了重新修订的《关于外商投资企业合并与分立的规定》（以下简称《规定》），2015年又进行了修正。《规定》规范了外商投资企业之间的合并与分立活动，为外商直接投资企业的重组和并购提供了法律保障。主要内容如下。

合并，是指两个以上公司依照公司法有关规定，通过订立协议而归并成为一个公司。公司合并可以采取吸收合并和新设合并两种形式。吸收合并，是指公司接纳其他公司加入本公司，接纳方继续存在，加入方解散。新设合并，是指两个以上公司合并设立一个新的公司，合并各方解散。分立，是指一个公司依照公司法有关规定，通过公司最高权力机构决议分成两个以上的公司。公司分立可以采取存续分立和解散分立两种形式。存续分立，是指一个公司分离成两个以上公司，本公司继续存在并设立一个以上新的公司。解散分立，是指一个公司分解为两个以上公司，本公司解散并设立两个以上新的公司。

公司合并或分立，应当遵守中国的法律、法规和本规定，遵循自愿、平等和公平竞争的原则，不得损害社会公共利益和债权人的合法权益。公司合并或分立，应符合《指导外商投资方向规定》和《外商投资产业指导目录》的规定，不得导致外国投资者在不允许外商独资、控股或占主导地位的产业的公司中独资、控股或占主导地位。公司因合并或分立而导致其所从事的行业或经营范围发生变更的，应符合有关法律、法规及国家产业政策的规定并办理必要的审批手续。公司合并或分立，须经公司原审批机关批准并到登记机关办理有关公司设立、变更或注销登记。

有限责任公司之间合并后为有限责任公司。股份有限公司之间合并后为股份有限公司。上市的股份有限公司与有限责任公司合并后为股份有限公司。非上市的股份有限公司与有限责任公司合并后可以是股份有限公司，也可以是有限责任公司。

股份有限公司之间合并或者公司合并后为有限责任公司的，合并后公司的注册资本为原公

司注册资本额之和。有限责任公司与股份有限公司合并后为股份有限公司的，合并后公司的注册资本为原有限责任公司净资产额根据拟合并的股份有限公司每股所含净资产额折成的股份额与原股份有限公司股份总额之和。各方投资者在合并后的公司中的股权比例，根据国家有关规定，由投资者之间协商或根据资产评估机构对其在原公司股权价值的评估结果，在合并后的公司合同、章程中确定，但外国投资者的股权比例一般不得低于合并后公司注册资本的 25%。

分立后公司的注册资本额，由分立前公司的最高权力机构，依照有关外商投资企业法律、法规和登记机关的有关规定确定，但分立后各公司的注册资本额之和应为分立前公司的注册资本额。各方投资者在分立后的公司中的股权比例，由投资者在分立后的公司合同、章程中确定，但外国投资者的股权比例不得低于分立后公司注册资本的 25%。

五、关于外国投资者并购境内企业的规定

我国的第一部《中华人民共和国反垄断法》（简称《反垄断法》）从 2008 年 8 月 1 日起正式实施，进一步明确了有关跨国公司并购国内企业反垄断审查的法律依据和操作程序。2009 年 6 月，商务部根据《反垄断法》和《国务院关于经营者集中申报标准的规定》，对《关于外国投资者并购境内企业的规定》进行了修订。

外国投资者并购境内企业，系指外国投资者购买境内非外商投资企业（境内公司）股东的股权或认购境内公司增资，使该境内公司变更设立为外商投资企业（股权并购）；或者外国投资者设立外商投资企业，并通过该企业协议购买境内企业资产且运营该资产；或外国投资者协议购买境内企业资产，并以该资产投资设立外商投资企业运营该资产（资产并购）。

依照《外商投资产业指导目录》不允许外国投资者独资经营的产业，并购不得导致外国投资者持有企业的全部股权；需由中方控股或相对控股的产业，该产业的企业被并购后，仍应由中方在企业中占控股或相对控股地位；禁止外国投资者经营的产业，外国投资者不得并购从事该产业的企业。

外国投资者在并购后所设外商投资企业注册资本中的出资比例高于 25% 的，该企业享受外商投资企业待遇。外国投资者在并购后所设外商投资企业注册资本中的出资比例低于 25% 的，除法律和行政法规另有规定外，该企业不享受外商投资企业待遇，其举借外债按照境内非外商投资企业举借外债的有关规定办理。审批机关向其颁发加注 "外资比例低于 25%" 字样的外商投资企业批准证书。登记管理机关、外汇管理机关分别向其颁发加注 "外资比例低于 25%" 字样的外商投资企业营业执照和外汇登记证。

外国投资者并购境内企业设立外商投资企业的，外国投资者应自外商投资企业营业执照颁发之日起 3 个月内向转让股权的股东或出售资产的境内企业支付全部对价。对特殊情况需要延长者，经审批机关批准后，应自外商投资企业营业执照颁发之日起 6 个月内支付全部对价的 60% 以上，1 年内付清全部对价，并按实际缴付的出资比例分配收益。

外国投资者股权并购的，除国家另有规定外，对并购后所设外商投资企业应按照以下比例确定投资总额的上限。

（1）注册资本在 210 万美元以下的，投资总额不得超过注册资本的 70%。

（2）注册资本在 210 万美元以上至 500 万美元的，投资总额不得超过注册资本的 2 倍。

（3）注册资本在 500 万美元以上至 1 200 万美元的，投资总额不得超过注册资本的 2.5 倍。

（4）注册资本在 1 200 万美元以上的，投资总额不得超过注册资本的 3 倍。

依据《反垄断法》的规定，外国投资者并购境内企业达到《国务院关于经营者集中申报标准的规定》规定的申报标准的，应当事先向商务部申报，未申报不得实施交易。对外资并购境内企业或者以其他方式参与经营者集中，涉及国家安全的，除依法进行经营者集中审查外，还应当按照国家有关规定进行国家安全审查。

| 案例6-5 |

可口可乐并购汇源案中的反垄断审查

汇源果汁 2008 年 9 月 3 日对外发布公告，荷银融资亚洲有限公司将代表可口可乐公司全资附属公司 Atlantic Industries 以约 179.2 亿港元收购汇源果汁集团有限公司股本中的全部已发行股份及全部未行使可换股债券，可口可乐提出的每股现金作价为 12.2 港元。若能完成交易，将成为迄今为止我国食品和饮料行业最大的一笔收购案。消息一经公布立即引起了我国社会的强烈关注。国内饮料企业、上海美国商会、中国欧盟商会及其他外国投资者也都高度关注这一事件，将其看作我国首部《反垄断法》出台后实施外资并购政策的标杆。

2008 年 9 月 18 日，可口可乐公司向商务部递交了申报材料，根据《反垄断法》第二十七条，商务部从如下几个方面进行了全面审查。

（1）参与集中的经营者在相关市场的市场份额及其对市场的控制力。

（2）相关市场的市场集中度。

（3）经营者集中对市场进入、技术进步的影响。

（4）经营者集中对消费者和其他有关经营者的影响。

（5）经营者集中对国民经济发展的影响。

（6）汇源品牌对果汁饮料市场竞争产生的影响。

立案后，商务部对申报材料进行了认真核实，对此项申报涉及的重要问题进行了深入分析，并通过书面征求意见、论证会、座谈会、听证会、实地调查、委托调查以及约谈当事人等方式，先后征求了相关政府部门、相关行业协会、果汁饮料企业、上游果汁浓缩汁供应商、下游果汁饮料销售商、集中交易双方、可口可乐公司中方合作伙伴以及相关法律、经济和农业专家等方面的意见。

审查工作结束后，商务部依法对此项集中进行了全面评估，确认集中将产生如下不利影响。

首先，集中完成后，可口可乐公司有能力将其在碳酸软饮料市场上的支配地位传导到果汁饮料市场，对现有果汁饮料企业产生排除、限制竞争效果，进而损害饮料消费者的合法权益。

其次，品牌是影响饮料市场有效竞争的关键因素，集中完成后，可口可乐公司通过控制"美汁源"和"汇源"两个知名果汁品牌，对果汁市场的控制力将明显增强，加之其在碳酸饮料市场已有的支配地位以及相应的传导效应，集中将使潜在竞争对手进入果汁饮料市场的障碍明显提高。

最后，集中挤压了国内中小型果汁企业的生存空间，抑制了国内企业在果汁饮料市场参与竞争和自主创新的能力，给中国果汁饮料市场有效竞争格局造成不良影响，不利于中国果汁行业的持续健康发展。

为了减少审查中发现的不利影响，商务部与可口可乐公司就附加限制性条件进行了商谈。商谈中，商务部就审查中发现的问题，要求可口可乐公司提出可行解决方案。可口可乐公司对商务部提出的问题表述自己的看法，并先后提出了初步解决方案及其修改方案。经过评估，商务部认为可口可乐公司针对影响竞争的问题提出的救济方案，仍不能有效减少此项集中产生的不利影响。

鉴于上述原因，根据《反垄断法》第二十八条和第二十九条，商务部认为，此项经营者集中具有排除、限制竞争效果，将对中国果汁饮料市场有效竞争和果汁产业健康发展产生不利影响。鉴于参与集中的经营者没有提供充足的证据证明集中对竞争产生的有利影响明显大于不利影响或者符合社会公共利益，在规定的时间内，可口可乐公司也没有提出可行的减少不利影响的解决方案，因此，商务部最终于 2009 年 3 月 18 日正式宣布决定禁止这一收购行为。

　　资料来源：改编自商务部网站。

▶ 讨论题

《反垄断法》在可口可乐收购汇源案中保护了我国的哪些权益？

❖ 课外阅读

利用外资和经济安全

改革开放以来，中国在利用外资问题上争论不断。这一争论的新表现是上升到产业安全和经济安全的高度。经济全球化条件下发展中国家的经济安全问题，是一个不容回避的现实问题。在利用外资上提出注意经济安全是对的，但问题是，怎样看待利用外资问题上的经济安全？2007 年年末，成思危在《产业安全的基点》一文中认为，"在经济全球化不断发展的今天，任何一个国家都不可能掌握所有的产业的控制力和发展力。正如个别企业的不安全通常不会影响产业整体安全一样，个别产业的不安全通常也不会影响国家经济安全；个别产业当前的不安全，并不表明它今后永远都不会安全。"成思危在上述文章中列举了大量数据，"根据国资委对国民经济 95 个主要行业的调查，有 64 个行业的前六名企业全部或主要是国有性质，占 67.4%；有 24 个行业的前六名企业主要是民营性质，占 25.3%；只有 7 个行业的前六名企业主要是外资性质，占 7.3%。根据商务部对 22 个重点行业和充分竞争行业的调查，有 17 个行业内资占主导地位，占 77%；只有 5 个行业外资占主导地位，占 23%。统计局还调查了限额以上批发、零售、住宿及餐饮业，外资占实收资本的比重分别为 9.92%、12.35%、40.15% 和 23.05%，均未超过 50%。到目前为止的并购案中，有一半左右是由中方控股的。"他的判断是："由此可见，'我国多数产业的安全面临严重问题'的说法是依据不足和夸大的。"

2011 年 7 月，南开大学跨国公司研究中心葛顺奇教授在《中国经济时报》上发表了《外资的经济威胁到底有多大》的文章。葛顺奇认为，"在新的历史时期，所谓外资对东道国经济安全的威胁，已不太可能表现为控制国家经济命脉、破坏国家基本经济制度、扰乱国家经济秩序、干预国家重大经济决策等极端现象，充其量是跨国公司由于过分寻求自身经济利益，而忽视在东道国的社会责任，危害东道国的经济利益，没有实现跨国公司与东道国双赢的局面。""这种损害的表现包括：行业控制力过高，使东道国对跨国公司产生高度依赖；进入或控制战略与敏感行业；通过各种技术壁垒、垄断与封锁，阻止东道国关键技术吸收和进步；实施各种不正当市场竞争行为，寻求市场垄断、渠道控制，或商业贿赂、政策寻租等；实施低于其他国家标准的歧视性行为，如社会责任标准、技术研发与使用标准等。"据此，他根据2007年数据分析了包括采矿业、制造业、电力燃气及水的生产和供应业在内的523个细分行业规模以上外资企业占中国工业企业的比例，评估外资企业对中国经济的总体控制力。"结果显示：外资对中国产业不具控制力（控制力为10%以下）的行业97个，占18.5%；外资对中国产业具有一定控制力（控制力为10%~30%）的行业172个，占32.9%；外资对中国产业具有重要控制力（控制力为30%~50%）的行业149个，占28.5%；外资对中国产业具有控制力（控制力为50%~70%）的行业77个，占14.7%；外资对中国产业拥有高度控制力（控制力为70%以上）的行业28个，约占5.4%。"葛顺奇得出结论："分析表明，跨国公司对中国总体的产业控制力是有限的，被外资绝对控制的部门较少。虽然有些行业被外资控制，但每一个细分行业都存在数百家外资企业，市场结构不具有垄断性质。从跨国公司控制的细分行业看，也不属于国家战略或敏感行业。由此，我们认为，中国利用外资总体规模较大，跨国公司对中国具有重要的行业影响力，但总体影响没有超出合理范围。所谓外资产业控制力过大，危及国家经济安全的判断缺乏依据。"

上述两篇文章及其援引的数据总体上说明，我国在利用外资上并没有影响到国家的经济安全。因此我们不能因为个别企业在同外资的竞争中遭遇到困难就说利用外资威胁到了国家的经济安全，更应谨防以民族利益之名行私利保护之实。

资料来源：曹尔阶. 资本是个好东西 [M]. 北京：中国人民大学出版社，2012.

▶ 讨论题

搜集相关资料，全面评价外商直接投资给中国经济带来的影响。

▧ 思考题

对于中国企业利用外商直接投资存在的核心技术缺失的问题，你是怎么看的？

▧ 习题

1. 选择题

（1）中国国家统计局规定，一个企业全部资本中（ ）或以上来自其他国家或地区（包括中国港澳台地区）的投资者，该企业就被称为外国（商）投资企业。

A. 10%　　　　B. 25%

C. 50%　　　　D. 75%

（2）下面（ ）是中外合资企业、中外合作企业和外商独资企业的共同特征。

A. 依中国法律成立

B. 中国的法人企业

C. 利润中外共享

D. 风险中外共担

（3）中外合作经营企业的基本特征表现为（ ）。

A. 各方的投入一般折价计算投资比例

B. 应该注册成为独立的法人企业

C. 管理方式比较灵活多样

D. 必须按照注册资本比例分配利润和承担风险

（4）对我国汽车业利用外商直接投资的论述错误的是（ ）。

A. 通过利用外商直接投资扩大了汽车企业生产规模

B. 缩小了与先进国家的技术差距

C. 获得了国际先进技术，推动了自主创新

D. 完善了企业管理体制，提高了生产效率

2．判断题

（1）在外商投资股份有限公司中，外国股东购买并持有的股份至少应占股份公司注册资本的50%。（　　）

（2）中外合作经营企业与中外合资经营企业的最大不同在于中外各方的投资一般不折算成出资比例，利润也不按出资比例进行分配。（　　）

（3）我国汽车业吸引外商直接投资的地区主要分布在我国东部地区。（　　）

（4）依照《外商投资产业指导目录》禁止外国投资者经营的产业，外国投资者不得并购从事该产业的企业。（　　）

3．简答题

（1）外商直接投资给中国经济发展带来了哪些影响？

（2）中国利用外商直接投资的主要方式是什么？各有什么特点？

（3）中外合资和中外合作经营企业有什么区别？

第七章

CHAPTER 7

中国对外直接投资

▌▎本章要点

　　本章首先从"走出去"战略出发介绍了中国对外直接投资的发展概况、特点及可行性;其次分析了中国企业对外直接投资的两个经典案例;最后介绍了中国对外直接投资的管理。

▌▎思政视野

　　21世纪初期,我国启动了"走出去"战略,鼓励和支持有比较优势的企业对外投资,带动商品和劳务出口,打造有实力的跨国企业和著名品牌。这一战略的提出和实施使中国企业对外投资在短短的几年中实现了跨越式发展。

　　当前,我国对外直接投资面临的国内条件、所处的国际环境正在发生深刻变化。受全球新冠肺炎疫情的冲击,世界经济衰退,产业链供应链循环受阻,国际贸易投资萎缩;国内消费、投资、出口下滑,企业面临的困难凸显。我国企业对外投资呈现出的新特点、新趋势值得关注。一是投资主体多元化、组团"走出去"成为新趋势。近年来,国有企业在对外投资中所占比重下降,民营企业海外投资更为活跃。为降低海外投资风险、增加协同效应等,越来越多的企业组团"走出去",或者组成财团进行海外投资并购。二是企业对外投资的融资渠道更加灵活,境外融资在海外并购中的参与度不断上升。企业通过设计灵活、复杂的融资方式,整合运用全球金融市场资源。三是企业对外投资更加注重完善上下游产业链、形成新的产业生态、利用境外金融证券市场等,而不仅仅是为了获取资源、技术、品牌或管理经验。四是企业更加注重基于自身能力且合规运作,对外投资更趋审慎和理性。企业对外投资正在从单一控股、盲目扩张向更加注重经济效益、实现互利共赢转变。

　　全球新一轮科技革命和产业变革方兴未艾,各国均高度重视在新兴技术领域取得、保持或扩大优势地位,采取多种手段保护本国的优势技术,部分国家收紧外资安全审查相关政策,将关键基础设施、关键技术、敏感数据等领域的外商投资纳入审查范围,我国企业对外投资合作面临的难度和风险加大,但潜力和机遇仍在。

一方面，积极吸引外资仍是世界各国不可或缺的政策选项，多层次、多领域的资金需求仍远远大于供给。特别是我国企业已经在美欧等地进行了大量投资，为多层次、多领域合作的自然延伸奠定了长远基础，深耕发达国家市场仍能够发掘大量投资机会，在绿地投资、共建研发中心、技术应用市场开拓等方面，以及气候变化、绿色环保、生命健康等全球共同面临的问题方面，仍有较大的合作和投资空间。

另一方面，与自身经济总量相比，我国对外投资规模还存在巨大的上升空间，量质齐升的中国资本在全球的需求前景十分广阔。共建"一带一路"，以及建设境外经贸合作区、拓展第三方市场合作、建设多元化融资体系、构建高标准自贸区网络等，将持续优化我国企业"走出去"的环境，能有力促进集群式对外投资和链条式发展，助力企业持续释放对外投资潜力。

总的来看，新形势下更好地推动对外投资，需加强顶层设计，以国家战略需求为导向进行全球价值链整合，优化对外投资结构；以共建"一带一路"为引领，建立与国际规则接轨且兼具中国特色的国际合作规制；加强多层次国际合作，创新合作方式，提高企业在全球范围内配置资源的能力以及在全球市场的竞争力；推动国内改革与对外开放更好地协同发展、"走出去"与"引进来"相互促进；培育具有国际竞争力的跨国企业，提升我国企业在全球产业链和生产网络中的地位。

资料来源：姚淑梅，刘稆畅，李馥伊. 新形势下引导对外投资健康发展的着力点［EB/OL］.（2020-08-04）［2021-05-23］. https://m.gmw.cn/baijia/2020-08/04/1301423327.html.

▶ 思考题

分析我国对外直接投资的形势。

开篇案例

2017 年 6 月 8 日，中国化工集团有限公司（简称"中国化工"）宣布完成对瑞士先正达的交割。中国化工通过自有资金带动其他各类金融机构，以及国际银行贷款、商业贷款等方式，完成了 430 亿美元（折合 3 000 亿元）的市场化融资并拥有先正达 94.7% 的股份。这一并购也是有史以来中资企业最大的海外并购。自此，美国、欧盟和中国"三足鼎立"的全球农化行业格局形成。

先正达是全球第一大农药、第三大种子农化高科技公司，拥有 260 多年的历史，总部位于瑞士巴塞尔。业务涉及农药、种子、草坪和园艺三大业务板块，在全球 90 个国家和地区拥有 107 个生产供应基地和 119 个研发基地，每年投入研发的资金接近 100 亿元，在全球拥有专利超过 13 000 件。2016 年，先正达的销售收入为 900 亿元，净利润 84 亿元。其中农药和种子分别占全球市场份额的 20% 和 8%，先正达拥有全球顶尖的原创农药开发以及新型种子研发、育种技术，是全球最具价值的农化品牌。

先正达之所以选择中国，是因为世界农化行业格局的巨变。2014 年以来，受大宗商品价格走低、拉美市场疲软以及美元走强影响，农药行业的整体萎缩拖累了先正达的盈利水平，2014 年，先正达全球裁员 1 000 人；2015 年实现营收 134.1 亿美元，同比下降 8.78%；2016年首季继续下降达 7%。先正达通过跟中国化工合作，可以享受中国甚至亚洲广阔的市场份额和销售渠道。

中国化工是中国最大的化工企业，目前在 150 个国家和地区拥有生产、研发基地和营销体系，2016 年在世界 500 强企业排名中位于第 234 位。主要业务涉及材料科学、生命科学、高端制造和基础化工领域。中国化工对先正达的并购能够填补我国专利农药和种子领域空白，促进我国从农业大国向农业强国的转变。

中国化工对先正达的并购使其能够提供覆盖专利农药、非专利农药、大田种子和蔬菜种子以及农技服务等"农业一体化解决方案"，率先实现从"田间到餐桌"全程监控，从而打造全球规模最大、技术最领先的农业科技公司。中国化工新闻发言人梁晓亮表示，并购先正达协同效应明显。通过产品和市场协同实现收入增长是协同效应的主要来源，收入增长主要来自全球农药业务以及中国农药和种子业务。在营销网络方面，先正达业务非常广泛，覆盖北美、欧洲、中东非、拉美、亚太等众多市场，这样可以与中国化工形成国内市场与海外市场互补的格局。另外，先正达在全球注册、营销和分销领域的经验及优势，也会成为中国化工在全球市场拓展业务的重要支撑点，有助于中国化工农药业务开发、注册和分销能力的全面提升，加强中国化工农药业务在全球市场的竞争力。

资料来源：改编自《新京报》网站。

▶ 讨论题

中国化工通过此次并购能够获得哪些收益？

21 世纪初期，我国启动了"走出去"战略，鼓励和支持有比较优势的企业对外投资，带动商品和劳务出口，打造有实力的跨国企业和著名品牌。这一战略的提出和实施使中国企业对外投资在短短的几年中实现了跨越式发展。2020 年，中国对外直接投资净额 1 537.1 亿美元，同比增长 12.3%，占全球比重达 20.2%，首次在全球拔得头筹。

第一节　实施"走出去"战略与企业对外直接投资

一、"走出去"战略的含义与层次

"走出去"战略有广义与狭义之分：广义的"走出去"战略指的是使中国的产品、服务、资本、技术、劳动力、管理以及中国的企业本身走向国际市场，到国外去开展竞争与合作；狭义的"走出去"战略是指到国外投资办厂，从事对外直接投资活动，将各种生产要素输出到国外，将生产能力向国外延伸和布局。在现实中，有从广义角度讲的，也有从狭义角度讲的。目前商务部使用的"走出去"概念是在狭义的基础上再加上对外工程承包与劳务合作。

本章主要从狭义角度探讨"走出去"战略。"走出去"战略是与"引进来"战略（引进国外的资金、技术、管理、商品和服务等）相互对应的，这两个方面共同构成了中国对外开放的完整格局。

一个企业"走出去"大体可以分为三个层次。第一个层次是商品输出，是指货物、服务、技术、管理等商品和要素的输出，主要涉及货物贸易、服务贸易、技术贸易以及承包劳务等。第二个层次是资本输出，是指进行各种形式的对外直接投资。如果一家企业的"走出去"战略发展到了第二个层次，特别是海外投资达到了一定的规模（在两个或两个以上的国家拥有企业），这家企业就变成了跨国公司。第三个层次是品牌输出，当一家企业拥有了著名品牌后，它不仅可以授权国外的企业使用该品牌，还可以利用品牌的影响力与国外开展合资合作，并且可以借助品牌的知名度扩大产品的销售，可以说品牌是大型跨国公司参与国际竞争的有力武器。本章涉及的"走出去"战略主要是指企业"走出去"的第二和第三个层次。

二、实施"走出去"战略的必要性和作用

1. 实施"走出去"战略是适应经济全球化发展的必然要求

当今世界经济中，各国企业开展跨国经营已形成趋势和潮流，中国企业也不例外。能否在利用国外资源和市场发展中国经济方面取得新的突破，是关系到中国今后发展全局和前景的重大战略问题。经济全球化的发展把整个世界变成了一个"地球村"，中国只有顺应这一潮流，突破国界的局限，把视野和目标从国内扩展到全球，建立一个在全球化环境中同样能够取得成功的经济体系，才能确保中国现代化目标的实现和长期持续的发展。经济全球化还使世界经济格局发生新的变化，几乎所有国家都感受到了由此而带来的巨大压力和深刻影响，只有积极应对，主动实施"走出去"战略，在更广阔的空间进行产业结构调整和资源优化配置，一国才有可能在新的世界经济格局中占据有利地位。

2. 实施"走出去"战略是合理配置资源和更好地利用国外资源的要求

世界上任何一个国家都不可能拥有经济发展所需要的全部资源，都会遇到资源约束的问题。为了满足本国经济发展的需要，就需要从国外输入各种自然资源和生产要素。利用本国和他国的不同资源与要素优势，在国际上实现资源和要素的合理流动与重新组合配置，获得绝对和相对利益，这也是实施"走出去"战略的一个重要动因。

资源特别是关系到国计民生的战略资源涉及国家的经济安全和稳定，仅靠传统的贸易渠道获得是不稳定的，并且还要承担资源价格波动带来的风险。中国企业"走出去"，有助于稳定战略资源的供应和价格水平。

3. 实施"走出去"战略有利于经济结构调整和产业结构优化

要想在更广阔的空间里促进经济结构调整和产业结构优化配置，拓展新的经济发展空间和新的经济增长点，增强中国经济发展的动力和后劲，就需要实施"走出去"战略。20世纪90年代以来，中国经济已经从卖方市场转向买方市场，国内家电、纺织、重化工和轻工等行业的生产能力过剩，产品积压、技术设备闲置造成浪费，急需寻找新的市场。通过对外直接投资，带动国产设备、原材料以及半成品的出口，可以有效拓展国际市场。在国内市场供过于求的情况下，一方面，企业要考虑转产，提升技术水平；另一方面，企业要积极走向国外，实施"走出去"战略，尤其是到海外投资设厂，向国外输出生产加工能力，把成熟的技术转移到其他有需求的市场中。

4. 实施"走出去"战略是突破国外贸易保护主义的要求

入世后，中国面临的贸易摩擦不断。许多国家运用反倾销、保障措施、特保和反补贴等手段设置贸易壁垒。一些国家（特别是发达国家）还利用知识产权、劳工标准、技术壁垒、绿色贸易壁垒等措施限制对中国的进口。应对国外的贸易摩擦除了企业联合起来积极应诉或借助世界贸易组织的争端解决机制外，还有一个更为有效的方法就是变国内生产、国外销售为国外生产、国外销售，也就是进行海外投资，设立海外企业，企业直接"走出去"。实施"走出去"

战略可以有效地突破中国面临的越来越严峻的贸易摩擦的形势。

5. 实施"走出去"战略有利于提高中国的国际地位

提高中国的国际地位是"走出去"战略的多元化目标之一，从事国际化经营的中国企业多了，中国的商品和技术走出去的多了，有利于在国际上树立中国的大国形象，提高中国的国际竞争力，提高中国的地位，维护和保障国家的安全与利益，促进祖国的统一，推动建立公正合理的国际经济新秩序。

6. "走出去"战略的实行是发展中国自己的跨国公司的需要

跨国公司是经济全球化的重要载体。在经济全球化背景下，一国拥有的跨国公司数量和规模是衡量其经济发展水平的重要标志，也是该国赢得国际竞争优势，获取支配全球资源权力的重要工具。现在，中国已经有自己的跨国公司了，但是数量太少，总体实力也不够强。中国要大力发展自己的跨国公司，就必须加快发展海外投资。"走出去"战略的实行，将有力地催生和培育中国的跨国公司，加速中国跨国公司的成长壮大。

7. 入世后国内经营环境的变化和市场竞争的加剧迫使企业必须"走出去"

随着关税的降低和国内市场的进一步开放，大量外资伴随更多资金和更先进的技术进入中国，国内市场竞争进一步加剧，对国内的一些行业产生冲击，如石化、钢铁、汽车、石油、医药、金融等行业面临更激烈的竞争。

面对日趋激烈的市场竞争，国内企业要积极迎接挑战：一方面，要发挥本土作战优势，改进管理，勇于创新，切实提高竞争力；另一方面，就是要实施"走出去"战略，走向广阔的国际市场，寻找新的企业生存和发展空间。

第二节　中国企业对外直接投资的发展、特点与可能性

一、中国企业对外直接投资的发展

中国企业对外直接投资大体上经历了以下几个发展阶段。

（一）初步发展阶段（1949～1978年）

从新中国成立到实行改革开放政策的30年间，中国企业在境外开展了一些直接投资活动。这期间，为了开拓国际市场，发展与世界各国和地区的贸易往来，各专业外贸总公司先后在巴黎、伦敦、汉堡、东京、纽约、香港、新加坡等国际大都市设立了分支机构，建立了一批贸易企业。与此同时，中国的一些与贸易相关的企业也在境外投资开办了一些远洋运输和金融等方面的企业。这是境内企业自己到境外投资开办的首批企业。这批境外企业的投资规模普遍较小，多分布在世界上的一些著名港口和大城市，主要从事贸易活动，基本属于贸易性的境外投资。这批境外企业的设立为中国对外贸易事业的发展做出了积极的贡献。

（二）进一步发展阶段（1979～1985年）

自1978年中国实行改革开放政策以后，境内企业到境外投资办企业得到了较为迅速的发

展。1979 年 11 月，北京市友谊商业服务总公司与日本东京丸一商事株式会社在东京合资开办了
"京和股份有限公司"，这是中国实行改革开放政策后在境外开办的第一家合资经营企业。该企
业的主要经营范围是为北京市食品工业企业的更新改造引进技术和设备，在日本开办北京风味
餐馆并提供厨师服务等。1980 年 3 月，中国船舶工业总公司、中国租船公司与中国香港环球航
运集团等共同投资 5 000 万美元，合资成立了"国际联合船舶投资有限公司"，总公司设在百慕
大，在香港地区设立"国际联合船舶代理公司"，从事代理境内船舶及船用设备的进出口和经营
国际航运业务，境内企业投资额占 45%，这是当时境内企业投资额最大的境外合资企业。截至
1985 年年底，经有关部门批准成立的非贸易型境外投资企业有 189 个，总投资达 2.96 亿美元，
其中境内企业投资总额为 1.77 亿美元，这些投资分布于全球 47 个国家和地区（见表 7-1）。然
而，从总体上看，这一时期境内企业参与境外投资活动的企业并不多，对外投资规模不大，兴
办的境外企业数量不多。

表 7-1　1979 ~ 1985 年境内企业境外非贸易直接投资情况

年份	1979	1980	1981	1982	1983	1984	1985
企业累计数量/个	4	17	30	43	76	113	189
年投资额/亿美元	0.012	0.68	0.07	0.06	0.19	1.03	0.92
累计投资额/亿美元	0.012	0.692	0.762	0.822	1.012	2.042	2.96
累计境内企业投资额/亿美元	0.005	0.317	0.32	0.37	0.46	1.27	1.77
境内企业投资额占比/%	43.8	45.8	45.0	45.3	45.5	62.3	59.8

资料来源：马淑琴，孙建中，孙敬水. 国际经济合作教程 [J]. 杭州：浙江大学出版社，2008.

（三）加快发展阶段（1986 ~ 1992 年）

在这一阶段，境内企业对外直接投资有了较快发展，主要表现在：参与境外投资的境内企
业类型增加，除了外经贸企业，工业企业、商贸物资企业、科技企业及金融保险企业等也参与
到了境外投资之中；境外投资的领域进一步拓宽，在服务业、工农业生产加工、资源开发等几
大产业内的若干行业中都有境外企业设立；境外企业的数量增加，截至 1992 年年底，非贸易型境
外企业达 1 363 个，境内企业对其投资总额达 15.9 亿美元；境外企业分布的国家和地区更加广泛，
到 1992 年年底，境内企业已经在世界上 120 多个国家和地区设立了境外企业（见表 7-2）。

表 7-2　1986 ~ 1992 年境内企业境外非贸易直接投资情况

年份	1986	1987	1988	1989	1990	1991	1992
企业累计数量/个	277	385	526	645	801	1 008	1 363
年投资额/亿美元	1.11	13.73	1.18	3.25	1.67	7.59	3.515
累计投资额/亿美元	4.07	17.80	18.98	22.23	23.90	31.49	35.005
累计境内企业投资额/亿美元	2.3	6.4	7.15	9.51	10.58	13.95	15.903
境内企业投资额占比/%	56.5	36.0	37.7	42.8	44.2	44.3	

资料来源：马淑琴，孙建中，孙敬水. 国际经济合作教程 [J]. 杭州：浙江大学出版社，2008.

（四）调整发展阶段（1993 ~ 1998 年）

由于整个国民经济发展中存在着经济发展过热、投资结构不合理、物价上涨过快等现象，
从 1993 年年中开始，国家决定实行经济结构调整，紧缩银根，让过热的经济软着陆。与此相对
应，境外投资业务也进入清理和整顿时期，国家主管部门对新的境外投资实行严格控制的审批
政策，并对各部门和各地方已开办的境外企业进行重新登记，境外投资的发展速度开始放缓。

在这 6 年间，中国对外直接投资额为 12.78 亿美元，批准设立境外企业 1 500 家左右。通过对以往境外投资经验教训的总结和对中国企业国际竞争力现实状况的分析，在这一阶段的后期，中国政府提出了发展境外投资的新战略方针，即鼓励发展能够发挥我国比较优势的对外投资，更好地利用两个市场、两种资源；组建跨行业、跨部门、跨地区的跨国经营企业集团；在积极扩大出口的同时，要有领导、有步骤地组织和支持一批有实力、有优势的国有企业走出去，到境外，主要是到非洲、中亚、中东、东欧、南美等地投资办厂。新的境外投资战略方针的提出，预示着境外投资将出现新一轮快速发展时期。

（五）新的较快发展时期（1999～2016 年）

20 世纪 90 年代的治理整顿工作为我国对外直接投资的健康快速发展创造了有利条件。从 1999 年开始，为了推动出口贸易的发展，加快产业结构的调整，向境外转移境内成熟的技术和产业，中国政府提出鼓励有实力的境内企业到境外投资，通过开展境外加工装配、就市生产就地销售或向周边国家销售，带动国产设备、技术、材料和半成品的出口，扩大对外贸易。上述新的政策措施被系统地概括成"走出去"战略。为了加快实施"走出去"战略，商务部先后向 200 多家企业颁发了"境外加工贸易企业批准证书"。由境外加工贸易而引发的境外投资成为中国境外投资的一个新增长点，这种类型的境外投资的加快发展还使境外投资主体、方式和行业结构出现新的变化。

2001 年，中国加入世界贸易组织，从此中国逐步扩大向国际市场的开放。同年，"走出去"战略被写入《中华人民共和国国民经济和社会发展第十个五年计划纲要》，成为我国开放型经济发展的三大支柱之一，其战略思想和方针自此开始不断深化和拓展。2001 年全年新设境外非金融类企业 232 家，境内企业协议投资额 7.08 亿美元。2002 年全年新设境外非金融类企业 350 家，境内企业协议投资额 9.83 亿美元，分别比 2001 年增长了 50.9% 和 38.8%。

国际金融危机的爆发也给了中国企业更多机遇。2009 年，中国石化以 81 亿美元的价格收购加拿大公司 Addax Petroleum，全国当年对外直接投资净额 565.29 亿美元。2015 年和 2016 年中国蝉联世界第二大对外投资国家，并连续两年实现对外投资的净输出，对外投资存量的全球排名也从 2002 年的第 25 位跃升至 2016 年的第 6 位。中国对外投资截至 2016 年年底分布在全球 190 个国家和地区，超过全球国家和地区总数的 80%。2013 年提出的"一带一路"倡议对沿线对外投资发展也起到明显的带动作用，截至 2016 年年底，我国在"一带一路"沿线国家的投资存量占总存量的 9.5%。

（六）新的稳步发展时期（2017 年至今）

鉴于前几年对外投资快速发展中存在的问题，有关部门自 2016 年年底采取相关政策进行调整和指导。面对复杂多变的内外部形势，中国深入贯彻新发展理念和落实高质量发展要求，推动更高水平的对外开放，健全促进对外投资政策和服务体系，对外投资合作保持健康有序开展。

2020 年，中国对外直接投资逆势增长，流量达 1 537.1 亿美元，首次跃居世界第一，占全球份额的 20.2%。自 2003 年中国有关部门权威发布年度对外直接投资统计数据以来，中国已连续 9 年位列全球对外直接投资流量前三，对世界经济的贡献日益凸显。"十三五"时期，中国累计对外直接投资达 7 881 亿美元，较"十二五"时期增长 46.2%，占全球比重连续 5 年超过一成，总体实现了平稳健康有序发展，中国对外直接投资在全球中的影响力不断扩大。2021 年，中国对外直接投资合作平稳发展。全行业对外直接投资 9 366.9 亿元，同比增长 2.2%（折合 1 451.9 亿美元，同比增长 9.2%）；对外承包工程完成营业额 9 996.2 亿元，同比下降 7.1%（折合 1 549.4 亿美元，同比下降 0.6%）；新签合同额 16 676.8 亿元，同比下降 5.4%（折合 2 584.9 亿美元，同比增长 1.2%）。

2021 年全年，中国对外直接投资呈现以下特点。一是对"一带一路"沿线国家投资增长较快。对"一带一路"沿线国家非金融类直接投资 203 亿美元，同比增长 14.1%，为促进东道国经济发展做出了积极贡献。二是对外承包工程大项目增多。新签合同额上亿美元项目 560 个，较 2020 年增加 46 个，主要集中在交通运输等基础设施领域，有利于进一步促进互联互通。三是境外经贸合作区建设成效显著。截至 2021 年年末，纳入商务部统计的境外经贸合作区分布在 46 个国家，累计投资 507 亿美元，上缴东道国税费 66 亿美元，为当地创造 39.2 万个就业岗位，有力促进了互利共赢、共同发展。

表 7-3 是 1998～2021 年中国对外直接投资规模。

表 7-3 1998～2021 年中国对外直接投资规模

年份	中国对外直接投资额/亿美元	年份	中国对外直接投资额/亿美元
1998	26.3	2010	688.1
1999	17.7	2011	746.5
2000	9.1	2012	878.0
2001	69.2	2013	1 078.4
2002	27.0	2014	1 231.2
2003	28.5	2015	1 456.7
2004	54.9	2016	1 961.5
2005	122.6	2017	1 582.9
2006	211.6	2018	1 430.4
2007	265.1	2019	1 369.1
2008	559.1	2020	1 537.1
2009	565.2	2021	1 451.9

资料来源：根据国家统计局统计、历年《中国对外直接投资统计公报》整理。

二、中国企业对外直接投资的特点

（一）投资发展较快，规模不断扩大

中国对外直接投资起步较晚，与发达国家相比，落后了一个世纪。但我国实行改革开放 40 多年以来，对外投资发展迅速，规模不断扩大。

"十五"期间，中国启动并实施"走出去"战略，有力推动了对外经济合作，各项业务实现大幅增长。"十二五"期间，习近平总书记提出建设"丝绸之路经济带"和"21 世纪海上丝绸之路"的合作倡议，积极发展与沿线国家的经济合作伙伴关系。

（二）对外直接投资结构不断优化

经过 40 多年的发展，中国对外直接投资已从过去以贸易领域为主，逐步拓宽到资源开发、工业生产、农业及农产品开发、商业零售、金融服务、信息传输、软件研发等更广泛的产业领域。

  2020 年，中国对外直接投资流量涵盖了国民经济的 18 个行业大类，近七成投资流向租赁和商务服务业、制造业、批发和零售业、金融业领域，四大行业流量均超过百亿美元。2020 年年末，中国对外直接投资存量的八成集中在服务业，主要分布在租赁和商务服务业、批发和零售业、金融业、信息传输/软件和信息技术服务业等领域。图 7-1 是 2020 年中国对外直接投资存量行业分布。

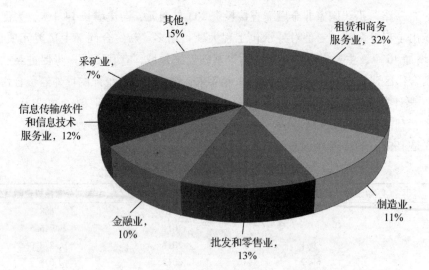

图 7-1　2020 年中国对外直接投资存量行业分布

资料来源：国家统计局。

（三）投资区位分布广泛，整体呈增长趋势

  在中国对外直接投资的初期，对外投资企业主要分布于发展中国家和我国港澳地区，之后，对外投资企业分布不断扩展，亚洲和拉丁美洲是中国对外直接投资存量主要分布地。2020 年，中国对外直接投资流量中亚洲和拉丁美洲共占 83.9%，其中流向亚洲 1 123.4 亿美元，同比增长 1.4%，占流量总额的 73.1%，流向拉丁美洲 166.6 亿美元，同比增长 160.7%，占流量总额的 10.8%。2020 年，中国除对大洋洲的投资同比下降 30.3%，对欧洲、北美洲和非洲的直接投资流量较 2019 年大幅上升，流向欧洲的投资同比增长 20.6%，流向非洲的投资同比增长 45.1%，流向非洲的投资同比增长 56.1%。

  2020 年年末，中国对外直接投资的存量分布在全球的 189 个国家（地区），占全球总数的 81.1%。其中，中国在亚洲的投资存量为 16 448.9 亿美元，占 63.7%，主要分布在中国香港地区、新加坡、印度尼西亚、中国澳门地区、老挝等，其中中国香港地区占亚洲存量的 87.5%。在拉丁美洲的投资存量为 6 298.1 亿美元，占 24.4%；在欧洲的投资存量为 1 224.3 亿美元，占 4.7%。图 7-2 是 2020 年中国对外直接投资存量地区分布。

（四）与"一带一路"沿线投资合作扎实推进

  2019 年，按照习近平主席在第二届"一带一路"国际合作高峰论坛上的讲话精神，中国秉持"共商共建共享"原则，扎实推进与"一带一路"沿线国家投资合作，不断健全合作机制，直接投资和承包工程合作规模进一步扩大。

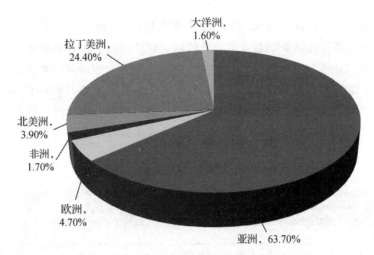

图 7-2　2020 年中国对外直接投资存量地区分布

资料来源：中国商务部，国家统计局，国家外汇管理局.2020 年度中国对外直接投资统计公报［EB/OL］.（2021-09-29）［2021-10-03］.http://images.mofcom.gov.cn/hzs/202111/20211112140104651.pdf.

2021 年，我国企业在"一带一路"沿线对 57 个国家非金融类直接投资 1 309.7 亿元，同比增长 6.7%，较 2020 年同期上升 1.7 个百分点，主要投向新加坡、印度尼西亚、马来西亚、越南、孟加拉国、阿拉伯联合酋长国、老挝、泰国、哈萨克斯坦和柬埔寨等国家。对外承包工程方面，我国企业在"一带一路"沿线的 60 个国家新签对外承包工程项目合同 6 257 份，新签合同额 8 647.6 亿元，同比下降 11.4%，占同期我国对外承包工程新签合同额的 51.9%。完成营业额 5 785.7 亿元，同比下降 7.9%，占同期总额的 57.9%。

（五）对外直接投资主体多元化

从投资主体看，所有制类型日益多元，国有企业比重有所下降。改革开放以来，中国政府鼓励发展各种经济实体，国内形成了多种所有制共同发展的局面。中国政府同时鼓励有比较优势的各种所有制企业对外投资，形成了一批有实力的跨国公司。各种所有制企业也纷纷尝试对外直接投资，逐步改变了国有企业占据绝对多数的格局。

2020 年，中央企业和单位对外非金融类直接投资流量 470.5 亿美元，同比增长 26.3%；地方企业 848.5 亿美元，同比下降 5.4%。广东、上海、山东、浙江、北京、江苏、天津、福建、湖南、四川位列地方对外直接投资流量前 10 位，合计 740 亿美元，占地方对外直接投资流量的 87.2%。此外，在全国对外非金融类直接投资 25 806.6 亿美元流量中，公有经济控股对外投资占 49.9%，非公有经济控股对外投资占 50.1%，非公有经济控股主体投资规模略高于公有经济。其中，有限责任公司占 34.3%，股份有限公司占 12.8%，私营企业占 29.9%，外商投资企业占 5.5%，国有企业占 5.3%，港澳台商投资企业占 3.9%，个体经营占 2.3%，股份合作企业占 1.2%，集体企业占 0.4%，形成了多元化投资格局。

（六）对外投资并购数量增多、规模减小，结构持续优化

2004 年以来，实施跨国并购的中国企业逐渐增多，并购金额巨大，在国际上产生了广泛影响，成为当前对外直接投资的主要方式。2020 年，企业共实施对外投资并购项目 513 起，较 2019 年增加 46 起，涉及 61 个国家和地区，实际交易总额 282 亿美元，同比下降 17.7%。直接

投资 164.8 亿美元，占并购总额的 58.4%；境外融资 117.2 亿美元，占并购金额的 41.6%。其中，中国企业对外投资并购涉及制造业、信息传输、软件和信息技术服务业、电力、热力、燃力及水的生产和供应业等 16 个行业大类，电力、热力、燃力及水的生产和供应业 97.5 亿美元，位居首位。此外，2020 年中国企业对"一带一路"沿线国家实施并购项目 84 起，并购金额 31.5 亿美元，占并购总额的 11.1%。其中，阿曼、印度尼西亚、新加坡、斯里兰卡和菲律宾吸引中国企业并购投资超 1 亿美元。2021 年，中国企业共实施对外投资并购项目 516 起，同比减少 4%，实际交易总额 570 亿美元，同比增长 19%。

案例 7-1

2021 年中国海外并购金额小幅回升

我国海外并购的发展经历了从改革开放的萌芽阶段到加入世界贸易组织的持续发展阶段，在 2007 年次贷危机和欧债危机导致的全球经济持续低迷的情况下，我国海外并购进入蓬勃发展阶段。随着 2012 年"一带一路"倡议的持续推进，中国企业海外并购的势头越来越猛，2013 年海外并购总额为 680 亿美元，到 2016 年已实现逾 2 倍的涨幅，达到 2 209 亿美元，成为全球海外并购规模最大的国家。

2020 年发生了 93 宗超大型并购交易（单宗 10 亿美元以上），这反映了国企改制进程的加快以及政府主导的对金融行业的注资。私募基金的兴趣则集中在消费品、高科技和工业品（如新能源汽车）。中国内地超大型海外并购交易只有 8 宗。

2021 年，中国企业宣布的海外并购总额为 570 亿美元，同比增长 19%；宣布的交易数量为 516 宗，同比减少 4%。较新冠肺炎疫情前 2019 年的 794 亿美元，总交易额仍萎缩 28%，且四季度交易反弹动能不足，宣布的交易额处于历史同期最低水平。中国企业宣布的海外并购按交易金额计，前三大行业为数字新媒体、房地产、酒店与建造以及先进制造与运输，共占总交易金额的 55%；按交易数量计，前三大行业为数字新媒体、医疗与生命科学以及金融服务，共占总量的 60%。

2021 年，中国企业在亚洲宣布的海外并购金额为 263.7 亿美元，同比增长 85%，占同期总额的 46%，为投资金额最多的大洲，且大项目数量较 2020 年明显增多，有 7 宗交易金额超过 10 亿美元；中国企业在欧洲宣布的海外并购金额为 159.8 亿美元，同比增长 13%。在新冠肺炎疫情背景下，2021 年，中国企业在欧洲医疗与生命科学行业的并购数量增长 100%，并购金额更是大涨 354%；中国企业在北美洲宣布的海外并购金额为 87.5 亿美元，同比减少 35%，其中 86% 投向美国，全年达 115 宗，交易数量最多的行业为医疗与生命科学行业（主要投向生物制品研究和医药研发领域），同比增长 121%。但受地缘政治和严格的投资审查影响，中国企业对美国企业并购呈现小规模低金额趋势。

2021 年，在国有企业改革、产业升级、双循环、区域经济一体化等政策的支持下，中国并购市场将进一步对外开放。同时，RCEP 为中国和东亚其他国家带来机会，大幅提升了中国优势产业和优秀企业的全球竞争力，推动更多有实力的中资企业"走出去"。

资料来源：普华永道中国。

▶ 讨论题

分析中国企业海外并购增加的动因。

三、中国企业开展对外直接投资的可能性与条件

中国已发展到适当加快对外直接投资的阶段，现阶段，中国企业开展对外直接投资的可能性与条件有以下几点。

1. 资金优势

经过改革开放 40 多年的积累，我国的综合实力大为增强，为对外直接投资奠定了物质基础。通过大力发展出口贸易与引进外资，中国已经具备一定的资金实力。2021 年，我国 GDP 达到约 11.4 万亿美元，稳居世界第二。人均国内生产总值连续两年超过 1 万美元，稳居中等偏上收入国家行列，与高收入国家发展的差距继续缩小。对外贸易发展迅速，2021 年外贸出口达 31.1 万亿元，同比增长 21.4%，促进了国内资本积累。外汇储备也处于较高水平，截至 2021 年年末，我国外汇储备规模为 32 502 亿美元，国内经济保持恢复发展。这些数字都表明，中国已具备对外直接投资的资金实力。

2. 技术与设备优势

与许多中等或落后的发展中国家相比，中国有许多较为成熟的技术和较为先进的设备。这些发展中国家囿于自身发展水平，接受技术的能力有限，相对于发达国家的先进技术，我国相对便宜的成熟、适用技术对它们更有吸引力，我国所提供的技术设备也较受欢迎。我国某些已趋成熟和稳定的中间技术和加工制造，如机电、轻纺、食品加工技术等都有很大的发展市场。特别是近些年，我国许多企业产能过剩，因此也迫切需要借助对外直接投资向海外转移具有一定竞争力的设备和技术。

3. 利用东道国低廉生产成本的优势

近些年，随着人民币升值、劳动力成本上涨等，中国的低成本优势正在丧失。通过对外直接投资，可以利用东道国廉价的劳动力和丰富的资源，建立小规模劳动密集型企业，降低成本，使中国跨国企业生产的产品能以较低价格进入东道国市场，进而扩展到第三国市场和国际市场。

4. 已经拥有一批具有实力的企业

《财富》杂志公布的 2020 年世界 500 强企业名单中，沃尔玛连续第 7 年成为全球最大公司，中国石化仍位列第 2 位，国家电网上升至第 3 位，中国石油位列第 4 位。中国共有 133 家公司上榜。其中新上榜的中国公司有 8 家，分别是上海建工、深圳投资控股、盛虹、山东钢铁、上海医药、广西投资、中国核工业和中煤能源。这些企业管理科学，机制先进，信誉良好，有一定的跨国经营和海外投资的经验。另外，中国大多数大型企业和企业集团都已制定了国际化经营战略，这将有力地促进和推动中国对外投资事业的发展。

5. 有利的国际环境

入世为中国企业打开了世界大门，为中国企业"走出去"提供了有利的国际环境和条件。入世后，中国既有应履行的义务也有应享受的权利。中国在入世后应享受的权利主要有：享有多边的、无条件的和稳定的最惠国待遇与国民待遇；享有"普惠制"待遇及其他给予发展中国家的特殊照顾；享有充分利用世贸组织的争端解决机制解决贸易争端的权利；享有在多边贸易体制中"参政议政"的权利。这些权利表明，入世将使中国的出口商品在最大程度上获得市场

进入机会并享受到有利的竞争条件，将使中国企业获得开展跨国经营的良好环境。

近5年，中国对外投资实现了跨越式发展，实现了由利用外资大国向对外投资大国的转变。其中，境外经贸合作区建设成效显著，促进我国与东道国共同发展。2021年，中国企业在"一带一路"沿线建设的经贸合作园区累计投资507亿美元，上缴东道国税费超过66亿美元，为当地创造就业岗位39.2万个，有力地促进了境外经贸合作区和东道国在互利共赢中实现共同发展。

2013年，我国提出了"丝绸之路经济带"和"21世纪海上丝绸之路"合作倡议，加速了中国对外投资的步伐。2020年年末，中国对"一带一路"沿线国家的直接投资存量达2 007.9亿美元，促成了中老铁路，埃及铁路，缅甸皎漂特别经济区深水港项目，中巴"两大"公路，中俄同江、黑河大桥，中尼樟木-柯达里口岸，阿联酋哈利法港等投资合作项目的有序实施，示范效应不断增强。为了我国企业"走出去"更加健康有序地实施，良好的国际投资环境有助于我国企业境外投资充分发挥其资源优势和产业优势。

6. 政府政策支持

我国自20世纪90年代后期以来，逐步取消限制企业对外投资的政策规定，并开始采取新的政策措施和法律手段来鼓励与保护本国企业的对外投资。2000年，党中央提出"走出去"战略；2004年，国务院做出《关于投资体制改革的决定》；2006年，国家发改委等七部委下发《境外投资产业指导政策》；2007年，国务院下发《关于鼓励和规范企业对外投资合作的意见》；2009年3月，商务部发布《境外投资管理办法》，将境外投资审批权进一步下放到地方政府。一系列重大决定为我国对外直接投资打开了大门，各种鼓励和支持政策也接踵而来。我国鼓励和促进企业对外直接投资的具体政策措施大致有四类：①我国政府机构自身或政府出资创办的对外投资信息咨询机构为对外直接投资提供信息和技术支持服务，降低对外投资的前期成本；②中国为境外直接投资提供直接金融支持；③为企业对外直接投资提供投资保险与双边或多边投资保护；④税收保护。这些措施增强了中国企业跨国并购的信心。

2013年，十八届三中全会提出"一带一路"倡议，为"走出去"提供战略支撑。2015年，十八届五中全会提出"创新、协调、绿色、开放、共享"五大发展理念，推行更深更高质量的"走出去"和"引进来"相结合；同年发布的《关于推进国际产能和装备制造合作的指导意见》充分推动铁路、电力、航空航天装备等大力度"走出去"。2016年推出的《促进中小企业国际化发展五年行动计划（2016—2020年）》大力支持中小企业积极融入全球价值链和产业链，努力加强对外经济合作。2020年，商务部例行发布会提出，继续鼓励有实力、信誉好的各类企业按照市场原则和国际惯例开展对外投资合作。

综上所述，中国已同时具备了对外直接投资的主观和客观条件，我们应当以更加积极的姿态促进更多的企业"走出去"。

第三节   中国企业对外直接投资的经典案例

一、美的集团跨国并购德国库卡

在互联网与大数据广泛应用的背景下，中国把"智能制造"作为战略的主攻方向。美的集团在中国家电行业中一直处于前排，品牌知名度的提升和消费者满意度的增加使得美的集团在市场中占有的份额不断扩大。尽管美的集团处于行业领先地位，但也在积极推动企业转型升级。当前家电行业竞争激烈，市场日趋饱和，传统的企业战略已不能满足新的发展环境。为了维护企业优势，保持长久的发展，美的集团选择跨国并购开拓创新。

经过两年时间的整合，美的集团于 2017 年 1 月发布公告，宣布以 37.07 亿欧元（约合 292 亿元）完成对库卡的并购，最终的持股比例高达 94.55%，自此美的集团成功进军机器人领域，提高了企业产品在欧美国家的市场覆盖能力和品牌知名度。

美的集团成立于 1968 年，是中国家电行业的领军品牌，已成长为一家全球科技集团，业务覆盖家电制造、人工智能、智慧物流等多个领域。早在 2011 年，美的集团就已开始推动企业转型升级，逐步推进人工智能的全球产业链布局，形成了明确的发展规划。2013 年，美的集团在国内上市，在上海证券交易所和深圳证券交易所出售股票。美的集团的股权比例也调整为：美的集团控股股东 35%、战略投资者 12%、普通股股东和管理技术人员 42%。美的集团实施多元化战略，既降低了企业对单一产品的依附，又增加了企业的销售收入。美的集团自 2016 年开始通过海外并购大力拓展市场，先后并购了东芝、库卡、CLIVET 等企业。其中，并购库卡的主要目的是深入发展美的集团自有智能家居和智能物流体系，提升公司对核心技术的掌控能力和扩大产品的市场覆盖范围，这也是美的集团进军机器人和自动化领域的重要一步。

德国库卡集团成立于 1898 年，于 1973 年在德国法兰克福证券交易所上市，是世界上领先的工业机器人制造商之一。最初，库卡是一家掌握气焊技术的小公司，后来快速发展为全球机器人产业四大巨头之一，目前其主要业务方向覆盖汽车工业、智能物流、医疗等领域。库卡作为制造技术领先型企业，机器人制造水平位居全球领先地位，其在 2010 年研发的机器人 KUKA KR QUANTEC 一度成为全球最畅销的机器人。同时，库卡在全球 30 多个国家拥有分公司，业务遍布 100 多个国家，机器人市场销售份额排名世界前 3 位，拥有较好的市场声誉和较高的市场占有率。

并购的主要过程如下。

- 2015 年 8 月，美的集团首次购买德国库卡 5.4% 的股份。
- 2016 年 2 月，美的集团对库卡的持股比例达 10.2%。
- 2016 年 5 月，美的集团正式发布收购要约，收购库卡 30% 以上股份。
- 2016 年 7 月，美的集团购入福伊特公司持有库卡的 25.1% 股份。
- 2016 年 8 月，美的集团对库卡持股比例达 94.55%，掌握绝对持股权。
- 2021 年 11 月，美的集团决定全面收购并私有化在德国法兰克福证券交易所上市的库卡。

| 案例 7-2 |

美的集团跨国并购德国库卡

1. 并购的动机

（1）推进"双智"战略，开展机器人业务。美的集团战略计划新推出一项"双智"战略，即智能家居与智能制造的结合。在当前人工智能逐渐替代互联网的背景下，美的集团也陆续推出许多智能家居产品，为用户提供智能生活，满足消费者的日常需求。美的集团并没有就此停下研发步伐，而是创建了智能研究室，每年投入大量的研究经费，为美的集团从生产制造商向生产创造商的转变提供了基础。美的集团现在将目标转向智能生产，将机器人引入生产领域，参与项目产品的研发设计与生产加工，拓展业务的多样性。

当前我国机器人市场被外国品牌占据半壁江山，国内品牌市场份额小，生产成本又高，缺少竞争力。德国库卡的机器人业务处于行业龙头地位，市场广阔，并且有着数量相当庞大的机器人制造专利，展现了库卡在核心技术和专利方面的雄厚实力。美的集团想要进军机器人领域，选择并购德国库卡是一条便捷之路。

（2）扩大市场份额，引领行业方向。一方面，目前国内市场家电行业竞争激烈，美的集团多年的竞争对手——格力电器也在积极开展智能家居和机器人业务，面对如此激烈的市场竞争，美的集团并购德国库卡可谓如鱼得水。美的集团自身的优势加上德国库卡的一流技术，会大大增加美的集团的市场份额，其研发方向也将引领行业发展。另一方面，美的集团并购德国库卡有利于拓展国际市场，通过库卡现有的销售渠道将国内的产品远销海外。同时，美的集团借助德国库卡的品牌影响力传递品牌理念"美的享受"。

2. 并购的风险分析

（1）政策风险。首先，美的集团面临的是来自东道国政府的质疑，质疑内容是核心技术和客户数据被泄露。德国政府曾试图让瑞典公司 ABB 和西门子参与到要约收购中来。其次，此次跨国并购面对来自多方国家的严格审查，包括欧盟、俄罗斯、美国等国家和地区的反垄断审查以及美国外资投资委员会的审查。最后，美的集团还需要处理好库卡公司第一大股东的反抗。福伊特公司拥有库卡公司 25.1% 的股份，按照当地法律，福伊特公司对这次并购具有一票否决权，美的集团因此面临一定谈判失败的风险。

（2）财务风险。首先，美的集团采取要约收购的方式开展对库卡集团的并购，接受要约的股东比例具有不确定性，也无法提前得知并购的总价格。而且库卡公司只接受现金收购，所以美的集团在这次并购中可能存在并购资金不充足的风险。其次，美的集团这次并购行为的资金来源主要是向银行借款，如此大规模的借款会产生高额利息，这也可能会对美的集团未来的经营状况产生不良影响。最后，这次要约收购时间跨度为 6 个月，支付方式为现金支付，在跨国并购过程中会涉及外汇转换，因此会有较大的汇率风险。

（3）文化差异的风险。对于此次的并购交易来说，并购的融资问题不是主要问题，并购成功的关键是要以文化上的了解和融合为先导。并购中最难的就是员工是否愿意为新的企业服务。有些大规模的龙头企业收购另外一家公司之后，结果被收购的这家公司的高管全部离职，这等于是买了一具空壳。很多企业的价值不在于它的资产，而在于它的系统。此外，中国企业与德国企业之间不只存在文化差异，在会计策略、企业管理策略、商业习惯以及相关政策方面都存在着很大的不同。如何解决这些差异所造成的矛盾成为美的集团并购库卡后整合工作的重点。最后，库卡核心团队影响着公司业务的发展，跨国并购的发生可能影响核心员工的心理，如何稳定"军心"也是美的集团面临的重要问题。

3. 并购效应分析

（1）盈利能力。美的集团的销售净利率在 2014～2016 年由 8.22% 上升至 9.97%，在 2017 年有所下降。结合美的集团财务报表发现，2017 年销售收入增加较大，原因是并购成功后美的集团发展了机器人业务，使其收入上涨。2018 年销售净利率开始回升，但与并购前的销售净利率相比处于较低水平，说明美的集团并购库卡后的销售收入并不理想。

美的集团 2014～2017 年的总资产收益率和加权净资产收益率整体呈下降趋势。并购完成后无形资产和商誉的增加使得总资产增幅明显，导致总资产收益率明显下滑。整体来看，美的集团并购德国库卡后，盈利能力有待进一步提升。

（2）偿债能力。企业的偿债能力分为短期偿债能力与长期偿债能力。现选择以流动比率和速动比率衡量短期偿债能力，以资产负债率衡量长期偿债能力。从流动比率和速动比率来看，2014～2017 年呈上升趋势，流动比率上涨 0.25%，速动比率上涨 0.2%。这表明美的集团并购后短期偿债能力有所提升，资产变现能力增强。同时间段，美的集团的资产负债率总体上升，由 61.98% 上升至 66.58%，主要因为美的集团并购德国库卡时以自有资金和贷款支付，使得并购后长期负债额增加较多。虽然 2018 年和 2019 年的资产负债率低于 2017 年，但仍然高于并购前的资产负债率，因此美的集团并购库卡使得其长期偿债能力有所降低。

（3）营运能力。企业的营运能力主要指企业营运资产的效率与效益，现选用存货周转率、应收账款周转率、流动资产周转率和总资产周转率指标对美的集团的营运能力进行分析。美的集团的存货周转率先上升至 8.87%，在 2017 年又下降到 8.01%，原因在于美的集团 2017 年的存货金额大幅上升。应收账款周转率先降后升，整体波动不大，较为稳定。流动资产周转率和总资产周转率的变化基本一致，在 2017 年均有所回升，因为销售收入的增幅大，加快了内部资产的周转率。总的来看，美的集团并购德国库卡后营运能力提升。

资料来源：蔡亚妮. 美的集团跨国并购德国库卡案例研究与借鉴 [J]. 现代企业，2020（8）：38-39.

▶ 讨论题

分析美的集团并购德国库卡的动因、风险及效果。

二、联想集团并购摩托罗拉移动

2004 年，联想集团并购 IBM 全球 PC 业务，成为全球 PC 行业的霸主，堪称中国企业海外并购案例的典范。时隔 10 年，2014 年 1 月 30 日，联想集团以 29 亿美元的价格正式从谷歌手中收购摩托罗拉移动，同年 10 月，联想集团宣布已完成对摩托罗拉移动的正式并购。本次并购包括摩托罗拉的 3 500 多名员工、2 000 多项专利以及摩托罗拉品牌与商标和摩托罗拉与全球 50 多家运营商的合作关系等。

1. 公司简介

联想集团是一家在信息产业内进行多元化发展的大型企业集团，于 1984 年由中科院计算技术研究所投资 20 万元创立，其主要产品个人计算机（PC）的销量自 1996 年起稳居国内第一。2004 年，联想集团宣布以 12.5 亿美元的现金和股票收购 IBM 的 PC 事业部，2013 年，其 PC 销量攀升至世界第一，成为全球最大的 PC 生产厂商。然而 PC 业务的霸主地位并不能掩盖其在移动通信设备领域的劣势，尤其是在智能手机市场上更是被三星、苹果等国际巨头远远甩在身后。而在 PC 行业日渐式微的今天，联想集团若要进一步扩展国际市场，保证其在个人消费电子产品领域的地位，就必须紧随行业发展方向积极布局移动智能终端，迅速获得在该领域内的竞争优势。

摩托罗拉公司（Motorola Inc.）前身是约瑟夫·加尔文（Joseph Galvin）和保罗·加尔文

（Paul Galvin）于 1928 年在美国成立的加尔文制造公司，1946 年公司开始涉足手机行业并在次年更名为摩托罗拉。自 1984 年制造出全球第一款商用移动电话 DynaTAC 后，摩托罗拉在手机行业不断缔造历史，逐渐成长为移动通信终端领域的无冕之王。

2000 年，摩托罗拉陆续发布了旗下 V 系列手机，成为其品牌巅峰之作，尤其是 2004 年上市的摩托罗拉 V3 全球销量更是创纪录地突破 1 亿部大关。时至 2007 年，美国苹果公司发布了其首款真正意义上的智能手机 iPhone，随即在全球掀起了购买狂潮，凭借其后续产品，苹果公司随后几年在智能手机行业引发了一次又一次革命，然而彼时的摩托罗拉公司对技术和行业趋势产生了误判，沉醉于已有的成绩而沾沾自喜，重硬件而轻售后服务、重销售而忽视消费者体验，加之对单一明星产品过度依赖，使产品更新换代周期过长、品牌口碑越来越差、市场占有率迅速衰退，手机部门逐步陷入经营困境。最终，2011 年 8 月 15 日，谷歌宣布以 125 亿美元的价格收购摩托罗拉移动，可谓"成也创新，败也创新"。

2. 并购主要过程

摩托罗拉在 2011 年 1 月拆分为摩托罗拉移动和摩托罗拉解决方案公司时，联想集团董事长杨元庆就曾尝试联系摩托罗拉移动公司高层，表达自己对于收购摩托罗拉的意向，但是当时出于种种原因未能如愿。2011 年 8 月，谷歌宣布以 125 亿美元收购摩托罗拉移动，获得了其 1.7 万项专利技术。摩托罗拉移动在 2012 年 5 月完成并购后不久，公司内部进行了大规模的人事和机构调整，裁员 4 000 人，关闭 30 家运营机构。同年 12 月，谷歌以 24 亿美元的价格分拆出售摩托罗拉移动的机顶盒业务，此时，摩托罗拉移动仅剩下了移动设备业务。摩托罗拉从被收购以来仍一直处于亏损状态。2014 年 1 月 30 日上午 9 时，联想集团以 29 亿美元的价格正式从谷歌手中收购摩托罗拉移动，此次收购包括 6.6 亿美元现金和价值 7.5 亿美元的联想集团普通股股份，以及为期 3 年的 15 亿美元本票。2014 年 10 月 30 日，联想集团正式宣布全面接管摩托罗拉移动的产品规划，联想集团期望以此进入竞争激烈的欧美市场。2015 年 1 月 26 日，联想集团旗下的全资子公司摩托罗拉在北京召开发布会，宣布正式在国内市场销售三款 MOTO 品牌的手机——新 Moto X、Moto G 以及 Moto X Pro，这也标志着摩托罗拉正式重返中国市场。

案例 7-3

联想集团并购摩托罗拉移动

1. 获得的利益

（1）国际市场和销售渠道。就全球范围而言，联想集团的智能手机市场占有率远低于三星、苹果。据当时 IDC 报告，三星与苹果公司的全球市场份额分别达到 23.6% 和 16.2%，总共占据了全球近 40% 的市场份额，而联想集团的全球市场份额仅为 6.7%。收购完成后，在摩托罗拉移动业务表现最为活跃的北美和拉丁美洲市场，联想集团将获得全新的市场地位和较高的市场份额。在中国和其他新兴市场业务的迅速增长，将有助于联想集团获取更多的经济资源，使其能更好地扩展在美国和欧洲等高回报市场的业务，从而完成在国际市场上的圈地运动。

在海外，运营商一直是手机市场上的关键力量，一般手机终端企业要与运营商建立稳定的合作关系至少需要花费 2 年的时间，而联想集团通过收购，轻易获得了摩托罗拉移动在欧美和拉美市场的销售渠道以及与当地运营商良好的合作关系，后期只需要很小的成本就可以维持这些渠道和关系，通过合理运营和有效利用，必能极大地提升联想集团的国际市场地位。国际知名电信研究机构 IDC 预计，并购后联想集团在全球智能手机市场的份额将会由 6.7% 攀升至7.4%，从而进一步缩小与苹果、三星的差距。

（2）专利技术。摩托罗拉作为移动通信领域的鼻祖，在移动通信制造行业拥有成熟的技术和深远的影响力，并且积淀了大量的专利资源和丰富的研发经验。在并购完成后，联想集团获得了 2 000 项专利的直接所有权以及其他知识产权的授权许可。通过此次并购，联想集团不仅能降低未来专利侵权诉讼的风险，而且可以将摩托罗拉多元的产品设计理念以及领先的生产制造工艺融入自己的移动设备中。

（3）品牌竞争力。经过多年的经营与积累，摩托罗拉的品牌形象早已深入人心，具有无法估值的品牌效应，其品牌背后蕴藏的影响力是一笔重要的无形资产。虽然摩托罗拉移动的全球市场份额较之前已有明显降低，但其品牌价值和市场影响力仍是存在的。正如 2005 年收购 IBM的 PC 业务那样，彼时联想集团很好地保护了其获得的 ThinkPad 品牌，延续了该品牌在个人计算机市场上的高端定位，并将之进一步发扬光大，扩展到更多消费群体中。通过并购，联想集团便拥有了摩托罗拉移动的品牌和商标所有权，提升了联想手机的品牌形象，减小了联想集团进入成熟市场的壁垒。

（4）人才和专业能力。在智能手机领域，摩托罗拉的人才团队优势毋庸置疑，其拥有专业的管理和销售团队，以及出色的产品设计和高级技术研发团队。并购后，摩托罗拉分布在 33 个国家和地区的 3 500 名员工进入联想集团，通过文化、管理、业务整合，能有利推进联想手机的技术研发与市场营销。

（5）调整战略结构。联想集团成功收购摩托罗拉除了给企业自身带来利益之外，通过将其客户资源及领先的科学技术加入联想集团的产品中，也必然会推动中国移动市场的发展，一是引领技术上的更新换代，二是给中国企业进军国际市场带来示范效应。

2. 并购成功的原因

联想集团并购摩托罗拉取得了初步的成功，为我国企业树立了一个良好的榜样，在企业并购方面提供了多方面的经验借鉴。

（1）选择合适的并购对象。企业在确定合适的并购对象时，要做好自身定位，确定并购对象是否能给本企业带来优势互补，进而在并购后能实现资源等多方面的有效融合，充分发挥协同效应，实现 2+2＞5 的效果。当时摩托罗拉的市场份额一直缩减，但其在美国的强大的品牌影响力和丰富的运营渠道依旧影响深远，而此时联想正想要拓展更大的市场，需要更大的发展空间，并购摩托罗拉是联想进军海外市场的一个重要的前提。所以，联想选择的并购对象是摩托罗拉，这是综合考虑发展战略后决定的。

（2）重视并购后的整合。联想完成对摩托罗拉的并购后，及时了解双方的运营特点，在两者具备的核心竞争力的基础上充分寻找结合点，使得双方在拥有自己核心竞争力的基础上，相互拓展和融合，达到整体竞争优势的增强，力求实现企业的终极目标。在整合双方资源时，出于全方位的考虑，既关注产业战略方面的切实整合，也关注人文管理方面充分合理的整合。

（3）充分发挥品牌优势。摩托罗拉是北美和拉美市场的知名品牌，颇受广大消费者的欢迎，运营渠道通畅,技术能力强,此次也可以借助联想集团重返中国市场;而联想集团是中国著名品牌,是全球 PC 业务领袖,管理水平突出,制造能力强,此次更希望借助摩托罗拉进军欧美成熟市场。联想集团并购摩托罗拉之后,将采取"两条腿走路"的发展模式,即低端品牌与高端品牌协同发展,国内市场与国际市场协调互补,技术研发与产品制造皆不放松。并购双方各取所需,取长补短,有利于企业的发展壮大。

3. 面临的风险

企业并购成功不仅在于并购的谈判与签约过程中各种问题的有效解决,还取决于签约后企业的有效整合。虽然我国海外并购的规模日益扩大,但迄今为止真正成功的案例却并不多见。据墨瑟管理咨询公司统计,有 57% 的企业并购没有达到预期效果。联想集团并购摩托罗拉后也可能面临信息不对称、经营整合、人力资源整合、文化整合和技术创新等风险。

(1) 信息不对称风险。在此次并购中,联想集团实际上对摩托罗拉移动的经营成果和财务状况了解并不充分。谷歌收购摩托罗拉时,获得其 1.7 万项专利,而联想集团并购摩托罗拉时,只得到其 2 000 余项,其余仅是以专利授权的模式。可见用 29 亿美元并购的摩托罗拉的价值已经大大缩水。

(2) 经营整合风险。联想手机的排名在并购后一跃升为全球第三,仅次于苹果、三星。可惜好景不长,在漫长的整合过程中联想手机的发展逐渐受到阻碍。联想集团高层也表示,低估了并购摩托罗拉后对其的整合难度。尤其是品牌塑造方面,在整合中联想集团采用了与当年并购 IBM 的 PC 一样的"双品牌策略",保留联想集团和摩托罗拉这两个独立品牌,然而在对外营销上,这两个品牌的定位并不明确,出现品牌定位重叠的情况,即两个品牌存在一定的竞争关系,削弱了联想手机业务的整体竞争力。

(3) 人力资源整合风险。在海外并购过程中,我国企业的人力资源管理长期以来处于摸索和总结阶段,还不够成熟,对国外目标企业的人力资源管理系统也不完全熟悉,再加上文化差异和语言障碍又使得有效的沟通难以实现。这些都使得中国企业在整合目标企业时会存在人力资源管理风险。在并购中,除了留用摩托罗拉移动的部分高层外,联想集团并未尽最大努力保留其核心员工,经过几次大规模裁员以及多名高管离职后,原有的摩托罗拉移动部门团队早已支离破碎,可见人力资源的整合并未达到应有的效果。

(4) 文化整合风险。实际上,任何成功的跨国并购,作为并购方首先要采取融入被并购方文化的态度,尽可能保留或吸收被并购方的先进文化,这样才有可能让被并购方员工接受这次并购,并能相互了解、彼此信任,形成对未来目标的共识。2004 年,联想集团并购 IBM 后,曾赴美国招聘了一批精英担任中层职务,但不久后这些人却纷纷离职,其中主要原因就是他们难以接受联想集团的某些做法。时隔 10 年,联想已经积累了诸多成功的经验,并购 IBM 的 PC、日本的 NEC、巴西的 CCE、与 EMC 的战略合作等,不仅助联想集团成为业务领域的领先者,更实现了并购后的华丽转身。此次面对摩托罗拉,联想集团如果能在短时间内解放思想,统一认识,采取措施留住人才,则意味着联想集团已经迈过了文化整合这道坎。

(5) 技术创新风险。联想集团对技术研发的投入力度不足,其产品难以迎合市场需求。联想集团近 10 年累计投入研发成本 44.05 亿美元,仅为华为 2014 年一年的 2/3(华为 2014 年研发投入约为 66 亿美元)。联想集团的经营主要是靠品牌及市场推广等手段去获得市场份额的提升,这种经营方式在市场初期是可行的,但是在当下手机市场需求已逐步趋向饱和,市场竞争不断加剧的双重影响下,如果继续实施这种策略就是一种失策。产品的技术创新以及质量性能等才是公司能够在如今成熟的智能手机市场中最终胜出的关键。

资料来源：雷彩云. 联想并购摩托罗拉移动案例研究 [J]. 现代商业，2020（11）：20-21.

▶ 讨论题

联想集团并购摩托罗拉给我们带来怎样的启示？

第四节　中国对外直接投资的管理

改革开放 40 多年来，中国对外直接投资呈现快速发展，改变着过去形成的"引进来"大于"走出去"的"大进小出"对外开放格局。

随着中国经济实力的不断增强，国际竞争力也不断增强，在更大范围和更高层次上参与国际经济技术合作和竞争。与此同时，中国的对外直接投资政策也逐渐朝向政府推动型态势发展，从"走出去"到"一带一路"，从"一带一路"到五大发展理念，一次次以崭新的视角体现中国对外投资的方向，充分凸显出中国政府从鼓励对外直接投资到大力推动对外直接投资的演变历程。

一、对外直接投资的宏观管理

对海外投资的宏观管理主要是指国家政府各级主管部门依据中国法律和现行的相关政策，通过行政、经济和法律等手段，对中国公司、企业和其他经济组织在境外投资设立的合资与合作企业的中方和独资企业进行管理。上述政府各级主管部门包括：商务部、国家发展和改革委员会、国有资产监督管理委员会、财政部、国家外汇管理局、人力资源和社会保障部、海关总署等国务院直属职能部门，以及各省、自治区、直辖市、计划单列市的外经贸管理部门等。

海外投资企业的宏观管理目标包括：对海外投资的规模与总量进行控制，调整优化海外投资的地区、国别、行业、主体、方式结构，提高海外投资的经济与社会效益，确保海外国有资产的保值和增值，为海外投资活动和海外投资企业提供各方面的服务。

宏观管理是多方面多层次的，主要有对海外投资的促进、扶持、核准、保护、奖励、限制、监督、检查、惩罚和撤销等。现阶段，对海外投资的宏观管理分为综合性归口管理、专业性管理、地方政府的管理和中国驻外使领馆的管理四个方面。

商务部及国家发展和改革委员会是国务院授权的海外投资业务的归口管理部门，其主要管理职能有：制定海外投资的有关管理办法；根据有关制度对海外投资进行统计并发布公报；对海外投资企业进行年检；制定海外投资的国别产业导向目录；制定鼓励和扶持海外投资的措施等。商务部的归口管理是宏观管理的一个重要方面。这些年来，商务部积极转变政府职能，采取有效措施，提高对外投资便利化的程度。包括发布了《境外投资管理办法》，缩短了企业境外投资核准的时限、程序，完善了对外直接投资统计制度，完善服务保障体系和风险防范体系，初步建立了较为完善的鼓励和引导企业对外投资合作的政策制度体系。

对境外投资的专业性管理包括外汇管理、国有资产管理和劳动工资管理。国家外汇管理局、中国人民银行、国有资产监督管理委员会、人力资源和社会保障部等是中国境外投资业务的协助管理部门，主要负责与境外投资有关的外汇汇出汇入、资金投放、劳动工资和境外国有资产管理等方面政策的制定、执行和监督。

各省、自治区、直辖市、计划单列市政府和国务院有关部委依照国家的有关法规，对本地区和本部门的企业开展的海外投资业务进行管理。地方政府和有关部委的职能主要是根据本地区、本行业的综合优势与特点，在国家统一规划的范围内，确定本地区、本行业的重点投资方向和领域，制定有关境外投资的各种具体管理办法和措施。

中国驻外使领馆经济商务参赞处也负责对设在所在国（地区）的中国海外投资企业进行指导和管理。主要包括：维护中国独资企业和合营企业中方的正当权益；监督检查中国在当地投资的独资企业与合营企业中方贯彻执行国家政策方针、遵守所在国（地区）法律法规的情况；协调中国境外企业与当地政府的关系，使其生产经营活动有利于推动两国（地区）间经济联系的健康发展。

二、中国对外直接投资的行业导向

现阶段中国对外投资的重点行业主要有以下几种。

1. 租赁和商务服务业

截至 2021 年，租赁和商务服务业在投资流量与投资存量所占的比重都显示出强大的优势地位，我国对租赁和商务服务业的投资流量与投资存量分别占据总投资流量与总投资存量的 25.2% 与 32.4%，我国对外直接投资呈现服务业引领的局势。

租赁和商务服务业属于知识密集型的生产性服务业，这类企业包括进出口贸易、商业批发、信息咨询、运输通信、医疗卫生、旅游、广告、维修服务等企业。通过创办独资或合资的服务业企业，可以直接扩大中国的服务出口，并可间接促进中国有形商品的出口。随着我国国际化程度的提高和工农业产业化的快速发展，对各类专业化的租赁和商务服务需求快速增长。该行业的发展既关系到我国服务业的结构升级和服务贸易的国际竞争力，也关系到我国制造业专业化水平和竞争力的提高。

2. 金融业

2000 年以前，中国的商业银行对不良资产进行剥离，并开始了股份制改革。此后，各大商业银行（主要是中国银行和中国工商银行）明显加快了国际化和海外布局的步伐。2007 年，中国金融业对外直接投资流量只有 16.7 亿美元，而到 2010 年和 2020 年，则分别达到 86.3 亿美元和 196.6 亿美元。

目前中国金融业已成功在境外立足，单从银行的角度来看，主要表现为：一是布局提速，境外机构网络覆盖全球。截至 2021 年年底，中国工商银行、中国银行、中国建设银行、中国农业银行、中国交通银行五家大型商业银行的境外机构数量从 2012 年年底的 1 085 家增至 1 286 家，覆盖范围从 2012 年的 42 个国家和地区增至 62 个，其中包括 41 个"一带一路"沿线国家，基本形成了遍布全球主要国家和地区的服务网络。二是质量并进，业务规模和收入持续增长。截至 2021 年年末，五家大型商业银行的境外资产规模达到 14.78 万亿元，是 2012 年年末的 1.7 倍；2021 年实现境外营业收入 3 506.3 亿元，是 2012 年全年的 2.4 倍。三是创新赋能，全球综合服务能力全面提升。以中国银行为例，截至 2021 年年末，中国银行共支持中资企业"走出去"项目近 4 000 个，服务对象覆盖境外 50 多个国家和地区的 10 万多家公司客户以及 600 万个人客户，与全球 116 个国家和地区的 1 100 余家机构建立了代理行关系，中国银行境外机构的本土客户占比超过 60% 。四是实力跃升，国际地位和影响力显著增强。英国《银行家》（*The Banker*）杂志 2021 年发布的"全球 1 000 家大银行"榜单中，中国银行业共有 144 家银行上榜，资产总额与一级资本总额占全球 1 000 家银行的份额分别达到 25.3% 和 29.8% 。

3. 加工装配型的制造业

设立这种类型的企业可以突破东道国所实行的贸易保护主义政策，带动和扩大国内的技术、设备、半成品、零部件和原料的出口，实现就地生产、就地销售和向第三国销售；与此同时，还可以获取国外较为先进的技术、品牌、服务及市场，实现企业价值链的延伸。目前，国家对这一行业的对外投资给予重点支持，为此制定了一系列的鼓励和优惠政策。

4. 科技开发与信息技术行业

这方面的企业分为 3 类：第一类是通过对中国目前技术上仍属空白或落后的东道国技术密集型企业的投资和参加管理，从中学习和吸取对方的先进技术，将技术带回国内应用；第二类是在国外发达国家组建高科技新产品开发公司，将开发的新产品交给国内企业生产，然后再将产品销往国外；第三类是指鼓励国内的高科技企业走向国际市场，进行对外投资，扩大高科技产品的出口，实现科技产品的国际化。国家鼓励和支持技术含量较高的对外投资项目的发展。

5. 资源开发行业

资源开发性项目一般建设周期长，投资额较大。过去的十几年，资源开发型项目成为中国对外直接投资的一个重点，今后仍应是中国对外投资的重点。这是因为中国人均占有资源不多，在对外投资中对中国资源短缺项目进行投资，对打破资源垄断有利，具有重要的战略意义。

6. 工程承包与劳务合作

中国具有丰富的劳动力资源，中国承包劳务企业在国际市场已具有较强的竞争力，因此，国家支持承包劳务企业对外创办一些相关企业，以扩大中国的对外工程承包和劳务合作业务。

三、中国企业境外投资审批

（一）境内企业境外直接投资审批程序

在通常情况下，中国企业对外直接投资必须获得至少三个政府部门的登记或核准，分别是国家发展和改革委员会（发改委）、商务主管部门（商务部）、外汇管理部门（外汇管理局）。

发改委负责规划、监管和协调中国经济发展和行业政策，主管对外投资项目的立项审批；商务部负责具体境外投资事项审批，并发放中国企业境外投资证书；外汇管理局负责对境外投资的外汇登记及备案。

在先后次序上，首先，中国企业投资者需获得发改委对项目的核准；其次履行上述审批程序后，中国企业投资者还需获得商务部的核准，取得中国企业境外投资证书；最后，中国企业投资者需到外汇管理局办理外汇登记。

（二）具体审批流程

1. 境外投资立项核准

根据国家发展和改革委员会《境外投资项目核准暂行管理办法》的规定，境外投资项目应经国家发改委或其地方机构核准。2011年，国家发改委下发了《关于做好境外投资项目下放核准权限工作的通知》，进一步简化审批流程，并将审批权限下放至地方发改委。

中方投资额在3亿美元及以上的资源开发类、中方投资额在1亿美元及以上的非资源开发类境外投资项目，前往未建交、受国际制裁国家，或前往发生战争、动乱等国家和地区的投资项目，以及涉及特殊敏感行业的境外投资项目由国家发改委核准。

2. 企业境外投资证书审批

在取得发改委的核准后，中国投资者还应当取得中国企业境外投资证书。

2009年3月16日颁布实施的《境外投资管理办法》，明确提出下放核准权限，商务部仅保留对少数重大的、涉及多国利益的境外投资，以及在未建交国、特定国家或地区的境外投资等的核准，地方企业境外投资由省级商务主管部门负责。

同时，《境外投资管理办法》简化了核准程序和企业申报材料，缩短了核准时限，企业绝大多数境外投资只需按要求填写并提交《境外投资申请表》即可在3日内获得企业境外投资证书。

商务部核准中央企业的境外投资项目（金融类除外），其他企业则由各地省级商务行政主管部门核准。商务部主要从以下七个方面进行审查和核准。

（1）国别（地区）投资环境。

（2）国别（地区）安全状况。

（3）投资所在国（地区）与我国的政治经济关系。

（4）境外投资导向政策。

（5）国别（地区）合理布局。

（6）履行有关国际协定的义务。

（7）保障企业合法权益。

至于该项目在经济、技术上是否可行，商务部并不干预，完全由企业自行负责。

3. 外汇管理局外汇登记

外汇管理局自2009年1月起启动了全新电子平台，用以处理所有境外投资事宜，所有与境外投资项目相关的外汇程序，包括批准、核准、登记和备案等均需通过该平台进行处理，投资者将获得外汇登记证（IC卡），取代之前使用的纸质证明。所有与投资者境外投资相关的批准和记录，都将被记录在投资者的IC卡上。

投资者可以使用自有外汇资金、符合规定的国内外汇贷款、人民币购汇或实物、无形资产及经外汇管理局核准的其他外汇资产来源等进行境外直接投资。境内机构境外直接投资所得利润也可留存境外用于其境外直接投资。

案例 7-4

中国企业对外直接投资面临的问题

面对深刻调整变化的国际投资和多边贸易格局，兴起的国际逆全球化风潮，中国"一带一路"倡议的提出，一段时期内世界经济发展的不确定性因素仍然存在，中国企业面临着越来越多的挑战，其国际化仍将处于重要的战略机遇期。

1. 投资目标不明确，海外投资成功率低

我国企业海外投资的规模和数量都在不断扩大，可是成功率却不高。根据研究，全球并购案例仅有 1/3 的成功率，并且考虑到中国企业的跨境跨资源整合及未来发展，成功率还要降低 10%。这意味着在中国走向全球的过程中，大约只有 20% 的企业能够取得成功。很多企业对外投资比较盲目，一些企业缺乏海外投资专业知识，前期信息准备和市场调查不足，也有很多中国公司经常面临两难的境地：一边是本土丰富的资源，另一边是进军国际化市场需要面对的巨大困难和挑战。进入国际市场后企业也不能对各项资源进行有效整合，另外，国际化企业规模的扩大导致管理难度也逐渐增加，由于国际经营管理经验不足，造成了企业资源的分散，进而降低了企业对资源的利用效率。

2. 国际化的经营能力不足

在 2016 年世界 500 强排行榜中，中国上榜企业数量连续第 13 年增加（《财富》中文网，2016），表明中国企业在国际市场已经具备了一定的竞争力。但毕竟发达国家发展多年，经历了多个发展阶段，总体存量规模较大，中国企业的对外投资与发达国家比仍然存在着较大差距，说明中国企业把国内的竞争力转化为国际市场上的竞争优势还有很长的路要走。中国企业国际化经营能力主要在以下几方面不足：由于国有企业对外投资企业数量占比较重，国企组织的灵活性不足，无法及时反应和调整国际化产业的变革；部分企业投资决策的规范性不足，对投资环境的考察和投资市场的信息搜集不到位，单指企业的市场开拓力度不够；疏于风险管理和应对；由于对投资国文化和制度的差异认识不足，不清楚或没有较好地履行企业的社会责任，导致跨文化整合失败进而影响在当地的经营；在人力资源管理方面缺乏科学有效的考核和激励等。

3. 企业在品牌、技术和管理上欠缺，处在价值链低端

由于贸易壁垒和人工成本等因素，中国制造成本优势正逐步丧失。根据波士顿咨询公司报告，制造同样一件产品，中国企业的制造成本指数与美国相比只低了 4%（以美国作为基准数值为 100，中国为 96），即美国制造成本若为 1 美元，在中国制造则需要 0.96 美元，差距已经很小。这说明中国企业在国际化进程中需要从内生性方面做好技术、质量和效率的提升。作为世界级跨国公司，无一例外都拥有自身的核心竞争力，比如这些核心竞争优势有的体现在技术资源方面，有的体现在品牌和营销资源方面，有的体现在财务和经营管理方面。中国跨国公司与世界级跨国公司相比，"大而不强"的问题比较突出，企业规模很大但缺少核心的竞争资源优势，差距仍然不小。

进一步来看，中国的跨国公司与世界级跨国公司在竞争优势方面的差距比较主要体现在技术资源、营销资源和财务资源以及人力资源等管理上。一缺品牌，随着国际化的深入，中国企业已经越来越多地意识到品牌的重要性，但是中国跨国公司拥有世界一流品牌的数量仍然较少；二缺技术，很多中国跨国公司仍然处在追赶阶段，在技术资源方面投入不足，创新能力欠缺，原创性技术开发突破性较少；三缺管理，虽然中国企业在现代企业制度建立方面获得了全面的发展，但是在管理方面，无论财务、生产、研发还是营销管理，中国跨国公司与发达国家世界级跨国公司相比都存在很大的提升空间。

4. 国际化经营意识不足

当前中国跨国公司的国际化程度由于受制于国内环境的影响而普遍不高，有的管理人员尤其是高级管理人员欠缺国际化经营意识。我们首先归纳一下国际化经营意识的具体内容。

（1）全球意识。全球意识是跨国公司与中国国内企业相比的重要特点，是指企业站在更高的格局上，从宏观的角度对全球资源分配进行经营和决策。

（2）品牌意识。品牌意识即品牌知名度，表现为消费者对品牌认知与品牌回忆的程度。企业应加强对自身品牌的经营意识，同时企业还要用好品牌，作为企业进行全球资源分配的推动力量。

（3）风险意识。风险意识是指企业对风险的感受，由企业利益与风险之间的关系而产生的对风险的认识态度，任何企业国际化经营活动中都可能存在着风险，企业需要学会评估并识别风险，提前做好防范和应对措施。

（4）竞合意识。竞合意识即竞争合作理论，源于对竞争对抗性本身固有缺点的认识来适应复杂经营的环境。企业经营活动是可以实现双赢的特殊的博弈。中国跨国公司在国际化经营过程中经常面临恶性竞争，导致两败俱伤，所以企业应该与竞争对手考虑协调和合作。

（5）公关意识。公关意识即公共关系观念，是现代化企业经营管理的思想，属于企业软实力的建设内容。中国跨国公司在外应提升自身的综合形象，主动做好投资地领导层和民众的公关工作。

资料来源：刘玉玲. 中国企业对外投资问题分析 [J]. 全国流通经济，2020（12）：2.

▶ 讨论题

针对以上所提的几个问题，应采取哪些应对措施来促进我国企业对外直接投资的发展？

◈ 思考题

近些年，在中国企业对外直接投资的过程中，呈现出民营企业表现活跃，以跨国并购方式为主，且很多大型跨国并购案表现出被并购方综合实力超过并购方的"蛇吞象"的特征，我们该如何看待这个现象？

◈ 习题

1. 选择题

（1）新中国成立后的 70 多年来，中国企业海外直接投资大体上经历了（　　）。

A. 四个发展阶段　　　B. 五个发展阶段

C. 五个发展阶段　　　D. 七个发展阶段

（2）对中国企业对外直接投资的描述，错误的是（　　）。

A. 中国企业对外直接投资发展速度较快，规模不断扩大

B. 中国企业对外直接投资主要集中于亚洲地区

C. 民营企业近几年表现活跃

D. 中国企业对外直接投资采取的是跨国并购的方式

2. 判断题

（1）近些年，我国企业跨国并购大量集中在能源行业，主要原因是我国能源企业实力强大，远超国外同行企业。（　　）

（2）中国政府对海外投资实行分级审批管理制度。（　　）

3. 简答题

（1）"走出去"战略的含义是什么？它分哪几个层次？中国企业实施"走出去"战略的必要性和作用是什么？

（2）中国企业对外直接投资的特点有哪些？

（3）中国企业开展对外直接投资的可能性和条件有哪些？

第八章
CHAPTER 8

国际技术贸易

本章要点

本章首先从技术的含义、特点和种类出发，引出国际技术贸易的概念及其与货物贸易的区别，并对国际技术贸易进行了分类。其次详细介绍了国际技术贸易具有代表性的几种方式，包括许可贸易、技术服务和国际合作生产，并对它们的合同方式做了简单介绍。重点关注国际技术贸易中的价格、税费、限制性商业惯例这三个问题。最后还介绍了《与贸易有关的知识产权协定》（TRIP）和中国技术进出口贸易发展情况。

思政视野

国际技术贸易是国际经济中的一个特殊领域，自二战以后发展十分迅速，其发展速度远远超过一般的商品贸易。近年来，由于国际政治、经济、科技形势的变化，国际技术贸易开始呈现出一些新的发展趋势。

国际技术贸易是国际经贸中的一个特殊领域，它是以技术为贸易对象的国际经贸活动，通常比一般的国际商品贸易复杂得多。在科技革命日新月异、科技成果层出不穷的知识经济时代，发达国家将加速高新技术的研究开发和应用，发展中国家通过单纯学习别国技术和经验而赶上发达国家的难度将提高，"后发优势"的作用将日趋减弱。以信息技术为代表的新兴产业技术不仅改变了技术本身的发展方向，而且深刻影响了整个国际技术贸易的内容、规模与方法。国际技术贸易出现新的发展趋势。

而我国国际技术贸易的发展仍面临一些问题。

（1）进入国际技术贸易市场的产品竞争力不够强。由于对技术创新缺乏足够的认识和必要的投入，我国参与国际技术贸易的有些产品附加值较低，竞争力较弱。

（2）缺乏企业创新机制。我国工业仍以传统产业为主，大多数企业的技术水平低、成本高，粗放式经济增长方式仍然存在，重复建设有些严重，以致高科技产业的比重偏低，而且在技术引进中多重视对技术、设备等的引进，而忽视了对技术的消化和吸收，以及在此基础上对所引进技术的改进、研发与创新。大多数企业技术创新机制不够健全，技术开发人员投入不够合理。

（3）技术的引进与输出结构不够合理。在我国，技术进口远远多于技术出口，而且，在技术引进中成套设备等硬件占比较高，软件技术占比较低。出现的结果是引进的技术很多，但真正奏效和起作用的技术有限，不能很好地利用当前引进的技术为国内急需的技术领域和相关的经济建设服务，造成一些资金的浪费和技术的搁浅。

（4）技术引进与输出的层次较低。虽然近年来我国的高新技术得到了较快发展，高新技术的贸易额逐步增大，但这些技术还是跟不上国际高新技术的发展，与世界高精尖技术相比，我国技术贸易的层次相对较低。

（5）参与国际技术贸易的手段和营销方式落后。我国在国际技术贸易活动的技术手段和营销方式方面做了大量工作，国际技术贸易从业人员的工作技能得到了一定的提高，但与发达国家、新兴工业国家相比，差距还不小。

（6）对国际技术贸易活动规则缺乏深入的了解和分析。我国对知识产权保护的国际规则缺乏深入的了解和分析，致使近些年高新技术类无形资产流失较为严重，造成这种情况的重要原因就是许多人对国际技术贸易的非凡性、复杂性和程序不够了解，以至于在技术贸易中屡屡吃亏。此外，在签订技术贸易合同时，多重视有关技术价格确定、技术资料交付、支付方式等方面的内容，而忽视了考核与验收、技术服务与咨询、保密责任等所谓"软条款"的内容，极大地损害了我方的利益。

资料来源：胡国杰，张晓芬. 我国国际技术贸易发展中存在的问题［J］. 辽宁工业大学学报（社会科学版），2005（6）：8-9.

▶ 思考题

你对我国国际技术贸易存在的问题可以提出怎样的对策？

▌▌开篇案例

2018 年 7 月 30 日，深圳市朗科科技股份有限公司（以下简称"朗科公司"）发布公告称，其于 7 月 28 日收到了美国新泽西州联邦地区法院仲裁员威廉·巴斯勒（William G. Bassler）签发的《最终裁决书》，裁定美国必恩威科技股份有限公司（PNY Technologies，Inc.，以下简称"PNY 公司"）应向朗科公司支付专利许可费及利息共计 771 万余美元。双方这起长达 12 年的专利纠纷暂时告一段落。

朗科公司相关负责人在接受《中国知识产权报》记者采访时表示，朗科公司之所以能取得阶段性胜利，得益于公司对技术创新和专利布局的重视，以及注重通过专利许可等多种方式开展专利运营，发挥专利的最大价值；同时，在遇到专利纠纷时，积极通过法律手段维护自身的合法权益。

朗科公司成立于 1999 年，主营 U 盘业务。公司成立当年，朗科公司研发出全球第一款 USB 闪存盘。1999 年 11 月 14 日，朗科公司向国家知识产权局提交了一个名为"用于数据处理系统的快闪电子式外存储方式及其装置"的专利申请，并于 2002 年 7 月 24 日获得授权（专利号：ZL99117225.6）。2004 年 12 月 7 日，上述专利的同族专利在美国获得授权（美国专利号：US6829672）。

PNY 公司成立于 1985 年，是美国第二大移动存储厂商，主要产品包括内存、U 盘、闪存卡、耳机、绘图卡等。多年来，在美国闪存盘领域，PNY 公司的市场份额位居第二位。

2006 年 2 月，朗科公司向美国得克萨斯州东区联邦法院起诉称，PNY 公司侵犯了其第 US6829672 号美国发明专利权，要求对方立即停止侵权行为，并赔偿经济损失。在该案判决前，PNY 公司与朗科公司达成庭外和解。2008 年 2 月 11 日，双方签署了《和解协议》。协议规定，朗科公司授权 PNY 公司实施包括第 US6829672 号专利在内的一系列专利，美国 PNY 公司向朗科公司支付专利许可费。

朗科公司认为，在《和解协议》履行过程中，PNY 公司违反约定。对此，朗科公司针对 PNY 公司的违约行为向美国新泽西州联邦地区法院提起了仲裁。2013 年 11 月 8 日，PNY 公司针对朗科公司的诉讼向美国新泽西州联邦地区法院提起确认之诉，其表示，朗科公司提起的仲裁事项不属于仲裁范围，应通过联邦法院裁决，并认为其生产销售的某一类别产品不包括在双方签署的《和解协议》的范围内。2015 年 12 月 16 日，美国新泽西州联邦地区法院裁定该协议发生的纠纷属于仲裁范围。

2017 年 10 月 10 日，朗科公司收到了美国仲裁员巴斯勒签发的《部分最终裁决书》。2018 年 7 月 28 日，朗科公司收到仲裁员巴斯勒签发的《最终裁决书》，裁定 PNY 公司应继续向朗科公司提交专利许可费报告，并按照 2017 年 10 月 6 日的《部分最终裁决书》以及《和解协议》的内容向朗科公司支付专利许可费及利息 771 万余美元。至此，这起长达 12 年的专利纠纷暂时告一段落。

除了该案之外，朗科公司在国内外均开展了一系列专利维权行动，并取得了多次胜诉。朗科公司的涉案专利究竟是何技术，为何能取得多次胜诉？这要从朗科公司研发的第一款闪存盘和第一件专利说起。

1998 年，朗科公司创始人邓国顺、成晓华研发出了一种全电子式闪存外存储方法及其装置，并于 1999 年 11 月 14 日提交了专利申请，2002 年 7 月 24 日获得授权。朗科公司相关负责人向本报记者介绍，相比之前常用的软盘，该专利技术生产的闪存盘具有容量大、存取速度快、体积小、即插即用、不易损坏等诸多优点，其填补了我国在计算机移动存储领域的技术空白，是我国在该领域的核心和基础专利，具有较高的市场和经济价值。

随后，朗科公司围绕上述基础专利建立了一个移动存储领域的专利池，产品覆盖闪存盘、手机、数字音视频播放设备、电视机、数码相机、闪存卡、固态硬盘、GPS 导航仪、汽车电子等数码电子产品。随后，朗科公司不断拓展闪存盘的应用功能和应用领域。

"涉案专利与美国第 US6829672 号发明专利属于同族专利，作为朗科公司的首件专利，其不仅是朗科公司的核心技术，同时也是闪存盘和移动存储领域的基础性专利，移动存储领域的有关产品很难避开这一专利技术。此外，闪存技术在全球范围内发展迅速，产品不断迭代更新，作为技术密集型行业，闪存盘和移动存储市场的竞争日趋激烈，纠纷在所难免。"朗科公司相关负责人表示。

在与 PNY 公司的专利诉讼中，朗科公司之所以能够获得胜诉，得益于该公司对技术创新和专利布局的重视。朗科公司相关负责人向本报记者介绍，公司成立以来，围绕闪存技术储备了一系列专利，建立了该领域的专利池，并针对专利池开展专利运营，以发挥专利的最大价值。比如，与重点维权对象开展谈判时，朗科公司首先考虑与对方就专利池的专利许可达成协议，而不是只针对单件专利。截至 2018 年，朗科公司已经与东芝公司、金士顿公司、群联电子公司等知名企业签署了专利许可协议，专利许可收入达到数亿元。

"专利许可是朗科公司开展专利运营的主要方式，这种专利运营模式需要通过协商谈判、专利行政保护甚至专利诉讼才能实现收取专利许可费的目的。"朗科公司相关负责人表示，自 2002 年起，针对未经许可使用朗科公司专利技术的公司，朗科公司开始实施专利维权战略，发起了一系列专利诉讼。未来，公司将进一步宣传自身的专利许可模式，在条件合适的前提下，针对部分领域设计相对固定的专利许可方案，从而有利于专利技术使用者按照方案主动支付专利许可费。

资料来源：冯飞，李思靓. 国产闪存技术厂商打赢海外专利诉讼［EB/OL］.（2018-08-15）［2021-05-15］. http://www.iprchn.com/cipnews/news_content.aspx? newsld=110039.

▶ 讨论题

1. 试结合本案例谈谈技术的重要性和技术贸易的必要性。

2. 伴随中国企业海外市场份额逐步扩大，这些企业应如何应对专利混战？

第一节　国际技术贸易概述

一、技术的含义

技术这一词汇最早来自希腊文，由 Lechne（工艺）与 Logos（了解）合成。从希腊文的含义来看，技术就是人类智慧的结晶和生产经验的总结。技术在汉语中第一次出现于《汉书》之中，用于记述汉代名医淳于意的医术，"技"为才能，"术"为方法。但是，到目前为止，理论界对"技术"一词的含义尚未形成统一认识。各国学者对技术认识的差异来源于不同的认识角度，而不同的认识角度导致了技术含义出现了广义和狭义之分。狭义的技术是指对自然进行改造的技术，而广义的技术泛指解决问题的方法和手段。1977 年，世界知识产权组织定义技术为："技术是指制造一种产品的系列知识，所采用的一种工艺或提供的一项服务，不论这种知识是否反映在一项发明、一项外形设计、一项实用型或者一种植物的新品种，或者反映在技术情况或技能中，或者反映在专家为设计、安装、开办、维修、管理一个工商企业而提供的服务或协助等方面。"1996 年，联合国工业发展组织给技术的定义是："由知识、技巧、技能、专有知识和组织组成的一个系统，它用于生产、销售和服务，从而满足经济需要和社会需要。"实际上，世界上所有能带来经济效益的科学知识都应定义为技术。

二、技术的特点和种类

技术作为人类认识和改造自然的工具，具有以下显著的特点：①技术属于知识的范畴。它是人类智慧的结晶，也是人类经验的总结。②技术是一种无形资产。技术需要以人作为媒介，通过仪器、设备等发挥作用，用文字、图表、数据等形式来表示。所以，这看不见的技术实际变成了人类的一种无形资产。③技术具有私有性。技术虽然是整个人类的智慧财富，但个体的差异性、地域和社会环境的不同、文化的差异等原因，决定了技术私有性的特征。④技术具有商品属性。掌握技术需要智力、学习等投资活动，而拥有了技术往往可以创造更大的价值、获取更高的利益。所谓"科学技术是第一生产力"，足以说明技术是现代社会最有价值的商品。

技术根据不同的标准可以有不同的分类方法。按效用可分为产品技术、生产技术和管理技术；按技术形态可分为软件技术和硬件技术；按公开程度可分为公开技术、半公开技术和秘密技术；按法律状态可分为工业产权技术和非工业产权技术；按技术的来源可分为科学技术和经验技术；按在生产活动中的作用可分为核心技术和一般技术；按社会发展价值可分为创新技术和改良技术；按技术发展阶段可分为传统技术、尖端技术和未来技术。以下介绍主要的三种分类。

1. 公开技术、半公开技术和秘密技术

（1）公开技术。公开技术是向社会明确公开的科研技术成果，一般发表在公开的出版物上，是人们可以自由地传播和无偿使用的。如公开发表的论文、报告、会议记录等。

（2）半公开技术。半公开技术是指内容公开，但在法律规定的保护期内，未经技术所有人授权不得擅自使用的技术。

（3）秘密技术。秘密技术是指不为公众所知的专有技术。这类技术靠技术所有者自身的手段保护，一旦泄露而为公众所知则成为公开技术，不受法律保护。使用方法保护这类技术往往是因为其技术不符合法律保护条件或者害怕核心技术公开后不能长期拥有这项技术。

2. 工业产权技术和非工业产权技术

（1）工业产权技术。按照《保护工业产权巴黎公约》的规定，工业产权包括发明、实用新型、外观设计、商标、服务标记、厂商名称、货源标记、原产地名称以及制止不正当竞争的权利。在我国，工业产权主要是指商标专用权和专利权。这类技术实际是半公开技术的一种。

（2）非工业产权技术。这类技术是指不受法律保护，但仍具有价值的技术。虽然非工业产权技术不受法律保护，但仍可进行有偿转让。

3. 产品技术、生产技术和管理技术

（1）产品技术。产品技术主要指改变产品的外观、功能等外在效用的技术。产品技术使用恰当可以有效提高产品销量，尤其是在科学技术日新月异的现代社会，消费者往往青睐拥有更多技术的产品。

（2）生产技术。生产技术是指对产品生产过程产生作用的技术，如对生产模具的改进、生产工艺的革新、生产组织流程的创新等。这些技术不仅能提高生产效率，还能对产品技术和管理技术的革新做出贡献。

（3）管理技术。管理技术是对管理方法和管理手段的总称。它作用于整个产品的设计、生产和销售的过程。管理技术有如下几种分类：按管理者风格，可分为专制、民主和民主集中制管理技术；按分析手段，可分为定性分析和定量分析的技术；按信息沟通的特点，可分为权威性沟通、真理性沟通和利益原则沟通的技术。

三、国际技术贸易的概念

国际技术贸易是指不同国家的经济单位，通过技术合同或协议，将技术有偿地进行国际转让的活动。国际技术转让包括有偿转让与无偿转让。国际技术贸易也可以叫作有偿国际技术转让，它产生了国际技术转移。国际技术贸易涉及了技术的跨国界的位置转移，并实现了技术所有权和使用权的有偿转让。

四、国际技术贸易不同于商品贸易的特点

国际技术贸易具有不同于商品贸易的一些特点。

（1）贸易对象不同。商品贸易的对象是有形的物质产品，国际技术贸易的对象是无形的技术。

（2）贸易关系不同。商品贸易的交易结束于货款结清之时，国际技术贸易是一种持续的、按契约进行合作的关系，通过技术的传递、传授和引进方的消化掌握才能完成交易。

（3）贸易条件不同。商品贸易的贸易条件一般主要指商品的价格、品质、数量、双方的权利义务等，比较容易确定；国际技术贸易的贸易条件随不同的贸易内容而不同，确定起来比较困难。

（4）所有权的转变不同。商品贸易中所有权与使用权随商品的转移同时转移，国际技术贸易的接受方只能在一定条件下取得技术的使用权，而不是所有权，即国际技术贸易是所有权与使用权分离的贸易。

（5）商品贸易的收支会列入一国对外贸易收支平衡表中，国际技术贸易的收支一般不作为对外贸易收支平衡表的项目。

除此之外，在其他如政府的干预程度等方面，两者也有所不同。但是，国际技术贸易又与国际商品贸易有紧密的联系，两者是相辅相成、互相促进的关系。随着国际技术贸易和国际商品贸易的发展，两种贸易方式的多样化组合不断出现。国际技术贸易具有改变国际商品贸易结构和疏通国际贸易渠道的作用。

五、国际技术贸易的对象和方式

国际技术贸易的对象主要是享有工业产权的技术，如专利、商标、实用新型与外形设计等；受版权或著作权保护的技术，如文字作品、音乐作品、多媒体作品、科学作品等；没有经法定程序注册的技术，主要指秘密技术，内容通过图纸、设计方案、技术说明书、技术示范以及口头传授的技术等；咨询、指导、培训等技术服务项目。

在实践中，单纯的技术贸易很少见，经常的做法是把无形的技术知识与有形的商品贸易、工程项目等其他贸易方式结合起来，主要方式有许可证贸易、技术咨询与服务、合作生产、工程承包、国际租赁、国际 BOT、特许经营、补偿贸易等。

案例 8-1

格力将 3 项电机专利技术授权丹麦格兰富

2019 年 11 月 5 日，格力电器在珠海总部举行了"格力电器 & 格兰富专利许可签约仪式"。格力电器向格兰富控股联合股份公司（简称"格兰富"）授权了其自主研发的新型无稀土磁阻电机领域内的 3 项电机专利技术。

据了解，此次授权给格兰富的新型无稀土磁阻电机专利技术由格力电器自主研发，首次在不使用稀土永磁体的条件下实现了电机的高效化，摆脱了高效节能电机对国家战略储备资源稀土的依赖，电机能效可达到国际最高能效等级 IE5 的水平。

资料显示，格兰富总部位于丹麦，是全球领先的水泵制造商之一，年产量近 1 600 万台。该企业不仅开发、生产并在全球范围内销售高质量的水泵及其系统，还生产泵类产品所需的电机，致力于提升城市生活质量，改善生存环境。

签约仪式上，格力电器董事长兼总裁董明珠表示："技术无国界。今天格力电器和格兰富因为对技术创新和对人类文明的尊重走到了一起，希望通过我们双方的努力，让世界的'绿水青山'更美丽。"

最新数据显示,格力已累计申请专利 59 568 件,其中发明专利 28 874 件,国际专利 1 955 项,自主品牌产品远销 160 多个国家和地区。

资料来源:牛广文. 格力将 3 项电机专利技术授权丹麦格兰富 [EB/OL]. (2019-11-07) [2021-06-02]. https://baijiahao. baidu. com/s?id = 1649518885077853338&wfr = spider&for = pc.

▶ 讨论题

1. 本案例中技术贸易的对象是什么?其具有什么特点?

2. 试结合本案例,谈谈国际技术贸易和商品贸易的区别。

第二节　许可贸易与许可合同

一、许可贸易

许可贸易(licensing trade),是指知识产权的所有人作为许可方(licensor),在一定的条件下,通过与被许可方(licensee)签订许可合同,将其所拥有的专利权、商标权、专有技术和计算机软件著作权等授予被许可方,允许被许可方使用该项技术制造、销售许可合同产品的技术贸易行为。

许可贸易具有以下特点。

(1)地域性。许可贸易的标的一般受到国内法的保护,需要在法律允许的范围内与被许可方签订合同,法律允许的有效地域范围决定了标的的价格。

(2)时间性。许可合同时间的长短决定了许可方可获得的报酬的多少。

(3)复杂性。这包括交易双方的复杂性、标的的复杂性、涉及法律规定的复杂性等。

国际许可贸易的种类很多,按照接受方取得使用许可项目的权限和地域范围大小可分为以下几种。

(1)独占许可(exclusive license)。在规定的地区内,接受方在合同有效期限内对转让的技术享有独占的使用权,许可方不得在该地区内使用该项技术制造和销售产品,也不得再将该技术转让给该地区的任何第三方。

(2)排他许可(sole license)。在规定的期限和地域内,许可方和接受方都对许可合同项下的技术享有使用权,但许可方不得再将该技术转让给第三方。排他许可仅仅排除第三方在该地域内购买使用该项技术。

(3)普通许可(simple license)。在合同规定的期限和地域内,接受方得到转让技术的使用权,但对许可方没有限制,许可方保留在该地区内使用该技术的权利并可以将该技术转让给任何第三方。

(4)分许可(sub-license)。在合同有限期内,接受方有权以自己的名义将所购技术转让给第三方。此种情况下,第三方与原许可方无合同关系,但原接受方要对原许可方负责。

(5)交叉许可(cross license)。交叉许可就是相互许可,指技术转让双方相互交换各自拥有的专利权、商标权或专有技术权。双方的权利可以是独占的,也可以是非独占的,这种方式一般不收费。

许可贸易按贸易标的的不同可以分为以下几种。

（1）专利许可，以专利权为标的，强调地域性。

（2）专有技术许可，以专有技术为标的，以被许可方承担保守技术秘密义务为前提，强调保密性。

（3）商标许可，以商标使用权为标的，强调质量监督和保证。

（4）成捆许可，以多种使用权的结合为许可对象，强调综合性。

（5）计算机软件许可，有改进条款。

二、许可合同

许可合同是技术贸易合同的主要和基本形式，又称为许可协议（license agreement），它是指双方当事人为共同实现专利权、商标权和专有技术使用权转让的特定目标而规定双方权利义务的法律性文件。

（一）基本条款

由于存在多种不同的许可贸易方式，许可合同的类型也不完全相同。但总的来说，各种许可合同都包括下面各项基本条款。

（1）绪言条款。包括合同名称和编号、当事人的名称及法定地址、签约时间和地点、鉴于条款等内容。鉴于条款（whereas clause）是一种叙述发生条款，一般以"鉴于……"开头，主要用来保护被许可方的利益。

（2）定义条款。定义条款要对诸如基本技术、专利、商标、专有技术、授权产品、授权性质等一些重要名词加以定义。

（3）技术内容和范围条款。这是整个合同的核心部分，包括基本技术说明、转让技术的方式、被许可方可以制造和销售合同产品的地区范围、设计其他技术说明、实施技术时所需原材料和设备的提供问题等。

（4）价格与支付条款。通常有一次支付、提成支付、入门费加提成支付三种做法。

（5）技术服务与协助条款。明确说明技术服务与协助的目的、范围、内容，并详细规定履行的条件及负担的费用。技术服务与协助包括技术培训、设计和工程服务、销售与商业服务、管理服务等多种形式。

（6）技术改进和发展的交换条款。应明确规定对这种技术改进或发展的交换办法及双方所承担的义务。一般来说，技术改进和发展的权利属于改进和发展方。

（7）技术文件的交付条款。这一条款应包括交付的时间、地点和方式，技术资料的包装要求，实际交付日期，技术文件短损的补救办法，技术文件使用的文字和技术参数的衡量制度等。一般技术材料的交付通过空运完成，风险的划分以目的机场的邮戳时间为准。

（8）技术验收与质量验收条款。

（9）保证与索赔条款。主要用以保护技术受让方的利益。

（10）税费条款。

（11）最惠待遇条款。一般在非独占的许可合同中规定最惠待遇条款，主要目的是要求技术供方将以后授予第三方使用许可的优厚条件同样给予原受方，以保证原受方的利益。

（12）不可抗力条款。

（13）正义解决与法律适用条款。

（14）合同的生效、期限、续展及终止条款。

（15）合同文字及签字。

（16）合同附件。用以说明正文不便详细罗列的内容。

（二）特殊条款

1. 专利许可合同的特殊条款

专利许可合同的特殊条款一般包括以下基本内容。

（1）专利条款。详细列明专利的专利号、专利申请国、申请时间和有效期限等，利于受方等鉴别专利的真伪。

（2）专利有效性的担保条款。为保护自身利益，一般技术受方会要求供方在许可合同中做出对专利有效性的担保。

（3）专利的保持有效条款。为保持专利在合同有效期内的有效性，技术供方应按期向专利部门缴纳年费。

（4）关于侵权的处理。双方当事人应明确规定通知的义务、起诉或应诉的义务及诉讼期间提成费的支付问题。

2. 商标许可合同的特殊条款

（1）商标的内容。要明确写明商标名称、图样以及使用该商标的商品名称。

（2）商标权的合法性和有效性。明确规定商标注册的国别、时间、有效期限和适用的区域范围，以表明商标权的合法性和有效性。

（3）商标转让的权限。合同中应明确规定商标许可使用的商品、地域范围及许可合同的性质（独占或非独占）。

（4）受方使用商标的形式。商标许可的使用形式主要包括原样使用供方商标、联结商标、联合商标和将供方的商标与制造地点联系起来的商标。

3. 专有技术合同的特殊条款

（1）初期保密协议。正式合同签订之前技术许可合同谈判双方签订的保密协议。

（2）被许可方的保密义务。规定被许可方的保密范围、地域范围、保密期限、保密措施以及泄密责任等。

（3）许可方的保密义务。规定许可方需要承担的保密义务，包括对被许可方提供的合同工厂的生产经营情况；许可方对转让技术的公开应以不危害被许可方为前提；在被许可方将其发展为技术回授时，许可方应当承担对这些回授保密的义务。

案例8-2

高通和 LG 电子签订新的全球专利许可协议

高通 2019 年宣布，LG 电子已与高通直接签署了新的全球专利许可协议。根据这一为期 5 年的付费专利许可协议，高通授予 LG 电子研发、制造及销售 3G、4G 和 5G 单模与多模整机设备的专利许可。该协议的条款与高通既定的全球专利许可条款一致。

高通技术许可业务高级副总裁兼总经理约翰·韩（John Han）表示："本次协议的签订加强了双方的长期技术合作关系，也是对高通专利组合价值的再次确认。我们很自豪能够为 LG 电子等领先的 OEM 厂商提供突破性的技术，并支持它们在全球推出具有吸引力的产品。"

高通是全球领先的半导体厂商，在无线行业内拥有大量基础专利。LG 电子 2019 年 6 月曾表示，双方之前的专利授权协议已经在 2019 年 6 月末到期，该公司与高通在续签芯片授权协议方面仍存在分歧。

资料来源：冯飞. 高通和 LG 电子签订新的全球专利许可协议［EB/OL］.（2019-08-21）［2021-06-20］. http://ip. people. com. cn/n1/2019/0821/c179663-31308992. html.

▶ 讨论题

1. 根据许可方授予被许可方的权利范围，本案例中高通与 LG 电子所签订的属于哪一种许可？
2. 这次的许可协议会对两公司产生什么影响？

第三节　其他技术贸易方式与合同

一、技术服务与技术咨询及其合同

技术服务（Technical Service），是指受托方应委托方的要求，针对某一特定技术课题，运用所掌握的专业技术技能和经验、信息、情报等向委托方所提供有偿的知识服务。

技术咨询（Technical Consulting），是指受托方应委托方的要求，针对解决重大技术课题或特定的技术项目，运用所掌握的理论知识、实践知识和信息，通过调查研究，运用科学的方法和先进的手段，进行分析、评价、预测，为委托方提供建议或者几种可供选择的方案。

技术咨询与服务合同是短期合同，反映买卖关系，内容比较单一。其范围是专有技术以外的那部分技术资料和服务，无须受方保密。按计费方式分，该合同包括总包合同、项目合同、计时合同及按工程费用百分比计收咨询费的合同四类。

（1）技术咨询与服务的范围。它主要规定受方需要技术咨询与服务的主题与具体内容。

（2）技术咨询与服务的要求及形式。它主要规定完成技术咨询与服务的时限，担任技术咨询任务的人数、人员的学历、资历和等级，应提供的资料、最终报告、图纸、计算数据、最终审查的办法以及受方派遣人员的人数和培训时间等。

（3）受方的责任。它主要规定受方为供方专家履行咨询与服务业务应提供的工作条件、生活条件及必需的技术资料等。

（4）技术咨询与服务的计价和支付。它包括计价内容、计价方式和支付方式三方面的内容。

二、国际合作生产及合同

国际合作生产（international cooperation production），是指分属不同国家的企业通过订立合作生产合同，在合同有效期内，一方或各方提供有关生产技术，共同生产某种商品。合作生产是一种长期性的合作。

　　国际合作生产合同的内容主要包括定义条款、合作生产合同的范围、双方的责任和义务、技术服务、技术资料的交付、机器设备、配套件和工具的支付、计价和支付、销售合作等条款。其中，机器设备、配套件和工具的交付条款是指需要技术供方提供机器设备、配套件和工具，这些机器部件的交付和贸易条件按一般货物贸易中陆运或海运的交付条件的规定办理。销售合作条款包括合作生产产品的接受条件、合作生产的销售范围、合作生产产品的销售价格和商标。

　　此外，还要订立仲裁、不可抗力、合同生效和终止、联络和其他有关条款。根据需要，有时也要规定保密条款和税费条款。

三、特许经营

　　特许经营（franchising），也叫特许加盟经营，是一种基于互利合作关系、根据特许经营合同进行的商业活动，即特许授予人按照合同要求给予特许被授予人（被授予人、受许人、被特许人、加盟者）的一种权利，允许特许被授予人使用特许授予人已开发出的企业商标、商号和经营技术、诀窍及其他工业知识产权。

　　特许经营中的特许授予人和特许被授予人之间没有隶属关系与合伙关系，双方并非母子公司，也不属于代理。特许授予人只是将合同规定的知识产权授权给特许被授予人有偿使用，并以整体统一的商业形象和管理模式对外营业。特许经营包括生产特许、产品–商标特许、经营模式特许等。

案例8-3

钧石能源与山煤国际签订生产合作协议

　　全球领先的异质结太阳能电池制造商钧石能源与山煤国际能源集团签订了合作协议。根据该协议，双方将共建高达10GW的异质结太阳能电池生产基地。

　　山煤国际能源集团是一家山西省国资委控股的上海证券交易所主板上市企业，以煤炭生产为主，地处国家能源革命综合试点的山西，资金实力雄厚；钧石能源是专业从事新一代高效异质结太阳能电池的研发、装备制造、产品生产与销售及综合服务的高新技术企业，拥有自主知识产权。

　　2019年2月，钧石能源宣布在福建晋江市开工建设5GW异质结太阳能电池制造基地。项目一期预计生产2GW异质结太阳能电池，投资额为50亿元（约合7.32亿美元）。考虑到规模效应，本次合作虽然双方没有公布具体投资总额，但预计此次10GW项目投资将达到200亿元左右。

　　据悉，2019年5月，松下集团也宣布将其位于马来西亚的异质结太阳能电池和组件工厂90%的股权转让给钧石能源，钧石能源成为松下马来西亚工厂的主要所有者和运营商。此外，日本还将成立一家新公司，与钧石能源联合实施所有异质结研发活动，这将使松下集团现有的研发活动与集团分离，目标是使新生产厂的电池转换效率达到25%。

　　资料来源：索比. 共建10GW异质结电池基地！钧石能源与山煤国际签订生产合作协议［EB/OL］.（2019-07-26）［2021-07-02］. https://www.kesolar.com/headline/132571.html.

　　▶ 讨论题

　　1. 为什么松下集团向钧石能源转让股权？

　　2. 请思考松下集团与钧石能源在马来西亚的合作可能遇到什么困难。

第四节   国际技术贸易的有关问题

案例 8-4

美国打压大疆公司失败

美国商务部国际贸易委员会启动的 377 调查遭遇失败，指控大疆公司的三项专利侵权全部宣告无效，美国打压大疆公司的行动以失败收场。

美国指控大疆公司专利侵权源起于 2018 年 8 月 30 日，当天位于美国西雅图市的深圳道通子公司 Autel Robotics 向美国商务部国际贸易委员会发出请求，主张大疆公司使用的三项专利涉嫌侵权。

经过近两年的调查，2020 年 3 月 2 日，美国商务部国际贸易委员会首席行政法法官查尔斯·布洛克（Charles Bullock）判定大疆公司没有侵犯 US7979174，还根据多种理由判定 US10044013 专利权主张是无效的，不过也有裁定大疆公司部分产品侵犯了 US9260184 专利。在这之后，Autel Robotics 得寸进尺地声称大疆公司的侵权产品必须在 7 月之前撤出美国市场，当时一些媒体认为大疆公司将会灰溜溜地选择退出美国。

但大疆公司早已经做好了应对准备，在 377 调查开始后没多久，就向美国专利及商标局（USPTO）专利审判和上诉委员会（PTAB）提出了双边复审，对美国商务部国际贸易委员会的专利侵权指控提出异议。

2020 年 5 月 13 日，事情迎来了转机，美国 PTAB 宣布，US7979174 专利的所有权利要求均无效。而一天之后，美国 PTAB 宣布 US10044013 专利权利要求中的所有权利要求均不具有专利权。5 月 21 日，美国 PTAB 认定大疆公司提出异议的 US9260184 专利中权利要求均不具有专利权。

可能有一些人不太理解美国 PTAB 的决定。简而言之，就是大疆公司被指控侵权的三项专利已经是无效专利，也就谈不上所谓的专利侵权。相关人士认为，美国商务部国际贸易委员会启动的 377 调查，不可能拿三项已经无效的专利向大疆公司发出任何禁令。

美国启动的 377 调查，就是根据美国《1930 年关税法》第 337 节及相关修正案进行的调查，可以禁止一切不公平竞争行为或向美国出口产品中的任何不公平贸易行为。某种程度上，377 调查就是美国推出的一项"贸易保护措施"，旨在确保美国企业在国际竞争中拥有优于其他国家企业的环境。最近十几年来，377 调查已经成为美国打压其他国家的工具。

距离最近的一次 377 调查，就发生在 2020 年 5 月 18 日，当天美国国际贸易委员会宣布对特定电子设备进行调查，理由同样是专利侵权，如若最后调查结果有利于申请人，在美国进口与销售的所有外国电子产品将会面临困境，不排除将被迫退出美国市场。

资料来源：第一龙军. 好消息，美商务部 377 调查遭遇失败，指控大疆专利侵权宣告不成立 [EB/OL]. (2020-05-22) [2021-07-03]. https://new.qq.com/rain/a/20200522A0M5G000.

▶ 讨论题

1. 本案例涉及哪些与技术贸易相关的问题？
2. 结合本案例谈谈我国快速发展的科技型企业在国际化过程中如何加强技术保护。

一、国际技术贸易中的价格问题

由于技术可以不经再生产多次出售，而且开发技术并不以出售为目的，因此，其价格的形成规律、表示方法及构成都与一般商品不同，确定起来很复杂。

（一）技术价格的含义

世界知识产权组织的《技术贸易手册》将技术价格定义为，技术受方为取得技术使用权所愿意支付的、供方可以接受的使用费的货币表现。

技术价格通常是指技术许可合同所规定的技术受方向技术供方所支付的全部费用。对卖方来说它是一项特定技术的卖价或回收，对买方来说则是引进一项技术的支付价格或成本。因此，技术价格也常常被称为补偿（compensation）、酬金（remuneration）、收入（income）、收益（profit）、提成费（royalty）、使用费（fee）或服务费等。

影响技术价格的因素主要包括技术商品的转让次数，技术的生命周期及其所处阶段，该项技术的研究开发成本，技术供方的期望利润，价格的支付方式，技术受方对实用技术独占性的要求程度，技术供方之间的竞争，技术受方国家的政治情况和法律保护等方面。

技术卖方对所出售的技术作价可分为三部分，即收回全部或部分直接成本、收回部分研制费用及对技术的新增利润的提成。一般情况下，卖方至少希望买方支付转让此项技术的直接开支，通常应包括卖方直接成本的全部和研制费用的一部分，以此作为底价。

卖方在确定顶价时，应取新增利润、竞争对手的最低价格和卖方的自我开发成本中的最低者。一般对新增利润采用LSLP（licensor's share on licensee's profit）原则来提成，也就是受方将引进该项技术所带来的新增利润的一部分作为技术价格分给供方，又称为利润分成原则。国际技术贸易中，绝大部分产品按净销售额的2%～6%提成，批量的机电产品提成率低于净销售额的3%。

在国际技术贸易中，卖方通常首先开价。买方在确定价格时所考虑的因素与卖方相同，结论也基本相似，即以卖方直接成本作为底价，以新增利润、竞争对手的最低价格和买方的自我开发成本中的最低者为顶价。

（二）支付方式

技术价格的支付既可以用现金支付，也可以用非现金支付。

1. 现金支付方式

买方以现金支付技术使用费，包括一次总付、提成计价及支付、入门费加提成费的总和支付三种方式。各种方式既可以单独使用，也可以综合使用。可使用现金或即期汇票来支付。

（1）一次总付（lump sum payment）。这种方式又称统包价，实质上是转让技术的双方在谈妥一项技术的价格金额后，由买方按价格的现值一次或分期付清。这是固定计价法，一般在技术可以全部转移，受方能全部消化吸收，或转让的是非尖端技术以及受方资金充足的情况下使用。在我国技术引进中，这种计价方式通常是不允许使用的。

（2）提成（royalty）计价及支付。这种方式是指技术受方利用引进技术开始生产后，以技术使用费作为经济效果（产量、销售额或利润）的函数予以计价，按期连续支付。这是变动计价，双方在签订合同时只规定提成比例和基础，不规定合同期间技术受方应支付的技术使用费总和。提成费的支付时间要从合同的性能保证期结束以后开始算起。

（3）入门费加提成费的总和支付。这种方式也称混合支付方式，是双方在合同中约定，在收到交付的技术资料后受方先支付一笔约定的金额，即技术入门费（initial fee），再按提成方式逐年支付。一般入门费相当于预付款，最少也要补偿供方在技术转让过程中已付出的直接费用。我国在近几年的技术引进中主要采用这种计价方式。

2. 非现金支付方式

（1）以产品支付（product take）。技术受方以该技术生产的产品来代替所应支付的现金。这实际上是国际商品贸易中"易货贸易"的延伸，相当于技术供方包销部分产品，可节省受方的外汇支出，对受方有利。

（2）技术入股。按转让技术的价值折成股份给技术供方，作为技术价格的支付。主要包括一方以技术入股、以技术加技术服务入股、以技术加设备入股和以技术加资金入股四种基本形式。这种方法实际上是把技术贸易变成合资经营，双方共担风险，共享收益，对受方有利。

（三）拟定价格条款应注意的问题

实际谈判中，为防止双方在合同执行过程中可能出现漏洞和争议，通常规定下面几个辅助条款。

（1）最低提成额（minimum royalty）。在按提成率计算的提成费低于最低提成额时，受方向供方支付最低提成额，高于最低提成额时支付计算值。

（2）停止合同和改变合同执行条件。如果受方未能按期支付技术使用费，供方可以终止合同或改变某些合同条款，如把独占许可合同改为非独占许可合同等。注意，终止合同可能会给受方带来市场竞争和销售上的损失。

（3）按公平市场价格（fair market price）计算销售额。公平市场价格是指一个行业或一个产品通常的提成率或价格规范。这样可以避免技术受方为了降低账面利润而故意低价出售产品从而导致供方受损。

（4）最高提成额（maximum royalty）。当按产量或销售额提成支付的使用费达到一定限额时，受方就不再对超额部分支付使用费。这一条款是为了保护技术受方的利益，使其能够享受市场和销售不断扩大而产生的超额利润与经济效益。

（5）递减提成率（progressive decrease of royalty）。提成率随产量或销售额的增加而减小。这个条款对买卖双方均有利。

二、国际贸易中的税费问题

国际技术贸易的税收主要涉及所得税与流转税两大税种，所遇到的税费问题主要是预提税或双重征税。

（一）双重征税问题

技术受方国家对技术转让的费用要征收一定的所得税，这部分税金是从许可使用费中先扣下来，再将余额支付给供方的，这就是所谓的"预提税"。预提税并不是一个特殊的税种，只是在国家技术贸易的特殊性下征收所得税的一种方式。

尽管受方国家已预提了所得税，技术供方仍必须向本国政府缴纳所得税，这样就产生了双重征税问题。为了将税务负担转嫁给受方，供方一般要提高技术价格，这样既恶化了技术贸易的环境，也给双方带来了不利。

例如，A 国企业向 B 国企业转让一项技术，转让费为 100 万美元，B 国所得税税率为 20%，A 国所得税税率为 45%，则扣除两次征税后许可方实际获得的技术转让费仅为 35 万美元。

解决双重征税问题的主要途径是在国家间缔结"避免双重征税协定"。避免双重征税协定是指为了明确税收管辖权、课税的范围以及在税收方面开展国际合作等，而在国家间通过谈判达成的双边或多边的税收协定。我国已与日本、德国、英国、法国、比利时、德国等近 100 个国家和地区签订了避免双重征税协定。

避免双重征税的方法有免税法和抵免法两种。免税法是指一国政府对其居民在国外的所得，由外国政府征税之后，对剩余部分不再征收国内所得税；或者根据避免双重征税协定，一国居民在国外发生的所得，该外国政府给予免税待遇，由居民所在国对其征税。抵免法是指在承认收入来源国税收优先权的同时，居民所在国并不放弃对居民所得税的征收权，但允许居民在应缴纳的所得税中适当扣减其在国外已缴纳的税额。在使用抵免法时，由于各国所得税率不同，具体做法又分为自然抵免、申请抵免和采用扣除法。

（二）技术引进合同中的税费条款

在技术引进合同中拟定税费条款时应注意以下问题。

（1）在技术引进合同中，均规定税费条款，明确划分何方负担国内外税收。规定的一般原则是：技术供方支付技术受方国家政府对技术供方征收的与执行合同有关的一切税收，以及在受方境外课征的与执行合同有关的一切税收；技术受方支付供方国家政府对受方征收的与执行合同有关的一切税收。

（2）在技术引进合同中，不得规定违反我国税法的条款，最典型的是"包税条款"。所谓包税，是指技术受方要负担技术受方国家政府征收的税收，技术受方国家境外的税费完全由技术供方负担，即各自负担本国的税收。这种做法等于中方（技术受方）代替技术供方承担了纳税义务，违反了我国税法。

（3）对外商在我国境内所得给予减免税优惠，必须履行法定手续。未经审批，引进企业不得自行决定对外商给予税收减免。

（4）订立税收条款要知彼知己，以争取主动。

三、国际技术贸易中的限制性商业惯例

（一）限制性商业惯例的含义、实质和分类

限制性商业惯例，亦称限制性贸易做法，若订立合同，则称限制性条款（restrictive business practices or restrictive clauses）。第三十五届联合国大会通过的《一套多边协议的控制限制性商业惯例的公平原则和规则》中定义：限制性商业惯例是指凡通过滥用或者谋取滥用市场力量的支配地位，限制进入市场或以其他方式不适当地限制竞争，对国际贸易特别是对发展中国家的国际贸易及其经济发展造成或可能造成不利影响，或者是通过企业之间的正式或者是非正式的、

书面或者非书面的协议以及其他安排造成了同样影响的一切行动或行为。

限制性条款的实质是以保护行使专利、商标合法独占权为借口，以最大限度地获取高额利润为目的，不合理地利用自己在谈判中的优势地位，向其潜在的竞争对手提出的一种单向的权利限制。

一般说来，限制性条款按其性质划分可归为两类：一类是直接有损于受方国家的主权和经济利益的条款，这类条款又称为强制性条款或刚性条款，对于这类限制性条款，受方国家的法律往往有强制性的规定，禁止任何企业接受；另一类是非强制性条款或称弹性条款，对于这类限制性条款，受方国家的法律没有强制性规定，这种技术引进后，对受方有利有弊，如果弊大于利，就不应接受，反之，就接受。

（二）限制性商业惯例的对策

我国在技术引进中对限制性商业惯例通常采取以下对策。

（1）据理力争，尽量迫使对方放弃或放松限制性条款。

（2）通过立法对其实行管制。1985 年 5 月 24 日国务院颁布的《中华人民共和国技术引进合同管理条例》中列举了九条不合理的限制性条款，具体如下所述：第一，要求受方接受同引进技术无关的附带条件，包括购买不需要的技术、服务及材料设备或产品；第二，限制受方自由选择从不同来源购买原材料、零部件或设备；第三，限制受方发展和改进所引进的技术；第四，限制受方从其他来源获得类似技术或与之竞争的同类技术；第五，双方交换改进技术的条件不对等；第六，限制受方利用引进的技术生产产品的数量、品种或销售价格；第七，不合理地限制受方的销售渠道或出口市场；第八，禁止受方在合同期满后，继续使用引进的技术；第九，要求受方为不使用的或失效的专利支付报酬或承担义务。

上述限制性条款中，有强制性的也有非强制性的。根据《中华人民共和国技术引进合同管理条例》第 9 条的规定，供方不得强迫受方接受这些不合理的限制性要求。对个别条款，如果受方经分析和比较后认为，接收后对受方利大于弊，经国家机关的特殊批准后才能写入合同。

第五节　与国际技术贸易相关的知识产权国际保护

一、《与贸易有关的知识产权协定》

（一）TRIP 概述

《与贸易有关的知识产权协定》简称 TRIP，是乌拉圭回合谈判新拓展出来的重要领域。在人类社会开始进入知识经济时代之际，这个协定反映了时代的新要求。TRIP 提出和重申了保护知识产权的基本原则，包括"国民待遇原则，保护公共秩序、社会公德、公众健康原则，对权利合理限制选择，权利的地域性独立原则，专利、商标申请的优先权原则，版权自动保护原则，最惠国待遇原则，透明度原则，争端解决原则，对行政终局决定的司法审查和复审程序，承认知识产权为私权的原则"。

TRIP 把已有的知识产权国际公约分为三类。

（1）要求全体成员必须遵守并执行的国际公约。这类国际公约共有四个，即《保护工业产权巴黎公约》（简称《巴黎公约》）、《保护文学和艺术作品伯尔尼公约》（简称《伯尔尼公约》）、《保护表演者、录音制品制作者与广播组织罗马公约》（简称《罗马公约》）和《关于集成电路的知识产权条约》。TRIP 对这四个国际公约的个别条款做了修改和保留。

（2）要求全体成员遵守并执行的国际公约。这类国际公约共有 10 余个，主要是《巴黎公约》的子公约。

（3）不要求全体成员遵守并执行的国际公约。凡是 TRIP 没有提到的也不属于上述两类的国际公约，均不要求全体成员遵守并执行，主要有《世界版权公约》《保护录音制品制作者禁止未经许可复制其录音制品公约》等。

TRIP 把知识产权分成两大类：工业产权和著作权，从七个方面分别规定了成员保护各类知识产权的最低要求，包括：版权及其邻接权、商标权、地理标志、工业品外观设计、专利权、集成电路的布图设计、未经披露的信息（商业秘密）等，并涉及对限制竞争行为的控制问题。

TRIP 原则上将成员分为发达国家成员、发展中国家成员、正在从中央计划经济向市场经济转轨国家成员、最不发达国家成员等几类，在一些条款的执行上给予不同的限期。

TRIP 规定由"与贸易有关的知识产权理事会"监督本协议的实施，尤其是监督全体成员对本协议所定义务的履行，并为成员方提供机会协商与贸易有关的知识产权问题。

（二）TRIP 的基本原则

1. 国民待遇原则

TRIP 第三条规定：在知识产权保护方面，每个成员给其他成员的国民待遇不应低于其给本国国民的待遇，除非《巴黎公约》（1967）、《伯尔尼公约》（1971）、《罗马公约》或《关于集成电路的知识产权条约》中已分别有例外规定。对表演者、唱片制作者和广播组织而言，该项业务仅适用于本协定规定的权利。国民待遇原则严格讲就是外国商品或服务与进口国国内商品或服务处于平等待遇的原则。

2. 最惠国待遇原则

TRIP 第四条规定：在知识产权保护方面，一成员给任何其他成员国民的任何好处、优惠、特权或豁免，应立即无条件地给予所有其他成员的国民。最惠国待遇原则的基本点是要求在成员间进行贸易时彼此不得实施歧视待遇，大小成员一律平等，只要其进出口的产品是相同的，则享受的待遇也应该是相同的，不能够附加任何条件，并且这种相互给予的平等的最惠国待遇应当是永久性的。

二、《保护工业产权巴黎公约》

《保护工业产权巴黎公约》简称《巴黎公约》，于 1883 年 3 月 20 日由法国、比利时等 11 个最初的成员国签订。我国于 1984 年 12 月 19 日签署《巴黎公约》，并于 1985 年 3 月 19 日对我国正式生效。

《巴黎公约》的保护范围是工业产权，主要包括发明专利、实用新型、工业品外观设计、商标权、服务标记、厂商名称、产地标记等。公约共有 30 条，包括实质性条款、行政条款和最终条款，其中实质性条款（1～12 条）主要规定了工业产权的保护范围、国民待遇原则、优先权原则、专利、商标独立原则等问题，行政条款（13～17 条）主要规定了参加公约应履行的手续、公约各次修订本的生效日期、执行公约的国际机构设立等，最终条款（18～30 条）主要规定了成员国的加入、批准、退出及接纳新成员国等内容。

《巴黎公约》的基本原则和重要条款包括以下几点。

- 国民待遇原则：促进专利技术国际化；
- 优先权原则：保证许可人充分利用其技术专有权权利；
- 独立性原则：保护各国知识产权法的相互独立；
- 强制许可专利原则：防止专利权人可能对专利权的滥用；
- 商标的使用：保护商标的正常使用；
- 驰名商标的保护：防止不正当利用商标；
- 商标权的转让：保护商标拥有者的权利；
- 展览产品的临时保护：给予知识产权全面的保护。

三、《商标国际注册马德里协定》

1891 年，在《巴黎公约》缔约国的主持下，各缔约国在西班牙马德里签订国际商标注册的国际协定——《商标国际注册马德里协定》，参加这个协定的国家首先必须是《巴黎公约》的缔约国。我国于 1989 年 10 月正式成为该协定的成员。

《商标国际注册马德里协定》旨在解决商标的国际注册问题，其保护的对象包括商品商标与服务商标。协定规定，申请注册的申请人必须是《商标国际注册马德里协定》缔约国的公民和在缔约国有住所或有实际营业场所的非缔约国公民。商标注册的申请人向本国主管部门递交一份"国际注册申请案"，并交纳有关费用，本国商标主管部门审查后，转至世界知识产权国际局，国际局对申请进行形式审查，符合要求的就可以取得在两个国家以上的国家注册。

商标国际注册的每一个商标，都享有《巴黎公约》所规定的优先权，国际注册的效力包括领土效力、法律效力和时间效力。领土效力是指商标的国际注册在哪些国家有效；法律效力是指商标获得国际注册后会产生什么法律上的后果；而时间效力是指不管各国规定的注册期如何，国际注册的商标有效期是 20 年，并可无限制地续展，每次续展期也是 20 年。

根据该协定，对于国际技术贸易中含有商标许可的技术转让或技术许可来说，办理国际商标注册，表现出两大优点：一是简化了手续，只需要在一个缔约国办理申请商标注册；二是节省了费用，只需要向一个缔约国交纳一次费用。

四、《保护文学和艺术作品伯尔尼公约》和《世界版权公约》

1886 年 9 月 9 日，英国、法国、瑞士等 10 个国家发起，在瑞士首都伯尔尼正式签订了《保护文学和艺术作品伯尔尼公约》，简称《伯尔尼公约》。该公约是版权领域第一个世界性的多边国际条约，也是最重要的、影响最大的版权保护公约。我国于 1992 年 10 月 15 日正式加入《伯尔尼公约》。

《伯尔尼公约》对版权保护的对象、作者的权利、保护期限、对版权的限制以及对发展中国家的优惠等问题都做出了详尽的规定。公约的基本原则包括国民待遇原则、自动保护原则、版权独立原则、最低限度保护原则和互惠原则。公约的保护对象主要包括文学艺术作品、演绎作品以及使用艺术作品和工业外观设计。对于作者权利，公约规定包括经济权利和精神权利两种，经济权利包括翻译权、复制权、表演权、广播权、朗诵权、改编权和电影权。

在联合国教科文组织的主持下，《世界版权公约》于1952年在日内瓦签署，该公约是继《伯尔尼公约》之后的另一个规定版权实质性保护的多边国际公约。我国于1992年10月30日正式加入该公约。《世界版权公约》规定，各成员国对文学、科学、艺术作品，包括文学、音乐、戏剧和电影作品，以及绘画、雕刻和雕塑的作者及其他版权所有者的权利，提供充分有效的保护。

案例 8-5

侵犯商标权及不正当竞争一案终审判决

近日，广东省高级人民法院（下称"广东高院"）就宝格丽股份有限公司（下称"宝格丽公司"）、宝格丽商业（上海）有限公司（下称"宝格丽上海公司"）诉湖南德思勤投资有限公司（下称"德思勤公司"）、深圳市德思勤置业有限公司（下称"德思勤置业公司"）、深圳市德思勤实业有限公司（下称"德思勤实业公司"）侵犯其商标权及不正当竞争一案做出终审判决，判令三被告停止在房地产经营活动中使用"宝格丽"等名称，销毁含有相关用语的标牌、标识和宣传资料，刊登声明致歉，并赔偿原告经济损失及合理开支共计310万元。

1. 宝格丽商标引纠纷

宝格丽公司是一家经营珠宝首饰的意大利公司，为第332078号、第334038号、第340247号"BVLGARI"、第3811212"BVLGARI宝格丽"注册商标的所有权人，且上述商标均核定使用在第14类珠宝、手表等商品上。宝格丽上海公司是宝格丽公司于2006年在中国境内设立的全资子公司，且将"宝格丽"登记为企业名称，从事珠宝首饰的零售等。

宝格丽公司诉称，2014年，其发现德思勤公司开发的"宝格丽公寓"房地产项目的楼盘外墙面、宣传册等位置，以突出方式使用"宝格丽""Baogene""宝格丽公寓"等标识。德思勤置业公司在其网站上，宣传和推介涉案楼盘，在主页中突出使用"宝格丽"，并以高档珠宝饰品作为配图，在涉案公寓公开发售活动现场，摆放数百件宝格丽香水。德思勤实业公司在第36类"受托管理"等服务上注册了"宝格丽"商标，供德思勤公司、德思勤置业公司使用。涉案"宝格丽"商标具有较高的知名度和美誉度，请求法院认定第332078号、第334038号、第340247号"BVLGARI"、第3811212"BVLGARI宝格丽"注册商标在第14类珠宝、手表类商品上为中国境内的驰名商标。据此，宝格丽公司、宝格丽上海公司以德思勤三公司侵犯其商标权及字号权为由，诉至深圳市中级人民法院（下称"深圳中院"），请求判令三公司立即停止在房地产经营活动中使用"宝格丽"等名称，移除并销毁含有相关用语的标牌、标识和宣传资料，并刊登声明致歉；三被告连带赔偿其经济损失2 000万元及合理开支50万余元。

三被告共同辩称，德思勤公司是第9008821号、第9013166号、第9013375号"宝格丽"商标所有权人，故未侵犯原告的商标权。

法院经审理认为，"宝格丽"属于臆造词汇，具有先天的显著性。二原告的持续使用，在第

14类珠宝、腕表类商品上使"宝格丽"具有较高的知名度和美誉度。2015年至今,宝格丽公司在第36类服务上取得4个包含"宝格丽"中文的注册商标。然而,德思勤公司在其开发的楼盘、商品房销售及广告宣传等商业活动中突出使用"宝格丽"字样;德思勤置业公司在其官网上宣传"宝格丽公寓",均构成商标侵权及不正当竞争。德思勤实业公司申请注册第9008821号等3个"宝格丽"商标,侵犯了宝格丽上海公司使用在先的"宝格丽"企业名称权。另外,关于认定涉案"宝格丽"商标在第14类商品上为中国境内驰名商标的问题,因宝格丽公司在第36类上已取得4个注册商标,而被诉侵权商标使用的服务类别也在第36类,故该案无须跨类保护,且无认定驰名商标的必要。据此,一审法院判决三被告立即停止侵权,刊登声明致歉,并赔偿原告经济损失及合理开支共计100万元。

2. 终审判赔310万元

宝格丽公司、德思勤公司均不服一审判决,上诉至广东高院。宝格丽公司请求法院撤销一审判决,改判原审三被告赔偿其经济损失及合理开支共计2 040万余元。德思勤公司请求法院撤销一审判决,驳回宝格丽公司的诉讼请求。

广东高院经审理认为,一审诉讼期间,宝格丽公司先后获得在第36类"不动产服务"上的4个注册商标,故原审三被告在该案诉讼前实施的侵权行为并未侵犯诉讼期间注册的4个注册商标权。但是,由于宝格丽公司在一审中既主张认定驰名商标进行跨类保护,又主张被诉行为对相关商标在相同或类似商品上构成侵权,故仍有必要对所涉商标是否驰名做出认定,并据此判定被诉侵权行为的性质和相关法律责任。第14类商品上的"宝格丽"等商标,经过原审原告长期使用,具有较高的知名度,已经达到了驰名的程度。德思勤三公司使用与涉案驰名商标相同或近似的商标,容易造成相关公众误认,侵犯了宝格丽公司注册商标专用权并构成不正当竞争。此外,就判赔金额的确定,法院考虑到两方面因素:一是涉案商标的商誉、被诉侵权行为的性质、侵权人主观恶意、权利人维权合理费用等因素,故在原有基础上大幅提升了判赔金额;二是跨类保护情况下驰名商标在被诉商品房开发销售中利润贡献率的限度、对涉案商标的使用程度以及跨类的联系程度等,不能仅因商标驰名或商品房开发销售获利较多而必然获得巨额赔偿。据此,确定按法定最高额300万元作为赔偿金额。

综上,广东高院判决三被告立即停止侵权,刊登声明致歉,赔偿宝格丽公司、宝格丽上海公司经济损失及合理开支共计310万元。

3. 认定驰名的必要性

对此,广东外语外贸大学法学院教授、博士生导师王太平在接受《中国知识产权报》记者采访时表示,驰名商标是在中国为相关公众所熟知的商标,是商标中的"金字招牌",是最有价值的商标。在生产力高度发达、市场竞争日趋激烈的情况下,商标就是市场,拥有驰名商标的商品往往在市场上具有较高的市场占有率和市场地位。同时,在消费社会,商标尤其是驰名商标已经不仅仅是识别商品或服务的"红娘",而是本身就具有非常大的价值,至少在一定意义上已经摇身一变为"莺莺",成为消费者标榜自我身份的重要工具和途径。

正是由于驰名商标的巨大价值,现代商标法对驰名商标进行特殊保护,尤其是对于注册的驰名商标提供跨越其原注册的商品或服务类别之外的保护。《中华人民共和国商标法》(简称《商标法》)第十三条第三款对注册的驰名商标提供跨类保护,只要在不相同或者不相类似商品上使用复制、模仿或者翻译他人已经在中国注册的驰名商标的商标,误导公众,致使该驰名商标注册人的利益可能受到损害的,均构成商标侵权。

根据《商标法》和相关司法解释的规定，《商标法》对驰名商标认定采用因需认定原则，即只有因处理商标侵权、商标注册争议等商标纠纷的才需要认定驰名商标，同时需要满足《商标法》第十三条第三款驰名商标跨类保护的其他条件，即在不相同、不相类似商品或服务上使用与原告的注册商标混淆性近似的商标，误导公众，致使原告利益可能受到损害的，才需要对原告的商标是否驰名进行认定。

现实中也存在着一种特殊情况，即原告在被控侵权行为发生的商品或服务类别上有注册商标，在其他不相同、不相类似商品或服务上具有注册的驰名商标。此时，理论上，无论援引与被控侵权行为发生的商品或服务类别相同的注册商标，还是其他不相同、不相类似商品或服务上的注册的驰名商标，原告均可以保护其合法权益。不过，由于相同类似商品或服务上的注册商标的混淆侵权判断更为简单确定，且由于目前《商标法》对驰名商标认定采用因需认定原则等比较克制的态度，法院原则上不会通过认定驰名商标而运用跨类保护。

该案中，尽管原告在第36类服务上有注册商标，但其注册商标是在一审诉讼期间取得的，不能涵盖这些注册商标取得之前的被控侵权行为。对于在第36类服务上的注册商标取得之前的被控侵权行为，原告就只能通过不相同、不相类似商品或服务上的注册的驰名商标来进行跨类保护。因此，广东高院认定原告第14类商品上的商标构成驰名商标并进行跨类保护，充分体现了《商标法》关于驰名商标认定的因需认定原则。此外，损害赔偿是商标侵权的重要救济形式。不管是按被告损失还是按原告获利进行计算，损害赔偿均要和商标侵权行为具有因果关系。该案中，尽管原告举证被告与商标侵权有关行为销售收入达6亿元，但却并未举证该销售收入及其利润与商标侵权行为的因果关系。二审判决结合被告侵权行为的性质、获利、维权合理费用等因素，确定按法定最高额300万元作为赔偿金额，较好地平衡了双方当事人的利益，给予知名品牌较充分的保护，体现了我国知识产权审判"严格保护"与"比例协调"司法政策的真正内涵。

资料来源：郑斯亮，祝文明. 珠宝品牌宝格丽在华赢得商标纠纷案［EB/OL］.（2020-03-04）［2021-07-20］. https://baijiahao.baidu.com/s?id=1660237481514638154&wfr=spider&for=pc.

▶ 讨论题

1. TRIP 对驰名商标的保护在本案例中是如何体现的？

2. 简述 TRIP 的基本原则。

第六节　中国技术进出口贸易

一、中国的技术引进回顾

我国的技术进口主要经历了如下阶段。

1. 第一阶段（1950~1959 年）

这一阶段主要从苏联和东欧国家引进技术和成套设备及少量单项技术，成交项目约450项，总金额约37亿美元。其中包括156项大型项目，填补了煤炭、机械、电力、汽车、能源、电信等部门的技术空白，为我国工业化奠定了基础。同时，我国还进口许多技术资料，培训了技术干部和工人。

2. 第二阶段 (1960 ~ 1969 年)

由于中苏关系的变化，我国开始转向从日本和西欧国家引进技术设备，主要是石油、化工、冶金、矿山、电子、精密机械、纺织机械等行业的关键性技术和设备。这一时期合同数为 84 项，合同总金额为 14.5 亿美元。

3. 第三阶段 (1970 ~ 1978 年)

此期我国先后与日、德、英、法、荷、美等国厂商签订了 310 项新技术和成套设备项目合同，包括大型化肥设备、大型化纤设备、石油化工装置、数据处理、轧钢设备、发电设备、采煤机组等。合同总金额 68.2 亿美元。这批项目技术比较先进成熟，自动化程度较高。建成投产后，我国有关领域的生产能力和技术水平有了很大提高，对增强我国经济实力、增加市场有效供给发挥了重要作用。

4. 第四阶段 (1979 ~ 1995 年)

此期我国对外开放、对内搞活，鼓励以多种灵活方式进口适用的先进技术，特别是生产制造技术。①经营技术进口的公司和企业不断增加。在技术进口上，从单一指令性经营发展到指导性经营和自行委托经营。与此相伴的是"下放技术进口项目的审批权"。②引进方式由原来以成套设备进口为主发展为许可证贸易等多种方式：技术转让、技术许可、合作生产、关键设备、顾问咨询和技术服务等。③引进国家（地区）由少数主要工业发达国家转变为 50 多个国家，主要是日本、加拿大、德国、美国、俄罗斯、英国、法国、意大利。④技术进口的资金来源不断拓宽，包括政府、商业、国际金融组织贷款、出口信贷、合作生产、租赁、补偿贸易等。⑤技术进口法规的完善，如《中华人民共和国商标法》《中华人民共和国专利法》《中华人民共和国涉外经济合同法》《中华人民共和国著作权法》《中华人民共和国技术引进合同管理条例》等。

5. 第五阶段 (1995 ~ 2010 年)

①按国家产业结构升级的需要，加大引进基础工业和高新技术项目的比重：电子、通信、机械、能源、化工。②软件、硬件技术引进的比例结构得到进一步优化：引进技术含量不断提高，软件技术比重逐渐增加，成套设备、生产线等硬件技术比重逐步下降。③技术引进的主体更加多元化：国有企业、外资企业、跨国公司内部的技术转移。④自主确定、自筹资金的技术引进项目在不断增加。⑤积极开展技术合作等多种形式的国际技术贸易形式，引进先进技术。

6. 第六阶段 (2010 年至今)

①技术引进总体规模增长开始变缓，甚至有所下降。②技术引进结构有所变化，以技术为主体的技术引进比例不断增加，而设备、生产线等的比例有所减少。③专有技术的许可转让、技术咨询和技术服务的比例大大提高，"硬件"技术引进减少、"软件"技术引进增加。这一方面是国内产业发展，结构转型升级的结果；另一方面也是国内技术水平提高，技术创新能力增强的结果。国家和企业都大大增加了研发投入，技术创新成果越来越多，国内技术市场显现出更大的活力，企业购买国内技术的总量提升很快。

二、中国的技术出口回顾

我国的技术出口主要经历了如下阶段。

1. 探索阶段（1981～1985年）

①技术出口无计划、自发地进行；②出口主要以新技术、新工艺等软件技术为主；③以工业发达国家为主要出口国和地区；④国家没有明确的归口管理部门、管理法规及相应的鼓励、扶植政策；⑤技术出口额很小，每年1 000万美元左右。

2. 起步阶段（1986～1988年）

这一阶段我国开始了有组织、有管理的技术出口工作。①确定了归口管理部门、技术出口政策、审批权限和程序；②外经贸部（现商务部）和国家科委（现科学技术部）制定了鼓励技术出口的优惠政策；③出口金额和出口品种逐年增加：转让软件、成套设备出口、技术服务等。1987年出口金额1亿美元，1988年2亿美元。

3. 初级阶段（1989～1997年）

①成交金额迅速上升。1990～1997年，签订技术出口合同6 269项，合同金额203亿美元。②以技术出口带动成套设备出口的项目迅速上升，1997年大型成套设备出口占技术出口额的55%。③向发展中国家出口明显增加，占出口总额的70%左右。④技术含量不断提高，技术出口初具规模。从小型成套设备逐步向大型成套设备发展，从少数领域向多数领域扩大。1997年，技术出口额55亿美元，占外贸出口总额的3%。

4. 迅速发展的新时期（1998～2008年）

1999年，科技部与对外贸易经济合作部（现商务部）联合发布《科技兴贸行动计划》，技术出口迅速发展，高新技术产品成为我国出口增长的重要力量；我国技术出口在增长速度、贸易方式、出口市场等方面取得了更大的进步。2007年，技术出口额3 478亿美元，占当年出口额的28.6%。我国高新技术产业发展迅速，形成了一定规模的产业集群，带动了技术出口的新发展。

5. 技术出口全面发展阶段（2009年至今）

我国技术出口实现了技术出口主体、技术出口领域、国外目标市场的多元化发展，我国的技术出口，特别是高新技术出口保持了较快的发展。技术出口企业的知识产权保护意识逐渐增强，维护知识产权的方法和手段逐渐丰富。出口的技术质量水平也在提高，并在国际技术市场上赢得了一定的声誉。我国企业通过实现海外直接投资拓宽技术输出渠道，"一带一路"带来了更多的技术出口机会。

三、中国的技术进出口应注意的问题

我国的技术进口促进了我国产业结构优化，缩短了我国科技水平与世界水平的差距，促进了企业的技术改造和行业的技术进步，提高了企业的经济效益，提高了我国产品的国际竞争力，改善了出口商品结构。技术出口优化了我国出口商品结构，提高了我国的综合国力，增加了我国外汇收入，促进了我国国民经济的持续稳定增长，提升了我国在国际分工中的地位。然而，我国的技术进出口应注意以下问题。

1. 努力提升核心技术自主研发能力

我国的技术引进经历了从全盘技术引进到核心技术的引进。其一方面说明我国的技术水平在不断提升，另一方面说明我国的核心技术竞争力有待提升。核心技术竞争力已成为我国商品竞争力提升及在整个生产链条中利益获取的主要瓶颈。我国高新技术出口产品的九成核心技术不被我方掌握，使得我方受制于人，利益受损。我国应在引进技术的同时，在消化、吸收的基础上，加大科研投入，增强核心技术的自主研发能力，加强科学研发技术联盟，加强同行业企业间的技术合作，提升民族自主研发能力，以增强国际竞争力。

2. 避免重复引进，降低引进成本

重复引进不利于规模经济效益的实现，易导致供过于求，从而增加引进成本。这是我国长期引进技术积累的经验，也是老生常谈的话题，但在现实引进中又总难以完全避免。

3. 积极应对技术性贸易壁垒

制约我国技术出口的突出因素是他国的知识产权壁垒和技术性贸易壁垒。我们要促进技术出口贸易的健康发展，就要积极有效地应对技术性贸易壁垒。一方面，政府应根据国际标准建立健全相关技术法规、合格评定程序的建设，建立统一规范的产品认证体系，并有效地建立起预警和快速反应机制；另一方面，企业在积极参与国家技术标准的制定工作的同时，参加各种标准认证，争取国际市场的通行证。

4. 加强对出口产品的高新技术支持

相关部门组织重点出口产品关键技术开发，力争在软件、生物医药、通信产品等领域取得技术突破，提高高新技术产品和传统出口产品的国际竞争能力与持续出口能力。加快用高新技术改造机电行业和纺织行业的重点出口企业，加快利用高新技术开发新产品、新材料，实现行业技术改造跨越式升级。

◈ 思考题

1. 技术为什么能够成为商品？
2. 请说明国际技术贸易和国际商品贸易有什么不同。
3. 什么是许可贸易？许可贸易具有哪些特点？
4. 国际技术贸易中的技术价格有哪些影响因素？请简述技术价格的支付方式种类和特点。

按标的不同，许可贸易可以分为哪几种？

◈ 习题

1. 选择题

(1) 专利属于（　　）。
   A. 公开技术　　　B. 半公开技术
   C. 秘密技术　　　D. 管理技术

(2) 许可贸易不具备（　　）的特点。
   A. 地域性　　　B. 时间性
   C. 复杂性　　　D. 法律性

(3) 强调保密性的许可贸易是（　　）。
   A. 专利许可　　　B. 商标许可
   C. 专有技术许可　　D. 计算机软件许可

(4) 根据 TRIP，《保护工业产权巴黎公约》

属于（　　）。
   A. 要求全体成员必须遵守并执行的国际公约
   B. 要求全体成员遵守并执行的国际公约
   C. 不要求全体成员遵守并执行的国际公约
   D. 不要求全体成员必须遵守并执行的国际公约

(5) 在《保护工业产权巴黎公约》的基本原则和重要条款中，防止专利权人可能对专利权滥用的原则是（　　）。
   A. 国民待遇原则

B. 优先权原则

C. 独立性原则

D. 强制许可专利原则

2. 判断题

（1）跨越国境的技术转让都属于国际技术贸易。（　）

（2）没有经法定程序注册的技术不能成为国际贸易的标的。（　）

（3）特许经营的特许授予人和特许被授予人之间具有隶属关系或者合作关系。（　）

（4）技术商品的转让次数和技术的生命周期都是影响技术价格的主要因素。（　）

（5）国民待遇原则就是相对外国商品与服务给予本国商品或服务更多优惠的原则。（　）

（6）《商标国际注册马德里协定》规定，国际注册商标的有效期是 20 年，到期后则要重新申请。（　）

3. 简答题

（1）技术有几种分类方式？

（2）国际许可贸易按照接受方取得的使用许可项目权限和地域范围可分为哪几种？各有什么特点？

（3）国际合作生产合同的主要内容包括哪些？

（4）国际技术贸易中的支付方式包括哪几种？

（5）什么是双重征税？解决的方法有哪些？

第九章
CHAPTER 9

国际间接投资

▌ 本章要点

　　本章首先从概念、特点、国际间接投资流向的影响因素及其发展历程等方面对国际间接投资进行概述；在此基础上，介绍马科维茨的证券组合理论、资本资产定价理论、资产套利定价理论等三个国际间接投资理论，这些理论有助于解决如何进行国际间接投资选择和优化的问题。其次介绍国际间接投资的三种主要方式，即国际债券投资、国际股票投资及国际信贷的含义及具体的分类。最后简要分析了近年来中国对外间接投资的状况及其发展前景。本章的难点在于国际证券投资组合的理论分析及证券投资收益最大化的理论分析。

▌ 思政视野

　　人民币支付货币功能不断增强，储备货币功能逐渐显现，人民币继续保持在全球货币体系中的稳定地位。

　　2019年，在国内外经济金融形势复杂多变、资本流出压力较大、人民币汇率前升后贬双向波动的背景下，人民币跨境使用逆势快速增长。2019年，人民币跨境收付金额19.67万亿元，同比增长24.1%，收付金额创历史新高，为全球第五大支付货币。央行调查显示，更多外贸企业选择人民币进行跨境收付。企业选择开展跨境人民币业务的主要原因有：规避汇率风险，简化结算流程，降低结算成本，便利企业财务核算与资金管理。

　　2020年以来，在新冠肺炎疫情冲击全球贸易、金融及经济的背景下，人民币跨境使用仍保持韧性并呈现增长。国内疫情受控，经济持续复苏扩张，企业盈利前景改善，金融业改革开放深化，人民币资产估值洼地，全球宽松流动性及人民币汇率平稳运行下，人民币资产长期配置价值凸显。

　　中央结算公司数据显示，2022年1月末，境外机构净增持境内人民币债券663亿元至4.07万亿元，连续10个月上升。其中，境外机构在中央结算公司的债券托管量新增501亿元至3.73万亿元，连续38个月上升；境外机构国债托管量增加657亿元，累计持有国债2.52万亿元。此外，境外机构投资者在中国债券市场上更加活跃。数据显示，截至 2022 年 1 月底，境外机构投资者共达成现券交易 14 251 亿元，环比增长 53%。

伴随中国金融改革与开放的进一步深化，人民币在全球金融市场的地位显著提升，货币的国际功能不断拓展和强化，彰显了新兴国际货币的市场魅力。人民币国际化最根本的驱动力是市场主体在贸易投资中使用人民币的需求。未来应继续扩大人民币跨境支付结算，通过电子商务、进博会等平台，鼓励贸易企业更多使用人民币。

资料来源：中国政府网。

▶ 思考题

人民币在全球货币体系中的地位显著提升，对我国进行国际间接投资有怎样的帮助？

▌▍ 开篇案例

2021 年 2 月 5 日，香港交易及结算所有限公司（以下简称"香港交易所"）宣布投资新设立的广州期货交易所（以下简称"广期所"）7% 的股权，此次投资涉及金额 2.1 亿元。这是境外机构首次获准入股中国内地期货交易所，也凸显了香港交易所连接中国与世界、支持内地期货市场进一步国际化的决心。

香港交易所是全球领先的新股融资中心，业务范围包括股票、大宗商品、衍生产品、定息及货币产品。香港交易所是亚洲最具代表性的金融市场，为国际投资者提供进入亚洲最活跃市场的渠道，也是作为资金进出中国市场的首选及主要市场。

随着中国资本市场不断国际化，香港交易所在推动全球流动资金投资在岸及离岸中国资产上发挥的作用越发重要，致力于落实三大方面的愿景与承诺：立足中国、连接全球、拥抱科技。

立足中国是三大主题之一，旨在透过双向资本流动促进中国内地资本市场的可持续国际化和便利中国内地财富实行多元资产配置。主要战略如下：其一，增加北向通资本流入，扩大在岸产品和相关资产的投资选择，提供更多离岸风险管理工具。其二，便利南向通国际配置，通过提供更多国际产品，推动内地投资者资产配置多元化。其三，扩建交易后基础设施，把香港定位为安全、可靠的跨境交易、清算、结算及托管中心，以及满足南北向资金的资本效率需求。

中国证监会已正式批准设立广期所，这意味着我国第五家期货交易所将面世。证监会表示，广期所将立足服务实体经济、服务绿色发展，秉持创新型、市场化、国际化的发展定位，对完善我国资本市场体系，助力粤港澳大湾区和国家"一带一路"建设，服务经济高质量发展具有重要意义。

资料来源：央视网。

▶ 讨论题

结合案例分析广期所的设立对我国有怎样的意义？

国际间接投资是在国际分工的基础上产生和发展起来的，是国际资本流动的重要形式，也是早期的、传统的国际投资形式。19 世纪末到 20 世纪初商品经济的发展促进了资本积累的发展，形成了规模庞大的金融资本，出现了大量的资本过剩，以资本输出为早期形态的国际投资也随之产生。从国际资本活动的历史进程来看，国际投资活动首先表现为货币资本的运动，即以国际借贷、国际证券投资为主要形式的国际间接投资。也就是说，从历史上看，在国际投资发展之初，国际间接投资要早于直接投资，其规模也要更大。

但在二战后，包含资本、技术、管理技能等一揽子生产要素转移的国际直接投资成为各国之间资源转移的主要方式。1951～1964年，在资本输出国的私人投资总额中，大约有90%采用直接投资的形式。进入20世纪90年代以来，随着世界经济发展的主流由数量型增长向质量效益型增长转变，世界经济一体化步伐加快，国际资本的流动性空前增大，国际间接投资重新受到重视并活跃起来，相应地呈现出若干新趋势。

第一节　国际间接投资概述

一、国际间接投资的概念

国际间接投资又称国际证券投资，是指投资者通过购买外国的公司股票、公司债券、政府债券、衍生证券等金融资产，依靠股息、利息及买卖差价来实现资本增值，而不取得对筹资者经营活动控制权的一种国际投资方式。相对于国际直接投资而言，国际间接投资的收益较为固定。

将国际间接投资视为国际证券投资是一种狭义的定义，从广义上来看，除国际直接投资以外的各种国际资本流动形式均可纳入国际间接投资的范畴，如贸易信贷、贷款、金融租赁等。

本章的国际间接投资采用的是狭义的定义，重点分析国际证券投资。国际证券投资主要包括股本证券投资和债务证券投资，其中债务证券投资又可进一步划分为长期债券、中期债券、货币市场工具和其他衍生金融工具方面的投资。

二、国际间接投资的特点

与国际直接投资相比，国际间接投资有以下特点。

（1）不能对投资企业的经营管理进行有效控制。国际间接投资与国际直接投资最根本的区别在于国际间接投资对筹资者的经营活动无有效控制权，也就是国际间接投资不能像国际直接投资那样对投资对象的经营决策管理拥有发言权。

（2）投资回收期短。国际直接投资一般要参与企业的经营，投资周期长，一般为10～15年，由企业利润直接偿还投资。国际间接投资一般不直接参与投资对象的生产，投资回收期不受企业利润的影响。

（3）流动性大，投资风险小。国际直接投资与项目结合在一起，从立项到开工建设直到正常生产需要相当长的时间，一旦投入具体项目后再抽出资金会比较困难，其资金流动性较小，从而加大了投资风险。国际间接投资受国际利率差异的影响，自发地从低利率国家向高利率国家流动，能够在国家之间快速流动，投资风险也相对降低。

（4）获取的收益不同。国际直接投资的收益主要是投资对象经营获得的利润，国际间接投资的利得是利息、股息收益。

（5）投资渠道不同。国际直接投资只要双方谈判成功即可签订协议进行投资，国际间接投资必须通过证券交易所才能进行投资。

（6）投资的内涵不同。国际直接投资是生产要素的投资，它不仅涉及货币资本运动，还涉及生产资本和商品资本运动及其对资本使用过程的控制，运用的是现实资本。国际间接投资又可称为"国际金融投资"，一般只涉及金融领域的资金，即货币资本运动，运用的是虚拟资本。

（7）移动的频繁性。国际直接投资运用现实资本从事经营活动，盈利或亏损的变化比较缓慢，一旦投资后，具有相对的稳定性。国际间接投资受到世界经济政治局势变化的影响，经常在国际上频繁移动，以追随投机性利益或寻求安全场所。二战后，随着国际资本市场的逐步完善，国际间接投资的规模越来越大，流动速度也越来越快。它具有较大的投机性，在这个领域，投资与投机的界限有时难以划分。

三、影响国际间接投资的因素

1. 利率是决定国际间接投资流向的主要因素

国际间接投资总是从利率低的国家向利率高的国家流动。例如，美国政府为了缓解国内资金短缺，20 世纪 70 年代以来采取高利率政策，结果导致外资大量流入美国。

2. 汇率因素对国际间接投资的影响较大

汇率是一国货币用另一国货币表示的价格。一国货币升值会增加外国对本国货币的需求，促使本国资本流出，增加本国的国际投资。例如 20 世纪 90 年代由于日元与美元的汇率急剧上升，日本对美国的资本债权不断扩大，造成美国对日元需求增加，从而促使日本资本大量流入美国。

3. 风险是影响国际间接投资的一个因素

风险越大收益越不稳定。在获得相同收益的情况下，持有风险较小的资产较有利。二战后随着国际间接投资的发展，投资规模越来越大，对投资风险的评估也非常重要。国际金融组织机构对外投资，对发展中国家贷款，都要衡量债务负担。如果债务负担过重，投资环境恶化，投资风险就增大。

4. 偿债能力的差异也会使国际间接投资的流向发生变动

偿债能力与吸收国际间接投资的数额成正比，即偿债能力强的国家有较强的吸收国际间接投资的能力。发达国家实力雄厚，有较多的外汇储备，有能力吸引大量国际资本。发展较快的一些发展中国家也吸收了较多的国际间接投资。

四、国际间接投资的发展

国际投资是商品经济发展到一定阶段的产物，并随着国际资本的发展而发展。当商品经济发展到资本主义社会以后，银行资本与生产资本相融合并日益发展，促进了资本积累的进一步扩大，并形成了规模庞大的金融资本，出现了大量的资本过剩，以资本输出为早期形态的国际投资也随之产生。随着国际经济交易内容的不断丰富，投资的内容和形式也在不断发生变化。从国际资本活动的历史进程来看，国际投资可分为五个阶段。在这五个阶段中，国际间接投资所处的地位是有所变化的。

在国际投资的初始形成阶段,即 18 世纪末到 19 世纪初,国际投资活动首先表现为货币资本的运动,也就是以国际借贷、国际证券投资为主要形式的国际间接投资。其标志是跨国银行的出现。当时国际投资的 90% 都是证券投资,主要以英国、法国为主。

两次世界大战期间,由于资本主义国家受到不同程度的战争的破坏,资金极度短缺,市场萎缩,国际投资活动处于低迷状态。在这一阶段,国际间接投资仍是国际投资的主要方式,不过国际直接投资所占比重开始上升,且美国取代英国成为最大的对外投资国。

二战结束后,国际投资进入恢复增长阶段,平稳的世界局势以及第三次工业革命的兴起,使国际投资活动迅速恢复并快速增长。在这一阶段,国际间接投资开始让位于国际直接投资,不再占有主导地位。

在科技革命、金融创新、跨国公司的全球化经营等多种因素的共同作用下,20 世纪 80 年代后国际投资蓬勃发展,出现了国际间接投资与直接投资齐头并进的局面。在国际间接投资中,国际证券投资增长速度加快。据经济合作与发展组织统计,国际资本市场债券发行量 1981 年为 528 亿美元,1989 年达 2 500 亿美元,平均每年递增 18.9%,1996 年前 9 个月,国际债券和股票等的筹资价值达 1.2 万亿美元,比 1995 年同期增长 30%。又据国际货币基金组织统计,1992 年全球证券市场资产存量达 9.87 万亿美元,远远超过当年国际直接投资总存量 2.1 万亿美元左右的规模。

国际证券投资规模的迅速扩大,还表现在国际资本市场上证券融资已占国际融资总额的 80% 左右。国际银行借贷在国际资本市场中所占的份额则从 20 世纪 80 年代前半期的 60% 降至 20%。国际证券投资规模之所以迅速扩大,是因为 80 年代以来,各主要发达国家经济周期的不规则性和世界经济发展的不平衡性,造成了世界主要股市投资收益率的差异。追求更大的投资收益成为跨国股票投资的动因。主要国家对投资基金的"松绑",许多国家股市对外国投资限制的放宽,都推动了跨国股票投资活动。曾经被认为保守的债券市场,由于利率等方面的创新,债券已成为一种受人关注的投资工具,国际债券市场魅力重现。近年来,亚洲强劲的经济增长及高储蓄率、亚洲风险信贷评级的不断上升以及地区性基建工程对长期信贷的需求,都为债券市场的发展创造了条件。

第二节　国际间接投资理论

国际间接投资是以国际债券、股票等国际证券为投资标的而进行的一种国际投资行为。因此,国际间接投资理论一般也被认为是国际证券投资理论,它源于现代西方证券投资理论,是现代西方证券投资理论在国际投资领域的延伸和拓展,其主要解决的是国际间接投资的选择和优化问题。

一、马科维茨的证券组合理论

20 世纪 50 年代初,纽约市立大学巴鲁克学院的经济学教授哈里·马科维茨(Harry Markowitz)将概率论和线性代数的方法应用于证券投资组合的研究,探讨了证券之间的相关性,于 1959 年出版了《证券组合选择》,详细论述了证券组合的基本原理,提出了资产选择理论并奠定了证券投资理论的基础。马科维茨认为,不能把预期收益最大化作为资产分析的唯一标准,而需要把资本的预期收益和风险结合起来考虑。一般来说,证券的收益与风险成正比,即证券的收益越高，风险越大，所以投资者可同时操纵若干种有价证券并不时地变换。为扩大收益、降低风险，首先需要对单个证券的收益和风险进行分析，而后分析不同证券组合的收益与风险，最后再进行证券组合的选择。

（一）单个证券的收益与风险

证券收益包括两部分：一是证券买卖的差价，二是债息或股利。如果投资者要预测某种证券的未来收益，只需将该种证券的收益估值乘以不同状态下的发生概率，加总后所得出的结果就是预期收益。因此，预期收益实际是表示投资者持有某种证券在一段时间内所获得的平均收益，即收益的期望值，用公式可以表示为：

$$E(X) = \sum_{i=1}^{n} X_i \times P_i$$

式中，$E(X)$ 表示预期收益；X_i 是第 i 种可能状态下的收益；P_i 表示第 i 种可能状态发生的概率。

预期收益的确定相对比较容易，困难的是精确衡量持有证券的风险，也就是证券收益的不确定性。马科维茨运用统计学的方法，将不确定的收益率看作随机变量，用它们的集中趋势即期望来表示证券预期收益，而用它们的离散趋势即标准差来度量证券风险的大小，用公式可以表示为：

$$\sigma = \sqrt{\sum_{i=1}^{n} [X_i - E(X)]^2 \times P_i}$$

式中，σ 是标准差。标准差的直接含义是，当证券收益率服从正态分布时，2/3 的收益率在 $E(X) \pm \sigma$ 范围内，95% 的收益率在 $E(X) \pm 2\sigma$ 的范围内。

（二）证券组合的收益和风险

以上关于投资收益和风险的衡量都是针对单个证券而言的。现实中投资者往往在进行证券投资时会同时持有多种证券，形成一种证券组合。接下来讨论证券组合的收益和风险的衡量。

1. 证券组合的收益

证券组合的预期收益率是其每一种证券预期收益率的加权平均数，权数是投资于各种证券的资金占总投资额的比例，用公式表示为：

$$\bar{r}_p = \sum_{i=1}^{n} x_i \bar{r}_i$$

式中，$\bar{r}_p$ 是证券组合的预期收益率；x_i 是证券 i 在该证券组合总值中所占比重（权数），$\sum x_i = 1$；$\bar{r}_i$ 是证券 i 的预期收益率；n 是证券组合中证券的种类数。

2. 证券组合的风险

由于不同证券在一定时期的收益之间常常存在相关性，因此它们的标准差的计算相对困难，其预期风险并不等于这些个别证券预期风险的加权平均值，而是必须考虑证券之间的相关关系。证券预期收益之间的相关程度用相关系数来表示，公式为：

$$\rho_{ij} = \frac{\sigma_{ij}}{\sigma_i \sigma_j}$$

式中，ρ_{ij} 是证券 i 和证券 j 的相关系数；σ_{ij} 是证券 i 和证券 j 预期收益的协方差；σ_i 和 σ_j 分别为证券 i 和证券 j 的标准差。

相关系数的取值在 -1 和 $+1$ 之间，即 $-1 \leqslant \rho_{ij} \leqslant 1$。当 $\rho_{ij} = -1$ 时，表示证券 i、j 收益变动完全负相关；当 $\rho_{ij} = 1$ 时，表示两种证券完全正相关；当 $\rho_{ij} = 0$ 时，表示两者完全不相关。当 $0 < \rho_{ij} < 1$ 时，表示两种证券正相关；当 $-1 < \rho_{ij} < 0$ 时，表示两种证券负相关。各种相关性如图 9-1 所示。

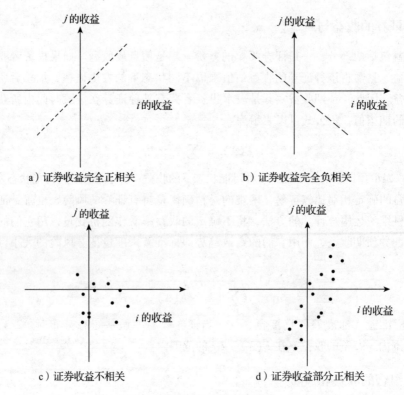

a）证券收益完全正相关 　　　　　b）证券收益完全负相关

c）证券收益不相关 　　　　　d）证券收益部分正相关

图 9-1　证券预期收益的相关性

在证券之间相关性和单个证券标准差已知的情况下，证券组合的风险计算公式如下：

$$\sigma_\rho = \sqrt{\sum_{i=1}^{N} \sum_{j=1}^{N} X_i X_j \sigma_{ij}}$$

式中，N 是组合中不同证券的总数目；X_i 和 X_j 分别是证券 i 和证券 j 投资资金占总投资额的比例；σ_{ij} 是证券 i 和证券 j 预期收益的协方差。

由上可知，证券组合的预期收益和风险主要取决于各种证券的相对比例、每种证券收益的方差以及证券与证券之间的相关程度。在各种证券的相关程度、收益及方差确定的条件下，投资者可以通过调整各种证券的购买比例来降低风险。

（三）证券组合选择

1. 证券组合的可行集

为规避风险，投资者可以在上述证券组合收益和风险分析的基础上进行组合投资，通过调整各种证券的购买比例来建立不同的证券组合，各证券组合将因证券种类的不同或各种证券的购买比例不同而各有不同。这些组合就构成了一个可行集，其形状如图 9-2 所示。可行集的形状多为伞形，每一个投资组合位于可行集的内部或边界上。其边界上的 A、E、F、G 点以及内部的 B 点都代表了可行的证券组合点。

2. 证券组合的有效集

马维维茨认为可行集为投资者提供了无数个可供选择的证券投资组合，但投资者不可能也没有必要对每个投资组合都进行分析，只需按照有效集定理找到最佳投资组合。所谓最佳投资组合一般要满足两个条件，即在风险相同的水平下证券组合具有最大收益，以及在收益率相同的水平下证券组合具有最小风险。从可行集中挑选出来的能够同时满足上述两个条件的证券组合就是有效集，也称有效证券组合。在马科维茨的模型图中（见图9-2），这套有效组合的位置处于可行集的左上方的曲线上，即曲线 GAEF，又称为有效边界。我们将有效边界上的点与其他证券组合点相比，可以发现在同样的风险水平下此边界上的点比其他所有点收益都高，并且在

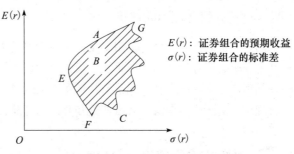

$E(r)$：证券组合的预期收益
$\sigma(r)$：证券组合的标准差

图9-2 可行集与有效边界

同样的收益水平下风险都比其他所有点低。总之，除有效边界以外，可行集中的其他组合点，相比之下不是收益太低就是风险太高，都不足取。投资者在选择证券组合时，都倾向于选择有效边界上的点。有效边界以外的点可称为"无效证券组合"。

3. 最优证券组合的选择

在确定证券投资有效集后，投资者具体选择哪一点进行投资取决于投资者的风险偏好。为此，马科维茨引入无差异曲线来代表投资者对证券组合风险和收益率的偏好。投资者对同一无差异曲线上的不同证券组合具有相同的偏好，但不同的无差异曲线代表了不同的偏好水平（即不同无差异曲线具有不相交的特点）。由于在风险增加的情况下，投资者为保持相同的偏好水平必然要求更高的收益，因此无差异曲线具有正的斜率；又由于投资者大多是风险厌恶者，因此总是希望以最小的风险获取最高的收益，因此偏好增加的方向是由右下指向左上（见图9-3）。

图9-3 中的曲线 I_1、I_2、I_3 代表三条不同的无差异曲线，三条曲线所代表的投资者偏好是不同的。由图9-3可知，在收益相同的条件下，风险大小的排序是 $I_1 > I_2 > I_3$；在风险相同的条件下，收益大小的排序是 $I_1 < I_2 < I_3$；由于 I_3 的风险最小，收益最大，因此是消费者最偏好的无差异曲线。

引入无差异曲线后，投资者就可以根据证券投资效用最大化的原则来选择最优的证券组合（见图9-4）。

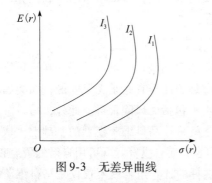

图9-3 无差异曲线

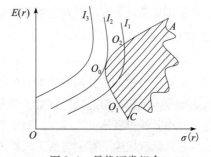

图9-4 最优证券组合

如图9-4所示，无差异曲线 I_2 与可行集相切于 O_0 点，无差异曲线 I_1 与可行集有 O_1、O_2 两

个交点。由于投资者对 I_2 的偏好度高于 I_1，因此选择与 I_2 相交的 O_0 点的证券组合的效用要大于与曲线 I_1 相交的 O_1 和 O_2。虽然投资者最偏好 I_3，但 I_3 与可行集无交点，无法找到有效的证券组合，因此其代表的投资者的偏好没有意义，也就是不可能选择这一无差异曲线所代表的证券组合。因此，O_0 点是投资者的最优投资组合点。

（四）对证券组合理论的评价

马科维茨的证券组合理论用量化的方法对证券投资组合进行分析，结束了只进行技术分析和基本分析的证券投资的理论研究时代，也为证券投资理论研究的发展奠定了基本的理论框架。但是其理论建立在所有资产都是有风险的基础之上，忽略了对无风险资产的研究；此外，证券组合理论在实际应用中需要大量繁重和复杂的计算，从而使得该理论的实用性不强。

二、资本资产定价理论（CAPM）

资本资产定价模型（capital asset price model，CAPM）是国际间接投资的核心理论，由美国斯坦福大学教授威廉·夏普（William Sharpe）提出。该模型在马科维茨理论的基础上，着重描述了证券组合的预期收益和预期风险的关系，对证券均衡价格的确定做出了系统性的解释。

（一）资本资产定价模型的基本假设

资本资产定价模型把"有效"的市场作为分析的前提，提出了以下假设条件。

（1）金融市场是成熟的、充分竞争的，投资者进入市场没有任何障碍，所有的交易成本和赋税为零。

（2）金融市场上有数量众多的购买者、销售者、各种类型的金融机构以及具有各种期限和不同风险的金融工具。

（3）投资者可以进行广泛的选择，市场上只有单一的无风险利率。

（4）单个投资者只根据对证券未来运动的预期形式行事，其买卖行为不足以影响证券市场总的价格水平。

（二）资本资产定价模型的内容

在上述假设条件下，资本资产定价模型试图解释在存在市场风险的条件下，投资者的行为怎样推动组合证券价格的形成。其主旨是通过两条重要的市场线，即资本市场线和证券市场线来表现在不确定条件下资产预期收益与风险的内在联系。

1. 资本市场线

资本市场线（capital market line，CML）由无风险证券和市场证券组合构成。在马科维茨的模型中，投资组合中的证券都有风险，但实际上市场交易的证券有些是无风险的，如美国联邦政府短期国库券就被视为无风险证券。证券组合中也可以包括无风险证券。此外，马科维茨模型中也未考虑借钱投资这一可能性。资本资产定价模型就是在马科维茨模型的基础上，认为可建立一个既包括有风险证券也包括无风险证券的证券组合，而且投资者既可用自己的资金投资，也可无限制地借钱投资。在这种情况下，投资者所能选择的证券组合就不仅仅是马科维茨模型中的有效边界，而是变成一条资本市场线（见图9-5）。

资本市场线由无风险收益率为 r_f 的证券（即图 9-5 中纵轴上的 O 点，因为无风险，所以标准差为零）和市场证券组合 AGE（即风险证券的有效边界）构成。选取 AGE 上的任意一点 G，连接 OG。$r_g - r_f$ 表示投资者投资于风险证券所取得的超额收益，OG 的斜率为 $(r_g - r_f)/\sigma_g$，表示单位风险所取得的超额收益。理性的投资者希望以最小的风险获得最大的收益，因此希望 OG 的斜率越大越好。显然，与 AGE 相切的 OM 是斜率最大的直线，切点为 M，直线 OM 就是资本市场线，M 点为有风险证券的有效组合。理性的投资者若将资金全投资于风险证券，会选择 M 点所代表的证

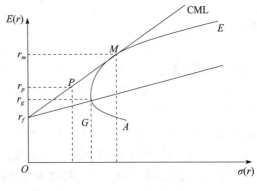

图 9-5 资本市场线

券组合；若将资金全投资于无风险证券，必然会选择 O 点。那么 O 与 M 之间的点就表示投资者选择由无风险证券与有风险证券共同组成的证券组合，而从 M 点再向右延伸，则表示投资者可以无限制地借钱来投放于有风险证券，其利率和风险贷款一样。

资本市场线可用数学公式表示如下：

$$r_p = r_f + \left(\frac{r_m - r_f}{\sigma_m}\right)\sigma_p$$

资本市场线的数学公式对有效投资组合的预期收益率和风险之间的关系给予了完整的阐述。在均衡的证券市场上，每个有效投资组合的预期收益率和风险之间的关系都包括两个部分：一是无风险收益率 r_f；二是风险的价格 $\frac{r_m - r_f}{\sigma_m}$。二者分别代表"时间报酬"和"风险报酬"。

2. 证券市场线

证券市场线（security market line，SML）用来说明单个风险证券的预期收益和风险之间存在怎样的关系。证券的风险按性质可分为系统风险和非系统风险。其中系统风险是指由那些影响所有公司的因素所引起的风险，如战争、经济衰退、通货膨胀等，这类风险波及所有的投资对象，不能通过多元化投资来分散，因此又称为不可分散风险；非系统风险是公司特有风险，是指发生于个别企业的特有事件造成的风险，可以通过多元化投资来分散，也就是某一企业的不利事件可以被其他企业的有利事件所抵消，因此该类风险又可以称为可分散风险。

根据威廉·夏普的分析，一种证券的预期收益与市场组合的收益之间的关系可以用证券特征线来概括，其公式是：

$$r_i - r_f = \beta_{im}(r_m - r_f) + a_i + e_i$$

式中，$r_i - r_f$ 是指证券 i 的超额收益；$r_m - r_f$ 是指市场组合的超额收益；a_i 指市场组合超额收益为零时，证券 i 的预期收益；e_i 为随机误差，一般为零，可忽略不计；β_{im} 是贝塔系数，用以表示证券与市场组合收益变动的相关性。

按照资本资产定价模型，适当度量证券风险的标准是，该证券与市场组合的协方差 COV_{im} 较大的证券，其预期收益也较高，协方差小的证券预期收益则较低。投资者将倾向于购买前者，而售出后者。经过市场供需调节，价格变动，使证券在市场上处于均衡状态，即每种证券在当前市场价格下供给等于需求。因此，所谓证券市场线就是在均衡状态下所有证券的协方差风险与预期收益的关系，用公式表示为：

$$r_i = r_f + \frac{r_m - r_f}{\sigma_m} \cdot \frac{\text{COV}_{im}}{\sigma_m}$$

即

$$r_i = r_f + \beta_i(r_m - r_f)$$

式中，贝塔系数 $\beta_i = \text{COV}_{im}/\sigma_m^2$。

  证券市场线方程对任意证券或组合的预期收益率和风险之间的关系提供了十分完整的阐述。任意证券或组合的预期收益率由两部分构成：一部分是无风险利率，即 r_f，它是由时间创造的，是对放弃即期消费的补偿；另一部分则是对承担风险的补偿，通常称为"风险溢价"，即 $\beta_i(r_m - r_f)$，它与承担的风险的大小成正比，因此被称为证券 i 的风险报酬。

  证券市场线揭示了单个证券收益率与其 β 系数之间的线性关系，如图9-6所示。图中的 r_f 是无风险收益率，其 β 值为零。从 r_f 点开始通过 M 点的直线，是一条等比的线，斜率大小由 $r_m - r_f$ 决定。由 β 系数公式明显可看出市场组合 M 点的 β_m 总是等于1.0，其他证券或证券组合则取其他的 β 值。若 $\beta > 1$，表示风险较大；若 $\beta < 1$，表示风险较小。所谓风险大小，是指市场组合的预期收益率提高或降低1%，某种证券（或组合）的预期收益率提高的程度超过1%或降低的程度不到1%。

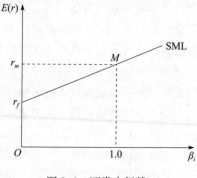

图9-6　证券市场线

  证券市场线将每一种预期收益同相应的系统性风险联系在一起。位于 SML 曲线上方的每一种资产，由于在同等的市场风险下，具有较高的预期收益，因而对投资者的吸引力较大，市场供求关系出现供不应求的状态，价格上扬，并进而引发供给增加，重归供求平衡的状态，价格也回落到原来的水平。相反，位于 SML 曲线下方的每一种资产，由于在同等的市场风险下，具有较低的预期收益，投资者抛售该资产，致使供过于求，价格降低，从而又使需求上升，供求达到平衡，价格又回到原来的水平。当所有证券都经过类似调整，处于供求平衡时，市场就处于均衡状态。在均衡状态中，各种证券的预期收益都落在 SML 上。

（三）对资本资产定价模型的评价

  资本资产定价模型是一个在不确定条件下对资本资产进行定价的模型，被认为是现代金融市场价格理论的脊梁，夏普因此在1990年获得了诺贝尔经济学奖。这一定价模型揭示了在金融市场达到均衡时资本收益的决定机制，投资者用它进行资本预算和投资决策，评级机构用它来测评管理者的业绩，立法机构用它来规范一些慈善机构的费用率，该模型现在已成为投资者在证券市场上进行证券投资活动的主要工具。

  但资本资产定价模型主要是对证券收益与市场组合收益变动的敏感性做出分析，并没有考虑其他更多的因素对证券收益的影响，因此也有一定的局限性。

三、资产套利定价理论（APT 理论）

  马科维茨的证券组合理论和夏普的资本资产定价模型解决了在一定的收益水平下如何使风

险最小化的问题。但是，证券组合理论对预期收益率和风险的测算，主要是通过计算证券组合的预期收益和方差，这不仅需要知道单个证券的预期收益率和方差，还需要知道各种证券之间的相关系数，计算非常复杂。而资本资产定价模型需要严格的假设条件，这些假设条件在现实证券市场上又很难得到满足，因此证券组合理论和资本资产定价模型在应用上存在许多困难。1976 年，美国学者斯蒂芬·罗斯（Stephen Ross）在《经济理论杂志》上发表了经典论文《资本资产定价的套利理论》，提出了一种新的资产定价模型，此即套利定价理论（arbitrage pricing theory，简称 APT 理论）。

套利定价理论导出了与资本资产定价模型相似的一种市场关系。套利定价理论以收益率形成过程的多因子模型为基础，认为证券收益率与一组因子线性相关，这组因子代表证券收益率的一些基本因素。事实上，当收益率通过单一因子（市场组合）形成时，将会发现套利定价理论形成了一种与资本资产定价模型相同的关系。因此，套利定价理论可以被认为是一种广义的资本资产定价模型，为投资者提供了一种替代性的方法，来理解市场中的风险与收益率间的均衡关系。但是与证券组合理论与资本资产定价模型相比，套利定价理论不需要那样严格的假设条件就能分析多因素影响的证券均衡价格问题，因此更具有一般性。

（一）因素模型

如果说资本资产定价模型着重解决的是个别证券的市场均衡问题，那么罗斯的资产套利定价模型则要回答在更一般和更复杂的市场条件下证券价格的形成过程。罗斯认为，证券收益要受各种宏观经济因素，如国民生产总值增长率、通货膨胀率、利率等的影响，因此，证券分析的目的在于识别经济中的这些因素，以及证券收益对这些因素变动的不同敏感性。只要找出影响证券价格的因素，就可以构造出因素模型来估计每个证券的预期收益率。假定证券收益率和其他多种因素之间的关系是线性的，则在任意给定的时期 t，证券 i 的收益率可以表示为：

$$R_{it} = \alpha_i + \beta_{i1} F_{1t} + \beta_{i2} F_{2t} + \cdots + \beta_{ij} F_{jt} + e_{it}$$

式中，R_{it} 表示证券 i 在 t 时期中的收益率；α_i 表示无风险收益率；F_{1t} 表示 t 时期内影响证券收益的风险因素；β_{i1} 是敏感系数，衡量证券 i 的收益对风险因素 F_{1t} 的敏感程度；e_{it} 表示证券 i 在 t 时期中的特有风险。

如果一个证券组合中包含多种证券，那么该证券组合的收益率就可以表示为：

$$R_{pt} = \sum_{i=1}^{n} x_i \alpha_i + \left(\sum_{i=1}^{n} x_i \beta_i \right) F + \sum_{i=1}^{n} x_i l_i$$

式中，R_{pt} 表示 t 时期证券组合 p 的收益率；x_i 表示组合中各种证券所占投资比重；α_i 是组合 p 中各种证券的预期收益率；β_i 是组合 p 中各证券的贝塔系数；l_i 是组合 p 中各证券的特有风险。

（二）套利定价模型

套利是指利用一个或多个市场存在的各种价格差异，在不冒风险或冒较小风险的情况下赚取较高收益率的交易活动。换句话说，套利是利用资产定价的错误、价格联系的失常，以及市场缺乏有效性的其他机会，通过买进价格被低估的资产，同时卖出价格被高估的资产来获取无风险利润的行为。套利过程中的低买高卖，可以导致价格回归均衡水平，因此也可以说套利能够纠正市场价格或收益率上的异常状况，促使市场效率提高。

套利定价理论的假设条件包括：①市场上存在无穷多种证券；②影响证券收益率的市场因

素 F 的数量是有限的，证券组合高度多样化；③市场卖空交易不受限制；④投资者为风险厌恶型，预期收益率不一定均匀。

在完善的市场上，如果证券 i 的预期收益率低于投资组合 p 的预期收益率，一个精明的套利者就会卖空证券，从抛空中获得收益，然后购买投资组合 p 的多头，以获得差额收益；反之亦然。投资组合较高的收益率吸引众多投资者，从而使证券组合的均衡价格发生变动。APT 理论的核心就是，如果因素系数 β 和预期收益率 $E(r)$ 之间的关系近似线性，那么就可以通过无穷的套利机会来增加财富。

概括来说，证券组合的均衡预期收益率是敏感性因素的线性函数，可用公式来表示：

$$E(r_p) = r_f + \beta_{p1}[E(r)_1 - r_f] + \beta_{p2}[E(r)_2 - r_f] + \cdots$$

式中，$E(r_p)$ 表示证券组合 p 的预期收益率；r_f 为无风险收益率；β_{p1} 和 β_{p2} 分别表示组合 p 对因素 1 和 2 的敏感性；$E(r)_1 - r_f$ 和 $E(r)_2 - r_f$ 分别表示因素 1 和 2 的风险代价。

上述公式概括起来可以变为：

$$E(r_p) = r_f + \beta_{p1}\lambda_1 + \beta_{p2}\lambda_2 + \cdots + \beta_{pi}\lambda_i + \cdots$$

式中，λ_i 即 $E(r)_i - r_f$，表示因素 i 的风险代价。

（三）对套利定价理论的评价

资产套利定价理论虽然建立了"因素模型"，但其本身并没有指明影响证券收益率的到底是哪些因素，也没有指明这些影响因素数目的多寡。一般认为，诸如国民生产总值增长率、通货膨胀率、利率、公司资信、股息发放比例等因素对证券价格变化起着重要作用，但估计总数不超过 10 个。然而，这一问题至今还没有人做出肯定解释，尚待理论界和实务界进一步深入研究。

│案例 9-1│

有效市场假说与金融危机

有效市场假说荣获诺贝尔经济学奖，可算是全球金融资本主义时代的一个标志性事件，因为有效市场假说正是全球金融资本主义最重要的理论。如果说全球金融资本主义是资本主义经济体系发展和演变的最高阶段，那么有效市场假说则是资本主义自由放任经济理论演变和发展的巅峰之作。

简而言之，有效市场假说认为资产价格（股票和债券价格）完美地反映了与资产的价格、价值和未来收入流相关的一切信息，或者说，市场买卖资产价格完美地包含或覆盖了与资产的价格、价值和未来收入流有关的一切信息。

有效市场假说基于三个基本假设：一是投资者皆理性（理性人假说），二是一切信息唾手可得（信息获取成本为零），三是市场调节瞬间完成（投资者消化信息、将信息转化为价格的速度无穷快）。

显而易见，三个基本假设皆是空中楼阁，与现实毫不相关。基于三个基本假设的有效市场假说也属海市蜃楼，与现实相距万里，以致假说首创之日起，反对之声就此起彼落；正因如此，有效市场假说和非理性繁荣假说两个相互矛盾的理论同获诺奖，让学界和投资界颇为愕然。

正因如此，人们甚至将 2008 年全球金融海啸归罪于有效市场假说对投资者和政策制定者的误导。透视此次由美国次贷危机所引发的全球金融危机的运行轨迹，我们可以清楚地看到金融领域存在的过度放贷、过度衍生、过度杠杆、顺周期问题，对金融行业设计的产品及运作模式提出了各种质疑。

美国引发的次贷危机是指由次级抵押贷款过度发放以及过度衍生化，外部环境发生急剧变化所引发的危机，并且通过信贷市场与资本市场向全球传导，最终演化为对国际金融稳定、世界经济增长造成极大冲击的全球性金融危机。此次危机爆发于 2007 年，在 2008 年加剧并向全球蔓延。

我们先来回顾一下整个金融危机的发生过程。首先，美国的商业银行发放了大量的高风险房地产抵押贷款（即次级抵押贷款）。为了转移次级抵押贷款给银行经营带来的潜在风险，并尽快回笼资金，商业银行将这些次级贷款出售给了房利美和房地美。"两房"通过资产证券化的方式将收购来的次级抵押贷款按照偿付次序和信用等级分类打包，形成了抵押贷款支持证券（即次级债券 MBS），并将这些次级债券出售给了高盛、美林这样的投资银行。其次，投资银行为了追逐高额回报，通过各种复杂的金融创新手段，将原本评级在投资级（BBB/Baa）以下的次级贷款转化为形式上适合各种风险偏好投资者所参与的品种，即所谓的"结构化产品"。这些结构化产品的实质是以次级债券为标的物的金融衍生品。最后，投资银行利用其在全球的营销网络将这些"结构化产品"销售到了世界各国的金融机构和投资者手中。

从危机发生的原因来看，这是第一次源自金融体系内部的危机，由于金融体系发挥市场融资的作用，此次对于金融体系的摧毁性打击，将导致市场化融资和信用体系的重新建立；从影响的广度来看，此次危机波及全球，并且对美国、欧盟、日本三大经济体影响极其严重，是 20 世纪 70 年代以来对世界影响最为广泛的一次危机；从影响的深度来看，危机已造成三大经济体相继陷入衰退，并且预计衰退将持续，目前对世界经济的破坏程度已经远超 70 年代以来各次经济危机，仅次于 30 年代的"大萧条"；从历史意义来看，由于危机的深层次原因，全球经济不平衡的问题为全球所认识和重视，危机将重启发达国家与发展中国家的全球话语权之争，世界经济、政治、金融、货币等格局将发生重大变化。

金融海啸之后，市场对"有效市场假说"的质疑铺天盖地。很明显，金融海啸前的价格偏离无法获得纠正。许多人认为，金融产品的过度创新乃假说失效的关键原因之一。原本随着信息科技的发展，信息的流通应更具效率，"有效市场假设"理论应该更加获得肯定。然而，金融产品过度创新导致信息传递效率下降，金融产品被一层一层地打包出售，对投资者而言，这明显地影响了产品信息的传递，再加上人类行为中的"贪婪"与"自私"，各种以创新为名的会计及账目操作，各种不计后果的杠杆模式，最终导致这场百年一遇的金融灾难发生，并打破"有效市场假说"这一经济学上的殿堂级理论。

然而，有效市场假说之所以成为全球金融资本主义最重要的理论基石，主要还是因为它的几个重要推论。

推论一：股票价格是衡量公司经营好坏和公司价值的唯一或最好的指标。

推论二：股票市场或资本市场是一个"信息有效市场"，所有投资者皆是理性投资者或理性经纪人，他们会竭尽全力获得最大收益。

推论三：既然一个信息有效市场或预测市场所决定的股票价格是衡量公司经营状况的最佳指标，那么尽可能扫除有效市场的障碍，促进有效市场的形成，尽可能完善激励机制或惩罚机制，鼓励所有投资者或利益相关者尽其所能地挖掘和披露信息，就是非常重要的政策目标。

推论四：金融市场的参与者越多，市场越开放，规模越大，流动性越强，交易越频繁，交易手段越丰富，就越有利于形成信息有效市场。

推论五：既然股票价格和公司市值是判断与衡量公司经营业绩的最佳指标，既然股票价格完美地解决了公司治理的委托人—代理人难题，那么应该关心的就是公司的股价或市值。

正是基于上述各项推论，经过 40 年的演变和发展，有效市场假说已经成为推动全球金融市场开放、放松金融市场管制、鼓励金融市场创新、提高市场效率、增加金融市场流动性、尽可能促进公司上市交易等各项金融政策的理论基石。有效市场假说事实上已经成为市场原教旨主义和"华盛顿共识"的理论支柱，成为全球金融资本主义经济体系的理论基石。

资料来源：向松祚. 全球金融资本主义核心理论基础：有效市场假说 [J]. 金融博览，2016(6)：20.

▶ 讨论题

1. 2008 年全球金融危机的主要特征是什么？
2. 从有效金融市场的角度分析 2008 年全球金融危机的成因。

第三节   国际间接投资的主要方式

国际间接投资的主要方式有两种：国际证券投资和国际信贷。其中国际证券投资主要包括国际债券投资和国际股票投资；国际信贷包括政府贷款、国际金融机构贷款以及国际银行贷款。

一、国际债券投资

国际债券投资是指投资者在国际债券市场上购买外国企业或政府发行的债券，并按期获取债息收入和到期收回本金的投资活动。国际债券投资的客体是各类国际债券。国际债券的重要特征是发行人和投资者属于不同的国家，筹集的资金来源于国外金融市场。

（一）国际债券的概念

债券作为一种有效的筹资手段，可以广泛筹集社会闲散资金用于经济建设。早在产业革命时期，资本主义企业就开始以发行债券的方式作为筹集扩大再生产资金的主要手段。在企业发行公司债券的同时，政府也开始发行公债用于弥补国家的财政赤字。在此之后，随着国际金融市场的不断发展完善，债券发行这一筹资手段逐渐地推广到国际上。现在，发行国际债券已成为国际金融市场上一种重要的直接筹资手段，同时也是一种良好的投资工具。

国际债券（international bonds）是指各种国际金融机构、各国政府、工商企业以及国际组织机构，为筹措资金而在国际债券市场上以某种货币为面值发行的债券。国际债券本质上是一种债权凭证，体现了发行人与投资者之间的债权债务关系。发行人与投资者分属于不同的国家或地区，其发行、交易与债务清偿受到不同国家法律的支配，不同于国内债券。

（二）国际债券的特征

国际债券是一种跨国发行的债券，涉及两个或两个以上的国家，同国内债券相比，具有一定的特殊性。

（1）资金来源广。国际债券是在国际证券市场上筹资的，发行对象为众多国家的投资者，因此，其资金来源比国内债券要广泛得多。通过发行国际债券，发行人可以灵活和充分地为其建设项目和其他需要提供资金。

（2）发行规模大。发行国际债券，规模一般都较大，这是因为举借这种债务的目的之一就是要利用国际证券市场资金来源的广泛性和充足性。同时，由于发行人进入国际债券市场必须由国际性的资信评级机构进行债券信用级别评定，因此，只有在发行人债信状况得到充分肯定的情况下，巨额借债才有可能实现。

（3）存在汇率风险。发行国内债券，筹集和还本付息的资金都是本国货币，所以不存在汇率风险。发行国际债券，筹集到的资金是外国货币，汇率一旦发生波动，发行人和投资者都有可能蒙受意外损失或获取意外收益，因此，国际债券很重要的一部分风险是汇率风险。

（4）有国家主权保障。在国际债券市场上筹集资金，有时可以得到一个主权国家政府最终付款的承诺保证，若得到这样的承诺保证，各个国际债券市场都愿意向该主权国家开放，这也使得国际债券市场具有较高的安全性。当然，代表国家主权的政府也要对本国发行人在国际债券市场上的借债进行检查和控制。

（5）以自由兑换货币作为计量货币。国际债券在国际市场上发行，因此其计价货币往往是国际通用货币，一般以美元、欧元、日元和瑞士法郎为主，这样，发行人筹集到的资金是一种可以通用的自由外汇资金。

（三）国际债券的种类

国际债券市场发行的债券种类繁多，依据不同标准，有不同的分类。理论界一般按照债券发行国、发行地点以及债券面值货币的不同，将国际债券分为外国债券、欧洲债券以及全球债券。

1. 外国债券

外国债券（foreign bonds）是指债券发行人（即借款人）在本国以外的某一个国家发行的、以发行地所在国的货币为面值的债券。外国债券是传统的国际金融市场的业务，已存在了几个世纪，它的发行必须经发行地所在国政府的批准，并受该国金融法令的管辖。例如在美国发行的以美元为面值的外国债券，也称为扬基债券；在日本发行的以日元为面值的外国债券，也称为武士债券。

2. 欧洲债券

欧洲债券（Euro bonds）是债券发行人在债券票面货币发行国以外的国家或在离岸国际金融市场发行的债券。欧洲债券产生于20世纪60年代，是随着欧洲货币市场的形成而兴起的一种国际债券。欧洲债券最初主要以美元为计值货币，发行地以欧洲为主。70年代后，随着美元汇率波动幅度增大，以德国马克、瑞士法郎和日元为计值货币的欧洲债券比重逐渐增加。同时，发行地开始突破欧洲地域限制，在亚太、北美以及拉丁美洲等地发行的欧洲债券日渐增多。目前欧洲债券所占比重远远超过了外国债券，欧洲债券市场也成为规模最大的国际债券市场。

欧洲债券的发行一般不受债券发行地国家法令的管制，通常也无须向发行地国家履行申请和注册程序。另外，欧洲债券的发行人通常不需要缴纳证券发行税，投资者的交易所得税也不予征收，这对于投资者来说很有吸引力。

3. 全球债券

全球债券（global bonds）是指在全世界的主要国际金融市场（主要是美国、日本、欧洲）上同时发行，并在全球多个证交所上市，进行 24 小时交易的债券。与欧洲债券类似，全球债券也同时在许多国家进行销售，但与欧洲债券不同的是，全球债券是记名债券，经常在美国注册，有时也在其他国家注册。

全球债券的发行能够给发行人提供大量的资金，因为在多个交易所同时上市，有助于发行人获得尽可能多的投资。庞大的发行规模以及二级市场的交易机会，提供了吸引投资者的流动投资。这样，即使全球债券发行策略引起了附加发行成本，发行人也可享有较低的筹资成本。

全球债券是由国际复兴开发银行（世界银行）在 1989 年首先发起的。进入 20 世纪 90 年代以后，全球债券的发行逐渐增加。到 1993 年，全球债券市场已初具规模。在此之前，人们普遍认为只有世界银行才能够发行真正的全球债券，但 1993 年以来，全球债券的发行人、发行规模、发行货币和期限等方面都出现了多样化趋势，使全球债券市场趋于活跃。瑞典、意大利等发达国家以及阿根廷、中国等发展中国家都曾发行过全球债券。

（四）国际债券的信用评级

对发行国际债券进行信用评级，是当前国际资本市场上较为流行的一种估价投资风险的方式，具体说，这是信用评级机构对发行人在一定时期内对债务还本付息能力的评估，它的根本目的是保障投资者的利益。

目前世界上对发行国际债券进行信用评级的机构约 20 个，如著名的三大评级机构——标准普尔公司（Standard and Poor's Corporation，简称"标普"）、穆迪投资者服务公司（Moody's Investor's Service Corporation，简称"穆迪"）以及惠誉国际信用评级有限公司（Fitch Ratings，简称"惠誉"），另外还有英国的埃克斯特统计服务公司（Extel Statistical Service）、日本的公社债研究所等。各大评级机构对国际债券的评级标准不尽相同，但归纳起来，主要从微观和宏观两个层面进行评定。其中微观层面包括发行人所在行业的性质和发展前景，发行人的资产负债状况、经济效益以及债券合同是否有效、是否符合法律程序；宏观层面主要是分析国家风险，包括发行人所在国的政治体制和领导层的稳定性、对外政策及国际关系、社会安定程度、国民经济实力、外债结构与承受能力等。在所有分析中，国家风险分析尤为重要，因为发行人还债能力首先受本国政治、经济、社会稳定、发达程度的制约。

评级机构对国际债券信用评定的等级分类也不相同。标准普尔公司的长期评级主要分为投资级和投机级两大类，投资级的评级具有信誉高和投资价值高的特点，投机级的评级则信用程度较低，违约风险逐级加大。投资级包括 AAA（最高级）、AA（高级）、A（中高级）和 BBB（中级）；投机级则分为 BB（较低级）、B（投机级）、CCC（投机性大）、CC（投机性很大）、C（可能违约）和 D（违约）。此外，从 AA 至 CCC 级，每个级别都可通过添加"＋"或"－"来显示信用高低程度。例如，在 AA 序列中，信用级别由高到低依次为 AA＋、AA、AA－。穆迪长期评级针对一年期以上的债务，短期评级一般针对一年期以下的债务。穆迪长期评级从高到低共分九个级别：Aaa、Aa、A、Baa、Ba、B、Caa、Ca 和 C。在 Aa 到 Caa 的六个级别中，还可以添加数字 1、2 或 3 进一步显示各类债务在同类评级中的排位，1 为最高，3 为最低。通常认为，从 Aaa 级到 Baa3 级属于投资级，从 Ba1 级以下则为投机级。

一旦评级机构对债券评定了信用等级，就会给投资者的心理带来很大影响。如果所评定的等级较高，债券就易于销售，并且今后其二级市场的售价也较高；相反，债券则不易销售，价格也较低。信用评级机构权威性越大，对投资者的影响也越大，除非发行人发生重大变化，否则这种影响短期内难以消除。

信用评级并非对债券发行人总的资信评定，评定结果也绝非终身制。按国际惯例，每发一次国际债券，对发行人要做一次信用评级，只是经过第一次信用评级，以后的评级手续可简单些，但根据债券发行人的发展变化，信用评级和等级要视实际情况调整。除一般标准外，不少信用评级机构还遵循一些特定标准，如"主权国政府等级上限"原则，也就是由于一国政府拥有广泛的权力和资金来源，其偿债信用程度应高于国内其他单位。因此一般来说，政府债券的等级要比公司债券的等级高。

案例9-2

首家外资评级机构获准进入中国市场

2019年1月28日，中国银行间市场交易商协会发布公告，接受标普信用评级（中国）有限公司进入银行间债券市场开展债券评级业务的注册。这标志着标准普尔已获准正式进入中国开展信用评级业务。

信用评级行业对外开放是稳步扩大金融市场对外开放的重要组成部分。国际评级机构的引入，有利于满足国际投资者配置多元化人民币资产的诉求，也有利于促进中国评级行业评级质量改善，对中国金融市场的规范健康发展具有积极意义。下一步，预计将有其他外资评级机构进入中国市场。

目前，惠誉国际、标准普尔、穆迪三大国际评级机构已经在中国境内设立法律实体。国际评级机构可以促进市场信用风险的识别和揭示。当下，中国债券市场经常出现违约事件，违约的处置也更加市场化、法治化。在此背景下，信用评级机构的服务、专业能力和公信力关系着债券市场的下一步开放进程。国际投资者也很关注信用评级的服务，类似标准普尔这样的信用评级机构会成为中国债券市场与海外投资者、海外发行人之间沟通的桥梁。

资料来源：陈果静. 首家外资评级机构获准进入中国市场：我国金融市场国际化进程不断加快 [EB/OL].（2019-01-29）[2021-08-01]. https://baijiahao.baidu.com/s?id=16239497036682190008&wfr=spider&for=pc.

▶ 讨论题

结合案例分析信用评级制度有哪些作用。

案例9-3

美国资信评估霸权与启示

在当今的国际投融资市场上，来自美国资信评级机构的评级意见已被广大投资者奉为圭臬，这实际上为美国的全球经济治理确立了风向标式的霸权地位。这种绝对的行业主导地位及其广泛而深远的国际影响力在数次全球性金融危机和欧洲主权债务危机中愈发凸显，美国通过资信评估这个支点撬动全球资源、资金和市场的强大配置力也愈发引人关注。

美国资信评估霸权的现实化身——穆迪、标普和惠誉三大评级机构在全球范围的资信评估霸权是如何确立起来的？在严峻的信任危机中何以屹立不倒？

首先，三大资信评级机构的信誉随时间不断积累，量变引发质变，以官方确认的方式在行业场域中形成了霸权。信誉的积累首先来自评估结果的正确率。资信评估是一个将未来的风险转移到现在来做决策的行业，充满了不确定性。同时，它又是现代金融市场发展到一定阶段的产物，不存在评估方法是否"正确"的绝对衡量标准。所以，对评级机构来说，高正确率证明了其业务操作总体思路的正确性，也带来了更多的信誉、更多的实践，以及日趋完善的评估方法。

评估市场的需求总量并不是无限膨胀的。在这场零和博弈的市场竞争中，没有正确率保障的评级机构根本没有生存空间。这种强者愈强而弱者愈弱的行业发展态势经过 100 多年的发酵，形成了今天三足鼎立的霸权结构。

其次，主要依靠官方的承认与制度化授权实现质的飞跃。评级机构对金融产品的定价及资源资金的配置作用，不仅取决于评估结果的客观正确性，更取决于评估市场上各利益相关者采信该评估结果的主观意愿——信誉。而在所有利益相关者中，最关键的无疑是有权宏观调控经济大局的政府。

随着全球经贸一体化浪潮的到来，资信评估业务溢出了美国本土。与此同时，其他国家的信用评价行业或一片空白，或尚在起步阶段，根本无力与美国竞争。在这样的情况下，穆迪、标普和惠誉三大机构凭借其在美国国内数十年的发展所积累起来的经验与基础，以无可匹敌的姿态迅速抢占广阔的世界评估市场，推行它们在美国建立起来的行业标准与规则。

在全球化的今天，投融资市场是将各国利益捆绑重叠的重要力量。来自权威资信评级机构的意见更是各国能否参与国际投融资市场，以及参与广度与深度的决定性力量。一方面要肯定美国资信评估霸权的建立是几代人不断探索创新的结果，我们需要在批判地继承其历史经验的基础上，探索自身资信评估产业的转型升级发展路径。另一方面要抓住以对外开放促进国内全面深化改革、实现经济高质量发展的时代机遇。

中国发起成立的亚洲基础设施投资银行（简称"亚投行"）在成立伊始就遭遇了来自西方世界的巨大阻力与怀疑。然而，在开业不到三年的时间内，亚投行就以实际行动获得了穆迪、标普和惠誉三大评级机构的最高信用等级评价，凭此拓开了国际合作空间，得到了广泛的国际认可。这一案例给我们的启示是，资信评估行业不是"敌人"，相反它有助于倒逼中国改革。

如今，以 5G 网络、量子通信、人工智能、大数据和云计算为代表的数字化经济时代已经到来，许多过去只有通过特殊渠道才能获取的资料都已经公开透明且有数据痕迹可查阅。因此，中国更要把握好时代机遇，创造有利于在自己的金融市场形成自身掌握资本话语权的惯习，形成有助于世界客观认识中国、认知中国、认同中国，与中国共商多边交流合作大计、共建人类命运共同体、共享人类文明发展成果的大场域。

资料来源：赵磊，张馨. 美国资信评估霸权背后的场域逻辑 [J]. 当代亚太，2019(3)：78-94+159.

▶ 讨论题

1. 国际债券信用评级机构的主要职能是什么？
2. 为什么国际债券信用评级机构在多轮金融危机中屡受诟病？

二、国际股票投资

国际股票投资是非常重要的国际间接投资方式，发展也非常迅速，这主要得益于某些国家股票市场的对外开放以及企业筹资市场的多元化战略。从 20 世纪 70 年代开始，许多发达国家的股票市场纷纷向外国公司开放，允许外国公司的股票在本国的证券交易所上市交易，如伦敦、法兰克福、纽约的证券交易所等。一些国家允许外国投资者直接参与本国股票市场的交易。例如，英国于 1986 年就允许国外的银行、非银行金融机构及证券交易商可以直接进入英国股市进行交易。一些新兴市场国家通过实施 QFII 制度，通过引进合格的境外机构投资人的方式，间接实现了本国股票市场的对外开放。很多跨国公司，甚至是一些在本国股票市场上市的企业，由于生产经营的全球化，促使其筹资方式也日趋多元化，会选择在国外的股票市场上市或交叉上市，从而同时从多个国家的股票市场上获得融资。

国际股票投资包括让境外投资者直接购买本国上市或境外上市公司的股票，以及本国投资者利用海外存托凭证获得对非本国公司股票的所有权。

（一）国际股票的概念

股票作为一种投资工具，是由股份公司发给投资者用以证明投资者对公司的净资产拥有所有权的凭证。投资者凭此有权分取公司的股息和红利，并承担公司的责任和风险。股票是商品经济发展到一定阶段的产物。企业作为独立的商品生产者和经营者，其组织形式由独资、合伙发展到股份公司，是适应工业化大生产要求的结果。随着社会化大生产向国际范围深入，股票的发行和流通也超出了各国的国界，国际股票由此产生。

国际股票是指世界各国大公司按照有关规定在国际证券市场上发行和参加市场交易的股票。这些公司往往是信誉卓著、实力雄厚的跨国公司，如美国的通用汽车公司、国际商用机器公司（IBM）等。随着世界经济的发展，越来越多的企业开始在国际上发行股票、筹集资金。尤其是一些发展中国家企业的国际股票开始崭露头角，并吸引了众多的国际投资者。中国企业也以发行 H 股在香港地区上市、发行 N 股在北美上市等方式向国际股票市场进军。

国际股票的发行和交易通常是跨国进行的，即股票的发行人和投资者、发行市场和交易市场、发行币种和发行人所属国货币至少有一项与其他的不属于同一国度，体现出国际股票的整个融资过程的跨国性。

（二）国际股票的种类

1. 境外直接上市的国际股票

境外直接上市的国际股票就是以境内公司的名义向境外证券主管部门申请发行，并向当地证券交易所申请挂牌上市交易的股票。对中国企业而言，境外直接上市的国际股票通常是指 H 股、N 股、S 股。H 股是指中国内地企业在香港联合交易所发行并上市的股票；N 股是指中国企业在纽约交易所发行并上市的股票；S 股是指在新加坡交易所发行并上市的股票。一般在境外直接发行股票的都是实力强的大型企业。在境外上市的国际股票除了应符合发行国（地区）的有关法规外，还必须符合上市所在地国家或者地区证券交易所制定的上市条件。证券市场知名度越大，对发行的要求越严格，所代表的信誉等级越高，投资者也就越广泛，发行公司获得的收益也就越高。

通常，境外直接上市都是采用 IPO（initial public offering，首次公开募集）的方式进行的。境外直接上市的主要困难在于境内法律与境外法律不同，对公司的管理、股票发行和交易的要求也不同。进行境外直接上市的公司需要通过与中介机构密切配合，探讨出符合境内外法规及交易所要求的上市方案。

2. 境内上市而以外币购买的股票

境内上市而以外币购买的股票即境内上市外资股，中国的 B 股股票就是这种类型的股票。所谓 B 股，其正式名称是人民币特种股票，是指在中国境内注册的股份有限公司向境外投资者发行并在中国境内证券交易所上市，采取记名股票形式，以人民币标明其面值，以外币认购、交易和结算的股份。B 股的投资者仅限于外国的自然人、法人和其他组织，中国港澳台地区的自然人、法人和其他组织，定居在国外的中国公民。B 股公司的注册地和上市地都在境内，只不过投资者在国外或在中国港澳台地区。2001 年 2 月，中国证监会决定允许境内居民以合法持有的外汇开立 B 股账户进行 B 股交易。

总的来说，中国目前的境内上市外资股实践仍处于试点和不成熟阶段，影响这一结构有效发挥作用的主要因素包括外汇管制制度及公司法制不完善、因私募而形成的股权结构不合理、交易制度和信息披露制度欠缺，等等。

3. 存托凭证

存托凭证（depository receipt，DR）又称存股凭证、预托凭证、存券收据等，是某国企业在外国证券市场发行股票时，为了避免发行股票所在国证券管理机构的管制，而把股票寄存在发行股票所在国的某保管银行手中，然后，由保管银行通知外国的存托银行以发行人的股票作为抵押，在外国发行代表该股份的一种有价证券，之后存托凭证便开始在外国证券交易所或柜台市场交易。从投资者的角度来看，存托凭证是由存托银行发行的一种可转让股票凭证，证明一定数额的某外国公司股票存在该银行在外国的保管机构，而凭证的持有人实际上是寄存股票的所有人，其所有的权利和原股票持有人相同，因此投资者通过购买本国银行开出的外国公司股票的保管凭证——存托凭证，就可获得外国公司的股权。由此看来，股票存托凭证只是为了方便跨国界交易和结算而设立的原始证券的替代形式，代表投资者对非本国证券的所有权。

实践中最常见的存托凭证主要为美国存托凭证（ADR）及英国存托凭证（EDR）。中国目前已在境外上市的上海石化、上海二纺机、马鞍山钢铁等公司均采取 ADR 在境外上市。

4. 欧洲股权

欧洲股权（European equity）是 20 世纪 80 年代产生于欧洲的特殊的国际股票形式，指在面值货币所属国以外的国家或国际金融市场上发行并流通的股票。因此"欧洲"的含义同欧洲货币、欧洲债券一样，不是地理学的意义，而是国际金融学意义上的"欧洲"。最早的欧洲股权是英国于 1983 年在伦敦证券交易所发行的欧洲美元股权。

与直接在境外上市的国际股票相比，欧洲股权的发行具有自己的特点。一般来说，前者往往是企业在境内股票市场上市的基础上，选择某一境外金融中心的证券交易所上市国际股票；而后者则一般在多个国际市场上同时发行，由跨国投资银行组成的国际辛迪加进行跨境承销。

与欧洲各国的国内股票相比，欧洲股权的发行方式也有所创新。前者使用的传统方法是固定价格发行，目的在于保证现有的股票持有人的优先购股权。这种方法在一定程度上限制了股票真实市场价格的实现及投资者结构的变化。因此,欧洲股权的发行采用了在国际范围内竞价发行的方式,即按照估计的市场状况预定发行底价,由各国投资者自行出价,报价在最终确定的认购价格以上的投资者即可获得欧洲股权。

(三) 全球股票市场的发展

20 世纪 70 年代以来,全球股票市场的规模迅速增长。2000 年年底,全球股票市场的市值突破了 50 万亿美元,大约是 70 年代的 50 倍。到 2007 年年底,全球股票市场的规模达到峰值:据世界交易所联合会 (World Federation Exchange, WFE) 的不完全统计,全球主要证券交易所的股票市值约为 60. 69 万亿美元,较 2006 年年末增长 19.8%。2007 年年末,全球股票市值最大的 5 家交易所分别是纽约证券交易所 (NYSE)、东京证券交易所 (TSE)、泛欧交易所 (Euronext)、纳斯达克 (NASDAQ) 和伦敦证券交易所 (LSE)。2007 年年末,五大交易所的股票市值在全球股票市值中所占的比重分别为 25.8%、7.1%、7%、6.6% 和 6.3%,五大交易所共占据全球股票市值的 52.8%。2007 年中国内地股票市场市值增长显著,其中上海证券交易所股票市值占全球的比重为 6.1%,位居全球第 6 位。印度孟买证券交易所和印度国家证券交易所股票市值也增长较快,在全球的排名上升至第 10 位和第 12 位。

此外,全球股票市场融资规模大幅增长。据 WFE 不完全统计,2007 年全球股票市场共融资 (包括首次公开发售和再融资) 8 834 亿美元,较 2006 年增长 23.3%,其中,纽约证券交易所、西班牙证券交易所、上海证券交易所、伦敦证券交易所、香港联交所的股市融资规模名列前 5 位,其占全球股票市场融资额的比重分别为 15.5%、13.6%、10.0%、9.3%、7.9%。

2008 年,受全球金融危机的影响,一些大型金融机构陷入困境,全球股票市场市值大幅缩水。WFE 的不完全统计显示,全球主要证券交易所的股票市值约为 32.58 万亿美元,较 2007 年的最高点下降 46.3%。全球股票市值最大的 5 家交易所依然没有发生改变,但是各家交易所的股票市值均有较大幅度的下滑。上海证券交易所和香港联交所股票市值大幅度缩水,降幅分别为 61.4% 和 49.9%。全球股票市场融资规模下降,美欧股市融资规模占据全球融资总额的一半以上,全球股市首次公开发行融资规模大幅下降。

2009 年以后,在各经济体极度宽松的宏观经济政策的刺激下,全球经济逐步走出衰退,全球股票市值大幅增长,到 2010 年年末全球主要证券交易所的股票市值约为 54.88 万亿美元,较 2008 年同期上升 18%,接近 2007 年年末的水平。全球股市的融资规模也有所增长,但增幅较市值而言相对较小。截至 2021 年 9 月末,根据 WFE 的统计,全球交易所股票市值为 118 万亿美元,其中美国占 40.8%,中国占 11.4%,欧盟占 11.2%。

案例 9-4

国务院稳经济一揽子 33 条政策来了:科学合理把握 IPO 和再融资常态化

2022 年 5 月 31 日,国务院印发《国务院关于印发扎实稳住经济一揽子政策措施的通知》。通知提出,各省、自治区、直辖市人民政府要加强组织领导,结合本地区实际,下更大力气抓好中央经济工作会议精神和《政府工作报告》部署的贯彻落实,同时靠前发力、适当加力,推动《扎实稳住经济的一揽子政策措施》尽快落地见效,确保及时落实到位,尽早对稳住经济和助企纾困等产生更大政策效应。

近期，国务院办公厅将会同有关方面对相关省份稳增长稳市场主体保就业情况开展专项督查。据公开消息，5 月 26 日，国务院向 12 个省派出督查组，对政策落实和配套开展专项督查。各省官方消息显示，目前国务院 12 个督察组已同步进驻辽宁、江苏、浙江、安徽、福建、山东、河南、湖北、湖南、广东、四川、陕西，并与当地负责人共同出席会议，对接相关安排部署，传达重要指示精神和部署要求。

国务院还同时公布了《扎实稳住经济的一揽子政策措施》的全文。记者注意到，一些热点议题的安排首次在文件中明确，如：

文件提出要科学合理把握首次公开发行股票并上市和再融资常态化。支持内地企业在香港上市，依法依规推进符合条件的平台企业赴境外上市。督促指导银行间债券市场和交易所债券市场各基础设施全面梳理收费项目，对民营企业债券融资交易费用能免尽免，进一步释放支持民营企业的信号。

财政政策方面，文件提出加快地方政府专项债券发行使用并扩大支持范围，明确两个时间节点。要求加快今年已下达的 3.45 万亿元专项债券发行使用进度，在 6 月底前基本发行完毕，并力争在 8 月底前基本使用完毕。

货币政策方面，文件提出加大普惠小微贷款支持力度。继续新增支农支小再贷款额度。将普惠小微贷款支持工具的资金支持比例由 1% 提高至 2%，即由中国人民银行按相关地方法人银行普惠小微贷款余额增量（包括通过延期还本付息形成的普惠小微贷款）的 2% 提供资金支持。指导金融机构和大型企业支持中小微企业应收账款质押等融资，抓紧修订制度将商业汇票承兑期限由 1 年缩短至 6 个月，并加大再贴现支持力度，以供应链融资和银企合作支持大中小企业融通发展。继续推动实际贷款利率稳中有降。在用好前期降准资金、扩大信贷投放的基础上，充分发挥市场利率定价自律机制作用，持续释放贷款市场报价利率（LPR）形成机制改革效能，发挥存款利率市场化调整机制作用，引导金融机构将存款利率下降效果传导至贷款端，继续推动实际贷款利率稳中有降。

根据文件提出的 6 个方面 33 项具体政策措施及分工安排，国务院要求需要出台配套实施细则的，应于 5 月底前全部完成。

资料来源：《证券时报》。

▶ 讨论题

《国务院关于印发扎实稳住经济一揽子政策措施的通知》的出台对我国企业的上市有哪些促进作用？

三、国际信贷

（一）国际信贷的含义与作用

国际信贷（international credit）也称为国际信用，是指国际上以偿还为条件的价值运动，是由一国的银行、其他金融机构、政府、公司企业以及国际金融机构，在国际金融市场上，向另一国的银行、其他金融机构、政府、公司企业以及国际机构所提供的资金融通活动。

国际信贷反映了国家之间借贷资本的流动，是国际经济活动的一个重要方面，是国际间接投资的一种方式。国际信贷的发展和变化是世界经济的客观状况和发展的必然趋势。国际信贷促进了国际经济、贸易的发展，缓解了资金短缺的问题，推动了生产国际化和经济全球化。具体来讲，利用国际信贷间接投资，具有下列作用和优点。

第一，国际信贷促进了国际贸易的发展。二战后，全球的贸易额与贸易结构都发生了很大的变化，在各国的出口中，机器设备，特别是大型成套设备所占的比重迅速增加，各出口国纷纷以出口信贷等作为刺激出口、提高本国设备产品国际竞争力的重要手段。借款国则利用国际信贷引进技术和设备，提高本国产品的质量，加强出口产品的竞争力。

第二，国际信贷为大规模的建设和生产活动提供了资金。在国际信贷业务中，借款国可以通过国际银行、各国政府、国际金融机构或非金融机构等多种途径，较少约束地多方面筹措巨额资金进行大规模的基础设施建设和生产能力扩充。

第三，国际信贷有助于缓解发展中国家的资金不足困难。许多国家为了经济发展需要大量引进先进技术和设备，而大多数发展中国家没有足够的外汇储备做后盾。因此，这些国家一方面吸收国际直接投资，另一方面利用国际信贷利率比较优惠、贷款期限比较长、有一定援助性质等特点，积极利用国际信贷资金发展本国经济。

第四，国际信贷为发达国家的富余资金提供了出路。发达国家可以利用向发展中国家贷款的机会，输出富余资金，往往可以实现商品和资本的双重输出，调整国内的利率、物价、生产等经济问题，并通过信贷方式达到资金保值增值的目的。

第五，国际信贷刺激了跨国公司的发展。二战后，跨国公司快速发展，这是生产国际化和资本国际化的必然结果。跨国公司的海外投资除自有资本的转移外，还有大量资本来源于银行国际信贷。有时，跨国公司也根据需要将暂时闲置的资金投入国际信贷活动中。跨国公司既是国际信贷的使用者又是提供者。

第六，国际信贷有利于调节国际收支。国际货币基金组织向其成员方提供资金，有助于改善借款国的国际收支状况和稳定该国的对外汇率。

国际信贷虽然对世界各国的经济发展起到了一定的积极作用，但现有国际信贷体系是由发达国家主导并维护其根本利益的。西方国家转嫁经济危机的做法，加上一些发展中国家借款的盲目性和使用监管不当，使得某些发展中国家陷入严重的债务危机，国民经济付出了沉重的代价。此外，国际信贷受债权国财政和货币政策变化的制约以及国际金融市场动荡的影响，有利率和汇率风险，也会加重借款国的财政负担。

（二）国际信贷的类型

国际信贷的类型很多，根据不同的标准可分为多种类型。

（1）按贷款的期限分类，可分为短期信贷、中期信贷和长期信贷。短期信贷贷款期限一般为1年；中期信贷贷款期限多为1~5年，现在有延长的趋势；长期信贷贷款期限一般在5年以上，有的可以长达数十年。

（2）按贷款的利率分类，可分为无息贷款、低息贷款、中息贷款和高息贷款。

（3）按贷款使用货币和优惠情况分类，可分为硬贷款和软贷款。硬贷款使用较坚挺的货币，利率也较高；软贷款条件优惠，一般为无息或低息，还款方式灵活。

（4）按借款还款的方法分类，可分为统借统还贷款、统借自还贷款和自借自还贷款等。统借统还贷款是由政府统一对外借款，这些资金或由国家集中使用，或者投放给地方政府和企业，借款本息由政府负责偿还；统借自还贷款是由政府出面统一对外借款，并将款项分配给需款的单位使用，各使用单位负责偿还所用贷款的本息；自借自还贷款是使用单位自行借款，自行偿还贷款本息。

（5）按贷款的来源和性质分类，可分为政府贷款、世界银行贷款和国际商业银行贷款等。此外，还有联合（混合）银行贷款等。

（6）按贷款用途和支付方法分类，可分为平衡国际收支贷款、建设项目贷款、商品贷款、自有外汇贷款等。其中商品贷款是贷款方向借款方提供的用于购买机器、工具、物资、材料等商品的援助性贷款；自有外汇贷款则是为了满足借款方的外汇资金的需求。

（三）几种主要的国际信贷

1. 政府贷款

政府贷款也称为外国政府贷款或双边政府贷款，是指一国政府利用财政资金向另一国政府提供的贷款。政府贷款以国家的名义提供与接受，主要使用国家财政预算收入的资金，通过列入国家财政预算支出的资金进行收付，属于国家资本的收入与支出。因此，政府贷款一般是由各国的中央政府经过完备的立法手续加以批准的。

政府贷款是具有双边援助性质的优惠性贷款，以两国良好的政治关系为前提，偿还期限一般在20~30年之间，最长可达50年，有5~10年的宽限期，贷款利率一般为2%~3%，甚至是无息贷款。

政府贷款按贷款条件可以分为四类：第一类是软贷款，这种贷款或称财政性贷款，是无息的或低息的，而且还款期和宽限期均较长，一般贷放给非营利性的开发项目；第二类是混合性贷款，是将政府财政性贷款和一般商业性贷款混合在一起的贷款，其优惠程度低于财政性贷款而远远高于一般的商业贷款；第三类是将一定比例的赠款与出口信贷结合起来的贷款；第四类是政府财政性贷款与出口信贷相结合的贷款。政府贷款是一种优惠性贷款，按照国际惯例，优惠性贷款的赠与成分一般应在25%以上。所谓"赠与成分"是根据贷款的利率、偿还期限和综合贴现率等数据，计算出衡量贷款优惠程度的综合性指标。

2. 国际金融机构贷款

国际金融机构在国际信贷活动中发挥着日益重要的作用。国际金融机构是指许多国家共同兴办的，为了达到某个共同目的，在国际上进行金融活动的机构。按照参与国家的多寡、业务范围的大小，可以区分为全球性的国际金融机构贷款和地区性的国际金融机构贷款。这里主要介绍全球性的国际金融机构贷款。

（1）国际货币基金组织贷款。国际货币基金组织贷款即IMF贷款，IMF通过提供短期贷款，调整成员方国际收支不平衡问题，维持汇率的稳定。

IMF是联合国的一个专门机构，1945年12月27日正式成立，1947年11月15日成为联合国的专门机构。根据外交部网站，截至2022年6月，IMF共190个成员，是世界上最大的政府间金融机构。

IMF的宗旨是稳定国际汇兑，消除妨碍世界贸易的外汇管制，在货币问题上促进国际合作，并通过提供短期贷款，满足成员方国际收支暂不平衡时产生的外汇资金需求。它的资金来源于各成员认缴的份额。各成员的份额由该组织根据各成员方的国民收入、黄金和外汇储备、进出口贸易额以及出口的波动性等经济指标确定。成员方的主要权利是按所缴份额的比例借用外汇。

IMF 可以提供资金来帮助国际收支不平衡的成员方。目前已有如下几种类型的贷款。

第一，普通贷款。普通贷款是 IMF 最基本的一种贷款，用于满足成员方一般国际收支逆差的短期资金需要。IMF 规定，成员方取得普通贷款累计最高额度为其所缴份额的 125%，贷款的期限为 3~5 年。

第二，中期贷款。1974 年 9 月设立的一项专用贷款，比正常的普通贷款额度要大，用于解决成员方较长期的国际收支逆差，以推行克服经济困难的计划。

第三，出口波动补偿贷款。初级产品出口国家如果由于出口收入下降而发生国际收支困难，在原有的普通贷款外，可申请此项专用贷款。

第四，补偿与应急贷款。当成员方出口收入下降或谷物进口支出增大而发生临时性国际收支困难时，可向 IMF 申请此项贷款。获得此类贷款的条件是出口收入下降或谷物进口支出增加应是暂时性的，而且是成员方本身无法控制的原因造成的，同时借款国必须同意与 IMF 合作执行国际收支的调整计划。

第五，缓冲库存贷款。该类贷款的目的是帮助初级产品出口国建立缓冲库存以便稳定价格。IMF 认定的用于缓冲库存贷款的初级产品有锡、可可、糖、橡胶等。成员方可以使用这项贷款达其所缴份额的 45%，贷款期限为 3~5 年。

第六，补充贷款。当成员方遇到严重的国际收支不平衡，借款总额已达 IMF 普通贷款的高档信用部分，而且仍需要更大数额和更长期限的资金时，可以申请补充贷款。贷款期限为 3~7 年，每年偿还一次。

第七，临时性信用贷款。IMF 除设立固定的贷款项目以外，还可以根据需要设置特别临时性的贷款项目，其资金来源于 IMF 临时借入。例如 1974~1976 年设置的石油贷款，用于解决石油价格上涨引起的国际收支失衡。

不可否认，IMF 的贷款对各成员方调节国际收支平衡、维持汇率稳定以及促进国际贸易与经济的发展的确起到了重要作用。但是这类贷款同时也存在一些问题。如资金供求矛盾日益突出，IMF 有限的资金来源无法满足成员方调节日益严重的国际收支逆差的需要。此外，IMF 的贷款制度与成员方缴纳份额挂钩，成员方缴纳份额越多，获得贷款的额度越大。这一制度显然使得那些更需要 IMF 贷款的发展中国家无法获得足够的贷款额度。IMF 向成员方提供贷款的同时，也设置了一些限制条件，纵观 IMF 历史上的若干贷款方案，获得 IMF 贷款时必须满足：一是实行双紧的财政和货币政策，包括提高利率和紧缩政府开支，提高税率，调整财政支出，削减政府对经济领域的直接投资，紧缩货币供应量；二是加强私有经济在国民经济中的地位和作用，实行私有化，减少政府对经济的直接干预，尤其要增加政府经济政策的透明度，防止政府腐败；三是建立稳健的金融体系，对银行实行严格的资本充足的规定，对金融机构实行严格的市场准入和有效监管；四是加快实现对外贸易和投资的自由化进程，开放本国商品和金融市场。在 IMF 一揽子改革方案中，最重要的是紧缩经济，辅之以贬值和结构调整。事实上 IMF 所要求实行的经济政策措施，其结果可能会给借款国带来新的经济困难与问题，而且也不一定有助于解决借款国的国际收支困难。因为这些限制条件只注重对借款国的内部调节，而忽略了对国际大环境的外部调整。有些国家对 IMF 的贷款条件不能接受，如 2012 年 9 月，匈牙利因不能接受 IMF 提出的削减养老金、取消银行税、减少公职人员人数等贷款条件而拒绝 IMF 的贷款。

（2）世界银行贷款。世界银行贷款是指由世界银行提供给发展中国家的政府和由政府担保的公私机构的优惠贷款。世界银行贷款具有期限长、利率低、支用方便，但手续严密且需要与特定工程项目相联系的特点。

世界银行即国际复兴开发银行，成立于1945年12月。世界银行的宗旨是通过对生产事业的投资，资助成员方的复兴和开发工作。根据世界银行的宗旨，其主要业务活动是对发展中成员方提供长期贷款，对成员方政府或经政府担保的私人企业提供贷款和技术援助，资助它们兴建某些建设周期长、利润率偏低，但又为该国经济和社会发展所必需的建设项目。

世界银行贷款主要有以下几种类型。

第一，具体的投资贷款，即项目贷款。这是世界银行业务的主要组成部分，这类贷款占世界银行提供贷款的一半以上，通常用于发展中国家经济和社会发展的基础设施，以及大型生产性投资。世界银行在农业和农村发展、教育、能源、工业、交通、城市发展和供水等方面的大部分贷款属于这一类，并由世界银行工作人员负责评估和监督完成。

第二，部门贷款，又称行业贷款，包括部门投资贷款、金融中介贷款和部门调整贷款三种。其中部门投资贷款的使用重点是改善部门政策和投资重点，以及增强借款国制订和执行投资计划的能力，如交通运输部门贷款、教育部门贷款、农业部门贷款等。金融中介贷款的使用重点是开发金融公司和农业信贷机构，前提是借贷双方必须就转贷对象的选择标准、转贷利率和加强组织机构的具体措施达成协议。部门调整贷款的主要目的是支持某一部门的政策改革，通常为特定部门的进口提供所需外汇，并预先确定受益人或按双方商定的标准选择受益人。

第三，结构调整贷款，又称纯政策性贷款，旨在支持和帮助借款国在宏观经济、部门经济和机构体制方面进行全面的调整和改革，以克服经济困难，特别是在国际收支不平衡时使用。这类贷款使用有严格、苛刻的条件，若借款国未能按预定的条件执行，第二批贷款就停止支付。

第四，技术援助贷款。这种贷款旨在支持借款国有关制定和执行政策、参与经济发展战略规划的机构，或为大型投资项目准备实施和管理的机构用来进行咨询服务、课题研究和人员培训。

第五，紧急重点贷款。贷款的目的是帮助借款国应对自然灾害或其他灾难。贷款用于灾后的重建工作，以恢复生产，安定人民生活。

世界银行的贷款政策与贷款条件很严密，是根据《国际复兴开发银行协定》《国际开发协会协定》《中华人民共和国与国际复兴开发银行贷款协定》一般准则和《中华人民共和国与国际开发协会开发信贷协定》通则等规定来制定的。

一般来说，世界银行的贷款政策和条件主要体现在以下几方面。

第一，仅限于对有偿还能力的成员方，无偿还能力的国家，世界银行不考虑对其贷款。对于非成员方，世界银行仅贷款给政府，同时贷款需要有成员方政府及中央银行或世界银行认可的机构进行担保，确保本金的偿还以及利息和其他费用的偿付。

第二，贷款必须用于特定工程项目，这些项目需经严格挑选，借款国需向世界银行提供与贷款项目有关的详细资料，包括有关的政治、经济和财政状况。只有申请国或项目确实无法以合理的条件从其他渠道取得贷款时，或者提供贷款保证，世界银行才会考虑其申请。

第三，监管严密。世界银行对项目的监管非常严密，已形成一套严谨、科学的项目管理程序和与此相对应的项目周期。世界银行规定贷款只能用于批准的项目，不能挪作别的用途。世界银行会定期派专家到项目现场监管，要求借款国提供相应资料，并有权对工程项目提出修改的建议。

第四，支用方便。世界银行贷款允许任选货币支用，可在所有成员方和受赠国进行自由采购。从这一点来看，世界银行贷款比其他贷款和出口信贷更为灵活自由，进口物品、引入技术的选择余地很大。

第五，非军事性和非政治性。世界银行不对军事项目和以政治为目的的项目提供贷款。

3. 国际银行信贷

国际银行信贷是一国借款人在国际金融市场上向外国贷款银行借入货币资金。国际银行信贷的债务人是世界各国的借款人，包括银行、政府机构、公司企业、国际机构，其债权人则是外国的贷款银行，主要是工业发达国家的大型商业银行。国际银行贷款有的在提供贷款时指定用途，即与商品出口相联系，或与一定的工程项目相联系；有的在提供贷款时并不指定用途，通常称为自由外汇贷款。

随着国际贸易的不断扩大，各国企业公司进出口业务大量增加，对外资金需求量急剧增加。而国内银行出于各种原因一时无法满足用汇企业的全部需要，客观上促使企业把筹措外资的对象转向国际商业银行。同时，一部分国外银行为促进所在国出口的扩大，采用买方信贷的方式主动向进口国企业提供贷款。这是造成国际商业银行对公司或企业贷款的重要原因。

国际商业银行对外国企业或公司的贷款基本上可划分为如下几类。

（1）买方信贷。这是国际商业银行对外国公司放款的主要形式之一。出口国银行为支持本国企业产品出口，直接或间接地向进口商提供贷款，用以支付所进口物资的款项。

（2）参与制放款。参与制放款指一家商业银行对某一外国公司或企业提供贷款后，邀请其他银行参与进来，共同向借款人提供资金。

（3）辛迪加放款。辛迪加放款也称为银团贷款，与参与制放款相同，都是多家银行对一个公司提供贷款，但前者是一家银行已经发放贷款后才邀请其他银行参与进来，它们之间没有什么牢固的伙伴关系和共同的风险利益机制约束。辛迪加放款是由一个或几个大银行发起，组成一个银行团，有组织、有计划地向债务人提供贷款。它们之间有共同的利益和风险机制，关系密切，相互约束，利益均沾，而且在贷款的总量上和时间上比参与制放款要大、要长。

相比政府贷款和国际金融机构贷款，国际银行贷款的利率水平较高，其利率水平是通过借贷资本的供需状况自发竞争形成的。但该类贷款的优点在于借款人可根据自己的需要自由使用，一般不受贷款银行的限制，并且贷款方式灵活，手续简便，资金供应也很充沛。

第四节　中国对外间接投资的发展

一、中国对外间接投资的发展概况

中国的对外间接投资主要是指对外证券投资，包括购买外国企业的股票、购买外国政府或企业的债券这两种方式。在中国的对外投资中，相比对外直接投资，对外间接投资起步较晚，但发展速度较快。

国家外汇管理局发布的对外投资数据表明，证券投资是中国对外间接投资最主要的方式，且增速很快，由2004年的920亿美元增长到2019年的6 460亿美元。在证券投资中，2011年之前，债券投资高于股票投资，但是自2012年开始，股票投资增长迅速，超出债券投资，到2019年年末，债券投资为2 722亿美元，而股票投资则达到3 738亿美元。中国对外贸易尤其是出口

贸易的迅速增长，也带动了贸易信贷的快速发展，贸易信贷已经成为中国重要的对外间接投资
形式（见表 9-1）。2021 年年末，我国对外证券投资资产 9 797 亿美元，其中股权类投资 6 484 亿
美元，债券类投资 3 313 亿美元。

表 9-1　中国历年国际投资头寸表（对外投资部分）　（单位：亿美元）

	项目	2012 年年末	2013 年年末	2014 年年末	2015 年年末	2016 年年末	2017 年年末	2018 年年末	2019 年年末	2020 年年末	2021 年年末
1	直接投资	5 319	6 091	8 826	10 959	13 574	18 090	19 823	20 945	24 134	25 819
2	证券投资	2 406	2 585	2 625	2 613	3 670	4 925	4 980	6 460	8 999	9 797
	2.1　股权	1 298	1 530	1 613	1 620	2 152	2 977	2 700	3 738	6 043	6 484
	2.2　债券	1 108	1 055	1 012	993	1 518	1 948	2 279	2 722	2 955	3 313
3	金融衍生工具	0	0	0	36	52	59	62	67	191	154
4	其他投资	10 527	11 888	13 938	13 889	16 797	16 055	17 505	17 443	20 149	23 205
	4.2　货币和存款	3 906	3 772	4 453	3 598	3 653	3 611	3 896	4 179	4 865	5 489
	4.3　贷款	2 778	3 089	3 747	4 569	5 768	6 373	7 097	6 963	8 389	9 628
	4.5　贸易信贷	3 387	3 990	4 677	5 137	6 145	5 319	5 972	5 604	5 972	6 587
	4.6　其他	457	1 038	1 061	412	1 107	597	364	479	668	1 191
5	储备资产	33 879	38 804	38 993	34 061	30 978	32 359	31 680	32 229	33 565	34 269
	5.4　外汇储备	33 116	38 213	38 430	33 304	30 105	31 399	30 727	31 079	32 165	32 502

资料来源：国家外汇管理局网站，http://www.safe.gov.cn/safe/2019/0627/13520.html。

中国的对外间接投资之所以迅猛发展，主要是因为贸易顺差和外来直接投资等，在大量资
金流入中国的背景下，中国的外汇储备急剧增加，出现了流动性过剩和通货膨胀等问题。为此，
中国放宽了迄今为止一直处于严格管理之下的资本限制，以促进资本的流出。

中国的对外投资数据是通过国际投资头寸表反映出来的。目前，国家外汇管理局仅公布了
2004 年以来的国际投资头寸表。国际投资头寸表是反映特定时点上中国（不含港澳台地区）对
世界其他国家或地区金融资产和负债存量的统计报表。对外间接投资在国际投资头寸表中反映为
中国的对外资产，其中证券投资是指中国居民持有的非居民发行的股票、债券、货币市场工具、
衍生金融工具等有价证券。贸易信贷是指中国与世界其他国家或地区间伴随货物进出口产生的直
接商业信用。贷款表示中国境内机构通过向境外提供贷款和拆放等形式而持有的对外资产。

二、中国对外证券投资

（一）中国对外证券投资概况

中国原来的对外证券投资主要是商业银行购置境外债券，最近几年又推出合格境内机构投
资者（QDII）的对外证券投资。

中国对外证券投资起步较晚，1997 年只有不到 10 亿美元，1999 年突破 100 亿美元，2001
年突破 200 亿美元。之后外汇储备大幅增加，金融市场流动性过剩，使中国对外证券投资规模
迅速扩大，但由于各种突发的不确定因素的影响，波动较大。2004～2007 年，中国对外证券投
资大幅增长，其中 2006 年年末的对外证券投资存量是 2005 年年末的 1.27 倍，到 2007 年进一步
增长到 2 846 亿美元。但是这一迅猛增长的趋势之后停止，2008 年、2009 年甚至开始下跌。到
2012 年 6 月末，对外证券投资存量为 2 593 亿美元，距离 2007 年的 2 846 亿美元还有较大差距。

中国对外证券投资在 2008 年之后下降的主要原因是对外债券投资数量缩减。由中国国际投

资头寸表可知，2008 年的债券投资相比 2007 年下降 339 亿美元，2009 年又比 2008 年同期下降 429 亿美元。此后虽然恢复增长，但增幅不大。据国家外汇管理局分析，尽管 2008 年之后中国的对外证券投资增长迅速，但由于美日等主要经济体增长放缓，投资收益趋降，美国次贷危机更增加了全球经济不确定性，国际主要债券价格和金融市场利率波幅增大；而中国经济继续保持强劲增长势头，国内贷款需求持续增加，商业银行对外证券投资规模大幅减少，导致中国对外证券投资整体下降。

2012 年后中国对外证券投资开始回升，2016 年更是开始迅猛增长，突破 3 000 亿美元，达到 3 670 亿美元，其主要原因一是金融机构对外债务证券投资大幅攀升，二是资本市场开放带来股权投资的双向流动加大，三是中国居民购买非居民境内发行债券成倍增长。此后这一增长势头一直保持下去，到 2021 年已经达到 9 797 亿美元。

在中国对外证券投资中，相比债券投资，股票投资的起步更晚，股票投资的数据从 2006 年才开始记录，因此传统上，中国证券投资的形式一直以债券投资为主，仅仅是适度投资于股票。1997～2006 年，除了个别年份外，中国债券投资的净投资额始终为正值，并且总体上呈增加趋势。2006 年，中国利用外汇储备购买的外国中长期债券的数额超过 1 000 亿美元，占证券投资的比重达到 97%。2007～2015 年，债券投资的净投资额都是负值；2016 年至今，债券投资的净投资额恢复正值且总体保持稳定。

虽然中国对外证券投资波动较大，但是从国家外汇管理局发布的数据来看，中国对外股票投资从 2006 年到现在一直呈现出较大幅度的增长，投资存量由 2006 年的 15 亿美元增长到 2019 年年末的 3 738 亿美元。虽然对外股票投资在证券投资中所占比重较低，平均比重仅为 35.8%，但占比的增长速度也很快，由 2006 年的 0.55% 上涨到 2011 年的 42.2%，此后对外股票投资占比就超过债券投资，到 2021 年已经达到 66.2%。此外，股权类资产的年均收益率也高于债券类资产，大约为 14%。

如图 9-7 所示，2021 年证券项下双向投资流量均达历史较高水平。2021 年，我国证券投资项下净流入 510 亿美元。其中，对外证券投资净流出（资产净增加）1 259 亿美元，较 2020 年下降 17%。其中，股权投资 856 亿美元，下降 35%；债券投资 403 亿美元，增长约 1 倍。2021 年上半年，在主要发达经济体宽松货币政策背景下，全球主要的股票市场表现普遍较好，我国对外证券投资净流出 996 亿美元，其中第一季度达到季度历史最高值；下半年对外证券投资有所趋稳。2021 年，来华证券投资净流入（负债净增加）1 769 亿美元，较 2020 年下降 28%，主要体现了高基数的影响。其中，境外对我国债券投资净流入 938 亿美元，股权投资净流入 831 亿美元。分季度看，四个季度来华证券投资净流入虽有波动，但基本维持在较高水平，分别为净流入 597 亿、291 亿、260 亿和 620 亿美元。近年来，随着我国证券市场高水平对外开放持续推进，股市和债市逐步被纳入国际主流指数，跨境证券投资双向流动更加活跃、运行总体平稳。

（二）中国对外证券投资的主要渠道

对外证券投资的增长表明我国投资者在全球资产配置上有较高的主动性和敏感性，中国对外证券投资的主要渠道有如下几种。

1. 个人对外证券投资

数据显示，2021 年境内非银行机构和个人通过"港股通"和"基金互认"等渠道净购买境外证券 587 亿美元。

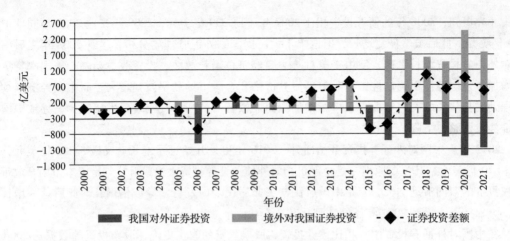

图 9-7   跨境证券投资基本情况

注：我国对外证券投资正值表示减持对外股权或债券，负值表示增持对外股权或债券；境外对我国证券投资
　　正值表示增加对国内股权或债权的投资，负值表示减少对国内股权或债券的投资
资料来源：国家外汇管理局《2021 年中国国际收支报告》。

除了以政府为主导的以储备资产进行的债券投资外，近年来，随着外汇储备的积累，中国已
开始允许居民投资债券。2006 年 4 月，央行等三部委共同发文，允许境内居民和机构委托境内商
业银行投资境外的金融产品。允许投资的境外金融产品以债券、存款等固定收益类产品为主，包
括境外金融机构发售的保本型产品、境外债券、银行票据、大额可转让存单等货币市场产品。

2007 年 8 月 20 日，国家外汇管理局宣布，在天津滨海新区进行试点，允许境内居民以自有
外汇或人民币购汇直接投资境外证券市场，初期首选中国香港。

业内人士认为，允许境内居民从事对外投资，具有如下意义：首先，可使外汇资源从国家
持有转变为国民持有，从"藏汇于国"转变为"藏汇于民"。其次，有利于国内资金进入境外
市场，缓解中国外汇储备不断攀升的压力。中国外汇储备在 2006 年攀升至世界第一位，截至
2007 年 6 月底，国家外汇储备余额为 13 326 亿美元，同比增长 41.6%，到 2014 年年底更是达
38 430 亿美元。外汇储备的快速增长直接导致央行以外汇占款的形式被动投放基础货币，加剧
了流动性过剩的压力。允许境内个人直接对外证券投资，增加了一个外汇流出的通道，有利于
缓解流动性过剩和人民币升值的压力。最后，进一步推动了资本项目的开放，并减少了资本项
目顺差，从而有利于应对外汇储备的过快增长，促进国际收支的基本平衡。2021 年，因交易形
成的储备资产（剔除汇率、价格等非交易价值变动的影响）增加 1 882 亿美元，其中外汇储备
增加 1 467 亿美元。2021 年年末，我国外汇储备余额 32 502 亿美元，较 2020 年年末增加 336 亿
美元，储备资产稳中有增。

2. 购买美国债券

中国的债券投资主要是购买美国国债，以美元形式持有。数据显示，2021 年中国境内银行
等金融机构净购买境外债券 442 亿美元，比 2020 年增长 1.5 倍。

自中美关系正常化以后，中国购买美国国债的历程大致经历了四个阶段：第一阶段从 1972
年到 1985 年初，在这一阶段，中国外汇储备极少，所以从 1972 年始的长达 13 年间，中国都没
有购买过美国国债；第二阶段从 1985 年到 1993 年年底，这一阶段开始购买美国国债，但数额
较少，且多以短期持有为主，尚未形成大的持有量；第三阶段从 1994 年到 1999 年年底，这一

阶段的特征是购买额开始大量增加，对美国国债的总体购入量超过对其的出售量，因此产生了大量结余；第四阶段是 2000 年年初到现在，这一阶段的特征是购买量大，个别月份超过 200 亿美元甚至 300 亿美元，此外对美国国债的出售量大大少于购买量，造成了中国大量持有美国国债的现状。美国财政部发布的数据表明，2011 年 9 月~2019 年 9 月，中国持有的美国国债总量都超过 1 万亿美元，且在 2019 年 5 月之前除个别月份外，其持有量都超过日本，是美国国债最大的海外持有人。自 2019 年 6 月起，中国开始减持美国国债，持有量由 2017 年 8 月的 1.2 万亿美元下降到 2022 年 1 月底的 1.06 万亿美元，约合 6.75 万亿元，相当于 14 亿中国人每人持有4 821 元的美国国债，中国的持仓规模排名世界第二，仅次于日本。

虽然中国外汇储备的主要币种是美元，且经济发达的美国发行的国债风险也小、回报率稳定，但是这种单一的投资形式会带来一定的风险。例如投资债券收益率低，造成国内资源和国民财富的浪费。根据国际投资头寸表，中国海外资产以低收益外汇储备资产为主，对外负债以高成本对外直接投资为主。美国国债收益率大约在 3%~5%，2012 年 10 年期国债更是一度跌到 1.394%，截至 2022 年 3 月，美国 10 年期国债收益率为 2.479%，而对外直接投资在中国的收益保守估计也在 20%。这导致中国虽然是对外净债权国，但海外资产净收益规模却持续低迷。可见，投资债券虽然保证了储备资产的安全性，但大大提高了其投资的机会成本，降低了储备资产的收益率。

为改变这一状况，中国应实现储备资产对外投资的多元化。受收益效率下降的影响，中国在 2011 年开始减持美国国债，但是在没有其他更好选择的情况下，进入 2013 年又开始增持。外汇储备不仅是为了升值，安全性更是第一要求，若追求收益增加必然会加大风险。相比较欧元、日元以及新兴市场的资产，美国国债更具有安全性和流动性，因此增持美债是市场的次优选择结果。

3. 合格境内机构投资者的对外证券投资

数据显示，截至 2021 年，合格境内机构投资者（QDII 及 RQDII）投资非居民发行的股票和债券合计 128 亿美元，比 2020 年增长 43%。

2006 年 4 月 13 日，央行发布了被市场称作"QDII 开闸"的五号公告，放行 QDII，开放资本账户，允许合格境内机构投资者（QDII），包括符合条件的银行、基金管理公司、保险公司等机构，集合境内机构和个人的人民币资金购汇，加上机构与个人自有外汇，投资于境外固定收益类产品、股票证券即货币市场工具，这是中国迈向资本项目开放的一个重大举措。

QDII 是 qualified domestic institutional investors（合格境内机构投资者）的英文首字母缩写，是指在本币资本项下不可兑换、资本市场未开放条件下，在一国境内设立，经该国有关部门批准，有控制地允许境内机构投资于境外资本市场的股票、债券等有价证券投资业务的一项制度安排。在这一机制下，任何往境外资本市场投资的人士，均必须通过这类认可机构进行，以便于国家监管。

QDII 业务基本上可分为两类，一类是机构和居民等投资者委托商业银行以人民币购汇进行境外理财业务，或者是商业银行在外汇管理局规定的代客境外理财的购汇额度内，向投资者发行以人民币标价的境外理财产品；另一类是机构和居民等投资者委托商业银行以自有外汇进行境外理财投资。

2001 年 7 月以来，证监会和有关部委开始积极研究 QDII。到 2006 年 9 月，首款针对个人投资者的 QDII 产品——华安国际配置基金正式推出，共募集了 1.97 亿美元，成为境内迄今规模最大的 QDII 产品。到 2013 年 3 月，国家外汇管理局共批准了 110 家 QDII 机构 851.27 亿美元的投资额度，到 2020 年 11 月，QDII 的机构数目进一步增至 164 家，投资额度达到 1 124.03 亿美元，而在 2006 年仅有 18 家机构，投资额度合计 105.75 亿美元。目前 QDII 产品中，至少有 75% 的资产是投资于股票的。到目前，QDII 业务持续健康稳定发展，产品的类型和投资方向日益丰富，投资地域涵盖全球，并且出现了指数基金、债券基金、黄金基金、商品主题基金等新品种。

QDII 制度作为人民币资本项目不可自由兑换条件下有控制地进行境外证券投资业务的制度安排，既有助于境内投资者分散投资风险，也有助于境内机构培养全球资产管理能力。中国对外间接投资尚处于起步阶段，在相当长的时期内 QDII 将成为对外投资的主要途径。银行 QDII 产品也尚处于市场培育和起步阶段。人民币升值的预期以及 QDII 本身投资范围较广、利率风险和汇率风险较大等特点决定了其在短期内需要经历一个市场逐步推广的过程。从发达国家 QDII 的发展趋势来看，银行、社保、基金是经营 QDII 产品的三大主体，投资途径不仅涉及债券市场、货币市场，其还可参与国外股票市场的投资活动。可见中国 QDII 产品还有很广阔的发展空间。

三、中国的其他对外投资

对外信贷投资在中国的对外间接投资中也占有较高的比重。2021 年，其他投资延续逆差，但略有下降。中国其他投资项下净流出（净资产增加）2 298 亿美元，较 2020 年下降 6%。其中，货币和存款净流出 869 亿美元，贷款净流出 1 154 亿美元，贸易信贷净流出 282 亿美元，其他应收应付净流出 394 亿美元。

在中国国际收支报告中，贸易信贷和贷款是对外信贷投资的重要组成部分。其中贸易信贷是指中国与世界其他国家或地区间伴随货物进出口产生的直接商业信用；贷款表示中国境内机构通过向境外提供贷款和拆放等形式而持有的对外资产。

（一）中国政府对外优惠贷款

中国政府对外优惠贷款（又称政府贴息优惠贷款、对外优惠贷款，以下简称"优惠贷款"），是中国政府向其他发展中国家提供的具有援助性质的中长期低息贷款。政府优惠贷款的主要目的是扩大外援规模，提高援助效益，更有效地帮助受援国的经济和社会的发展，促进中国与其他发展中国家的经贸合作和友好关系。中国进出口银行为中国政府指定的承贷银行，负责优惠贷款的项目评审、协议签订、贷款的发放、贷后管理、本息回收等工作。

中国在中华人民共和国成立初期就有对外的含有援助成分、赠与性质的贷款。1995 年 5 月，中国援外方式进行了重大改革，政府贴息优惠贷款、援外项目合资合作、无偿援助成为中国对外援助的三种主要方式。1995 年中国第一个政府优惠贷款项目是苏丹石油开发项目，在当年就签订了 11 个政府优惠贷款框架协定，全部针对非洲国家。进入 21 世纪后，中国政府优惠贷款发展迅速，截至 2021 年，中国已向 160 多个国家提供了各种类型的援助。其中，随着"一带一路"倡议的提出，中国对非洲的援助不断增长。自 2010 年以来，中国金融机构平均每年资助 71 个项目，平均价值 1.8 亿美元。2019 年，中国对非洲提供了 70 亿美元的贷款承诺，比 2018 年下降 30%；自 2000 年至今，中国对非洲的贷款承诺现已达到 1 530 亿美元。截至 2021 年年末，"一带一路"相关贷款余额 1.95 万亿元，同比增长超 11%，支持"一带一路"沿线国家绿色低碳转型和可持续发展，推动实施了一大批风电、水电、太阳能等清洁能源和生态保护项目。

中国的优惠贷款主要用于两种用途：一是在借款国建设有经济效益或社会效益的生产性项目、基础设施项目及社会福利项目；二是用于借款国采购中国的机电产品、成套设备、技术服务以及其他物资。借款人一般为借款国政府财政部，特殊情况下可以为受援国政府指定并经中国进出口银行认可的、财政部提供还款担保的金融机构或其他机构。

（二）出口买方信贷

国际贸易信贷是指为开展或支持国际贸易而进行的各种信贷活动，包括进出口商相互间为达成贸易而进行的资金或商品信贷活动，银行及其他金融机构以及政府机构或国际金融机构为支持国际贸易而进行的资金信贷活动，银行及其他金融机构为支持贸易信贷而进行的信用担保或融通活动，以及各国政府机构或银行等为支持本国出口而进行的出口信用保险活动，等等。

在贸易信贷中，构成一国对外资产的是出口买方信贷。买方信贷是指由出口商国家的银行向进口商或进口商国家的银行提供信贷，用以支付进口货款的一种贷款形式。其中，由出口方银行直接贷给进口商的，出口方银行通常要求进口方银行提供担保；由出口方银行贷款给进口方银行，再由进口方银行贷给进口商或使用单位的，则进口方银行要负责向出口方银行清偿贷款。买方信贷可以缓解进口商的资金困难，不增加出口商的自身负债，同时可以通过保持借、贷款货币的一致，降低汇率变化所带来的风险，基于这些特点和优势，买方信贷业务快速上升。目前在西方发达国家，买方信贷已占整个出口信贷90%以上的份额。

中国出口买方信贷主要用于支持中国机电产品、大型成套设备等资本性货物、高新技术产品和服务的出口，支持中国企业带资承包国外工程。

中国已经成为全球第一出口大国。发展出口买方信贷业务，不但能继续支持出口贸易的迅速发展，更重要的是有助于中国出口贸易商品结构和出口市场结构的调整。

但从出口信贷业务的发展历程来看，中国出口信贷主要是发放出口卖方信贷，出口买方信贷所占比重较低。以为企业出口提供政策性出口信贷支持的中国进出口银行为例，自1994年7月成立以来，截至2021年年末，中国进出口银行外贸产业贷款余额2.4万亿元，同比增长超17%。全年累计投放外贸产业贷款1.6万亿元，支持海外仓、跨境电商等贸易新业态、新模式发展。

案例9-5

人民币出口买方信贷业务

2012年5月，埃塞航空与中国航空技术国际工程有限公司（以下简称"中航国际工程公司"）签署合同，由中航国际工程公司为埃塞航空建设一座二机位机库。该机库建成后将成为非洲最大且唯一集维修喷漆于一体的现代化机库，不仅可满足埃塞航空自身全部机型需要，还可承接非洲其他国家航空公司的相关业务。埃塞航空为该项目向中国进出口银行申请了融资。

埃塞俄比亚与中国长期友好，经贸往来密切，已合作开展多个重大项目。中国进出口银行也将埃塞俄比亚作为非洲的重要合作伙伴之一，为埃塞俄比亚大批交通、电力、电信、产业园区项目提供融资支持，与当地政府和企业建立了良好广泛的合作关系，对埃塞俄比亚国别情况和特点的了解比较充分。在本项目中，考虑到埃塞航空在北京与埃塞俄比亚首都亚的斯亚贝巴之间设有固定航线,拥有稳定的人民币收入,且埃塞俄比亚美元外汇长期短缺,客观存在使用人民币进行对华结算的需求,中国进出口银行设计了包含人民币贷款在内的多套融资方案。经过多轮谈判,埃塞航空最终同意签订以人民币计价的商务合同,并接受了人民币融资方案。中国进出口银行为该项目提供了人民币出口买方信贷,同时创新使用香港离岸人民币资金池资金放款,有效降低了资金成本。埃塞航空以人民币贷款支付中方企业工程款,并以人民币收入偿还贷款,有效避免了货币错配,也减少了美元外汇占用。

在机库项目的良好合作的基础上,中国进出口银行又与埃塞航空、中航国际工程公司合作推动了另一个人民币贷款项目——埃塞航空新建四星级酒店项目。该项目位于亚的斯亚贝巴博莱(Bole)机场附近,用于满足转机旅客住宿需求并缓解首都高星级酒店短缺问题。中国进出口银行再次建议使用人民币贷款,并获得借款人的认可。为此,埃塞航空与中航国际工程公司签订补充协议,将商务合同币种由美元调整为人民币。随后,中国进出口银行向埃塞航空提供了人民币出口买方信贷,为该项目提供资金支持。

上述项目使用人民币出口买方信贷支持埃塞航空采购中国产品和服务,在促进中国对外出口、带动中国服务和标准"走出去"的同时,通过融资端推动境外借款人对承包工程使用人民币计价结算,有效推动了人民币跨境使用。这一模式的成功实施充分体现了中国进出口银行支持企业"走出去"的金融服务职能,既降低了中资企业"走出去"的货币错配风险,也有利于推广人民币计价结算。

资料来源:《中国进出口银行推动人民币跨境使用的实践及启示》。

▶ 讨论题

1. 什么是人民币出口买方信贷?
2. 埃塞俄比亚开展的人民币出口买方信贷业务对推进人民币国际化有何作用和启示?

案例 9-6

后疫情时代跨境资金流动管理:以短期资本为例

面对日益复杂的国际政治经济形势,党中央明确提出"推动形成以国内大循环为主体、国内国际双循环相互促进的新发展格局"。跨境资金作为国内循环和国际循环间重要的要素流动,是双循环互相促进发展的重要纽带。要坚持对内改革和对外开放双轮驱动战略,加强和改进跨境资金流动管理对双循环运行发展的适配度,更好发挥市场在优化资源配置、促进经济增长中的作用,更好联通和利用国际国内两个市场、两种资源,通过国际循环更好地促进国内大循环。

1. 短期资本波动对国际收支平衡形成更频繁的冲击

后疫情时代我国国际收支结构演变仍存在较大不确定性。虽然经济回升是后疫情时代的主基调,但世界政治经济协同合作的难度加大,全球产业链供应链价值链面临重构,金融市场脆弱性、传染性加深,跨境资金流动进入多重均衡状态,促使我国国际收支结构演变的因素更加复杂,多维度调节国际收支平衡的难度有所加大。

近年来,我国资本市场双向开放步伐不断加快,基本形成了以 QFII/RQFII、银行间债券市场直接投资、沪(深)港通、债券通、特定品种期货等为主的投资交易开放渠道,以及以"熊猫债"、中国存托凭证（CDR）、基金互认等为主的证券发行开放模式。未来，我国短期资本流动规模将进一步增长。一方面，当前境内证券市场吸收外国投资者投资的比重明显低于一般发展中国家 10% ~30% 和主要货币发行国 30% ~60% 的比重；另一方面，我国非银行企业和家庭部门多元化配置境外资产的潜在需求较高。2015 年以来，我国对外证券投资规模总体持续扩大。2019 年年末，我国对外证券投资总额是 2015 年 6 月末的 2.25 倍。然而，由于短期资本流动天然具有逐利性、易起调、高波动、流动性强等特性，再加上其他投资项下跨境贷款、贸易信贷和资金存放等容易受利率、汇率、宏观环境等影响而频繁流动，因此，未来国际政治经济"黑天鹅""灰犀牛"所引发的短期资本波动将给我国国际收支平衡带来更频繁的冲击。

2. 短期资本跨市场跨周期流动更具稳定性

后疫情时代"双循环"新发展格局有利于我国逐步转型为国内消费升级需求与外需相融合的"开放大国"发展模式。在此基础上，国际收支平衡管理可在宏观上更主动结合经济内部发展水平和均衡状况，进行可持续、适度调节，实现发展规模、速度、质量、结构、效益、安全相统一。

一是人民币资产具备吸引国际资本中长期配置的价值和特征。后疫情时代，我国基本面比较优势将转化为人民币资产估值优势，并与外循环下其他资产波动保持低相关性。二是金融市场高质量开放将倒逼金融业治理体系和治理能力提升。跨国金融机构深度参与"内循环"资源配置将激活"鲇鱼效应"，加快国内金融行业核心能力提升，有效防范化解金融风险跨市场、跨行业、跨领域交叉传染。三是资本市场外资持续流入将改变市场微观结构。专业化机构投资者将逐步成为资本市场主导力量，引导交易行为和市场预期更趋理性和多元化，市场投资风格逐渐向基本面和价值投资回归，成为市场运行的"稳定器"和"压舱石"。

3. 扩大金融高水平开放，建设"双循环"战略平台高地

我国跨境资金流动管理要加快适应"双循环"新发展格局。资金双循环是实体经济双循环的重要载体和基本保障。后疫情时代，要坚持对内改革和对外开放双轮驱动战略，加强和改进跨境资金流动管理对双循环运行发展的适配度，更好发挥外汇市场在优化资源配置、促进经济增长中的作用，更好联通和利用国际国内两个市场、两种资源，通过国际循环更好地促进国内大循环。

坚持对内改革和对外开放双轮驱动战略，探索以制度型开放为引领的开放型经济新体制，让外汇改革创新赋能自贸区、自贸港发展，将其打造成推动"双循环"战略平台高地。一是持续推进更高水平的资本项目可兑换发展。建立本外币一体化账户体系，有序推进资本项目可兑换，在我国开放水平最高的特殊经济区率先实现人民币国内国际双循环高效双动，进一步助推实体经济双循环发展。二是将上海国际金融中心建设成为国内国际双循环的重要资金枢纽。赋予上海更大范围、更宽领域、更深层次的金融开放内涵，加快推进上海高水平的人民币资产配置中心、人民币金融资产风险管理中心、金融科技中心、优质营商环境中心、金融人才中心建设，拓展人民币金融市场的深度和广度，满足全球各类投资者的投融资需求。三是支持离岸转手买卖作为新型国际贸易业态在新片区健康发展。以此为突破口建设亚太供应链管理中心，吸引总部型机构集聚，推动企业深度融入全球价值链、供应链和价值链管理，助力上海成为全球资源配置枢纽。

资料来源：刘兴亚. 后疫情时代跨境资金流动管理 [J]. 中国金融，2020(21)：38-40.

▶ 讨论题

后疫情时代，"双循环"发展新格局对我国国际收支平衡有怎样的作用？

思考题

1. 简述资本资产定价模型的主旨、作用及基本观点。
2. 简述资产套利定价理论的基本观点。
3. 简述国际直接投资与国际间接投资的差异。
4. 简述国际股票发行的主要动机。
5. 试述几种国际债券之间的区别。

习题

1. 名词解释

（1）国际债券
（2）欧洲债券

2. 判断题

（1）国际直接投资和国际间接投资的基本区分在于它们的投资对象不同。（　　）
（2）对外间接投资的投资者间接参与所投资的国外企业的经营和管理活动。（　　）
（3）国际直接投资的风险要小于国际间接投资的风险。（　　）
（4）外国债券是国际借款人在债券标价货币所属国发行的一种国际债券。（　　）

3. 简答题

（1）影响国际间接投资的因素有哪些？
（2）试分析资产套利定价理论的应用。

第十章
CHAPTER 10

国际货物贸易

▌ 本章要点

本章内容涵盖了与国际货物贸易相关的贸易政策以及国际货物贸易实务两部分内容。首先介绍国际货物贸易的概念与地位，说明关税与非关税措施的内容与特点，WTO 的基本原则；其次介绍国际货物贸易合同的主要内容，国际货物贸易的基本程序，国际货物贸易方式；最后介绍我国对外货物贸易的发展状况。

▌ 思政视野

在新冠肺炎疫情对全球政治经济的全面冲击下，国际贸易领域的保护主义倾向越来越严重。一些国家借口疫情给本国带来的安全影响而采取了多项限制贸易的措施——进口限制、出口管制、过分加严检验检疫措施、加征关税、实施更多非关税壁垒等，这不仅进一步阻碍了本已经受疫情严重影响而处于脆弱状态的全球货物供应链的稳定运行，更给当事国国内抗疫和经济贸易恢复带来负面影响。鉴于此，中国、新加坡、澳大利亚、加拿大等 12 国经贸主管部门 2020 年 7 月 2 日发表《关于致力于新冠肺炎疫情期间确保供应链联通的部长联合声明》（简称《声明》）。《声明》提出，应避免实行出口管制或设立关税和非关税壁垒，取消对必需品尤其是医疗用品施加的任何现有贸易限制措施。

某些国家在疫情背景下采取的限制贸易措施并不符合 WTO 安全例外条款的规定。WTO 安全例外条款既是一项成员自决的权利，也是受客观条件限制的权利。WTO 成员运用这一贸易工具受国际法善意原则约束，受这类条款规定的适用范围、特定情况和条件限制，受多年来在成员间形成的适用这一规则的惯例限制。WTO 规则体系允许成员为维护基本安全利益采取某些贸易限制措施，但 WTO 也有权就成员是否善意、合法地适用安全例外条款进行审理和裁判。

资料来源：荣民. 出口管制绝不是"灵丹妙药" [EB/OL]. (2020-07-07) [2021-07-10]. https://www.chinatradenews.com.cn/epaper/content/2020-07/07/content_66796.htm.

▶ 思考题

疫情背景下，出口管制是不是"灵丹妙药"？

▌▌开篇案例

近年来，一些国家动辄以"安全例外条款"为由采取包括出口管制在内的举措，所引发的负面效应不仅影响本国经济贸易，也影响措施对象国的经济贸易和双边经贸关系的平稳，更给全球贸易的秩序平稳和贸易规则的有效执行与遵守带来冲击和破坏。

无论是近期一些国家对防疫物资采取的各类贸易限制措施，还是 2019 年 7 月，日本以"围绕与韩国相关的出口管理发现不妥事例"等为由，对韩国 3 种半导体材料加强出口管制，并将韩国剔除出在安保出口管理上设置优惠待遇的"白名单国家"所引发的日韩贸易争端，再到近期美国联邦通信委员会将华为公司和中兴通讯列为国家安全威胁而采取出口管制措施等，事实一次次表明，在本应以自由化和便利化为关键词的国际贸易领域强行采取包括"出口管制"在内的各类贸易限制措施，是对市场原则和公平竞争的破坏，是对国际经贸基本规则的漠视，更是对全球产业链、供应链安全的严重威胁，在违背 WTO 自由贸易原则的同时也降低了全球资源配置与利用的效率，扭曲了世界市场的公平与价格体系，更会在损害措施对象国利益的同时让自身利益受损，更可能殃及第三国的利益。

伴随经济全球化进程的加速，过往把出口管制等作为管理对外贸易的经济手段和针对不同国家实行差别待遇与歧视政策的政治工具的功能本已逐渐弱化，各国的出口管制有所放松，特别是出口管制政治倾向有所减弱。在疫情冲击的背景下，一些国家，特别是发达经济体重新拾起出口管制这个"大棒"，自以为是地把采取各种贸易限制措施作为"灵丹妙药"，意图在实现自身经济贸易的平稳运行时能够"独善其身"，这实际上是"以邻为壑"的损人不利己的贸易保护主义行为。对于那些基于国内政治需要或者政治打压目的采取出口管制等措施的国家来说，这就是对 WTO 安全例外条款的肆意滥用，是对多边贸易规则体系的严重践踏，是对国际贸易秩序平稳有序的人为破坏，可能带来更多国家无视 WTO 规则而在贸易管制问题上恣意妄为的连锁效应，这将是对多边贸易体制最致命的伤害，更会给疫情背景下需要借助稳定全球产业链与供应链来加速恢复的国际贸易秩序带来灾难性冲击。

资料来源：荣民. 出口管制绝不是"灵丹妙药"［EB/OL］.（2020-07-07）［2021-07-10］. https://www.chinatradenews.com.cn/epaper/content/2020-07/07/content_66796.htm.

▶ 讨论题

1. 出口管制对出口会产生什么影响？
2. 出口管制的措施包括哪些？
3. 出口管制是否与 WTO 规则相悖？
4. 部分国家实施出口管制措施的原因是什么？

当前，尽管世界政治、经济、社会各方面发生各种变化，但是在全球范围内国际分工与区域经济一体化总体呈现不断发展的态势，各个国家或地区之间的经济贸易往来密切。国际货物贸易作为发展历史最为悠久的国际经济贸易往来方式，至今仍是各个国家或地区之间经济交往的重要组成部分，也是其他很多种国际经济交往的基础。

第一节 国际货物贸易概述

国际货物贸易是指营业地位于不同国家（或地区）的当事人之间所进行的货物买卖，如果站在某一个国家的角度上，国际货物贸易就是该国企业对其他国家（或地区）企业出口对方所需要的货物，或从其他国家（或地区）企业进口自身所需要的货物。

一、国际货物贸易在对外经济交往中的地位

国际货物贸易是随着各国（或地区）生产力的发展而产生和发展的，如果一个国家生产力发展水平过低，则该国生产的各类货物通常仅用来满足其内部市场的需求，无法提供剩余产品与其他国家（或地区）进行交换，也就不存在各国（或地区）之间的货物贸易。随着各国（或地区）科学技术水平的不断提高，国际货物贸易发展所依赖的物质基础不断成熟，各类产品在满足内部市场需求之外，还可以用余下的产品交换其他国家（或地区）的产品，国际货物贸易随之产生。随着生产力的发展、运输工具与技术的不断改善，国际货物贸易的规模与空间也不断扩大。

在各个国家（或地区）内部经济、国际分工和全球经济一体化发展的背景下，虽然各国（或地区）对外经济交往的形式日益多样化，规模也越来越大，但是在所有对外经济交往活动中，国际货物贸易仍然是很多国家（或地区）最重要、最基本的对外经济交往形式，其基础地位体现在以下几方面。

首先，从国际贸易发展的历史来看，国际货物贸易在国际贸易中占据着极为重要的地位。国际贸易最基本和最原始的方式就是各国（或地区）之间的商品交换，其他经济往来方式都是在国际货物贸易发展到一定程度的基础上，为适应国际经济发展的需要而逐步发展起来的。

其次，即便国际贸易发展到今天，对各个国家（或地区）而言，货物的进口与出口，尤其是逐笔成交、以货币结算的单笔进口或出口，往往仍是其对外经济活动中最重要的内容，在对外经济贸易往来额中占有最大的比重。其他类型的经济贸易往来通常要以国际货物贸易为基础，或者是国际货物贸易的发展。

最后，国际货物贸易对各国（或地区）国民经济的稳定与快速发展具有重要作用。国际货物贸易是一个国家参与国际分工、保证社会再生产顺利进行的重要手段，能够保证国民经济的正常运行，它也能通过货物在不同国家和地区间的买卖，促进科学技术在进出口国之间的交流。国际货物贸易的发展还可以增加各国政府财政收入，改善国内就业情况，从而实现经济增长的目标。此外，国际货物贸易对各国经济结构的调整，甚至经济与国防安全，都起着至关重要的作用。

二、关税、非关税措施

国际货物贸易对国民经济的发展具有重要作用，国际贸易政策也是各国（或地区）经济政策的重要组成部分。在设定对外贸易政策时，究竟是要实施贸易自由化还是采取贸易保护政策，历来是争论最激烈的问题之一，也是各国（或地区）对外贸易政策的两种基本倾向。而从历史

发展的角度看，没有一个国家（或地区）执行的是彻底的贸易自由化政策，对本国（或地区）的对外贸易以及国内产业都在实施不同程度的保护，而这种保护是通过关税、非关税措施来进行的。

（一）关税措施

关税是一国（或地区）海关对进出关境的货物和物品征收的一种税收，具有强制性、无偿性、固定性的特点。从性质上看，关税属于间接税，可转嫁给最终用户；从作用上看，关税可以调节一国（或地区）的进出口规模与结构，也可以用作国际经济斗争和政治斗争的一种手段。关税主要有进口税、进口附加税、出口关税几类。

1. 进口税

进口税是进口国（或地区）海关在外国货物和物品通过关境时，对本国（或地区）进口商和物品所有者征收的正常关税，是关税中最主要的税种之一，也是执行关税保护职能的主要工具。

进口税的税率可分为以下几种。

（1）最惠国税率。最惠国税率适用于从与该国（或地区）签订有优惠贸易协定的国家和地区进口的商品，也是 WTO 成员间正常贸易的标准税率（服装、农副产品的关税通常不包括在内），现平均3%左右，发展中国家在10%左右，达到受惠标准的发展中国家还可在此基础上有7%的关税照顾。

（2）普通税率。普通税率适用于从没有与该国（或地区）签订这种贸易协定的国家或地区进口的商品，其大大高于最惠国税率，平均为35%左右。

（3）特惠税率，即优惠税率。它是指对从某国或地区进口的全部商品或部分商品给予特别优惠的低关税或免税待遇，而其他国家或地区不得根据最惠国待遇原则要求享受这种优惠待遇。例如，根据《洛美协定》，为帮助非洲、加勒比、太平洋国家发展，要对来自这些地区的货物提供特别优惠的关税待遇。

（4）普惠税率。普惠制（generalized system of preferences，GSP）是发达国家（或地区）给予发展中国家的某些产品，特别是工业制成品和半制成品的普遍的、非歧视的、非互惠的关税优惠制度，始于 1968 年，目标是扩大发展中国家（或地区）对发达国家（或地区）工业制成品、半制成品的出口，增加发展中国家（或地区）的收入，促进发展中国家（或地区）的工业化，提高发展中国家（或地区）的经济增长率。普惠税率就是在普惠制下，发达国家（或地区）对来自发展中国家（或地区）的工业制成品、半制成品所提供的优惠关税税率。

2. 进口附加税

进口附加税是在进口税的基础上，根据某种目的加征的税收，通常是一种限制进口的临时性措施，其目的在于对他国（或地区）的歧视性贸易行为进行报复，或是针对本国（或地区）发生的特殊情况而采用的特殊保障措施。进口附加税主要包括以下几种。

（1）反倾销税。反倾销税是对倾销商品征收的一种进口附加税，目的是抵制外来商品的低价倾销，保护本国（或地区）产业和市场。

在国际货物贸易中，产品低价倾销的情况并不罕见，但并非对所有倾销都可以征收反倾销税。根据 WTO 的相关规定，只有同时满足以下三个条件，进口国（或地区）才可以对进口产品征收反倾销税。

首先，产品以低于正常价值的价格出口到另一市场。所谓正常价值，是在产品出厂价的基础上加价20%所得到的价格。出厂价包括制造商的生产成本和该行业的平均利润，而加价的20%主要包括产品出口各环节发生的费用。

其次，倾销产品对进口国（或地区）已建立的某项产业造成了损害或实质性损害威胁。为判断损害是否发生，可对该产业提起反倾销申诉的企业数、申请破产保护的企业数进行统计，也可对该产业内企业的各项重要财务指标（包括销售额、利润额）的变化进行分析。

最后，进口产品的低价倾销与进口国（或地区）相关产业遭受的损害或损害威胁存在因果关系。如果分析表明进口国（或地区）相关产业所受损害或遭遇的损害威胁并非源于进口商品，则即便进口商品存在低价倾销的现象，进口国（或地区）也不能对其征收反倾销税。

在确定对进口产品征收反倾销税后，要注意反倾销税的税率取决于进口产品的倾销幅度，不能超过这一幅度而征收带有惩罚性质的反倾销税。

（2）反补贴税。反补贴税是对在生产、加工及运输过程中直接或间接地接受出口国（或地区）政府、同业公会或垄断组织所发给的任何奖金或补贴的进口商品征收的一种进口附加税，其金额等于进口商品获得的补贴数额，目的是抵消进口商品享受的补贴，使其不能在进口国市场上同正常价格的商品低价竞争。

（3）保障税。WTO规定在三种情况下可使用保障税，保护进口国（或地区）的产业：第一，本国某产业因进口货物数量大增，已面对严重的生存危机时，可启用保障税措施；第二，出于保护本国（或地区）幼稚工业的目的可采取对进口货物征收保障税的措施，但要通过与出口国（或地区）的谈判获得允许；第三，进口国（或地区）国际收支出现严重赤字，造成对进口货物支付困难。

（4）报复关税。如果某个国家（或地区）出口自己的产品或对外投资时，受到另一国（或地区）的歧视性待遇，可对从该国（或地区）进口的商品征收带有报复性质的进口附加税。报复关税通常在三种情况下征收：他国（或地区）对其商品征收歧视性的高关税，或实施其他限制进口措施；他国（或地区）给予第三国（或地区）较本国（或地区）更优惠的待遇；他国（或地区）在原贸易条约届满时，对该国（或地区）提出不适当要求或实施不合理措施。

3. 出口关税

出口关税指一个国家（或地区）在本国（或地区）产品对外出口时，对本国（或地区）出口商或货物所有者所征收的关税。出口关税在国际货物贸易中并不普遍，尤其是发达国家（或地区），对出口商品基本不征收出口关税，以保证出口商品具有较强的竞争力，或仅对初级产品征收出口关税，以达到保护生态环境、调节出口商品结构、鼓励工业制成品出口的目的。在发展中国家（或地区），有时会对出口商品征收出口关税，以达到增加财政收入或限制工业制成品出口，优先满足国内市场需求的目的。

（二）非关税措施

非关税措施是指除关税外的一切限制进口的措施，是贸易保护的重要手段。非关税措施分为直接措施与间接措施两类，直接措施是指进口国（或地区）对进口商品的数量或金额直接加以限制，或迫使出口国（或地区）"主动"限制出口规模；间接措施是指不直接限制进口商品数量、金额，但对进口商品制定严格的规定，达不到要求的商品一律禁止进口，以此达到限制商品进口的目的。

非关税措施种类繁多，与关税壁垒相比，具有更大的灵活性和针对性，对商品进口的限制程度更严、更有效，同时具有更大的隐蔽性和歧视性。

1. 进口配额制

进口配额制指进口国（或地区）政府在一定时期（季、半年或一年）内，对某些商品的进口数量或金额加以直接限制，规定最高进口数额，超过数额即不准进口。发达国家（或地区）通常利用配额实施贸易歧视政策，而发展中国家（或地区）则希望利用进口配额制保护国内产业，节约外汇开支，发展民族经济。

进口配额制在历史上曾在限制外来商品进口方面发挥巨大作用，现在仍有使用，但相比过去已经大大减少，其原因在于 WTO 认为进口配额制限制了正常贸易的发展，WTO 成员应取消对进口商品的配额限制。

2. 自动出口配额

自动出口配额也称自动出口限额，是出口国（或地区）在进口国（或地区）的要求和压力下，单方面或经双方协商，在某一时期内就某些商品对该进口国（或地区）规定的出口限额。限额内的商品可对进口国（或地区）出口，超过该限额，出口国（或地区）自行控制，不在该期间之内对该进口国（或地区）出口该商品。

所谓自动出口配额，实际上并非出口国（或地区）自愿约束对外出口，而是在进口国（或地区）的压力下被迫做出的。这种做法保护了进口国（或地区）相关产业，缓和了进出口国（或地区）之间的贸易摩擦，同时可以刺激进口国（或地区）生产者扩大生产规模，有利于进口国（或地区）内同类产业的发展、就业的增加。

3. 进口许可证

进口许可证指一国（或地区）政府规定某些特定商品的进口必须申请领取许可证，否则不准进口。这实际是进口国管理进口贸易和控制进口的一种重要措施，政府有关机构可通过开与不开、多开与少开、早开与晚开进口许可证来控制这些商品的进口。与进口配额制相比，它不仅能控制进口商品的数量、品种，还能控制进口来源地。

4. 外汇管制

外汇管制的本意是指政府通过法令对国际结算和外汇买卖实行限制来平衡国际收支和维持本国货币汇价。一国外汇管制最常见的措施包括规定出口商出口所得必须按官方牌价卖给外汇管理机构，进口商进口所需外汇必须按官方牌价从外汇管理机构购买。除此之外，实施外汇管制的国家（或地区）往往对将本币带入或带出境有严格限制，有时还会针对不同类型的交易设置多重汇率。

无论一国（或地区）实施外汇管制的初衷是什么，外汇管制客观上都会起到限制进口商品种类、数量甚至来源地的作用。

5. 本地成分要求

这种措施在发展中国家（或地区）比较常见，指进口国（或地区）规定某种进口商品中的某些成分必须是在进口国（或地区）当地生产的，否则不得进口。发展中国家（或地区）制定这种规定的目的是通过产品进口带动本地生产的发展，但近些年来，一些发达国家（或地区）

也越来越多地采用这种措施，提出本地成分要求。

6. 技术性贸易措施

许多发达国家（或地区）对制成品规定了严格而又复杂的技术标准，达不到标准的产品不准进口。这实际上是通过技术标准限制进口，是典型的非关税壁垒措施。技术性贸易措施通常以保护人的安全、健康，保护生态环境为宗旨，其内容既有合理的一面，也有不合理的一面。

由于技术性贸易措施具有合理的一面，WTO 很难像针对进口配额、进口许可证一样，明确表示反对，因此它已经成为当前使用最普遍的非关税措施之一，并且有不断发展的态势，其具体表现有以下几种。

（1）通过技术标准限制进口。很多发达国家（或地区）对制成品都规定了非常复杂、严格的技术标准，不符合标准的产品，一律不准进口。特别要注意的是，很多发达国家（或地区）对某些商品还制定独特的技术标准，规定采用或不采用制成品的某种既定结构或某种原料生产，甚至把制成品的某种性能过分提高到高于其他国家（或地区）通用性能的水平，以限制外来商品进入本国（或地区）市场。

（2）通过严格的卫生检疫限制进口。这种情况通常发生在发达国家（或地区），它们对进口的食品、饮料、药品、化妆品等产品进行严格的卫生检疫，且要求进行卫生检疫的商品种类不断增加，检疫规定日益严格。例如，美国要求上述进口产品必须符合《美国联邦食品、药品和化妆品法案》的规定，进口时由美国食品药品监督管理局检验，一旦发现不符，海关将扣留或销毁货物。

（3）通过苛刻的商品包装及标签规定限制进口。很多国家（或地区）对进口商品的包装材料、形式、规格等都有特别规定，使一些出口商不得不改换出口商品包装，导致履约时间延长、成本提高，客观成为出口国（或地区）商品出口的障碍。

标签是对商品的成分、使用方式、注意事项等的说明，很多国家（或地区），特别是发达国家（或地区）对标签的内容、语言，甚至放置位置都有明确规定，来自出口国（或地区）的商品一旦被发现未能按规定设置标签，则会被拒绝进口。

（4）通过认证措施限制进口。很多发达国家（或地区）都实施了严格的质量认证体系和认证措施，它们对进口产品也提出了相同的认证要求，如果产品的生产企业不能通过认证，就将失去对这些市场出口的资格。这种要求无疑加大了进入发达国家（或地区）市场的难度，尤其是对生产技术相对落后的发展中国家（或地区）生产企业而言，有时甚至会因此彻底丧失发达国家（或地区）市场。

7. 环境贸易壁垒

环境贸易壁垒又称绿色壁垒，是以保护环境、保护人类和动植物生命健康等为理由构筑的壁垒，它过去常被包括在技术性贸易壁垒中。

20 世纪 90 年代之后，环保日益受到各国人民和政府的重视，有关国际环保法规、标准也对国际货物贸易产生越来越大的影响。不少发达国家以环保为由，制定苛刻的环境标准，检验手段也极复杂，其他国家和地区的产品制造商对此极难适应，从而使外来产品的进口受到限制。

三、WTO 的基本原则

建立世界贸易组织（WTO）是关税及贸易总协定（GATT）第八轮多边贸易谈判各成员根据国际贸易发展需要，达成《建立世界贸易组织协定》，于 1995 年 1 月 1 日成立并开始运作的。WTO 可以管理众多的贸易协定，监督各成员的贸易立法，尤其重要的是，它提供了解决贸易争端、进行贸易谈判等的场所，进一步完善和加强了多边贸易体制。

《建立世界贸易组织协定》前言中指出，WTO 的宗旨为"以提高生活水平，保证充分就业，保证实际收入和有效需求的大幅度稳定增长及扩大货物和服务的生产和贸易为目的，同时应依照可持续发展的目标，考虑对世界资源的最佳利用""需要做出积极努力，以保证发展中国家，特别是其中的最不发达国家，在国际贸易增长中获得与其经济发展需要相当的份额"。

根据以上宗旨，WTO 规定了以下基本原则。

1. 非歧视原则

非歧视原则是针对歧视待遇的一项缔约原则，要求缔约双方在实施某种优惠和限制措施时，不要对缔约对方实施歧视待遇。该原则可以由最惠国待遇和国民待遇体现。

最惠国待遇实质是保证市场竞争机会均等，指给惠国给予受惠国或与该受惠国有确定关系的人或物的优惠，不低于该给惠国给予第三国或与该第三国有同样关系的人或物的优惠，集中表现在货物贸易、服务贸易和与贸易有关的知识产权方面。国民待遇指对外国货物、服务与进口国国内货物或服务平等对待，它是对最惠国待遇原则的有益补充。

2. 互惠贸易原则

互惠、互利是 WTO 成员间利益、优惠、特权或豁免的相互或相应的让与，是成员间确定贸易关系的基础，也是 WTO 建立共同的行为规范、准则的基本要求。

依据互惠贸易原则，各 WTO 成员在互利互惠的基础上，都要大幅度、普遍降低关税和削减非关税措施，对等地向其他成员开放市场，以获得本国货物或服务进入其他成员市场的机会；当一国或地区申请加入 WTO 时，要求申请加入方必须按 WTO 现行规定、协议的规定，缴纳"入门费"，即开放其货物或服务市场及强化知识产权保护；在多边贸易谈判和贸易自由化过程中，任何一个成员在 WTO 内不可能在所有领域都是最大获益者，也不可能在所有领域都是最大受害者。

3. 逐步实现贸易自由化原则

WTO 一系列的协定或协议都要求成员通过多边贸易谈判，分阶段逐步实行贸易自由化，扩大市场准入，促进市场的合理竞争和适度保护。贸易自由化往往体现为降低关税、降低非关税壁垒、扩大服务贸易的市场准入范围等。

4. 促进公平竞争和贸易原则

WTO 主张公平竞争，反对采取不公正的贸易手段进行竞争，反对倾销和出口补贴等不公平的贸易做法，允许缔约方采取措施来抵消倾销行为和出口补贴对进口国造成的损失，同时 WTO 也反对各国滥用反倾销和反补贴，以达到保护主义的目的。

5. 发展中国家优惠待遇原则

WTO 半数以上的成员是发展中国家和正处于对非市场经济体系进行改革进程中的国家，因此，WTO 沿袭了 GATT 对发展中国家和最不发达国家优惠待遇的相关协议与条款，并在 WTO 的相关协定、协议和条款中加以完善。

根据发展中国家优惠待遇原则，在 WTO 框架下，发展中国家可以履行较低水平的义务，在实行贸易自由化进程中实行更灵活的时间表，即有较长的过渡期安排，发达国家要尽最大努力对发展中国家成员开放其货物和服务市场，对最不发达国家实行更优惠的待遇，提供技术援助和培训人力资本。

6. 透明度原则

透明度原则体现在 WTO 的主要协定、协议中，WTO 要求成员公布有效实施的、现行的贸易政策法规，同时在实施有关法律、法规和判决时应坚持公正、合理（非歧视）、统一（不应有差别待遇）的原则。

四、国际货物贸易合同的主要内容

尽管从法律角度看，国际货物贸易中的双方当事人以书面、口头或其他方式订立的买卖合同都是有效的，但由于国际货物贸易具有环节多、过程复杂的基本特点，因此买卖双方签订一份包括各项交易条件的书面合同，对各自的权利和义务做出全面、具体的说明还是十分必要的。这一方面是因为在没有书面合同的情况下，双方当事人可能会因对双方经过磋商所达成的具体条款的记忆或理解的误差而在履行合同的过程中产生争议，使合同无法顺利执行；另一方面也是因为一旦买卖双方在交易中出现了争议，需要提交仲裁或司法诉讼来解决，便会在证明双方当事人之间确实存在合同关系的问题上遇到困难。

在国际货物贸易中可能使用的书面合同主要包括正式合同（contract）和确认书（confirmation）两种形式。

正式的进口或出口合同的特点是内容比较全面，对各项交易条件、买卖双方的权利和义务以及发生争议后的处理办法等都有明确细致的规定，特别适用于大宗、复杂、贵重或成交金额较大的货物的交易。

确认书是一种简式合同，其内容比正式合同简单，通常只列明几项主要的或基本的条款。虽然确认书与正式合同在格式及内容的繁简上有所不同，但具有同等的法律效力，对买卖双方均有约束力。

正式的书面合同无论具体结构如何，一般都由约首、正文和约尾三部分组成。

约首相当于合同的序言部分，一般包括合同名称、编号、签订日期和地点，双方当事人的名称、地址、电传号码、传真号码、E-mail 地址，双方订立合同的意愿和对履行合同的承诺等。

正文是书面合同的主体，是一份合同最核心的内容。一份正式的进出口合同通常包括以下各项交易条件。

（1）商品名称（name of commodity）。合同中要写出商品的全称，以免与其他商品相混淆。

（2）品质规格（specification）。合同中必须明确列出交易商品的品质规格，若在同一合同中对多种规格的商品或成套商品进行了交易，必须将所有规格和搭配比例清楚列出，不得省略。

（3）数量（quantity）。规定数量时必须注明计量单位。

（4）包装（packing）。商品的包装条件往往同品质规格合并在一起规定，要将包装物料、每件包装的大约重量详尽列出；包装计量单位及物料名称必须分别与数量条件中的计量单位及品质规格条件中的包装物料名称相一致。

（5）单价（unit price）。商品单价必须与价格术语一起规定。

（6）总值（total value）。商品总值的计值货币必须同单价的计价货币相一致，并必须加注大写字母。

（7）装运/交货期限（time of shipment/delivery）。要明确规定货物必须出运（或到达）的时间。

（8）装运港/地（port/place of loading）。按照适合水运的贸易术语成交时，必须明确规定装货港口；而如果以适合各种运输方式的贸易术语成交，则必须规定货物起运的地点。

（9）目的港/地（port/place of destination）。按照适合水运的贸易术语成交时，必须明确规定货物运输的目的港，即最终卸货港；如果以适合各种运输方式的贸易术语成交，则必须规定货物最终要送达的地点。

（10）保险（insurance）。按 CIF 等由卖方负责办理货物运输保险，并且卖方在出口地完成交货义务的贸易术语成交时，需要详细规定保险条款；而按 FOB、CFR 等由买方办理货物运输保险的贸易术语成交时，仅写明保险由"买方自理"即可。

（11）付款条件（terms of payment）。对付款方式的规定必须清楚、具体，如果双方约定以信用证方式付款，必须详细列出所使用的信用证的性质及名称。

（12）单据（documents）。在这部分内容中要详细列出卖方必须向买方提供的单据的种类和份数。

（13）商品检验（commodity inspection）。必须明确规定对货物进行检验的机构、采用的检验方法、应出具的检验证书、进行检验的时间和地点、买方复验的权利等。

（14）不可抗力（force majeure）。应明确规定不可抗力事故的范围及通知时间、通知方式、证明文件的出具机构等。

（15）索赔（claim）。要明确提出索赔的期限、索赔方式等。

（16）仲裁（arbitration）。应明确规定未来可能出现的争议将以仲裁方式解决，同时规定仲裁地点、仲裁机构以及仲裁费用的承担等事项。

约尾是一份书面合同的结尾，一般包括对合同所使用的文字及其效力、合同正本份数、副本效力、买卖双方的签字、订约的时间与地点等项内容的说明。

案例 10-1

中国轮胎输美陷"双反"之困

自 2015 年以来，美国对中国轮胎产品频繁发起"双反"调查，中国轮胎出口美国阻碍不断增大。2019 年 2 月 15 日，美国商务部将对华卡客车轮胎的"双反"税令刊载在美国《联邦公报》上，美国海关从即日起对上述产品征收反倾销和反补贴税。美国商务部经过 2016～2017 年的反倾销和反补贴调查，确定浦林成山、双钱轮胎及贵州轮胎等百余家中国卡客车轮胎生产及出口企业的倾销幅度为 9%～22.57%。其中，贵州轮胎的补贴率为 63.34%，双钱轮胎的补贴率为 20.98%，其他企业的补贴率为 42.16%。

美国在 2015 年 1 月 20 日便对华乘用车和轻卡轮胎启动"双反"调查；美国时间 2018 年 3

月12日，美国商务部发布了美对华乘用车和轻卡车轮胎反倾销与反补贴第一次行政复审终裁结果，认定中国输美有关轮胎存在倾销及补贴行为，公布了反倾销终裁税率结果。

从海关数据可以看出，2015~2018年，中国小客车胎出口美国的数量呈逐渐递减状态。2015年，中国小客车胎出口美国的数量为313.99kt。2016年，中国小客车胎出口美国的数量为230.96kt，同比下降83kt，降幅26.44%。2017年，中国小客车胎出口美国的数量为157.31kt，同比下降73.65kt，降幅31.89%。2018年，中国小客车胎出口美国的数量为128.67kt，同比下降28.63kt，降幅18.20%。从以上数据可以看出，自2015年美国对华乘用车和轻卡轮胎启动"双反"调查以来，中国小客车胎对美国出口量表现不佳，加上2018年美国商务部发布了对华乘用车及轻卡车轮胎"双反"第一次行政复审终裁结果，且年内中美贸易摩擦升级，对华商品加征关税不断，使得2018年中国小客车胎出口美国的数量进一步下降，中国小客车胎出口美国阻碍不断。

美国于2015年发布对华小客车胎"双反"后，2016年正式对原产于中国的卡车及公共汽车轮胎发起"双反"调查，随后的几年"双反"风波不断。2015年，中国卡客车胎出口美国的数量为597.86kt。2016年，中国卡客车胎出口美国的数量为5 477.38kt，同比减少50.48kt，降幅8.44%。2017年，中国卡客车胎出口美国的数量为516.60kt，同比减少30.78kt，降幅5.62%。2018年，中国卡客车胎出口美国的数量为633.2kt，同比增加116.6kt，涨幅22.57%。

由以上数据可以看出，自美国对华卡客车胎启动"双反"调查以来，中国卡客车胎出口美国的数量呈递减走势，但2018年却打破僵局，出口量涨幅达到22.57%。对此，有分析师认为，2018年中国卡客车胎出口美国数量的增加多受下半年中美贸易摩擦不断加码的影响以及2019年1月存有加征25%关税的支撑，轮胎市场避险情绪升温，厂家多提前处理美国订单，对2019年第一季度的出口量有部分提前消耗。加上美国国际贸易委员会（ITC）对中国卡客车轮胎"双反"案做出无损害裁定的支撑，出口量明显增加。美国商务部对华卡客车胎反倾销和反补贴税率基本确定，加上2019年部分订单在2018年提前消耗，又有小客车胎"双反"后的出口量变化做参考，因此有业内人士预计，对华卡客车胎"双反"税率实行后的出口量或呈递减走势。

在"双反"闹得沸沸扬扬的这几年，部分轮胎厂大力开发东南亚及非洲等地市场，借此稳固外贸业绩。随着出口美国数量的减少，国内市场需求又趋于饱和，开拓其他国家及地区的"疆土"成为当前轮胎企业外贸发展的首要任务。

资料来源：刘叶琳. 中国轮胎输美陷"双反"之困 [N]. 国际商报，2019-02-26(3).

▶ 讨论题

1. 反倾销税和反补贴税的性质是什么？
2. 征收反倾销税和反补贴税需要具备的条件各是什么？
3. 从本案例看，"双反"对出口国和进口国会造成什么影响？
4. 我国出口企业应如何应对进口国的"双反"措施？

第二节　国际货物贸易的基本程序

如前所述，国际货物贸易是一个国家（或地区）对外经济交往的重要组成部分，而通常可将一笔具体的货物进口或出口贸易划分为交易前的准备、交易磋商与合同履行三大阶段。

一、交易前的准备

若要顺利地进行交易磋商并最终签订合同，无论是货物进口还是出口，进出口商都要做好交易前的各项准备工作。

在出口交易磋商开始之前，出口商首先要广泛收集国外市场资料，进行深入的市场调研，以选择一个既适于商品销售又能保证货款安全收回的销售市场。与此同时，出口商还要通过多种渠道全面了解客户的政治背景、政治态度、资信状况及其经营范围、经营能力、经营作风，从而选择政治上友好、资信状况良好、经营能力较强的客户作为交易对象，并与之建立稳定的贸易关系。此外，出口商在交易前还要制订出口商品经营方案，分析国内货源、国外市场、有关国家或地区的进口管制和关税、对其他国家和地区的出口计划等因素，并选择具体的贸易方式、运输方式、收汇方式，对出口经济效益进行核算，另外还要对出口过程中可能遇到的问题进行预测，并提出解决关键问题的方法。

进口商在选择采购市场时，要对可供货的不同国家和地区生产技术与工艺的先进程度及产品的性能进行比较，以便选择购买能满足其所在国家或地区需要、适合当地技术条件、价格合理的商品。选择供货商与选择出口交易对象的原则是相同的，但应特别注意对方所提供的商品是否先进、适用，交易条件是否对我方有利，从众多的供货商中选择最理想的供货对象。应注意的是，进口大宗或重要商品，一般都要提前制订进口经营方案，根据商品的特点、国内要货情况、国际市场价格走势及进口企业的资金情况，适当安排订货数量、交货时间、采购市场、供货商、贸易方式，并对价格及其他交易条件做出初步规定，还要对进口经济效益进行核算。若进口商品是受政府管制的，必须先从有关机构取得进口许可证，方能办理有关进口手续。

二、交易磋商

交易磋商是进出口双方为了签订进出口合同而对交易的各项条款进行商议，最终达成一致并签订合同的过程，可分为询盘、发盘、还盘、接受四个环节，其中发盘与接受是达成交易所必经的两个环节。

（一）询盘

询盘指交易的一方为购买或销售货物而向对方提出的有关交易条件的询问，多数由买方发出。对价格的询问是询盘的主要内容，但在询盘中也会涉及商品的品质、数量（重量）、包装、装运条件等内容。询盘经常是交易的起点，但并不是交易磋商的必经阶段。

在国际贸易业务中，询盘人发出询盘有时确实是为了表达与对方成交的愿望，希望对方能及时发盘，有时则只是为了了解市场行情。询盘中所包含的交易条件往往不够明确或带有某些保留条件，因此它对询盘人与被询盘人都没有法律上的约束力。若被询盘人有同询盘人成交的愿望，需要同对方进行进一步的洽商。

（二）发盘

发盘又叫发价、报盘、报价，是交易的一方向另一方提出各项交易条件，并表示愿意按这些条件与其达成交易、签订合同、买卖某种商品的表示。发盘的一方是发盘人，收到发盘的一方则称为受盘人。

发盘经常是发盘人在收到受盘人对自己发出的询盘后发出的，但也可以在未收到询盘的情况下由发盘人直接对受盘人发出。

发盘对发盘人与受盘人都具有法律效力。在发盘有效期内，发盘人不能任意撤销发盘或修改其内容；若受盘人在有效期内对该发盘表示无条件接受，发盘人就必须按发盘条件与其成交、签订合同，否则即为违约，要承担相应的法律责任。

1. 构成有效发盘的条件

《联合国国际货物销售合同公约》中明确规定："向一个或一个以上特定的人提出订立合同的建议，如果十分确定并且表明发盘人在得到接受时承受约束的意旨，即构成发价。"据此，一项有效的发盘应具备以下条件。

（1）发盘必须向一个或一个以上特定的人提出，即在发盘中必须指定一个或多个有权对发盘表示接受的人，只有这些特定的人才可以对发盘表示接受并与发盘人签订合同。

（2）发盘人在发盘中应表明自己有责任在受盘人对发盘做出有效接受时与其订立合同。发盘人是否在发盘中表明了这种意旨，取决于发盘的整个内容是否确定。若受盘人不能肯定发盘人在发盘中表示了这种含义，应向发盘人提出，不能随意猜测。

（3）发盘的内容必须十分确定，即发盘中的交易条件必须是完整的、确定的和终局性的。

发盘中包含的交易条件应该是完整的，应包括商品的名称、品质、规格、数量、价格、交货期、支付方式等内容。一旦这些条件为受盘人所接受，便足以构成一项有效的合同。有时发盘中并没有包括所有的交易条件，但这种交易条件的不完整只是表面现象，是由于交易双方已就"一般交易条件"达成了协议，或已在长期的贸易往来中形成了某种习惯做法，或是在发盘中援引了过去的往来函电或过去的合同。因此，这时的发盘本质上仍是一项完整的发盘。

发盘中的交易条件应是确定的，不能有含糊不清、模棱两可的词句，如"可能""大约""参考价"等。

发盘中的交易条件应是终局性的，不附加任何保留及限制性条件，如"以我方最终确认为准""以商品未售出为准"等。

如果一项所谓的发盘不能在内容上同时具备完整、确定、终局性的特点，它便不能构成真正的发盘，而只能成为一项询盘。

（4）发盘必须送达受盘人。一项发盘于送达特定的受盘人时才生效，在此之前，即使受盘人已通过其他途径知道了发盘的内容，也不能在收到发盘前主动对该发盘表示接受。

2. 对发盘有效期的规定

发盘都是有有效期的。只有在有效期内，受盘人对发盘的接受才有效，发盘人也才承担按发盘条件与受盘人成交的责任。可见，对发盘有效期的规定非常重要，它直接关系到交易双方的权利、责任及风险。

规定发盘有效期最常见的一种方法，是发盘人在发盘中规定一个最后时限。这时发盘人既要在发盘中规定最后时限的具体日期，也要说明受盘人的接受必须在这一日期前发出，还是必须在这一日期前送达发盘人，以及该日期以何处的时间为准，例如"本发盘限 3 月 2 日复到，以我方时间为准"。

还有一种做法是在发盘中规定一段有效期限，例如"本发盘有效期 3 天"，这种规定方法是《联合国国际货物销售合同公约》允许的，但在具体业务中经常引起争议，因此实际使用较少。

由于发盘对发盘人有法律约束力，发盘人在有效期内不能任意撤销或修改发盘内容，因此有效期的长度一定要合理。若有效期过长，发盘人就要承担很大的价格变动的风险；若有效期过短，受盘人没有充分的时间对交易进行考虑，也不利于成交。一般来说，规定发盘有效期时要充分考虑成交商品的特点。对成交量大、价格变动频繁、波动幅度又比较大的商品，发盘的有效期应定得比较短；反之，则可以稍长。

由于有效期不是构成有效发盘的必要条件，因此发盘可以不对有效期做明确规定。这时，按国际惯例，发盘在合理时间（reasonable time）内接受有效。对"合理时间"，国际上并没有统一规定，一般要由商品的特点和行业习惯或习惯做法决定。对于市场行情稳定的商品，有效期通常可以规定得较长，反之则较短。这种规定发盘有效期的方法极易使交易双方产生争议，因此在实际业务中应尽量不用或少用。

最后，若发盘采用的是口头表达方式，则除非交易双方另有约定，受盘人必须立即表示接受才有效。

（三）还盘

还盘又称还价，是指受盘人对发盘中的条件不能完全同意而对原发盘提出相应的修改或变更的意见。还盘实质上构成了对原发盘的拒绝，使原发盘失效，同时等于受盘人对原发盘人做出了一项新的发盘，只是还盘的内容比一般的发盘简单，只涉及受盘人要求修改的部分。

与发盘一样，还盘也分为有约束力的还盘与没有约束力的还盘两种情况，只有有约束力的还盘才能成为一项新的发盘。

还盘虽然经常发生，但并不是交易磋商的必经阶段，有时交易双方无须还盘即可成交，有时则要经过多次还盘才能对各项交易条件达成一致，还有时虽经反复还盘，但终因双方分歧太大而不能成交。

（四）接受

接受是指交易的一方对另一方在发盘或还盘中提出的交易条件无条件地同意，并以声明或行为表示愿意按这些条件与对方成交、签订合同。一般情况下，发盘一经接受，合同即告成立，因此接受对买卖双方都将产生约束力。

一项接受的成立要具备以下条件。

（1）接受必须由特定的受盘人做出。这个条件实际上是与构成有效发盘的第一个条件相对应的，只有发盘中指定的受盘人才有权利对发盘表示接受，任何第三方对发盘的所谓接受，对原发盘人都没有约束力，只能认为是该第三方对原发盘人做出了一项新的发盘。

（2）按照《联合国国际货物销售合同公约》的有关规定，接受必须由特定的受盘人表示出来，缄默或不采取任何行动不能构成接受。一般来说，对口头发盘要立即做出口头接受，对书面形式的发盘也要以书面形式表示接受。若交易双方已形成某种习惯做法，受盘人也可以直接采取某些行动对发盘表示接受，例如卖方按发盘条件发运货物，买方主动开来信用证等。

（3）接受必须在发盘的有效期内表示并送达发盘人。如前所述，发盘人在发盘中往往规定发盘的有效期，并且只在这个期限内承担按发盘条件与受盘人成交的责任。若接受通知未能在发盘有效期或合理时间内送达发盘人，则该接受成为一项逾期接受，原则上对发盘人没有约束力，只相当于受盘人对原发盘人做出的一项新的发盘。

《联合国国际货物销售合同公约》一方面阐述了这种观点，另一方面又进一步主张，一项逾期接受是否有效应取决于发盘人的看法。如果发盘人认为逾期接受仍然可以接受，并毫不延迟地以口头或书面形式通知受盘人，则该逾期接受有效；若一切情况表明，该接受在正常的传递速度下本应及时送达受盘人，则除非发盘人在收到该逾期接受时认为原发盘已失效，并毫不延迟地以口头或书面方式将这一观点通知受盘人，否则该逾期接受就仍然有效。

（4）接受的内容必须与发盘相一致。受盘人必须无条件地同意发盘的全部内容才能与发盘人成交，这从理论上讲是接受的基本原则。如果受盘人在对发盘表示同意的同时对发盘的内容进行了修改或提出了某些附加条件，只能认为他拒绝了原发盘，并构成一项还盘。

然而在实际业务中，受盘人往往需要对发盘做某些添加、限制或修改。为促进成交，《联合国国际货物销售合同公约》将受盘人在接受中对发盘内容的修改分为实质性变更与非实质性变更，前者构成还盘，而后者除非由发盘人及时提出反对，否则不改变接受的效力。根据《联合国国际货物销售合同公约》的规定，"有关货物价格、付款、货物质量和数量、交货地点和时间、一方当事人对另一方当事人的赔偿责任范围或解决争端等的添加或不同条件，均视为在实质上变更发盘的条件"。对发盘内容的其他变更，如要求提供某种单据、要求增加单据的份数、要求将货物分两批装运等，均属于非实质性变更。应注意的是，各国商人对实质性变更与非实质性变更的划分可能会有不同的理解，因此，在贸易实践中，只要受盘人对发盘人发盘的内容做了修改而发盘人又不能接受，发盘人就应立即表示反对，以免在以后造成争议。

总之，接受是交易磋商过程中不可缺少的一环，有效的接受使合同成立，并对交易双方都产生约束力。进出口双方从此时起，就开始进入合同履行阶段。

三、合同履行

买卖双方签订合同，是为了实现双方的某种经济目的。而这种经济目的仅有合同的签订是不够的，还必须通过履行合同来实现。因此，合同的履行是整个交易最重要的环节之一，其重要性不亚于交易磋商与合同的签订。

（一）出口合同的履行

由于每笔交易的性质、特点都不相同，因此每一份出口合同的履行也就要经过不同的环节。在我国的出口业务中，以信用证为支付方式、以海运为运输方式的 CIF 与 CFR 出口合同最为常见。这类合同在履行时一般要经过备货，报验，催证，审证、改证，租船订舱，报关，投保（采用 CIF 术语时），装运，制单结汇等诸多环节。只有将这些环节紧密衔接，才能避免有货无证、有证无货、有船无货、有货无船等各种问题的发生，使出口企业在按合同规定出运货物、提供全套合格单据时，能顺利地从进口方取得货款，安全收汇。

1. 备货

备货是出口商履行出口合同的第一个环节，是指出口商根据合同规定的种类、品质、规格、数量、包装等条件准备好货物，以便按质、按量、按时地完成交货任务。备货工作一般在合同签订后就开始进行。如果出口企业是自营出口，就要按出口合同中的各项要求，整理库存现货或安排生产；如果出口企业需要采购货源再出口，则它首先联系生产或供货单位及仓储部门，安排生产或催交货物，并要求后者按一定要求对货物进行加工、整理、刷制唛头，再由外贸公司对货物进行核实、验收。即便货物已提前验收入仓，也要按合同规定对其进行加工整理或重新包装并刷好唛头，以保证货物符合合同中规定的要求。

2. 报验

法律规定或合同规定必须经检验出证的出口商品，在备货完毕后应及时向检验机构提出检验申请，未经检验或检验不合格的商品不发给检验证书，不得出口。应注意的是，检验证书的有效期一般都不是很长，如果出口企业未能在检验证书的有效期内将货物运出，应向检验机构申请复验，待再次检验合格，才能将商品运出。

3. 催证、审证、改证

如果在出口业务中规定以信用证为支付方式，则出口企业只有严格按照信用证中的有关规定来准备并且发运货物，向银行提交相应的单据，才能保证出口合同得到顺利履行，及时并且足额地收回货款。为此，出口商必须做好催证、审证、改证等工作。

虽然按照合同规定及时开立信用证是买方在合同中的主要义务之一，但出于市场行情变化、自身资金周转困难等原因，买方经常会拖延开证。而如果出口商不能及时收到信用证，就无法出运货物。因此，买方迟开信用证可能会导致出口方错过船期，不能按合同规定的时间交货。在这种情况下，出口方应催请买方尽快开证，并在对方仍不开证时声明保留索赔权，或拒绝交货。除这种情况以外，有时出于货源与船期方面的原因，出口商希望能提前发运货物，这时也可以向买方说明情况，催请其提前开证。

信用证是以买卖双方签订的合同为依据开出的，其条款也应与合同条款相符。但出于种种原因，信用证条款经常与合同条款不一致，因此，出口方有关人员要本着信用证条款应与合同中的规定相一致的基本原则，对国外来证进行认真审核。除非事先征得出口企业的同意，否则在信用证中不得对合同条款的内容进行增减和改变。

若出口企业在审证时发现了违背国家政策或出口企业无法办到、与合同规定不相符的内容，应立即要求进口商向原开证行申请修改信用证，并在收到由通知行转来的、由开证行开出的信用证修改通知书后，按照信用证修改之后的内容，继续履行其在出口合同下的义务。

4. 租船订舱

在常见的、以 CIF 与 CFR 术语签订的出口合同下，租船或订舱工作由出口方负责。出口企业可委托专业货运代理公司代办货物运输，为数量大、需整船运输的出口货物办理租船手续，同时为数量不足整船的货物洽订班轮舱位。待载货船舶到港后，由出口企业或货代公司将货物送到指定码头，经海关查验放行后，凭装货单装船。

5. 报关

出口货物装运出口前必须向海关申报。未经海关查验放行的货物，一律不得擅自装运出口。出口企业在货物装运前必须填写出口货物报关单，同时提供商检证书、装货单、发票、装箱单或重量单以及其他必要的证件及单据，向海关申报出口，并按规定缴纳相应的出口税费。海关对货物与单证对照并检验合格后，在装货单上加盖海关放行章，这时船方才能将货物装船。

6. 投保

在采用 CIF 术语签订的出口合同下，出口企业要在货物装运前，根据合同与信用证的有关规定向保险公司提交投保单，说明货物名称、保险金额、投保险别、载货船名、航线、开航日期等内容，办理保险手续，交纳保险费，取得信用证规定的保险单据。

7. 装运

货物装运时，船方的理货员凭装货单验收货物；待货物装船完毕，船长或大副向出口企业或其代理签发"大副收据"（Mate's Receipt），作为货物已装船的临时收据。在此之后，出口企业凭该大副收据向船运公司结算运费，换取正式提单。

另外，出口企业在货物装船后应向进口方发出通知，以便其做好收货准备。在 CFR 合同下，由于保险由买方负责办理，因此装船通知显得尤为重要。如果出口方没有及时向进口方发出通知，进口方就可能无法及时办理保险，出口方要对因此而给买方造成的损失承担责任。

8. 制单结汇

制单结汇是指出口企业在货物装运后，按信用证的要求缮制各种单据，并在规定的交单期内送交银行，办理结汇手续。

在信用证方式下，出口企业要想顺利收回货款，关键是其提交的各种单据必须与信用证的规定完全一致，单据之间也没有任何矛盾之处。这就是银行在审单时所遵循的单证严格相符原则。由于银行可以以单据存在不符点为借口拒绝对出口企业进行承付及议付，因此出口企业在缮制单据时必须使单据在种类、内容、份数、交单期等方面完全符合信用证的规定，做到正确、完整、及时、简明、整洁。

尽管十分重视制单工作，但在实际业务中仍不免会出现单证不符的情况。如果这些不符点不能及时得到改正，出口企业一般只好采用"凭保议付"或"跟证托收"的方式来收取货款。

凭保议付是指出口企业在因单证不符而遭到国内银行拒付时，向银行出具担保书，要求银行议付买单，并保证一旦国外付款行对该议付行拒付，出口企业将退还议付行的垫款。跟证托收是指出口企业将信用证下存在不符点的单据交给国内银行，并通过银行向国外买方收取货款。这两种做法都使出口企业失去了信用证下银行对自己的付款保证，能否收回货款将取决于进口方的态度，银行信用变成了商业信用。

9. 索赔与理赔

在出口合同的执行过程中，若进口商未履行合同规定的各项义务，致使出口企业遭受损失，则出口企业应在合理地确定索赔金额后，据理向对方提出索赔。例如，如果买方无理拒绝履行合同，而卖方在此之后一段合理时间之内，以合理方式将货物转卖，则索赔金额应为合同价格与转卖价格之间的差额、卖方迟收货款的利息损失以及为转卖货物而发生的额外费用之和；如果买方不按时派船接货，而卖方同意保留合同，则此时索赔金额应为卖方因买方不按期派船而增加的仓租、利息、保险费等。

然而大多数情况下，在出口合同的履行过程中，经常会由于卖方所交货物的品质、数量、包装不符合合同规定，或发货延迟及错发货物等问题而导致国外进口商向出口企业索赔。在处理对方的索赔时，应本着实事求是的原则，给予对方合理的赔偿，既不能推卸责任，也不能损害自身应得的利益。

以上着重叙述了以信用证为支付方式、以海洋运输为运输方式的出口合同的履行程序，其中最重要的是备货，催证、审证与改证，租船订舱，制单结汇等四个环节，它们也被称为"货、证、船、款"四大环节。随着支付方式、运输方式的变化，出口合同履约的程序、做法也会发生相应的变化，但主要的环节不会出现太大的变动。

（二）进口合同的履行

进口合同签订后，我国的进口企业一方面要履行付款、收货的义务，另一方面也要督促国外出口商及时履行交货的义务，防止因其违约而给我方造成损失。

我国大多数的进口交易是以 FOB 条件成交的，并且以即期信用证作为支付方式，以海运方式运输货物。虽然不同的合同因涉及不同的商品而在履行中表现出不同的特点，但一般都要经过开证、租船订舱和催装、投保、审单付汇、报关提货、检验等几个主要环节。

1. 开证

及时对国外出口商开出信用证是进口企业在进口合同下最主要的义务之一。因此，在进口合同签订后，进口企业就应按合同中的有关规定，及时向银行提交开证申请书及进口合同副本，要求银行对外开证。进口企业一定要保证在合同规定的期限内开出信用证，否则就构成违约，使自己陷于被动。特别要注意，如果信用证规定进口方应在出口商取得出口许可证后开立信用证，或对开证时间有其他特殊规定，进口企业应照办，否则一旦信用证开出而对方不能获得出口许可，就将使自己遭受一定的损失。

2. 租船订舱和催装

在 FOB 合同下，进口方承担安排货物运输的责任，负责派船到合同指定的港口接货。一般来说，卖方在收到信用证后，应将预计装船日期通知买方，由买方向船公司租船或订舱。在运输手续办妥后，进口方要将船名、船期通知国外卖方，以便对方备货，做好装船准备。同时，为防止卖方拖延交货，进口方还要做好催装工作，特别是对数量、金额较大的重要商品，最好委托自己在出口地的代理督促卖方按合同规定履行交货义务，保证船货衔接和及时收货。

3. 投保

在 FOB 或 CFR 进口合同下，买方要凭卖方发出的装运通知向保险公司办理保险手续、交纳保险费，并从保险公司取得保险单据。

4. 审单付汇

对合格的全套货运单据付款是进口企业在进口合同下的又一个重要义务。国外出口商向银行交单议付后，议付行将全套货运单据寄交进口国开证行，由银行会同有关进口企业对单据的种类、份数、内容进行审核。在审单无误后银行即对外付款，同时要求进口企业付款赎单。如果银行与进口企业在审单时发现单证不符或单单不符，应立即向国外议付行提出异议，并根据具体情况而采取拒付、货到检验合格后再付款、国外议付行改单后付款、国外银行出具书面担保后付款等不同的处理方法。

5. 报关提货

报关是指进口货物按海关规定的手续向海关办理申报验放的过程。在我国的货物进口业务中，货到目的港后，进口企业要填写进口货物报关单，连同商业发票、提单、装箱单或重量单、保险单及其他必要文件向海关提交，申报进口，并在海关对货物及各种单据查验合格后，按国家规定缴纳关税。在此之后，海关将在货运单据上签章放行。

6. 检验

我国法律规定，凡属法定检验的进口商品，不经商检机构的检验就不得销售和使用；同时如果商检不能在合同规定的检验期内进行，买方即被视为放弃索赔权。因此，凡是属于法定检验或合同规定在卸货港检验，或检验后付款，或合同规定的索赔期较短，或卸离海轮时已发现残损或有异状或提货不着的商品，均应在卸货港进行检验；其他进口商品则可以在用货企业所在地，由当地商检机构进行检验。

7. 进口索赔

在进口业务中，如果进口企业不能收到或不能按时收到货物，或收到的货物在品质、数量（重量）、包装等方面不符合合同规定，则应向有关责任方索赔。在进行索赔时应注意以下几个问题。

（1）对外索赔必须在合同规定的索赔期限内提出。很多进出口合同中都规定了买方的索赔期限，如果进口企业在该索赔期内来不及出具检验证书，就应要求对方延长索赔期，或向对方声明保留索赔权。若合同未对索赔期限做出约定，根据《联合国国际货物销售合同公约》的规定，对卖方索赔的期限应为买方实际收到货物之日起两年。《海牙规则》规定，对船公司索赔的时限是货到目的港交货后一年。而根据我国《海运货物保险条款》的规定，对保险公司索赔的时限一般为货物在目的港全部卸离海轮后两年。

（2）在进口索赔时，一定要对货物损失的具体情况进行分析，明确索赔对象。在我国进口业务中，对船方或保险公司提出索赔一般由货运代理公司代办，而对卖方提出的索赔则由进口企业自行办理。

（3）进口企业对外索赔时，应按合同规定提供索赔清单、检验机构出具的检验证书、商业发票、装箱单或重量单、提单副本、保险单及其他必要的文件及单据作为索赔的证据。

（4）在索赔时进口企业应合理确定索赔金额，使其既能补偿货物的损失，也能赔偿各种有关费用（如检验费、装卸费、仓租、利息、合理的预期利润等）的损失，尽量避免自己的利益受到损害。

当然，在进口合同的履行过程中，进口企业也可能会收到卖方提出的索赔要求。这时进口企业应依据有关法律、惯例及实际情况进行理赔，实事求是地确定自己应承担的责任，从而维护自己的信誉。

案例 10-2

合同是否成立

我国某出口公司于某年 2 月 1 日向美商报出某农产品，在发盘中除列明各项必要条件外，还表示："Packing in sound bags." 在发盘有效期内美商复电称："Refer to your telex first accepted, packing in new bags." 我方收到上述复电后，即着手备货。数日后，该农产品国际市场价格猛跌，美商来电称："我方对包装条件做了变更，你方未确认，合同并未成立。"而我出口公司则坚持合同已经成立，于是双方对此发生争执。

资料来源：本书编写组. 对外经贸理论与实务思考题与参考答案［M］. 北京：对外经济贸易大学出版社, 2000.

▶ 讨论题

1. 我方对美商的报盘是否构成发盘？为什么？
2. 美方的复电是否构成接受？为什么？
3. 什么是对发盘内容的非实质性变更？
4. 合同有效成立的条件是什么？本案例中，你认为中美双方是否已经达成合同？

第三节   国际货物贸易的主要方式

贸易方式是指买卖双方在进行交易时所采用的具体方式。上一节介绍的只是国际贸易中最常见也是最简单的单边出口或单边进口的基本业务程序，交易双方需要就各项交易条件进行磋商，在对各条件达成一致后签订合同，并严格按合同规定履行自己的义务。但在实际业务中，由于商品间存在差异，市场也各有特点，因此对不同商品、不同市场往往要采取不同的贸易方式。目前比较常见的贸易方式有经销与代理、寄售与拍卖、招标与投标、期货贸易、易货与补偿贸易、对外加工装配业务等许多种。

一、经销与代理

（一）经销

经销是国际贸易中常见的一种贸易方式，是指出口商（即供货方，supplier）与进口商（即经销商，distributor）之间签订协议，进口商以自有资金支付商品的价款，取得商品的所有权，在经营中以进口价格和转售价格之间的差额为经销利润，并在享有自货物进口后将货物转售的全部收益的同时，承担一切经营风险。经销商对商品的这种购买并非一次性的，而是在经销协议的有效期之内持续、反复进行。

根据经销商所享有的权限，可以将经销方式分为独家经销和一般经销两种类型。独家经销是指出口供货方授予某一进口经销商在规定期限和规定地区内销售指定商品的专营权，在经销协议规定的时间内，该指定商品除由独家经销商销售外，该区域内任何其他商人均不得销售此种商品。这种贸易方式有时也称为包销（exclusive sale）。

一般经销是指出口供货方在一定时期、一定区域内，指定若干个经销商，销售自己的同类产品。供货方挑选一般经销商的条件不苛刻，不强调经销商要承担过多的义务，也不对经销商授予任何特权。在这种方式下，供货方与经销商之间存在的只是相对长期、稳定的买卖关系，实质上与一般的国际货物买卖并无区别。

经销无论是对供货方还是对经销商来说都有一定的好处。它有利于出口供货方对长期的生产经营活动做出安排，有利于避免产品由众多进口商分散经营所带来的自相竞争的弊病，有利于利用经销商的销售渠道扩大销售，也有利于及时收回货款，减少经营中的风险。对进口经销商来说，当某种商品市场需求旺盛时，其有可能凭借与出口商之间的经销关系获得较多数量的商品，并以较高的价格出售，得到较多的经销利润。而在独家经销方式下，经销商通过出口商的授权，可以获得指定商品的专营权，由此取得市场垄断所带来的经济利益，这有助于最大限度地调动进口商经销特定商品的积极性，反过来也有助于出口商扩大销售规模。

由于经销方式对出口供货方和进口经销商都有一定的好处，因此这种贸易方式受到了进出口双方的普遍欢迎。但出口供货方在选择经销商时一定要慎重，一旦对经销商特别是独家经销商选择不当，至少在经销期限之内会严重影响自己在经销地区的市场份额和经济收益。因此，在选择经销商时，出口供货方应综合考虑经销商的销售网点数量、经营规模、地理位置、商业形象和服务水平等因素，以挑选出最有利于实现自身经营目标的经销商。

（二）代理

代理也是国际贸易中最常见的贸易方式之一，是指出口商（即委托人，principal）授权进口商（即代理人，agent）代表委托人向其他中间商或用户销售其产品的一种做法。代理人不拥有所代理的商品的所有权，不用对委托人支付商品的货款，不承担经营中的风险，不承担履行合同的责任，也不能擅自改变委托人规定的交易条件。代理人不能在代理业务中获取商业利润，而只能以委托人支付的佣金作为代理业务的报酬。

在实际代理业务中，根据委托人授予代理人的经营权限，可以将代理人分为总代理、独家代理和一般代理三种类型。

总代理是享有权利最大的一种代理人，类似于委托人在指定区域的全权代表。总代理可以代表委托人进行商务活动，甚至可以代表委托人从事一些非商务活动。

独家代理是在规定时间和规定地区之内，单独代表委托人进行代理协议中规定的商务活动的代理人。换言之，除不能代委托人进行非商务活动外，独家代理在商务方面享有的权利与总代理是相同的，即享有委托人授予的、在规定期限和规定地区代销指定商品的专营权，即使委托人因特殊需要直接同该地区的个别客户进行交易，一般也必须向独家代理支付一定的佣金。

一般代理也称为佣金代理，是不享有专营权的代理人。除此之外，在其他方面的权利和义务，一般代理与独家代理完全相同，都是代委托人在授权范围内销售商品，并收取佣金作为报酬。委托人对一般代理通常不做过多的要求，只要代理人愿意销售指定商品，并能满足委托人对代理人的一般要求即可。因此，委托人在同一地区内，可以通过授权同时指定多个一般代理。

二、寄售与拍卖

（一）寄售

寄售是指出口人（即寄售人，consignor）与国外客户（即代销人，consignee）签订寄售协议，然后根据协议中的约定，先将货物运交国外代销人，再委托代销人按寄售协议规定的条件和办法，以代销人自己的名义在当地市场代销，然后将所得货款扣除佣金和各种费用后汇交寄售人的一种贸易方式。

同简单的出口业务相比，寄售方式具有以下特点。

（1）在寄售方式下，寄售人与代销人之间是委托关系而不是买卖关系。代销人只为寄售人提供与销售商品有关的服务并收取佣金，其责任只限于在货物抵达后照管货物、尽力推销，并依照寄售人的指示处置货物；代销人不以自有资金购买寄售商品，不拥有寄售商品的所有权，也不承担寄售商品的任何风险与费用。

（2）在寄售方式下，卖方出运货物在先，与买主成交在后。

（3）寄售方式具有现货交易的性质，一般是在货到目的地后由买主看货成交，并可以立即提货，因此很受买方的欢迎。

（4）在寄售方式下，由于寄售货物在出售前的所有权自始至终属于寄售人，寄售人就要承担货物在出售前的一切风险和费用；只有当货物出售后，风险及此后发生的费用才转由买主负担。可见，这是一种有利于买方的贸易方式。

（二）拍卖

国际贸易中的拍卖属于现场实物交易，它是由专营拍卖业务的拍卖行在规定的时间和地点，按照一定的规章，通过公开叫价或密封出价的方法，将货物逐件、逐批地卖给出价最高的买主的一种交易方式。拍卖方式适用于规格复杂、不能根据标准品级或样品进行交易的商品，或是传统上习惯以拍卖方式销售的商品，如羊毛、烟草、香料、茶叶、花卉、水果、地毯、古玩、艺术品等。

国际上的拍卖一般都由专营拍卖业务的拍卖行组织实施。卖方必须在规定时间将货物运到拍卖行指定的仓库，由其对货物进行整理、分类、分批等工作，并编印拍卖目录，对外公布拍卖的时间、地点、商品种类、存放地点等情况，以便参加拍卖的买主在拍卖前到该指定仓库看货，甚至对货物进行抽样检验。正是由于竞买者在购买拍卖商品前有充足的时间对商品进行检验，除非货物的缺陷是表面检验所不能发现的，否则卖方在拍卖后通常对货物的品质不承担赔偿责任。拍卖由拍卖行主持，在预先拍卖公告中公布的时间、地点进行，通常是按拍卖目录规定的次序逐批拍卖商品，通过有意购买的买主的竞价而最后成交。买主在成交后就要立即付款、提货。在整个拍卖过程中，拍卖行要向货主提供各种服务，同时收取一定的佣金或经纪费作为报酬。

拍卖这种贸易方式属于现货交易。由于它成交时间短、交易量大，因此特别适用于鲜活易腐商品的买卖。此外，尽管在拍卖方式下，拍卖行要向卖主收取相当高昂的各种费用，但竞买者的激烈竞争经常带给卖主较高的成交价格，使这种贸易方式对出口商仍然具有吸引力。

三、招标与投标

招标（invitation to tender）是指招标人对外发出招标通告，提出拟购或拟销商品（如果涉及国际工程承包，则是拟建工程）的具体交易条件，并邀请投标人在规定的时间、地点，按照一定的程序进行投标的行为。招标人在对投标人报出的交易条件进行分析研究之后，要从众多的投标人中择优选出中标人，与其达成商品（或劳务）交易。

投标（submission of tender）是指投标人应招标人的邀请，根据招标的要求和条件，在规定的时间内向招标人发盘，争取中标并与其签约的行为。可见，招标与投标实际上是一笔交易中缺一不可的两个方面。

国际招标投标业务一般包括招标、投标与开标三个环节。

1. 招标

招标是国际招标投标业务中一个非常重要的阶段，以招标人要完成一系列重要工作为特征。具体讲，招标人要编制招标文件，详细说明各项招标条件、投标日期、投标保证金的缴纳、投标书的寄送方法、开标日期及方式等内容，作为投标人对招标项目进行可行性分析、编制各项计划的依据。招标人还要及时对外发出招标通告，对招标项目、招标人自身情况、招标期限、投标人资格、投标及开标方式等做简要说明。

2. 投标

投标人一旦收到招标人发出的招标通告并取得招标文件，就要对其中规定的各项内容进行认真的分析研究，这也是投标中最重要的环节。只有投标人对未来履约有把握时，其才会编制投标文件，说明商品名称、规格、质量、数量、价格、交货期、付款条件（如果招标涉及的是工程建设项目，则投标文件中需要对工程名称、标价、施工计划、竣工时间、施工方法、技术标准等内容做出说明），并在招标文件规定的投标截止时间之前，连同招标人要求提供的现金形式的保证金或银行保函，以及营业执照、公司章程、资信证明等各种文件，以邮寄方式或由专人传递给招标人。实际上，投标人编制的投标文件相当于向招标人发出的书面形式的报价。

3. 开标

开标是指招标人在招标公告规定的时间与地点，对所有投标人递交的投标文件进行比较，从中选出条件最优者作为中标人的行为。开标包括公开开标与不公开开标两种形式。

公开开标是指招标人在招标公告中规定的时间与地点，在所有投标人都有权参加的情况下，当众拆开所有投标文件并宣布其内容。不公开开标是指招标人在投标人无权参加的情况下，自行选定中标人。在不公开开标方式下，投标人能否中标往往取决于其与招标人之间的政治、经济关系及其他因素，而不仅仅是投标条件的优劣。

应注意的是，招标人并不能保证在开标时就可选定中标人。对于比较复杂的招标项目，往往要给招标人一段评标、议标的时间，由其组织专家小组对投标文件中的条件进行全面审查和比较，选出最优者中标。若招标人对所有投标人的发盘均不满意，可以全部拒绝，宣布招标失败，另定日期重新招标。

招标人选定中标人后，中标人一般会有一次与招标人讨价还价的机会，然后就要按双方达成一致的各项交易条件，与中标人签订正式的货物买卖合同（或工程承包合同）。此时，招标投标工作宣告结束。

在招标投标这种贸易方式下，通常有众多的投标人参加对招标项目的投标；而且投标人往往只能按招标人提出的要求和条件进行一次报价，由招标人决定谁能中标，属于众多投标人竞相向招标人出售自己的产品或劳务的竞卖性质。而投标人之间的激烈竞争，经常能使招标人在招标投标业务中居于有利地位。

四、期货交易

期货交易（futures trading）是指买卖双方在期货交易所内按一定的规章制度对期货合同进行买卖的贸易方式。由于期货交易中的标的物不是具体的商品，而只是代表一定商品的合同，因此这种贸易方式又被称为纸合同交易。

（一）期货交易的特点

如前所述，期货交易是买卖双方在期货市场上，按照一定的规则，对期货合同进行的买卖，与一般的商品交易相比，期货交易具有以下特点。

（1）期货交易中的标的物不是一般交易下的各种商品或劳务，而是标准化的远期商品购销合同。在该合同中，商品的品级是统一的，每份合同规定的商品数量是统一的，对商品的交割月份也有规定，这些内容都不能由期货交易中的买卖双方自行协商确定。

（2）期货交易只能在期货交易所中，在规定的交易时间之内达成，而不能由交易双方自行安排交易磋商与达成的时间。

（3）大多数期货交易者进行期货交易的目的，并不是想购买或销售期货合同下的货物，而只是通过对期货合同的买卖来赚取其间的差价。因此，期货市场上很少发生实际货物的交割，一般只能看到期货合同的对冲。

（4）所有造成商品现货价格变动的因素也都将导致商品期货价格的变动，加之期货市场上有大量投机商在进行大规模的投机活动，商品的期货价格经常会出现剧烈而迅速的变化，使交易双方承担比一般货物买卖更大的价格风险。

（5）期货交易者买卖期货的差价并不在交易双方之间结算，而是通过清算所进行结算。清算所在期货合同规定的交割期限到期之前，直接以记账方式对交易者买入和卖出的合同进行对冲；只有在发现交易者未能及时对冲合同时，才通知交易者进行实际交割。

（6）期货交易者在开始进行期货交易之前，必须先直接或间接地向清算所缴纳一笔保证金。与一般商品交易中的订金不同，保证金只用来保证交易者在交易亏损时可以凭此支付差价，而且要准备按清算所的要求随时追加。

（二）套期保值

套期保值（hedging）是实际商品的交易者做出的一种有意识的努力，其目的在于尽量缩小时刻存在于现货商品买卖活动中或持有现货商品期间的价格风险。套期保值的基本做法是，实物商品交易的买方或卖方利用期货市场价格与现货商品价格的变化趋势相同的基本规律，在买进或卖出实物商品的同时，在期货市场上卖出或买入同一种类、同等数量的期货，以使因市场价格变动造成的实物商品交易的亏损能够部分甚至全部为等量而方向相反的期货买卖的盈利所弥补，从而减轻或避免价格波动给实物商品交易造成的损失。

1. 套期保值的基本做法

期货市场上的套期保值主要分为卖期保值与买期保值两种情况。

（1）卖期保值。卖期保值是实物商品的买主担心未来在他转卖商品时，商品的价格下跌给自己带来损失，因此便在买进一批实物商品的同时，在期货市场上卖出同等数量、同一交货时间的期货。若届时确实发生实物商品价格的下跌，期货价格也将下跌，他将以期货交易的盈利弥补现货交易中的亏损；但若届时商品价格不仅没有下跌反而有所上涨，则他本应在现货交易中获得的额外的价格好处，将被用来弥补他在期货交易中的亏损。

（2）买期保值。与卖期保值刚好相反，买期保值是远期交货的实物商品的卖主为防止日后在收购该实物商品时，其价格上升给自己造成损失，在卖出远期交货的实物商品的同时，在期货市场上买入同一种类、同等数量、同一交货时间的期货，以求尽可能减轻或避免可能发生的损失。

2. 套期保值时应注意的问题

在实际商品的买卖业务中，虽然实物商品的买主与卖主都可以在一定程度上通过套期保值来减轻价格波动的风险，但往往并不能完全消除这一风险。在进行套期保值时应特别注意以下问题。

（1）在进行套期保值时，如果保值者担心的价格波动真的发生，保值者就可以凭借其套期保值行为减轻不利的价格波动所带来的损失；但如果价格的波动方向与保值者的担心完全相反，套期保值行为就会使他失去有利的价格变动带来的额外好处，甚至可能会出现亏损。

（2）从理论上讲，在套期保值的过程中，交易者应同时在现货市场与期货市场上对同一商品进行数量相同、方向相反的交易，以达到避免或减轻风险的目的，但由于标准的期货合同中所包含的商品的数量是固定的，而现货交易中的商品数量则由交易双方通过磋商确定，因此这两笔交易涉及的商品数量经常是不同的，从而使套期保值的效果受到很大影响。

（3）进行套期保值所依据的是现货市场与期货市场价格变动趋势一致这一规律，但是由于影响这两个市场价格变动的因素并不完全相同，因此，即使两个市场价格变动趋势一致，价格变动的幅度也很可能有所不同，这会对套期保值的效果造成影响。

（三）投机性交易

期货市场上的交易除了套期保值外，还有大量投机性交易（speculation）。为数众多、敢冒风险的投机者根据自己对市场前景的预测，在市场上大规模地买进或卖出期货。具体讲，如果投机者预期商品价格会上涨，便大量买入期货合同，待价格上涨后高价回抛，这种做法被称为买空，或多头。反之，如果他们预测价格将会下跌，便在市场上大量抛出期货合同，待价格下跌后低价补进冲销，这就是卖空，也称为空头。投机者既没有需要保值的现货，也不想取得合同项下的商品，其交易只是为了获得交易中的价差。如果他们对价格走势的预测正确，往往会得到巨额盈利；而一旦对价格预测失误，他们不仅会损失价差，还会损失向交易所缴纳的佣金及其他费用。

买空与卖空是期货市场投机交易中比较简单也比较常见的两种做法，除此之外还有很多种比较复杂的套期图利的做法，这里不再叙述。

五、易货与补偿贸易

（一）易货

易货是国际贸易中历史最悠久的贸易方式之一，通常是指买卖双方将进出口结合起来，相互交换各自的商品，从而尽量避免向对方进行货币支付的贸易方式。易货包括狭义与广义两种形式。

狭义的易货也称为直接易货，就是简单地以货换货。具体讲，它是指买卖双方各以一种能为对方所接受的货物直接进行交换，两种货物的交货时间相同、价值相等。在这种易货方式下，通常不发生货币的收付；即使交易双方所提供的货物的价值出现了少量差额，也仍以提供货物的方式抵补。但在直接易货方式下，交易双方既要保证自己提供的货物符合对方的要求，又要保证彼此提供的货物的价值大致相等，因此很难找到合适的易货伙伴，在当前的进出口业务中已比较少见。

广义的易货又称为综合易货或一揽子易货，它是指交易双方互相承诺购买对方等值的商品，从而将进出口结合在一起的贸易方式。在广义的易货方式下，交易双方的交货时间通常可以有先有后，比要求双方必须同时交货的直接易货更富有灵活性。在具体做法上，交易的一方既可以以一种商品交换对方的一种或几种商品，以对开信用证方式对货款进行逐笔平衡；也可以由双方各以几种商品进行交换，在一定时间内，对货款进行综合平衡。其中，后一种情况常见于政府间订有记账协定或支付（清算）协定的国家间的大规模易货，两国的进口与出口都要在专门账户上记账，然后以进出口相互冲抵的方式进行结算。除非交易双方进出口差额超过了协定中约定的限度，否则顺差方一般不能要求逆差方支付现汇。

从总体上看，由于易货方式下买卖双方通常不发生或很少发生现汇的收付，因而这种贸易方式可以促进外汇短缺的国家的对外贸易，可以达到以出带进或以进带出的目的，还可以帮助本国从国外获得一些国内紧缺的重要物资，或向国外推销一些过剩的商品。

但易货方式也存在着明显的局限性。首先，使易货得以进行的前提条件是交易双方能够提供的商品恰好是对方所需要并且愿意接受的，而多数从事国际货物买卖的贸易公司的专业化程度比较高，经常无法提供对方需要的商品，因此也就很难找到合适的易货伙伴；其次，如果采用记账易货的方式，则逆差方实际上等于无偿占用了顺差方的资金和外汇，这显然对顺差方不利，所以，易货双方都不愿积极地向对方提供货物，从而大大妨碍了易货贸易的顺利发展。

（二）补偿贸易

补偿贸易是指买方在商业信贷的基础上进口机器设备或技术，然后再用返销产品或劳务的价款分期偿还进口价款的本金和利息，它与国际上产品回购（product buyback）的贸易方式很相似。

根据补偿所使用的产品的不同，可以将补偿贸易分为直接产品补偿、间接产品补偿和劳务补偿三种。直接产品补偿是补偿贸易最基本的做法，它是指设备与技术的进口方通过向设备与技术的出口方提供设备与技术生产出的直接产品的方式，来偿还设备与技术款的本息。间接产品补偿是现在补偿贸易中较常见的做法，用来偿还进口设备与技术款本息的不是直接产品，而是交易双方事先在合同中商定的其他商品。这实际上是互购（counter purchase）方式中的一种情况，特别适用于进口设备与技术不生产有形的物质产品，或设备与技术的出口方不经销直接产品的情况。劳务补偿的方式常出现在与来料加工或来件装配业务相结合的补偿贸易业务中，由承接对外加工、装配业务的企业逐步以加工费偿还其进口的加工或装配所需设备、技术价款的本息。

除这三种基本的补偿方式外，也可以采用部分补偿方式，即设备与技术价款的本息部分以产品补偿，部分以现汇进行支付；还可以进行多边补偿，由与交易无关的第三方提供或接受补偿产品。

补偿贸易在将进出口结合在一起的同时，也将利用外资与技术引进结合在一起，对交易双方都有好处。对设备、技术的进口方而言，补偿贸易等于使其利用国外资金引进自己需要的设备与技术，一方面解决了自有资金不足的困难，另一方面也有助于提高其生产水平与产品竞争力，还可以使其利用国外供货商的销售渠道扩大产品的出口。对设备、技术的出口方而言，补偿贸易可以实现其扩大产品出口的目标，有时还可以使其取得急需的原料、燃料或其他商品。因此，这种方式受到了设备与技术供需双方的欢迎。

但应该注意的是，在补偿贸易方式下，设备与技术的卖方一般不愿向买方提供最先进的技术、设备，同时往往还利用买方急于在信贷基础上取得设备与技术的心理，提高设备与技术的价格，压低补偿产品的价格，使买方处于不利地位。因此，在以补偿贸易方式引进技术与设备时，应特别注意进行可行性研究。

六、对外加工装配业务

对外加工装配业务是指由国外厂商提供原材料或零部件、元器件，委托国内企业按一定的技术、质量标准加工成成品，并对国内企业支付工缴费的贸易方式。

在这种贸易方式下，在整个交易过程中都不发生货物所有权的转移。国外来料、来件及成品的所有权自始至终都属于国外厂商，国内加工企业只对国外厂商提供劳务，并从中赚取工缴费。因此，对外加工装配业务实际上是以商品为载体的劳务出口。

对外加工装配业务主要包括来料加工与来件装配两种形式。来料加工业务是指由外商提供原材料、辅料、包装物料，有时还要提供部分加工设备，委托国内加工企业按照一定的规格、标准加工成成品返给外商，由外商在国际市场上销售。来件装配业务的做法与来料加工基本相同，国内加工企业要将外商提供的零部件、元器件按对方提供的图纸或样品及标准组装成成品，然后交由外商自行销售。与来料加工业务一样，如果外商只提供了部分原料或元器件，则国内加工企业除收取规定的工缴费外，还应收取自己提供的那部分原料、元器件或包装物料的价款。

在对外加工装配业务中，外商为保证成品的质量，有时会在提供来料、来件的同时提供加工或装配设备，甚至投资建厂。这时设备款及建厂的投资可以由加工企业分期以工缴费偿还，这实际是一种加工装配业务与补偿贸易相结合的做法。

在我国对外开放、发展经济的过程中，对外加工装配业务使我国能够利用国外的原材料、零部件扩大我国的生产与出口，对改善我国出口商品的质量、设计与款式及提高出口商品的竞争力发挥了一定作用。由于在进行这种业务时往往可以从国外引进比较先进的技术与设备，因此它还有利于我国生产技术水平、管理水平的提高。另外，由于加工企业不需要拥有雄厚的自有资金，不承担经营风险，只收取工缴费，因此国内企业对这种业务也有较高的积极性。

案例 10-3

交易条件是否可以接受

我国某公司和外商洽谈一笔补偿贸易，外商提出以信贷方式向我方提供一套设备，并表示愿意为我公司代销产品。根据补偿贸易的要求，你认为这些条件我们能接受吗？为什么？

资料来源：安徽.《国际贸易实务教程》案例与习题集 [M]. 3 版. 北京：北京大学出版社，2010.

▶ 讨论题

1. 本案例中，外商以信贷方式向我方提供设备，这种做法是否符合补偿贸易的基本原则？
2. 若双方约定达成的交易属于补偿贸易，你认为我方应如何偿还对方所提供的设备款？
3. 如果如外商所提出的条件，由其代销我方产品，该交易是否属于补偿贸易？

4. 补偿贸易作为一种贸易方式，曾在我国改革开放刚刚开始的时期发挥了重大作用。在我国现阶段经济发展的情况下，补偿贸易是否仍然适用？

第四节　中国货物贸易的发展

一、我国货物贸易的发展状况

由于中华人民共和国成立初期，不少西方发达国家对我国实施封锁、禁运的政策，我国货物贸易在改革开放前规模很小，1950 年进出口总额仅为 11.35 亿美元，其中出口额为 5.52 亿美元，进口额为 5.83 亿美元；到 1978 年，进出口总额也仅为 206.4 亿美元，在世界货物贸易中排名第 32 位，所占比重不足 1%。

随着改革开放的不断推进和国民经济的发展，我国对外贸易也得到了快速发展。2019 年，我国进出口总额达到了 45 778.9 亿美元，比改革开放之初的 1978 年增长了 220 倍。其中，出口总额 24 994.8 亿美元，进口总额 20 784.1 亿美元，贸易顺差 4 210.7 亿美元，稳居全球第一货物贸易大国的位置。

其后的 2020 年，由于新冠肺炎疫情和世界政治、经济等方面因素的变化，世界各国的经济与贸易均受到了明显的影响。就在这样不利的条件下，我国凭借着国内比较完善的制造业体系和政府行之有效的调控政策，进出口总额达到了 46 462.6 亿美元，其中出口总额为 25 906.5 亿美元，进口总额 20 556.1 亿美元，是当年全球唯一一个实现货物贸易正增长的主要经济体。

2021 年，我国经济继续保持恢复态势，构建新发展格局迈出新步伐，高质量发展取得新成效，主要经济指标保持了较快增长，特别是国内生产和消费需求为外贸稳增长提供了强有力的支撑。2021 年，我国进出口规模达到了 6.05 万亿美元，首次突破 6 万亿美元关口，达到了历史高点。

我国货物贸易发展的状况，可以概括为以下几个方面。

第一，货物进出口总额持续增长，在全球货物贸易中已超过美国、欧盟与日本等发达国家和地区，排名第一。

第二，贸易差额由改革开放初始的逆差变为顺差，虽然由于世界政治、经济及其他因素的影响，贸易差额的规模会出现波动，但一直保持持续的顺差状态。

第三，我国货物进出口贸易结构发生了根本性变化，在 20 世纪 80 年代就已经实现了出口商品结构由以初级产品为主向以工业制成品为主的转变，此后，出口产品进一步转向以机电产品为主，近年来，以电子和信息技术为代表的高新技术产品出口比重不断扩大。

第四，市场多元化建设取得一定成就，形成全方位、多元化的进出口市场格局。改革开放后，我国与世界上绝大多数国家和地区建立了贸易关系，贸易伙伴已经由 1978 年的几十个国家和地区发展到目前 200 多个国家和地区，欧盟、美国、东盟、日本等成为中国主要贸易伙伴。近年来，在我国"一带一路"倡议的引导下，中国与新兴市场和发展中国家的贸易持续较快增长，使我国货物贸易市场结构进一步趋向合理。

二、我国货物贸易存在的问题

尽管我国货物贸易取得了快速发展，但仍存在一些问题。

第一，我国进出口产品结构有进一步提升的空间。从进口商品结构看，资本、技术密集型产品进口规模一直较大，资源性商品进口大幅增加，对国际市场的依赖度较高。从出口商品结构看，虽然工业制成品已在我国出口中占主导地位，但产品附加价值总体仍然偏低。其中，机电产品出口虽有较快增长，但相当多数的出口产品科技含量和附加价值不高；高新技术产品，尤其是已拥有核心技术、自主知识产权的产品，在我国出口额中所占比例较小。

第二，我国货物贸易方式存在一定程度的问题。货物贸易方式可以分为一般贸易和加工贸易两类，一般贸易是某个国家或地区正常的货物进出口贸易，即出口国利用本国资源、技术、设备，生产国外需要的产品，然后通过不同的贸易渠道出口到国外市场；加工贸易则是指该国或地区进口原材料及零部件，在国内加工组装成产品后再出口到国外市场。改革开放以来，我国大量吸收外商直接投资，国内企业也积极参与国际分工，由于很多外商投资企业在华从事加工贸易，而国内企业也在自身资金、技术力量比较薄弱的情况下，选择加工贸易作为发展手段，致使加工贸易在我国货物贸易中的比重长期保持在50%左右。而在加工贸易方式下，我国出口企业通常只能获得较低的收益，不利于企业的长期发展。

第三，我国货物贸易对发达国家市场的依赖度仍然较高。虽然发展中国家在我国对外贸易中的重要性在持续提高，但欧盟与美国一直是我国主要的贸易伙伴，多年处于第一、第二的位置，我国对这两大贸易伙伴的依赖度较高。当然，2020年，由于全球新冠肺炎疫情的蔓延及其他因素，东盟超过欧盟、美国成为我国最大的贸易伙伴，这对我国未来对外贸易市场结构的合理化发展不失为一件好事。在未来我国对外贸易的发展中，我国应该以"一带一路"倡议为契机，进一步强化与欧盟、美国以外的国家和地区的贸易关系，避免因欧美经济波动或政策法规的变化影响我国的对外贸易尤其是产品出口，进而影响我国国内经济的稳定发展，同时也可以同更多国家建立更密切的伙伴关系。

第四，进出口贸易持续顺差。改革开放之初，我国外汇短缺，对外支付能力弱，难以在国际市场购买国民经济建设所需的技术、设备、原材料等。随着我国对外开放、吸引外资、参与国际分工的力度不断加强，货物进出口迅速发展，进出口由最初的逆差转为顺差，且多年持续增长。不断累积的贸易顺差在解决了我国外汇紧缺的问题的同时，也引发了新的问题，其中包括顺差引发某些贸易伙伴的不满，以及带来人民币升值的巨大压力等。

案例 10-4

外贸规模再创历史新高

据中央广播电视总台中国之声《新闻晚高峰》报道，国务院新闻办2021年1月14日举行新闻发布会，海关总署发布，2020年，我国货物贸易进出口总值32.16万亿元，比2019年增长1.9%。我国成为全球唯一实现经济正增长的主要经济体，外贸进出口明显好于预期，外贸规模再创历史新高。这一年，外贸发生了哪些新变化？

"这是一部跌宕起伏、鼓舞人心的励志故事。"谈及中国外贸的2020年，商务部外贸司司长李兴乾这样形容："一季度急剧下降，二季度攻防转换，三季度、四季度稳步回升，逐月向好。走出一条令人振奋的V形反转曲线，这是中国外贸综合竞争力的充分体现，更是国际市场和全球消费者对中国外贸投下的赞成票。"

这一年，我国成为全球唯一实现货物贸易正增长的主要经济体。全年货物贸易进出口总值32.16万亿元，比2019年增长1.9%。其中，出口17.93万亿元，增长4%；进口14.23万亿元，下降0.7%；全年进出口总值双双创历史新高，国际市场份额也创下历史最高纪录。而这样的成绩，是在全球贸易大幅萎缩的情况下实现的。

海关总署统计分析司司长李魁文透露，出口之所以实现较快增长，防疫物资和"宅经济"产品起到了重要的拉动作用。他介绍，全球对防疫物资和"宅经济"产品的需求大增，我国出口包括口罩在内的纺织品、医疗器械、药品合计增长31%，拉动整体出口增长1.9个百分点。我国出口的笔记本电脑、平板电脑、家用电器合计增长22.1%，拉动整体出口增长1.3个百分点。这些出口商品既保障了全球防疫物资的需要，也满足了世界人民在疫情期间的居家工作和消费需求。

这一年，全国有进出口实绩的企业同比增长6.2%，达到53.1万家，外贸主体活力持续增强；民营企业进出口增速远高于外贸平均增速，第一大外贸主体地位更加巩固；东盟历史性地成为我国第一大贸易伙伴，中国的贸易伙伴更趋多元；跨境电商成为企业开展国际贸易的首选和外贸创新发展的排头兵。超过万家传统外贸企业触网上线，1 800多个海外仓成为海外营销重要节点和外贸新型基础设施。

李魁文透露："2020年，跨境电商增长迅猛，通过海关跨境电子商务管理平台验放进出口清单达24.5亿票，同比增加了63.3%。'双11'期间，全国通过海关跨境电商进、出口统一版系统共处理进出口清单5 227万票，较2019年增加25.5%；处理清单峰值达3 407票/秒，增长了113.2%，各项指标均创新高。"

这一年，中国先后出台4轮稳外贸政策，措施力度之大，前所未有。李兴乾说，世界经贸从反弹到复苏还有一个过程，当前外需复苏的基础仍不稳固，一些外贸企业面临海运物流不畅、汇率波动较大、部分原材料价格上涨等问题，外贸形势依然复杂严峻。下一步，将采取具体措施解决这些企业面临的困难。

"商务部正会同交通运输部等相关部门采取政策措施，增加海运运力，稳定市场运价，千方百计畅通国际物流。同时，针对企业面临的其他共性问题和突出困难，完善贸易政策工具箱，稳主体、稳预期、稳规模。"李兴乾表示。

资料来源：丁飞. 2020年我国货物贸易进出口总值32.16万亿元 外贸规模再创历史新高 ［EB/OL］. （2021-01-14）［2021-08-02］. https://baijiahao.baidu.com/s?id=1688862926732342922&wfr=spider&for=pc.

▶ 讨论题

1. 我国2020年各季度进出口总值变化的原因是什么？
2. 我国主要贸易伙伴的变化原因是什么？这一变化有什么重要意义？
3. 跨境电商的发展如何影响我国对外贸易的发展？原因是什么？

▨ 思考题

1. 如何选择适当的国际贸易措施，以实现促进我国对外贸易与经济发展的目标？
2. 试分析对外货物贸易在我国国民经济中的地位，并提出进一步促进我国对外货物贸易健康发展的建议。

◆ 习题

1. 选择题

（1）WTO 成员间正常贸易的标准税率是（　　）。

A. 普惠税率　　　　　B. 特惠税率

C. 最惠国税率　　　　D. 普通税率

（2）若出口国商品以低于正常价值的价格在进口国销售，且对进口国产业造成损害，则进口国可以对其征收（　　）。

A. 反倾销税　　　　　B. 反补贴税

C. 报复关税　　　　　D. 保障税

（3）若进口国对进口服装规定了极严格的技术标准，使外国服装完全无法进入该国市场销售，则该做法属于（　　）。

A. 环境贸易壁垒

B. 进口许可制度

C. 进口认证制度

D. 技术性贸易措施

（4）下面哪一项内容的修改不属于实质性变更发盘的内容（　　）。

A. 解决争端的办法

B. 数量、支付方式

C. 交货时间和地点

D. 要求分两批装运

（5）按 CIF 价格成交的出口合同，卖方应在（　　）向保险公司办理投保手续。

A. 拿到提单后　　　　B. 货物装船前

C. 货物装船后　　　　D. 任何时候

（6）代理业务中的两个基本当事人之间的关系是（　　）。

A. 买卖关系　　　　　B. 代销关系

C. 委托代理关系　　　D. 委托寄售关系

（7）属于现货交易的贸易方式是（　　）。

A. 招标与投标　　　　B. 补偿贸易

C. 代理　　　　　　　D. 寄售

（8）代理人所获得的收入为（　　）。

A. 佣金　　　　　　　B. 利润

C. 奖金　　　　　　　D. 工资

2. 判断题

（1）保障税属于进口关税的一种，具有长期、稳定征收的特点。（　　）

（2）对不同类型的交易设置多重汇率属于外汇管制的范畴。（　　）

（3）询盘是买方向卖方发出的，关于商品价格的询问。（　　）

（4）在报纸上刊登的广告实际上是一项有效的发盘。（　　）

（5）出口合同的履行过程中，货、证、款三个环节最为重要。（　　）

（6）加工贸易从实质上看是一种劳务出口。（　　）

3. 简答题

（1）征收反倾销税应具备的条件是什么？

（2）技术性贸易措施的具体表现有哪些？

（3）WTO 的基本原则是什么？

（4）构成一项发盘的条件是什么？

（5）构成一项接受的条件是什么？

（6）什么是代理？代理分为哪几种类型？

（7）期货交易的特点是什么？

（8）我国货物贸易发展中存在的问题是什么？

第十一章
CHAPTER 11

国际服务贸易

▌ 本章要点

　　本章首先介绍了关于服务贸易概念的几种代表性解释，从不同角度对国际服务贸易进行了分类。其次介绍了西方学者对国际服务贸易的理论研究，包括传统比较优势理论、要素禀赋理论、规模报酬递增和不完全竞争条件下的服务贸易理论。再次介绍了《服务贸易总协定》产生的背景、主要内容及中国入世后在服务贸易上所做的减让。本章最后简要介绍了世界及我国服务贸易的发展现状和趋势。本章重点在于服务贸易的概念及分类。

▌ 思政视野

　　如今，世界正面临新冠肺炎疫情、保护主义和单边主义等多重挑战，全球格局加速变化。中国承诺更高水平对外开放，扩大国际服务贸易，将为共建"一带一路"赋予新动能，为世界经济复苏提供新机遇。

　　世界进入数字时代的今天，数字贸易成为科技赋能的标志，也是贸易未来发展的方向。本届服贸会上发布的报告显示，"一带一路"沿线国家与中国的数字贸易大多呈良好发展态势，其中新加坡、俄罗斯和马来西亚等与中国深度合作。

　　卢旺达驻华大使詹姆斯·基莫尼奥（James Kimonyo）多次参加线上直播，为卢旺达特色农产品"带货"，3 000 包咖啡"秒光"的成绩让他颇感震撼。

　　这次服贸会上，卢旺达是为数不多举办专场投资贸易洽谈会的非洲国家，颇受参展商和媒体关注。基莫尼奥认为，数字贸易正为卢旺达和中国的经贸合作打开新局面。

　　新冠肺炎疫情使很多人的消费和工作方式发生重大变化，远程医疗、在线教育、共享平台、协同办公、跨境电商等服务因此得到更广泛应用。

　　巴基斯坦驻华政务公使艾哈迈德·法鲁克（Ahmad Farooq）说，巴基斯坦60%的人口是年轻人，具有发展数字经济的基础。"我们希望与中国加强合作，将'数字丝绸之路'、中巴经济走廊联结在一起，推动'一带一路'建设，繁荣国家经济，让民众得到更多实惠。"

联合国秘书长南南合作特使、联合国南南合作办公室主任豪尔赫·切迪克（Jorge Chediek）认为，中国在经济复苏、发展数字经济方面，有很多新思路和经验值得借鉴。数字技术创新可帮助创造更多元的商业模式、搭建更多的跨境交易平台、增加就业和实现包容性增长，以应对当前的全球性挑战。

资料来源：中国政府网。

▶ 思考题

在新冠肺炎疫情背景下，国际服务贸易的开展为世界经济的复苏带来了怎样的帮助？

▋▍ 开篇案例

2020年以来，面对新冠肺炎疫情（以下简称"疫情"）给全球经济带来的严重冲击，中国出口信用保险公司（以下简称"中国信保"）充分发挥出口信用保险作用，为企业复工达产提供了重要保障。

2020年上半年，中国信保承保金额达3 246.1亿美元，同比增长5.9%；向客户支付赔款7.6亿美元，同比增长34.5%；服务企业超过12.6万家，同比增长21.1%；支持企业获得银行融资1 343.5亿元，同比增长21.1%。

内外贸联动，支持企业复工达产

最近，位于四川省宜宾市的丝丽雅集团各条纺织生产线紧张而忙碌。而在几个月前，受全球疫情影响，该企业海外销量急剧萎缩。"一方面，我们向巴基斯坦等地的产业链合作伙伴及客户捐赠口罩等防疫物资，帮助其复工达产；另一方面，在中国信保的支持下，通过变通付款方式、延长用箱期等办法解决客户的资金问题。"丝丽雅集团负责人介绍说。复工后，丝丽雅集团借助出口信用保险的支持，及时抢抓机遇，2020年5月中旬获得了巴基斯坦市场3 850吨纤维素短纤订单。

正从疫情中走出来的湖北省企业，依托出口信用保险，在复工达产方面也不甘落后。地处湖北省京山县的京山轻机工业园内一派热火朝天的生产景象。几个月前，受疫情和海外买家拖欠货款的多重影响，园区企业面临严峻的资金短缺问题。为此，中国信保第一时间向园区企业支付了350万美元赔款，为它们稳定经营提供了有效支持。京山轻机工业园产能已经达到疫情前的水平。

受海外疫情影响，外需持续低迷，许多企业迫切需要开拓国内市场，培育新的竞争优势。但此前在内销中遇到的难题，使得许多外贸企业在"出口转内销"的"窗口期"前犹豫不决。广州一家珠宝企业在2020年春节前向国内某知名珠宝企业销售了价值约150万元的珠宝饰品，并与对方约定于2020年3月付款。但由于受到疫情影响，买方因下游产业链停滞而无法复工，按时付款成了难题，上下游近百家企业的生产也受到了影响。得知情况后，中国信保积极与买卖双方沟通，开辟理赔"绿色通道"，延长保险责任期限，为国内买方争取到了更长的还款期限，以时间换空间，帮助上下游产业链上的企业协同复工复产。

据悉，2020年上半年，中国信保短期出口信用保险实现承保金额2 668.8亿美元，同比增长5.2%；支持国内贸易额1 764.7亿元，同比增长20.1%，在力保外贸市场主体前提下，推动发展新业态新模式，帮助企业开拓国内外多元化市场，为企业复工达产提供了有力的支持。

1. 全面覆盖风险，推动"中国智造""走出去"

此前，天合光能宣布成功收购全球领先的光伏跟踪支架企业Nclave，成为我国光伏企业收购海外跟踪支架企业的首个案例。2020 年 4 月，中国信保以海外投资保险的形式为该项目提供了高达 1 530 万欧元的风险保障，保障了企业的投资权益不受各类政治风险损害。这让天合光能在成为全球领先的光伏智慧能源整体解决方案提供商的道路上又多了几分信心。

2020 年年初，深圳一家知名手机生产厂商遭遇墨西哥买家拖欠货款。雪上加霜的是，适逢疫情暴发，该企业出货量下降、复工受阻，资金链一度吃紧。得知情况后，中国信保迅速介入，快速定损核赔，在前期帮助该企业追回 800 万美元的基础上，仅用 15 天时间便向其支付了近 750 万美元的赔款，打通了该企业在资金链上的"堵点"。

从开拓国际市场到运作国际资本，再到海外追偿、迅速理赔，在高新技术、新能源等高附加值产业成功"走出去"的背后，均有中国信保的身影。出口信用保险已成为"中国智造"走出国门的一项重要的"生产要素"。

2. 强化金融支持，为企业注入"金融活水"

"上游材料费要支付，下游客户回款又比较慢，资金缺口越来越大。"许多忙于复工达产的外贸企业负责人坦言，资金链就是企业的"生命线"。为此，中国信保不断创新金融服务，有效帮助出口企业解决融资难题，为企业"贷"来生机活力。

2020 年 4 月，中国信保主动将保单融资融入央行货币政策工具，引导企业使用再贷款优惠资金，充分享受货币政策工具的红利，从而进一步缓解融资难题。

天宇纤维是江苏省镇江市的一家生产经营纤维制品和建筑装饰材料的中小出口企业，疫情给其业务带来较大冲击，其急需融资支持。当企业了解到投保出口信用保险并进行保单融资，在保障应收账款安全的情况下，不仅可以获得融资，还能享受到再贷款政策带来的低利率优惠，便立即办理了保单融资业务申请。2020 年 6 月底，天宇纤维获得 200 万元融资安排，成为首家使用再贷款优惠资金保单融资业务的企业。

既要保住市场主体，又要保住供应链、产业链，出口信用保险以保险带动融资，在服务龙头企业方面也下足了功夫。

2020 年 7 月，位于珠海市的纳思达股份有限公司（以下简称"纳思达"）获得了 2 亿元出口信用保险融资授信支持，不仅稳住了生产供应，而且维护了供应链的稳定。原来，中国信保广东分公司与中国进出口银行广东省分行在 2020 年 4 月签署了《"稳外贸"信保融资专项合作协议》，为企业提供政策性信保信贷资金支持，纳思达成为首家获益企业。纳思达出口业务占其主要业务的 80%，上下游拥有近百家合作商，全球疫情蔓延和贸易环境变化给其经营带来不小压力，但在出口信用保险有力的融资支持下，纳思达得以轻装上阵、逆风起飞。

3. 保主体、稳预期，助小微企业渡难关

2020 年 6 月中旬，刚刚拿到中国信保赔付的 8.5 万美元，北京旭龙艺工工艺美术品有限公司负责人马上赶回公司，为参加第 127 届广交会的云端展示做最后的准备。对于这家经营了近 20 年的小微企业而言，其背后有了出口信用保险的支持，不仅能够活下来，也更有胆量去国际市场上闯一闯。参展期间，该企业得到了不少海外客商的询价，发展信心得到增强。

"老广交"遇上新技术，服务模式也顺势而变。与往年面对面服务不同，2020 年，中国信保为小微企业带来的一系列便利化服务，能帮助企业在全球疫情冲击下顶住压力。

2020 年 6 月，中国信保在首届小微客户服务节期间正式推出了"小微资信红绿灯"等系列在线服务产品，并加入广交会官网金融服务板块。就是这盏"红绿灯"，帮了 1 万余家小微

企业的大忙。

广交会结束后，许多接到海外买家询价或订单的企业一时间喜忧参半，喜的是新订单为企业经营带来了新的生机，忧的是对买方完全不了解，不敢贸然出货。

广交会期间，厦门一家服装企业收到了一家美国买家的询价，订单金额达 20 万美元。"这笔单能不能接"成了企业内部争论的焦点。犹豫不决之际，该企业尝试使用了中国信保"小微资信红绿灯"产品，没想到系统迅速亮起了"红灯"，建议企业"审慎交易"。思量再三，这家企业决定放弃该笔订单，最终避免了巨额损失。

据悉，2020 年上半年，中国信保服务小微企业超过 9.6 万家，承保金额超过 431.6 亿美元，支付赔款近 6 000 万美元，帮助小微企业获得融资 54.2 亿元，出口信用保险成为"保市场主体、助小微企业"的重要抓手。

"坚定不移地推动经济高质量发展，坚定不移地服务高水平开放，出口信用保险能够帮助企业在危机中发现转机，也能帮助企业赢得先机。"中国信保董事长宋曙光表示，下一步，中国信保将更好地发挥出口信用保险的重要作用，加大对实体经济的支持力度，扎实做好"六稳"工作，有效落实"六保"任务。

资料来源：江帆. 为复工达产提供保障 中国信保上半年承保金额突破 3 200 亿美元 ［EB/OL］. （2020-07-16）［2021-08-03］. https://baijia.baidu.com/s?id=1672374525903585200&wfr=spider&for=pc.

▶ 讨论题

出口信用保险为企业带来了哪些保障？

历史上，国际服务贸易是伴随国际货物贸易发展起来的，因此在 20 世纪 70 年代以前，国际服务贸易处于一个相对从属的地位，并未受到应有的重视，服务贸易不同于货物贸易的特点也并未为人们所关注。随着经济的发展和科技的进步，国际服务贸易开始加速发展。1979 年，全球服务贸易以 24% 的增长速度首次超过了增幅为 21.7% 的货物贸易。到 2017 年，服务业在发达经济体的 GDP 占比从 1950 年的 40% 上升到 75% 左右，而许多发展中经济体也越来越以服务业为基础，在有些国家这种趋势的发展甚至比发达经济体还要快。《2019 世界贸易报告》显示，服务业已经成为世界经济发展的支柱产业。服务贸易在世界 GDP 中所占比重近几年持续稳步增长，而服务贸易额增长多来自高附加值和高产能服务业，如信息与通信产业和多种商贸服务业。外商直接投资资金的绝大部分流向服务业，占外商直接投资总额的 2/3。服务贸易的增长成为带动其他行业增长的重要推力。服务贸易促进了全球价值链的升级，由此为世界贸易格局带来了革新。技术进步和创新将会解锁未来服务贸易更多的潜能，而创造有利于服务贸易发展的环境，将成为帮助各国从经济下滑中复苏的关键之举。在这一背景下，有必要增强对与服务贸易相关的概念、理论、政策、规则的学习和理解。

第一节　国际服务贸易概述

一、国际服务贸易的概念

按照国际贸易的概念，简单来说，国际服务贸易就是国与国之间相互提供服务这一无形产品的商业行为。西方学者对服务贸易概念的探讨是从"服务"本身的概念开始的。然而由于"服务"本身就是经济学中极具争议的范畴，因此国际服务贸易也没有统一的、公认的、确切的定义。下面介绍几种具有代表性的解释。

1. 基于国际收支统计的定义

统计学家以国民收入、国际收支平衡为出发点，以国境为标准，将服务出口解释为将服务出口给其他国家的居民，将服务进口解释为本国居民从其他国家购买服务。"居民"是指按照所在国法律的规定，基于居住期、居所、总机构或管理机构所在地等负有纳税义务的自然人、法人和其他在税收上视同法人的团体；"贸易"是指销售具有价值的东西给居住在另一国家的人；"服务"是指任何不直接生产制成品的经济活动。

2. 联合国贸易和发展会议的定义

联合国贸易和发展会议利用过境来阐述服务贸易，将国际服务贸易解释为利用货物的加工、装配、维修以及货币、人员、信息等生产要素为非本国居民提供服务并取得收入的活动，是一国与他国进行服务交换的活动。狭义的国际服务贸易是指有形的、发生在不同国家之间，符合服务定义的、直接的服务输出与输入。广义的国际服务贸易既包括有形的服务输出与输入，也包括在服务提供者与消费者没有实体接触情况下发生的无形的国际服务交换。除了特定情况，一般所说的服务贸易是指广义的国际服务贸易。

3. 《美加自由贸易协定》的定义

1989年，美国和加拿大签署的《美加自由贸易协定》成为世界上第一个在国家间贸易协议上正式定义服务贸易的法律文件。它将国际服务贸易定义为由或代表其他缔约方的一个人，在其境内或进入一缔约方境内所提供的一项指定的服务。

4. 世界贸易组织《服务贸易总协定》的定义

WTO（原关贸总协定）在乌拉圭回合的谈判过程中，首次将服务贸易列为谈判的范围，并于1994年达成《服务贸易总协定》（General Agreement on Trade in Services，GATS），对整个服务贸易的概念、范围及相关的国际规则做出了明确的规定。在谈判过程中，发展中国家和发达国家出于自身服务业发展现状的差异以及对各自利益的维护，在如何界定国际服务贸易方面观点严重对立，长期相持不下。最终《服务贸易总协定》采用描述性方式，将服务贸易定义为："①从一缔约方境内向任何其他缔约方提供服务；②在一缔约方境内向任何其他缔约方消费者提供服务；③一缔约方在其他任何缔约方境内通过提供服务的商业存在而提供服务；④一缔约方的自然人在其他任何缔约方境内提供服务。"

第一类国际服务贸易主要是指"过境交付"，即服务的提供者在一成员方的领土内，向另一成员方领土内的消费者提供服务的方式。其中"过境"是指"服务"的过境，至于资金或人员在现代科技条件下一般无须过境，服务提供者和服务消费者都无须移动，可以通过电信、邮政、计算机网络等手段实现对境外的外国消费者的服务，如国际电信服务、信息咨询服务或卫星影视服务等。

第二类国际服务贸易一般是通过服务消费者的过境移动来实现的，一般被称为"境外消费"。其中最典型的为旅游服务，旅游者到境外旅游，购买境外的旅游服务，由此便发生了旅游服务贸易。属于此类服务贸易的还有去境外参加教育培训、接受医疗服务或技术鉴定服务等。

第三类国际服务贸易主要涉及市场准入和直接投资，即一成员方的服务提供者在另一成员方领土内设立商业机构，在后者领土内为消费者提供服务，取得收入。这种情况通常被称为"商业存在"。该机构的服务人员既可以从服务提供商的母国带来，也可以从东道国雇用；服务对象可以是东道国的消费者，也可以是来自第三国的消费者。常见的形式主要是，在境外设立金融服务分支机构、律师及会计师事务所、维修服务站等。与第二类不同的是，第三类服务强调通过生产要素流动到消费者所在地来提供服务。

第四类国际服务贸易主要是指成员方的服务提供者以自然人的身份进入另一成员方的领土内提供服务，这种方式通常被称为"自然人流动"。最常见的是建筑设计与工程承包及其所带动的劳务输出。这类服务贸易方式涉及几方面的问题：一是自然人的国籍在一缔约方，服务地点在另一缔约方；二是自然人以商业目的为导向，在异国提供服务，其部分收入汇回境内，用于境内消费。如果单个自然人受雇在外国机构工作，取得的收入用于自己的消费，一般不视作服务贸易。

虽然《服务贸易总协定》将服务贸易界定为过境交付、境外消费、商业存在、自然人流动等服务的四种提供方式，但实际上服务的提供往往不是一种方式就能完成的，而是几种方式联合的完成的，不过这一特征并不与它作为一个整体的服务贸易定义相冲突。《服务贸易总协定》对国际服务贸易的解释是一个权威性的定义，被广泛接受。

二、国际服务贸易的分类

由于国际服务贸易的多样性和复杂性，目前尚未形成统一的分类标准。许多经济学家和国际经济组织为了分析方便和研究的需要，从不同角度对国际服务贸易进行了分类。

（一）以要素密集度为标准

沿袭商品贸易中所密集使用某种生产要素的特点，有的经济学家按照服务贸易中对资本、技术、劳动力投入要求的密集程度，将服务贸易分为三类。

（1）资本密集型服务，包括空运、通信、工程建设等。

（2）技术与知识密集型服务，包括金融、法律、会计、审计、信息服务等。

（3）劳动密集型服务，包括旅游、建筑、维修、消费服务等。

这种分类以生产要素密集程度为核心，涉及产品或服务竞争中的生产要素，尤其是当代高科技的发展和应用问题。发达国家资本雄厚，科技水平高，研究与开发能力强，主要从事资本密集型和技术与知识密集型服务贸易，如金融、保险、信息、工程建设、技术咨询等。这类服务附加值高，产出大。相反，发展中国家资本短缺，技术开发能力差，技术水平低，一般只能从事劳动密集型服务贸易，如旅游、种植业、建筑业及劳务输出等。这类服务附加值低，产出小。因此，以要素密集度为标准的分类方法从生产要素的充分合理使用以及各国以生产要素为中心的竞争力分析，具有一定的价值。不过，现代科技的发展与资本要素的结合更加密切，在商品和服务中对要素的密集程度的分类并不是十分严格，也很难加以准确无误的区分，更不可能制定一个统一的划分标准。

（二）世界贸易组织的分类

乌拉圭回合服务贸易谈判小组在乌拉圭回合中期审评会议后，加快了服务贸易谈判进程，并在对以商品为中心的服务贸易分类的基础上，结合服务贸易统计和服务贸易部门开放的要求，征求各谈判方的提案和意见，提出了以部门为中心的服务贸易分类方法，将服务贸易分为 12 大类，分别如下。

（1）商业性服务。商业性服务指在商业活动中涉及的服务交换活动，共分为 6 类，其中既包括个人消费的服务，也包括企业和政府消费的服务。

①专业性（包括咨询）服务。专业性服务涉及的范围包括法律服务，工程设计服务，旅游机构提供的服务，城市规划与环保服务，公共关系服务以及与上述服务项目有关的咨询服务活动。此外还包括设备安装及装配工程服务（不包括建筑工程服务），设备的维修服务（例如成套设备的定期维修、机车的检修、汽车等运输设备的维修等）。

②计算机及相关服务。这类服务包括计算机硬件安装的咨询服务、软件开发与执行服务、数据处理服务、数据库服务及其他。

③研究与开发服务。这类服务包括自然科学、社会科学及人类学中的研究与开发服务，交叉科学的研究与开发服务。

④不动产服务。这类服务指不动产范围内的服务交换，但是不包含土地的租赁服务。

⑤设备租赁服务。主要包括交通运输设备，如汽车、卡车、飞机、船舶等，和非交通运输设备，如计算机、娱乐设备等的租赁服务，但不包括其中有可能涉及的操作人员的雇用或所需人员的培训服务。

⑥其他服务。包括生物工艺学服务，翻译服务，展览管理服务，广告服务，市场研究及公众观点调查服务，管理咨询服务，与人类相关的咨询服务，技术检测及分析服务，与农、林、牧、采掘业、制造业相关的服务，与能源分销相关的服务，人员的安置与提供服务，调查与保安服务，与科技相关的服务，建筑物清洁服务，摄影服务，包装服务，印刷、出版服务，会议服务等。

（2）通信服务。由公共通信部门、信息服务部门、关系密切的企业集团和私人企业间进行信息转接和服务提供。主要包括邮电服务、信使服务、电信服务，其中包含电话、电报、数据传输、电传、传真；视听服务，包括收音机及电视广播服务；其他电信服务。

（3）建筑服务。建筑服务主要指工程建筑从设计、选址到施工的整个服务过程，具体包括选址服务、国内工程建筑项目、建筑物的安装及装配工程、建筑工程项目施工、固定建筑物的维修服务、其他服务。

（4）销售服务。销售服务指产品销售过程中的服务交换，主要包括商业销售（主要指批发业务）、零售服务、与销售有关的代理费用及佣金等、特许经营服务、其他销售服务。

（5）教育服务。教育服务指各国间在高等教育、中等教育、初等教育、学前教育、继续教育、特殊教育和其他教育中的服务交往，如互派留学生、访问学者等。

（6）环境服务。环境服务指污水处理服务、废物处理服务、卫生及相似服务等。

（7）金融服务。金融服务主要指银行和保险业及相关的金融服务活动，包括：①银行及相关的服务：银行存款服务；与金融市场运行管理有关的服务；贷款服务；与债券市场有关的服务，主要涉及经纪业、股票发行和注册管理、有价证券管理等；附属于金融中介的其他服务，包括贷款经纪、金融咨询、外汇兑换服务等。②保险服务：货物运输保险，其中含海运、航空运输及陆路运输中的货物运输保险等；非货物运输保险，具体包括人寿保险、养老金或年金保险、伤残及医疗费用保险、财产保险服务、债务保险服务；附属于保险的服务，如保险经纪业、保险类别咨询、保险统计和数据服务、再保险服务。

（8）健康及社会服务。健康及社会服务主要指医疗服务，其他与人类健康相关的服务，社会服务等。

（9）旅游及相关服务。旅游及相关服务指旅馆、饭店提供的住宿、餐饮服务及相关的服务，旅行社及导游服务。

（10）文化、娱乐及体育服务。文化、娱乐及体育服务指不包括广播、电影、电视在内的一切文化、娱乐、新闻、图书馆、体育服务，如文化交流、文艺演出等。

（11）交通运输服务。交通运输服务主要包括货物运输服务，如航空运输、海洋运输、铁路运输、管道运输、内河和沿海运输、公路运输服务；航天发射以及运输服务，如卫星发射等；客运服务；船舶服务（包括船员雇用）；附属于交通运输的服务，主要指报关行、货物装卸、仓储、港口服务、起航前查验服务等。

（12）其他服务。

（三）国际货币基金组织的分类

国际货币基金组织按照国际收支统计将服务贸易分为以下几种。

（1）民间服务（或称商业性服务）。民间服务是指1977年国际货币基金组织编制的《国际收支手册》中的货运，其他运输、客运、港口服务等，旅游，其他民间服务和收益。进一步分类如下：①货运：运费、货物保险费及其他费用；②客运：旅客运费及有关费用；③港口服务：船公司及其雇员在港口的商品和服务的花费及租用费；④旅游：在境外停留不到一年的旅游者对商品和服务的花费（不包括运费）；⑤劳务收入：本国居民的工资和薪水；⑥所有权收益：版权和许可证收益；⑦其他民间服务：通信、广告、经纪人、管理、租赁、出版、维修、商业、职业和技术服务。

一般我们把劳务收入、所有权收益、其他民间服务统称为其他民间服务和收益。

（2）投资收益。投资收益指国与国之间因资本的借贷或投资等所产生的利息、股息、利润的汇出或汇回。

（3）其他政府服务和收益。其他政府服务和收益指不列入上述各项的涉及政府的服务和收益。

（4）不偿还的转移。不偿还的转移指单方面的（或片面的）、无对等的收支，即资金在国际上移动后，并不产生归还或偿还的问题，因此又称单方面转移，一般指单方面的汇款、年金、赠与等。根据单方面转移的不同接受对象，又分为私人转移与政府转移两大类。政府转移主要指政府间的无偿经济技术或军事援助、战争赔款、外债的自愿减免、政府对国际机构缴纳的行政费用以及赠与等收入与支出。私人转移主要指汇款、从国外取得或对国外支付的养老金、奖金、赠与等。

（四）国际服务贸易的统计分类

国际服务贸易的统计分类是一种操作性的应用分类，其根据是国际货币基金组织统一规定和统一使用的各国国际收支账户形式。这种国际收支账户的格式和项目构成被世界上的绝大多数国家所采用，是衡量一国经济在一定时期内同世界上其他国家发生经贸往来所共同遵循的标准。

国际服务贸易统计分类的要点是将国际收支账户中的服务贸易流量划分为两种类型：一类是同国际收支账户中的资本项目有关，即同国际资本流动或金融资产流动相关的国际服务贸易流量，称作"要素服务贸易"流量；另一类则是只同国际收支账户中的经常项目相关，而同国际资本流动或金融资产流动无直接关联的国际服务贸易流量，称作"非要素服务贸易"流量。具体分类如表 11-1 所示。

1. 要素服务贸易

要素服务的概念源于传统的生产力三要素理论。该理论认为社会财富来自因提供劳动、资本和土地三种生产要素而获得的报酬。在国际领域中，土地的流动性非常有限，因此传统观点一般认为它不能够提供跨国的要素服务；而劳动这一生产要素的跨国流动是很常见的，如国际工程承包和建设以及航空公司的空乘服务。然而由于统计分类中"要素服务贸易"流

表 11-1　国际服务贸易的统计分类

要素服务贸易	非要素服务贸易
股息（包括利润）	运输
利息	旅游（旅馆和餐厅）
国外再投资的收益	金融服务
其他资本净收益	保险服务
	专业服务（咨询、管理、技术服务）
	特许使用项目（许可证等）
	其他私人服务

量是同国际上的资本流动或金融资产流动相关的国际服务贸易流量，而提供劳动要素所获得的报酬同国际资本流动或金融资产流动只有间接关系，没有直接关系，因此劳动要素提供的服务也不属于"要素服务贸易"。由此可见，只有资本要素所提供的服务及其报酬才属于"要素服务贸易"的范畴。

在现代世界经济体系中，国际资本流动的基本形式是国际金融资产的跨国输出和输入，主要的实现方式有两种：国际投资和国际信贷。直接投资和间接投资是国际投资的两种主要的方式，其中直接投资是为获得国外资产的管理控制权而进行的投资，如在国外建立分支机构或购买现有的生产经营设施。当然直接投资的收益并非仅来自资本的要素报酬（即利息或股息），同时也包括经营管理技能的要素报酬（即利润）。国际间接投资也叫国际证券投资，指在国际证券市场上购买外国企业发行的股票或债券，或购买外国政府发行的政府债券。间接投资不能获得外国资产的管理控制权，其目的主要在于获得金融资产的利息或股息，因此其收益是一种较为纯粹的要素服务报酬。同国际间接投资一样，国际信贷的利息收入也是一种较为纯粹的要素服务报酬。国际信贷主要有三种方式。①民间国际信贷，主要包括商业信贷和银行信贷两种类型。商业信贷是指企业之间的国际信贷往来，主要形式有进出口信贷、租赁信贷和补偿贸易信贷。银行信贷是商业银行的国际贷款，主要有单一行贷款和银团贷款两种形式。②国际金融机构信贷，包括世界性和区域性的国际金融机构贷款。前者如世界银行、国际货币基金组织对成员方提供的信贷，后者如亚洲开发银行、拉丁美洲开发银行等对本地区国家和地区提供的信贷。③政府间贷款，一般由贷款国政府或政府机构，如美国国际开发署、日本海外经济协力基金组织以及一些国家的进出口银行等，以优惠利率对外国政府提供。所有以上这些类型的国际信贷，其收益流量均作为金融资产的要素报酬记入国际收支账户的服务贸易项目。

总而言之，一切与国际收支的资产项目直接相关的金融资产收益流量，无论其表现形式是利息、股息还是利润，在国际服务贸易操作性统计分类的标准之下，都划归国际服务贸易的要素服务贸易类型。

2. 非要素服务贸易

"非要素服务贸易"概念是相对于"要素服务贸易"概念而言的，它是指与国际资本流动或金融资产流动无直接关联的国际服务贸易流量，主要涉及运输服务、旅游服务（旅馆和

餐厅）、金融服务、保险服务、专业服务（咨询、管理、技术等专业服务）和特许使用项目等内容。

只是由于非要素服务贸易所包含的内容太过庞杂，以至于很难用一两个正面尺度或标准来把它们贯穿起来，因此在规范界定"要素服务贸易"的前提下，一般采用剩余法或排除法来衡量"非要素服务贸易"。从统计分类的角度看，国际上所谓"非要素服务贸易"的流量就是国际收支统计的经常项目流量的一个剩余，即经常项目流量减去商品贸易（货物进出口）流量，

再减去单方转让流量，再减去"要素服务贸易"流量的剩余。我们可以借助国际收支统计的基本结构来具体显示这个剩余（见表11-2）。

表11-2所统计的国际经济流量实际是由两类流量组成的——经常性项目和资本性项目。显而易见，根据这种统计规范，国际服务贸易的所有内容都作为经常性项目的基本组成部分而加以统计。这样，从统计的角度看，国际服务贸易的项目应该是经常性项目的一个剩余：

表11-2　国际收支统计的基本结构（IMF 格式）

国际收支统计的基本结构
1. 经常性项目（current account）： （1）商品（货物）贸易（visible trade） （2）服务贸易（invisible trade） （3）单方转让（unilateral transfers）
2. 资本性项目（capital account）： （1）长期资本流动（long-term capital） （2）短期资本流动（short-term capital）
3. 平衡或结算项目（balancing or settlement account）： （1）错误和遗漏（errors and omissions） （2）官方储备变动（official reserves）

国际服务贸易项目 = 经常性项目 − 商品贸易项目 − 单方转让项目

再从这个作为经常性项目剩余的国际服务贸易项目中减去"要素服务贸易"项目，即减去同国际资本流动相联系的净收益项目，我们便可以得到国际服务贸易的"非要素服务贸易"项目：

非要素服务贸易项目 = 国际服务贸易项目 − 要素服务贸易项目

国际服务贸易的操作性统计分类是目前世界各国普遍接受的国际服务贸易分类法。这种分类方法的优点和缺点都比较明显。其优点在于能使一国或一个经济体系比较准确迅速地掌握其外汇收支状况，因此被世界各国和国际组织普遍接受。但与此同时，作为一种操作性的分类，国际服务贸易的统计分类的指导思想在于尽可能利用国际收支流量中关于无形贸易流量的统计，而不去考虑该种分类在经济学逻辑上是否合理。此外，要素服务与非要素服务的划分也不尽合理，并且模糊了服务产品的进出口与服务业本身跨国投资以及生产要素跨国流动的界限。

（五）国际服务贸易的逻辑分类

与强调经验性和操作性的国际服务贸易统计分类不同，国际服务贸易的逻辑分类是一种理论分类，这种分类的思想原则是经济理论的无矛盾性和国内与国际服务贸易分类标准的统一性。这种分类在操作上有难度，但是有利于理论研究。

国际服务贸易的逻辑分类主要包括如下几种：一是按照服务产品的分类而进行的分类；二是按服务贸易和货物贸易的关联程度进行的分类；三是按是否涉及劳动力流动进行的分类。在此主要介绍前两种。

1. 基于服务产品的分类而进行的服务贸易分类

通过对服务产品和服务业的分类来说明国际服务贸易的分类，是国际服务贸易逻辑分类中非常重要的一种方式。这一分类方法的前提是认为国际服务贸易实质上就是服务产品的贸易。根据服务处于再生产的环节，可以认为一个省略政府职能的经济体系所产出的服务共有三类：

一是消费性服务，即消费者在消费者服务业市场上购买的服务；二是生产性服务，即生产者在生产者服务业市场上购买的服务，作为中间投入服务，用于商品和服务的进一步生产；三是分配性服务，即消费者和生产者为获得商品或供应商品而必须购买的服务。其中消费性服务是包罗万象的，是经济社会提供的最主要的服务。生产性服务是围绕着企业生产进行的，包括经营管理、计算机应用、会计、广告设计和保卫等，也包括一些相对独立的产业服务，如金融业、保险业、房地产业、法律和咨询业等。分配性服务是一种连带性服务或追加性服务。这类服务的供给和需求都是因为对商品的直接需要而派生出来的。按分配性服务与有形商品（货物）供给的紧密程度区分，分配性服务可以分为"锁住型"分配服务和"自由型"分配服务。"锁住型"分配服务是指不可能与商品生产的特定阶段相分离，只能作为商品生产过程或其延伸阶段的一部分，从而其价值或者成本完全附着在有形商品价值之上，不成为市场上独立交易的对象，如企业内产品库存的仓储、搬运、分配等。"自由型"分配服务在性质上同"锁住型"分配服务一样，同有形商品紧密联系，但这种服务可以外在化为独立的市场交易对象，比较典型的例子是运输业、仓储业、交通通信业等。

2. 按服务贸易与货物贸易的关联程度而进行的服务贸易分类

早期的国际服务贸易如国际运输服务、国际结算都是伴随着国际货物贸易的发展和需要而发展起来的。随着国际分工体系的深化，相对独立的国际服务贸易才开始出现。因此按照服务贸易是否与货物贸易有关来对国际服务贸易进行分类，是完全符合历史发展逻辑的。

（1）国际追加服务。国际追加服务贸易是同有形货物贸易有着直接联系的国际服务贸易。对消费者而言，商品实体本身是其购买和消费的核心效用，服务并不能向消费者提供直接的、独立的效用，而是提供或满足某种追加的效用。二战以后国际市场日益激烈的竞争凸显了国际追加服务的重要性，消费者已不仅仅满足于商品本身的消费所带来的核心效用，而是更加重视产品的功能、技术服务以及消费过程中的精神上的满足感，因此高质量的产品、优质的技术服务、良好的售后服务和多种营销策略的实施更有助于企业在竞争中取胜。

与此同时，科技对生产的影响也使"生产要素"的内涵不局限于资本、劳动力、土地等。在生产要素的范围不断扩大后，名目繁多的追加服务，如知识密集型服务、信息密集型服务、研究与开发型服务引起人们的高度重视，也被广泛应用于有形商品生产的各个阶段。例如，在有形商品开始生产之前，要求有先行的追加服务投入，包括可行性研究、风险资本筹集、市场调研、产品设计等。在产品生产过程中，要求有与产品生产过程融为一体的追加服务投入，如质量控制和检验、设备租赁、后期原材料供给、设备维修等，并要求有与生产过程并行的追加服务投入，如财务会计、人事管理与培训、信息和图书资料等的收集整理与应用、不动产管理、法律、保险、通信、卫生、安全保障及员工后勤服务、公共服务等。在产品生产后与消费者见面的环节中，也需要相应的追加服务投入，如广告、运输、商品使用指南、售后服务等。

有的追加服务很难从某一特定生产阶段脱离，只能与一定比例的生产要素相联合，完全附属于有形商品价值实体之中，不能形成独立的交换对象。也有的追加服务虽与有形商品贸易有关，但可以独立于某种有形商品而成为独立的交易对象。不过，各类追加服务一般都是相互依存而结合为一个一体化的服务网络。随着经济服务化的发展，生产厂商提供的追加服务越来越成为其非价格竞争的重要因素。

在追加服务中，相对较为重要的是国际交通、运输和国际邮电通信。它们对于各国社会分工、改善工业布局与产业结构调整、克服静态比较劣势、促进经济发展是重要因素。现今科学技术促使交通运输和邮电通信发生了巨大的变化，缩短了经济活动的时空距离，消除了许多障碍，对全球经济的增长日益发挥着重要作用，也成为国际服务贸易的重要内容。

（2）国际核心服务。国际核心服务与有形商品的生产和贸易无关，它是消费者单独购买的、能为消费者提供核心效用的一种服务。国际核心服务根据消费者与服务供给者距离远近可分为面对面型国际核心服务和远距离国际核心服务。

面对面型国际核心服务是指服务供给者与消费者双方实际接触才能实现的服务。面对面型国际核心服务伴随着生产要素中的人员和资本的跨国界移动。例如，金融业的输出存在资本跨国界移动，许多发达国家的国际金融联合企业，如美国花旗银行，通过供给者移动与服务消费者的接触，在世界各地设立分支机构，并凭借电子化和信息化的技术将业务范围延伸向国际经济生活的各个角落。国际旅游服务则是主要伴随人力资本跨国界移动而形成的一种面对面国际核心服务。近十年来，国际旅游服务的出口总额增长较快，这主要依赖于在科技基础上建立的国际旅游服务网络。

远距离国际核心服务不需要服务供给者与消费者实际接触，借助一定的载体即可实现跨国界服务。例如，通过通信卫星作为载体传递进行的国际视听服务，其中包括国际新闻报道、国际问题活动和传真业务等。

远距离国际核心服务中，国际金融服务在国际资本移动加快的推动下迅速发展，再加上西方发达国家广泛将计算机、遥控电信技术等应用于银行业，一个以计算机数据处理、电子信息传递和电子资金转账系统为标志的金融服务体系已经形成。自动出纳机的普及、利用计算机转账或信用卡代替往年的支票等都加快了国际资本移动的速度，这更为远距离国际金融服务的发展创造了良好的条件，国际金融服务在国际服务贸易中所占比重也逐渐增大。

与操作性的国际服务贸易的统计分类相比，国际服务贸易的逻辑分类更符合一般经济学的思想，但是同统计分类相比较，逻辑分类的实际应用性还是很差的。大部分有关国际服务贸易的研究和讨论，都不以理论性的逻辑分类的概念和定义作为实际分析的工具。

三、国际服务贸易的特点

服务本身存在的一些独特特点，致使国际服务贸易呈现出与国际货物贸易不同的特点。与国际货物贸易比较，国际服务贸易具有以下几个明显的特点。

（1）服务贸易标的的无形性。服务是无形的，具有不可触摸性、不可储存性和不易运输性，因而导致国际服务贸易交易方式的多样化。一般来看，国际服务贸易主要是通过以下三种方式实现的：一是直接出口，指服务出口国向服务进口国直接提供服务，这种贸易方式通过电信、邮电或计算机的联网实现，不涉及人员、物资和资金的流动。直接出口有时也被称为分离型国际服务贸易或过境交付型国际服务贸易。二是间接出口，是指由服务进口国的消费者直接到服务出口国消费服务，比如服务进口国的消费者到服务出口国旅游、留学等。间接出口又称为供给地依存型国际服务贸易或境外消费型国际服务贸易。三是国外当地生产当地销售，是指服务出口国的企业、经济实体或个人直接到服务进口国去提供服务。提供服务既可以通过创办服务企业，也可以通过个人受雇或从事个体服务等。这种服务出口的方式又被称为需求地依存型国际服务贸易或法人与自然人存在型国际服务贸易，是目前服务出口中最主要的方式。

（2）服务生产和消费的同步性。服务的生产与消费往往是同时发生的，通常无法通过服务转让而达到盈利目的，所以服务的生产和出口过程一定程度上也就是服务的进口和消费过程。

（3）与生产要素的跨国移动紧密相关。国际服务贸易更多地依赖于生产要素的国际移动和服务机构的跨国设置，国际上的服务交换无论采取什么样的形式，都与资本、劳动力和信息等生产要素的跨国界移动紧密相关。

（4）统计数据无法在海关贸易统计数据中显示。服务贸易的统计数据和货物贸易的统计数据一样，在各国国际收支平衡表中得到体现。但是，服务贸易的统计数据却无法像货物贸易的统计数据那样，在各国海关进出口统计中显示。

（5）国际服务贸易管理的复杂性。对服务贸易的监控往往只能通过国家立法和制定行政法规来达到，因此它所涉及的法规形式和强度都远远超过货物贸易。

四、服务贸易与货物贸易的关系

服务贸易的发展与货物贸易的发展相互补充，良性互动。一方面，服务贸易的发展节约了货物贸易所需要的成本，提高了货物贸易的效率，促进了货物贸易的发展。另一方面，货物贸易的发展在金融、专业服务等方面促进了服务贸易的发展，为服务贸易的发展提供了物质支持。

1. 服务贸易的发展节约了货物贸易所需要的成本

服务业对货物贸易发展的贡献是无法用数字来准确描述的：交通运输的发展促进了货物贸易的地域扩展，节省了货物贸易的交易时间；建筑工程承包提供了生产商品所需要的厂房，促进了商品的生产；教育为货物贸易提供了合格的从业者；金融为货物贸易提供了资金支持，方便了商品交易，特别是信用的使用，极大地降低了交易成本，防范了交易风险；广告的设计与使用促进了商品的消费，增进了厂商和各级经销商的联系。由此可见，服务贸易对货物贸易的发展做出了巨大的贡献。但服务贸易出现的问题极有可能损害货物贸易，如 2008 年的金融海啸，它是由次贷危机引起的全球性的金融动荡，最终的结果是损害了实体经济的发展。

2. 货物贸易的发展是服务贸易发展的物质基础

货物贸易的发展是服务贸易发展的物质基础，服务贸易的发展需要建立在货物贸易的基础之上，若货物贸易的发展出现停滞，则服务贸易就像无水之木，必然枯萎。以软件为例，首先需要 IBM 等计算机制造商制造出计算机提供给计算机销售者，在此过程中 IBM 需要面对消费者做广告，然后消费者购买计算机用于软件开发，向软件需求者提供软件包装，若消费者采用分期付款的方式，这就又涉及了服务贸易中的金融，若消费者需要通过培训班或者大学学习软件编程技术，就涉及了服务贸易中的教育，IBM 的高管因为业绩良好而获得奖励去国外度假，就产生了国际服务贸易的旅游贸易。从这一角度来看，货物贸易的确是服务贸易发展的重要物质基础。

3. 服务贸易与经济发展之间的良性互动

服务贸易是经济发展多样化的重要推动力，将促使各经济体的经济模式更加灵活可持续发展。联合国贸易和发展会议前副秘书长佩特科·德拉加诺夫（Petko Draganov）指出，服务贸易对调整经济结构作用很大，服务贸易为知识和技术的转移提供了通道，它使得发展中经济体能够从全球技术研发中获益，知识和技术的转移将帮助这些经济体发展通信、零售、银行业以及 IT 行业。在提高人们生活质量方面，服务业在很多方面比传统工业具有更多的优势和竞争力。从具体国家来看，服务业在某些国家的国民经济中占有非常重要的地位。以美国为例，2000 年美国服务贸易出口额高达 2 534 亿美元，服务贸易顺差达 73 亿美元，服务业产值占 GDP 的比重超过 70%，提供的就业岗位数占就业总数的 80%。另外从经济增长的速度来看，一国服务业的增幅往往要高于货物贸易的增幅。从这个角度来说，服务业的发展极大地促进了经济的发展。

经济的发展对服务贸易的发展也有极大的促进作用。随着经济的发展，人们的收入增长，更倾向于选择金融理财产品，或者利用闲暇时间旅游，也更愿意主动接受更高层次的教育或者各种各样的艺术或文艺培训。这些都会促进服务贸易的发展。

案例 11-1

新冠肺炎疫情对国际货运业务和客运业务的影响

2020 年新冠肺炎疫情暴发以来，国际航空运输、海上运输均受到不同程度的影响。以肯尼亚为例，空运方面，自新冠肺炎疫情发生以来，肯尼亚航班停飞部分国际航线，国际贸易活动减少，导致肯尼亚航空每月遭受 800 万美元损失。自 2020 年 3 月 25 日起，肯尼亚宣布停止所有国际客运航班，航空业遭受前所未有的挑战。海运方面，受供应链紧张影响，蒙巴萨港的到港船只及转运均受到影响，3 月，37 艘船只取消到达肯尼亚，104 艘处于待定状态，船只承运集装箱数量也少于预期。

近年来，中国约占肯尼亚进口总量的 21%，肯尼亚高度依赖中国进口的生产原材料及生活消费品。受到新冠肺炎疫情导致的供应链中断或延迟影响，肯尼亚制造商和零售商均受到冲击，据测算，肯尼亚需要寻找第三国采购或本地生产的产品总货值达 36.6 亿美元。肯尼亚的生活成本、生产成本或将上升，对经济造成较大压力。

2020 年 3 月 24 日，国际航空运输协会发布报告更新了该机构关于新冠肺炎疫情大流行对全球航空运输业收入影响的分析预测。据分析，由于严格的旅行限制和预期全球经济衰退，全球航空运输客运收入可能会下降 2 520 亿美元，比 2019 年下降 44%。严格的旅行限制可能持续长达 3 个月，加之 2020 年全球经济预计衰退对就业和市场信心的影响将削弱新冠肺炎疫情之后航空客运需求，因此 2020 年全球航空运输客运需求会比 2019 年下降。

目前，世界各地的航空公司都在为生存而战。旅行限制和不断减少的需求意味着除了货运以外，航空运输几乎没有客运业务。各国政府如果不采取紧急财政救援措施，许多航空公司将无法进入复苏阶段，而且将使航空运输业的这场危机持续更久、更痛苦。各国都应认识到航空运输业对经济和就业发挥的关键作用，其经济活动催化剂能力对修复新冠肺炎疫情造成的经济和社会损害至关重要。

资料来源：中华人民共和国商务部. 肯国际运输业遭受疫情冲击 ［EB/OL］.（2020-03-24）［2021-08-10］. http://www. mofcom. gov. cn/article/i/jyjl/k/202003/20200302948187. shtml；杨海泉. 疫情严重冲击全球航空运输业 ［EB/OL］.（2020-03-26）［2021-08-10］. https://baijiahao. baidu. com/s?id = 1662179775236888344&wfr = spider&for = pc.

▶ 讨论题

1. 航空运输和海上运输在国际贸易中发挥着怎样的作用？

2. 为何新冠肺炎疫情发生以来国际运输业受到严重冲击？

第二节　国际服务贸易理论

传统的国际贸易理论是建立在货物贸易基础上的，主流国际贸易理论体系中没有专门论述服务贸易的内容，因此，严格地说，服务贸易并未形成自身的理论体系。然而，服务贸易发展的客观现实，已不允许这种理论研究的空白。随着服务业日益成为产业进步的标志，服务贸易增长速度超过货物贸易的增长速度。服务贸易实践的发展，越来越凸显出其理论的不足与滞后。

服务贸易理论的核心是有关服务贸易的基本特征和基本原理。但如何围绕这一核心构建相对完整的服务贸易理论体系，理论界存在两种选择：其一，是依据国际服务贸易的实践和特点，借鉴相关学科领域的研究成果，发展出相对独立的服务贸易理论；其二，是将传统的货物贸易理论加以延伸，扩展到服务贸易领域，用相应的逻辑和概念来阐述服务贸易，从而实现货物贸易理论和服务贸易理论的对接。从服务贸易理论的实际发展来看，理论界更多地倾向于第二种选择。这不仅是因为第一种选择存在着实际的困难，而且更重要的是，理论界在做第一种选择，试图建立相对独立的服务贸易纯理论的时候，无法与传统的货物贸易理论彻底决裂，其结果是不由自主地又回到第二种选择。

西方学者对服务贸易的研究开始于 20 世纪 70 年代末期。数十年来的理论研究进展可以大体归纳为以下几个主要方面。

一、传统比较优势理论

（一）比较优势理论的主要内容

比较优势理论又可称作比较成本论，由英国经济学家大卫·李嘉图提出，其基础是亚当·斯密的绝对优势理论。斯密认为，由于自然和其他条件的制约，各国之间在生产上存在着一种自然分工，并由此产生国际贸易。斯密认为，国际贸易和国际分工的原因及基础是各国间存在的劳动生产率和生产成本的绝对差别。各国应集中生产并出口因生产成本低而具有"绝对优势"的产品，进口因生产成本高而处于"绝对劣势"的产品。各国根据自己的绝对优势而进行的贸易能够给贸易双方带来总产量增加、消费者福利上升或节约劳动等收益。

李嘉图扩展了斯密的绝对优势理论。李嘉图认为，在商品自由流通且劳动、资本等生产要素也自由流动的情况下，国际的商品交换就会和国内的商品交换一样，按交换规律进行；而国际贸易的地域分工也就只能以生产商品成本的绝对优势为依据。例如，葡萄牙在呢绒和酒的生产上每单位产品一年内所用的工人分别是 90 人和 80 人，而英国在生产同样的两种产品时分别用工 100 人和 120 人。由此可见，葡萄牙在两种产品上的劳动生产率都高于英国，也就是两种产品的生产成本都低于英国，因此葡萄牙在两种产品上都具有绝对优势。在这种情况下，最理想的生产布局应该是呢绒和酒都在葡萄牙生产，而英国则把自己原来可用于这两种商品生产的资本和劳动都转移到葡萄牙；同时，英国也只能生产自己具有绝对优势的其他产品，然后同葡萄牙交换酒和呢绒。然而李嘉图指出，出于种种原因，资本和劳动实际上在国与国之间并不能自由流动，因此国际贸易地域分工的原则也不再是绝对优势，而是相对优势或比较优势。比较优势可以用相对成本或相对劳动生产率来表示。继续上面的例子：葡萄牙在呢绒和酒这两种产品上都具有绝对优势，但其呢绒的相对成本（90/80 = 1.125）大于英国呢绒的相对成本（100/120 = 0.83），同时其酒的相对成本（80/90 = 0.89）小于英国酒的相对成本（120/100 = 1.2），因此葡萄牙在酒这种产品上相对成本更低，具有比较优势；而英国在呢绒的生产上具有比较优势。

总而言之，李嘉图认为，即使一国在两种产品上都不具有绝对优势，但只要其中一种产品相对另一种产品优势更明显或劣势更低，那么该国就可以专门生产该种具有比较优势的产品并与他国进行交换。比较优势理论扩大了国际贸易的基础，使贸易给交易双方带来了更多的福利增长。

（二）传统比较优势理论适用性的争论

货物贸易理论向服务贸易理论的延伸有一个典型的表现，就是将古典国际贸易理论中的比较优势说运用于服务贸易的解说。由于比较优势理论自身存在的缺陷，再加上这种在西方国家理论界居主导地位的见解又很难在发展中国家获得支持，因此出现了关于传统货物贸易比较优势理论适用性问题的争论。

概括起来，理论界存在着观点迥异的两派。

其一为"适用论"，认为服务贸易与货物贸易无本质差别，因而不存在两套理论，比较优势理论合乎逻辑地适用于服务贸易。代表人物有布赖恩·辛德利（Brian Hindley）、阿拉斯代尔·史密斯（Alasdair Smith）、安德烈·萨皮尔（Andre Sapir）、厄恩斯特·卢茨（Ernst Lutz）等人。1981 年，萨皮尔和卢茨根据国家间要素禀赋和技术的差异，对货运、客运和其他民间服务做了一系列的实证研究，发现"传统的贸易理论不仅适用于货物贸易，也适用于服务贸易，要素禀赋在货物贸易和服务贸易模式的决定上都具有重要作用"。萨皮尔还提出服务贸易比较优势的动态性观点，这对发展中国家开展服务贸易的动因能提供较为合理的解释。1984 年，辛德利和史密斯认为在理论和经验分析中，没有必要在概念上严格区分货物和服务，因为比较优势强有力的逻辑超越了这些差别。理查德·库伯（Richard Kumpe）则明确指出，作为一个简单明了的思想，比较优势普遍有效。罗伯特·斯特恩（Robert M. Stern）和霍克曼·伯纳德（Hoekman Bernard）也认为，传统比较优势理论的完全竞争、技术均等化和无经济扭曲等假设在服务业中遇到困难，尽管如此，当充分考虑这些因素后，也没有理由认为需要改变比较优势法则的具体标准；虽然技术移动将产生各种差异，但服务流动与要素移动都依然符合比较优势法则的要求。

其二为"不适用论"，认为服务贸易与货物贸易源于不同的概念范畴，应有不同的理论渊源。R. 迪克（R. Dick）和 H. 迪克（H. Dicke）应该是最早解释服务贸易模式的学者，他们使用显示比较优势指标（revealed comparative advantage index，也称 RCA 指标）分析要素禀赋对服务贸易的影响，对 18 个 OECD 成员的各种 RCA 指标进行跨部门回归分析。结果是：没有证据表明比较优势决定着服务贸易模式。加里·桑普森（Gary P. Sampsom）和理查德·斯内普（Richard H. Snape）则是从大部分服务贸易中生产要素在国际上流动的特性出发，认为这与比较优势的基本假设"两国生产要素不能流动"相悖，要素禀赋理论不足以解释服务贸易。格扎·菲克特库（Geza Feketekuty）等人对此问题的研究是基于服务与货物的不同特性。菲克特库认为，服务具有不同于货物的以下几个特点：第一，国际服务贸易是提供劳动活动与货币的交换，而不是物与货币的交换；第二，国际服务贸易中服务的生产和消费大多是同时发生的，提供的劳动活动一般不可储藏；第三，统计方式不同，国际服务贸易的统计在各国国际收支平衡表中显示，而在各国海关进出口统计中没有显示。服务和货物的上述区别使得国际贸易原理不适用于服务贸易。安·赫尔曼（Ann Herman）等认为，目前用于解释货物贸易比较优势的理论，如要素禀赋论、规模经济学说、技术差距与生产周期论等的适用性都有待讨论。

其三是"改进论",为大多数国际经济学家所认可。他们认为科学技术革命已改变或正在改变传统服务商品的特性,国际货物贸易原理的合理内核适用于服务贸易。但由于服务自身客观存在的特性确实使得货物贸易理论的解释力不足,存在一定的局限性,因此不能完全套用,需要进行模型的扩展和修正。事实上,许多学者也在不断地对比较优势理论在服务贸易领域的应用进行检验,结果发现服务贸易领域同样存在比较优势的合理内核,只不过对服务贸易的某些特征不能提供令人满意的答案。主要是许多商品和服务的投入往往交织在一起,比较成本难以获得,从这个角度看,把比较优势应用到服务贸易中,存在明显的度量问题。

(三) 服务贸易比较优势的决定因素或源泉

传统比较优势理论是否适用于服务贸易,以及在多大程度上适用的理论研究及其争论似乎已经明了,人们开始注重从不同角度讨论服务贸易比较优势的决定因素或源泉。

由于服务业涵盖行业众多,不同行业的要素组合不同,如金融保险业中人力资本对比较优势的形成起关键作用,而建筑工程承包则主要是劳动力因素起决定作用,因此,人们从多方面研究服务贸易的决定基础,将服务技术要素、资源要素、管理要素、资本要素、基础设施要素以及人力资本要素等纳入其中。目前,关于服务贸易比较优势决定因素的理论分析较为零散。概括起来,这些因素有政府管理体制、自然禀赋、文化传统、服务基础设施、人力资本等。然而,由于服务贸易部门繁多,因此,不同部门比较优势的决定因素往往相去甚远。有学者认为,现代服务领域的比较优势已不再是传统意义上的生产成本,而主要是技术知识和管理,也就是人力资本。有的学者将决定比较优势的各种要素归纳为三种基本要素,即体力要素、人力资本要素和实物资本。也有学者主张分行业研究形成比较优势的因素等。

比较优势最终将反映在国家间在同种产品的价格差异上,价格差异是国际贸易发生的基础,服务贸易也不例外。在这一方面,欧文·克莱维斯(Irving B. Kravis)、巴格瓦蒂·贾格迪什(Bhagwati Jagdish N.)等人相继提出了服务价格国际差异模型。克莱维斯和巴格瓦蒂借助传统贸易理论来解释服务价格与实际人均收入的相关性,并认为发达国家在金融、工程咨询、信息处理等资本、技术密集型服务上相对价格较低,具有比较优势,而某些发展中国家在工程承包等劳动密集型服务上具有比较优势。另外也有经济学者运用计量分析方法解释国际服务价格水平的差异,得出大致相同的结论。

案例 11-2

我国中医服务贸易国际化发展的机遇与挑战

中医药是我国商贸文化交流的重要载体,我国已有众多海外中医药中心分布于"一带一路"沿线。当前,我国中医服务贸易在世界市场中不仅面临诸多挑战,也迎来了更多的创造性机遇。

我国出口的中医服务类产品主要有诊疗服务、教育服务、科研服务等。其中中医教育服务经过多年发展已经具有一定规模,中医药大学海外联合开设相关专业和中医药孔子学院在诸多国家的广泛开办均为我国的中医药教育提供了较为广阔的发展空间。诊疗服务则使中医药在国际上享有盛誉,我国的医疗服务项目针灸、按摩、刮痧等在国际社会拥有较高评价,联合国教科文组织定义的世界非物质文化遗产中就有我国的中医针灸，其成为我国支柱性产业。而随着中医服务贸易在国际市场的不断扩大，我国逐渐开发出具有较高附加值的服务项目，其中中医科研和其他服务项目因开展年限较短，在出口结构中占比较少，但发展势头良好，为我国的中医服务贸易注入了新的活力。

目前，我国已经和相关的国家、地区、国际组织签署了近百个有关的中医方面合作协议，中医服务贸易先后在加拿大、澳大利亚、越南、泰国等诸多国家得到了法律认可。

目前，中医药传播范围十分广泛，但在全世界的国家和地区中，从中医药立法情况、认证机构设立情况、从业者资质构成情况综合得出，在北美洲范围内承认我国中医服务贸易具有合法地位的国家较多，而欧洲地区的情况则不容乐观。西方发达国家虽承认我国中医药的合法地位，但从侧面而言颁布的中医药法律法规和管理条例的数量越多，意味着在该范围内对我国中医药的贸易出口有更高标准的要求，增加了贸易难度。不仅如此，承认我国中医药合法地位较少的国家和地区，则设置诸多的相关技术壁垒与贸易壁垒来增加我国中医服务贸易交往的难度。

东南亚和日韩是我国中医药产品出口最多的地区，这些地区中医药产品的出口比重占我国总体出口比重的六成，其中我国以出口低附加值、粗加工的中药材为主。根据统计，全球医药市场规模由 2010 年的 7 936 亿美元上升至 2014 年的 9 761 亿美元，2020 年达到 12 988 亿美元，说明全球医药市场相当广阔，可创造的经济价值非常可观，但世界医药的主流市场为欧美，我国中医药产品在欧美市场的占有率较低。而在出口中成药方面，日韩的中医药产品和欧洲的单方制剂更具有竞争优势。

在当前中医药发展的进程中，中医标准化问题尤为突出，保持与发挥中医的优势、加强中医的科学化和现代化的管理、保证中医药临床使用的安全性与疗效，在加强中医标准化自身管理的同时对提升中医药在国际上的竞争力与传播都具有深远的影响。在国家标准方面，我国颁布了《中医基础理论术语》《针灸技术操作规范》等；在行业标准方面，颁布了《肿瘤中医诊疗指南》《中医内科常见病诊疗指南》等。虽然总体上取得了一定的成绩，但是中医服务贸易的开展涉及诸多环节，因此必须从各环节规范中医标准体系的建立。同时，抽象性和高度模糊性的中医语言导致其多数概念无法用现代的科学语言做出相应的解释。术语翻译在国际化中医药的工作中是极具基础性与必要性的，但目前仍存在统一翻译标准的问题，翻译标准的原则、方法都尚存争议。

资料来源：王璐. 我国中医服务贸易国际化发展的机遇与挑战 [J]. 科技经济导刊, 2020 (17)：149.

▶ 讨论题

1. 我国中医服务贸易具有哪些比较优势？
2. 我国中医服务贸易存在哪些问题？

二、要素禀赋理论与国际服务贸易

英国古典学派的国际贸易理论在西方经济学界占支配地位达一个世纪之久，只是到 20 世纪 30 年代才受到瑞典学派经济学家戈特哈德·贝蒂·俄林（Bertil Gotthard Ohlin）的挑战，其域际贸易－国际贸易理论采取了伊·菲·赫克歇尔（Eli F. Heckscher）学说的主要论点，因此也被称为赫克歇尔－俄林理论（以下简称"赫－俄理论"），或 H-O 理论。亚当·斯密和大卫·李嘉图的贸易理论只是用单一要素的生产率差异来解释国与国之间为何会发生贸易行为，以及为什么劳动生产率的不同可以通过国际分工和贸易来增加贸易各方的产量并提高各自的福利水平，但是如果假定各国之间的生产要素的生产率是相同的，也就是单位生产要素的效率在世界各地是一样的，那么绝对成本论或比较成本论就无法解释贸易发生的原因。赫克歇尔和俄林提出的要素比例学说，以生产要素的丰缺来解释国际贸易发生的原因以及产品的流向。

（一）要素比例学说的基本假定条件

要素比例学说对于国际贸易的分析是在以下几点基本假设上进行的。

第一，假定只有两个国家、两种产品和两种生产要素（劳动和资本），即 $2 \times 2 \times 2$ 模型。

第二，各国间各生产要素不能自由转移，但在各国内部可以自由转移。

第三，假定两国的技术水平相同，即同种产品的生产函数相同。

第四，假定两国在两种产品的生产上都不能获取规模经济效益，也就是单位生产成本不会随着生产的增减而变化。

第五，假定没有运输费用，没有关税或其他贸易限制。

（二）要素比例学说的理论分析

在上述假定下，赫-俄理论认为，各国所生产的同样产品的价格绝对差异是国际贸易的基础。当两国价格差别大于商品的各项运费时，从价格较低的国家输出商品到价格较高的国家是有利的，而价格的绝对差异是由于生产成本的绝对差异产生的，这是国际贸易发生的第一个条件。

第二个条件是在两国国内各种商品的成本比例不同，而这种比例不同是由两国国内各生产要素的价格比例造成的。在每个国家，商品的成本比例反映了它的生产要素的价格比例关系，这是因为不同的商品是由不同的生产要素组合生产出来的。然而，由于各种生产要素彼此是不能完全替代的，因此，在生产不同的商品时必须使用不同的要素组合。两国间不同的要素价格比例将在这两国产生不同的成本比例。

赫-俄理论还认为，每种要素的价格是由要素的供给与需求决定的。一般而言，供给充裕的生产要素比供给不足的生产要素价格低，因此，每个国家均应生产和输出大量使用本国供给充裕的生产要素的商品，输入在生产中需要大量使用本国供给不足的生产要素的商品。由此可见，要素比例的不同是产生国际贸易的最重要的基础。生产要素比例也可称为生产要素禀赋，是指各国生产要素的拥有状况，例如有的国家劳动力丰富，有的国家资本丰富，有的国家土地丰富。此外，即使两国的生产要素供给比例相同，对这些要素的不同需求也会导致各种生产要素的不同价格比例，从而为国际贸易提供基础。

总之，国际贸易的最重要结果是各国能有效地利用各自的生产要素，减少国际上各生产要素分布不均的缺陷。在自由贸易条件下，各种工业将趋向于集中在各种生产要素比较充足的地区，生产要素将得到最有效的使用，从而使劳动生产率提高、产量增加、价格降低。这种新古典学派的要素禀赋理论与古典学派劳动成本模式的结果一样，即在自由贸易的条件下，世界上的产品总产量将会增加，所有国家都会从中得到利益。因此，新古典学派也主张实行自由贸易政策。

（三）对赫-俄理论的扩展

1. 斯托珀-萨缪尔森定理

美国经济学家沃尔夫冈·斯托珀（Wolfgang Stolper）和保罗·萨缪尔森（Paul Samuelson）

对开展国际贸易如何影响收入分配进行了研究。在《保护主义与实际工资》一文中，斯托珀和萨缪尔森提出了关于关税对国内生产要素价格或国内收入分配影响的一种经济理论，被称为斯托珀－萨缪尔森定理（S-S 定理）。

S-S 定理的主要内容是：某一商品相对价格的上升，将导致该商品密集使用的生产要素的实际价格或报酬提高，而另一种生产要素的实际价格或报酬则下降。

假设一国仅生产两种产品，一种是劳动密集型产品，另一种是资本密集型产品。当劳动密集型产品的相对价格上升时，那么工资率会上升，而资本的利润率就会降低。同理，由于关税的存在会提高受保护产品的相对价格，因此关税将增加受保护商品中密集使用的要素的收入。如果英国对进口的美国钢材（资本密集型产品）征收关税，那么英国资本的利润率就会提高。

S-S 定理概括了这样一种情形：开展贸易后，会使出口行业（相对价格上升的行业）所密集使用的生产要素的报酬提高，而使进口竞争行业（相对价格下降的行业）所密集使用的生产要素的报酬降低，贸易因此会改变收入分配格局。这一结论表明，国际贸易虽然能够提高整个国家的福利水平，但是并非对每个人都有利，一部分人收入增加，另一部分人收入却减少了。国际贸易会对一国要素收入分配格局产生实质性的影响，这也恰恰是有人会反对国际贸易的原因。若收入分配格局的变化影响到社会安定及经济的平衡增长，政府就必须采取适当的措施来进行调整，如对进口竞争行业进行补贴或通过征收关税来提高进口竞争行业所密集使用的生产要素的报酬。

概括而言，S-S 定理对新古典贸易中只有自由贸易才能产生福利的观点提出了质疑，认为在一国国内要素自由流动条件下，该国对其使用相对稀缺要素的生产部门进行关税保护，可以明显提高稀缺要素的收入。

2. 要素价格均等化学说

要素价格均等化学说也称赫克歇尔—俄林—萨缪尔森学说（H-O-S 定理），是萨缪尔森在赫－俄理论的基础上进行扩展后提出的。其主要内容可表述为：在满足要素禀赋理论的全部假设的条件下，自由的国际贸易通过商品相对价格的均等化，将使同种要素的绝对和相对报酬（即要素价格）趋于均等。

按照俄林的观点，要素价格均等化趋势可通过两种途径来实现：第一条途径是生产要素的国际移动，它引起要素价格的直接均等化；第二条途径是商品的国际移动，它引起要素价格的间接均等化。

要素价格均等化学说证明了在各国要素价格存在差异，以及生产要素不能通过在国际上自由流动来直接实现最佳配置的情况下，国际贸易可替代要素国际流动，"间接"实现世界范围内资源的最佳配置。

3. 罗伯津斯基定理

罗伯津斯基定理由英籍波兰经济学家塔德乌什·罗伯津斯基（Tadeusz Rybczynski）提出。H-O 模型是建立在一国拥有的要素总量固定不变的基础上的，但在现实中，一国的要素数量经常会发生变化，因此有必要研究要素禀赋的变化对国际贸易的影响，而罗伯津斯基定理就是为了解决这一问题。

罗伯津斯基定理是指在商品相对价格不变的前提下，某一要素的增加会导致密集使用该要素部门的生产增加，而另一部门的生产则下降。

从实践的角度来看，根据罗伯津斯基定理，那些资本存量相对增加的国家，其劳动密集型行业的规模将会趋于萎缩；而对于劳动要素区域增加的发展中国家，不适宜地发展资本密集型工业可能会导致比较利益的损失。

（四）要素禀赋理论在国际服务贸易方面的应用

赫克歇尔和俄林从要素禀赋的角度出发分析导致国际贸易产生的原因。他们认为在两国技术水平相同的前提下，两国所生产的同种产品的价格差异是由于生产成本存在差异，而生产成本的差异是由生产要素的价格差异引起的，生产要素的价格差异又是由两国生产要素的丰裕程度不同所决定的。因此归根结底，国际贸易产生的原因是两国间生产要素禀赋的差别。

要素禀赋差异不仅可以说明商品与商品之间的相对价格差异，从普遍意义上讲，也可以说明商品与服务之间，以及服务与服务之间的相对价格差异。在不考虑技术因素的条件下，服务的成本取决于生产所需的要素密集程度和要素价格。劳动密集型服务的相对价格在劳动力丰富的国家较低，在劳动力稀缺的国家较高；资本密集型服务的相对价格在资本丰富的国家较低，在资本贫乏的国家较高。就一般情况而言，一个国家的比较要素服务优势，表现为密集使用其禀赋相对丰裕的生产要素的服务，通过出口密集使用其禀赋相对丰裕的生产要素的服务和进口密集使用其禀赋相对稀缺的生产要素的服务而从中获得利益，国际服务贸易也因此出现。在现实生活中，发达国家的资本禀赋较丰裕，欠发达国家的劳动禀赋相对丰裕。就不同的服务而言，资本密集型服务在发达国家的相对价格要低于欠发达国家，而劳动密集型服务的相对价格则相反。比如发达国家在金融、运输、电信等资本密集型的现代服务贸易领域拥有比较优势，而发展中国家在餐饮、劳务输出与输入等劳动密集型服务贸易领域拥有比较优势。

资本、劳动等要素依然是构成服务贸易比较优势的重要基础，比较要素服务优势的确可以在很大程度上用于解释国际服务贸易领域的一些现象。但传统的要素禀赋理论并不能完全解释服务贸易，原因有以下几点。

第一，比较要素服务优势具有移动性和短暂性。许多服务是人力资本密集型的，比如信息处理、工程咨询等。由于人力资本是通过教育、培训以及研究和开发获得的，因此人力资本带来的比较优势完全取决于一个国家提供教育、培训和研究与开发等基础设施的能力。同时，与人力资本有关的知识和技能又体现在可以自由流动的人的身上，这些专业人员流动到哪个国家，就可能把相关的比较优势带到该国。另外，当其他国家达到相同的技术水平和教育水平时，高新技术的优势很快就会失去，而他国则通过教育、培训和研究与开发等，也能得到与人力资本、技能相联系的比较优势。

第二，国际服务贸易的产生并不仅仅由于两国间生产要素禀赋的差异，如新贸易理论认为，相对要素价格的差异和国家间的经济规模差异共同作用的结果是贸易产生的根本原因。需求差别、收入相似也是国际贸易发生的原因。服务贸易的决定基础也被公认为是相对要素禀赋差异、规模经济差异和竞争优势差异。

第三，许多服务是作为中间投入（如金融、咨询和电信服务）出现在贸易与非贸易品的生产过程中的，因而出现两个阶段生产函数，先是服务生产函数，再是投入使用的商品生产函数。但这两个阶段要素投入是不同的。如专业服务之间存在巨大差别且往往没有替代品，这些服务生产投入的大多是具体的特殊要素，而传统要素优势理论认为生产要素的投入是同质的。

第四，服务贸易的生产要素移动要比货物贸易频繁得多。服务贸易无论是过境交付、商业存在还是境外消费或人员移动，往往都与劳动力、资本、信息等要素中的一项或多项移动同时进行，因而，服务要素的过境移动通常成为服务贸易实现的要件。这也是要素禀赋理论需要解决的一个问题。

第五，国际服务贸易中服务的生产和消费基本上是同时进行的。因此，在服务贸易生产函数中，体现重要的要素投入时必须考虑到需求因素，要更加注重从服务贸易的流向、相关的市场结构以及需求特征角度去探讨服务贸易优势，仅仅从资源禀赋角度探讨是远远不够的。而 H-O 模型主要是从供给角度分析国际贸易的，当贸易服务的生产函数与主要要素投入相结合时，任何国际服务贸易将依赖于需求因素而不是生产成本，强调的是需求因素导致的成本增量或消费者选择，运输成本、信息成本、服务种类、消费环境、消费者收入及偏好等因素均构成服务贸易条件。

三、规模报酬递增和不完全竞争条件下的服务贸易

(一) 规模经济理论

传统贸易理论有两个关键假设——"完全竞争"和"规模报酬不变"，而现实经济中大量存在的是"不完全竞争"（主要是垄断竞争）和"规模经济"（即规模报酬递增），规模经济往往要求并导致一个不完全竞争的市场结构。正是在这两个全新的假设上产生了规模经济贸易理论。

规模经济理论是最常用来解释产业内贸易成因的理论。该理论以企业生产中的规模经济和世界市场的不完全竞争为基础。所谓规模经济（economics of scale），是指随着生产规模的扩大，单位生产成本下降而产生的报酬递增。根据产生原因的不同，规模经济通常可分为内部规模经济和外部规模经济。内部规模经济指的是单位产品成本取决于单个厂商的规模而非行业规模；外部规模经济则指单位产品成本取决于行业规模而非单个厂商的规模。

为实现内部规模经济，企业必须将有限的资源集中在某一种或某几种差异产品的生产上。规模扩大从而使单位生产成本下降一方面能使企业实现规模报酬的递增，另一方面也能加强企业对产品所在市场的控制或垄断，并因此增强行业或产业的排他性。企业规模经济效益的实现一方面有赖于生产规模的扩大，另一方面市场也是必不可少的条件。然而，由于消费者的需求表现出多样化的特点，因此在国内对某类差异产品的需求是有限的。仅仅面对国内市场，会因市场需求的限制使生产规模不能太大，生产成本和产品价格难以降低。解决这一问题的最佳途径是开展产业内贸易，因为贸易可以使批量生产的差异性产品分布在不同国家的市场上，这样不但能够为企业提供足够大的销售市场，更为重要的是能够满足消费者对同类产品的差异化的需求。在产业内贸易中，出口方因为规模经济报酬递增以及对市场的垄断而获得利益；进口方则从消费差异产品中获得消费上的满足，从而使福利水平提高。总体来看，企业对规模经济效益的追求是产业内贸易产生的重要动力。

与内部规模经济不同，企业外部规模经济的获得不是凭靠企业自身生产规模的扩大，而是借助所处行业较大的规模而获得竞争优势。较大的行业规模有利于人才、技术等资源的共享，从而能够使企业在自身规模不变的条件下获得更多利益。相反，如果一国某行业规模较小，资源很难做到共享，为维持正常生产，企业就必须拥有绝大部分资源，并因此导致生产规模较小、单位生产成本较高。按照外部规模经济贸易理论，企业在贸易中有无优势不在于各国之间绝对的要素优势的差异，而在于所处行业在某一时点上的发展规模。某些在要素上具有比较优势的

国家之所以在贸易中处于劣势，很可能是因为该国这一行业还没有发展起来，企业还未能获得外部规模经济效益。相反，那些不具备要素优势的国家如果能率先将行业规模壮大起来，仍然能够在贸易中获得比较优势。由于工业品的多样性，任何一国都不可能生产某一行业内的全部产品。为实现外部规模经济，就有必要仅选择其中的部分产品，国际分工和贸易也因此成为必然。

（二）规模经济与不完全竞争下的服务贸易

相较于比较优势理论，规模经济和与国际市场不完全竞争相联系的产品差异，可以更好地解释增长迅速的产业内贸易，这种状况在服务贸易领域表现得更为明显。关于规模经济和不完全竞争条件下的服务贸易的代表性理论有罗纳德·琼斯（Ronald W. Jones）和亨利克·基尔考斯基（Henryk. Kierzkowski）的生产区段和服务链理论，詹姆斯·马库森（James Markusen）的服务部门内部专业化（内部积聚）理论和约瑟夫·弗兰科斯（Joseph Francois）的外部专业化（即强调服务在协调和联结各专业化中间生产过程中的外部积聚作用）理论。其中生产区段和服务链理论指出科技进步引致服务价格下降，服务生产趋于分散化，生产组合方式趋于多样化，从而导致对服务链的强烈需求，国际服务贸易由此发生。马库森和弗兰科斯从需求角度分析了规模经济和不完全竞争下的服务贸易，进一步印证了琼斯等人的观点。

1. 生产区段和服务链理论

科技进步使服务生产成本趋于下降，服务价格变得越来越低廉，这一变化导致了服务生产的分散化、迂回性。将生产过程分散在不同地点，增加了生产方式的组合，从而导致对服务链更为强烈的需求。由此，国际服务链得到了更为频繁和大量的使用，进而成为生产过程中不可缺少的组成部分。琼斯和基尔考斯基为此提出"生产区段和服务链"（production blocks and service links）理论，来探讨企业产出水平的提高、收益的增加和要素分工的益处，以及三者如何促使企业转向通过服务链联结各个分散生产区段的新型生产方式。一系列协调、管理、运输和金融服务组成服务链，当生产过程逐渐分散到由不同国家的生产区段合作生产时，对国际服务链的需求就会明显上升，从而诱发国际服务贸易。

（1）生产过程的分散化。图 11-1 描述了生产过程的分散化过程。其中 a 表示单一生产区段，即某个生产过程在同一地点完成，服务投入的影响在这一阶段并不明显，仅仅参与生产区段的内部协调和联结厂商与消费者的营销活动。若假设某厂商位于生产区段内的技术隐含着规模报酬递增效应，且边际成本不变，则在图 11-2 中，aa' 表示总成本随生产规模的扩大而上升，其斜率为边际成本；截距 Oa 表示厂商和其他与生产区段有关的固定成本。

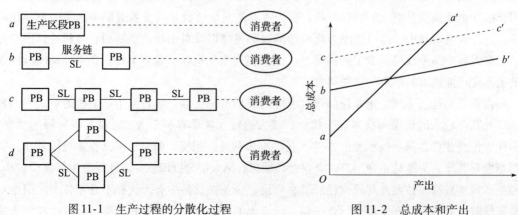

图 11-1　生产过程的分散化过程　　　　　图 11-2　总成本和产出

生产的扩张使社会分工与专业化程度愈益加深，加速了生产区段的分离。图 11-1 中的 b 反映了这一情况。假定生产分散化改变了固定成本和变动成本之间的比例，且在生产区段之间增加投入大量固定成本可以导致较低的边际成本，生产分散化后的总成本与产出的关系如图 11-2 中的实线 bb'。在该阶段中，服务业起到了重要作用。图 11-1 中的 b 两个生产区段需要通过服务来协调和联结，由此会产生服务链成本，如运输服务成本、协调服务成本。由于生产区段的分散导致总成本中增加了联结生产区段的服务链成本，故新的成本产出线应为虚线 cc'。在图 11-2 中这些服务成本与生产规模基本无关，因为线 cc' 与线 bb' 平行。即使服务链成本随着生产水平的提高而增大，也只需将线 cc' 画得比线 bb' 稍陡一些即可。但是，含有服务链的边际成本应低于相对集中生产（线 aa'）的边际成本，否则，厂商将不愿意采用分散生产的方式。

如果生产区段与服务链重复图 11-2 的过程，生产区段与服务链数量将不断增加，最终演变成如图 11-3 所描述的情形。

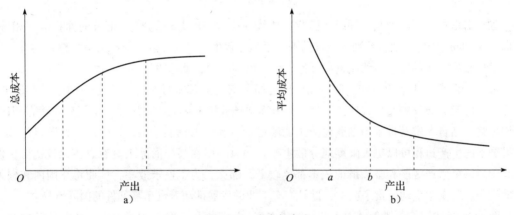

图 11-3　成本与产出

事实上，工业的发展使劳动分工和专业化不断加深，从而导致分散度的提高和生产者服务贸易的增加。图 11-1 中的 c 表示前一生产区段的产品可能作为下一生产区段的生产原料；图 11-1 中的 d 则显示了一种新组合，即各个生产区段同时运行，每一生产区段的产品在最后一个生产区段组装成最终产品。图 11-3 描述了上述分散化过程。

对于任何分散水平，生产区段内固定成本和边际成本的结合，即各生产区段通过各服务链对较大固定成本的联结，使得平均成本随着产出的增加而降低。而且，当一项新的分散技术导致更高的分散水平时，平均成本下降的速度将会更快。

图 11-4 说明随着生产的扩大，边际成本与产出的这种关系刺激厂商采用更为分散的生产技术，边际成本阶段性下降，产出阶段性上升。若假定生产仍停留在由单一厂商完成的生产区段，且市场需求弹性小于无穷大，则厂商将增加生产直至 MC（边际成本）= MR（边际收益）。然而一条既定的边际收益曲线可能与边际成本曲线相交于多个不同的点。如果需求增长足以使边际收益曲线移到 MR_1 处，位于 b 点的边际收益等于边际成本，但 b 点仅是局部利润最小点，因为增加或减少某个微小产出都将增加利润。a 和 c 点更具竞争力。a 点处的利润显然大于 b 点，这就是说，若产出从 a 点移到 b 点，那么较低水平的分散生产技术将导致边际成本超过边际收益；但如果采用更为分散的生产技术，从 b 点向 c 点方向的任何微小延伸，都将使边际成本低于边际收益。

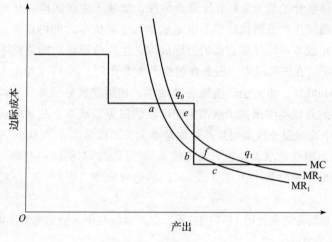

图 11-4　边际成本与产出

　　如果需求持续平稳增长，同时边际收益曲线外移至 MR_2，e 部分与 f 部分的面积恰好相等，厂商在 q_0 和 q_1 处生产没有差别。需求的平稳增加导致生产更为分散，使产出呈阶梯状上升。边际收益曲线或相应的需求曲线越富有弹性，则产出的阶梯状就越明显。

　　（2）国际贸易中的服务链。假定在世界市场上交易的都是最终产品而非中间产品和服务，国内生产的商品集反映其比较优势，规模报酬递增导致集中化生产，那么与闭关自守状态相比，允许最终产品自由贸易带来的专业化分工能够增加贸易国的福利。同时，生产过程数量的减少使得剩下的生产过程可以更大限度地分散生产。如果一国在某种商品上具有总体比较优势，但并非国内每个生产区段和服务链的成本都比较低，那么，为了追求效率，厂商将在国内和国外分散生产。现实中生动的例子就是，世界汽车工业的发展推动着汽车零部件的国际贸易。

　　图 11-5 描述了外国服务链引入前后的成本变化，即在同一分散水平上由一条服务链联结的两个生产区段的比较优势结构。H 线代表两个生产区段均在国内时的固定成本和可变成本，H' 增加了服务链成本。若国内和国外各有一个生产区段成本较低，则国内和国外组合生产之后的成本由 M 表示。假定固定成本仍与 H 相同，但联结国内和国外生产区段的服务链成本大于两个区段均在国内时的成本，即 $ca > ba$，那么，用于联结跨国生产区段的服务链成本将会把最优成本 - 产出曲线 H' 折成 M。也就是说，当产出大于 h 时，可以采用国内和国外相互结合的分散方式进行生产。

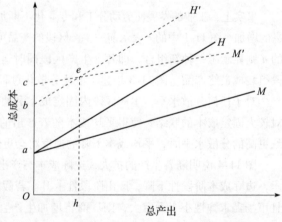

图 11-5　总成本与总产出：外国服务链的影响

　　在上述模型中，生产区段位于不同地点，服务链可由一国以上的服务提供者提供。图 11-5 是假定国内外生产区段的固定成本相同，实际上也可以不同。如果国外生产区段拥有成本优势，那么，它不仅体现在可变成本上，也应体现在固定成本上。另外一个假定是联结跨国生产区段的服务链成本大于联结国内生产区段的成本，这也有例外情况。

以电信、运输和金融服务业为代表的现代服务技术的进步，已卓有成效地降低了国际服务链的相对成本，使得跨国生产所需的最小规模变得越来越小，图 11-5 中的 h 点逐渐左移。这样就极大地刺激了各生产区段跨国生产的积极性。在各厂商积极利用国际服务链进行高效率分散生产的过程中，国际服务贸易，特别是生产者服务贸易就获得了大幅度增长。这一理论也揭示了在国际服务贸易中生产者服务贸易比重持续上升的根本原因。

第三节　《服务贸易总协定》

二战以后，随着社会经济的发展及科学技术的进步，服务贸易日益崭露头角，在经济生活中发挥重要的作用。服务贸易的迅猛发展使得多边贸易谈判的重点由货物贸易转向服务贸易。1986 年 9 月，关贸总协定的《埃斯特角城部长宣言》中将服务贸易作为三项新议题之一，列入乌拉圭回合多边贸易谈判议程，拉开了服务贸易首次多边谈判的序幕。1993 年 12 月 15 日，经各方努力，《服务贸易总协定》（GATS）最终达成，并于 1994 年 4 月 15 日在马拉喀什正式签署。《服务贸易总协定》是迄今为止第一套有关国际服务贸易的、具有法律效力的多边规则。

《服务贸易总协定》是乌拉圭回合谈判达成的一项新协议，是《建立世界贸易组织协定》的重要组成部分。当 1986 年乌拉圭回合多边贸易谈判开始时，其中的 15 个议题并未包括建立世界贸易组织问题，只是设立了一个关于修改和完善关税与贸易总协定体制职能的谈判组，但是在新议题中已涉及货物贸易以外的问题，如服务贸易、与贸易有关的投资措施和与贸易有关的知识产权。这些非货物贸易的重要议题，很难在关税与贸易总协定的旧框架内谈判，有必要创立一个正式的国际贸易组织来分别谈判解决。因此，在 1990 年年初，当时担任欧共体主席的意大利首先提出建立一个多边贸易组织（Multilateral Trade Organization，MTO）的倡议。这个倡议后来以 12 个成员方的名义正式提出，得到美国、加拿大等主要西方大国的支持，并于 1990 年 12 月召开的布鲁塞尔部长会议上做出正式决定。经过一年的紧张谈判，1991 年 12 月形成了一份"关于建立多边贸易组织协定草案"，以当时关贸总干事阿瑟·邓克尔（Arthur Dunkel）的名义形成"邓克尔最后案文"。后来在 1993 年 12 月 15 日乌拉圭回合结束时根据美国的动议把"多边贸易组织"（MTO）改为"世界贸易组织"（WTO），得到各方同意。

一、《服务贸易总协定》产生的背景

服务贸易能被列为多边贸易谈判的议题并且最终达成《服务贸易总协定》，首先得益于以美国为首的发达国家的支持。

1979 ~ 1982 年，西方世界发生了世界性的经济危机。受危机影响，美国经济增长缓慢，货物贸易的赤字逐年扩大。但美国在服务贸易领域占有明显优势，连年保持顺差。以 1984 年为例，美国的货物贸易有 1 140 亿美元的逆差，而服务贸易却有 140 亿美元的顺差。作为世界最大的服务贸易出口国，美国急切地希望打开其他国家的服务贸易市场，通过大量的服务贸易出口来弥补贸易逆差，推动经济增长；而各国对服务贸易的不同程度的限制，成为美国通过服务贸易获得更大收益的障碍。因此，美国积极倡导实行全球服务贸易自由化。

对于美国的提议，欧盟起初抱有质疑，但调查后发现当时的欧共体服务贸易的出口量要高于美国，服务贸易的自由化显然对欧盟的发展有利，因此转而坚决支持美国。日本虽然是服务

贸易的最大进口国，呈逆差形势，但由于在国际贸易中呈现顺差，加之为调和与美国之间日益尖锐的贸易摩擦，也始终支持美国。

发展中国家对服务贸易自由化的态度经历了一个从坚决抵制到逐步接受的过程。当美国开始提出将服务贸易作为多边贸易谈判的议题时，绝大多数发展中国家都坚决反对服务贸易的自由化，认为发展中国家在诸如银行、保险、证券、信息、咨询等资本知识密集型的服务行业都不具有比较优势，许多部门尚未成熟，难以应对来自发达国家的激烈竞争，过早地实行服务贸易自由化只会挤垮这些幼稚行业。此外，发展中国家也担心服务贸易的开放会威胁到国家的主权、机密和安全。

然而，随着发达国家在服务贸易谈判问题上取得一致意见，发展中国家的立场也有所改变。首先，部分新兴发展中国家和地区在某些服务业已具备相当的竞争优势，例如韩国的建筑工程承包以及新加坡的航空运输业，优势都比较明显。这些国家希望通过谈判来扩大本国优势行业的出口。其次，大部分发展中国家已认识到在国际谈判中参与规则制定过程的重要性。如果发展中国家不积极参与服务贸易谈判，最终只会形成由发达国家主导的服务贸易规则，而发展中国家只能被动接受，其利益将会受到更大的损害。因此，许多发展中国家也先后表示愿意参加服务贸易谈判。

二、《服务贸易总协定》的主要内容

1995 年 1 月 1 日正式生效的《服务贸易总协定》是多边国际贸易体制下第一个有关服务贸易的框架性法律文件，是乌拉圭回合谈判达成的三项新议题之一。该协定的制定与生效是国际服务贸易的一个重要里程碑，它不仅扩大了关贸总协定机制的管辖范围，而且是迄今为止服务贸易领域内第一个较系统的国际法律文件。

《服务贸易总协定》的宗旨是在透明度和逐步自由化的条件下，扩大全球服务贸易，并促进各成员的经济增长和发展中国家成员服务业的发展。考虑到各成员服务贸易发展的不平衡，《服务贸易总协定》允许各成员对服务贸易进行必要的管理，鼓励发展中国家成员通过提高其国内服务能力、效率和竞争力，更多地参与世界服务贸易。

（一）《服务贸易总协定》的框架

《服务贸易总协定》有广义和狭义之分。狭义的《服务贸易总协定》仅指协定本身，包括序言、范围和定义、一般义务与纪律、具体承诺、逐步自由化、机构条款、最后条款。广义的《服务贸易总协定》指与服务贸易有关的附件及补充协议等，主要包括五个部分。

（1）《服务贸易总协定》条款。

（2）八项附件：豁免附件，自然人提供服务活动的附件，空运服务附件，金融服务附件，金融服务第二附件，海运服务附件，电信服务附件，基础电信谈判附件。

（3）各国对服务贸易的初步自由化承诺表。

（4）九项决议：机构安排的决议，争端处理程序的决议，有关服务贸易和环境的决议，关于自然人流动问题谈判的决议，关于金融服务的决议，关于海运服务谈判的决议，对基础电信谈判的决议，有关专家服务的决议，有关金融服务承诺的谅解书协议。

（5）在世界贸易组织成立后的后续谈判过程中所达成的三项协议：《金融服务协议》《基础电信协议》《信息技术协议》。

（二）世界贸易组织成员在服务贸易领域的一般义务与纪律

《服务贸易总协定》第二部分规定了各成员必须遵守的义务和纪律，其中最主要的有以下几个。

1. 最惠国待遇

最惠国待遇是服务贸易的基本原则。《服务贸易总协定》第 2 条第 1 款规定，每一成员方对于任何其他成员方的服务和服务提供者，应立即无条件地给予不低于其给予其他任何成员方同类服务和服务提供者的待遇。但第 2 条第 2 款、第 3 款规定了实施最惠国待遇时的例外，如不适用边境贸易等，体现了《服务贸易总协定》的灵活性。

2. 透明度原则

《服务贸易总协定》第 3 条规定，各成员方在服务贸易领域中的各种法律与管制措施应公开透明。除紧急情况外，成员应立即并最迟在协定生效前公布涉及或影响《服务贸易总协定》运作的各种相关措施；应每年向理事会报告新的或更改的措施；设立咨询点，及时答复其他成员方就上述事项的咨询。

3. 对发展中国家的特殊优惠原则

《服务贸易总协定》第 4 条规定，各成员方要通过谈判具体承诺的方式来促进发展中国家更多参与服务贸易，在技术上、销售渠道和信息网络上支持发展中国家增强服务能力、效率和竞争性，并提高其优势部门的市场准入水平；发达成员方应建立向发展中成员方的服务提供者提供上述相关信息的联络点；对最不发达国家予以特殊优惠，准许这些国家不必做出具体的开放服务市场方面的承诺，直到其国内服务业具有竞争力。

除上述三条外，《服务贸易总协定》的第二部分还就经济一体化、国内规定、认可、垄断、商业惯例、紧急保障措施、支付和转让、国际收支平衡的保障限制、政府采购以及一般例外和安全例外等义务和原则进行了统一规定。

（三）具体承诺

《服务贸易总协定》从市场准入、国民待遇和附加承诺三个方面对各成员在部门和分部门中涉及的具体承诺列出了应遵守的原则和规定，为各成员的承诺细目表制定了一致标准。其中的市场准入和国民待遇条款是《服务贸易总协定》最重要的条款，也是争议的焦点。

1. 市场准入

《服务贸易总协定》第 16 条规定，对于以本协定认可的方式提供的市场准入方面，每一成员对任何其他成员的服务和服务提供者给予的待遇，不得低于其在具体承诺减让表中同意提供的待遇。若一成员在其承诺减让表中给予了不止一种的有关服务提供的准入渠道，那么别国的服务提供者可以自由选择其所乐意的一种。市场准入条款不是作为普遍义务，而是作为具体承诺而与各部门的开放联系在一起，这样可以使分歧较小的部门早日达成协议。

2. 国民待遇

《服务贸易总协定》第 17 条规定，对于列入减让表的部门，在遵守其中所列任何条件和资格的前提下，每一成员在影响服务提供的所有措施方面给予任何其他成员的服务和服务提供者的待遇，不得低于其给予本国同类服务和服务提供者的待遇。国民待遇只适用于承诺开放的部门。

(四) 逐步自由化

为逐步实现更高的服务贸易自由化水平，达成《服务贸易总协定》的目标，《服务贸易总协定》规定，各成员应在《服务贸易总协定》生效之日起不迟于 5 年开始定期进行连续回合的谈判；自由化进程不应当一刀切，应适当尊重各成员的国家政策目标及其总体和各部门的发展水平。

(五) 机构条款

这一部分主要规定了《服务贸易总协定》的争端解决机制及组织机构。《服务贸易总协定》所规定的争端解决机制是建立在 GATT 的《关于争端解决规则与程序的谅解》的基础之上的。

为便利《服务贸易总协定》的实施并促进其目标的实现，《服务贸易总协定》规定成立服务贸易理事会。所有成员方的代表都有权参加该理事会，理事会主席应由各成员选举产生。

(六) 最后条款

这一部分规定了《服务贸易总协定》中利益的否定、术语的定义以及附录。其中"利益的否定"是列明在哪些情况下成员方可拒绝给予其他成员协定项下的利益。

三、中国加入 WTO 服务贸易承诺减让

《服务贸易总协定》对各国计划在市场准入、国民待遇方面做出承诺和附加承诺的部门或分部门的服务贸易减让表做了规定。中国在加入世界贸易组织时提交了服务贸易减让表。服务贸易减让表包括水平承诺和具体承诺两大部分。

自 1986 年 7 月起，中国就踏上了漫长的复关和入世之路。到 2001 年 9 月，世贸组织中国工作组第 18 次会议通过了中国入世的所有法律文件，其中包括《中国工作组报告书》《入世议定书》以及货物贸易减让表和服务贸易减让表等附件。中国已加入 WTO，这就意味着我们必须遵守 WTO 的一揽子协议之一的《服务贸易总协定》的规定，同时更应遵守中国在入世承诺表中所做出的承诺。

(一) WTO 成员如何就服务贸易进行承诺

按《服务贸易总协定》的规定，WTO 一成员对其他成员的承诺应根据本国实际情况，采取肯定列表的方式，列明承诺内容。因此，每一成员都有各自服务贸易的承诺表。成员方的服务贸易承诺分为"水平承诺"和"具体承诺"两部分。其中水平承诺针对跨境服务、境外消费、商业存在、自然人移动等四种服务贸易提供方式，对所有服务部门就"市场准入"和"国民待遇"做出承诺；具体承诺则只针对成员方本身选定的服务部门对市场准入和国民待遇等四种服务贸易提供方式做出承诺。

（二）中国的水平承诺和具体承诺

1. 关于从境外向中国境内提供服务（跨境交付）

关于跨境交付，中国在服务贸易减让表的水平承诺部分未做规定。具体的服务部门中，广告服务、建筑及相关工程服务、内水运输、计算机订座系统服务有限制；佣金代理和批发服务、零售服务、教育服务、环境服务（不包括咨询）、部分保险服务、部分银行及金融服务、部分证券服务、部分海运服务、航空运输服务、建筑及相关工程服务不做承诺；其他大多数服务没有限制。

2. 关于中国的消费者或企业在境外使用服务（境外消费）

在服务贸易减让表的水平承诺部分未做规定。在具体的服务部门中，广告服务有限制，保险经纪不做承诺，其他服务没有限制。

3. 关于外国企业在中国设立附属企业或分支机构（商业存在）

服务贸易减让表的水平承诺就以下措施做出了具体承诺。

（1）企业或机构的形式。外商可在中国投资设立外商独资企业和合资企业，其中合资企业包括股权式合资企业和契约式合资企业。股权式合资企业中的外资比例不得少于该合资企业注册资本的25%。入世后对于各合同协议或股权协议，设立或批准现有外商从事经营或提供服务的许可中所列所有权、经营和活动范围的条件，将不会比中国加入WTO之日时有更大的限制。

允许在中国设立外国企业的代表处，代表处不得从事任何营利性活动，但外国律师事务所，会计、审计和簿记服务事务所，管理咨询事务所除外。

由于有关外国企业分支机构的法律和法规正在制定中，因此对于外国企业在中国设立分支机构不做承诺，除非在具体服务部门中另有标明。

（2）土地使用政策。土地归国家所有。企业和个人使用土地需遵守下列最长期限限制：居住目的为70年；工业目的为50年；教育、科学、文化、公共卫生和体育目的为50年；商业、旅游、娱乐目的为40年；综合利用或其他目的为50年。

此外，在具体的服务部门中对中国开放电信、银行、保险、证券、音像、分销等服务业的进程一一做了具体承诺。

4. 关于外国服务者个人到中国境内提供服务（自然人流动）

服务贸易减让表的水平承诺就与以下类别的自然人入境和临时居留有关的措施做出了承诺，其他未做承诺。

对于在中国领土内已设立代表处、分公司或子公司的WTO成员的公司的经理、高级管理人员和专家等高级雇员，作为公司内部的调任人员临时调动，允许其入境首期停留3年。

对于被在中国领土内的外商投资企业雇用从事商业活动的WTO成员的公司的经理、高级管理人员和专家等高级雇员，按有关合同条款规定给予其长期居留许可，或首期居留3年，以时间短者为准。

服务销售人员，即不在中国领土内常驻，不从中国境内的来源获得报酬，从事与代表—服务提供商有关的活动、以就销售该提供商的服务进行谈判的人员，如果此类销售不向公众直接进行，而且该销售人员不从事该项服务的供应，则该销售人员的入境期限为90天。

此外，在医疗服务、计算机及其相关服务、教育服务、口译与笔译服务等具体的服务部门也有相关具体承诺。

案例 11-3

中国在通信方面的具体承诺

与关贸总协定不同的是，WTO 成员在服务贸易领域的义务不是普遍适用的。也就是说，那些最基本的义务，如国民待遇，是视各自的承诺而定的，取决于各成员在各自服务贸易减让表中所做的具体承诺。服务贸易减让表非常复杂，并且与货物贸易减让表差别很大。货物贸易减让表中的绝大部分内容不过是长长的数字，表明不同的产品及对其征收的最高关税水平。而要理解服务贸易减让表，最好的方法是从实例来看。表 11-3 是中国在通信业方面的具体承诺，是中国服务贸易承诺减让表的一部分。

表 11-3　中国在通信业方面的具体承诺

部门或分部门	市场准入限制	国民待遇限制	其他承诺
2. 通信服务			
B. 速递服务 （CPC 75121，现由中国邮政部门依法专营的服务除外）	（1）没有限制 （2）没有限制 （3）加入时，将允许外国服务提供者设立中外合资企业，外资比例不超过49% 中国加入后 1 年内，将允许外国拥有多数股权 中国加入后 4 年内，将允许外国服务提供者设立外资独资子公司 （4）除水平承诺中内容外，不做承诺	（1）没有限制 （2）没有限制 （3）没有限制 （4）除水平承诺中内容外，不做承诺	
C. 电信服务 增值电信服务，包括： h. 电子邮件 i. 语音邮件 j. 在线信息和数据检索 k. 电子数据交换 l. 增值传真服务（包括储存和发送、储存和检索） m. 编码和规程转换 n. 在线信息和/或数据处理（包括交易处理）	（1）见模式 3 （2）没有限制 （3）将允许外国服务提供者在上海、广州和北京设立合资增值电信企业，并在这些城市内提供服务，无数量限制。合资企业中的外资不得超过30% 中国加入后 1 年内，地域将扩大至成都、重庆、大连、福州、杭州、南京、宁波、青岛、沈阳、深圳、厦门、西安、太原和武汉，外资不超过49% 中国加入后 2 年内，将取消地域限制，外资不得超过 50% （4）除水平承诺中内容外，不做承诺	（1）没有限制 （2）没有限制 （3）没有限制 （4）除水平承诺中内容外，不做承诺	中国承担本减让表所附附件 1 中《参考文件》所包含的义务
基础电信服务 ——寻呼服务	（1）见模式 3 （2）没有限制 （3）将允许外国服务提供者在上海、广州和北京设立合资企业，并在这些城市内及其之间提供服务，无数量限制。外资企业中的外资不得超过30% 中国加入后 1 年内，地域将扩大至成都、重庆、大连、福州、杭州、南京、宁波、青岛、沈阳、深圳、厦门、西安、太原和武汉市内及这些城市之间的服务，无数量限制。外资不得超过49% 中国加入后 2 年内，将取消地域限制，外资不得超过50% （4）除水平承诺中内容外，不做承诺	（1）没有限制 （2）没有限制 （3）没有限制 （4）除水平承诺中内容外，不做承诺	中国承担本减让表所附附件 1 中《参考文件》所包含的义务

（续）

部门或分部门	市场准入限制	国民待遇限制	其他承诺
移动话音和数据服务 ——模拟/数据/蜂窝服务 ——个人通信服务	（1）见模式3 （2）没有限制 （3）自中国加入时起，将允许外国服务提供者在上海、广州和北京设立合资企业，并在这些城市内及其之间提供服务，无数量限制。合资企业中的外资不得超过25% 中国加入后1年内，地域将扩大至成都、重庆、大连、福州、杭州、南京、宁波、青岛、沈阳、深圳、厦门、西安、太原和武汉市内及这些城市之间的服务，外资比例不得超过35% 中国加入后3年内，外资不得超过49% 中国加入后5年，将取消地域限制 （4）除水平承诺中内容外，不做承诺	（1）没有限制 （2）没有限制 （3）没有限制 （4）除水平承诺中内容外，不做承诺	
——国内业务 （a）话音服务 （b）分组交换数据传输业务 （c）电路交换数据传输业务 （f）传真服务 （g）国内专线电路租用服务 ——国际业务 （a）话音服务 （b）分组交换数据传输业务 （c）电路交换数据传输业务 （f）传真服务 （g）国际闭合用户群话音和数据服务（允许使用专线电路租用服务）	（1）见模式3 （2）没有限制 （3）中国加入后3年内，允许外国服务提供者在上海、广州和北京设立合资企业，并在这些城市内及其之间提供服务，无数量限制。合资企业中的外资不得超过25% 中国加入后5年，地域将扩大至成都、重庆、大连、福州、杭州、南京、宁波、青岛、沈阳、深圳、厦门、西安、太原和武汉市内及这些城市之间的服务。外资不得超过35% 中国加入后6年内，将取消地域限制，外资不得超过49% （4）除水平承诺中内容外，不做承诺	（1）没有限制 （2）没有限制 （3）没有限制 （4）除水平承诺中内容外，不做承诺	

注：在服务贸易减让表中，为了简便起见，分别用序号（1）、（2）、（3）、（4）表示4种服务提供方式，即跨境交付、境外消费、商业存在和自然人流动。

资料来源：中国商务部。

▶ 讨论题

如何阅读中国服务贸易承诺减让表？

四、对《服务贸易总协定》的评价

服务业不仅能直接吸纳大量的就业人口，还可以通过服务贸易在境外间接创造出许多的就业机会。世界经济的增长和各国经济的发展也越来越倚重服务业以及服务贸易的发展。《服务贸易总协定》为各国发展对外服务贸易和参与国际服务贸易竞争提供了一个广泛认可、可供遵循的国际准则，有助于抑制服务贸易领域保护主义的蔓延，加强和巩固服务贸易自由化的发展态势，推动国际服务贸易的增长。从这个角度来说，《服务贸易总协定》的出台是有其积极意义的。此外，《服务贸易总协定》也具有一定的灵活性，其认识到发展中国家与发达国家在发展阶段上的差别，明确了对发展中成员的诸多保留和例外，给予发展中成员特殊和差别待遇。

但与此同时，《服务贸易总协定》在服务贸易自由化方面也存在着部门性的不平衡。发达国家具有优势的部门，如金融和基础电信部门往往会成为谈判中的优先部门，而发展中国家具有优势的部门则关注不多。此外，涉及发展中成员利益的一些条款规定较模糊，对发展中国家的保护力度不够。

第四节　中国对外服务贸易的发展

在介绍我国的对外服务贸易发展状况及趋势之前，首先了解一下世界服务贸易的发展状态。

一、国际服务贸易发展特征

20 世纪 90 年代以来，各国政府逐步放宽了对服务贸易的限制，再加上现代科技革命与信息技术进步、经济全球化发展以及国际产业结构的调整等现象所带来的影响，世界服务贸易出现了新的发展特征。当前，服务贸易已成为世界产业结构升级和国际产业转移的重要内容，在国际贸易和投资中的地位不断提高。

（一）国际服务贸易快速发展，服务贸易规模不断扩大

国际服务贸易的发展与世界经济的整体走势密切相关。进入 21 世纪以来，在经历了初期短暂而轻微的衰退后，在世界经济持续强劲增长的背景下，各国服务贸易活动频繁，世界服务贸易增长迅猛，进出口均迅速增长，贸易规模持续扩大。据 WTO 统计，2000 年国际服务贸易出口额为 1.44 万亿美元，2009 年，受全球金融危机的影响，国际服务贸易出口额出现负增长，但在 2010 年后随着世界经济的复苏又出现强劲反弹，出口额达到 3.67 万亿美元，接近危机前的最高水平。

近年来，中国服务贸易发展保持平稳较快增长态势。2021 年，我国服务贸易持续快速增长，全年服务进出口总额达 0.82 万亿美元，同比增长 16.1%；其中服务出口 0.39 万亿美元，增长 31.4%；进口 0.43 万亿美元，增长 4.8%。服务出口增幅大于进口 26.6 个百分点，带动服务贸易逆差下降 69.5% 至 0.04 万亿美元，为 2011 年以来的最低值。服务贸易已成为对外贸易发展的新引擎。到 2019 年，国际服务贸易出口额已达到 6.07 万亿美元。统计资料显示，国际服务贸易年出口规模从 1 万亿美元增加到 2 万亿美元，大约用了 10 年时间，而从 2 万亿美元扩大到 3 万亿美元，只用了 4 年时间，增速大大加快。

2005 ~ 2017 年，服务贸易平均每年增长 5.4%，增速高于货物贸易。2005 ~ 2019 年，服务贸易和货物贸易的平均年增长率分别为 6.45% 和 5.05%，服务贸易增长速度明显快于货物贸易（见表 11-4）。

表 11-4　2005 ~ 2019 年世界贸易情况

年份	世界服务贸易出口额/ 10 亿美元	世界货物贸易出口额/ 10 亿美元	世界服务贸易出口在 全球贸易中的占比/%
2005	2 620.37	10 510.29	19.96
2006	2 963.92	12 131.45	19.63
2007	3 547.32	14 031.35	20.18
2008	3 981.34	16 169.68	19.76
2009	3 558.79	12 562.99	22.07
2010	3 896.43	15 306.48	20.29
2011	4 389.75	18 341.62	19.31
2012	4 519.18	18 517.18	19.62

（续）

年份	世界服务贸易出口额/ 10 亿美元	世界货物贸易出口额/ 10 亿美元	世界服务贸易出口在 全球贸易中的占比/%
2013	4 819.45	18 966.17	20.26
2014	5 169.65	19 007.16	21.38
2015	4 929.61	16 555.64	22.94
2016	5 018.38	16 043.14	23.83
2017	5 451.49	17 737.59	23.51
2018	5 948.89	19 468.06	23.41
2019	6 065.64	18 888.71	24.31

资料来源：WTO Data。

　　2020 年，受各类因素影响，国际服务贸易出口额下降至 4.91 万亿美元。但根据联合国发布的数据，由于大宗商品价格上涨、新冠肺炎疫情限制的取消以及经济刺激计划所致的需求强劲复苏，2021 年国际贸易呈现积极趋势。2021 年，全球贸易总额达到创纪录的 28.5 万亿美元，比 2020 年增长 25%，比 2019 年新冠肺炎疫情暴发前高出 13%。世界货物贸易保持强劲，服务贸易最终恢复到新冠肺炎疫情前的水平。

　　世界贸易组织发布的《2019 年世界贸易报告》指出，服务业已经成为全球经济的支柱，也是国际贸易中最具活力的组成部分。2011 年以来，服务贸易发展速度一直快于货物贸易。发达经济体的服务业目前占其国内生产总值的 3/4 左右，许多发展中经济体也愈发依赖服务业。

　　世界贸易组织预测，到 2040 年，服务贸易在全球贸易中的份额将增长至 1/3，成为全球贸易发展主引擎。服务业开放合作正日益成为推动发展的重要力量，加强服务领域的交流合作成为世界各国的战略抉择。

（二）世界服务贸易结构调整加快，其他商业服务发展引人瞩目

　　20 世纪 80 年代以来，世界服务贸易的结构发生了很大的变化，服务贸易结构日益向知识技术密集型方向转变。全球信息技术革命的不断发展，增强了服务活动及其过程的可贸易性，通信、计算机和信息服务、会计、咨询等新兴服务行业不断扩张。世界服务贸易将逐渐由以自然资源或劳动密集型为基础的传统服务贸易，转向以知识技术密集型为基础的现代服务贸易。

　　具体来看，国际服务贸易结构的调整主要表现为运输、旅游等传统服务贸易所占比重下降，而以其他商业服务（主要包括通信、建筑、保险、金融、计算机和信息服务、专有权利使用和特许、咨询、广告宣传、电影、音像等）为代表的现代服务贸易发展迅速，增长强劲，所占比重提升。

　　进入 21 世纪后，服务贸易结构趋向高级化的变化趋势更加明显，交通运输和旅行部门的出口额所占比重分别由 2005 年的 21.99% 和 26.33% 下降到 2020 年的 16.90% 和 11.20%，其他商业服务已成为世界服务贸易中贸易额最大、增长最快的类别，年贸易额占世界服务出口总额的一半以上，到 2020 年已增长到 67.80%（见表 11-5）。

表 11-5　2005~2020 年各类服务占世界服务出口总额的比重　　　（%）

年份	总额	货物相关服务	交通运输	旅行	其他商业服务
2005	100	3.47	21.99	26.33	48.21
2006	100	3.24	21.86	25.45	49.45
2007	100	3.29	21.94	24.60	50.17
2008	100	3.31	22.68	24.16	49.86
2009	100	3.42	19.92	24.80	51.86
2010	100	3.35	21.25	24.42	50.98
2011	100	3.36	20.58	24.27	51.80
2012	100	3.30	20.30	24.46	51.94
2013	100	3.30	19.67	24.80	52.22
2014	100	3.28	19.31	24.15	53.26
2015	100	3.39	18.30	24.36	53.95
2016	100	3.67	17.29	24.49	54.55
2017	100	3.64	17.44	24.28	54.63
2018	100	3.89	17.44	24.00	54.67
2019	100	3.90	16.96	23.78	55.36
2020	100	4.10	16.90	11.20	67.80

资料来源：WTO Data。

案例 11-4

南京服务贸易高质量发展综合优势明显

南京是长三角经济核心区的重要区域中心城市，文化科教资源丰富，服务业和服务贸易保持良好发展势头。南京是"软件名城"，也是服务贸易创新发展试点、中国服务外包示范城市，在数字经济、文化贸易、生物医药、软件外包等领域都取得了令人瞩目的成绩，具备发展数字服务贸易的人才与技术基础，实现服务贸易高质量发展的综合优势明显。

近年来，南京紧紧抓住全面深化贸易服务试点的机遇，深入融入全球贸易服务体系，积极推进更高水平的开放合作，全力打造服务贸易的发展高地。南京服务的硬实力在迅速地提升。2019 年全市 GDP 超过 1.4 万亿元，连续 11 个季度保持 8% 左右的增速，2020 年上半年增长 2.2%，改革开放以来首次跻身全国十强。这当中，全市服务业占 GDP 比重达到 60% 以上，高技术服务业保持两位数增长，成为南京服务贸易发展壮大的坚实支撑。

南京服务贸易的竞争力也在快速地提升，全市服务贸易进出口总额连续两年保持在 12% 以上的增长速度。2019 年实现服务贸易进出口总额 169.4 亿美元，服务外包执行额 173.3 亿美元，综合评价全国第一；在商务部研究院发布的全球服务贸易发展指数中，南京名列全国第 5 位。

南京将牢牢把握进入新发展阶段、构建新发展格局的战略机遇，始终秉持开放包容、创新引领、互利共赢的合作原则，开拓进取、乘势而上，加快建设服务贸易强市，打造国际合作竞争新优势。

资料来源：澎湃新闻. 2020 全球服贸大会发布报告：江苏服贸综合发展环境全国第一 [EB/OL]. (2020-09-18) [2021-08-06]. https://m.thepaper.cn/baijiahao_9244852.

▶ 讨论题

请查阅相关资料，分析南京服务贸易是如何高质量发展的。

（三）服务贸易地区发展不平衡，发达国家占据主导地位

由于科技、经济及服务业发展的不平衡，世界各国的服务贸易水平及在国际服务市场上的竞争实力相差悬殊，服务贸易发展的地区不平衡性突出，预计这种不平衡性将在较长时间内存在。从地区结构看，世界服务贸易主要集中在欧洲、亚洲和北美三大地区，2020 年，三地区服务贸易出口总额占世界出口额的比重为 91.23%，占进口总额的比重为 87.54%。其中欧洲是服务贸易总额最大的地区，2020 年，其出口贸易总额占比为 50.28%，进口总额占比为 47.23%。将 2020 年与 2005 年做对比（见表 11-6），可知亚洲、中东以及非洲等地区的服务贸易出口额和进口额在世界出口总额和进口总额中的比重有所增长，尤其是亚洲的增幅最大，出口额占比增长 5.33 个百分点，进口额占比增长 3.75 个百分点。与此同时，发达地区欧洲、北美的比重则有所下降，其中欧洲出口额和进口额的占比分别下降了 4.00 个百分点和 1.68 个百分点。这意味着亚洲、中东以及非洲等地区的服务贸易增速超过了欧美地区。

表 11-6　各地区 2005 年、2020 年服务贸易的进出口额及占比

地区	2005 年		2020 年		2005 年		2020 年	
	出口额/ 亿美元	占比/ %	出口额/ 亿美元	占比/ %	进口额/ 亿美元	占比/ %	进口额/ 亿美元	占比/ %
世界	26 203.72	100.00	49 138.07	100.00	25 466.89	100.00	45 963.98	100.00
欧洲	14 224.39	54.28	24 704.93	50.28	12 454.81	48.91	21 708.05	47.23
亚洲	5 141.32	19.62	12 262.27	24.95	6 255.22	24.56	13 010.88	28.31
北美	4 387.24	16.74	7 862.17	16.00	3 722.86	14.62	5 517.82	12.00
中东	646.61	2.47	1 779.95	3.62	987.72	3.88	2 183.67	4.75
拉美	751.52	2.87	1 043.23	2.12	711.25	2.79	1 265.08	2.75
非洲	577.48	2.20	777.51	1.58	712.39	2.80	1 340.83	2.92
独联体	475.17	1.81	708.00	1.44	622.64	2.44	937.66	2.04

资料来源：WTO Data。

从具体国家来看，美国、中国、德国、英国都是服务贸易大国，其中美国在世界服务贸易中居绝对主导地位，服务出口和进口均雄居世界榜首，与其巨额的货物贸易逆差相比，美国服务贸易处于顺差状态，2020 年顺差达到 2 480 亿美元。德国和英国是欧洲两个最重要的服务贸易国家，长期位居世界第二位和第三位，但目前中国的服务贸易增长迅速，服务贸易总额已超过德国和英国，居全球第二位。2020 年，中国的服务进口额也仅次于美国，但是中国的服务出口在 2019 年列第 4 位，服务贸易有较大的贸易逆差，2020 年服务贸易逆差为 1 000 亿美元。日本是亚洲地区重要的服务贸易国家。2020 年，在世界服务贸易前 10 位的国家中，只有中国、印度是发展中国家，并且它们在世界服务贸易总额中的比重较小，合计占比低于美国（见表 11-7）。

表 11-7　2020 年世界服务贸易进出口前 10 名

排名	出口国	出口额/ 亿美元	占比/%	进口国	进口额/ 亿美元	占比/%	国家	进出口额/ 亿美元
1	美国	6 840	13.9	美国	4 360	9.5	美国	11 200
2	英国	3 390	6.9	中国	3 780	8.2	中国	6 560
3	德国	3 050	6.2	德国	3 070	6.7	德国	6 120
4	中国	2 780	5.7	爱尔兰	2 960	6.4	爱尔兰	5 580
5	爱尔兰	2 620	5.3	法国	2 320	5.0	英国	5 400

（续）

排名	出口国	出口额/ 亿美元	占比/%	进口国	进口额/ 亿美元	占比/%	国家	进出口额/ 亿美元
6	法国	2 450	5.0	英国	2 010	4.4	法国	4 770
7	印度	2 030	4.1	日本	1 830	4.0	新加坡	3 590
8	新加坡	1 870	3.8	新加坡	1 720	3.8	印度	3 560
9	荷兰	1 860	3.8	荷兰	1 690	3.7	荷兰	3 550
10	日本	1 560	3.2	印度	1 530	3.3	日本	3 390

资料来源：WTO Data。

（四）服务外包成为推动全球经济增长的重要力量

20 世纪 90 年代以来，离岸服务外包得到快速发展，服务发包市场仍是传统的美国、欧洲和日本，但接包市场除了澳大利亚、加拿大、爱尔兰和印度等被视为发展最为成熟的离岸信息技术外包（information technology outsourcing，ITO）与业务流程外包（business process outsourcing，BPO）之外，中国、菲律宾、墨西哥以及中东欧地区逐渐参与进来，成为强有力的竞争者。服务外包离岸外移及与其相伴的服务贸易全球化，已成为推动全球经济增长的重要力量之一，并将对全球经济版图产生深远的影响。

案例 11-5

新冠肺炎疫情对全球服务贸易的影响尤为显著

自 2009 年以来，由于全球需求普遍不足，世界贸易出现了长期放缓。任何关于 2020 年全球经济增长有望回升和贸易紧张局势缓解的希望，都很快破灭了。2020 年新冠肺炎疫情的暴发和蔓延导致国际贸易流量大幅下降，降幅与全球金融危机期间类似。

然而，新冠肺炎疫情对贸易量的影响不仅仅是疫情导致的经济增长和需求急剧萎缩，还包括全球运输和供应链的中断，因为政府出台了严厉的限制措施，以遏制病毒的传播。

旅行和旅游业受到的影响尤其严重，因为航班停飞，旅馆和其他与旅游有关的服务被关闭，世界各地都实施了旅行限制。国际航空运输协会的数据显示，航空旅客出行大幅减少，2020 年 4 月同比减少 94%，降幅前所未有。这种收缩是在 3 月同比下降 55% 的基础上出现的。同样，联合国世界旅游组织的数据显示，2020 年前 4 个月，全球国际游客人数较 2019 年同期下降 44%。下降最严重的是亚太地区，那里的入境人数下降了 50% 多一点，而世界其他地区的入境人数都出现了大幅下降。事实上，这段时间国际旅游流量的下降是有记录以来最大的。根据联合国世界旅游组织的估计，到 2020 年，游客人数将减少 58%~78%，这取决于旅行限制的持续时间和严重程度，以及下半年经济复苏的速度。

国际服务贸易的另一个重要组成部分是航运和空运服务，它们与货物贸易密切相关。全球货物需求突然严重崩溃，加上港口运输线路中断，可想而知，这对空运和海运货物的数量产生了巨大的影响。由于新冠肺炎疫情的蔓延，对旅行和运输通道的封锁和限制加强，4 月航空货运量同比下降 27.7%。这也是有记录以来的最大降幅，甚至超过了 2009 年 1 月全球金融危机期间 23.9% 的降幅。事实上，2020 年 3 月和 4 月的累计下降使全球航空货运量回到了 2009 年年底的水平。同样，

4月全球港口集装箱运量与2019年同月相比下降6.4%，而2月中国港口集装箱运量同比下降16.5%。航空客运行业崩溃对航空货运的连锁影响也很明显，因为全球大部分货物都是通过商业客运航班运输的。空运费用急剧增加，加剧了全球需求不足和空运服务出口运输中断的影响。

2020年下半年货物贸易将出现反弹，与经济活动的复苏以及影响运输网络和全球供应链生产环节的限制放宽相适应。尽管如此，2020年之后的贸易复苏很可能会受到企业和政策制定者旨在提高供应链弹性的决策的干扰。另外，服务出口的反弹可能会更加温和，占服务出口很大一部分的旅游流量可能会继续低迷，因为一些旅游和边境限制仍在实施。在面临新冠肺炎疫情再次暴发的前景或将持续时，潜在游客将继续保持谨慎。

资料来源：联合国贸易和发展会议.2020年世界贸易和发展报告［EB/OL］.（2020-09-23）［2021-10-2］. https://www.suibe.edu.cn/gjys/2020/0923/c12020a128912/page.htm.

▶ 讨论题

新冠肺炎疫情对全球服务贸易有怎样的影响？

二、中国服务贸易发展现状及趋势

（一）中国服务贸易发展迅速

在国际服务贸易快速发展的同时，中国的服务贸易也得到了蓬勃发展。如表11-8所示，从规模来看，中国的服务贸易总额从1991年的137亿美元增长到2021年的8 212亿美元，近30年间增幅59倍。2020年，受新冠肺炎疫情等多种因素影响，我国服务进出口总额6 617亿美元，同比下降15.7%；在世界服务进出口中的占比为6.8%，其中服务出口在世界上的份额为5.6%，居世界第四位，比2019年提升一位；服务进口在世界上的份额为8.0%，居世界第二位。

表11-8　2006~2021年中国服务进出口情况

年份	进出口总额/亿美元	同比增长/%	出口额/亿美元	同比增长/%	进口额/亿美元	同比增长/%	差额/亿美元
2006	2 038	21.1	1 030	22.1	1 008	20.1	21
2007	2 654	30.2	1 353	31.4	1 301	29.0	52
2008	3 223	21.4	1 633	20.7	1 589	22.1	44
2009	3 025	−6.1	1 436	−12.1	1 589	0.0	−153
2010	3 717	22.9	1 783	24.2	1 934	21.7	−151
2011	4 489	20.8	2 010	12.7	2 478	28.2	−468
2012	4 829	7.6	2 016	0.3	2 813	13.5	−797
2013	5 376	11.3	2 070	2.7	3 306	17.5	−1 236
2014	6 250	21.3	2 191	5.9	4 329	30.9	−2 137
2015	6 542	0.3	2 186	−0.2	4 355	0.6	−2 169
2016	6 616	1.1	2 095	−4.2	4 521	3.8	−2 426
2017	6 957	5.1	2 281	8.9	4 676	3.4	−2 395
2018	7 919	13.8	2 668	17.0	5 250	12.3	−2 582
2019	7 850	−1.4	2 836	4.5	5 014	−4.5	−2 178
2020	6 617	−15.7	2 806	−1.0	3 810	−23.9	−1 004
2021	8 212	24.1	3 942	40.4	4 269	12.0	−327

资料来源：中华人民共和国商务部商务数据中心。

从服务贸易增长率看，中国服务贸易进出口年增长率一直保持着领先的增长趋势，不仅高于世界平均水平，也高于发达国家的平均水平。2006～2019 年，中国服务贸易出口的年均增长率为 10.61%，超过世界 6.45% 的年均增幅，也超过美国同期 6.43% 的年均增幅。2019 年，中国服务贸易出口较 2018 年增长 4.43%，而同期世界服务贸易出口的增长率为 1.96%。2020 年，全球新冠肺炎疫情形势严峻，世界范围内旅行服务进出口受到很大影响，这也是导致服务贸易下降的主要因素。剔除旅行服务，2020 年我国服务进出口增长 2.9%，其中出口增长 6%，进口基本持平。2021 年，随着国际经济形势的好转，我国服务贸易持续快速增长，全年服务进出口总额达 8 212 亿美元，以人民币计算同比增长 16.1%；其中服务出口 3 942 亿美元，以人民币计算增长 31.4%；进口 4 269 亿美元，以人民币计算增长 4.8%；服务出口增幅大于进口 26.6 个百分点，带动服务贸易逆差下降 69.5% 至 327 万亿美元，为 2011 年以来的最低值。[⊖]

服务贸易日益成为国际贸易的重要组成部分和各国经贸合作的重要领域，为世界经济增长持续注入新动能。当前中国服务贸易成为外贸高质量发展的新动力、推动高水平开放的新引擎和国家区域发展战略的新支撑。从 2014 年起，中国服务贸易全球份额连续 7 年位居世界第二，新兴服务进出口占比不断提升。中国服务进口过去 15 年累计实现 4.5 万亿美元，对全球服务进口增长的贡献达 12.9%，累计拉动全球服务进口增长 10.4 个百分点。

在迅速发展的同时，中国服务贸易也存在竞争力不足、逆差逐年扩大的问题。服务贸易逆差一直是中国贸易逆差的重要来源。2012 年，中国服务贸易逆差达 797 亿美元，到 2018 年逆差迅速增长到 2 582 亿美元，较 2012 年增长了 2.24 倍。2019 年逆差有所回落，下降到 2 178 亿美元；2020 年逆差继续下降至 1 004 亿美元；2021 年，得益于服务出口额的大幅上升，服务贸易逆差下降至 327 万亿元，为 2011 年以来的最低值。

根据《全球服务贸易发展指数报告（2021）》，中国服务贸易发展指数排名显著提升。报告显示，2021 年中国服务贸易发展指数排名位居全球第 14 位，较 2020 年提升 6 位。其中，规模指数从第 8 位上升至第 4 位，结构指数从第 67 位上升至第 53 位，地位指数从第 8 位上升至第 5 位。

（二）中国为全球服务贸易发展做出重要贡献

2008 年国际金融危机以来，全球经济复苏缓慢，中国在刺激全球服务市场需求方面发挥了建设性作用，成为全球服务贸易增长的最大贡献者之一。2006～2021 年，中国服务进出口总额年均增长速度为 11.1%，高于全球服务贸易年均增长速度 7 个百分点；其中服务出口年均增长速度为 10.8%，高于全球服务出口年均增长速度 3.3 个百分点；中国服务进口年均增长速度为 11.7%，高于全球服务进口年均增长速度 9.7 个百分点。

2018 年以来全球贸易摩擦加剧，贸易增长压力增大，受全球制造业活动和投资力度减弱影响，主要经济体服务贸易增长速度显著放缓，但中国服务贸易仍保持较高增长速度，尤其在进口方面成为推动全球服务进口增长的最大贡献者。2012～2019 年，中国服务进口从 2 813.0 亿美元增至 5 006.8 亿美元，年均增长 8.6%，高出同期全球服务进口年均增长速度 4.8 个百分点，占全球服务进口的比重从 6.3% 提高至 8.6%，世界第二大服务进口国地位不断巩固。另外，服务进口质量越来越高。生活性服务进口向高品质发展，丰富了中国人民的美好生活。同时，生产性服务进口稳步提升，推动了中国经济高质量发展。

2020 年 11 月召开的第三届中国国际进口博览会发布的《中国服务进口报告 2020》显示，

⊖ 2014 年起，我国全面发布以人民币计价的各类海关统计数据。

中国服务进口既满足自身需要又惠及全球。党的十八大以来，中国累计进口服务 3.4 万亿美元，是推动全球服务进口增长的第一大力量。中国服务进口每年给全球贸易伙伴增加了 1 800 多万个就业岗位，为全球产业链供应链提供了广阔而稳定的市场。目前中国已进入服务业对外开放新时代，服务业进口规模越来越大。

|案例 11-6|

伦敦招揽中国游客的难题

根据 2013 年 10 月 10 日英国国家统计署（Office for National Statistics）发布的国际游客调查（International Passenger Survey），2013 年前 6 个月，前往伦敦的游客人数创纪录地达到 790 万人，较 2012 年同期增长 7.7%。不仅如此，2013 年前半年里，旅客们在伦敦的消费总额达到 49 亿英镑（约 480 亿元），同比增幅达 12.4%。这份报告还称，在 2011～2012 年两年的每个季度里，来自世界各地的游客在伦敦的消费始终呈现持续增长态势。当大英博物馆、伦敦眼摩天轮和伦敦塔这些景点里都挤满了外国游客（数据显示，2013 年上半年，75% 的伦敦塔游客来自英国以外），时任市长鲍里斯·约翰逊（Boris Johnson）无疑会感到自豪，因为伦敦没有像其他奥运会主办城市一样，在奥运会后很快便跌入游客锐减的窘境。

多年以来，中国的游客可以通过申请签证一次性搞定欧洲 26 个国家的旅行计划，但如果他们的目的地是伦敦，则要经历另一套独立且复杂的签证申请程序。

英国长期以来严苛的签证体系意在限制非法移民，但如今它也同时把不少出手大方的中国游客挡在了国门之外。旅游金融服务公司环球蓝联（Global Blue）发现，2012 年英国仅吸引了中国赴欧游客总数的 7%，其中复杂的签证程序是阻碍中国游客的主要原因。

伦敦是全世界仅次于巴黎的最具价值的免税购物目的地。对于中国的游客来说，伦敦的优势在于“物美价廉”。据信用卡支付机构 WorldPay 发布的报告，伦敦的奢侈品价格平均比中国市场低 30%。

而对于伦敦的零售商们来说，大方的中国消费者无疑更让他们着迷。环球蓝联的数据显示，2012 年在英国免税购物的中国旅客的消费额已远超他国；根据 WorldPay 的数据，2012 年中国游客每一趟国际旅行平均就要花掉 737 英镑（约 7 200 元），购买力位列全球第一；而联合国世界旅游组织的数据则显示，2012 年大约一半的中国海外游客的单次旅行花销达到 3 000 英镑。

这也令英国的零售商们总要打起百倍精神迎接中国人。如今伦敦的各大百货公司不仅接受中国的银联卡，还全力以赴地为到访的中国购物客们配备翻译和向导。

但零售商们的摇旗呐喊在艰难的签证政策面前显得有些势单力薄。2012 年 10 月，法国和德国在北京设立法德联合签证中心，一下就将前往两国旅游的中国游客的签证数量提升了两成。而英国的商家们只能眼巴巴地看着更多的中国游客绕道别处。

根据伦敦发展贸易促进署的数据，2012 年来伦敦旅游的中国游客人数达到 10.4 万人，比 2011 年增长 28%，相比 2009 年则增长超过 121%。2012 年中国游客在伦敦的消费总额达 1.4 亿英镑，较 2011 年增长 60%，比 2009 年更是增长了 150%。

这些数据虽然显眼，但如果和邻居巴黎相比，则要逊色不少。统计显示，巴黎平均每年吸引 3 300 万游客（其中海外游客达到半数），在这浩浩荡荡的旅游大军中，就包括约 100 万的中国游客，他们已为巴黎直接或间接地创造了 60 万个工作岗位。

根据英国国家统计署的数据，国际游客为伦敦提供的就业岗位数量达 22.6 万个，占英国首都总就业量的 5%。国际游客在伦敦每消费 5.8 万英镑，便可以创造一个新的就业岗位。

这无疑是每个城市都不愿轻易错过的机遇。近来，西方媒体在对中国购物客进行报道时，总爱配上黄皮肤黑头发的面孔争先恐后冲进百货商店大门的照片。那些照片中的购物客们看起来像是把购物中心的大门当成了"血拼"的起跑线。但这条起跑线背后，也是不同国家和城市之间的博弈，谁都希望把这条起跑线设在自己国家的商场里。

但显然，在签证中心漫长的排队和无止境的表格填写无益于改善局面。最新的进展是，英国内政大臣特雷莎·梅（Theresa May）正在寻求推出同时适用于英国与其他欧洲国家的共同签证申请程序。但此前推进缓慢的诸次签证改革已经证明，每当英国试图摆出自己是世界中心的接纳姿态，国内就会立刻响起民粹主义的怒吼。

对此伦敦市长表示："从 2012 年夏天开始，伦敦已经吸引了数十亿英镑的海外投资，这些梦幻般的旅游数字带来的不仅是新的就业机会和经济增长，也又一次证明了伦敦奥运遗产的价值。"

伦敦发展促进署前 CEO 尹高德（Gordon Innes）也预计，如果这种趋势继续，2013 年伦敦的国际游客人数将超过 2012 年创纪录的 1 550 万名国际游客。

但也许只有一件事会让奔赴中国的伦敦市长略没底气。这也意味着，伦敦市长在中国施展魅力的同时，也许要花点口舌把英国和伦敦对海外游客的签证规划解释一番。

资料来源：《中国日报》网，2013 年。

▶ 讨论题

1. 伦敦为何十分重视中国游客？
2. 在招揽中国游客方面，伦敦存在什么难题？这一难题给伦敦的国际旅游业带来什么影响？
3. 伦敦应如何解决其在发展国际旅游业方面存在的难题？

（三）中国服务贸易的部门结构趋于优化

整体来看，中国传统服务贸易出口规模出现收缩的趋势，新兴服务贸易增长较快。根据 2005 ~ 2021 年中国服务贸易分类年度统计数据，旅游、运输、其他商业服务一直是中国服务贸易出口的三大主要部门。

近年来，以旅游、运输和建筑为主的传统服务贸易在中国服务贸易出口中所占比重逐年下降，电信、计算机和信息服务、知识产权使用费、金融保险服务等新兴服务部门的出口则大幅增长。传统部门和新兴部门在中国服务贸易总出口中所占比重的变化，反映了中国服务贸易部门结构的优化。

近年来，我国知识密集型服务贸易在服务贸易中的占比不断提高：2019 年，我国知识密集型服务进出口额占服务进出口总额的比重为 34.68%，其中，知识密集型服务出口额占服务出口总额的比重为 50.70%，知识密集型服务进口额占服务进口总额的比重为 25.60%。2021 年，我国知识密集型服务进出口额占服务进出口总额的比重提升至 43.90%；其中，知识密集型服务出口额占服务出口总额的比重为 49.63%，知识密集型服务进口额占服务进口总额的比重为 38.61%。

2021 年，知识密集型服务贸易稳定增长，占比提高。2021 年，知识密集型服务进出口 23 258.9 亿元，增长 14.4%。其中，知识密集型服务出口 12 623.9 亿元，增长 18%；知识密集型服务进口 10 635 亿元，增长 10.4%。知识密集型服务出口增长较快的领域是个人、文化和娱乐服务，知识产权使用费，电信、计算机和信息服务，分别增长 35%、26.9%、22.3%。而知识密集型服务进口增长较快的领域是金融服务和保险服务，分别增长 57.5% 和 21.5%。

此外，受货物贸易和价格因素的影响，2021 年中国运输服务出口持续快速增长。2021 年中国运输服务出口 8 205.5 亿元，增长 110.1%；运输服务进口 8 616 亿元，增长 31.9%，成为服务贸易十二大领域中进出口增长最快的领域。金融服务，电信、计算机和信息服务进出口增速位列第二、第三，分别为 31.1% 和 19.3%（见表 11-9）。

表 11-9 2021 年中国服务分类进出口统计表

服务类别	进出口			出口			进口			差额/亿元
	金额/亿元	比重/%	同比/%	金额/亿元	比重/%	同比/%	金额/亿元	比重/%	同比/%	
总额	52 982.7	100.0	16.0	25 434.9	100.0	31.4	27 547.7	100.0	4.8	-2 112.8
加工服务	1 343.9	2.5	11.1	1 298.0	5.1	10.4	45.9	0.2	33.0	1 252.0
维护和维修服务	753.7	1.4	-0.8	507.4	2.0	-3.9	246.2	0.9	6.3	261.1
运输	16 821.5	31.7	61.2	8 205.5	32.3	110.1	8 616.0	31.3	31.9	-410.4
旅行	7 897.5	14.9	-22.5	733.5	2.9	-35.7	7 163.9	26.0	-20.8	-6 430.4
建筑	2 598.2	4.9	13.1	1 966.4	7.7	13.4	631.8	2.3	12.3	1 334.5
保险和养老金服务	1 369.8	2.6	12.0	335.2	1.3	-9.6	1 034.6	3.8	21.5	-699.4
金融服务	665.7	1.3	31.1	320.8	1.3	11.1	344.8	1.3	57.5	-24.0
知识产权使用费	3 784.7	7.1	18.4	759.7	3.0	26.8	3 025.0	11.0	16.5	-2 265.3
电信、计算机和信息服务	7 714.7	14.6	19.3	5 126.8	20.2	22.3	2 587.9	9.4	13.8	2 538.9
其他商业服务	9 390.1	17.7	8.6	5 958.7	23.4	15.4	3 431.3	12.5	-1.4	2 527.4
个人、文化和娱乐服务	333.6	0.6	11.8	122.5	0.5	35.0	211.1	0.8	1.7	-88.6
别处未提及的政府服务	308.7	0.6	-26.2	100.0	0.4	-42.1	208.7	0.8	-14.9	-108.7

注：由于统计误差，金额加总不一定与总额相等，百分比相加不一定等于100%。
资料来源：中华人民共和国商务部商务数据中心。

（四）服务贸易转型发展进入关键阶段

当前，全球服务经济正在进入一个新时代。在以数字技术、数字经济为代表的新一轮科技革命和产业变革推动下，服务领域呈现出新趋势新特征，知识密集型和技术密集型服务贸易发展动力十足，前景广阔，潜力巨大。

近年来，新一轮科技革命和产业变革孕育兴起，带动了数字技术强势崛起，促进了产业深度融合，引领了服务经济蓬勃发展。世界贸易组织发布的数据显示，服务业已成为全球经济的支柱性产业，占全球国内生产总值的 65%，发展中国家 2/3 的就业和发达国家 4/5 的就业都来自服务业。

随着中国服务业的发展，再加上 2020 年新冠肺炎疫情的暴发及其产生的后续影响，服务贸易发展提质增效的迫切性更加凸显。当前，互联网、大数据和云计算等新兴技术快速发展，将显著降低跨境服务贸易的成本。新冠肺炎疫情加速了线下经营向"互联网＋"线上模式的转变进程，为诸如线上办公、线上教育等电信、计算机和信息服务贸易创造了新的发展契机，促进了数字技术在新兴服务贸易领域的应用，实现了新兴服务贸易的数字化与智能化。同时，随着中国进一步加大金融、保险等服务领域对外开放力度，技术、数据等新型要素质量和配置效率不断提高，服务领域发展新动能将加快释放，为服务贸易转型发展创造了更多有利条件。

（五）数字服务贸易发展前景广阔

数字技术的发展正在重构全球经济新版图，数字服务贸易成为提升全球价值链地位的重要途径。中国数字经济规模快速壮大，数字基础设施不断完善，数字技术领域创新能力日益增强，在5G、云计算、人工智能、大数据、物联网等新兴技术领域积累了较强的优势，为数字服务贸易提供了重要的支撑。

新冠肺炎疫情的冲击将加快中国数字服务贸易的发展进程。新冠肺炎疫情暴发以来，医疗、教育、餐饮、零售等传统服务领域的数字化需求呈现指数级增长态势，知识流程外包中的医药和生物技术研发、离岸信息技术外包中的云计算服务、信息技术解决方案服务、人工智能服务等新兴数字化服务都呈现出快速增长的态势。同时，中国还认定了首批12个国家数字服务出口基地，加快数字技术在服务贸易中的应用，加速培育数字贸易新业态新模式，带动中国服务贸易持续实现高质量发展。

（六）服务贸易推动"一带一路"发展与合作

服务贸易是"一带一路"国际合作的重要内容，推动了中国与沿线国家经济发展与合作。2020年，中国与"一带一路"沿线国家完成服务进出口额844.7亿美元，其中服务出口额为377.3亿美元，服务进口额为467.4亿美元，占中国服务贸易总额的比重为10.3%。

近年来，中国分别与中东欧国家和金砖国家签订了《中国—中东欧国家服务贸易合作倡议》《金砖国家服务贸易合作路线图》，已经有14个国家与中国建立了服务贸易双边合作机制。

2019年举办的第二届"一带一路"国际合作高峰论坛形成了六大类、283项成果清单，涵盖债券市场/专项贷款融资、版权贸易合作、数字服务、知识产权、科技创新、邮政和快递服务等多个服务贸易领域的合作倡议。

"中欧班列"是推进"一带一路"建设的重要抓手，不仅促进了沿线国家货物贸易的发展和经贸交流，更成为促进沿线服务贸易发展的重要载体。通过"通道带贸易，贸易聚产业"的方式，中欧班列重塑了沿线国家经济地理，贸易创造效应日益凸显，国内外的主要节点城市都已成为重要的贸易商品集散地，服务功能也从传统的仓储、物流配送，向清关、轻加工、退换货、销售展示和大数据分析等转变。中国将进一步促进与"一带一路"沿线国家在航空、铁路等基础设施领域的互联互通，在形成"铁、公、空、水多式联运"网络体系的基础上，以大通关体系提高通关效率，降低交易成本，推进运输、金融、信息交换等服务环节便利化水平的提高。

三、中国服务贸易发展对策

（一）优化调整产业结构，努力提升中国服务业的国际竞争力

虽然我国服务贸易持续平稳发展，世界占比逐渐提升，但服务贸易仍然存在贸易规模整体偏小、区域发展失衡问题突出、服务贸易结构不合理、开放程度有限、行业结构分布不合理等问题。数字经济为中国服务贸易开辟了一条创新发展的新路径，充分把握这一重大机遇，为中国服务贸易发展增添新动能尤为重要。

为此，必须继续大力发展服务业，加快产业结构的调整和优化。随着国民收入增长及需求结

构升级，高品质服务需求不断上升。电信、商业服务、文化及娱乐、旅游等新兴服务行业消费需求显著增加，而这些行业是我国产业发展链条上的薄弱环节，迫切需要提质增效升级。继续深化服务业对外开放，积极参与多双边及全球贸易规则制定，在引进国外先进技术的同时，可以倒逼国内服务业适应全球高标准发展；我国仍可依托自贸试验区，完善自贸区高中端服务相关政策，在自贸区先行先试后再推广至全国，提升高中端服务贸易竞争力，推进贸易结构转型升级。

（二）推进新兴服务贸易出口，优化服务贸易结构

按照积极推进新兴服务贸易出口与扩大传统劳动密集型服务贸易出口相结合的原则，重点扩大工程承包、设计咨询、技术转让、金融保险、国际运输、教育培训、信息技术、民族文化等服务贸易出口；充分利用外资与外资企业在新型服务贸易部门的产业示范、人员培训和产业前后向关联等途径实现的技术外溢效应，提高中国服务企业的技术水平和管理手段，优化服务贸易结构。

随着数字经济广泛普及，数字化服务贸易增长迅速。大数据、人工智能、云计算等数字技术的应用极大地提升了服务的可贸易性，以通信、计算机、电信等为依托的服务贸易将成为推动服务贸易增长的关键。注重服务贸易供给侧结构性改革，顺应全球价值链分工新趋势，推动以数字技术为支撑、以高端服务为先导的新兴服务贸易发展，有助于推动"服务 +"整体出口，同时可以加强服务业与制造业、货物贸易与服务贸易深度融合。

（三）积极培育国内服务外包市场

一是要积极稳妥地开放服务市场，放宽对服务贸易领域市场准入的限制，为跨国企业来中国开展服务外包业务创造条件。二是制定鼓励承接服务外包的专门政策措施，进行外包企业认定，仿照给予高新技术企业的支持政策，为外包企业提供低息信贷，减免企业开展离岸外包的所得税和营业税，对用于提供外包所需的进口设备可以免征关税及进口环节增值税。三是积极推进服务外包商务环境建设。

（四）建立和谐均衡的世界经济新秩序

在当今这个全球相互依赖的世界，更为均衡的经济秩序将使所有的国家受益。当代有 2/3 的人生活在低发展和越来越落后的国家里，有 1/4 的人营养不良和失业。在这种情况下，整个经济系统是岌岌可危的。更为均衡的秩序致力于弱化两极分化以及由此引起的冲突和矛盾，致力于资源分配、资金流动、市场分割和利益共享方面，促进南北之间、东西之间更加公平合理。通过建立公平、合理的国际经济秩序，为发达国家和发展中国家提供从全球化中获益的机会；应当以诚信为基础，以此来促进人类文明的进步，为经济和社会活动有序地开展提供保障；应当以合作为途径，各国之间取长补短，互利互惠，发达国家应该做出更大的让步以促进发展中国家服务业的发展，从而为发展中国家服务贸易增长创造更大的空间；应当以发展为核心，实现经济增长、社会进步、环境保护的相互协调与促进，走可持续发展之路，促进发展中国家经济结构优化。

（五）制定和完善服务贸易立法

由于许多服务业如运输、通信、金融、保险与医疗、教育等部门涉及一个国家的基础结构，同时发展中国家存在着服务贸易逆差扩大问题，因此，一方面应致力于振兴中国服务业并积极

推进出口，另一方面对国内新兴服务业予以一定的保护。按 WTO 规则建立中国服务贸易竞争规则，发展服务贸易，目前应尽快制定和完善既符合我国实际又不违背《服务贸易总协定》和 WTO 规则的法律法规。

（六）强化政府职能，优化服务业市场秩序

首先，要加强服务基础设施建设。政府应制定措施，加大对服务业基础设施的投入，鼓励各种经济形式对服务业进行投资，以现代化的技术装备改善国内的服务手段，提高服务质量和服务效益，从总体上提高国内服务业的国际竞争力。其次，要大力推进服务业技术进步，加快科技手段在服务领域的应用。政府应通过财政、税收、信贷等方面的倾斜政策，加大对高新技术的研究开发投资力度。最后，要改善服务供给，打破国家对一些服务业如银行、保险、电信等服务业的垄断，允许国内非公有制形式对这些行业投资或参与经营，鼓励国内民营资本涉足这些服务领域，并强化竞争机制。

案例 11-7

发展服务外包正当其时

服务外包在中国经历了快速发展。2008 ~ 2012 年，我国服务外包企业承接离岸服务外包执行额年均增幅超过 60%，占全球离岸外包市场的份额由 7.7% 增长至 27.7%，跃升为全球第二大服务外包承接商。美国、欧盟、日本和中国香港地区是中国内地承接服务外包的主要市场，2013 年前 9 个月服务外包承接执行金额占比分别达到 23.7%、15.3%、12.7% 和 12.1%。此外，服务外包就业规模稳步扩大。截至 2013 年 9 月底，中国共有服务外包企业 23 523 家，从业人员 494.6 万人。

商务部服务贸易和商贸服务业司副司长万连坡介绍，当前推进服务外包的发展正逢其时。他说，服务外包的贸易或业务对象是服务，这与中国提高服务业比重、优化产业结构的目标是非常契合的。目前，服务外包是以 IT 和网络通信手段为基础的服务产业，具有较高的增值价值。同时，服务外包主要以智力投入和产出为主，能吸纳更多高素质人才就业，特别是能解决大学生就业问题。而且，服务外包具有污染低、能耗小、更为绿色环保的特点。服务外包一般靠网络通信实现，不需要货物运输加工，不受地域限制。此外，服务外包主要是生产性服务，是嵌入到各行业内的，所以对制造业和其他行业具有很好的带动效应。

当前，国际市场的需求相对低迷，而服务外包产业逆势持续快速发展，境外发包商看到了中国服务外包的优势，这也为中国转变对外经济发展方式提供了新动力。

"境外发包机构一方面看中中国巨大的在岸市场潜力，另一方面也充分认识到中国丰富的人力和科研资源优势，它们认为中国能够成为它们在新一轮全球化分工中培育国际竞争优势的重要依托。"万连坡说。

有了好的市场环境，但也离不开相关政策的大力支持。近些年来，中国出台了大量扶持政策，并批准了一批服务外包示范城市。截至 2013 年，中国已有包括北京、天津、上海、重庆、大连、苏州等在内的 21 个服务外包示范城市。相关部门出台了多项政策，从人才、资金、平台、服务等多方面给予试点城市鼓励和支持，以加快中国服务外包产业发展。万连坡介绍，未来，有关服务外包的相关政策还将进一步完善。下一步将有望出台一些政策，支持和鼓励服务

外包企业在境外设立、兼并或者收购一些服务外包机构，建立我们自己的交付中心。

值得一提的是，服务外包不仅包括离岸服务外包（也就是与境外进行服务贸易），境内的在岸市场规模也不小。也就是说，服务外包也包含国内企业将自己的一部分业务外包给其他国内企业的模式。对此，中国社会科学院财经战略研究院夏杰长认为，应该制定相应政策，创造有利环境，使制造业企业有动力、有能力将生产性服务业分离，这是中国构建服务经济的关键。而实现这一战略目标的重要途径，就是细化专业化分工，鼓励制造业的服务环节从企业剥离，推进服务外包。

"离岸外包推动对外贸易中的服务贸易增长，使得中国外贸结构进一步优化。在岸服务业促使服务业快速发展，使得国内的经济结构得到了改善。因此，服务外包业务的快速增长，对两个结构的调整都将发挥积极作用。"万连坡说。

资料来源：人民网. 发展服务外包正当其时［EB/OL］.（2013-11-10）［2021-08-10］. http://politics. people. com. cn/n/2013/1110/c70731-23489185. html.

▶ 讨论题

服务外包对我国对外贸易的发展有怎样的促进作用？

案例 11-8

当外贸"转身遇见"服务外包

生产性服务外包是激烈的市场竞争环境下制造业自身优化发展的理念，已经为许多制造企业所接受，而这条"定律"在宁波外贸企业的诠释下，又演绎出了外贸企业组建产业供应链，搭建平台为更多外贸企业服务的新模式。这就是中国最大的文具出口企业贝发集团从事的"另类"服务外包。

其实，身处制造业服务化、服务业信息化的变革时代，这类外贸"转身遇见"服务外包的故事，在宁波近几年服务外包产业快速发展的日子里，每天都在发生。

从专事生产到打造供应链品牌

一年前，中国文具创意设计中心和中国文具商品交易中心正式落户宁波。和许多以量取胜的外贸产业类似，中国文具产业一直存在缺品牌、缺渠道、缺创意、缺人才的局面，这样的困境在金融危机爆发后更是雪上加霜。正因如此，贝发集团自 2009 年开始，从单一的文具制造商向文具供应链运营服务商的角色转型。但"打造中国文具供应链运营服务平台，成为国内首家文具供应链运营服务商"，并不如说起来这般容易。"这得益于宁波的产业环境，和宁波市一直以来对服务外包产业的重视。"贝发集团市场部副经理汪立说，产业方面，中小企业需要供应链来穿针引线，而宁波服务外包的快速发展和政策利好，也让贝发集团意识到从单纯生产型外贸企业向综合服务提供者角色转变的重要性。

事实上，宁波市近几年一直在加大对服务外包的支持。除出台《关于加快宁波市服务外包发展的若干意见》《宁波市加快服务外包产业发展扶持政策实施细则》等政策外，仅宁波市对外贸易经济合作局 2013 年就已联合宁波市财政局拨付各项扶持资金总计 1 300 万元，并从国家申请到 2013 年度服务外包专项资金 962 万元。"供应链品牌是什么？就是以服务行业发展的意识，建设品牌，提升整个文具外贸产业的层级。"据汪立介绍，中国文具商品交易中心一端联结着国际客户需求，另一端联结着中国文具企业众多资源，通过 OEM、ODM、OBM、B2M 等多种业务模式及现货、订单和远期订单的交易方式，为全球零售商、分销商、电子商务平台等提供全品类、系列化、多品牌的办公、礼品业务及"全方位一站式"服务，同时提供配套的品控、质检、物流、通关、退税、保险、融资和外汇服务。此外，中心还定期发布行业内主要产品种类的成交数据和走势分析报告及交易指数。

而贝发集团的转型服务也确实带动了整个产业链的联动升级。以慈溪的双爱文具公司为例，其过去分散经营着 20 多种文具产品，年业务量不过 300 万美元。2011 年加入贝发产业链后，收缩战线只做活动铅笔，几个月的业务量就相当于之前一年的总和。

从服务本身到汲取理念的营养

服务外包之所以能够引发产业与管理范畴的广泛变革，并在一定程度上刺激了金融危机后疲软的经济增长，根本原因在于其对资源更加有效与合理的配置，通俗而言，就是"专业的人做专业的事"。

在宁波，服务外包的意义已经不单单停留在产业本身，而是其对企业经营、管理思维的影响。许多外贸企业都学会了以第三方的力量弥合此前的短板。例如，不少宁波的外贸企业借助第三方渠道和服务发展自己的品牌，"墙内墙外"两边香。

太平鸟集团就是其中的代表企业。记者了解到，在努力稳定外需市场的同时，太平鸟集团在国内借助第三方网络平台做得风生水起。2012 年"双 11"，太平鸟品牌店当天的网络销售额达到 8 900 万元，跻身天猫网销量排行榜前十名。"外贸行业与服务外包行业的关系演变以及服务外包反向影响外贸企业转型，都是企业对自身发展模式探索的切实理解，也是服务外包与宁波本地产业紧密结合的体现，符合大型制造企业主营业务多元化和从产品提供者向集成服务提供商转型的趋势。"宁波市外经贸局局长俞丹桦接受《国际商报》记者采访时表示，不论是贝发集团的自建平台，还是太平鸟集团借助的第三方平台，都是抓住了服务外包这个核心理念。"宁波将围绕自有的优势产业，发展出差异化、多生态的服务外包产业。"俞丹桦说。

资料来源：中国网. 当外贸"转身遇见"服务外包 [EB/OL]. (2013-09-27) [2021-08-11]. http://www.beifa.com/cn/newsd.php?nid=1514.

▶ 讨论题

1. 什么是离岸服务外包？什么是在岸服务外包？
2. 为何要大力发展服务外包？发展服务外包需要具备什么条件？

◈ 思考题

1. 运用比较优势理论，举例说明两国间服务产品的专业化分工和交换。
2. 服务产品的生产能实现规模经济吗？请举例说明。
3. 请评价《服务贸易总协定》的作用和不足之处。
4. 当代服务贸易具有哪些特征？
5. 中国服务贸易的发展具有哪些特征？

习题

1. 选择题

（1）服务贸易的主要特征是（　　）。

    A. 无形性　　　　　B. 不可分离性

    C. 不可存储性　　　D. 差异性

（2）以下属于传统服务业的是（　　）。

    A. 旅游业

    B. 广告业

    C. 美容业

    D. 医疗卫生业

（3）在"乌拉圭回合"中，发达国家关心的是（　　）。

    A. 咨询　　　　　　B. 旅游

    C. 技术服务　　　　D. 人员流动

2. 判断题

（1）国际运输服务属于要素服务贸易。（　　）

（2）中国当前的服务贸易和货物贸易一样，都存在顺差。（　　）

（3）中国对境外消费的教育服务未做限制。（　　）

3. 简答题

（1）服务贸易的基本特征有哪些？

（2）试分析比较优势理论对国际服务贸易的适用性。

（3）《服务贸易总协定》是如何定义国际服务贸易的？

（4）《服务贸易总协定》的基本原则有哪些？

第十二章
CHAPTER 12

国际工程承包与劳务合作

▌本章要点

　　本章包括两部分内容：国际工程承包与国际劳务合作。首先介绍了国际工程承包的概念、产生与发展、特点、承包方式、发展现状，其次介绍了国际工程承包中的招标与投标、国际工程承包合同、国际工程承包中的银行保函、施工索赔与保险，再次介绍了国际劳务合作的概念、种类及影响，最后介绍了我国对外工程承包和劳务输出的概况与特点。本章重点在于国际工程承包的概念、方式，国际招投标，国际工程承包合同与银行保函的种类，施工索赔，国际劳务合作的概念与影响，我国对外工程承包和劳务输出的概况与特点。

▌思政视野

1. 积极促进 "一带一路" 国际合作机会， 推动合作共赢

　　习近平总书记在党的十九大报告中指出，要以 "一带一路" 建设为重点，坚持引进来和走出去并重，遵循共商共建共享原则，加强创新能力开放合作，形成陆海内外联动、东西双向互济的开放格局。对外承包工程是指中国的企业或者其他单位承包境外建设工程项目的活动，是高质量共建 "一带一路" 的可视性成果，涉及境外工程投融资、设计咨询、设备采购、建设施工、运营管理等方面，对带动中国产品技术服务 "走出去" 和深化国际产能合作、促进国内经济转型升级、实现中国与相关国家（地区）共赢发展发挥了重要作用。

　　在 "一带一路" 倡议的引领下，各级商务主管部门践行以人民为中心的发展思想，积极面对国内外风险挑战明显上升的复杂局面，坚持稳中求进工作总基调，坚持新发展理念，坚持推动高质量发展，为对外承包工程业务发展提供了坚实的机制保障，创造了良好的发展环境。与此同时，面对国际市场的诸多挑战和不确定性，广大对外承包工程企业积极转变思维方式，加大国际业务投入，积极防范各类风险，不断探索创新合作形式，推动业务转型升级，培育竞争新优势，对外承包工程业务取得了一定发展。

2021 年，我国对外承包工程业务完成营业额 1 549.4 亿美元，新签合同额 2 584.9 亿美元。2021 年，我国企业在"一带一路"沿线的 60 个国家新签对外承包工程项目合同 6 257 份，新签合同额 1 340.4 亿美元，占同期我国对外承包工程新签合同额的 51.9%；完成营业额 896.8 亿美元，占同期总额的 57.9%。

2. 助力脱贫攻坚和全面实现小康社会

习近平总书记指出，坚决打赢脱贫攻坚战，让贫困人口和贫困地区同全国一道进入全面小康社会是我们党的庄严承诺。开展对外劳务扶贫工作，是深入贯彻落实习近平总书记扶贫开发战略思想，将脱贫攻坚战与对外劳务合作有机结合的重要载体，对提高贫困人口收入、改善民生具有十分重要的意义，对带动贫困地区经济发展、帮助外派贫困劳动力脱贫具有重要的推动作用。

2021 年，我国对外劳务合作派出各类劳务人员 32.3 万人，较 2020 年同期增加 2.2 万人；其中承包工程项下派出 13.3 万人，劳务合作项下派出 19 万人。年末在外各类劳务人员 59.2 万人，对深化双边经济合作、促进民心相通、助力扶贫脱贫发挥了积极作用。

资料来源：商务部. 2021 年我国对外承包工程业务简明统计［EB/OL］.（2022-01-24）［2022-01-26］. http://www.mofcom.gov.cn/article/tongjiziliao/dgzz/202201/20220103238998.shtml；商务部. 2021 年我国对外劳务合作业务简明统计［EB/OL］.（2022-01-24）［2022-01-26］. http://www.mofcom.gov.cn/article/tongjiziliao/dgzz/202201/20220103238999.shtml.

▶ 思考题

查询相关资料，讨论我国针对对外承包工程和对外劳务提出了哪些政策支持。

▌ 开篇案例

2016 年 10 月 5 日 11 时 47 分，由中国铁建等中国企业承建的"新时期的坦赞铁路"亚吉铁路首趟列车，从埃塞俄比亚首都亚的斯亚贝巴发出。

当天，亚吉铁路开通仪式在埃塞俄比亚拉布车站隆重举行。上午 8 时 30 分，拉布车站彩旗飞舞，现场民众载歌载舞。习近平主席特使、国家发展和改革委员会主任徐绍史，埃塞俄比亚总理海尔马里亚姆·德萨莱尼（Hailemariam Desalegn）和吉布提总统伊斯梅尔·奥马尔·盖莱（Ismail Omar Guelleh）等出席通车仪式并致辞。多哥总统福雷·埃索齐姆纳·纳辛贝（Faure Essozimna Gnassingbé）等各界来宾近千人莅临现场。

德萨莱尼和盖莱在致辞中均对铁路开通表示祝贺。徐绍史在致辞中讲到，"亚吉铁路是三国合作的重要成果，是友谊之路。此次通车，既是中国与埃塞俄比亚、吉布提合作的里程碑，又是新起点"。

"亚吉铁路不仅是中国企业为非洲国家量身打造的高品质民生工程，更是中国铁路第一次以全产业链的方式'走出去'和'一带一路'建设的标志性成果。它将带动多条产业链发展，形成一条铁路经济带，为非洲国家的可持续发展送上宝贵的'亚吉模式'。"亚吉铁路承包商、中国铁建董事长孟凤朝说。

1. 全产业链 "中国化"

亚吉铁路是海外首条集设计标准、投融资、装备材料、施工、监理和运营管理全产业链"中国化"的铁路项目。

2011 年年底，中国铁建中土集团等与埃塞俄比亚铁路公司签署项目合同。2012 年 1 月，中国铁建中土集团与吉布提财政部签署了吉布提段合同。经过 4 年多的建设，亚吉铁路正式开通。

亚吉铁路横跨非洲两国，西起埃塞俄比亚首都亚的斯亚贝巴，东到吉布提港，全线长约 750km，采用中国二级电气化铁路标准建设，设计时速 120km，总投资约 40 亿美元（含机车车辆采购）。埃塞俄比亚段 70% 的资金和吉布提段 85% 的资金来自中国进出口银行商业贷款。

亚吉铁路作为"一带一路"倡议的重要支撑，在促进各国互联互通方面意义重大。埃塞俄比亚属于内陆国家，工业化正处于起步阶段，进出口货物的主要通道依靠邻国吉布提的港口，铁路的缺位严重影响埃塞俄比亚的经济发展。吉布提地处红海、亚丁湾中节点，战略价值显著。盖莱总统曾讲到，"将我们的国家建设成为一个地区交通枢纽，是我们的愿望"。

亚吉铁路在实施过程中遇到过诸多挑战。吉布提段原定工期为 60 个月，应埃塞俄比亚政府的要求，工期被压缩至 25 个月，使亚吉铁路成为中国企业在海外建设工期最短的铁路之一。通过亚吉铁路，中国铁建累计雇用 2 万多名埃塞俄比亚当地员工和 5 000 多名吉布提当地员工。

2. 承建商成运营商

"我们愿与非洲各国分享中国在铁路等基础设施建设和工业化发展方面的成功经验。"孟凤朝在致辞中说，中国铁建将积极主动契合当地发展的实际需要，全方位服务铁路沿线地区经济发展，培育新兴产业，使亚吉铁路成为"繁荣发展之路，合作共赢之路"。

2016 年 7 月，中国铁建中土集团与中国中铁联营体成功签约亚吉铁路运营维护项目，在这条铁路通车后，承建商也将变为运营商，将为这条铁路提供 6 年的运营管理服务。

资料来源：人民铁道网。

▶ 讨论题

我国建设亚吉铁路的关键是什么？

国际工程承包是一种综合性的并被世界各国广泛采用的国际经济合作方式。20 世纪 70 年代以后，随着科学技术的进步、国际分工的深入、生产的国际化、各国经济的发展以及中东各产油国石油收入的大幅增加，这种合作方式有了较大的发展。国际工程承包与劳务合作既可以输出技术，又可以带动资金、设备和劳务的出口，其在世界经济贸易市场上的地位日益突出。根据美国《工程新闻记录》（*Engineer News-Record*，ENR）周刊 2021 年度"全球最大 250 家国际工程承包商"榜单，250 家上榜企业 2020 年的国际新签合同总额为 5 204 亿美元，国际营业总额为 4 204 亿美元。国际工程承包与劳务合作已成为国际技术交流和商务活动的重要方式。

第一节　国际工程承包概述

一、国际工程承包的概念

国际工程承包是指一国的承包商，以自己的资金、技术、劳务、设备、原材料和许可权等，承揽外国政府、国际组织或私人企业即业主的工程项目，并按承包商与业主签订的承包合同所规定的价格、支付方式收取各项成本费及应得利润的一种国际经济合作方式。国际工程承包涉及的当事人主要有工程项目所有人（业主或发包人）和承包商，业主主要负责提供工程建设所需资金和酬金等，而承包商则负责工程项目的建造、工程所需设备和原材料的采购、提供技术等。

二、国际工程承包的产生与发展

早在19世纪中期，国际工程承包就已经出现了，当时一些经济发达国家为了争夺原料、开拓市场、攫取更多利润，在向殖民地和经济不发达国家大量输出资本的同时，也使发达国家的建筑师和营造商大量进入这些国家的建筑业。

在二战期间，欧洲战场需要建筑大量的军事工程，而欧洲各国由于要应付战争，仅仅依靠自己的力量难以完成，因而就为美国的一些大工程公司承建这些工程提供了机会。二战以后，国际工程承包迅速发展，主要原因有以下几个方面。

（1）科学技术日益发达，生产力不断发展，一方面使生产的社会化和国际化程度进一步提高，各国的经济联系更为密切；另一方面，生产的技术结构越来越复杂，各国之间的经济技术水平差异也有所扩大，使得工程技术的合作十分必要。

（2）在二战中遭到沉重打击的国家和许多新独立的发展中国家，都迫切需要振兴经济，但它们不是缺乏资金、技术设备和专业技术人员，就是缺乏劳动力，而开展国际工程承包可以帮助它们解决这些难题。

（3）20世纪70年代，中东等地区的产油国提高石油价格，从而拥有巨额的石油美元。这些国家为了尽快实现工业化，制订了宏伟的发展计划。由于这些国家技术水平落后又缺乏劳动力，不得不委托国外承包商和输入外籍劳动力来进行建设，因此极大地推动了国际工程承包的发展。

（4）战后在以和平与发展为主旋律的国际环境下，世界经济在较长时期内保持较好的增长势头，特别是有些国家经济高速增长，全球对外直接投资不断增加，国际经济机构对发展中国家提供了一定的经济援助，这些都有利于国际工程承包的发展。

20世纪90年代以来，随着科技的进步和各国经济的飞速发展，国际工程承包市场遍及世界各地。业务范围也变得极为广泛，从交通电力、水利、电信等基础建设到制造业、办公楼等企业建设再到居民房屋建设，几乎遍及国民经济的每个部门，甚至进入了军事和高科技领域。其业务内容随科学技术的进步也日益复杂，分工越来越细，工程项目已由原来的"劳动密集型"逐渐转变为"技术密集型"，向先进的现代化工程发展。

三、国际工程承包的特点

国际工程承包具有以下特点。

（1）综合性强。国际工程承包的业务涉及面广，综合性强。国际工程承包的内容除了施工，还包括设计、技术转让、机械设备的供应与安装、原材料和能源的供应、资金、人员培训、技术指导等，也就是说，国际工程承包不光是工程建设，还涉及技术、贸易、金融、法律、管理、劳务、民俗、外交等各方面。

（2）差异性大。国际工程的内容之间差异非常大，并且任何两个工程项目在各环节的工作内容都不完全一样，因为每个工程所面临的地理位置和自然条件都存在差异。

（3）风险性较大。国际工程承包历来被认为是一项"高风险事业"。因为国际工程承包项目的规模都比较大，投资多，施工时间长，从投标、中标、开工、竣工到养护结束，往往要几年甚至十几年的时间。在这较长的时间里，各有关国家的经济、政治环境可能会发生许多难以预料的变化，随时都有可能给承包商造成重大的经济损失。

（4）竞争激烈。国际工程承包一般采用国际招标的办法，通过自由竞争来决定承包商，因而往往存在着激烈的竞争。各国在商品、技术、运输、劳动力等方面的成本与价格差异很大，各承包商都想利用自己的优势取胜，竞争激烈使发包人可能会降低工程造价和提高条件。

（5）多元性。国际工程承包涉及不同国家和地区、不同民族、不同组织、不同政治背景和经济利益的多方当事人，关系复杂。承包商与业主通常不属于同一个国家，除了业主和承包商，国际工程承包还会有其他一些参与者，如金融机构、设计师、保险公司、承包商代理人、供应商等，它们共同形成一个多元化的关系网。

（6）履约连续性。国际工程承包履约具有渐进性和连续性。在工程承包中，施工过程就是履约过程。在施工期间，承包商对工程的质量始终承担责任，并根据合同不断接受业主的检查，直到最后确认。

案例 12-1

国际工程承包

国际工程承包就其具体内容而言，大致包括以下几个方面。

（1）工程设计。工程设计包括基本设计和详细设计。基本设计一般在承包合同签订之前进行，其主要内容是对工程项目所要求达到的规格、标准、生产能力等的初步设计；详细设计一般在承包合同签订之后进行，其中包括机械设计、电器设计、仪表仪器设计、配套工程设计及建筑物设计等，详细设计的内容往往根据工程项目的不同而有所区别。

（2）技术转让。在国际工程承包中往往涉及工程所需的专利技术和专有技术的转让问题。

（3）机械设备的供应与安装。工程项目所需的机械设备既可由业主提供，也可由承包商提供，还可由双方分别提供不同的设备，设备的安装主要涉及技术人员的派遣及安装要求等。

（4）原材料和能源的供应。原材料和能源的供应与机械设备的供应一样，既可由业主供应，也可由承包商提供，还可由双方分别提供不同的部分。

（5）施工。施工主要包括工程建造及施工人员的派遣等。

（6）资金。资金应由业主提供，但业主往往要求承包商提供信贷。

（7）验收。验收主要包括验收方法、验收时间和验收标准等。

（8）人员培训。人员培训是指承包商对业主派出的人员进行有关项目操作技能的培训，以使他们在项目建成并投入运营后，充分掌握该技术。

（9）技术指导。技术指导是指在工程项目建成并投入运营后，承包商为使业主能维持对项目的运营继续对业主进行技术指导。

（10）经营管理。有些承包合同属于 BOT 合同，即要求承包商在项目建成投产并运营一段时间后，再转让给业主，这就使经营管理也成为承包商的一项内容。

资料来源：《对外经济管理概论》。

▶ 讨论题

简述国际工程承包的含义与分类。

四、国际工程承包的方式

按承包商对发包人承担的责任不同，国际工程承包有以下方式。

1. 总包

业主（发包人）将全部工程发包给一个承包商，该承包商就是总承包商。总承包商与业主签订的合同即总包合同。采用这种承包方式，从投标报价、谈判、签订合同到组织合同实施的全部过程，包括整个工程的对内对外转包和分包，均由总承包商对业主负全部责任。总包是目前国际工程承包活动中使用最多的一种承包方式。

2. 分包

分包是相对于总包而言的，是指在整个项目工程中只承包单项工程或其子项或某项工程的承包业务。分包人只对合约负责，单独经营，自负盈亏。分包又可分为两种不同的业务类型：平等分包和二包。

平等分包是指业主把一个工程分成几个子项（或几个部分）分别发包给几个承包商，各承包商同业主分别签订合同。各承包商叫分包商，各分包商之间是平等的关系，各自对业主负责，由业主负责工程的组织和协调。

二包是指总承包商或各分包商将自己所包工程的一部分转包给其他专业承包商，各专业承包商与总承包商或分包商签订的合同称为"二包合同"。二包商对总承包商或分包商负责，总承包商或分包商对业主负责。但二包商必须接受总承包商或分包商与业主所签合同的约束，同时，二包商的选择要事先征得业主的同意。

3. 合作承包

两个或两个以上的承包商，事先达成合作承包的协议，各自参加项目工程的投标，不论哪家中标，都按协议共同完成工程项目的建设，对外则由中标的那家承包商与业主协调。

4. 转包

转包是指出于承包商破产、死亡或其他原因，经业主或监理工程师同意，在不改变已签订合同的条件下，把工程项目的全部或部分转让给另一承包商。转包又分两种业务类型：一是有偿转包，二是无偿转包。有偿转包，即接受转让的承包商不但要承认合同的全部内容，履行合同的全部条款，还必须向转让人支付一定数额的转让费用。为维护业主利益，防止"皮包商"投机行为，有些国家禁止转包行为。无偿转包指接受转让的承包商只按原合同价格和条款执行合同，不向转让人支付任何额外费用。无偿转包的项目，一般都是有隐患、风险大的工程项目，例如存在不能如期竣工或因工程可能延期造成经济损失的风险。

5. 承包代理

承包代理是以承包商（代理承包的委托人）的名义和利益，代表承包商向第三者招揽生意，代办招标和有关承包的其他事项等，并按代理协议收取佣金的中介活动。承包代理商与承包商签有代理协议，依据协议来确定双方的权利义务及代理费的支付。

6. 单独承包

单独承包是指由一家承包商单独承揽某一工程项目。一般来说，规模较小、技术要求较低的工程项目适合采用这种承包形式。采用单独承包的承包商必须具有雄厚的资金和技术实力。

7. 联合承包

联合承包是指由几个承包商共同承揽某一个工程项目，各承包商分别负责工程项目的某一部分，共同对业主负责的一种承包形式。规模较大、技术性较强的工程项目适合采用联合承包的方式。

五、国际工程承包发展现状

（一）国际工程承包市场的发展

2002～2008年，国际工程市场快速增长，增速明显。2009～2010年，受金融危机冲击，全球建筑市场开始调整，增长陷入停滞。2011年才完全恢复到金融危机前的水平。2020年以来，国际政治、经济形势复杂严峻，不稳定、不确定因素显著增多，对国际工程承包市场造成了一定的冲击。

1. 亚太市场

亚太市场是指南亚、东南亚、东亚及大洋洲的澳大利亚和新西兰，其中亚洲市场近些年是国际工程承包最活跃的市场，东亚及东南亚国家和地区经济增长较快，投资不断增长，吸引着跨国公司向这一地区投资。亚洲许多国家在能源、交通、通信、电力、水利等基础设施方面比较落后，随着经济的快速发展，在基础设施建设领域会有很大的市场。亚洲地区劳动力资源比较丰富，在国际工程承包中，主要是要求提供资金、技术、成套设备、咨询、管理等。2020年，亚洲市场被欧洲市场反超，业务规模位居第二；全球最大250家国际工程承包商在亚太市场完成营业额903.86亿美元，占国际市场营业总额的21.5%。

2. 欧洲市场

欧洲市场很长时间以来都是世界上最大、最成熟的国际工程承包市场之一，技术标准精细，国际承包商竞争激烈。2020年，欧洲市场超过亚洲市场占据首位，全球最大250家国际工程承包商在欧洲市场的营业额为1 059.79亿美元，占国际市场营业总额的25.2%。

3. 中东市场

海湾地区在油田开发、油气管道建设、石油精炼、石油化工等方面，有许多新建和维修项目，另外，多个国家也在调整经济结构，新上了一些工业建设项目。中东市场具有一定的发展潜力。2020年，全球最大250家国际工程承包商在中东市场的营业额为554.93亿美元，占国际市场营业总额的13.2%。

4. 北美市场

北美市场由美国和加拿大两个发达国家所组成，该地区工程项目的技术含量一般较高，业主对承包商的信誉和能力要求也较高，历来被美、英、法、日等发达国家的大公司垄断，发展中国家的承包商很难进入该市场。2020 年，全球最大 250 家国际工程承包商在北美市场的营业额为 681.05 亿美元，占国际市场营业总额的 16.2%。

5. 非洲和拉丁美洲市场

非洲市场主要集中在北部的阿尔及利亚、摩洛哥、埃及和尼日利亚和南部的南非等国。由于受地区政局动荡等社会问题影响，北部非洲国际工程承包市场有所萎缩。2020 年，全球最大 250 家国际工程承包商在非洲市场的营业额为 483.46 亿美元，占国际市场营业总额的 11.5%。

同非洲市场一样，拉丁美洲市场一直处于比较消沉的状态。2020 年，全球最大 250 家国际工程承包商在拉丁美洲市场的营业额为 218.61 亿美元，占国际市场营业总额的 5.2%。

图 12-1 是 2021 年度"全球最大 250 家国际工程承包商"2020 年营业额的地区分布。

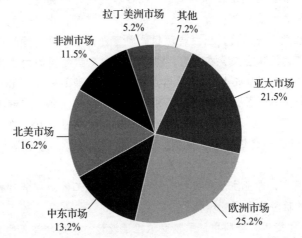

图 12-1　2021 年度"全球最大 250 家国际工程承包商"2020 年营业额的地区分布

（二）国际工程承包市场的特点

1. 承包和发包方式发生深刻变革，利润重心转移

随着国际工程承包市场的发展，业主越来越重视承包商提供综合服务的能力，传统的设计与施工分立的方式正在快速向总承包方式转变。EPC（设计—采购—施工）、BOT（建设—运营—转让）、PPP（公共部门与私人企业合作模式）等带资承包方式成为国际大型工程项目广为采用的模式。承包商不仅要承担项目的设计、施工和运营，还要承担工程所需的融资。国际承包方式的这种变化，要求承包商必须实现设计和施工结合、设计和前期的研究结合、后期的设施管理和物业管理结合。单纯的工程施工业务利润逐渐降低，承包商的业务开始朝着项目的前期和上游发展，利润中心向产业链前端和后端转移。

案例 12-2

设计—施工和 EPC 合同

近些年来，随着现代科学技术的发展，建筑和土木工程项目功能的提高，越来越多的工程项目采用了设计—施工或者 EPC、交钥匙的合同方式进行施工。例如，在美国，20 世纪 80 年代

中期的设计—施工合同方式承建工程项目只有 180 亿美元的规模，而到了 90 年代，快速增长到了 690 亿美元的工程规模，约占美国建筑市场 25% 的份额。

设计—施工、EPC 或交钥匙承包方式的出现表明，一方面，业主愿意支付比传统承包方式更高的价格以发出工程项目，减少工程项目的管理环节，避免设计和施工脱节造成的各种麻烦，例如工期和费用索赔、无法控制最终成本等问题；另一方面，对承包商而言，将设计和施工相结合，可以控制设计和施工管理环节，降低成本，减少风险，获取比传统承包方式更多的利润，也不失为一种好的选择。

在国际承包工程项目中，设计—施工（design-build, DB）、EPC（engineering-procurement-construction）和交钥匙合同（turnkey contract）这几个词汇频繁出现，而 1999 年版 FIDIC 合同体系中，新黄皮书和银皮书也出现了设计—施工、EPC 和交钥匙合同这几个术语。对于上述几个专业术语，工程业界和法律业界并没有一个公认的定义，有时，设计—施工合同中使用"交钥匙"一词，是指在工程项目完工后，业主转动钥匙即可进行项目的运营。但"交钥匙"一词不是专业术语，没有确切的法律含义。在欧洲，EPC 具有与交钥匙同等的含义。与传统的"先设计，后施工"（design first and then build）承包方式相比，在设计—施工合同中，承包商除了承担传统承包模式下的施工责任外，应业主的要求，还承担了建筑师、工程师甚至勘测人员的责任，即承包商独自承担了工程项目的设计和施工义务。在中国，由于将 engineering 翻译成了"设计"，因此，DB、EPC 和交钥匙含义混同，或称为设计—施工总承包合同，或称为 EPC 合同。其基本含义如下。

（1）与传统合同模式，即业主承担设计，承包商按图施工的合同管理模式相比，DB、EPC 以及交钥匙合同是一种新型的合同管理模式。

（2）在 DB、EPC 和交钥匙合同中，承包商承担了设计、采购和施工的义务。

（3）在 DB、EPC 和交钥匙合同中，承包商全面负责项目的规划、设计、采购和施工，承包商的项目管理模式发生了转变。

（4）与传统的业主承担设计、承包商按图施工模式相比，业主和承包商的风险承担模式发生了改变，承包商承担了大部分或绝大部分风险。

资料来源：崔军，钱武云. 国际工程承包总论 [M]. 北京：中国建筑工业出版社，2012.

▶ 讨论题

设计—施工和 EPC 合同有怎样的特点及优势？

2. 国际承包工程市场地方保护主义愈演愈烈

很多国家为了扶持本国企业，减少外汇支出，保护本国利益，一方面对外国承包公司进行各种限制，另一方面为本国公司提供各种优惠。主要措施有：设置障碍，限制承包范围，规定外国公司必须与当地公司合营或雇用当地代理，规定必须使用当地劳务，给予当地公司各种优惠等。此外，一些国家还采取控制入境签证、颁发劳动许可证、限制外国劳务居留时间等措施来达到保护本国劳务市场的目的。

3. 集团化和兼并重组更加流行

国际工程承包商趋向于与其他公司进行联营和整合、并购和重组，并将此作为企业发展的战略。国际承包市场上的大型跨国公司将会越来越多，重组、并购在今后的一段时间内持续活跃，投资和承包一体化的大型企业不断涌现，竞争日趋加剧。

4. 发展中国家与发达国家承包商的差距持续缩小

多年来，发达国家承包商核心竞争力突出，在国际市场上具有明显优势，在技术和资本密集型项目上形成垄断。但随着发展中国家工程承包企业的迅速崛起，二者之间的差距持续缩小。近五年来，以中国、土耳其和巴西等为代表的发展中国家承包商发展迅速，取得了骄人业绩。发达国家承包商的市场占有率逐步缩减，发展中国家市场占有率持续增加。

第二节　国际工程承包的招标与投标

一、招标

（一）招标概念

国际工程招标是以业主为主从事的活动，指由发包人（业主）就拟建工程项目的内容、要求和预选投标人的资格等提出条件，通过公开或非公开的方式邀请投标人根据上述条件提出报价、施工方案和施工进度等，然后由发包人经比较择优选定承包商的过程。择优一般是指选择最佳技术、最佳质量、最低价格和最短工期的承包商。实际上，"最优"是不容易找到的，发包人只能根据自己的资金能力、项目的具体要求、投标人的专长和所报的价格与条件来确定相对"最优"者。

（二）招标方式

1. 国际竞争性招标

国际竞争性招标又分为国际无限竞争招标和国际有限竞争招标。

（1）国际无限竞争招标。国际无限竞争招标又称国际公开招标，它是指招标人通过公共宣传媒介发布招标信息，世界各地所有合格承包商均可报名参加投标，条件对业主最有利者可中标。这是国际上运用最多的招标方式。公开招标的特点是招标通知必须公开发出，不限投标人的数量，开标必须有投标人在场时当众进行，但评标和定标却是秘密进行的。一般来说，除非招标文件另有规定，公开招标的中标者应该是报价最低的投标者。公开招标属于竞争性招标，采用这种招标方式有利于招标人降低成本，引进最先进的技术、设备及原材料，还可使所有的承包商都能得到公平的对待。世界银行认为，只有采用公开招标才能体现效率（efficiency）、经济（economy）和公平（equity）的"3E原则"。

（2）国际有限竞争招标。国际有限竞争招标对参加投标的人选有一定的限制，不是任何对发包项目感兴趣的承包商都有机会投标。采用这种方式，发包人一般不通过刊登广告，而是有选择地邀请若干家承包商参加投标（招标人将有关招标材料直接寄交拟邀请参加投标的承包商）。

国际有限竞争招标主要是出于以下几种情况：①为了保护本国建筑市场，只允许本国的承包商参加投标或保留工程的某一部分给本国的承包商；②发包工程贷款国的限制性要求；③工程贷款机构或组织的限制性要求；④工程项目技术含量较高，对承包商的技术和经验有较高要求，所以只能要求国际上有能力的承包商参加投标。

采用这种招标方式，有利于节省招标时间，尽快确定有能力的承包商，保证工程质量。缺点就是仅在有限的范围内选定中标人，有可能错过最有力的竞争者。

2. 非竞争性招标

非竞争性招标是相对于竞争性招标而言的，它不通过公开的方式确定工程项目的承包商。谈判招标就是非竞争性招标的方式之一。

谈判招标目前一般有两种做法：一种是招标人根据自己的需要以及所了解到的承包商资信和技术状况，将符合要求的承包商排列出顺序，然后先与最符合要求的承包商进行谈判，若与之达不成协议，则按顺序继续与下一个进行谈判，直至达成协议，这种做法也叫议标。另一种是在开标后，招标人分别与各投标人谈判，最后与最符合要求的承包商签署承包协议，这种招标方式的优点在于给了每个投标人多次报价的机会，从而使招标人得益于投标人的价格竞争。谈判招标一般适用于军事（或保密）工程、专业技术性较强的工程、紧急工程、金额较小的工程或已完成项目的扩建工程，这些工程项目一般专业技术较强，施工难度较大，多数承包商难以胜任。在这种招标方式下，投标人能够中标的决定因素主要不是价格，而是承包商的技术能力、施工质量和工期等条件。

3. 其他招标方式

（1）两阶段招标。两阶段招标也是国际公开招标的一种，即把招标过程分为两个阶段。第一阶段采用公开招标，从合格的承包商中选出 3 ~ 5 家作为候选人；第二阶段邀请被选择的承包商重新报价，并确定最终的中标人。两阶段招标不是两次招标，而是一次招标分为两个阶段，并只与承包商签署一个承包合同。

两阶段招标主要适用于以下情况：第一阶段报价、开标、评标后，当最低标价超过底价20%，而且经过减价或重新比价之后，仍不能低于底价时，需再做第二阶段报价；招标过程尚处于发展过程，需在第一阶段招标中博采众议，进行评价，选出最新最优方案，再在第二阶段邀请被选中方案的投标人详细报价；在某些经营管理或技术要求高的大型项目中，招标人对项目经营管理缺乏足够的经验，可在第一阶段向投标人提出要求，就其熟悉的经营管理方法或就其建造方案进行报价，经过评标，选出其中最佳方案的投标人。

（2）地方公开招标。地方公开招标又称地方竞争性招标，是按照地方程序进行的招标，一般通过地方性宣传媒介发布招标信息，并限于当地的承包商参加投标。

（3）平行招标。平行招标是指招标人把一个较大的工程项目分解成若干个互相联系的子项工程，分别而又同时单独进行招标。它适用于技术层次多、设备供应范围广的项目。

（4）多层次招标。多层次招标是指大型项目的招标结束后，中标人（即总承包商）又以招标人的身份，将所承包工程的一部分发包给其他承包商（即二包商），二包商对总承包商负责，总承包商对业主负责，总承包商寻找的二包商必须征得业主的同意。

招标方式的选择是招标工作的首要环节，招标人确定招标方式时要对项目的资金来源、项目自身特点（如是军用还是民用，公共项目还是私人项目，项目的紧迫程度及技术难度等）做综合分析，在不违背招标法规要求的前提下，选择对自己最有利的招标方式，为确定最理想的承包商创造条件。

（三）招标流程

招标是以业主为主体从事的工作，整个招标过程所需要的时间往往因招标方式和项目特点的不同而有所差异，少则一年，多则几年的时间。这些工作从成立招标机构开始到签订承包合同，需要严格按照招标程序和要求进行，并要做大量繁杂而又细致的工作，其大致要经过以下几个具体程序。

1. 成立招标机构

业主在决定建造某一项目以后，便开始进行国际招标工作。国际招标工作的整个过程一般由一个专门设立的机构即招标机构全权负责。可以自行设立招标机构，也可以委托国际上常设的招标机构或从事招标的咨询公司代为招标，招标机构的能力和工作效率直接影响着招标的成败。

2. 制定招标规则

招标规则的主要内容包括：第一，招标方式的确定，即采用国际竞争性招标、非竞争性招标还是其他招标方式；第二，广告刊登的范围和文字表达方式；第三，确定开标的时间和地点；第四，评标的标准等。

3. 编制招标文件（标书）

招标文件也称标书，是招标的法律依据，也是投标人投标和准备投标书的依据。在正式招标前，必须认真准备好招标文件。招标文件的具体内容视项目的规模和复杂程度而定，其主要内容包括投标人须知、合同条件、技术规范、工程量表、图纸、投标人及其附件、投资保证书和协议书格式。招标文件一定要力求完整和准确，所用的语言应该是国际商业通用的英文、法文和西班牙文。

4. 发布招标公告

招标公告是招标机构利用广播、电视以及国内外知名度较高的报纸、期刊，向国内外所有合格的承包商发布的招标启事，即邀请所有合格的承包商投标。招标公告的主要内容包括发包人的名称、项目的名称与概况、项目的资金来源、招标方式、投标的开始时间与截止日期、评标的地点与时间、招标文件的发售时间与办法等。

5. 资格预审

资格预审是招标公告发布以后、承包商投标之前，对拟投标人是否有能力承揽该项目进行的一次资格审查。资格审查的内容包括承包商以往的业绩与信誉、设备与技术状况、人员的技术能力、管理水平和财务状况等。参加资格预审的承包商应向招标机构提供投标意向书、公司章程与条例、供给技术和行政管理机构的人员名单、公司现有的机械设备清单、公司现有的合同清单、公司过去五年来承担类似合同的清单、公司资产负债表、业主或监理工程师对公司资信的证明或银行对公司资信的证明。资格预审的标准应在招标公告中注明，经资格预审，所有符合标准的承包商都应准予投标。

6. 发售招标文件

资格预审之后，招标机构可以书信的方式向所有资格预审合格的承包商发出通知，让它们在规定的时间内和指定的地点购买标书，以参加投标，也可在报纸上公布招标文件发售事宜，但不公布获得投标资格的公司名称。

7. 收标

投标人在招标机构指定的地点投递标书。招标机构在投标地点设有专人保管的投标箱，保管人员将收到的投标书放入投标箱，并将盖有日期的收据交给投标人，以证明其投标书是在截止日期之前收到的。投标截止日期一到，便立即封闭投标箱，此后收到的投标书均属无效。

8. 开标

开标是指在招标文件规定的日期、时间和地点，将全部投标人送达的投标书所列标价予以公开宣布、记录在案，所有投标人均可了解各家标价及最低标价。开标一般有两种形式，即公开开标和秘密开标。公开开标是指招标人按收到标书的先后顺序，将所有投标书当众启封打开，宣读每个投标人的姓名和标价。公开开标一般是在通知所有投标人参加并在公证机构的监督下进行的。秘密开标是在不通知投标人参加的情况下进行的，投标人组织一个标书开拆委员会，确认收到的投标材料符合条件，登记报价数额。

9. 评标

开标完毕后便进入评标阶段。评标是招标机构的有关部门按一定的程序和要求，对每封投标书中的交易条件和技术条件进行综合评审，并选出中标候选人的过程。中标候选人一般为2~3家，并按综合条件排定名次，即最低标（第一中标人）、次低标（第二中标人）、第三低标（第三中标人），若无意外，最低标应是最终的中标人。交易条件主要看标价，对业主来讲，标价越低越好。技术条件主要包括施工方案、施工所采用的技术、施工的组织与管理、工期以及施工方案的合理性、可靠性和科学性。

10. 定标

定标是指招标机构经过综合分析，写出评标报告并选择报价低、技术实力强、信誉好和工期短的承包商作为中标人。业主在定标前要分别与中标候选人就合同的条款和细节进行谈判，以达成共识，确定最后的中标人。在最后确定中标人后，招标机构应立即向最终选定的中标人发出"中标通知书"。对未中标人，也要及时发出通知。招标不一定都能选中中标人，没有选中中标人即废标，也就是招标人拒绝全部投标。一般来说，发生下列情况之一时，招标人有权宣布废标：①投标人过少（不足3家），缺乏竞争；②最低报价大大超过标底（一般在20%以上），招标人无法接受；③所有投标书均未按招标文件的要求编制。废标后，可进行第二次招标。

11. 签订合同

中标人在收到"中标通知书"后，应在招标文件规定的时间（一般为接到中标通知书后的15天内）与业主签订合同，同时递交履约保证书。合同一经双方签章和有关部门批准，就具有法律效力，对双方均有约束力。至此，招标工作全部结束，投标人以承包商身份出现，开始转入施工准备阶段。但若中标人未按期签约或故意拖延，也未事先向招标机构提出可以接受的申请，那么就视为中标人违约。

二、投标

(一) 投标概念

投标是以承包商为主体从事的活动。它是指投标人根据招标文件的要求，在规定的时间并以规定的方式，投报其拟承包工程的实施方案及所需的全部费用，争取中标的过程。投标书中的标价是承包商能否中标的决定性因素。因此，报价要极为慎重，报价应既要有竞争力，又要有利可图。

（二）投标的特点

投标具有下列特点，投标人必须认真考虑。

（1）投标的前提是承认全部招标条件，否则就失去了参加投标的机会。

（2）投标属于一次性标价。主动权掌握在招标人手中，业主在选定最后中标人的过程中，投标人一般没有讨价还价的权利。

（3）投标在法律上属于要约。标价一旦报出，不能随意撤销。因此，招标人通常会要求投标人缴纳投标保证金，一旦投标人撤回或撤销投标，即可没收投标保证金。投标保证金一般为工程价格的 2% ~ 5%。

（4）为保证标书的有效性，投标人必须在规定的截止日期前将标书送达指定的地点。

（三）投标流程

1. 投标前的准备

投标前的准备工作十分重要，它直接影响中标率的高低，准备工作应从以下几个方面入手。

（1）投标环境调查。投标环境是指招标工程项目所在国的政治、经济、法律、社会、自然条件等，即对投标人中标后履行合同有影响的各种宏观因素。可通过查阅官方出版的统计资料，学术机构发表的研究报告和专业团体出版的刊物及当地的主要报纸等对投标环境进行调查。

（2）工程项目情况调查。招标工程项目本身的情况，是决定投标报价的微观因素，在决定正式投标之前必须尽可能详尽地了解。调查的主要内容包括：工程的性质、规模、发包范围；工程的技术要求和对材料性能及工人技术水平的要求；对总工期和分批竣工交付使用的要求；工程所在地区的气象和水文资料；施工场地的地形、土质、地下水位、交通运输、给排水、供电、通信条件等情况；工程项目的资金来源和业主的资信情况等。

（3）物色代理人。国际工程承包活动中通行代理制度，即外国承包商进入工程项目所在国，需通过合法的代理人开展业务。代理人活动能力的高低对一项工程项目的成功与否起到相当重要的作用，因此，要认真地选择代理人。

（4）寻求合作对象。按世界银行规定，凡由世界银行提供贷款的项目，通常实行国际招标。世界银行历来鼓励借款国的承包公司积极参与这类项目的投标，评标时借款国公司报价优惠 7.5%，也就是说借款国公司的报价可以比最低报价高 7.5% 而中标。如果外国公司与当地公司联合投标，可享受 7.5% 的优惠，这无疑大大加强了报价的竞争力；另外，目前世界上多数国家奉行程度不一的保护主义，其主要的做法就是要求外国公司与本国公司合作，甚至将其作为授予合同的前提。因此，承包商不得不选择与当地的公司合作。在这样的情况下，承包商必须认真挑选当地的合作对象，否则有可能陷入难以自拔的困境。

（5）参加资格预审。承包商需要领取或购买资格预审文件，即填报资格预审表册，并按招标机构要求递交有关的资料文件，以获得投标资格。

（6）开具投标保函。投标保函亦称投标保证书，是由经工程业主认可的一家银行、保险公司或一家在当地注册的国际银行的分支机构为投标人向招标机构出具的一种担保文件，保证在投标人不按规定履行其职责时（例如中标却拒不签约），向招标机构支付其因此而受损的补偿金。投标保函应在资格预审通过后，随承包商的投标报价材料一同呈交，最晚必须在投标截止日期之前交至招标机构规定的单位。

（7）参加现场勘查和标前会议。参加现场勘查和标前会议不是承包商参加投标的法定程序，但对投标和承包业务的成败有重要影响。到工程现场进行勘查时应全面仔细地了解工程当地的政治、经济、自然、法律环境和工地本身的情况。投标人在参加标前会议前应认真准备所有需要业主解答和澄清的问题。

2. 询价

询价是投标人在投标前必须做的一项工作。因为在承包活动中，设备和原材料往往需要由承包商提供，询价能够帮助承包商准确地核算工程成本，从而做出既有竞争力又能获利的报价。此外，询价有时还包括生活物资和劳务的价格。

3. 制定标价

投标报价可以分成以下两步工作。

（1）成本核算。成本主要包括直接成本和间接成本。直接成本是指那些用于施工并且能够直接计入各项工程造价中的生产成本，主要包括人工费、设备材料费、施工机械使用费等；间接成本是指为组织和管理工程施工而发生的，但又不能直接计入各项工程造价中的综合费用，主要包括投标开支费、保函手续费、保险费、各种税金、业务代理费、贷款利息、管理费等。此外，一些不可预见的费用也应考虑进去，如设备、原材料和劳务价格上涨，货币贬值及无法预料或难以避免的经济损失等。

（2）制定标价。制定标价要考虑三个因素。一是成本。原则上讲，承包商在成本的基础上加一定比例的利润便可形成最后的标价。二是竞争对手的情况。如果竞争对手较多并具有一定的经济和技术实力，标价应定低一些；如果竞争对手较少或没有竞争对手，本公司具有一定的优势，标价可以定高一些。三是企业投标的目的。若想通过工程的建设获取利润，那么标价必须高于成本并有一定比例的利润。若期望通过承包工程带动本国设备和原材料的出口，进而从设备和原材料的出口中获取利润，那么标价往往与工程项目的建造成本持平或低于成本。当然，标价定得越低，中标率越高。标价制定得合理与否，直接影响着承包商能否中标以及盈利的大小。

4. 制作投标书

投标书亦称投标文件，是"投标人须知"规定投标单位必须提交的全部文件，它的具体内容依据项目的不同而有所不同。编制投标书是指填好投标书及附件、投标保证书、工程量清单和单价表、有关的技术文件等，投标人的报价、技术状况和施工工程质量全部体现在投标书中。投标书一定要符合招标文件的要求才是完整的、有效的。所有的项目和数据资料都要求用规定的文字书写。

5. 投递标书

投标书编制完成后，投标人应按招标人的要求装订密封，并在规定的时间内送达指定的招标机构。如果必须邮寄，则应充分考虑邮件在途中的时间，务必使投标书在投标截止日期之前到达招标机构，避免迟到作废。投递投标书也不宜过早，一般应在投标截止日期前几天为宜。

标书一旦寄出或送交，便不得撤回。但在开标之前可以修改其中事项，如错误、遗漏或含糊不清的地方，可以用信函形式发给招标人。

6. 竞标

开标后投标人为中标而与其他投标人的竞争叫竞标。投标人参加竞标的前提条件是成为中标候选人。在一般条件下，招标机构在开标后先将投标人按报价高低排出名次，确定 2~3 家候选人，招标机构通过对候选人的综合评价，确定最后的中标人。承包商如果被选作中标候选人，就会采用各种手段竞标，促使业主接受自己的标价而成为中标人。

第三节　国际工程承包合同

国际工程承包合同是一种涉外经济合同，是在国际工程承包活动中，业主和承包商为确定各自应享受的权利和应履行的义务而协商签订的法律条文。国际工程承包合同是双方在合同实施过程中应遵守的行为准则，也是解决双方可能发生的纠纷的基本依据，因而应对双方当事人的权利与义务予以明确规定。合同一经签署，对双方当事人都有法律约束力，违者将受到处罚。

由于国际承包合同的当事人分居多个国家，因此每一方既要受到本国法律的监督与制约，也要受到项目所在国法律的监督与制约。

一、国际工程承包合同的种类

（一）按合同规定的计价方式分类

按合同规定的计价方式分类，国际工程承包合同可分为总价合同、单价合同、成本加酬金合同和临时价合同。

1. 总价合同

总价合同，又称总价不变合同，即在承包合同中规定承包工程的总价格，业主按合同规定分期或一次性支付给承包商的一种合同形式，在国际工程承包中应用较广。总价合同所确定的价格是根据工程的图纸和承包的内容计算出来的，其价格一般是固定不变的。采用这种合同的优点是简单明确。从业主角度讲，它可以在工程开工前确定工程总造价，易于评标，便于项目的管理；在施工中，可集中精力控制工程质量和工程进度。从承包商角度来讲，也可调动承包商的积极性，如果其管理得好，就可获得高额利润。缺点是双方都承担了较高的风险。对于承包商来说，如果遇到原材料价格上涨、工资上涨、自然原因导致误工、政治变动等风险，将蒙受难以估量的损失。在有些情况下，总价合同中规定有价格调整条款，即当原材料或工资涨幅超过一定比例时，合同的价格也做相应的调整，这就等于将一部分风险转移给了业主。

2. 单价合同

单价合同即单价不变合同，是按承包商实际完成的工作量和合同的单价来支付价款的一种合同形式。合同中所确定的单价，一般是固定不变的，而工程量仅是近似值（应规定工程量增减的幅度），一般按实际完成的工程量结算。对于不可能精确计算工程量的项目，发包时往往采用单价合同。单价合同的执行较为简单，而且双方风险较小，应用也较广。

总价合同和单价合同的区别在于前者按总价投标承包，后者则按单价投标承包。在总价合同中，虽然也要求投标人报单价，但并不详细；在单价合同中，所列的单价必须详细，所报的总价只是在评标时用于与其他投标人做比较。与总价合同相比，单价合同的优点是：对招标人来说，其无须对工程范围做出完整的、详尽的规定，从而可以缩短招标准备时间；招标人只按工程实际量支付费用，因而可以减少意外开支，结算程序也较简单。对承包商来说，单价合同能鼓励承包商提高工作效率，因为按国际惯例，低于工程单价的节约算作"成本节约"，节约的工程成本便是承包商的利润。

3. 成本加酬金合同

成本加酬金合同亦称监督开支合同，是按工程实际成本加双方商定的酬金的方式向承包商进行支付的一种合同形式。当工程内容及其各项经济技术指标尚未全面确定而又必须发包时，一般多采用这种形式。在这种合同形式下，由于成本实报实销，因此承包商的风险很小，其对降低成本也没有兴趣，从而对业主不利，而对承包商较为有利。但是成本加酬金合同的酬金通常与工程的质量、成本、工期三项指标相联系，因此承包商会比较注重工程的质量、成本和工期，业主则可以从中获益。

4. 临时价合同

在特殊情况下，有些复杂的且涉及某项新技术的工程由于其紧迫性或特殊的技术原因要求紧急施工，尽管条件尚不能确定。这种情况下，可以先与承包商缔结临时价合同，而后在实施过程中由业主进行特别的监督。临时价合同必须有附加条款，以确定最基本的条件：工程造价、工期及外汇转移等。

（二）按合同范围划分

若按合同范围来划分，国际工程承包合同又可分为工程咨询合同、施工合同、工程服务合同、设备供应与安装合同、交钥匙合同、交产品合同、BOT 合同、EPC 合同、PPP 合同、BOO 合同、BOOT 合同和 BOOST 合同。

1. 工程咨询合同

工程咨询合同是业主与咨询人（工程师或建筑师）签订的合同，它是一种专业服务合同。咨询人通常由专长于不同的工程业务的会员公司组成，其各自承担不同专业的咨询业务。工程咨询业务主要有投资前研究、项目的准备活动、工程实施服务、技术服务四种。

2. 施工合同

施工合同是业主与承包商签订的工程实施合同。国际工程承包活动中所签订的合同大多属于这类合同。

3. 工程服务合同

对于大型或复杂的工程项目，业主往往要委托工程公司、制造公司或生产公司负责有关工程服务工作，为此而签订的合同称为工程服务合同。

4. 设备供应与安装合同

为了完成整个工程的设备部分，业主可以签订四种不同的合同：①单纯设备供应合同。这种合同属买卖合同，承包商只负责提供设备。②设备供应与安装合同。这种合同属承包合同，承包商既负责提供设备，又负责设备的安装。③单纯安装合同。这种合同属服务合同，承包商只负责安装设备。④监督安装合同。这种合同适用于业主自行安装设备，承包商（一般是设备供应商）负责指导监督安装。

5. 交钥匙合同

交钥匙合同也称"一揽子合同"，是指承包商从工程的方案选择、建筑施工、设备供应与安装、人员培训直至试生产承担全部责任的合同。这种合同实际上是以业主为一方，以咨询人、设备供应厂商、土建承包商为另一方。对于承包工程一方，其可以是一家公司，也可以是合资公司或集团。采用这种方式，对业主来说，省时、省事、费用高；对承包商来说，有较大的主动权，可以掌握项目的进度，责任重大，对项目的履约保证程度较高，同时风险也较大。

6. 交产品合同

交产品合同是指在工程项目投产以后，承包商仍在一定的时间内（一般为 1～2 年）继续负责指导生产、培训人员和维修设备，保证生产出一定数量的合格产品，并达到规定的原材料、燃料等消耗指标后才算完成任务。这种合同形式是在交钥匙合同的基础上发展起来的，与交钥匙合同相比，承包商的履约保证范围更大，要通过实际运转，而不仅是试运转和试生产，但收益较高。

7. BOT 合同

BOT 是英文 build-operate-transfer 的首字母缩写，即建设—运营—转让。BOT 合同实际上是承包商将工程项目建成以后，经营该项目一段时间才转让给业主的一种承包方式。业主在采用 BOT 方式发包时，往往要求承包商负责项目的筹资或提供贷款，从而使筹资、建造、运营、维修、转让于一体，承包商在协议期内拥有并经营该项目，从而收回投资并取得合法利润。这种承包方式多用于政府与私营部门之间，而且适用范围较广，尤其适合于那些资金需求量较大的公路、铁路、城市地铁、废水处理、发电厂等基础设施和公共设施项目。它的优点在于东道国不仅可以引进较先进的技术和管理经验，还可融通资金和减少风险，而承包商则可从中获取更多的利润。

8. EPC 合同

EPC 是英文 engineering-procurement-constructions 的首字母缩写，意为"设计—采购—施工"。EPC 合同要求工程总承包企业按照合同约定，承担工程项目的设计、采购、施工、试运行服务等工作，并对承包工程的质量、安全、工期、造价全面负责。其特点包括：一是固定总价。EPC 合同一般采用总价合同，即业主与承包商先确定好工程的承包价格，在施工过程中如果遇到设计、自然力和不可预见的困难等风险，例如不良地质条件，承包商不能向业主索赔。而这种风险在 FIDIC 条款"红皮书"中是列入索赔范畴内的，因此 EPC 合同比"红皮书"中单价合同的风险要大。二是 EPC 合同中缺少咨询工程师的角色，业主只能派业主代表对施工进度进行监控，对其他问题则无权干涉，从而业主对承包商的监控力度较弱。三是 EPC 合同注重竣工试运行，只有试运行成功才能谈最终验收。

9. PPP 合同

PPP（public-private-partnership）合同是指公营与私营合作项目合同。该类合同更强调业主对监控和售后服务的要求，业主在招标时提出参数和规范要求，并进行全程监控，所有的付款都与履约好坏及其连续性等挂钩，付款要在项目运营达到业主满意以后进行。相较于 EPC 合同中业主监管力度较弱的缺陷，PPP 合同加强了业主的监控和管理作用，在日本、韩国和澳大利亚等发达国家被广泛运用。

10. BOO 合同

BOO 是英文 build-own-operate 的首字母缩写，即"建设—拥有—运营"。BOO 合同是指承包商按照政府的授权负责工程的施工、运营，并享有该工程项目的最终所有权。BOO 合同适用于基础设施项目。在这种模式下，承包商在融资方面一般可享有政府提供的便利和支持，在项目的运营中还可获得免税等优惠待遇。

11. BOOT 合同

BOOT（build-own-operate-transfer）是指"建设—拥有—运营—转让"，承包商将工程项目建成以后，在一段时间内继续经营该项目，同时拥有该项目的所有权，合同规定的拥有和经营期结束后，再将该项目转让给业主的一种承包方式。

BOOT 合同与 BOT 合同、BOO 合同的主要区别包括两个方面：一是所有权的区别。项目建成以后，BOT 方式承包商只拥有建成项目的经营权；BOOT 方式承包商在规定的期限内，既拥有项目经营权，又拥有所有权；BOO 方式承包商拥有项目的最终经营权和所有权。二是时间上的差别。采取 BOT 合同方式，从项目建成到移交给业主的时间较短；采取 BOOT 合同方式的移交时间比 BOT 合同方式长一些；采取 BOO 合同方式则无须移交。

12. BOOST 合同

BOOST（build-own-operate-subsidy-transfer），即"建设—拥有—运营—补贴—转让"，指承包商将工程项目建成以后，在授权期内管理并拥有该设施，并享有政府的一定补贴，待项目授权期满后再移交给当地政府的一种承包模式。

（三）按承包方式划分

按承包方式划分，可分为总包合同、分包合同、二包合同。

1. 总包合同

总包合同是承包商对整个发包工程负全部责任的合同。业主将全部工程发包给一个承包商，该承包商就是总承包商。总承包商与业主签订的合同就是总包合同。总承包商对业主负全部责任，但也可把工程的一部分转包给其他的承包商。

2. 分包合同

分包合同是业主把一项工程分为几个项目或几个部分，分别发包给几个承包商，各个承包商与业主签订的合同。各分包商之间是平等的关系，各自对业主负责，由业主负责工程的组织和协调。对于业主来说，这种合同方式可为每部分发包工程都找到合适的专业承包商，但由于同时有多家承包商，不易协调与管理。

3. 二包合同

总承包商或各分包商将自己所包工程的一部分转包给其他专业承包商，各专业承包商与总承包商或分包商签订的合同称为"二包合同"。二包合同商对总承包商或分包商负责，总承包商或分包商对业主负责。但二包合同商必须接受总承包商或分包商与业主所签订合同的约束，同时，二包合同商的选择要先征得业主的同意。

案例 12-3

某水利枢纽国际工程招投标案例

某水利枢纽部分资金利用世界银行贷款。从 1988 年起，世界银行先后 15 次组团对××水利枢纽工程进行考察和评估。1993 年 5 月，该水利枢纽工程顺利通过世界银行的正式评估。1994 年 6 月，世界银行正式决定为该工程提供 10 亿美元的贷款，其中一期贷款 5.7 亿美元，二期贷款 4.3 亿美元，其中 1.1 亿美元软贷款用于移民安置。

该水利枢纽工程按照世界银行采购导则的要求，面向世界银行所有成员方进行国际竞争性招标。主体工程的土建国际合同分为三个标：一标是大坝工程标（Ⅰ标）；二标是泄洪排沙系统标（Ⅱ标）；三标是引水发电系统标（Ⅲ标）。该水利枢纽主体工程的三个土建招标严格按照世界银行的要求以及国际咨询工程师联合会（FIDIC）推荐的招标程序进行招标。

1. 资格预审

1992 年 2 月，业主通过世界银行刊物《开发论坛》刊登了发售该水利枢纽主体工程三个土建国际标的资格预审文件的消息。资格预审邀请函于 1992 年 7 月 22 日同时刊登在《人民日报》和《中国日报》上。

资格预审邀请函的主要内容有以下几方面。

（1）业主将利用世界银行贷款合法支付土建工程施工合同项目。

（2）介绍土建工程的分标情况及每个标的工程范围、主要指标和工程量，并说明承包商可以投任何一标或所有标。

（3）业主委托×国际招标公司在北京代售资格预审文件，发售时间自 1992 年 7 月 27 日起，承包商递交资格预审申请书的时间为 1992 年 10 月 24 日。

土建工程资格预审文件是根据 FIDIC 标准程序并结合工程的具体特点和要求编制而成的。主要内容如下。

（1）引言及工程概况。介绍业主及工程背景，工程分标和工程范围，工程地理、地质条件简述，以及工程特点和特性。

（2）业主提供的设施和服务，如对外交通和道路，物资转运、存放，施工场地，通信系统，供水和供电系统，以及当地劳务营地和医疗设施等。

（3）合同形式和要点。

（4）资格预审要求。要求承包商按表格填写其主要情况，主要包括：①承包商情况概要；②主要施工人员情况表；③已完成的类似工程；④正在施工或即将承建的项目；⑤主要的施工设施和设备；⑥公司的财务报表；⑦银行信用证；⑧公证书；⑨外汇要求；⑩投标人的保证书。

业主发出资格预审邀请函后，总共有 13 个国家的 45 家土建承包商购买了资格预审文件。在递交资格预审申请书截止日期前 35 天，承包商如果对资格预审文件中的内容有疑问，可以向业主提出书面询问，业主在截止日前 21 天前做出答复，并通知所有承包商。到截止日期 10 月 31 日时，共有 9 个国家 37 家公司递交了资格预审申请书。其中单独报送资格预审文件的有两家承包商，其他的 35 家公司组成了 9 个联营体。这些承包商或联营体分别申请投独立标或投联合标的资格预审。

为了进行资格评审工作，业主成立了"资格预评审工作组"和"资格预评审委员会"。

资格评审分两个阶段进行，第一阶段由资格预评审工作组组成三个小组：第一小组审查资格预审申请者法人地位合法性、手续完整性及签字合法性，表格填写是否完整，商业信誉及过去的施工业绩等。第二小组根据承包商提供的近两年的财务报告审查其财务状况，核查用于本工程的流动资产总额是否符合要求，以及资金来源、银行信用证、信用额度和使用期限等；第三小组为技术组，对照资格预审要求和承包商填写的表格，评价承包商的施工经验、人员能力和经验、组织管理经验以及施工设备的状况等。最后，汇总法律、财务和技术资格分析报告，由资格预评审委员会评审决定。评审时按预审文件对其资格做出分析。

评审标准分以下两类。

（1）必须达到的标准，若达不到，申请会被拒绝（即"及格或不及格"标准）。

（2）计分标准，用以确定申请人资格达到工程项目要求的何种程度。同时，评审标准还可进一步分为：①技术标准（公司经验、管理人员及施工设备）；②财务标准（反映申请人的财力）；③与联营体有关的标准。

评分标准是用来评价申请人资格而不是用来排定名次的，实际上对申请人也只做了"预审合格"和"预审不合格"之分而未排定名次。

根据评审结果，九个联营体和一个单独投标的承包商资格预审合格。1993 年 1 月 5 日业主向世界银行提交了预审评审报告。世界银行于 1993 年 1 月 28 日、29 日在华盛顿总部召开会议，批准了评审报告。

2. 招标与投标

（1）编制招标文件。××水利枢纽工程招标文件由水利部黄委设计院（现黄河勘测规划设计研究院有限公司）和加拿大国际工程管理公司（CIPM）编制。

土建一标、二标、三标的招标文件基本结构和组成是一样的，主要包括四卷共十章：

第一卷：投标邀请书、投标须知和合同条款

第一章：投标人须知

第二章：合同条款

第 1 部分：一般条款

第 2 部分：特殊应用条款

第三章：合同特别条件

第二卷：技术规范

第四章：技术规范

第三卷：投标书格式和合同格式

第五章：投标书格式、投标担保书格式及授权书格式

第六章：工程量清单

第七章：补充资料细目表

第八章：合同协议书格式、履约担保书格式与预付款银行保函格式

第四卷：图纸和资料

第九章：招标图纸

第十章：参考资料

招标文件是严格按照世界银行"招标采购指南"的要求和格式编制的。其中对世界银行要

求的有关内容，如投标的有效期和投标保证金、合同条款、招标文件的确切性、标准、商标的使用、支付的限制、货币规定（包括投标所用的货币、评标中货币的换算、支付所用的货币等）、支付条件和方法、价格调整条款、预付款、履约保证金、运输和保险、损失赔偿和奖励条款、不可抗力以及争端的解决等，都有详细和明确的规定。

招标文件经水利部审查后于 1993 年 1 月提交世界银行，并于 1993 年 2 月 4 日获世界银行批准。1993 年 3 月 8 日，业主向预审合格的各承包商发出招标邀请函并开始发售标书，所有通过资格预审的承包商均购买了招标文件。投标截止日定在 1993 年 7 月 13 日。

（2）现场考察与标前会议。土建工程国际标的各家投标商的代表于 1993 年 5 月 7~12 日，参加了招标单位组织的现场考察、标前会议和答疑。根据惯例，业主准备了标前会议和答疑的会议纪要，并分发给各投标商。

（3）招标文件的修改。在土建国际招标过程中，业主对各投标商提出的疑问做了必要澄清，并将澄清通过信函分送各投标商。此外，招标单位还通过四份"补遗"发出了补充合同条款及其他修改内容。这些补遗构成了合同的一个部分。根据多数投标商的要求，有一份补遗通知将投标截止日期推迟到 1993 年 8 月 31 日。

（4）投标和开标。所有通过资格预审的投标人都投了标。按照国际竞争性招标程序的要求，应以公开的方式进行。业主于 1993 年 8 月 31 日下午 2 点（北京时间）在北京总部举行了开标仪式，开标时各投标人代表均在场。

3. 评标

××水利枢纽土建工程国际招标的评标工作从 1993 年 9 月开始，至 1994 年 1 月上旬结束，历时 4 个多月。主要分为初评和终评两个阶段。

评标的机构分三个层次，其人员组成和职责如下。

（1）招标领导小组。领导小组负责：审查评标委员会提交的评标报告；授权与可能中标的投标人预谈判；决定授标。

（2）评标委员会。评标委员会负责：

1）审查评标工作组提交的初步报告。

2）审批和决定投标人的短名单（即业主在初评阶段从众多投标人中筛选出来的、潜在的中标人名单。一般而言，列入短名单的投标人是随后的评审工作的重点）。

3）确定评标的原则、内容、日期和建议，召开澄清会。

4）负责向招标领导小组报告。

（3）评标工作组。评标工作组是评标委员会下设的工作机构，负责对投标书进行检查分析，内容包括以下几方面：检查投标书是否符合招标文件规定；校对投标书中的计算成果；对投标人提交的补充资料明细表进行审查和评价；整理资料和数据；评价投标人的附加条件、保留条件和偏差；准备要求投标人澄清的问题；就投标人短名单提出建议；编写向评标委员会提交的初步评价报告。评标工作组根据评标工作的需要，具体又分成了综合、商务和技术三个小组。

1）初步评审。初步评审即全面审阅各投标商的标书，并提出重点评审对象，确定短名单。

初步评审的主要内容有以下几方面。

①投标书的符合性检验：投标人是否按照招标文件的要求递交投标书；对招标文件有无重大或实质性修改；有无投标保证金，是否按规定格式填写；投标书有无完全签署，有无授权书；有无营业执照；如果是联营体，是否有符合招标文件要求的联营体协议；是否根据招标文件第

六章和第七章的要求，填写工程量清单和补充资料细目表等。

②投标书标价的算术性校验和核对：即对那些能符合招标文件的全部条款和技术规范的规定，而无重大修改和保留土建的投标书（所谓有重大修改和保留土建的投标书，是指投标人对招标文件所描述和要求的工程在价格、范围、质量、完整性、工期以及管理施工方式等方面有了重大改变；或是业主和投标人在责任和义务等方面有了重大改变和受到了重大限制），评标工作组将对其标价进行细致的算术性校核。当数字金额与大写金额有差异时，以大写金额为准，除非评标工作组认为单价的小数点明显错位，在这种情况下则应以标价的总额为准。按以上程序进行调整和修改并经投标人确认的投标价格，才对投标具有约束力。如果投标人不接受经正确修改的投标价格，其投标书将不予接受，并没收其投标保证金。

在以上两项工作的基础上，将符合要求的投标书按标价由低到高进行排队，挑选出在标底以下或接近标底的、排在最前面的数家有竞争性的投标人进入终评。

经评标委员会评议后，确定了各标的投标人短名单。一标和二标分别有五家投标人进入短名单，三标进入短名单的只有三个投标人。

2) 最终评审。终评包括问题澄清、详细评审，在对中标人的初步建议和意见的基础之上，完成评标报告并报送世界银行审批。

①澄清会。对投标书中与招标文件不符或不明确的地方，以及投标人的附加和保留条件，业主将其列示出来，于 1993 年 11 月 15 日向列入短名单前三名的投标人发出书面澄清函，随后各投标人均做了书面答复。业主于 1993 年 11 月 23～30 日在郑州举行了澄清会。

在澄清会上，投标人对所有要求澄清的问题做了澄清。大多投标人主动放弃了附加和保留条件，但某些投标人要求保留在材料价差管理费、预付款和滞留金等方面的附加条件或建议。但业主坚持投标人撤销这些附加条件，否则将对其他投标人造成不公正。

②技术和进度评审。对投标书的施工组织方案，所采取的主要措施，派往现场的主要管理和工作人员，提供的主要施工机械设备等进行了详细的审阅。同时，对施工方案、主要技术措施以及进度的可靠性、合理性、科学性和先进性进行深入具体的分析。

③确定评估价。按照世界银行的授标原则，合同将授予那些评估标价最低的投标人，而不是投标标价最低的投标人。根据世界银行采购导则，其评估标价一般由以下因素构成：基本标价，即经评审小组进行算术校核后并已被投标人认可的标价；汇率引起的差价；现金流动不同而引起的利差；预付款的利息；投标书所规定的国内优惠；扣除暂定费用和应急费，但必须计入计日工费用。

④评审报告。在最终评审的基础上，评标委员会准备了评审报告，经招标领导小组审定和国家有关部门批准，确定了中标意向，并报世界银行审核确认。

4. 合同谈判和授标

根据评审报告，业主于 1994 年 2 月发出了中标意向性通知，从 1994 年 2 月 12 日至 1994 年 6 月 28 日进行了合同谈判。

土建国际标的合同谈判分两步进行。第一步是预谈判，即就终评阶段的澄清会议所未能解决的一些遗留问题，再次以较为正式的方式与拟定的中标人进行澄清和协商，为正式合同谈判扫清障碍；第二步即正式合同谈判和签订合同协议书。在土建国际标的合同谈判中，除了形成合同协议书外，还签署了合同协议备忘录及一系列附件。

业主分别于 1994 年 4 月 30 日和 1994 年 6 月 8 日就一标、三标及二标正式签订了合同。

5. 经验总结

通过国际竞争性招标，业主以比较低的价格引进了合格的和优秀的国际承包商。所以，从总体上来讲，××水利枢纽土建工程国际招标是非常成功的。一方面，水利部和上级有关部门的正确领导与大力支持为招标的成功奠定了坚实的基础，提供了有力的保障；另一方面，业主单位在招标过程中抓住了几个关键和重要的阶段，倾注全力，展开了广泛、深入、细致和全面的工作。

首先，招标委员会设计院在 CIPM 专家的协助下，编制了结合中国国情并具有工程特点的详细的招标文件，为招标工作及工程管理奠定了重要的基础；其次，在评标过程中由上级领导部门、设计院、CIPM 专家和监理工程师组成了精干的评标机构和工作组，开展了深入细致、一丝不苟的评标工作，选定了初步的中标对象；最后，在合同谈判阶段，业主更是呕心沥血，克服了重重困难，与承包商签订了具有重要意义的合同协议。这三个阶段，应该是国际招标采购中的最重要阶段。业主能否以合适的价格选择一个实力雄厚、经验丰富并具有良好信誉和履约能力的承包商，是否能签订一个双方权责明确，既全面又具体，既具有原则性又具有操作性的合同，关键在于这些阶段的工作。

资料来源：吴芳，冯宁. 工程招投标与合同管理 [M]. 北京：北京大学出版社，2010.

▶ 讨论题

结合案例，对国际工程招标流程进行概括。

二、国际工程承包合同的内容

国际工程承包合同的内容虽然因工程的不同而有所差别，但其主要条款大体一致，大多数国家也都为本国的承包活动制定了标准合同格式。目前，最广泛使用的合同格式是由国际顾问工程师联合会（FIDIC）拟定的《土木建筑工程（国际）施工合同条款》，也称 FIDIC 条款。FIDIC 条款得到世界银行的推荐，成为目前国际上最具权威的从事国际工程承包活动的指导性文件。国际工程承包活动的指导性文件，主要条款介绍如下。

1. 一般性条款

主要阐明合同当事人、合同中所包含的文件及其规范，以及对合同中出现的各种术语的解释。

2. 工程期限

工程期限即工期，指从工程开工之日起到全部建成为止所需的时间。

3. 承包商的义务与违约

承包商的主要义务是工程施工，执行工程师发布的各项指令，为工程师的各种检验提供条件，接受工程师的监督，提供各种保函，为工程办理保险，承担其责任范围内的相关费用并按期完成施工任务。如果承包商未经许可转包或分包，拖延工期，放弃合同或破产，业主可以没收保证金并在发出通知 14 日后接收工地，自行施工或另找承包商继续施工，由此产生的费用由违约的承包商负担。若承包商未按设计要求施工，或者使用了不合格的原材料，应将其拆除并重新施工。在达成索赔协议后 42 天内，承包商应向业主支付索赔款；在业主提出修补缺陷的要求后，承包商必须在 42 天内进行修补。

4. 业主的责任与违约

业主主要负责清理并提供施工场地，协助承包商办理施工所需的机械设备、原材料、生活物资的出入境手续，委派工程师管理施工，按合同约定及时提供施工图样，支付工程建设款等。如果业主未按合同规定的时间和数额支付工程款，或因业主破产、停业等未履行其应尽的责任，承包商有权解除合同，撤走设备和材料，并要求业主赔偿由此造成的缺失和费用。

5. 工程师及其代表

工程师是受业主委托，负责合同履行的协调管理和监督施工的独立第三方。工程师可以行使合同内规定的权力，以及必然引申的权力。不仅承包商要严格遵守并执行工程师的指令，服从工程师的决定，工程师的权力对业主也具有约束力。为了保证现场的监理工作不间断进行，工程师通常会委派工程师代表常驻工地，并授予他一定的权力。

6. 分包和转包

承包商未经业主事先同意，不得将合同的全部或一部分转让给他人，也不得将工程的任何部分分包给他人。在征得业主同意的情况下，承包商可将工程的一部分分包给其他承包商，但不能全部分包出去。

7. 工程变更条款

工程师认为必要时，可在形式、质量或数量方面对工程做出变更。由承包商引起的工程变更，其费用由承包商负担。

8. 开工与竣工

承包商在接到工程师有关开工的书面命令后的合理时间内从速开工，工期以投标附录中规定的开工期限的最后一天起算，并应在标书附件规定的时间内完成。

9. 检查与检验

所有大型材料、永久工程的设备和施工工艺均应符合合同要求及工程师的指示，承包商应为工程师检查提供方便。

10. 工程移交

当整个工程基本完工并通过合同规定的竣工检查时，承包商可向工程师发出通知，并附上缺陷维修期间完成任何未尽事宜的书面保证。工程师应在接到该通知后的 21 日以内，向承包商发出接收证书并注明承包商尚未完成的所有工作。承包商在完成所有工作并维修好工程师所指出的缺陷，使工程师满意后的 21 天之内，有权得到工程接收证书。

11. 价格与支付

承包合同中的价格条款不仅应注明总价、单价或成本加酬金价，还应将计价货币、支付货币以及支付方式列入其中。在国际工程承包活动中，一般采用银行保函和信用证来办理支付，支付的具体方法大多采用预付款、进度款和最终结算相结合的做法。

12. 不可抗力条款

不可抗力条款指由于人力不可抗拒的事故，如战争、暴动、叛乱、军事政变、地震、洪水等使合同不能履行或不能如期履行时，免除当事人责任的条款。

13. 仲裁条款

承包合同在实施过程中，如果业主和承包商发生纠纷，经协商或工程师调解仍不能解决，可根据仲裁条款的规定，提交有关仲裁机构进行仲裁。

第四节　国际工程承包中的银行保函

一、银行保函的含义

银行保函是银行应申请人的请求向受益人开出的，担保申请人正常履行合同所规定的某项义务的独立的书面保证文件。若申请人未按规定履行自己的义务，给受益人造成了经济上的损失，则银行承担向受益人进行经济赔偿的责任。

目前，在国际工程承包活动中，独立的银行保函是最普遍、最常见和最容易被各方接受的信用担保形式。

二、银行保函的内容

银行保函的主要内容一般在招标文件中有具体规定，承包商可以申请银行按规定的格式出具保函；若招标文件没有具体规定，承包商可通过银行按照国际惯例或征得业主的同意出具保函。银行保函一般包括以下几个方面的内容。

（1）申请人，指承包商或被担保人，应注明申请人的全称和详细地址。

（2）受益人，指业主或总承包商，应注明受益人全称。

（3）担保人，即开具保函的银行，应写明担保银行的全称和详细地址。

（4）担保金额，即担保所使用的货币与最高金额。银行保函的担保金额通常在标书或合同条款中规定比例或固定金额，按不同类型的保函以投标报价或合同金额的不同百分比计算。

（5）担保责任，即违约的界定，这是保函的核心内容，应充分、完全地明确规定双方的责任，一旦受益人提出索偿要求，据以偿付，不致发生争执。

（6）索偿条件，即承包商违约时，业主凭何种证明进行索偿。

（7）有效期，即保函的生效和失效的时间、条件。

三、银行保函的种类

按照保函的使用范围和担保责任的不同，可以分为投标保函、履约保函、预付款保函、工程维修保函、进口物资免税保函等。

1. 投标保函

投标保函是投标人通过银行向业主开具的，保证投标人在投标有效期内不撤回投标书以及中标后与业主签订合同的经济担保书。投标保函随投标书一起递交给招标机构，保函一旦开出，在有效期内是不可以撤销的。投标保函的金额通常在文件中写出，一般为投标价格的0.5%～3%，中小型项目一般为3%～5%。投标保函的有效期一般是从投标截止日起到确定中标人止。如果由于评标时间过长，超过了保函的有效期，业主要通知承包商延长保函有效期。

在定标后，未能中标的投标人可以向业主招标机构索回投标保函，以便向银行注销或使押金解冻。中标的承包商则在签订工程承包合同时，向业主提交一份履约保函，业主同时将投标保函退还给投标人。如果保函超过有效期后自动失效，投标人为开具保函而在银行抵押的财产也随之解冻。如果业主宣告废标，则投标保函自动失效。

2. 履约保函

履约保函是承包商通过银行向业主开具的保证在合同执行期间按合同规定履行其义务的经济担保书。如果承包商发生违约行为，不能按质、按量和按期履行合同规定的义务，或承包商破产、倒闭，业主有权凭保函向银行索偿其担保金额作为赔偿。履约保函的担保金额应该在工程承包合同中规定，一般为合同总额的10%。

履约保函的有效期限取决于工期的长短，但不能短于工期。因为工程竣工后往往还需要进行清理和结算，所以，保函有效期应长于合同工期。履约保函只有在工程全面竣工并获得现场监理工程师签发验收合格证书后才予以退还。

3. 预付款保函

预付款保函又称定金保函，是承包商通过银行向业主开具的担保承包商按合同规定偿还业主预付的工程款的经济担保书，即由于承包商的责任，业主不能在规定的期限内从工程结算中按比例扣还预付的款项（承包商中途违约、中止工程等），业主有权向银行索偿担保金额作为补偿。预付款一般在业主支付给承包商的工程进度款累计达到合同金额的一定比例（通常为20%～30%）时开始逐月扣还，并于竣工前一定时期（通常为3～6个月）扣讫。

预付款保函的金额一般为预付款的总额，相当于合同金额的10%～15%。由于业主在工程结算中逐月将预付款收回，预付款保函金额也将相应减少，在开具保函时应写明这一点。

预付款保函的有效期限一般从承包商收到预付款之日起到扣完为止。

4. 工程维修保函

工程维修保函亦称质量保函，是承包商通过银行向业主开具的担保承包商对完工后的工程缺陷负责维修的经济担保书。在维修期内，如果业主发现工程缺陷，就会要求承包商进行维护维修。如果责任在承包商，而承包商又拒绝或无力维修时，业主可以向银行索偿担保金额作为赔偿。工程维修保函金额一般为合同总额的5%～10%。工程维修保函的有效期限一般为一年或根据具体情况确定。承包商在规定的维修期内完成了维修任务，或该工程没有发生需要维修的缺陷，维修期满时业主的工程师签发了维修合格证书，工程维修保函应予以退还。

5. 进口物资免税保函

进口物资免税保函是承包商通过银行向工程所在国的海关税收部门开具的，担保承包商在工程竣工后对临时进口物资运出工程所在国或照章纳税后永久留下使用的经济担保书。这种保函适用于免税工程或施工机具可临时免税进口工程。保函金额一般为应交税款的全部金额。保函的有效期限一般比工期稍长一些。保函有效期满时，若承包商从业主那里得到了进口物资已全部用于该免税工程的证明文件，或在保函有效期满之前，承包商将临时进口的施工机具设备运出项目所在国，或经有关部门批准，转移到另一免税工程，保函应予以退还。

第五节　国际工程承包的施工索赔与保险

一、施工索赔

国际工程承包合同实施过程中，索赔是经常发生的，施工索赔是工程管理中的一个重要组成部分。随着国际工程承包市场上竞争的加剧，低价夺标成为许多承包商常用的策略。为了获取正常的利润，成功索赔就显得尤为重要。施工索赔是承包商利用合同规定保护和争取自己合法利益的重要手段。

（一）施工索赔的含义

施工索赔是指出于业主或其他方面的原因，承包商在施工过程中付出了额外的费用，承包商根据有关规定，通过合法的途径和程序，要求业主或其他方面偿还其费用损失。按索赔要达到的目的划分，施工索赔可分为工期索赔和经济（款项）索赔。在国际工程承包市场竞争日趋激烈的情况下，很多承包商无利可图，甚至亏损报价，部分承包商开始借助于索赔来赚取利润。业主或其他有关方面对承包商提出的要求进行处理叫作理赔。

（二）施工索赔的原因

1. 施工条件变化

如果承包商在施工中遇到了比业主提供的地质资料更加复杂的地质结构，或者遇到人力无法抗拒的意外事故或人为障碍，就会使原设计规定的施工方案不再适用，就会引起施工成本增加。在这种情况下，承包商可及时通知业主到现场进行实际核查，并提出索赔。

2. 工程变更

施工中，当工程师要求承包商对工程的某一部分进行修改、增加或删减工作量时，承包商应按工程师要求的去做。若由于工程变更而使承包商的费用增加，承包商有权向业主提出索赔。

（1）增减工作量。在单价合同中，增减工作量可以根据实际完成的工作量来计算工程款。但在总价合同中，承包商应累计各种工程变动数量，如果变动的数量超过合同规定的限度，应提出索赔。

（2）业主或工程师改变工程质量。在施工过程中，若业主或工程师让承包商使用高于合同规定标准的材料，或对施工质量提出了高于合同规定的要求，承包商可以提出索赔。

（3）改变施工顺序。如果工程师对承包商的施工顺序及施工方法的干预超过了合同规定，并且正式下达命令要求承包商执行，则承包商有权对由于这种干预引起的成本增加提出索赔。

3. 工程的暂停和中止

在承包商执行合同过程中，无论业主或工程师出于何种原因下达了暂停部分或全部工程、中止部分或全部工程的命令时，只要这种暂停或中止不是出于承包商的原因或其他风险造成的，承包商可以要求延展工期，由此产生的额外费用也要由业主承担。

4. 工期延迟

承包商遇到了并非出于自身的原因和责任而影响工程进度的障碍，从而增加了额外的支出，承包商有权得到补偿。工期延误索赔主要是因为业主未按时提供施工场地，工程师拖延对施工图纸、工序、材料的认可，业主未能按规定办好工程所需的境外技术和劳务人员的入境手续，业主未能按时提供合同规定的原材料和设备，对于本来合格的施工和材料拆卸检查并重新修复等。

5. 工程进度款的延迟支付

如果业主故意拖延向承包商支付工程进度款而造成工期延误或利息损失，应由业主承担。

6. 货币贬值

汇率的波动会直接影响承包商的收益，如果承包合同中订有货币贬值补偿条款，当东道国发生了合同列明的货币贬值，承包商可以依据货币贬值补偿条款向业主提起索赔。

7. 物价上涨

在施工中遇到原材料、燃料、劳务费等价格上涨时，承包商可按规定程序向业主提出差价索赔。此外，若由于业主导致工期延误，承包商遭遇原材料价格上涨的，承包商也可以提出索赔。

8. 不可抗力风险

在施工过程中，如果发生了人力不可抗拒的自然灾害、意外事故或战争、罢工、民族冲突等特殊风险，由此给承包商造成的损失都应由业主予以补偿。

案例 12-4

北水南调水源工程

某大坝项目位于两国界河交汇处上游 3km 处，是项目所在国的北水南调水源工程，属于该国最大的水利工程项目之一，该大坝是一座黏土心墙堆石坝，坝长 4 600m，坝高 52m，设计运行水位高程 875m；合同条件为 FIDIC《施工合同条件》，由中方公司于 2008 年签约承建。项目于 2008 年 3 月 9 日开工，计划于 2012 年 2 月 8 日完工。

该国属于热带草原性气候，每年 5～10 月为旱季，11 月到次年 4 月为雨季。依合同近年实测水文记录（雨季最大洪峰流量为 2 520m³/s），6～9 月地表径流量为 0，沙河发生 1m³/s 流量的概率也为 0，即河床为干枯状态。

因而，根据所获得的工程实测水文资料，该工程的设计导流标准按百年一遇的防洪标准 3 400m³/s 考虑，雨季利用原河床导流明渠导流，旱季按高程 845m 水位对应 20m³/s 作为防洪标准，利用右岸泄水管导流，对应基坑上游围堰高程 846m，下流围堰高程 844m。

2009 年 6 月 9 日 6 时，沙河突发大洪水，最大流量 359.5m³/s，正在施工中的大坝河床基坑被全部淹没，除所有作业人员因处交班期撤离外，施工设备、材料和工器具均被洪水淹没，事发前无任何征兆。根据合同提供的水文资料，每年旱季（5～10 月）不可能发生洪水，基于合同提供的水文资料和现场导流的实际情况，中方公司依据 1999 版 FIDIC《施工合同条件》第 17.3 款［雇主的风险］第（h）项"一个有经验的承包商不可预见且无法合理防范的自然力的作用"的规定，承包商判断该事件属于业主风险，于是洪水过后，承包商立即致函通知了业主、工程师及保险公司，并提出了索赔意向。

资料来源：陈津生. FIDIC 施工合同条件下的工程索赔与案例启示［M］. 北京：中国计划出版社，2016.

▶ 讨论题

业主是否该给予承包商补偿？为什么？

（三）索赔的依据

索赔是承包商依据合同行使的一项正当权利，要想索赔成功，承包商必须提供合理、完整、有效的工程项目资料。

承包商进行索赔的主要依据是合同及招标文件、施工图纸等合同附件。招标文件是工程项目合同文件的基础，不仅是承包商投标报价的依据，也是索赔时计算附加成本的依据。招标文件及其附件，在中标并签订承包合同以后，都成为合同的组成部分，也成为施工索赔的主要依据。

除此之外，承包商还应提供能证明确实增加了承包商支出的其他证明材料。如工程师填写的工程施工记录表、各种施工进度表、工地日志、工程检查和验收报告、工程照片、施工备忘录、会议记录、往来信件等，还包括施工期间的各种财务资料、会计核算资料等。对于大中型土建工程，一般工期较长，还需要收集整理物价变动、汇率变动、工人工资调整等资料，这些资料对索赔同样重要。

（四）可以索赔的费用

承包商可以索赔的费用有：由于工程量的增加、工资上涨和工期延误所导致的人工费；由于工程量增加、使用材料质量提高和物价上涨所产生的材料费；由于工程量增加、工期延误致使增加设备使用数量和事件所引发的设备费；业主原因导致分包商向总承包商索赔而产生的分包费；由于增加工程量和工期拖延必须加办保险所产生的保险费；由于增加工程量和拖延工期所产生的管理费；由于工程量的增加和工期延误致使保证金的延长所出现的保证金费；由于业主延期支付工程进度款所损失的利息。

（五）施工索赔的程序

索赔的种类繁多，程序也不尽一致。一般的施工索赔包括以下几道程序。

1. 提出索赔的要求

按国际惯例，承包商应在索赔事项发生后 28 天内向工程师（并抄送业主）提出正式书面索赔通知。逾期不报，业主将拒绝理赔。

2. 提交索赔报告

按照国际惯例，承包商在发出正式索赔通知后的 28 天内，或在监理工程师同意的时间内，向工程师提交索赔报告。索赔报告包括索赔的论证资料和索赔的款项。编写索赔报告要做到实事求是，准确无误，文字简练。对于那些大型项目或者索赔数额较大的项目，承包商可聘请专门的法律咨询人员和索赔咨询人员，帮助其准备索赔资料。

3. 索赔谈判

谈判是解决索赔问题的一种较好途径。在谈判前，承包商要准备好足够的证据，并组建一个精明强干的谈判班子。

4. 调解

在双方经过谈判无法达成一致的情况下，可由第三方调解，包括非正式调解和正式调解两种方式。调解是在双方自愿的基础上进行的，若其中的任何一方对其工作不满意或双方无法达成协议，便可结束调解工作。

5. 工程师决定

索赔争端通过谈判和调解无效后，可采用工程师决定。由承包商以书面形式正式提请工程师做出对索赔问题的处理决定。工程师接到承包商的申诉书后，应以公平合理的原则在 84 天内做出处理决定，并通知双方。双方在接到通知后的 7 天内没有提出反对意见，工程师决定即生效，成为对双方都有约束力的决定。

6. 仲裁或诉讼

如果双方中的任何一方对工程师的处理不满意或工程师在 84 天之内未做出处理决定，可提请仲裁或诉讼。凡合同中有仲裁条款的，可提交仲裁，也可诉诸法律。仲裁裁决和判决一样，都是终局性的，对双方都有约束力。

对承包商来说，其遇到需要提出索赔的情况，要在合同规定的有效期内提出索赔要求，否则，违约方或责任方将免除赔偿责任。

（六）索赔应注意的问题

施工索赔是国际工程承包管理中的重要环节，也是国际工程承包中正常的经营活动。通过巧妙的方式让业主认同索赔，既是承包商的权利，也是承包商盈利的关键。在索赔过程中，承包商应注意以下几个问题。

1. 索赔权的问题

索赔权是承包商所拥有的，业主认可的在施工过程中承包商出现的某些损失是由于业主方面，或由于业主变更合同内容，或由于自然条件等不可抗力引发的，在法律上承包商应获得相应补偿的一种权利。

索赔权是否成立取决于两个因素：一是施工合同文件，承包商应全面了解合同的条款、施工的技术规程、工程量表工作范围等；二是施工所在国的有关法规，施工索赔的理由应当符合施工所在国的法律规定。为求得业主的认可，承包商还应找出有关类似情况索赔成功的案例。

2. 合理计算赔款金额

在索赔过程中，承包商要求的索赔金额要有所依据，同时应当合情合理，不可漫天要价，否则得不到业主的认可。

3. 按时并按程序提出索赔要求

在索赔过程中，承包商必须在索赔权的有效期限内，按照索赔的相关程序提出索赔要求。根据 FIDIC 条款的规定，承包商应在索赔事项发生起 28 天之内，以书面形式报送工程师，同时抄送业主。

4. 写出有力度的索赔报告

索赔能否让业主认可，关键在于索赔报告的好坏。有力度的索赔报告应当是简明扼要并富有逻辑性的，同时应清晰地表明索赔费用与损失之间的因果关系。此外，索赔报告的措辞既要简单明了，又要委婉有理。

5. 力争友好协商

解决索赔问题的最佳途径是友好协商。因为承包商提出索赔的最终目的是得到应得的补偿，通过友好协商的方式解决索赔问题，一方面可以达到快速得到补偿的目的，另一方面有利于维持承包商的良好声誉。

案例 12-5

隧洞厂房不利地质条件索赔案例

一、索赔背景

南亚某国的水电站工程，利用 13km 河段上的 95m 水头，修建拦河堰和引水隧洞发电站。水电站装机 3 台，总装机容量 6.9 万 kW，年平均发电量 4.625 亿 kW·h。水电站工程的施工采取了国际性竞争招标，合同格式系采用 FIDIC 土建工程标准合同条款，辅以详尽的施工技术规程和工程量表。设计和施工监理的咨询工程师由欧洲的一个咨询公司担任。通过激烈的投标竞争，最终由中方和一个发达国家的公司共同组成的国际性的"承包联营体"以最低报价中标，承建引水隧洞和水电站厂房，合同价 7 384 万美元，工期为 42 个月。这是该水电站工程中最艰巨的部分，其工程量比混凝土拦河堰和输变电工程要大得多。

为了进行引水隧洞和水电站厂房的施工，承包联营体配备了先进的施工设备和精干的项目组领导班子，下设工程部、财务部、供应部、合同部和总务部等施工管理部门，并由中国派出了在隧洞施工方面具有丰富经验的施工技术人员。

二、索赔事件

承包联营体承建的电站引水隧洞经过岩石复杂的山区，洞长 7 119m，直径 6.4m，全部用钢筋混凝土衬砌。在施工过程中，承包商遇到了极不利的地质条件。在招标文件中，地质资料说明：6% 的隧洞长度通过较好的 A 级岩石，55% 的隧洞长度通过尚好的 B 级岩石，在恶劣状态的岩石（D、E、F 级岩石）中的隧洞长度仅占隧洞全长的 12%，其余 27% 的隧洞长度上是处于中间强度的 C 级岩石。事实上，通过开挖过程中的鉴定：D 级岩石占隧洞全长的 46%，E 级岩石段占 22%，F 级岩石段占 15%，中间强度的 C 级岩石段占 17%，根本没有遇到 B 级和 A 级岩石。因此，在施工过程中出现塌方 40 余次，塌方量超过 340m³，喷混凝土支护面积达 62 486m²，共用钢锚杆 25 689 根。

水电站厂房位于陡峭山坡之脚，承包联营体在施工过程中发现山体可能滑坡的重大危险，因此频繁变更设计。承包联营体在调压井旁山体开挖边坡的过程中，先后修改坡度 6 次，使其实际明挖工程量达到标书工程量表的 322%；在厂房工程中的岩石边坡工程进行中，修改边坡设计 3 次，增加工程量 23 000m³。虽然遇到了上述诸多严重困难，但在承包联营体的周密组织管理下，采取了先进的施工技术，使整个水电站工程优质按期建成，3 台发电机组按计划满负荷地投入运行，获得了业主和世界银行专家团的高度赞扬。

三、索赔过程

由于业主勘探设计工作深度不够，招标文件所提供的地质资料很不准确，致使承包联营体陷入严重的困境，面临工期拖延和成本超支的局面，因此向业主和咨询工程师提出了工期索赔和经济亏损索赔。

1. 提出索赔

（1）在索赔方式上，承包联营体最初采取了结合工程进度款支付的逐月清理索赔款的方式，即每月初在申报上个月工程进度款的同时报送索赔款申报表，使咨询工程师和业主已核准的索赔款逐月支付，陆续清理。这样，可使项目繁多的索赔争议逐个解决，并使索赔款额分散支付，以免索赔款积累成巨额数字，增加索赔工作的难度和业主与承包联营体之间的矛盾。这种索赔方式也符合施工合同文件的规定，以及国际工程施工索赔的惯例做法。不幸的是，在个别索赔"顾问"的怂恿下，承包联营体牵头公司（Sponsor）坚持要改变这种按月单项索赔的方式，采用了总成本法的综合索赔方式，停止逐月申报索赔款，而企图一次性获得巨额索赔款，并不顾中方代表的反对，采取了一系列不恰当的索赔做法。

（2）在索赔款额方面，由于承包联营体牵头公司固执己见，使历次报出的索赔款额变化甚大，数额惊人，以致索赔款总额接近于原合同价的款额。对于承包联营体所采取的算总账方式的巨额索赔做法，咨询工程师和业主采取了能拖就拖的方针。在两年多的施工索赔过程中，对承包联营体报出的 4 次索赔报告，咨询工程师均不研究答复，只是一味地要求承包联营体提供补充论证资料，或反驳承包联营体的索赔要求。这样，合同双方的索赔争议日益升级，无丝毫协商解决的可能性。

2. 国际仲裁

承包联营体遂向巴黎国际商会提出国际仲裁的要求。国际商会经过征询业主的意见后，接受了仲裁要求。合同双方高价聘请了索赔专家（律师）。在将近一年的时间内，索赔争议双方花了不少的人力和财力，听证会间断地举行过几次，但仲裁结果仍然杳无音信。这时，争论双方意识到有必要寻求较快、较经济地解决索赔争端的方式，在第三者的说合下，承包联营体和水电站业主又重新回到了谈判桌旁，开始了比较现实的谈判。

3. 友好谈判

当合同双方重新回到谈判桌旁以后，业主和咨询工程师开始表现出谈判解决的诚意。这是由于该水电站工程优质按期建成，及时并网发电，并取得了显著的经济效益。在解决索赔争端的方式上，双方同意采取一揽子解决的办法，即议定一个总索赔款额，而不再进行逐项的详细算账。最后经过艰苦的谈判宣告索赔争端结束。

四、索赔结果

经过几个回合的谈判，双方议定由业主向承包联营体一次性支付总索赔款额 350 万美元，相当于该合同项目合同额 7 384 万美元的 4.74%。此外，承包联营体还在逐月结算过程中获得了隧洞施工中新增工程量的工程进度款，使承包联营体施工结算款总额达 10 560 万美元，为该项目合同额 7 384 万美元的 1.43 倍：

- 水电站引水隧洞和发电厂房项目合同额 7 384 万美元；
- 承包联营体施工结算款总额 10 560 万美元；
- 施工索赔一揽子付款总额 350 万美元；
- 承包联营体实际收入总款额 10 910 万美元；
- 承包联营体实际收入为项目合同额的 147.8%。

　　由于该水电站工程施工过程中发生的新增工程和工程变更较多，加上索赔款，承包联营体的实际总收入款额为该项目合同额的 1.478 倍。但这项工程的索赔工作，出于多方面的原因，应该说是不成功的。承包联营体实际上承受了亏损，没有把应得的索赔款要回来，反而为仲裁工作付出了相当的代价。

五、案例启示

　　本案例是一起在施工中由于遇到不利的地质条件而引发工程量变更的索赔，虽然获得了一定的补偿，但出于多方面的原因，承包商所获得的经济补偿并没有能够扭转亏损的局面，所以教训是深刻的。通过本案例可以得到以下启示。

1. 承包人索赔不能采取高额策略

　　本案工程项目组根据索赔"顾问"的建议，采用了高额索赔策略，期望向业主"狠砍一刀"，得到足够的经济补偿。在这种指导思想下，索赔报告的篇幅和款额都大得惊人。索赔总款额接近工程项目的原合同价，而且在前后数次的索赔报告中索赔款额相差悬殊。这样，索赔文件被咨询工程师长期压置，不予理睬。因此，承包商的索赔一定要实事求是，不得夸大事实，数据要准确。

2. 采取单项索赔比较稳妥

　　在本案的索赔初期，项目组采取按月申报索赔的方式，进行单项索赔，逐月要求付款，并专门聘请了一个欧洲的设计咨询公司指导承包联营体开展索赔工作。遗憾的是，承包联营体牵头公司采纳了索赔"顾问"的建议，终止了这一正确的索赔做法，采取了"算总账"的"总成本法"，进行索赔款计价。结果，不仅使索赔款累积成堆，索赔额巨大，而且这种索赔计价方法遭到咨询工程师的拒绝，以至于在工程建成竣工时，索赔工作仍处于争议阶段。可见单项索赔事实上虽然比较麻烦，但比较稳妥，单项索赔、逐月要求付款是承包商索赔的重要方式。

3. 友好协商是解决索赔的最好途径

　　本案的咨询公司采取了对抗索赔的策略，导致了索赔工作的反复。本案的施工索赔，主要是"不利的地质条件"方面的原因，涉及设计咨询公司的工作深度和信誉。因此，从一开始便遇到咨询工程师的抵制，对承包商的索赔提出了一系列的责难和质询，长期拖延不决。承包联营体也采取了强硬的态度，经常以"仲裁"解决来威胁，使合同争议激化。虽然诉诸国际仲裁，但长期不能裁决，最后还是通过合同双方协商使索赔争端得到解决。

　　资料来源：陈津生. FIDIC 施工合同条件下的工程索赔与案例启示 [M]. 北京：中国计划出版社，2016.

▶ 讨论题

　　业主是否应该给予承包商补偿？为什么？

二、国际工程承包保险

（一）国际工程承包活动的风险

　　国际工程承包是一项风险较大的经济活动。特别是在一些大型工程中，有些灾害和重大事故可能会给承包商带来灾难性的、无法承受的经济损失。国际工程承包风险一般有以下几类。

1. 政治风险

政治风险主要是指工程所在国政府的更迭、派别斗争、民族冲突、与邻国的冲突，以及经济政策的变化造成各种损失的可能性。

2. 经济风险

经济风险主要是指由于业主延迟支付工程款、汇率变动、通货膨胀、市场供求关系变化、服务系统出现问题、施工现场及周围环境发生变化等造成损失的可能性。

3. 自然风险

自然风险是指由于风暴、地震、洪水、雷雨等自然界的异常变化造成财产损失和人身伤亡的可能性。

4. 意外事故风险

意外事故风险是指在施工中由于外来的、突然的、非意料之中的事故造成财产损失和人身伤亡的可能性，如火灾、爆炸、施工设备倾倒或在作业中断裂、设备或材料被盗、施工人员滑落等。

（二）国际工程承包风险的险别

1. 工程一切险

工程一切险又称全险，是综合性的险别，即对于工程项目在整个施工期间由于自然灾害、意外事故、工人或技术人员的操作疏忽和过失而造成的损失，以及对第三者造成的人身伤害或财产损失，保险公司都负责赔偿。一般情况下，它应包括已完工程、在建工程、已到达现场的材料、施工机械设备、临时工程、现场的其他财产等。

工程一切险并不承保所有的风险，由于战争、罢工、政策变化、违约等造成的损失，保险公司不负赔偿责任。工程一切险一般按合同的总价投保，保险期限一般是从工程开工之日起，直至工程竣工之日，或双方商定的某一终止日。

2. 第三方责任险

第三方责任险是指施工期间，在工地发生的意外事故对与本工程无关的第三方造成的经济损失或人身伤亡，保险公司负责赔偿的险别。第三方责任险只针对被保险人意外的第三方的财产损失和人身伤亡，不包括被保险人财产损失或雇员的伤亡，而且只有在被保险人应依法承担赔偿责任时，保险公司才予以办理赔偿。

国际工程承包合同条款中，一般都规定承包商应投保第三方责任险，并规定有最低保险金额。

3. 人身意外险

人身意外险是指被保险人在保险单有效期内，因遭受意外事故而致残或身亡，保险公司负责赔偿责任的一种险别。一般承包合同中都规定承包商应对施工人员投保这种险，在投保人身意外险时还可附加医疗保险。人身意外险的保险金额有的由投保人自己确定，也有的按工程所在地的劳工法和社会安全法来确定，不能低于有关法律规定的最低限额。

4. 汽车险

汽车险是指施工运输车辆在工地外发生事故，保险公司负责赔偿由此造成的损失的一种险别。施工中运输车辆的风险分为工地内风险和工地外风险两类，汽车险仅负责在工地外发生事故造成的损失，而施工车辆在工地内发生事故导致的损失应属于工程一切险的保险范围。有些国家对施工车辆实行强制保险，未投保汽车险的施工车辆不许在公路上行驶。

5. 货物运输险

货物运输险是指工程所需的机械设备、原材料、零部件等在运输过程中由于自然灾害、意外事故而造成损失，由保险公司负责赔偿的一种险别。货物运输险一般与国际贸易货物运输保险相同。

货物运输的险别一般可分为两大类：一类是可以单独投保的基本险，包括平安险、水渍险和一切险；另一类是不能单独投保，只能在投保了基本险之后加保的附加险，分为一般险、特别险和特殊附加险。货物运输险的保险金额一般可以按 CIF 价格（成本加保险费和运费价）的 110% 投保。

6. 社会福利险

社会福利险是保险公司为工程所雇用的本国和外籍雇员失业、退休、死亡提供救济或补偿的一种险别。投保社会福利险，被保险人可以享受伤残、退休、失业或死亡的社会福利救济。有些国家对此采用强制性保险。

第六节　国际劳务合作

一、国际劳务合作的概念

国际劳务合作是国际经济合作的重要组成部分，它是指作为生产要素的劳动力在国际上的流动，为所在国提供劳动和服务，并收取报酬的一种商业行为。广义的国际劳务合作既包括对外派出各种服务人员，也包括境内对外劳务合作，如开展"三来一补"、国际旅游、医疗保健等服务；狭义的国际劳务合作仅指拥有技术人员和其他劳动力的国家和地区向其他国家和地区提供所需的具有某种劳动技能的人员，如医生、护士、泥水工、木工、厨师、司机、海员、教师、工程师、会计等，以及既学习又工作的研究生、实习生等，并收取工资及其他费用的劳务合作形式。

国际工程承包和国际劳务合作是两个既有联系又有区别的概念。国际工程承包是一项综合性的经济活动，以实施工程服务和技术服务为主。如果撇开设备、材料等物质形态的商品，从某种意义上讲国际工程承包也是一种劳务合作。事实上，进行工程承包时一般都会带动劳务输出，存在着国际劳务方面的合作。

二、国际劳务合作的种类

1. 按劳务合作发挥的作用来划分

（1）生产型劳务合作。生产型劳务合作即一国向另一国的生产部门提供技术和劳动服务的活动。这主要是在工农业生产领域的劳务合作，如提供设计人员、工程技术人员、施工人员等，这些人员是在劳务合作输入国的物质生产部门作为生产要素之一发挥作用的。

（2）非生产型劳务合作。非生产型劳务合作即一国向另一国的非物质生产部门（如饮食业、旅馆业、零售业、医院、银行、咨询业等）提供服务人员的活动，输入人员均从事非直接生产性的工作，合作内容大多为提供服务技术和管理人员。

2. 按劳务合作的内容来划分

（1）一般劳务输出。一般劳务输出即提供简单的劳动力服务，通常与国际工程承包结合在一起。

（2）特种劳务输出。特种劳务输出即提供某些特定行业和满足特定需要的专业劳务，如输出护士、厨师、工程师等专业人员。

（3）技术服务输出。技术服务输出即派遣专家和技术人员到国外，与劳务输入国开展技术项目合作，或对其进行技术诊断和技术指导。

（4）技术人员培训。技术人员培训即劳务输出国为工程所在国的技术人员和操作人员提供工艺流程和操作要领等方面的技术培训，还包括帮助工程所在国进行设备的安装、调试和维修等服务活动。

3. 按劳务输出的方式来划分

（1）通过对外承包工程输出劳务。国际工程承包一般要涉及考察、设计、施工、安装、调试、人员培训，甚至经营工作，而这些工作都需要派出一定数量的施工、技术和管理人员。

（2）通过技术和设备的出口输出劳务。在技术和设备的出口，特别是科技含量较高的技术和设备的出口中，技术和设备的进口国往往要求出口国派出有关技术人员进行技术指导，或对进口国的有关技术人员进行培训。

（3）通过对外直接投资进行劳务输出。一国的投资者在海外创办独资企业、合资企业或合作企业的同时，往往会随之派出一些技术人员和管理人员，如果东道国允许，甚至会派出一些普通工人。

（4）政府或有关机构聘请的高级劳务。有些国家或机构通过签署合同的方式，直接向国外招聘各类高级劳务，比如教师、体育教练等。

（5）直接输出劳务。通过招工机构或雇主招募等形式，签订劳务输出合同，输出劳务人员。

三、国际劳务合作的作用和影响

1. 对劳务输出国的影响

（1）劳务输出可以增加外汇收入，改善国际收支状况。劳务输出国通过劳务出口可以赚取大量的外汇，特别是发展中国家已从劳务输出中获得了相当可观的外汇收入。有些国家的劳务输出收入已占该国外汇总收入的一半以上。这些外汇收入增强了其进口能力，促进了经济发展。

（2）劳务输出有利于解决国内劳动就业问题。劳务输出国大多是劳动力丰富的发展中国家，这些国家人口众多，失业长期存在，劳务输出可为失业大军提供部分就业的机会。

（3）有利于本国技术水平和管理水平的提高。发展中国家通过输出劳动力到其他国家，可以学习国外的先进技术，积累管理经验。

（4）有利于增加个人收入，提高生活水平。国家间工资差异较大，输出的劳务人员一般都会取得比国内高得多的工资收入，有利于提高个人收入，提高生活水平。

国际劳务市场对劳务人员的需求日趋高档化，技术劳务输出不断增多，这势必造成劳务输出国，特别是一些发展中国家的大批优秀人才外流，对劳务输出国的经济发展造成了不利的影响。此外，随着劳务收入的增加，又可能加剧国内通货膨胀。

2. 对劳务输入国的影响

（1）劳务输入有利于促进输入国的经济发展。一些发展中国家，特别是中东地区的国家，利用外籍劳务人员的技术促进了本国的经济发展，实现了社会繁荣。从经济建设、经营管理乃至其他行业，主要依靠外籍劳务人员，他们已成为这些国家经济发展不可缺少的力量。一些发达国家人口老龄化问题日益严重，需要输入青壮年劳工。

（2）可以引进技术和管理，节省经费和时间。通过引进技术劳务，可以利用国外的先进技术和技术服务，缩短研发时间，节省科研经费，从而有利于本国技术水平、管理水平的迅速提高。

（3）利用国外的廉价劳动力可以降低产品成本，提高产品竞争力。由于许多行业主要依靠外籍劳务，这样对外籍劳务的依赖性加强，一旦这些外籍劳务撤离，就会使经济发展处于停止状态。同时劳务输入也产生了一些社会问题，如犯罪率上升、传染病增多等。此外，由于外籍劳务人员来自不同的国家，其信仰、语言、风俗不同，也会导致一些问题和纠纷。然而，总的来说，国际劳务合作对输出国输入国都是利大于弊的。

3. 对整个世界经济的影响

（1）促进了科学技术在世界范围的普及。在劳动力的转移过程中，有相当一部分的劳动力是具有某种专业技术知识的，他们将其所拥有的技术带到世界各地，使输入技术劳务的国家也能分享世界上先进的技术所带来的效益。

（2）加深了生产的国际化。源源不断的劳动力转移使世界形成了庞大的劳动力市场，作为生产要素之一的劳动力要素在世界范围内进行配置，加深了生产的国际化程度。

（3）扩大了贸易的数量。技术劳务在国外提供各种技术服务时，往往要求技术的输入国使用其母国的设备和原材料，或推荐具有国际先进水平的其他国家的产品，从而增加了国际贸易的数量并扩大了贸易的范围。

四、国际劳务市场的发展趋势

1. 国际劳务市场呈现出"两多一少"的特点

"两多一少"是指对高技术劳务需求多，发达国家脏、累、险人员需求多，其他普通劳务需求量少，对劳动者的素质要求普遍提高。根据经济合作与发展组织（OECD）发布的报告，OECD国家引入的外籍劳动力的受教育程度呈现由高到低逐渐减少的分布，其中受过高等教育的外籍工人的占比在各国都超过60%，而受到初级教育的外籍工人比例仅为10%左右。

2. 发展中国家间的市场竞争日益激烈，非技术工人的工资呈下降趋势

目前，劳动力资源相对丰富、经济发展水平相对落后的发展中国家均在采取各种办法鼓励本国劳动力的输出，但受到国内技术水平和劳动力素质的限制，发展中国家提供的劳动力同质现象严重，高度集中在非技术工人这一层次，竞争非常激烈。

3. 劳工短缺现象进一步加剧

随着发达国家出生率降低和人口老龄化，全球劳务的总体需求将加快增长。发达国家人口自然增长率仅为发展中国家的1/6，劳动力供应量根本无法满足经济发展的需要，只有依靠输入外籍劳务。发达国家由于老龄人口比例高，潜在供养比例低，将产生对医疗卫生工作者和护理者的巨大需求。

|案例 12-6|

美国数十年来最严重"护士荒"

美国爆出几十年来最严重"护士荒"，全美各地的大中小型医院均面临人手不足的问题，即使大幅调升人工和签约奖金，甚至推出代还学债、免费住宿等丰厚福利，依然是一人难求，只能靠输入外劳或临时工填补空缺。不少较小型医院更因为相关的庞大开支而陷入经营危机。

西弗吉尼亚州最大型医院"查尔斯顿地区医疗中心"，2017 年动用了 1 200 万美元招聘被称为"走访护士"⊖的临时护士，以解燃眉之急，金额比 3 年前增加一倍，医院赤字也因此暴增至 4 000 万美元。

为了吸纳新手，院方也向护士生承诺，只要毕业后在医院工作两年，便可得到学费补贴。本月刚退休的医院首席护士长罗恩·穆尔（Ron Moore）指出，他从业 40 年来，从没有见过这么严重的"护士荒"，但认为"请一名走访护士，总好过少一张病床"。

不少医院都和查尔斯顿地区医疗中心一样，宁愿高薪请人，也不想牺牲患者利益。人力资源顾问估计，美国医疗界走访护士开支 2017 年将达到 48 亿美元，是 3 年前的两倍。

美国以往也发生过"护士荒"，但如今更严重，美国劳工数据局估计，到 2024 年，全美将有超过 100 万护士空缺。

资料来源：中国新闻网. 美国数十年来最严重"护士荒"：高福利仍难招到人［EB/OL］. (2017-10-21)［2021-08-10］. https://www.cn-healthcare.com/article/20171021/content-496523.html.

▶ 讨论题

如何通过国际劳务合同解决美国严重的"护士荒"？

五、国际劳务合同

国际劳务合同是确立雇主和劳务人员相互间法律关系以及各自权利义务的重要文件，一旦双方签订劳务合同，就必须按照合同规定的条款办事，如果发生纠纷，双方都要根据签订的合同条款解决。

劳务合同的形式与一般国际经济贸易合同一样，由序文、合同条款和结尾三部分组成。

序文中写明签约双方的名称和法定地址等，合同中输入劳务的雇主一方通常称为甲方，输出劳务的一方则称为乙方。

劳务合同的条款经双方谈判磋商后签订。各国对外签订的劳务合同的内容基本上相同，主要对劳务人员的聘用期限、工资标准、生活待遇、劳动保护、医疗保健、工作日和休假日、劳务要求、意外事故等做出明确详细的规定，分清双方的责任和义务，其他的细则可以作为合同附件。

⊖　travel nurse，即不在某家固定医院工作的护士。

合同的结尾一般写明签订合同的日期和地点，如果用两种以上的文字写成，应说明每种文本的法律效力。

作为一种涉外经济合同，国际劳务合同所牵涉的关系较为复杂，因此在谈判前必须做好充分的准备。在订立合同时必须尽量周密、详尽，即使对于细节问题也应做明确的规定，切忌使用模棱两可、可以做出不同解释的言辞。

第七节　中国对外工程承包和劳务输出

一、中国对外工程承包

中国的对外承包工程业务始于 1978 年，是在党的十一届三中全会以后，随着改革开放的不断深入逐步发展壮大起来的一项新兴事业。经过 40 多年的迅速拓展，已成为我国对外经济合作领域中发展较为成熟的业务，在我国国民经济发展中发挥了越来越重要的作用。截至 2021 年年底，我国对外承包工程累计签订合同额 3.10 万亿美元，完成营业额 2.07 万亿美元。

（一）中国对外工程承包概况

我国对外承包工程历经了五个发展阶段：起步阶段（1978～1982 年）、稳步发展阶段（1983～1989 年）、调整阶段（1990～2001 年）、规模发展阶段（2002～2017 年）、高质量发展阶段（2018 年至今）。

1. 起步阶段（1978～1982 年）

20 世纪 70 年代末，阿拉伯石油输出国凭借巨额石油外汇收入掀起大规模的建设高潮。1978年 11 月，当时的对外经济联络部（现商务部）和国家基本建设委员会（现国家发展和改革委员会）共同分析了当时国际承包工程劳务市场的形势，并联名向国务院上报《关于拟开展对外承包建筑工程的报告》，提出"应当抓住有利时机，尽快组织我国建筑力量进入国际市场"，国务院很快批准了这个报告。

根据中央的批示精神及国内国外的具体情况，中国建筑工程公司、中国公路桥梁工程公司、中国土木工程公司以及中国成套设备出口公司四家国营公司首开先河，揭开了我国对外承包工程和劳务合作业务的序幕。1979 年，这四家企业在伊拉克、埃及、索马里等国和中国香港地区共签订承包工程和劳务合作合同 36 项，合同金额 5 117 万美元。

1978～1982 年，我国共批准了 29 家企业从事对外承包工程和劳务合作业务，累计签订对外承包工程和劳务合作合同 755 项，合同额 12.5 亿美元，完成营业额 5.6 亿美元。其中，对外承包工程新签合同额合计为 8 亿美元，业务发展到 45 个国家和地区，其中西亚和北非为重点市场。工程项目主要是房建和筑路，项目的规模较小，承揽方式以分包和承包施工为主。

2. 稳步发展阶段（1983～1989 年）

20 世纪 80 年代初，中东和北非地区发包额急剧收缩，国际承包公司之间的竞争也日趋激烈。这一时期，国家在给予经营对外承包工程的企业正确的宏观政策指导的同时，也在政策、资金等方面有力支持了企业对外开展业务。

1983～1989 年，我国累计签订对外承包工程和劳务合作合同额 115.6 亿美元，完成营业额

72.2 亿美元。其中，签订对外承包合同额合计为 97.3 亿美元。市场进一步扩大，除中东、北非地区外，我国对外承包工程业务扩展到南亚、东南亚、非洲、美洲、西欧和南太等 130 多个国家和地区。其中亚洲地区的合同额占总合同额的 60% 左右，成为我国最大的区域承包工程市场。合作领域更加广泛，除以住房、路桥等土建工程居多外，也开始承揽一些技术含量较高的项目，如电站、糖厂、化肥厂等。经营主体队伍不断壮大，到 1989 年时享有对外承包工程和劳务合作经营权的公司增加到 88 家。业务不断增加，市场逐步扩大，为 90 年代的快速发展奠定了基础。

3. 调整阶段（1990～2001 年）

海湾战争的爆发极大地冲击了我国对外承包工程业务的传统市场，在政府引导下，我国企业及时调整市场格局，扩大业务领域，及时开拓东亚和东南亚市场。东南亚金融危机爆发之后，我国对外承包工程企业开始面向全球市场，实现市场多元化。在此阶段，主管政府部门审时度势，及时引导企业不断调整市场结构，优化业务领域，对外承包工程业务在调整中稳步发展。

1990～2001 年，我国企业累计签订对外承包工程合同额 890.4 亿美元，完成营业额 651 亿美元。其中，1999 年新签合同额首次突破 100 亿美元大关。其中，受东南亚金融危机的影响，1999 年，对外承包工程完成营业额比 1998 年下降 7.8%，2000 年又下滑了 1.7%，直到 2001 年才扭转了负增长的趋势，实现了 6.2% 的增幅，但仍未能恢复到 1998 年的水平。

这段时间，经主管部门批准，我国从事对外经济技术合作的公司数量也急剧增加，1990 年年底为 91 家，1992 年年底为 211 家，1993 年年底为 412 家，1994 年年底增加到 450 多家，1995 年年底达到 600 家，1998 年年底增加到 955 家。2001 年，我国享有对外承包工程经营权的企业已发展到约 1 400 家。同时企业的国际竞争力不断增强，1994 年有 23 家中国公司被美国《工程新闻记录》周刊列入全球 225 家最大国际承包商行列，并有 2 家公司首次进入 200 家最大国际设计公司的排行榜。

4. 规模发展阶段（2002～2017 年）

2003 年以来美、欧、日三大经济体全面复苏，推动全球经济持续向好，相应地国际工程承包市场也开始逐步摆脱萧条，发生了令人欣慰的变化。随着全球经济的持续增长，国际建筑市场资本投入持续增长，国际工程承包市场日益繁荣，为各国际承包商带来了更多的机遇。从国内情况来看，伴随国家外向型经济发展战略的贯彻实施与对外开放大业同步发展，中国对外工程承包不仅数量规模又上新台阶，而且在市场结构、产业结构、业务结构和主体结构上进一步优化。我国已经成为世界主要的建筑服务出口国。工程服务成为我国为数不多的服务贸易顺差部门。更为重要的是，对外承包工程已经成为我国对外经贸关系的重要纽带，成为"走出去"的主要方式之一。与此同时，政府主管部门采用对外承包工程项目贷款贴息等支持手段，并出台了《关于支持我国企业带资承包国外工程的若干意见》。中国进出口银行、出口信用保险公司对对外承包工程给予了大力支持，中小企业国际市场开拓资金对境外投（议）标项目也给予了很大的支持。商务部等部门积极完善配套措施，陆续出台《对外承包工程国别产业导向目录》《对外承包工程项目投标（议标）许可暂行办法》《对外承包工程违法违规行为行政处罚规定》《对外承包工程行业社会责任指引》等文件，中国对外承包工程的监督管理体系、政策支持体系和服务保障体系日益完善，为该项业务快速健康发展提供了政策保障。

2004 年，中国对外承包工程新签合同额首次突破 200 亿美元大关，此后直至 2017 年，对外承包工程业务发展步入快速增长期。在此期间，国际承包商并购重组活动频繁，承包方式发生深刻变革，传统承包方式快速向总承包方式转变，EPC、PMC 等一揽子的交钥匙工程模式以及 BOT、PPP 等带资承包方式在国际工程承包市场普遍流行，承包商融资能力不断加强。2004 ~ 2017 年，中国对外承包工程新签合同额成功实现两级跳，即 4 年跨上千亿美元台阶，再历经 7 年时间（2015 年）跃至 2 000 亿美元，年均增速高达 20.4%。2017 年，中国企业新签对外承包工程合同 22 774 份，合同额 2 652.8 亿美元，是 2004 年的 11 倍，达到历史峰值；完成营业额 1 685.9 亿美元，是 2004 年的 9.7 倍。

　　市场分布遍及全世界 190 多个国家和地区，基本形成了多元化的市场格局。对外承包工程企业的数量在不断增加，企业实力也在不断增强，2018 年度，中国有 69 家企业上榜美国《工程新闻记录》周刊"全球最大 250 家国际工程承包商"，国际业务营业额 1 141 亿美元，占上榜企业的 23.7%，并在交通运输、石油化工、一般建筑、电力工程等重点行业表现不俗。

5. 高质量发展阶段（2018 年至今）

　　2018 年，世界经济增速为 3.6%，较 2017 年下降 0.3%。全球货物贸易增速放缓，对外直接投资连续 3 年下降。中国对外承包工程主要市场区域经济低迷，国际石油价格持续走低，部分财政高度依赖石油的国家收入严重减少，基础设施投资锐减，石油化工领域项目建设放缓。当年对外承包工程业务新签合同额 2 418 亿美元，同比下降 8.8%；完成营业额 1 690.4 亿美元，同比增长 0.3%。新签合同额自 1993 年以来首次出现负增长，营业额增速创近年来最低。与此同时，随着共建"一带一路"向高质量发展方向不断推进，对外承包工程业务面临发展方式创新、业务转型升级等重大挑战。为此，2019 年，商务部等 19 部门部委印发了《关于促进对外承包工程高质量发展的指导意见》，明确对外承包工程高质量发展的重要意义、主要目标和任务，通过更紧密的部门间横向协作，共同完善促进、服务和保障等方面措施，推动对外承包工程持续健康发展，更好地服务国家经济社会发展和对外开放大局，有效促进项目所在地和世界经济发展。2021 年度，中国有 78 家企业上榜美国《工程新闻记录》周刊"全球最大 250 家国际工程承包商"，中国上榜企业数量继续蝉联各国榜首，美国以 41 家上榜企业居第 2 位，土耳其位列第 3 位（40 家），意大利位列第 4 位（12 家），日本和韩国并列第 5 位（11 家）。表 12-1 是 2021 年度《工程新闻记录》周刊"全球最大 250 家国际工程承包商"中的部分中国企业。

表 12-1　2021 年度《工程新闻记录》周刊"全球最大 250 家国际工程承包商"中的部分中国企业

序号	排名	公司名称	序号	排名	公司名称
1	4	中国交通建设集团有限公司	15	67	中国通用技术（集团）控股有限责任公司
2	7	中国电力建设集团有限公司	16	72	中国江西国际经济技术合作有限公司
3	9	中国建筑股份有限公司	17	73	中国电力技术装备有限公司
4	11	中国铁建股份有限公司	18	75	江西中煤建设集团有限公司
5	13	中国中铁股份有限公司	19	78	哈尔滨电气国际工程有限责任公司
6	19	中国化学工程集团有限公司	20	81	北方国际合作股份有限公司
7	21	中国能源建设股份有限公司	21	84	浙江省建设投资集团股份有限公司
8	33	中国石油集团工程股份有限公司	22	86	中石化炼化工程（集团）股份有限公司
9	35	中国机械工业集团有限公司	23	89	中国水利电力对外有限公司
10	51	上海电气集团股份有限公司	24	90	山东高速集团有限公司
11	53	中国冶金科工集团有限公司	25	93	上海建工集团股份有限公司
12	55	中国中原对外工程有限公司	26	94	青建集团股份公司
13	60	中国中材国际工程股份有限公司	27	100	中国地质工程集团有限公司
14	63	中信建设有限责任公司			

注：排名基本数据为企业上一年度即 2020 年度对外承包工程完成营业额。

资料来源：美国《工程新闻记录》周刊。

（二）中国对外工程承包特点

1. 总规模持续增长，但增幅放缓

从海外工程的完成情况来看，对外承包工程营业额从 1979 年的 0.3 亿美元增加到 2021 年的 1 549.40 亿美元。自 2002 年以来，国际工程承包收入年平均增长速度达到 18%，新签合同年平均增长速度达到 16%。从 2009 年以来，受金融危机和国际市场需求不足等因素影响，增长幅度有所放缓（见表 12-2）。

表 12-2   2002～2021 年中国对外承包工程情况

年份	合同金额/亿美元	增幅/%	完成营业额/亿美元	增幅/%
2002	151.37		112.80	
2003	178.40	17.86	139.22	23.42
2004	241.95	35.62	176.15	26.53
2005	299.68	23.86	219.90	24.84
2006	664.16	121.62	303.21	37.89
2007	786.32	18.39	411.26	35.64
2008	1 054.51	34.11	570.59	38.74
2009	1 262.10	19.69	777.06	36.19
2010	1 343.67	6.46	921.70	18.61
2011	1 423.32	5.93	1 034.24	12.21
2012	1 565.29	9.97	1 165.97	12.74
2013	1 716.29	9.65	1 371.43	17.62
2014	1 917.56	11.73	1 424.11	3.84
2015	2 100.74	9.55	1 540.74	8.19
2016	2 440.10	16.15	1 594.17	3.47
2017	2 652.76	8.72	1 685.87	5.75
2018	2 418.04	-8.85	1 690.44	0.27
2019	2 602.45	7.63	1 729.01	2.28
2020	2 555.36	-1.81	1 559.35	-9.81
2021	2 584.90	1.16	1 549.40	-0.64

资料来源：国家统计局、商务部对外经济合作司统计数据。

2. 行业分布向高端拓展

从国际工程承包的行业分布看，我国对外承包工程已经遍及国际承包工程市场的几乎所有行业，其中房屋建筑、交通运输、水利电力、石油化工、矿产资源开发、电子通信等行业仍是国际工程承包的主要业务领域。近年来，中国对外工程承包正从低端产业向多元化、高技术含量和跨行业发展，产业领域迅速向高技术含量的石油化工、电力工程、矿山建设、通信、航空航天等领域拓展。

3. 市场多元化格局基本形成

我国已在 190 多个国家和地区开展承包工程业务，市场多元化的格局基本形成。从市场分布区域看，亚洲、非洲等传统市场仍然是我国对外工程承包的主要区域，2008～2020 年，亚非区域国际工程承包市场的营业额之和均占中国国际工程承包市场收入的 80% 以上。

4. 国际工程承包方式多样化

近年来，我国国际工程承包市场比较显著的变化就是承包方式多样化，国际工程的业务经营模式也有了明显的提高，其特征就是国际工程 EPC 总承包项目在不断增多，初步统计 EPC 项

目近几年已经占投标项目总数的 50% 以上；经营方式也从原来单一的工程承包向更加高端的 BOT、PPP 等含有投融资概念的经营方式转变。现在，越来越多的国内建筑企业开始在国际工程市场为业主提供规划、勘测、设计、施工等一体化的服务。

5. 大型综合性项目数量逐年增加

近年来，中国对外承包工程业务中大型综合性项目数量逐年增加，其中重点国别市场大型项目是对外承包工程业务稳健发展的重要支撑。2020 年，中国企业对外承包工程新签合同额在 5 000 万美元以上的项目 904 个（较 2019 年同期增加 10 个），合计 2 158.5 亿美元，占新签合同总额的 84.5%。其中上亿美元项目 514 个，较 2019 年增加 8 个，无上百亿美元特大项目。新签合同额较大的承包工程项目有：中国铁建股份有限公司承揽的泰国东部经济走廊（EEC）连接 3 个机场高速铁路项目（合同额 49.3 亿美元），中国铁建国际集团有限公司承揽的科特迪瓦阿比让 5 万套住房建设项目（合同额 40.8 亿美元），中国土木工程集团有限公司承揽的加纳保障房二期 8 万套保障房项目（合同额 37.7 亿美元），中国港湾工程有限责任公司承揽的缅甸仰光内环高架路项目一期工程（合同额 32.4 亿美元），等等。

二、中国劳务输出

（一）中国劳务输出的现状

我国对外劳务合作事业起步于 1978 年年底。40 多年来，我国对外劳务合作种类不断增加，层次不断提高，所涉及的行业从初始阶段以建筑、纺织等劳动密集型行业为主，逐步发展到计算机软件开发、飞机维修、工程设计咨询、工程管理等高技术领域。截至 2019 年年底，我国累计派出各类劳务人员已突破 1 000 万人次。

2009 年之前，中国对外劳务合作保持了稳定增长的态势。受金融危机、世界经济增长放缓的影响，2009 年，我国对外劳务合作新签合同额 74.73 亿美元，下降了 1.2%；全年共派出各类劳务人员 39.5 万人，较 2008 年减少 3.2 万人，同比下降 7.5%；两项指标从 2002 年以来均首次出现下降。2010 年后对外劳务合作平稳回升，2010 年完成营业额基本回到 2009 年水平，新签合同额增长 16.7%，年末在外各类劳务人员 84.7 万人，较 2009 年同期增长 8.8%。2021 年，我国对外劳务合作派出各类劳务人员 32.3 万人，较 2020 年同期增加 2.2 万人；其中承包工程项下派出 13.3 万人，劳务合作项下派出 19 万人。年末在外各类劳务人员 59.2 万人。

（二）中国劳务输出的特点

1. 市场呈多元化趋势

近年来，在外的中国劳务遍及亚洲、非洲、欧洲、北美洲、拉丁美洲及大洋洲等 180 多个国家和地区，但从市场结构来看，亚洲仍是中国对外劳务合作的主要市场。2020 年分布在亚洲的中国外派劳务有 30.49 万人，占中国外派劳务总数的 87.16%；非洲地区为 2.25 万人，占 6.44%；其他地区共计 2.24 万人，占 6.40%（见图 12-2）。

2. 行业分布广泛

对外劳务输出涉及行业领域广泛，但传统行业居多。近年，中国对外劳务输出所涉及的行业领域越来越多种多样，既有大量的传统外派行业，比如制造业、交通运输业、建筑业、餐饮业、家政服务业、农业、渔业等，又有许多新的高科技行业，比如信息服务业、医疗服务业、航空服务业、服装设计业等，涉及的工种也多种多样，比如会计师、律师、家政工、计算机操作员、空姐、服装设计员、缝纫工、超市营业员、厨师、酒店服务员、建筑工、渔工、电焊工等。但总体上看，涉及较多的还是传统的行业和工种，外派人员总数排在前列的行业包括建筑业、制造业和交通运输业等。

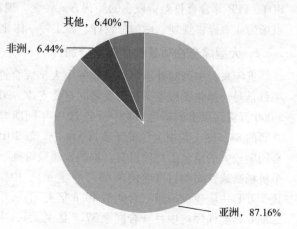

图 12-2　2020 年劳务输出市场分布

资料来源：国家统计局《中国统计年鉴 2021》。

3. 外派劳务大多来自东部地区

中国各省劳务输出数量不均，大多集中在东部地区，中西部地区劳务输出人数较少。东部地区的劳务输出大省主要包括福建省、山东省、广东省、江苏省等。其中，福建省的外派劳务人员规模长期位居全国前列，外派劳务人员主要从事海员、建筑、住宿餐饮等行业，分布全球 70 多个国家和地区。目前，福建省拥有对外劳务合作经营资格的企业主要集中在福州、厦门两市。2021 年上半年，福建省派出各类劳务人员 21 066 人次，同比增长 65.0%，外派劳务规模继续保持全国首位。

4. 与其他国家相比还存在一些差距

许多发展中国家纷纷采取多种措施促进劳务输出的发展，国际劳务市场的竞争日趋激烈。菲律宾、巴基斯坦、孟加拉国、印度、越南、印度尼西亚、泰国等，都是重要的劳务输出国。菲律宾是世界上最大的劳务输出国之一，约有 800 多万人常年在海外务工，占其总人口的 10% 左右，海外劳工汇款占国内生产总值的 10% 左右。与这些国家相比，我国外派劳务的规模还比较小，水平还比较低。截至 2020 年，中国在外劳务人员的总人数为 62.32 万人，占全国劳动年龄人口的比例为 0.07%，这一比例与菲律宾相去甚远。究其原因，是我们外派劳务人员的总体素质还不够高，技术种类较为单一。另外，随着我国经济的快速发展，近年来我国劳动力成本逐渐提高，加之人民币不断升值，国内收入与境外收入的差距缩小，影响了劳务人员出国务工的积极性。

（三）中国劳务输出的意义

当前形势下，大力发展对外劳务合作，有利于改善劳务人员的家庭经济状况，带动地方经济和国内相关服务行业的发展；有利于拓宽就业渠道，在一定程度上缓解国内就业压力，提高我国人口的综合素质；有利于锻炼和培育一批具有实力的经营主体，增强我国在国际劳务市场的竞争力；有利于适应经济全球化深入发展的趋势，充分发挥我国劳动力资源丰富的优势，参与国际经济合作与竞争；有利于增进我国同世界各国人民的了解和友谊，促进同有关国家的政治和经济关系。

◈ 思考题

展望中国对外劳务合作的前景。

习题

1. 选择题

（1）以下关于国际工程承包合同的说法，错误的是（　　）。

A. 总价合同是确定承包工程的总价格，简单明确

B. 采用成本加酬金合同时，业主按工程实际成本另加酬金的方式向承包商支付，对承包商不利

C. 总价合同在施工进度上可以极大地调动投标人的积极性

D. 单价合同固定了工程单价，按实际完成的工程量结算，双方风险较小，应用较广

（2）谈判招标是一种（　　）方式。

A. 公开招标　　　　B. 竞争性招标

C. 选择性招标　　　D. 非竞争性招标

（3）按照世界银行的观点，只有公开招标才能体现以下哪一项原则？（　　）

A. 公正、公开和透明

B. 效率、经济和公平

C. 经济、节约和高效

（4）银行向业主开具的保证承包商按合同规定偿还预付工程款的担保书叫作（　　）。

A. 投标保函　　　　B. 履约保函

C. 预付款保函　　　D. 工程维修保函

（5）在国际工程承包中，承包商不能对以下哪项的发生提出索赔？（　　）

A. 自然条件发生变化

B. 工程师要求改变工程而发生工程变更

C. 发生了不可抗力的风险

D. 承包商原因引起的工期延误

2. 判断题

（1）国际工程承包是一国的承包商以自己的资金、技术、劳务、设备、原材料和许可权等，承揽外国政府、国际组织或私人企业（即业主）的工程项目，并按承包商与业主签订的承包合同所规定的价格、支付方式收取各项成本费及应得利润的一种国际经济合作方式。（　　）

（2）在国际工程承包业务中，有了银行保函，如果相关当事人没有履行其担保的义务，出具保函的银行应代相关当事人向受益人履行相应义务。（　　）

（3）投标报价越低，中标率越高，所以在准备投标时，报价越低越好。（　　）

（4）国际工程承包中的"工程师"，是承包商的代理人，与承包商签订工程服务合同。（　　）

（5）分包是指总承包商或分包商将自己所承包的工程的一部分转包给其他承包商的做法。（　　）

（6）总价合同是按承包商实际完成的工作量和合同的单价来支付价款的合同形式。（　　）

（7）履约保函是银行应业主的申请向承包商开立的保证履行承包合同的保证书。（　　）

（8）国际劳务合作是一种劳动力要素在国际上的转移和重新组合与配置。（　　）

（9）投保了工程一切险，则工程中的一切损失保险公司都负责赔偿。（　　）

（10）国际工程承包合同都必须采用 FIDIC 条款。（　　）

3. 简答题

（1）国际工程承包有什么特点？

（2）描述国际工程承包的招标程序。

（3）简述国际工程承包合同的种类。

（4）什么是国际工程承包的银行保函？主要有哪些？

（5）导致施工索赔的原因可能有哪些？

（6）国际劳务合作对劳务输出国和输入国有哪些作用与影响？

参 考 文 献

[1] 中海油收购加拿大尼克森公司 [EB/OL]. (2013-02-26)[2021-10-21]. http://finance.ifeng.com/news/special/Nexen/.

[2] 卢进勇, 杜奇华. 国际经济合作教程 [M]. 北京：首都经济贸易大学出版社, 2006.

[3] 马淑琴, 孙建中, 孙敬水. 国际经济合作教程 [M]. 杭州：浙江大学出版社, 2008.

[4] 张焕平. 2011年中国企业海外并购十大案例 中石化占4起 [EB/OL]. (2012-01-04) [2021-10-22]. http://topics.caixin.com/2012-01-04/100345265.html.

[5] 中华人民共和国商务部, 中华人民共和国国家统计局, 国家外汇管理局. 2011年度中国对外直接投资统计公报 [M]. 北京：中国统计出版社, 2012.

[6] 傅苏颖. 我国对外投资净额再创新高 保持连续十年增长 [EB/OL]. (2012-08-31) [2021-10-02]. http://news.10jqka.com.cn/20120831/c529212570.shtml.

[7] 董丽玲. 中石化收购瑞士 Addax 石油公司 [EB/OL]. (2009-08-19) [2021-10-22]. http://business.sohu.com/20090819/n266077809.shtml.

[8] 安蓓, 张艺. 中石化启动中国油企最大海外并购 [EB/OL]. (2009-06-25) [2021-10-02]. http://news.cctv.com/china/20090625/108056.shtml.

[9] 周世民. "中国青年"迎娶"欧洲公主"：吉利并购沃尔沃案例分析 [J]. 财务与会计, 2010(10)：49-51.

[10] 时海涛, 于峰. 吉利收购沃尔沃案例分析 [J]. 现代商业, 2011(8)：250-251.

[11] 李良成. 吉利并购沃尔沃的风险与并购后整合战略分析 [J]. 企业经济, 2011(1)：25-28.

[12] 丹尼尔斯, 拉德巴赫, 沙利文. 国际商务：环境与运作：英文版：原书第11版 [M]. 北京：机械工业出版社, 2009.

[13] 赵永宁. 国际经济合作 [M]. 北京：机械工业出版社, 2009.

[14] 毛蕴诗. 跨国公司在华投资策略 [M]. 北京：中国财政经济出版社, 2005.

[15] 王敏. 中国：跨国公司研发中心首选地 [EB/OL]. (2009-01-19) [2021-09-03]. http://finance.sina.com.cn/g/20090119/11485777010.shtml.

[16] 姬会英. 国际经济合作实务 [M]. 北京：清华大学出版社, 2008.

[17] 黄汉民, 钱学锋. 国际经济合作 [M]. 上海：上海财经大学出版社, 2011.

[18] 桑百川, 等. 外商直接投资：中国的实践与论争 [M]. 北京：经济管理出版社, 2006.

[19] 盛洪昌. 国际经济合作 [M]. 北京：中国人民大学出版社, 2009.

[20] 金锐. 释放市场需求 力求发展突破：2011年全球最大225家国际工程承包商业绩述评 [J]. 国际经济合作, 2012(10)：4-13.

[21] 顾林. 国际工程承包市场的发展分析及战略探讨 [J]. 中国外资, 2012 (17)：78-79.

[22] 田晓, 戴晓云, 黄云奇. 中国工程企业承包国际工程存在的困难及对策分析 [J]. 改革与战略, 2012, 28(8)：45-49.

[23] 商务部研究院. 中国对外经济合作30年 [M]. 北京：中国商务出版社, 2008.

［24］　张瑞莲．货物出口相对缩减背景下中国扩大对外劳务输出研究［J］．经济研究参考，2012（53）：77-79.

［25］　孙莹．国际经济与合作［M］．北京：机械工业出版社，2014.

［26］　闵树琴，周丽．国际经济合作［M］．北京：北京师范大学出版社，2019.

［27］　卢进勇，杜奇华，李锋．国际经济合作教程［M］．4 版．北京：首都经济贸易大学出版社，2016.

［28］　王晋斌．"大摩擦""大调整""大变局"的世界经济：经济全球化的重塑与"大平庸"周期的延展［M］．北京：中国社会科学出版社，2019.

［29］　卢进勇，杜奇华，杨立强．国际经济合作［M］．2 版．北京：北京大学出版社，2018.

［30］　任永菊．跨国公司与对外直接投资［M］．北京：清华大学出版社，2019.

［31］　李斌．论跨国公司母公司对子公司的法律责任［J］．南京大学学报（哲学·人文科学·社会科学版），2001（3）：42-48.

［32］　蔡亚妮．美的集团跨国并购德国库卡案例研究与借鉴［J］．现代企业，2020（8）：38-39.

［33］　蒋一帆．制造业企业海外并购整合研究：以美的集团并购德国库卡为例［J］．财务管理研究，2020（9）：79-86.

［34］　申广华．企业跨国并购风险控制研究：以美的并购库卡为例［J］．市场周刊，2021，34（2）：113-114＋143.

部分练习题参考答案

扫码查看章后练习题
部分参考答案